महाराजा जवाहर सिंह
और
उत्तराधिकारी

जिनकी प्रेरणा से यह कार्य अपने हाथों में लिया,
मेरे प्रति उनके स्नेह एवं विश्वास के सामने
सम्पादन का अदृश्य परिश्रम तथा प्रकाशन
के झंझट बौने हो गए,
उन्हीं कलापारखी एवं गुणग्राही

श्री रामनिवास जी मिर्धा

को सादर समर्पित

—डॉ. वीर सिंह

सम्पादकीय टिप्पणी

'महाराजा जवाहर सिंह और उत्तराधिकारी' नामक प्रस्तुत ग्रन्थ स्व. उपेन्द्रनाथ शर्मा की जाटों के नवीन इतिहास की श्रृंखला में तृतीय कृति है। अपने जीवन-काल में **जाटों का नवीन इतिहास, भाग-1 और भाग-2 (महाराज सूरजमल जाट)** नामक इतिहास ग्रन्थों में लेखक अपने अध्यवसाय, लगन और जाटों के इतिहास में गहरी पैठ का परिचय इतिहास जगत को दे चुका है। भरतपुर निवासी होने के कारण उस क्षेत्र की उनको विशेष जानकारी है और स्थानीय स्रोतों तक उनकी सहज पहुँच है जिसका उनके लेखन से स्पष्ट संकेत मिलता है।

जाट इतिहास की श्रृंखला में प्रस्तुत इस तृतीय कृति में महाराजा सूरजमल के शहीद होने (25 दिसम्बर, 1763 ई.) के बाद की ऐतिहासिक गतिविधियों का विवरण दिया गया है। फलतः लेखक ने जवाहरसिंह के इससे पूर्व के कार्यों का विवरण इस कृति में नहीं दिया है। यह ऐतिहासिक सत्य है कि जवाहर सिंह अपने पिता महाराजा सूरजमल के सामने ही अपने दादा बदनसिंह की छत्रछाया में डीग में रहकर राजकार्यों में सहयोग करने लगा था और अनेक युद्धों में अपनी वीरता और युयुत्सु प्रकृति का परिचय दे चुका था। इस कृति में लेखक ने जवाहरसिंह के राज्यारोहण से पूर्व के कार्यों का वर्णन न करके अपनी दूसरी कृति महाराज सूरजमल जाट का सन्दर्भ देकर उनको गिना दिया है। वस्तुतः प्रस्तुत ग्रन्थ में महाराजा जवाहरसिंह के राज्यारोहण से महाराजा रणजीत सिंह के राज्यारोहण के मध्य की घटनाओं का वर्णन किया गया है। लेखक की एक टिप्पणी से यह ज्ञात होता है कि वह महाराजा रणजीत सिंह के राज्यरोहण से लेकर जाट इतिहास की श्रृंखला में चतुर्थ कृति भी लिखना चाहता था।

परन्तु प्रस्तुत तृतीय कृति की अन्तिम प्रति तैयार करने से पूर्व ही लेखक की मृत्यु हो गई। यह अपूर्ण ड्राफ्ट ही हमें प्राप्त हुआ जिसमें अत्यधिक

काट-पीट एवं संशोधन किए हुए हैं। हाशिए पर संक्षिप्त नोट लिखे हुए हैं। धैर्य और सावधानी से वे संशोधन एवं हाशिए के नोट मूल विषय में सम्मिलित किए गए हैं। विषयक्रम को ध्यान में रखते हुए एक दो स्थानों पर वाक्यों को आगे-पीछे करना पड़ा है। अध्याय तीन के दूसरे शीर्षक में फ्रेंच कप्तान समरू सम्बन्धी एक असम्बद्ध वाक्य को तो निकालना पड़ा जो विषय में भ्रान्ति उत्पन्न कर रहा था। इसके अतिरिक्त लेखक के मूल विषय को अक्षुण्ण रखा गया है।

विषय का अध्यायों में विभाजन करते समय लेखक ने तीसरे अध्याय को 'अ' (सन्दर्भ संख्या 1-52) और 'ब' (सन्दर्भ संख्या 1-76) दो भागों में विभाजित किया था। दोनों के शीर्षक एवं सन्दर्भ अलग-अलग होने के कारण हमने 'ब' भाग को चौथे अध्याय का रूप दे दिया है। इसी तरह तेरहवें अध्याय में लेखक ने केहरी सिंह के देहावसान के बाद राजा रणजीत सिंह के राजगद्दी पर आरूढ़ होने तक का सम्पूर्ण विवरण 'जाट साम्राज्य का उत्कर्ष तथा अपकर्ष' में सम्मिलित किया हुआ था, जो एक अलग विषय है। अतः हमने महाराजा सूरजमल के शासनकाल से 1777ई. तक जाट राज्य की स्थिति के आकलन को एक अलग अध्याय में रखा है। सन्दर्भ संख्याएँ भी एक से आरम्भ करके पुनः समायोजित की हैं। उक्त शीर्षक में विषय की आवृत्ति भी है क्योंकि लेखक महाराजा सूरजमल के शासन काल की सैन्य शक्ति एवं टकसाल इत्यादि का विवरण जवाहरसिंह के राज्यारोहण के समय पहले भी दे चुका है। हमने जाट साम्राज्य के समग्र आकलन को ध्यान में रखते हुए इस आवृत्ति को ज्यों का त्यौं रहने दिया है। इस प्रकार लेखक के चौदह अध्यायों के स्थान पर सोलह अध्याय हो गए हैं।

प्रत्येक अध्याय के सन्दर्भों को पाद-टिप्पणियों में लिखते समय कई अनियमितताओं का सामना करना पड़ा है। (क) लेखक ने पहले अधिकतर सन्दर्भ पाद-टिप्पणियों में लिखे हैं। (ख) पुनः संशोधन करते समय हाशिए पर नोट लिख दिए और वहीं अति संक्षिप्त सन्दर्भ भी लिख दिए। (ग) कुछ सन्दर्भ विवरण के मध्य कोष्ठक में लिखे मिले। अध्याय दस के बाद तो अधिकतर सन्दर्भ विषय वर्णन के साथ कोष्ठक में लिखे हुए हैं। (घ) लेखक ने कुछ सन्दर्भों की संख्या विषय के शीर्षक एवं उपशीर्षकों पर ही लिख दी है। यथासम्भव यह क्रम संख्या उस विवरण के बाद सही स्थान पर लिखने का प्रयत्न किया गया है। (ङ) कई स्थानों पर सन्दर्भ लिख कर काट दिए गए हैं। कई स्थान पर क्रम संख्या अशुद्ध लिखी मिली है। उदाहरणार्थ अध्याय सात के विषय वर्णन में सन्दर्भ संख्या नहीं है। परन्तु पाद-टिप्पणी में 7वाँ सन्दर्भ है। सन्दर्भ 35 के स्थान पर 36 लिखा मिला। इसी प्रकार

आगे सन्दर्भ संख्या 112 के आगे संख्या 113-114 छोड़कर क्रम संख्या 115 लिखी मिली। अतः सन्दर्भ संख्या 35 से आगे 163 तक सभी सन्दर्भों की दोनों स्थानों-विषय वर्णन और पाद टिप्पणियों में क्रम संख्या बदलनी पड़ी है। लेखक ने अध्याय-आठ में भी सन्दर्भ संख्या 21,24 और अध्याय बारह में सन्दर्भ संख्या 8 काट दी। परन्तु आगे का क्रम ठीक नहीं किया। इसलिए अत्यन्त सावधानी के साथ सन्दर्भों को पाद-टिप्पणियों में समायोजित करने के साथ उनकी क्रम संख्या निर्धारित की गई है।

लेखक ने सन्दर्भों के लिए शब्द संक्षेप का उपयोग किया है जैसे ड्रॉ. ख. प.; सी.पी.सी. आदि। परन्तु अधिकतर स्थानों पर लेखक का नाम लिखकर बिना उसकी पुस्तक का नाम दिए पृष्ठ संख्या लिख दी है तो कहीं पुस्तक का नाम देकर सन्दर्भ लिख दिए गए हैं। उदाहरणार्थ अध्याय चार में टि. 70 में इमाद-उस्सादत...पुस्तक का नाम लिखा है और टि. 76 में उसके लेखक मीर गुलाम अली का नाम देकर पृष्ठ संख्या लिख दी है। इस प्रकार सन्दर्भ लिखने में एकरूपता नहीं है। वर्णन के अनुसार अनुमान लगाना पड़ता है कि यह लेखक की किस पुस्तक की पृष्ठ संख्या है। इस कठिनाई से बचने के लिए हमने पाठकों की सुविधा के लिए एक ही 'संकेताक्षर एवं ग्रन्थ सूची' तैयार की है जिसमें पुस्तक के आगे लेखक का नाम तथा लेखक के नाम के आगे उसकी कृतियों के नाम दिए गए हैं।

भाषा सम्पादन करते समय निम्नलिखित सुधार किए गए हैं। लेखक ब्रज प्रदेश का निवासी है। ब्रजभाषा की प्रकृति के अनुसार अधिकतर शब्दों में तालव्य 'श' के स्थान पर दन्ती 'स' और 'व' के स्थान पद 'ब' लिखा मिला जैसे विनास, प्रसंगबस, फरबरी आदि जो खड़ी बोली के अनुसार ठीक किए गए हैं। इसी प्रकार अन्य वर्त्तनी-प्रोहित, मध्यस्त, श्रोत, सहस्त्र, दृष्टव्य, अनुसरण आदि भी शुद्ध कर दिए हैं। वाक्य रचना में लेखक ने सामान्य भूतकालिक क्रियाओं के स्थान पर पूर्ण भूतकालिक क्रियाओं का प्रयोग किया है-जैसे 'किया' के स्थान पर 'किया था'; ऐसे प्रयोग इतिहासलेखन में खलते हैं। इसी प्रकार वाक्य के आरम्भ में 'तब', 'तभी' शब्दों का अनावश्यक प्रयोग मिला। भाषा को प्रवाहयुक्त बनाने के लिए इन अनावश्यक 'था', 'तब', 'तभी', शब्दों के हटाने का प्रयत्न किया गया है।

कुछ स्थानों के नामों को हमने शुद्ध करके लिखा है जैसे परगना जवार के स्थान पर जाबरा लिखा मिला। जाबरा मथुरा जिले की मांट तहसील में एक गाँव है और उससे उत्तरपूर्व में मुड़सान के पास प्रसिद्ध जवार गढ़ी और परगना था। ये दोनों अलग-अलग स्थान आज भी हैं। यह भ्रम अँग्रेजी में Jawar लिखने के कारण होता है। इसी प्रकार दबही-अब

डिबाही कस्बा है।

पुस्तक के अन्त में नाम, स्थान और विषय की सूची तैयार न करके हमने अनुक्रम में अध्याय के नाम के नीचे शीर्षक एवं उपशीर्षक सहित उनकी पृष्ठ संख्या भी दे दी है जिससे सम्पूर्ण पुस्तक के इतिवृत्त का सार उसमें समाहित हो गया है।

श्री रामनिवास मिर्धा, पूर्व केन्द्रिय मन्त्री, के मार्ग दर्शन में सूरजमल स्मारक शिक्षा-संस्था का अनुसन्धान एवं प्रकाशन केन्द्र पश्चिमोत्तर भारत की ग्रामीण विरासत से सम्बन्धित स्रोत सामग्री का संकलन, संरक्षण और प्रामाणिक ग्रन्थों को सांप्रतिक करके उसका प्रकाशन का कार्य कर रहा है। संस्था ने उक्त विषय पर अनेक राष्ट्रीय संगोष्ठी और कार्यशालाओं का आयोजन किया है। संस्था के परिसर में शोधकर्त्ताओं के लिए एक समृद्ध पुस्तकालय स्थापित किया गया है। संस्था जाटों के किसी पक्ष पर शोध करने वाले विद्वान और शोधकर्त्ताओं को आर्थिक सहायता भी प्रदान करती है।

हर्ष की बात है कि **श्री ओम प्रकाश चौटाला**, माननीय मुख्यमन्त्री हरियाणा सरकार, ने संस्था के शोध केन्द्र के उक्त कार्यों के लिए पाँच लाख रुपए प्रदान किए हैं। संस्था उनके प्रति हार्दिक आभार प्रकट करते हुए भविष्य में भी उनके निरन्तर प्रोत्साहन की आकांक्षी है।

प्रकाशन के लिए इस कृति की पाण्डुलिपि संस्था को उपलब्ध कराने में मेजर जनरल के.के. सिंह का योगदान रहा है। वे संस्था के सदस्य हैं और संस्था के अध्यक्ष श्री रामनिवास जी मिर्धा के मित्र हैं। लेखक से उनका परिचय था। लेखक की मृत्यु के बाद उन्होंने मिर्धा जी से प्रस्तुत पाण्डुलिपि के प्रकाशन का अनुरोध किया। इसको उपलब्ध करने के लिए मुझे भरतपुर भेजा गया। स्व. उपेन्द्रनाथ शर्मा की पत्नी श्रीमति विमला शर्मा ने सहर्ष उस पाण्डुलिपि के साथ स्व. लेखक द्वारा संगृहीत पुस्तकें भी संस्था को प्रदान कर दीं। इतना ही नहीं इससे पूर्व प्रकाशित दोनों पुस्तकों के आगामी प्रकाशन के लिए संस्था के साथ अनुबन्ध भी कर दिया। इस प्रकार स्व. उपेन्द्रनाथ शर्मा की तीनों कृतियों का स्वत्वाधिकार अब सूरजमल संस्था के पास है। आशा है श्रीमति विमला शर्मा को अपने स्व. पति की इस कृति के सुरुचिपूर्ण प्रकाशन से चिर अभीप्सित की पूर्ति के साथ अतीव सन्तोष होगा।

मेरे मित्र डॉ. एस. एस. राणा, उपाध्यक्ष सूरजमल संस्था, की शुभाकांक्षाएँ शोधकार्य में डटे रहने के लिए मुझे साहस प्रदान करती हैं। मेरे दूसरे कर्मठ साथी श्री एस.पी. सिंह, संस्था सचिव, अपने सहयोगी को सुविधा एवं सम्मान देकर कार्य कराने की सामाजिक कला में सिद्धहस्त हैं। जब मैं भरतपुर जा रहा था तो उन्होंने पूछा–भरतपुर का भूगोल जानते हो? संस्था की गाड़ी ले

जाओ नहीं तो भटकते फिरोगे। इस सुझाव की उपयोगिता का तब अनुभव हुआ जब मैं इतिहास की स्रोत-सामग्री-संकलन के लिए प्राच्य विद्या प्रतिष्ठान, राज बहादुर की कोठी, राजकीय पुस्तकालय, हिन्दी साहित्य समिति पुस्तकालय, लक्ष्मणमन्दिर पुस्तकालय, मोती महल, कोठी गंगा विहार तथा अन्य स्थानों पर लोहागढ़ की खाई के चारों ओर घूमता रहा। स्व. बिग्रेडियर घासी राम, अध्यक्ष जीवन निर्माण संस्थान, भरतपुर द्वारा प्रदत्त रात्रि विश्राम और आतिथ्य मेरे मस्तिष्क में आज भी सजीवता के साथ अंकित हैं। हस्तलिखित पाण्डुलिपियों की प्रति एवं पुस्तकों का भार दिल्ली लाना दोनो बार गाड़ी की सुविधा के कारण ही सरलता से सम्पन्न हो सका था।

विनायक कम्प्यूटर्स के संचालक श्री मनीष डागा एवं ओरीजिनल्स प्रकाशन के प्रयासों के कारण ही यह सुरुचिपूर्ण प्रकाशन सम्भव हो सका है। जाट-इतिहास की शृंखला में प्रस्तुत प्रकाशन अनुसन्धानकर्त्ताओं एवं पाठकों के लिए उपादेय सिद्ध हुआ तो संस्था के उद्देश्य की प्रतिबद्धता सिद्ध हो सकेगी।

31 मार्च 2003

डॉ. वीर सिंह
निदेशक
अनुसन्धान एवं प्रकाशन केन्द्र
सूरजमल स्मारक शिक्षा-संस्था

अनुक्रम

अध्याय 1

सूरजमल का परिवार, आय, सैन्यबल तथा घटक

1. सूरजमल का परिवार एवं सन्तति

कौमी एकता, बिरादरी के आत्मिक सहयोग, प्रचलित सामाजिक 'परिणय सूत्र बन्धन' सिद्धांत, सहकर्मियों में सामूहिक दायित्व की भावना, भिन्न-भिन्न जातियों, खापों, मत-मतान्तरों, धर्म व सम्प्रदायों में आपसी सद्भाव तथा धर्म-निरपेक्षता से ही प्रतापी महाराजा सूरजमल ने कृषक प्रधान राज्य की स्थापना में अद्भुत सफलता प्राप्त की थी। उनके रनिवास में कितनी पत्नियां थीं? इस बारे में उपलब्ध सामग्री व ऐतिहासिक कथ्यों में अनेक भ्रान्तियां व भिन्नताएं हैं।

जागा पोथी तथा कुछ पुरानी फर्दों में साधारण अन्तर के साथ सूरजमल की निम्न आठ रानियों तथा छः सह-पत्नियों या सहचरियों का विवरण मिलता है–

नाम ठकुरानी		पारिवारिक सन्दर्भ
1. रानी हंसिया[1]	=	पुत्री, चौधरी रतीराम नाहरवाहर, ग्राम सलेमपुर कलां
2. रानी किशोरी[2]	=	पुत्री, चौधरी काशी सोलंकी जाट, निवासी होड़ल
3. रानी गंगा	=	पुत्री, फौजदार हरलाल कछाया (कछौदिया?), धीमासिरी
4. रानी कल्याण कौर (किसन कौर)	=	पुत्री, चौधरी बिजैराम गड़ासिया
5. रानी खेत कौर	=	पुत्री चौधरी भागमल नौंहवार, बाजना (उत्तर प्रदेश)
6. गया देई	=	सौहरौत जाट, सादाबाद (उ.प्र.)
7. इन्दा	=	कचौरे पाट
8. विरजा	=	पुत्री? जीवाराम सोरोतन, ग्राम बंचारी
सहचरी	=	1. जयकौर, 2. सदा कौर, 3. जलकौर, 4. पेमकौर, 5. गंगा कौर और 6. कवरिया (कॉमर?)

माया रानी याज्ञिक[3] का कथन है कि सूरजमल के अन्त:पुर में चौदह रानियां थीं। लेखिका ने रानी हंसिया, किशोरी तथा गंगा का ही अति सूक्ष्म विवरण दिया है। ठाकुर गंगासिंह[4] ने बिना किसी सन्दर्भ के छ: रानियों (हंसिया, किशोरी, गंगा, कवरिया, खेत कुंवारी तथा कल्याण कौर) को नामांकित किया है।

फादर फ्रांकोज वैंदेल ने पत्नियों की संख्या चार मानकर रानी हंसिया का ही उल्लेख किया है।[5] 'सुजान संबत समें' के लेखक उदैराम कवीश्वर ने सूरजमल की छ: रानियां लिखी हैं। इसी प्रकार परवर्ती इतिहासकार जॉन गोटलिइब कोहन ने निम्न छ:[6] रानियों का उल्लेख किया है। इनमें से केवल प्रथम चार रानियां ही जाट वंश संभूत थीं–

	नाम रानी		पारिवारिक संदर्भ
1.	रानी हंसिया	=	पुत्री, चौधरी रतीराम, ग्राम सलेमपुर
2.	रानी किशोरी	=	पुत्री, चौधरी काशी, होडल
3.	रानी गंगा	=	ग्राम, वछामदी (तहसील, भरतपुर)
4.	रानी कल्याणी	=	ग्राम, नाहनी (प्रान्त झांसी)
5.	रानी गौरी	=	ग्राम, आम्हाँ (अमाँह), गौर (गौड़) राजपूत वंश
6.	रानी खत्तू	=	बहिन, चौधरी जीवाराम बंचारी

लेखक ने 1926 ई. की घटना में एक स्थान पर रानी जलकौर का भी उल्लेख किया है। जागा पोथी में जलकौर को सह-पत्नी माना गया है।

निष्कर्षत: सूरजमल का रनिवास सामंती परम्परा से पूर्णत: भिन्न काफी छोटा बहुत-पत्नी समाज की संज्ञा का द्योतक था और रनिवास में छ: रानियों से अधिक शामिल नहीं होती थीं। रानी हंसिया तथा किशोरी अति धर्म-परायणा, वैष्णव धर्म व संस्कृति की संरक्षिका, विलक्षण प्रतिभा सम्पन्न होने पर भी बांझ थीं।

संतति

इतिवृत्तों से सुस्पष्ट है कि सूरजमल की चार पत्नियों की कोख से जवाहरसिंह, रतनसिंह, नवलसिंह, नाहरसिंह तथा रणजीत सिंह नाम पांच पुत्रों का जन्म हुआ था। वैंदेल ने केवल चार पुत्रों (जवाहर, रतन, नाहर तथा नवल सिंह)[7] का उल्लेख किया है। 'सुजान चरित्र' के लेखक सूदन[8] ने सन्तति के बारे में लिखा है–

त्यौंही सिंह सुजान कै प्रथम जवाहर जान।
नाहर रतन उभै सु ए नवल हरी बहुमान ॥

कवि ने अन्यत्र 'सूर के पूत पाचौं अवाजा' लिखा है। संभवतः बाल्यावस्था में रणजीत सिंह का दुलार का नाम 'हरी' था। टांड पांच पुत्रों के नामांकन के अलावा हरिदेव बख्श[9] नामक एक अन्य धर्मपुत्र (दत्तक या पालित) का उल्लेख करता है। सूरजमल को यह बालक एक दिन शिकार खेलते समय मिला था। अन्यत्र इस कथन की पुष्टि नहीं होती है।

प्रबन्धकार उदैराम कवीश्वर ने 'सुजान संबत समें' में निम्न पांच पुत्रों का उल्लेख किया है–

सूरजमल के पांच सुत सुंदर राजकुमार।
मानहु बान अनंग के आनि लीयौ अवतार ॥
जबर जबाहर सिंह सों नाहर नवल पुनीत।
रंग रसीले रूप सर राव रतन रनजीत ॥

अस्तु, सूरजमल के पांच पुत्र थे और महाराव नाहरसिंह के अलावा शेष सभी ने राज्य संचालन किया था।

सन्ततियों का मातृपक्ष

(अ) जवाहरसिंह और रतनसिंह सहोदर[10] भ्राता थे। वैंदेल का कथन है कि इनका जन्म गौर (गौड़) जाति की रखैल माता की कोख से हुआ था और जवाहरसिंह का विवाह भी उसी जाति में हुआ था। सामाजिक मान्यताओं के अनुसार गौड़ (गौर) राजपूत जाटों से अधिक कुलीन व उच्च वर्ग में शामिल माने जाते हैं। मीर गुलाम अली[11] ने इनकी माता को राजपूत कुल की लिखा है, जबकि जेम्स टांड कूर्म (कूरम) जाति की मानता है। उसके अनुसार दकन (मध्य भारत?) में जाटों के बाद कूर्माः (कच्छपघात = कछवाहा, कुशवाहा या कछाया ठाकुर) बहु-संख्यक हैं और प्रशासन में भागीदारी की अपेक्षा कृषक हैं।[12] डॉ. कानूनगो ने गौरया राजपूत माना है। किन्तु गौड़ राजपूतों को गौरया या गरूआ ठाकुर मानना अनुपयुक्त है।

माया रानी याज्ञिक ने इनकी माता को कछवाहा वंश संभूत, रानी गंगा को माना है। यह 'गंगिया' नाम से विख्यात थी। ठाकुर गंगा सिंह का कथन है कि रानी गंगा धीमासिरी निवासी वैरीसाल कछवाहा की पुत्री थी। कुंवर नटवर सिंह[13] ने इसी सन्दर्भ को उद्धृत किया है। अतः इन सभी सन्दर्भों व इतिवृत्तों से स्पष्ट है कि उभय भ्राताओं की माता राजपूत जाति की थी।

जॉन कोहन ने दोनों भ्राताओं की माता का नाम गौरी लिखा है और वह अम्वाह (आम्हाँ) के गौड़ राजपूतों की सन्तान थी। कंवर दानसाह जवाहरसिंह का 'बन्धु' (मौसेरा भाई) था और वह भी राजपूत था। मराठा प्रलेखों[14] से ज्ञात होता

है कि बिजैराम जवाहरसिंह का साला था और वह निंबगांव (निकट गोवर्धन) का निवासी था। 'प्रताप रासो' के लेखक जाचीक जीवण तथा अप्पाजी मैराल के पत्र के अनुसार दानसाह ब्रजराज (जवाहरसिंह) का बंधु था। एक अन्य मराठी अभिलेख के अनुसार दानसाह ने अपनी पुत्री का विवाह लहार (बुन्देलखण्ड) के कछाया राजकुंवर के साथ किया था।[15]

'सुजान चरित्र' में हमको गोकुलराम गौड़ तथा उसके अनुज सूरतिराम गौड़ का प्रमुख सेनानायकों के रूप में उल्लेख मिलता है और इनके नेतृत्व में क्रमशः 1000:400 स्वकुलीन सवार शामिल थे। इन्होंने सूरजमल के साथ रणक्षेत्रों में शामिल रहकर जवाहरसिंह के नेतृत्व में अग्र पंक्ति में युद्धों का संचालन किया था और वीरता व साहस प्रदर्शित करके प्राणोत्सर्ग किया था।[16]

अतः वैंदेल, सूदन तथा जॉन कोहन के तथ्यों को, अन्य साक्ष्य मिलने तक, नकारा नहीं जा सकता और यह कहना उचित ही होगा कि जवाहरसिंह तथा रतनसिंह की माता का नाम गौरी था और वह गौड़ (गौर) राजपूत वंश संभूत थी।

(ब) डॉ. कानूनगो ने जेम्स टांड के सन्दर्भ से राव नवलसिंह की माता को मालिन लिखा है और ठाकुर गंगासिंह ने इसका नाम कंवरिया माना है।[17] जागा पोथी में किसी कुल, वंश या जाति का उल्लेख किये बगैर ही कंवरिया को सूरजमल की सह-पत्नी लिखा है। अतः राव नवलसिंह का मातृ पक्ष अभी अनिश्चित ही है।

(स) महाराव नाहरसिंह की माता जाट संभूत थी। जॉन कोहन[18] का कथन है कि उसकी माता का नाम कल्याणी (कल्याण कौर) था। वह ग्राम नाहनी (झांसी प्रान्त) की निवासी थी। जागा पोथी में कल्याण कौर के पिता का नाम चौधरी बिजैराम गड़ासिया लिखा है। सम्भवतः गड़ासिया परिवार अहीरबाड़ा को छोड़कर भरतपुर राज्य में आकर बस गये थे।

(द) राव रणजीतसिंह की माता जाट कुल संभूत, रानी गंगा, ग्राम बछामदी की निवासी थी।[19] 'गंगा मैया के रणजीतसिंह बेटा किशोरी की गोद धरे', यह काठेड़ की प्रचलित लोकोक्ति है। निःसन्देह राव रणजीतसिंह रानी गंगा का पुत्र था। माजी किशोरी ने उसका पक्ष स्वीकार करके उसके राज्यारोहण (1777 ई.) के बाद काठेड़ राज्य के नाम को सुस्थिर रखने में महती योग दिया था।

2. जाट-राज्य की सीमाएं

सूरजमल ने प्राणोत्सर्ग से पूर्व काठेड़ जनपद को 'साम्राज्य' का रूप देकर पूर्व से पश्चिम 320 किमी. और उत्तर से दक्षिण 240 किमी. के लगभग अति विस्तृत कृषक प्रधान राज्य की स्थापना की थी। इस विशाल राज्य में काठेड़ तथा ब्रज के अलावा दोआब प्रदेश में जिला मेरठ, सिकन्दराबाद, बुलन्दशहर, अलीगढ़

(रामगढ़), हाथरस, मुरसान, जलेसर, एटा तथा मैनपुरी, पूर्व में फिरोजाबाद, शिकोहाबाद सहित सम्पूर्ण जिला आगरा तथा मथुरा, दिल्ली के उत्तर-पश्चिम में जिला रोहतक, फर्रुखनगर तथा दक्षिण में जिला गुड़गांवा, रेवाड़ी, बल्लभगढ़, अलवर सहित सम्पूर्ण मेवात, बयाना तथा धौलपुर शामिल था। इस प्रकार इस राज्य की सीमायें पूर्व में नवोदित रुहेलखण्ड अर्थात् गंगा का दाहिना तट, पश्चिम में कछवाहा राज्य जयपुर, उत्तर में दिल्ली से लगभग 30 किमी. सराय बसन्त, दक्षिण में चम्बल नदी के उत्तरी तट तक फैल चुकी थीं।[20]

3. राजस्व

सूरजमल के राज्यारोहण (1756 ई.) के समय जाट राज्य की वार्षिक आय लगभग एक करोड़ रुपया थी।[21] सूरजमल के विश्वासपात्र वकील राव राधाकिशन की सूचना के आधार पर मीरगुलाम अली केवल प्रसंगवश पानीपत संग्राम से पूर्व जाट राजकोष की स्थिति के बारे में लिखता है, कि सूरजमल एक करोड़ 50 लाख रुपये की जागीर का स्वामी था और उसके कोष में 5-6 करोड़ रुपया जमा था।[22] पानीपत संग्राम (1761 ई.) के बाद उसने मध्य दोआब में मराठा अधिकृत जागीरों तथा बलूची बस्तियों पर अधिकार कर लिया था। अस्तु, 'मजमा-उल-अखबार' के लेखक हरसुखराय का विश्वास है कि सूरजमल के राज्य का राजस्व 2 करोड़ रुपये से अधिक था।[23]

वार्षिक आय तथा सुरक्षित कोष के बारे में वैंदेल[24] लिखता है–

"सूरजमल ने अपने उत्तराधिकारियों को जो संचित कोष तथा सम्पत्ति छोड़ी, उसके बारे में लोगों की राय में भिन्नता मिली। कुछ का अनुमान है कि सूरजमल ने नौ करोड़ रुपये का संचित कोष छोड़ा और कुछ इससे कम मानते हैं। मैंने राज्य के चिट्ठानवीस से उनके राज्य की वार्षिक आय तथा व्यय की जानकारी की। मुझे जो कुछ पता लगा, उसके अनुसार उनके शासन के 5-6 वर्षों में वार्षिक आय एक करोड़ 75 लाख रुपया थी और व्यय 60 लाख से कम तथा 65 लाख रुपया से अधिक नहीं था। उसने अपने पिता के कोष में 5-6 करोड़ की चांदी और जमा की। आज (जवाहरसिंह के राज्यारोहण के समय) खजाने (राजकोष) में 10 करोड़ रुपया है। काफी खजाना भूमिगत है किन्तु उन स्थानों की कोई भी जानकारी नहीं है। जाटों के गुप्त खजानों के बारे में सामान्यतः अनेक धारणाएं हैं। किन्तु मेरा सदैव यह विश्वास रहा है कि उनके पास इससे अधिक द्रव्य नहीं है।"

डॉ. यदुनाथ सरकार का आकलन है कि उस समय सम्पूर्ण आगरा प्रान्त का राजस्व 2 करोड़ से कुछ कम था, और जाट राज्य के अधीन प्रान्त का 3/4 भाग था। सूरजमल ने भरसक प्रयास किया कि इस प्रान्त में मुगलों की आय से उसकी आय दुगुनी हो जावे। फिर भी उसके पूर्वज तथा स्वयं के प्रयास से 10 करोड़

से अधिक संचित कोष नहीं था और उसका अधिकांश भाग भूमिगत था।[25]

निष्कर्षतः सूरजमल काल में राज्य का राजस्व 2 करोड़ से कम ही था और जाटों का गुप्त खजाना या भूमिगत द्रव्य सदैव प्रश्न चिह्न ही बना रहा।

4. टकसाल

सूरजमल ने डीग तथा भरतपुर में 'चांदी की टकसाल' नामक टकसालें भी स्थापित कीं। इसके अतिरिक्त वृन्दावन तथा रेवाड़ी में भी मुगल कालीन टकसालें थीं। अन्य राजपूत राज्यों तथा नवाबों की भांति राज्य की कोई स्वकीय मुद्रा नहीं थी। 1763 ई. में सूरजमल ने सम्राट् शाह आलम सानी के नाम से इन टकसालों से चांदी का सिक्का चलवाया था, जिनका वजन 171.86 ग्रेन था। इस रजत मुद्रा के एक ओर 'सिक्क मुबारक बादशाह गाजी शाहआलम' तथा पृष्ठ भाग में 'जर्ब बुर्जी अनवरपुर सन् जुलूस' की छाप थी और एक ओर 'फूल व कटार' का मुद्रण था। इसी वर्ष ताम्र मुद्राएं भी ढाली गई थीं, जिनका वजन 275 से 280 ग्रेन के बीच था।[26] राज्य का यह सिक्का 'हाली' कहलाता था। इसी सिक्के को ही सूरजमल की स्वाधीन सत्ता का प्रतीक माना गया था।

5. स्थायी सैन्य शक्ति

सैनिक क्षमता के बारे में वैंदेल का विचार है कि किलेदारों, जागीरदारों तथा जमींदारों के बन्दूकची, सवारों व पैदलों के अलावा सूरजमल अपने उत्तराधिकारियों के लिए सवैतनिक 15 सहस्र घुड़सवार, 25 सहस्र पैदल, 5 सहस्र घोड़ा, 60 हाथी, 300 सभी आकार-प्रकार की तोपें तथा अनुपात में गोला बारूद के भण्डार छोड़ गया था।[27]

सैय्यद गुलाम हुसैन उसकी सैन्य कुशलता के बारे में लिखता है–

"सूरजमल के अस्तबल में 12,000 घोड़े थे और इन पर विशेष तौर से प्रशिक्षित, निरन्तर अभ्यासी, अनुशासित, चुनिंदा सैनिक सवारी करते थे। उन सैनिकों को घोड़े की पीठ से निशाना साधने, घूमकर पुनः बन्दूक भरने का अभ्यास कराया गया था। वे नियमित अभ्यास के कारण द्रुतगति में भी इतने चतुर तथा खतरनाक निशानेबाज थे कि भारत में ऐसा कोई सैनिक दल नहीं था जो मैदान में जमकर उनका सामना कर सके।"[28]

इस प्रकार सूरजमल ने अपने अश्वारोही दल को संख्यात्मक सामर्थ्य से भी कहीं अधिक शक्तिशाली और प्रभावपूर्ण बना दिया था। उसकी सेना में एक भी विदेशी सैनिक भरती नहीं था। उसके निजी गोल खास में चुनिंदा, सुयोग्य, अनुशासित हिन्दु-मुस्लिम अश्वारोही शामिल थे और उसको उनकी योग्यता तथा कुशलता पर पूर्ण भरोसा था।

6. जवाहरसिंह का आरम्भिक जीवन व कार्य कुशलता

राव जवाहरसिंह का जन्म कब और कहां हुआ? प्रमाणों के अभाव में अद्यत: अनिश्चितता है। पुनश्च: विवरणों व घटनाओं के आधार पर उसका जन्म काल वि.सं. 1784 (1727-28 ई.) के आसपास माना जा सकता है। गौड़ वंश संभूत रानी गौरी की कोख से जन्म होने पर भी वह सूरजमल का ज्येष्ठ पुत्र था। उसका पालन-पोषण, शिक्षा-दीक्षा रनिवास में हुई थी, उसके जन्म के बारे में राज-परिवार तथा स्वार्थी राज-सरदारों में अन्यान्य भ्रांतियां विद्यमान थीं। "कुछ का कहना था कि वह अपनी माता के साथ सात माह का सूरजमल के सामने आया था। कुछ कहते थे कि वह अपनी मां के जठर में आया था और कुछ की मान्यता थी कि वह सूरजमल का औरस पुत्र था।"[29]

शैशव तथा युवाकाल में स्वभावत: उसको राव बदनसिंह का अधिक प्यार व दुलार मिला था। उसने बदनसिंह के सानिध्य में राज-काज की शिक्षा ग्रहण की थी और अपने पिता के नेतृत्व में सैन्य संचालन, सैन्य गठन तथा युद्ध-कला में निपुणता प्राप्त की थी। अस्तु, उसमें शासकीय क्षमता, सैन्य संचालन व नियंत्रण की सहज क्षमता थी और वह स्वाभिमानी निर्भीक, दु:साहसी तथा दृढ़ सेनापति था।

जवाहरसिंह के मानवीय व सैनिकी गुणों, शाही दरबार से मनसब व राव का विरुद प्राप्त करने, सूरजमल के संरक्षण में अनेक युद्धों तथा दिग्विजयों में भाग लेने, पिता-पुत्र के बीच कटुता, मेवात-हरियाणा विजय का विवरण मैंने अपने पूर्व ग्रंथ (खण्ड 2) में यथा स्थान दिया है।[30]

कहा जाता है कि उसके हृदय में बाल्यकाल से ही मुगल शासकों के प्रति घृणा थी। उसने एक बार दिल्ली के वजीर को अपने हाथ का चुम्बन लेने पर फटकार दिया था और उसके गले पड़ गया था कि हाथ चूमकर अपवित्र क्यों कर दिया? अपने माता-पिता के प्रति उसका अधिक ममत्व नहीं था। जवाहरसिंह की शूरवीरता, साहस तथा पराक्रम से प्रभावित होकर ही रानी हंसिया (नि:सन्तान) ने उसको अपना दत्तक पुत्र मानकर अत्यधिक गुमान किया था। उसने अपने पति तथा भ्राता बख्शी बलराम के क्रोध से उसके जीवन की रक्षा की थी। दिल्ली अभियान के लिए अपार द्रव्य दिया था। फिर भी उसको जवाहरसिंह से समुचित सम्मान तथा न्याय नहीं[31] मिल सका। जून-जुलाई 1764 ई. में रानी हंसिया का प्राणान्त[32] हो गया था।

वह जहां अति उदारमन था, वहां यदा-कदा साधारण भूल के लिए अति कठोर दण्ड देने में भी नहीं चूकता था। उदारता के साथ शत्रु तथा अपने विरोधी को क्षमा करने की क्षमता थी।[33] नवाब नजीब-उद्-दौला तथा मराठों के साथ

उसने उदारता दिखलाई और मल्हारराव की मृत्यु के बाद उसने मराठा सेनानायकों को मुक्त किया, जबकि गुसांई बन्धुओं को सन्देह पर ही पूरी तरह बरबाद कर दिया था।

मीर गुलामअली ने उसको 'अति महत्त्वाकांक्षी, निष्कपट, स्पष्ट वक्ता लिखा है।'[34] राने मैडक ने उसको 'अपने पड़ोसियों के लिए स्वभावजन्य आतंक'[35] और कवीश्वर उदैराम ने 'जालिम, जुल्मी तथा जुल्हाल' लिखा है। उदैराम का कथन है कि यदि वह धैर्यवान होता तो वह हिन्दुओं का कल्याण करने में सफल रहता; जुल्म (अत्याचार) के कारण ही उसका अंत हो गया था।[36] उसके स्वभाव में अक्खड़ता थी, क्रोध, आवेश, आक्रोश, अधीरता, उच्छृंख्लता, अड़ियलपन था और उसकी लड़ाकू प्रवृत्ति थी।[37] वह अतिव्ययी तथा महत्त्वाकांक्षी था और उसमें आत्म संयम की कमी थी।

जवाहरसिंह तथा रतनसिंह दोनों भाइयों ने शाही दरबार से जात व सवार का मनसब, राव का विरुद प्राप्त कर लिया था। जवाहरसिंह को शाही दरबार से नौबत भी प्रदान की गई थीं। वास्तव में मनसब एक औपचारिक सम्मान था। इन दोनों में से किसी की भी शाही चाकरी में तैनाती नहीं की गई थी। मनसब के अनुरूप जागीर प्रदान करने का साक्ष्य अभी तक खोजनीय है।

जवाहरसिंह को अपने स्वभाव के कारण ही युवाकाल में राज-परिवार के घटकबाद का शिकार बनना पड़ा था। स्वयं सूरजमल, राजवंश के अन्यान्य सदस्य, कुटुम्बी जन, डूंग-पंचायत के अनेक सदस्य, प्रभावशाली सामन्त उससे असन्तुष्ट, भयभीत तथा खिन्न रहते थे। ज्येष्ठ पुत्र होने पर भी सूरजमल ने उसको विधिवत अपना उत्तराधिकारी तथा युवराज घोषित नहीं किया था, फिर भी राज्य को पारिवारिक संघर्ष से बचाने की दूरदृष्टि से, राज्य की स्थिरता के लिए ही सूरजमल ने मेवात, गुडगावां, हरियाणा को 'बफर स्टेट' (सह-राज्य)[38] के रूप में जवाहरसिंह के प्रबन्ध में सौंप दिया था। सूरजमल की मृत्यु के समय वह फर्रुखनगर तथा नव-विजित दुर्गों व प्रदेशों के बन्दोवस्त में व्यस्त था।

7. महाराव नाहरसिंह का आरम्भिक जीवन[39]

राव नाहरसिंह विवाहिता[40] जाट रानी की सन्तान थी और वह सूरजमल का अति प्रिय तथा आज्ञाकारी पुत्र था। सामाजिक व पारिवारिक परम्परा के अनुसार यद्यपि जवाहरसिंह गद्दी का वास्तविक उत्तराधिकारी था, किन्तु मातृपक्ष की प्रबलता के कारण नाहरसिंह गद्दी का वास्तविक अभ्यर्थी था। अस्तु, सामन्तों के परामर्श पर सूरजमल ने राव नाहरसिंह को सहज स्वभाव से अपने कठोर संरक्षण में राज-काज, राजनीति तथा सैन्य संचालन में निपुण किया और उसको अनुमानतः 11 लाख वार्षिक राजस्व का जिला धौलपुर, जिसमें रूपवास, खैरागढ़, बाड़ी, बसेड़ी,

फतहाबाद, राजाखेड़ा आदि अति उपजाऊ तथा सम्पन्न परगने शामिल थे, कांसा जागीर में प्रदान कर दिया था।

नाहरसिंह स्वभाव से अति नम्र तथा दयालु था। उसके शिक्षक कविवर भोलानाथ ने 'सुमन प्रकाश' में उसको 'शीलवन्त, दानशील तथा विक्रमी पुरुष' लिखा है, जबकि अन्य लेखकों का कथन है कि उसमें निर्भीकता, निड़रता, वीरता, युद्ध संचालन तथा सैन्य नियंत्रण क्षमता और कपट व्यवहार का अभाव था। उसमें काव्य सौन्दर्य बोध था तथा उसकी प्रवृति में धार्मिकता थी।

सूरजमल ने पड़ोसी शासकों के सम्पर्क में रखने के विचार से सितम्बर, 1751 ई. में उसको धाभाई श्रीराम, पं. गोकुल चंद, कृपाराम (मामा), भूपसिंह कल्याणौत के साथ सवाई माधोसिंह के दरबार में दशहरा का मुजरा करने भेजा था। जून, 1758 ई. में नाहरसिंह ने मुगल दरबार में काठेड़ राज्य का प्रतिनिधित्व किया था और दिल्ली में वजीर इमाद-उल्-मुल्क से भेंट कर उसको अली गौहर की सहायता न करने का आश्वासन दिया था।[41] सम्भवतः तभी वजीर ने उसको महाराव की उपाधि से सम्मानित किया था। जवाहरसिंह विद्रोह (अक्टूबर, 1758 ई.) के बाद सूरजमल ने नाहरसिंह को अप्रैल, 1760 ई. में कछवाहा दरबार में भेजने का विचार व्यक्त किया था और सवाई माधोसिंह ने उस पर अपनी कृपा दृष्टि रखने तथा सहयोग प्रदान करने का आश्वासन भी दिया था। परन्तु अनेकों राजनैतिक उलझनों के कारण उसका वहां जाना सम्भव नहीं हो सका।

सूरजमल की हार्दिक अभिलाषा उसको उत्तराधिकारी तथा युवराज बनाने की थी और दिल्ली अभियान से पूर्व उसको प्रधानमंत्री बलराम के साथ ससैन्य दोआब प्रान्त का बन्दोबस्त करने भेजा था, परन्तु अन्त में उसको दिल्ली अभियान में सैन्य-बल का संचालन करने हेतु दिल्ली बुला लिया। यहां सूरजमल का गोलोकबास हो गया और नाहरसिंह को युवराज पद प्रदान करने की उसकी अभिलाषा पूर्ण नहीं हो सकी।

8. राजवंश का पारिवारिक घटक

सूरजमल के जीवनकाल में व्यक्तिशः स्वार्थ, तथा शक्ति के लिए घटकवादी परम्परा के बीजारोपण हो चुके थे और इसका परिणाम भरतपुर राज्य के जन-जीवन को भुगतना पड़ा। इस समय राज्य में दो घटक अधिक सक्रिय तथा प्रभावी थे और उनका नेतृत्व (1) बख्शी बलराम नाहरवार तथा (2) गुरु महन्त रामकिशन, रानी हंसिया के हाथों में केन्द्रित था।

(1) वरिष्ठतम राज हितैषी बलराम नाहरवार (बल्लभगढ़) जाट राज्य का प्रधानमंत्री (वजीर), अश्वारोही (रिसाला) दलों का बख्शी (प्रमुख सेनापति) भरतपुर दुर्ग का किलेदार तथा राज्यपाल पद का उपभोग कर रहा था। उसके अन्य बन्धु

बान्धव अलवर, आगरा तथा अन्य महत्त्वपूर्ण दुर्गों के किलेदार तथा व्यवस्थापक थे। भरतपुर दुर्ग में सुरक्षित कोषागार पर उसका वर्चस्व[42] था। उसके ही हाथों में राज्य की सभी व्यावहारिक, प्रशासनिक तथा सैनिक शक्तियां निहित थीं। फौजदार मोहनराम बरसानिया[43] तथा राजा बहादुरसिंह (वैर)[44] उसके राज हितैषी, सहयोगी सरदार थे। मोहनराम बख्शी-तोपखाना (आतिस) और भरतपुर का फौजदार था। राजा बहादुरसिंह पांच लाख रुपया जमा की जागीर का उपभोक्ता था। अधिकांश उच्च पदों, दुर्गों पर नाहरवार तथा बरसानिया घरानों तथा उनके उपजीवियों का आधिपत्य था।

2. बलराम की बहन रानी हंसिया ड्यौढ़ी कुम्हेर की व्यवस्थापिका थी। प्रायः धार्मिक अनुष्ठानों तथा सांस्कृतिक क्रियाकलापों में व्यस्त रहती थी। अपना अधिकांश समय गोवर्धन के महलों में व्यतीत करती थी। वह एक कुशल राजनयिक महिला थी। गुरु महंत रामकिशन, राम दल का नेतृत्व करते थे और उनका धर्मगुरु के रूप में जनता पर पर्याप्त प्रभाव था। दीवान जीवाराम बंचारी, दीवान गजसिंह चौहान, विदेश मंत्री राव रूपराम कटारा आदि सुयोग्य तथा कुशल प्रशासकों का भी राज्य में काफी दबदबा था। इनके अलावा चारों डूंग (सिनसिनवार, सोगरिया, खूंटेल या कुंत्तल और चाहर) पंचायत के पंच तथा धाभाई गुर्जर घराने भी राज्य व्यवस्था के क्रियाशील अंग थे।

संघर्षरत जवाहरसिंह ने इस घटकवाद की रीढ़ को तोड़कर भारी भूल की। राजघराने के अन्य सदस्यों तथा राजवंश से सम्बद्ध रिश्तेदारों के नवीन घटक में योग्यता तथा कुशलता का अभाव था। राजा नवलसिंह को भी अन्य नवोदित घटक का शिकार बनना पड़ा। फलतः शत्रुओं ने राजवंश की कटुता, सैनिक दौर्बल्य का लाभ उठाया और 1776 ई. में विशाल काठेड़ साम्राज्य का अनायास ही पतन हो गया।

संदर्भ

1. डॉ. कानूनगो (पृ. 159) ने हंसमुख स्वभाव के कारण रानी हंसिया को ही रानी किशोरी समझकर ऐतिहासिक तथ्यों व घटनाओं की धारा को ही बदल दिया है। अन्य सभी इतिहासकारों ने सुयोग्य लेखक का अनुकरण करके रानी किशोरी के नाम को चर्चित किया है। इससे पाठकों में स्वभावतः भ्रांति फैल गई है। परवर्ती लोक साहित्य में भी किशोरी को ही प्रधानता मिली है।

= 'अलीगढ़, डिस्ट्रिक्ट गजेटियर' के लेखक डॉ. जमाल मुहम्मद सिद्दिकी ने 'तारीख-इ-अतरौली' (पृ. 16) के आधार पर 'हंसकौर' को अलीगढ़ (रामगढ़) के किलेदार दुर्जनसिंह की पुत्री लिखा है। इसी प्रकार डॉ. कानूनगो ने (पृ. 170) राव दुर्जनसिंह (दोआब में अतरौली का सेनानायक) को सूरजमल का रिश्तेदार माना है।

सन्दर्भों से ज्ञात होता है कि राव दुर्जनसिंह गुर्जर वंश का था और जाट गुर्जरों में वैवाहिक सम्बन्धों के प्रमाण नहीं मिलते हैं। जाट राजवंश ने गुर्जरों को 'धात्री' पद प्रदान करके आपसी भाई-चारा सम्बन्ध अवश्य बनाया था और इन परिवारों को सेना में बख्शी पद पर भी नियोजित किया गया था।

= नजूल तथा देवस्थान विभाग की सूचियों में हंसिया को 'हंसा' रानी भी लिखा गया है।

= रानी हंसिया के अध्ययन के लिए द्रष्टव्य-लेखक कृत 'ब्रजेन्द्र बहादुर महाराजा सूरजमल जाट' (1986 ई.) पृ. 50, शादी तथा पारिवारिक परिचय, पृ. 62, कुम्हेर दुर्ग के घेरा में उसकी कूटनीति तथा आत्म-बल, पृ. 261-3; मराठों के प्रति उदारता, पृ. 418-19

2. रानी किशोरी की जीवनी तथा कार्यों के लिए द्रष्टव्य-रा.हि.रि.ज. वर्ष XI, अंक 3 (1974 ई.); विवाह के लिए द्रष्टव्य 'ब्रजेन्द्र बहादुर महाराजा सूरजमल जाट', पृ. 169;
3. 'भारतवीर', वर्ष 2, अंक 1, मार्गशीर्ष, कृष्णा 7, वि.सं. 1984 (नवम्बर, 16, 1927 ई.) पृ. 5
4. यदुवंश, पृ. 256-8, 100;
5. वैंदल, पृ. 90, 107; डॉ. कानूनगो ने वैंदेल के मत का ही अनुसरण किया है, जाट 159;
6. जॉन कोहन, पृ.22 ब, 26 अ, 27 अ तथा 53 अ;
7. वैंदल, पृ. 90
8. सूदन, पृ. 6, 235;
9. टांड, जि. 2, पृ. 300; यदि सूदन के 'हरी' को हरिदेव बख्श मान लिया जावे, तब रणजीत का जन्म 1755-6 ई. के बाद माना जाएगा। इस स्थिति में 'पांचों अबाजा' का अर्थ प्रश्न वाचक होगा। अतः वैंदल की संकलित सूचना में निश्चित रूप से गड़बड़ रही है।
10. 'गहि लरकै द्वै जॉम भये, अति ही बलवानै।
    नाम जवाहिर रतन सु, वे सब जग में जानै ॥ सोभ, पृ. 3 ब;
11. इमाद, पृ. 56;
12. टांड, जि. 2, पृ. 300; दोनों भ्राताओं के मातृपक्ष के सन्दर्भ के लिए द्रष्टव्य–लेखक कृत 'महाराजा सूरजमल जाट', पृ. 343 पा.टि.
13. यदुवंश, पृ. 257-8; नटवरसिंह, पृ. 58;
    'जाट जगत' मासिक (अगस्त 7, 1941 ई. पृ. 18) में कछवाहों को जाट प्रमाणित करने का प्रयास किया है और ठा. गंगासिंह ने भी कछवाहों को जाट बतालने का भ्रमात्मक प्रयत्न किया है।
14. पे.द.सं., जि. 29, लेख 165; जॉन कोहन (पृ. 22 ब, 25 ब) के कथन से भी इसकी संपुष्टि होती है।

15. प्रताप रासो, पृ. 50; पे.द.सं. जि.29, लेख 208, (नई), जि. 3, लेख 160;
16. सूदन, पृ. 19, 23, 34, 46, 53, 112, 122, 132, 134, 137, 184, 190, 192;
17. चम्बल पारी भूखण्ड में अधिकांश ठाकुर खेती-बाड़ी, बागवानी या नकदी जिंस की काश्त करते हैं। अस्तु, माली या बागवानी किसी जाति का द्योतक न होकर पेशा का परिचायक है। कर्नल टॉड (खण्ड 2, पृ. 300) के आधार पर आधुनिक इतिहासकारों का यह कथन भ्रामक है कि पेशे के आधार पर नवल सिंह की मां माली जाति की थी।
   = वैंदेल ने किसी जाति और जॉन कोहन ने नाम व जाति का उल्लेख नहीं किया है।
18. वैंदेल (पृ. 90) केवल जाति लिखता है, जबकि जॉन कोहन (पृ. 22 ब) ने नाम, जन्मस्थान तथा जाति का उल्लेख किया है।
   = गंगा सिंह (पृ. 257) का यह कथन असत्य है कि रानी हंसिया ने नाहरसिंह को जन्म दिया था। कुं. नटवरसिंह (पृ. 58) ने इस साक्ष्य को स्वीकार करके जाट इतिहास में भ्रम पैदा किया है।
19. जॉन कोहन, पृ. 22 ब, 38 ब;
   = गंगासिंह का कथन असत्य है कि खेत कुंवरि ने रणजीतसिंह को जन्म दिया था।
   = पे.द. के एक प्रलेख में रणजीतसिंह को किशोरी का पुत्र लिखा है। (जि. 29, लेख 165), परन्तु यह निर्विवाद सत्य है कि किशोरी ने ड्योढ़ियों का प्रबन्ध संभाल कर रणजीतसिंह की दक्षता, जाट रानी की सन्तान होने के कारण, जाट डूंग पंचायत की संतुष्टि व राज्य विवाद को निबटाने के लिए अपना दत्तक पुत्र घोषित किया था।
20. रेने मैडक, अनु. 45; नूरुद्दीन, पृ. 60 ब-61 अ;
21. सियासी मकतूबात, पत्र सं. 2;
22. इमाद, पृ. 72;
23. इ.डा., खण्ड 8, पृ. 362;
24. वैंदेल, पृ. 50-51;
25. सरकार (मुगल), खण्ड 2, पृ. 307
26. विलियम वेब (दॉ करेंसीज ऑफ दॉ हिन्दू स्टेट्स ऑफ राजपूताना), पृ. 26-29;
27. वैंदेल
28. सियार, खण्ड 4, पृ. 28;
29. इमाद, पृ. 56;
30. लेखक कृत 'ब्रजेन्द्र बहादुर महाराजा सूरजमल जाट'-बदनसिंह का दुलार, पृ. 95; शादी पृ. 147, 344 पा.टि.; कछवाहा दरबार में प्रतिनिधित्व, पृ. 148, 151, 152; मनसब व राव का सम्मान, (मई, 1747 ई.), पृ. 159; सलाबत के साथ अजमेर जाना, पृ. 167-8; फतेहगढ़ युद्ध (1751 ई.), पृ. 182; मनसब में सवाई वृद्धि, पृ. 185; घासहरा अभियान, पृ. 201-2; जाट गर्दी, पृ. 210, 216; माधोसिंह से भेंट तथा कोइल दुर्ग व दोआब के परगनों पर अधिकार, पृ. 221-226; खाण्डेराव

का प्रतिरोध, पृ. 245; कुम्हेर युद्ध, पृ. 251; घासहरा पर पुनराधिकार (1755 ई.), पृ. 286; अलवर दुर्ग पर अधिकार (1756 ई.) पृ. 287; दुर्रानी से संघर्ष; पृ. 309-313; विद्रोह (अक्टूबर 1758 ई.), पृ. 341-51; अहीरवाटी झज्झर, हरसारू, तोरु, फर्रुखनगर अभियान, पृ. 443-461; सूरजमल का स्मारक, पृ. 478;

31. वैंदेल, पृ. 90
32. जॉन कोहन, पृ. 22 ब; लेखक हंसिया तथा किशोरी के नामों में उलझ गया है। रानी किशोरी के 1795 ई. के आसपास तक जीवित रहने के साक्ष्य प्राप्त हैं।
33. दे.क्रॉनि.; इमाद, पृ. 56;
34. इमाद, पृ. 56;
35. रेने मैडक, पृ. 72;
36. सुजान संबत समें, प्रथम विलास, छंद 57-59;
37. जॉन कोहन, पृ. 22 ब;
38. वैंदेल,पृ. 88;
39. लेखक कृत 'महाराव नाहरसिंह', 'जाट समाज', मासिक, वर्ष 6, अंक 11, अगस्त, 1984 पृ. 24-26;
40. 'नाहरसिंह के अलावा (जवाहर, रतन ओर नवल) में से कोई भी उसकी पत्नी (विवाहिता) की सन्तान नहीं थी।'' (इमाद, पृ. 56)
    सूरजमल के पुत्र तिनि व्याहत कौ नाहर।
    पिता रीति सब गही, न चूक्यौ काहू ठाहर ॥ सोभनाथ, पृ. 3 ब;
41. ब्रजेन्द्र बहादुर महाराजा सूरजमल, पृ. 184, 342-3; ड्र'. ख.प. बण्डल 6, लेख 10, बण्डल 7, लेख 86 (1293)
42. वैंदेल, पृ. 95;
43. विस्तृत अध्ययन के लिए द्रष्टव्य-लेखक कृत 'मोहनराम बरसानिया घराना, रा.हि. का. प्रो., खण्ड 8, 1975 ई.
44. राजा बहादुरसिंह का जीवन, योग्यता तथा कार्यों के लिए द्रष्टव्य-'महाराजा सूरजमल जाट' पृ. 41-2;

अध्याय 2

जवाहरसिंह का राज्यारोहण : नजीब से युद्ध (1764-65 ई.)

1. महाराव नाहरसिंह का प्रतिरोध तथा पलायन

शाहदरा (दिल्ली) रणभूमि में महाराजा सूरजमल के आकस्मिक गोलोकवास (रविवार, दिसम्बर 25, 1763 ई.) के साथ ही उदास मन बख्शी बलराम नाहरवार ने महाराव नाहरसिंह के नेतृत्व में भारी युद्ध-प्रसाधनों तथा 20 सहस्त्र सैन्य बल सहित उसी रात्रि को चतुराई से निर्विघ्न रणभूमि त्याग दी और 28 घंटे से भी कम समय में वायु वेग से 150 कि.मी. का मार्ग तय करके 27 दिसम्बर को शोक संदेश लेकर राजधानी डीग में प्रवेश किया।

दिवंगत राजा की अभिलाषा को पूर्ण करने के विचार से बलराम ने महाराव नाहरसिंह को काठेड़ राज-गद्दी पर आरूढ़ करने का तत्क्षण कार्यक्रम बनाया। दुःखद समाचारों के साथ ही 'कौमी डूंग मजलिस' के प्रायः सभी पंच, राजकुल से सम्बद्ध सिनसिनवार ठाकुर व फौजदार, तथा राज-सरदार डीग में आकर उपस्थित होने लगे और बख्शी बलराम ने उनके समक्ष नाहरसिंह को 'तत्काल उत्तराधिकारी घोषित करके' राज-गद्दी पर आरूढ़ करने का प्रस्ताव रखा।[1] तभी जवाहरसिंह की साहसिक प्रवृत्ति, प्रतिकार की भावना तथा सामान्य सामाजिक न्याय सम्मत मांग ने नाटकीय परिवर्तन कर दिया था।

जवाहरसिंह 10 सहस्त्र सैनिकों सहित फर्रुखनगर में व्यस्त था। महन्त रामकृष्ण (किसन) अपनी नागा संन्यासियों की जमात (राम दल) तथा अन्य कुछ सरदारों ने अपने सवारों सहित उसी रात्रि को रणक्षेत्र से फर्रुखनगर की ओर प्रस्थान करके 26 दिसम्बर को तीसरे पहर[2] जवाहरसिंह को शोक सन्देश दिया और उसको बलराम के विचारों से अवगत कराया। जवाहरसिंह ने तत्क्षण ही प्रभावशाली 'कौमी डूंग पंचायत के ठाकुरों, कुटुम्बी जनों तथा रिश्तेदारों के नाम

स्थान-स्थान पर कठोर शब्दों में धमकी भरे परवाने भेजकर उनको 'दिल्ली रणक्षेत्र में उनके द्वारा दिखलाई गई कायरता तथा निन्दनीय युद्ध शैली अपनाने' पर धिक्कारते हुए लिखा–

"प्रख्यात राजा की आत्मा की शांति के लिए राज्य के उत्तराधिकार का प्रश्न हल करना इतना आवश्यक नहीं है, जितना महानतम व्यक्तित्व की आत्मा बधिक के रक्त की प्यासी है। आत्मा की शांति के लिए नवाब-उद्-दौला को पराजित करना आवश्यक है और यही 'कौमी संगठन' की समयोचित मांग है। इस समय वह 'जीवन व अधिकार' का प्रश्न हल नहीं करना चाहता है। वह दिवंगत आत्मा को शांति प्रदान करना चाहता है। इसलिए वह स्वयं सीमित साधनों तथा अल्प सैनिकों के साथ बधिक के विरुद्ध युद्ध छेड़कर अपने दाऊजी (पिताजी) के रक्त का बदला लेगा। इसके समाधान के बाद वह विचार करेगा कि गद्दी का व्यावहारिक तथा वैधानिक उत्तराधिकारी कौन होगा? इस व्यवस्था के लिए वह स्वयं शीघ्र ही डीग आ रहा है।"

इन प्रवचनात्मक परवानों का आतंकी प्रभाव पड़ा और षड्यंत्रकारी चौकड़ी भूल गये। आन्तरिक दलबन्दी तथा राज-कुल के सदस्यों में मानसिक द्वन्द्व के कारण राजगद्दी प्रक्रिया में शिथिलता आ गई।[3] जवाहरसिंह की दिल्ली अभियान की मांग ने प्रपंची राजनीति में नाटकीय परिवर्तन कर दिया। इससे महाराव नाहरसिंह का सबल पक्ष स्वतः निर्बल बन गया। वह स्वभावतः भयभीत था। फलतः उदासमन वह डीग से कुम्हेर के महलों में आ गया और उसी रात्रि (29 दिसंबर) को उसने अपने परिवार, अमूल्य चल सम्पत्ति तथा राज-काज के उपयोगी दफ्तरों (कागजातों) के साथ कुम्हेर से जयपुर जाने की तैयारियां शुरू कर दी थी।[4]

2. जवाहरसिंह का राज्यारोहण, दिसम्बर 30, 1763 ई.

फर्रुखनगर में ही जवाहरसिंह के नेतृत्व में आसपास से पर्याप्त सैनिक एकत्रित हो चुके थे। अनेकों राजभक्त सरदारों ने अनमने मन से प्रत्यक्षतः जवाहरसिंह की भावात्मक नीति की सफलता में सहयोग देने का आश्वासन दिया। जवाहरसिंह अविलम्ब एक तेजधावक ऊंटनी पर सवार होकर 29 दिसम्बर की रात्रि को ही डीग आ धमका।[5] तात्कालिक परिस्थितियों के अनुकूल नीति निपुण बलराम तथा अन्य सरदारों ने अधिक बुद्धिमत्ता दिखलाई और उन्होंने उसको जाट राज्य का स्वामी और 'कौमी पंचायत' ने अपना नेता स्वीकार करके नमन किया।[6] कौमी पंचायत ने जवाहरसिंह को निर्विवाद उत्तराधिकारी घोषित करके राज्य को रक्त क्रांति तथा गृह संघर्ष से बचा लिया।

परम्परागत मातमपुरसी[7] के बाद दिसम्बर 30, 1763 ई. (पौष वदि 11, सं. 1820)[8] के दिन जवाहरसिंह कौमी पंचायत, जागीरदारों व राज-सरदारों के समक्ष

बृहद दरबार में राज गद्दी पर आरुढ़ हुआ और उसने 'ब्रजेन्द्र बहादुर महाराजा सवाई जवाहरसिंह[9] का विरुद धारण किया। फिर सभी सामन्तों व सरदारों को यथावत अपने-अपने पदों पर कार्य करने, जागीरों व विशेषाधिकारों का उपभोग करने की स्पष्ट अधिघोषणा तथा पूर्वकालिक आदेशों की संपुष्टि की गई।

3. व्यावहारिक कठिनाइयां : नाहरसिंह की विफलता

जवाहरसिंह निःसन्देह नवाब नजीब-उद्-दौला पर तत्काल आक्रमण करने में असमर्थ था। सत्ताधारी सरदारों में स्वभावतः पर्याप्त बेचैनी फैलने लगी थी और सहयोगी भावना प्रगट करने की अपेक्षा वे डीग से अपनी-अपनी जागीरों में खिसक गये। बलराम ने तत्काल राजकोष की चाभियाँ सौंपने, आय-व्यय का चिट्ठा प्रस्तुत करने से मना कर दिया और उसने भरतपुर दुर्ग के फाटकों को बन्द करवा दिया। लोकचर्चा थी कि उसने संचित कोष को भी इधर-उधर भूमिगत कर दिया था। मोहनराम तथा उसके अनुजीवी भी जवाहरसिंह का मनोबल गिराने वाली भ्रमात्मक चर्चाएं करने लगे थे।[10]

राजा बहादुर सिंह (वैर) राजवंश का प्रथम श्रेणी का वरिष्ठतम जागीरदार था। उसने अन्य गणमान्य जागीदारों, रिश्तेदारों तथा बन्धु-बान्धवों की भांति जवाहरसिंह के शासनादेशों को मानने से मना कर दिया था।[11] इस भांति कबीलों, समुदायों या खांपों के संघात्मक राज्य में विघटन की सम्भावना व्यक्त की जाने लगी थी। इस वातावरण में व्यवहारिक राज-सत्ता के लिए लोक-समर्थन ही प्रभावी सिद्धान्त था। किन्तु भ्रष्ट सरदारों की सद्भावना व सहयोग के अभाव में तात्कालिक लोक समर्थन भी असम्भव था। तब तीन माह तक जवाहरसिंह की शासक के रूप में स्थिति काफी संदिग्ध बनी रही। उसने कड़वी घूँट पी और ऐसे अपमान को सहन पड़ा था, जिसको वह स्वयं ही समझ सकता था। उसने अपने मनोबल, धैर्य, साहस तथा सूझबूझ से अपने आपको इस स्थिति से उबारा। गुरु महन्त रामकिसन ने लोकमत को उसके पक्ष में मोड़ने में सर्वाधिक प्रयत्न किया था।

नाहरसिंह को सवाई माधोसिंह का नैतिक व सैनिक समर्थन मिलने का विश्वास था। इसी से उसने कुम्हेर से संगही सीताराम के हाथों राजा हरसाय खत्री के नाम अर्जदाश्त भेजकर कछवाहा दरबार से उस पर गौर (विचार) किये जाने की प्रार्थना की थी। जवाहरसिंह ने भी उसके भाग्य का निर्णय करने को कौमी पंचायत की बैठक की और बिरादरी पंचों ने निर्णय दिया कि नाहरसिंह एक गढ़ की जागीर का अधिकारी है। वह सभी मुल्क (देश) का अधिकारी नहीं हो सकता। इस निर्णय से असन्तुष्ट होकर नाहरसिंह ने कुम्हेर से जयपुर की ओर प्रस्थान किया। मार्ग में राजा बहादुरसिंह ने उससे भेंट की और वह उसको समझा-बुझाकर

अपने साथ वैर दुर्ग में ले गया। यहाँ से नाहरसिंह ने जनवरी 17, 1764 ई. (पौष वदि 13, सं. 1820) को भट राजा सदाशिव को सभी समाचारों से अवगत कराते हुए लिखा[12]

"अब श्री जी (माधोसिंह) जो भी आज्ञा देंगे, उसका पालन करूँगा। संगही (सीताराम) जी को अपने पास श्री हजूर भेजा है। वह सभी कुछ निवेदन करेंगे। आप हमारी सहायता पर विचार करेंगे और शीघ्र ही श्री जी निवेदन करेंगे। हम आपके खानदानी चाकर हैं। अब माफिक करोगे। हमको एक आपका ही भरोसा है। उत्तर शीघ्र भेजना ॥"

तब 23 जनवरी को रतनलाल खत्री ने उत्तर में लिखा–

"राजा हरसाय व संगही सीताराम ने सभी समाचारों से अवगत कराया।

ब्रजेन्द्र बहादुर की तरफ से हमको अत्यधिक दुःख हुआ। परन्तु भविष्य किसी को भी नहीं छोड़ता। अब आप अधिक खातिर जमा रखें। आपकी गौर होगी।"

जयपुर दरबार से आपेक्ष उत्तर नहीं मिलने पर नाहरसिंह फरवरी, 1764 ई. में अपने मामा कृपाराम तथा मामा उदय सिंह के साथ[13] वैर से धौलपुर चला गया। वहाँ उसने अपने परिवार, निजी सेवकों व खास गोल के सवारों तथा पैदलों को चम्बल तटवर्ती शेरगढ़ के प्राचीन दुर्ग में रखा। यहाँ वह राजगद्दी की आशा में जवाहरसिंह के विरुद्ध कुटिल चालों में सक्रिय हो गया था।[14]

4. मांजी हँसिया का सहयोग

सूरजमल की हत्या से प्रजा (रिआया) में शोक की लहर फैल गई थी। सर्वाधिक आघात रानी हंसिया को पहुँचा। शोक विह्वल होकर भी उसका चेहरा क्रोधावेग से रक्तिम हो गया था। उसने सरदारों की कायरता पर घोर पश्चाताप किया। वह तानाशाह नजीब-उद्-दौला से अपने पति की हत्या का बदला लेना चाहती थी। अस्तु, उसने अपने दत्तक पुत्र जवाहरसिंह को ड्योढ़ी-कोष से प्रभूत द्रव्य की व्यवस्था का वचन देकर बदला लेने के लिए प्रोत्साहित किया।[15]

5. मध्य दोआब से नजीब का पलायन[16]

27 दिसम्बर को नजीब-उद्-दौला ने सिकन्दराबाद के पश्चिम में 24 किमी. सूरजपुर में डेरा डाला और यहाँ से उसने अपने पुत्र जाबित खां को दिल्ली दुर्ग तथा शहर की व्यवस्था करने को भेज दिया। फिर स्वयं ने जवाहरसिंह का मार्ग रोकने के विचार से अगले दिन (28 दिसम्बर) बल्लभगढ़ की ओर प्रस्थान किया और दनकौर घाट के नीचे की ओर पहुँचकर उसने दिल्ली से दनकौर तक प्रति 22 किमी. की दूरी पर सुरक्षात्मक सैनिक चौकियां स्थापित कीं। रुहेला सैनिकों

ने शांति से मध्य दोआब में गढ़ी रहित जाट परगनों से जाट आमिलों व सैनिकों को हटाकर चार थानों पर अपना अधिकार कर लिया। जवार तथा टप्पल परगनों पर भी नजीब जम गया था।

मराठा वकील ने अपने पत्र में नजीब की गतिविधियों के बारे में पेशवा को लिखा, "इस समय सिख सरदारों ने युवक जाट शासक के साथ भारी उपकार किया और उन्होंने उसके मुल्क को नजीब के अधिकार से बचा लिया।" सरदार जस्सा सिंह अहलूवालिया (कपूरथला राज्य का संस्थापक) के नेतृत्व में बूढ़ा दल के चार सहस्त्र सिखों ने उत्तरी दोआब में नजीब की जागीरों में प्रवेश करके जिला सहारनपुर (20 फरवरी) तथा जिला मेरठ के गावों में भारी लूटमार शुरू कर दी थी। फलतः नजीब को ससैन्य मध्य दोआब से अपनी राजधानी नजीबाबाद की रक्षार्थ कूँच-दर-कूँच शीघ्र ही रामरा घाट पहुँचना पड़ा। इससे मध्य दोआब के जाट थानों व परगनों पर रुहेलों की पकड़ कमजोर हो गई।

राजधानी डीग से प्रस्थान करके जवाहरसिंह सर्वप्रथम गोवर्द्धन पहुँचा। यहाँ उसने मानसी गंगा में स्नान किया और गोवर्द्धन नाथ की पूजा-अर्चना की। पितृ शोक से विह्वल कुसुम सरोवर पर अपने दाऊजी की पुण्य स्मृति में भव्य छतरी (स्मारक) निर्माण का आदेश दिया। फिर माघ पंचमी (7 फरवरी) के बाद उसने मथुरा में अपना शिविर डालकर अपने सैनिकों को यमुना पार मध्य दोआब के जाट थानों तथा परगनों पर अधिकार करने को रवाना किया। जाट सैनिकों के दबाब से रुहेला नौंहझील के उत्तर में बाजना से हटने लगे। तब सैनिकों ने घेरा डालकर उन पर आक्रमण किया। झड़पों में अनेक रुहेला काम आये। नजीब के आमिल व सिपाही घबराकर भाग गये। मार्च के अन्त तक मध्य दोआब के सभी थानों व दोनों परगनों पर जाटों का पूर्ववत् अधिकार हो गया।

6. जवाहरसिंह की उदारता : उत्तराधिकार का टीका

जवाहरसिंह ने 'वैमनस्य तथा प्रतिकार' की नीति को छोड़कर अब उदारता का अभिनय शुरू किया। उसने शनैः शनैः विद्रोही या विरोधी सरदारों के अपराधों को भुलाकर उनको अपने गले लगाने का प्रयास किया। इस समय उसकी राज-सत्ता को जमाने में महंत रामकिसन, विदेश मंत्री राव रूपराम कटारा, कुल पुरोहित घमण्डी राम तथा उसके कुटुम्ब के अन्य सदस्यों, मिश्र गंगाप्रसाद भदौरिया तथा हरजी रेवारी ने हार्दिक सहयोग प्रदान किया।

निकटतम हिन्दू पड़ौसी सवाई माधोसिंह काठेड़ राज्य के उत्कर्ष तथा जन-शक्ति के प्रति आन्तरिक दाह रखता था। वह जवाहर-नजीब संघर्ष के परिणामों के प्रति काफी सावधान था। फिर भी वह जवाहरसिंह का खुलकर विरोध करने की स्थिति में नहीं था। फरवरी के प्रथम सप्ताह में राव रूपराम कटारा तथा

पुरोहित राव हरसुख (पुत्र राव हेमराज कटारा) जवाहरसिंह की अर्जदाश्त के साथ जयपुर पहुँचे और उन्होंने कछवाहा दरबार को सभी घटनाओं से अवगत कराया। 10 फरवरी को कछवाहा दरबार ने जवाहरसिंह तथा प्रधानमंत्री बलराम के नाम क्रमशः रुक्का व परवाना भेजकर 'सभी तरह से खातिर जमा रखने' की इच्छा व्यक्त की।[17]

जवाहरसिंह ने राव हरसुख के हाथों पुनः अपनी अर्जदाश्त भेजी। तब मार्च 4, 1764 ई. (फाल्गुन सुदि 2, सं. 1820) को कछवाहा शासक ने भट शिवशंकर को रुक्काखास सौंप कर उत्तराधिकार के टीके का साज-सामान तथा तीन पोशाकों के सिरोपाव के साथ रवाना किया। उसने जवाहरसिंह तथा बलराम को लिखा, "भट शिवशंकर व पुरोहित राव हरसुख आपको इधर के समाचारों से अवगत करायेंगे।"[18] फिर 5 मार्च को किरकिराखाना से सरपेच तिलाई मीना मुरसाकारी, 12 मार्च को सभी साज सहित एक नील वर्ण अश्व, 1 अप्रैल को झूल व अन्य साज सहित खुदा बख्श नामक एक हाथी और 6 मई को खासगी जरी का फर्रुखशाही सिरोपाव भेज कर जवाहरसिंह को विधिवत उत्तराधिकारी स्वीकार करके सम्बन्ध सामान्य बनाने की चेष्टा की।[19]

राक्षसभुवन युद्ध (अगस्त 10, 1763 ई.) के बाद पेशवा माधवराव प्रथम ने स्वयं राज कार्य ग्रहण करके हिन्दुस्तान में मराठा नीति की ओर ध्यान दिया। मल्हारराव होल्कर काफी वृद्ध हो चुका था और वह अस्वस्थ रहने लगा था। इससे पेशवा उत्तर भारत की सबल नीति में सफल नहीं हो सका। सम्भवतः फरवरी, 1764 ई. में हिन्दुस्तान के किसी अन्य हिन्दू शासक ने पूना दरबार में अपना दूत भेजकर पेशवा को उत्तर भारत की राजनैतिक स्थिति से अवगत कराते हुए लिखा[20]–

"नजीब ने सूरजमल को वचन देकर आश्वस्त कर दिया था और फिर धोखे से उसकी हत्या करवा दी। अब हिन्दुस्तान में आपसे (मराठों से) स्नेह रखने वाला लेखक तथा जवाहरसिंह के अलावा अन्य कोई हिन्दू नहीं है। सूरजमल का पुत्र (जवाहरसिंह) आपको हिन्दुओं में वर्ण व जाति से श्रेष्ठतम मानता है। आपको परम पूज्य समझता है और वह आपको पैसा (द्रव्य) देने का तैयार है। जवाहरसिंह जाट, हाफिज रहमत खां, नवाब अहमद खां ये सभी मेरे स्नेही हैं। नवाब नजीब तथा नवाब शुजाउद्दौला की विरोधी भावना के बावजूद भी जवाहरसिंह तथा लेखक (अज्ञात) की सहायता से मराठा हिन्दुस्तान में अपनी पूर्वकालिक साख जमा सकते हैं और हम सभी आपसी मेल-जोल से हिन्दुस्तान का बन्दोबस्त उत्तम प्रकार से कर सकेंगे। इसमें दुर्रानी व्यवधान पैदा नहीं करेगा।"

पेशवा दरबार में रघुनाथ राव (राघोबा) का वर्चस्व था। अस्तु, मार्च में पेशवा दरबार की ओर से उसने राव पुरुषोत्तम महादेव हिंगणे को जवाहरसिंह के साथ

दौत्य तथा मैत्री सम्बन्धों को प्रगाढ़ करने का निर्देश देकर युवक शासक के हित में राजनैतिक मान्यता प्रदान कर दी। हिंगणे ने पेशवा दरबार की ओर से जवाहरसिंह को एक हाथी तथा दो पोशाक और राव रूपराम कटारा को एक पोशाक भेंट करके मित्रता तथा सहयोग का हाथ बढ़ाया।[21] इस प्रकार भारत के दो महानतम हिन्दू राज्यों में भारतीयता की रक्षा के लिए सहयोग का मार्ग खुल गया था।

7. मथुरा सम्मेलन : सैन्य संगठन

यथेष्ठ धन का प्रबन्ध होने की आशा से जवाहरसिंह की महत्त्वाकांक्षा बढ़ गई थी और उसका हौसला बुलन्द हो गया था। फिर देशवासियों के हृदयों में जाट-शक्ति की उपादेयता बिठलाने हेतु, देश, धर्म व संस्कृति की रक्षा और वधिक से खून का बदला लेने की सार्वजनिक घोषणा भी कर दी गई थी। तब भी विरोधी सरदारों ने जवाहरसिंह की घोषणा का अनुमोदन नहीं किया।[22] डॉ. कानूनगो के शब्दों में "इस प्रकार उन सरदारों ने उसके कपटी दार्शनिक विचारों की थाह पा ली थी। इस नीति की आड़ में जवाहरसिंह बलशाली शासक बन जाता। अस्तु, अंत में उसको अपने ही साधनों पर निर्भर रहना पड़ा।"[23] तब व्यावहारिक राजसत्ता के लिए एक मात्र सैनिक बल ही उचित उपाय था और यही सिद्धान्त जवाहरसिंह की सत्ता को स्थायित्व प्रदान कर सकता था। इससे जवाहरसिंह ने लोक-समर्थन के साथ ही साथ सैनिक संगठन की ओर क्रियात्मक पग बढ़ाये।

पदच्युत वजीर नवाब इमाद-उल्-मुल्क पेंशन भोगी अमीर के रूप में हवेली चार बाग, भरतपुर में कुटुम्ब-कबीलों सहित मौजूद था। जवाहरसिंह ने उसको मुगल साम्राज्य का सर्वोच्च दफ्तर पुनः सौंपने का सशपथ[24] देकर अपना सहगाभी बना लिया था। यद्यपि राव नवलसिंह जवाहरसिंह की अपेक्षा महाराव नाहरसिंह को अधिक प्यार करता था, और उसकी ओर झुकाव था। परन्तु जवाहरसिंह राव नवलसिंह का अधिक विश्वास व भरोसा था।[25] इससे उसको नवल सिंह का तथा उसके रिश्तेदारों (सम्बन्धियों) का नैतिक व सैनिक समर्थन मिल गया था।

सत्ता तथा सैनिक शक्ति को सुदृढ़ करने के लिए ही जवाहरसिंह ने अपने आराध्य देव श्री व्यंक्टेश जी (श्री लक्ष्मण जी) के महन्त रामकिसन को राजगुरु की गद्दी से सम्मानित किया और मथुरा, वृन्दावन, गोवर्द्धन (मंदिर श्री सीताराम जी), वाटी, सायपुर (डीग) आदि देवालयों के भोगराग की व्यवस्था तथा नागाओं के भरण-पोषण हेतु रु. 5000/- वार्षिक जमा का ग्राम बाटी (जिला मथुरा) तथा अन्य गावों में भूमियां पुण्यर्थ जागीर में रखने की संपुष्टि कर दी थी। साथ ही राजकीय ध्वज में 'श्री लक्ष्मण जी सदा सहाय'[26] तथा सरकारी मुहर में 'श्री लक्ष्मण

जी'[27] अंक मुद्रित करके श्री रामानुज सम्प्रदाय की शक्ति-पीठ के प्रति, नागा संन्यासी समाज तथा धर्म प्रधान संस्कृति के प्रति अपनी प्रगाढ़ आस्था प्रगट की थी। तब राजगुरू महन्त राम किसन ने सरदारों तथा सैनिक बलों को तोड़ने और जवाहरसिंह ने उनको पुरस्कृत करके निष्ठाभावी बना लिया। अन्यान्य रामानुजी अखाड़ों के महन्त, निम्बार्क सम्प्रदाय के बैरागी, निर्मोही तथा निरंकारी वैष्णव जमातें जवाहरसिंह की सेवा में आकर शामिल हो गई थीं।

होलिकाष्ठकों (10-17 मार्च) में जवाहरसिंह डीग से मथुरा पहुँचा और यहां उसने यमुना तट पर आयोजित ब्रज के परम्परागत धार्मिक व सांस्कृतिक लोकोत्सवों में भाग लिया। होली के दरबार आयोजित किये। मार्च 16, 1764 ई. (फाल्गुन सुदि 13, सं. 1820) को चालीस गावों के सिनसिनवार पंच भाइयों को सम्बोधित करते हुए जवाहरसिंह ने पुरोहित (फौजदार), नैनसुख, हरसुख, ठाकुरसी, गिरधारी और हरनाम के नाम ग्राम कुचावटी की जागीर विशेषाधिकार, राज सेवा में भाग लेने तथा न्याय पंचायतों में शामिल रहने की सनद की संपुष्टि की।[28] इस प्रकार कुल पुरोहित घमण्डीराम तथा उनके अन्य बन्धुओं के सतत् प्रयास से फौजदार मोहनराम ने जवाहरसिंह के साथ समझौता कर लिया था। इससे भरतपुर तथा अलवर दुर्ग, जिन पर फौजदार मोहनराम के बन्धुओं का सुरक्षा का भार था, में प्रवेश का मार्ग खुल गया और राज्य के अनेक दफ्तरों पर उसका प्रभुत्व जम गया था।

तब अप्रैल में जवाहरसिंह मथुरा से भरतपुर दुर्ग में पहुँचा और वहाँ उसने जवाहरसिंह बुर्ज स्थित महलों में निवास किया। उसने महलों में प्रवेश मार्ग पर ही श्री हनुमान जी की प्रतिमा की प्रतिष्ठा करवाई और पुरोहित घमण्डीराम को यथेष्ठ धन दिया। यहाँ रुककर उसने नजीब के विरुद्ध विशाल पैमाने पर तैयारी करने की बुद्धिमानी की। सर्वप्रथम उसने स्थाई रिसालों तथा पैदलों, कर्मचारियों के विगत दो वर्षों से शेष वेतन का भुगतान करके उनको संतुष्ट किया। इन सैनिक सरदारों को पुरस्कार तथा भूमियां देकर अपना आज्ञाकारी सेवक बना लिया। उसने कौमी बन्धुओं व सरदारों पर ताना मारते हुये कहा, "वे कायर हैं। यदि वे उसका साथ नहीं देंगे, तब वह किराये के सैनिकों की भीड़ के साथ नजीब से बदला लेगा।" फलत: उन्हें जवाहरसिंह का साथ देने का निर्णय करना पड़ा। इस प्रकार वह ख्यातिप्राप्त तथा अनुभवी सैनिकों व खासा पल्टनों का नेतृत्व संभालने में सफल रहा। उसने सेना में अल्हड़ किसानों की भर्ती की। हनुमान गोल खड़ा किया। तोपखाना को व्यवस्थित किया और बन्दूकची सवारों को नवीन किरच वाली बन्दूकें देकर उनको सुदीक्षित व अनुशासित किया।[29] फिर भी इस बार अधिक सेना की आवश्यकता थी। उसने अपनी सहायता के लिए कछवाहा, भदावर व गोहद के शासकों को, मल्हार राव होल्कर तथा सरहिंद के सिख सरदारों

को भी आमंत्रित करने का निश्चय कर लिया था।

8. नजीब का कूट समर्पण

जवाहरसिंह को राजगद्दी का टीका (4 मार्च) व उपहार भेजने के बाद माधोसिंह ने मार्च के मध्य में नजीब के प्रति स्नेह प्रगट करने के लिए नजर व उपहारों सहित मुंशी रामकिसन को अपना दूत बनाकर उसको रामरा घाट छावनी को रवाना किया। दूत ने नजीब को सिरोपाव, घोड़ा, मोतियों की माला, सरपेच आदि नजर किये। 10-15 दिन तक दोनों में जवाहरसिंह व नाहरसिंह के प्रस्तावों तथा अन्य राजनैतिक मामलों पर बातचीत चलीं। तब नजीब ने उसको पोशाक, घोड़ा देकर विदा किया। 14 अप्रैल को वह जयपुर दरबार में उपस्थित हुआ।[30]

इधर अप्रैल में महाराव नाहरसिंह ने जयपुर दरबार में अपनी अर्जी भेजकर उपस्थित होने की अनुमति प्राप्त करने का विफल प्रयास किया। माधोसिंह समय निकालना चाहता था। तब 11 अप्रैल को उसको लिखा गया–

"आपने बंदगी के लिए लिखा। आप दरबार के खानदानी बंदा (सेवक) हैं। खातिर जमा राख जो भी समाचार हों, उनसे अवगत कराते रहना।"[31]

नवाब नजीब ने सिखों के साथ समझौता करके मध्य दोआब में जाट सैनिकों के विरुद्ध जवाबी कार्यवाही नहीं की थी। वह शाही कोष को भी नहीं भर सका[32] था। तब नजीब ने संघर्ष को टालने के विचार से अप्रैल में जवाहरसिंह के पास अति विनम्र संदेश भेजकर लिखा[33]–

"खुदा साक्षी है, जो कुछ हुआ, अदृश्य की इच्छा थी। पराक्रमी महाराज ने फर्रुखनगर के साधनहीन व शक्तिहीन बलूचियों को सर्वप्रथम कुचलने का विनिश्चय कर लिया था। मैंने बार-बार उनको लिखा था कि इन ना-समझ व्यक्तियों का रक्त बहाने तथा इनके प्रति शत्रुता की भावना रखने से कुछ भी लाभ नहीं होगा। फिर भी भूल से अपराध करने के लिए दोषी हैं, तो मैं उनको सजा देने को तैयार हूँ। महाराजा ने इस बात की ओर ध्यान नहीं दिया और सेना भेजकर फर्रुखनगर का घेरा डाला। उन्होंने सरदारों को बन्दी बना लिया। फिर भी मैंने इन बलूची सरदारों की मुक्ति हेतु अपना वकील भेजा। तब भी उन्होंने ध्यान नहीं दिया।

मानवेच्छा शक्ति से इतर अनन्त की अन्य इच्छा थी। दुर्भाग्य से परिवार की बरबादी और सैनिकों के रक्त बहाने की स्थिति बन गई। अविश्वासी मित्र समझ कर उन्होंने मेरे विरुद्ध कूँच किया। फिर भी मैंने उनकी अनुकम्पा प्राप्त करने तथा उनको प्रसन्न करने का प्रयास किया। लेकिन उन्होंने मुझको पूर्णतः गलत समझा। मित्र भाव से मैंने उनके साथ मित्रता का व्यवहार करने तथा संघर्ष को टालने का प्रयास किया। किन्तु दुःखद घटना संयोग मात्र थी।

पूर्वकाल की भांति मित्रता की भावना उचित रहेगी। दोनों पक्षों के लिए आपसी सद्भावना तथा सहयोग अति लाभप्रद रहेगा। युद्ध या संघर्ष से दोनों की बरबादी होगी और हमारे शत्रुओं को बल मिलेगा। आपने सैन्य बल में वृद्धि कर ली है। इस शक्ति के सहारे मित्र की पीठ पर ठोकर मारने की अपेक्षा यह उपयुक्त रहेगा कि इस सैन्य बल को विद्रोहियों को कुचलने के लिए सुरक्षित रखा जावे।

हमें अपने आपको भाग्यशाली समझना चाहिये कि हम दोनों के हाथों में बिना किसी साझेदारी के साम्राज्य के दो प्रमुख प्रान्त हैं। यदि दोनों में एक भी बरबाद हो गया, तब इससे स्वतः अन्य की बरबादी का मार्ग खुल जायेगा। यदि आप मेरे प्रस्ताव व निवेदन से सहमत हो सकें, तब मैं आपसे समझौता करने को तैयार हूँ। अन्यथा (युद्ध के अलावा) अन्य कोई चारा नहीं है। इससे कठिनाइयां ही बढ़ेंगी। हम दोनों पर ही पर्याप्त आर्थिक बोझ पड़ेगा और काफी खून खराबा होगा। आप अपनी नीति व उसके परिणामों पर पुर्नविचार करें और क्रोधाग्नि को शांति-जल से बुझाने का प्रयास करें।"

मराठा वकीलों ने रघुनाथराव दादा को नवाब नजीब की भावनाओं से अवगत कराते हुए लिखा[34]–

"जाट तथा रुहेला आपस में झगड़ रहे हैं। नजीब ने जाट-शासक के पास सन्देश भेजा है कि जो होना था, वही हुआ। यदि मुझसे युद्ध करने से आपके दिवंगत पिताजी (दाऊजी) जीवित हो सकें, तब आप मुझसे अवश्य संघर्ष करें। मैंने आपके मुल्क का कोई हिस्सा नहीं दबाया है। फिर आप व्यर्थ ही परेशान होते हैं। यश-अपयश विधाता के हाथ है। नवाब नजीब ने जाट-शासक के पास यह सन्देश भेजकर यमुना नदी पार कर ली है और अब वे पत्र-व्यवहार करके अपना रोष प्रगट कर रहे हैं।"

नवाब नजीब का समर्पण व मैत्री-भाव, संघर्ष को टालकर अपनी आर्थिक व सैनिक शक्ति को बलशाली करना था। जवाहरसिंह को 'खून का बदला' लेना कौमी आत्म-सम्मान व कौमी-प्रतिष्ठा, हिन्दू-धर्म, हिन्दू-संस्कृति तथा ब्रज-मर्यादा की रक्षा का प्रश्न बन चुका था। इससे नजीब के आपसी समझौता के सभी प्रयास[35] विफल रहे।

9. मल्हारराव से सहयोग प्राप्त करने में सफलता

जवाहरसिंह तथा नजीब में जब आपसी वार्ताएं चल रही थीं, तभी जवाहरसिंह ने अपने अनुभवी वकील राव रूपराम कटारा तथा राव हरसुख को जयपुर दरबार में भेजा। 7 मई को उनको बिदाई का सिरोपाव मिला और वे कछवाहा वकील विद्यागुरु भटजी राजा सदाशिव सहित वापस लौटे। विद्यागुरु ने जवाहरसिंह को खासगी जरी का फर्रुखशाही सिरोपाव भेंट किया और दरबार में रुककर आपस

में नजीब के दृष्टिकोण तथा मराठों की सहायता पर विचार किया।[36] पुनः राव रूपराम जयपुर गया। तब मई के अंत में कछवाहा शासक ने राजा हरसाय खत्री व राजसिंह घुड़चढ़ा को मल्हार राव से बातचीत करने को रवाना किया और 31 मई को राव रूपराव को सोने के कड़े की जोड़ी बख्शीस की गई।[37] आपसी विशदवार्ता के बाद यह तय पाया गया कि जाट शासक होल्कर से सहायता प्राप्त करने को अपना वकील रवाना करे।

मल्हारराव होल्कर कोटा-बूँदी राज्यों की ओर प्रस्थान कर चुका था। तब जवाहरसिंह ने जुलाई के प्रारम्भ में राव रूपराम व राव हरसुख को मल्हारराव के साथ वार्ता करने जयपुर रवाना[38] किया। रूपराम ने जयपुर राजा हरसाय व राजसिंह घुड़चढ़ा से बातचीत की। 5 जुलाई को माधोसिंह ने तीर्थ पुरोहित राव रूपराम को तीन पोशाकों का सिरोपाव प्रदान किया। 6 जुलाई को उसे गद्दी, तकिया, बगली, सुनहरी काम का हौदा दिया गया। इसी दिन मल्हारराव तथा उसके दीवान गंगाधर तांत्या के नाम पत्र लिखा गया कि राव रूपराम आपके पास आ रहे हैं। जो समाचार ये कहेंगे वे सभी राज ने उनको बतलाये हैं। यहाँ सभी भांति आपका ही व्यौहार है।[39]

8 जुलाई को माधोसिंह ने विद्यागुरू भट राजा सदाशिव को जवाहरसिंह के पास रवाना किया और उसके साथ सरपेच मुरसाकारी भी भेजा। 9 जुलाई के पत्र में जवाहरसिंह व बलराम को उनके पत्रों के उत्तर में माधोसिंह ने लिखा[40]–

"आपकी अर्जदाश्त आई। विद्यागुरू भट राजा सदाशिव व राव रूपराम ने सभी समाचार अर्ज किया। आपने लिखा श्री बड़ा महाराज वैकुण्ठवासी जी की ब्रजेन्द्र बहादुर पर अनुकम्पा थी। वैसे ही सेवक भी आपकी कृपा का आकांक्षी है। मैं आपसे किसी भी प्रकार से अलग नहीं हूँ। राव रूपराम मल्हारराव के पास चले गये हैं। वह आपको वहाँ के समाचारों से अवगत करायेंगे।"

कछवाहा वकील ने जवाहरसिंह के दरबार में उपस्थित होकर 'अवसर आने पर नजीब के विरुद्ध सहायता देने का आश्वासन देकर जवाहरसिंह को संतुष्ट करने'[41] का प्रयास किया।

महाराव नाहरसिंह ने भी पुरोहित गोकुलचंद के हाथ जयपुर समाचार भेजे। तब 17 जुलाई को कछवाहा दरबार ने उसको सान्त्वना देकर लिखा कि राजा हरसाय व गोकुलचंद के पत्रों से आपको समाचार मिलेंगे।[42]

नवाब नजीब भी मल्हारराव से सम्पर्क कर रहा था। उसने भी मल्हारराव के पास अपना वकील भेजकर प्रार्थना की[43]–

"हम दोनों में पुरानी मित्रता है। पानीपत संग्राम में मैंने आपकी सहायता की थी। मैंने सूरजमल की हत्या का कभी भी प्रयास नहीं किया। उसने धर्मनीति के विपरीत बलूचियों पर आक्रमण किया। सूरजमल की मृत्यु के बाद मैंने उनके राज्य

में प्रवेश करके बरबादी भी नहीं की और न उनके पुत्र के साथ लड़ाई-झगड़ा करने का ही विचार किया है। मैं पड़ोसियों के साथ मित्रता चाहता हूँ। यदि अनायास ही अपने स्वार्थ के लिए अन्य कोई आपके सम्मुख उपस्थित होकर विपरीत प्रार्थना पत्र प्रस्तुत करे और सहायता प्राप्त करने का प्रयास करे, तब आपको मेरी वफादारी तथा निष्ठाभाव को ध्यान में रखकर ही उन प्रस्तावों पर ध्यान देना चाहिये।"

तब मल्हारराव ने हिन्दुस्तान की दोनों शक्तियों के राजनैतिक प्रभुत्व को कमजोर करने के उद्देश्य से राव रूपराम कटारा के सामने प्रस्ताव रखा[44]–

"मेरे अचानक प्रस्थान से जयपुर राज्य में विगत वर्षों की शेष खण्ड़नी वसूल होना सम्भव नहीं होगा। नजीब हिन्दुस्तान में मेरा सहायक है और मैं उससे शत्रुता मोल लेना उचित नहीं समझता। फिर भी जवाहरसिंह की प्रसन्नता और प्रियजनों के वियोग को ध्यान में रखकर अन्य परिलाभों का मोह छोड़कर जाटों की सहायता के लिए प्रस्थान करने को तैयार हूँ। किन्तु मेरी सेना गत वर्षों से भूख से विकल है और आपको इसका उपाय सोचना है।"

मल्हारराव से मिलकर राव रूपराम जाट-शासक के पास लौट आया। 27 सितम्बर को जाट-शासक का गुमास्ता जोरावर सिंह कायस्थ मल्हारराव तथा माधोसिंह से आगे वार्ता जारी रखने जयपुर पहुँचा।[45]

इसी समय पूना सरकार ने भी हिन्दुस्तान की राजनैतिक स्थिति पर विचार करने के बाद मल्हारराव को नजीब के विरुद्ध जाटों की सहायता करने का निर्देश दिया। 28 सितम्बर को माधवराव पेशवा ने उसको लिखा[46]–

"जाट तथा नजीब दोनों में ही तनाव बढ़ रहा है और दोनों ही युद्ध की तैयारी कर रहे हैं। इस युद्ध में आपको अपने-अपने पक्ष में शामिल करने के लिए दोनों ने ही अपने-अपने वकील भेजे हैं। जाटों ने सरकार के साथ कैसी नेकी की है और नजीब ने सरकार के साथ कैसी गाँठ बाँधी है? इस बारे में आप भली-भांति समझते हैं। इससे सर्वथा जाटों का साथ देना है। जाटों की निष्ठा, सम्पर्क तथा उपयोगी सुझाव से ही (मराठों को) लाभ होगा।"

अक्टूबर के प्रारम्भ में मल्हारराव ने जयपुर राज्य में प्रवेश किया और जोबनेर में पड़ाव डालकर माधोसिंह से खण्ड़नी भुगतान की बातचीत शुरू की। 8 अक्टूबर को हिंगणे लिखते हैं, "जवाहरसिंह तथा नजीब में तनाव चल रहा है। जवाहरसिंह ने मल्हारराव से बातचीत करने को रूपराम कटारा को भेज दिया है। इस पर वह विचार करेगा।"[47]

राव रूपराम कटारा ने मराठों को 22 लाख रुपया फौज खर्च भुगतान का वचन देकर शीघ्र ही जयपुर राज्य से दिल्ली की ओर प्रस्थान करने का दवाब डाला। अन्त में मल्हारराव अपने 20 सहस्र मराठा सवारों सहित नजीब के विरुद्ध

प्रस्थान करने को तैयार हो गया।[48] इस प्रकार इस बार जाटों के सतत प्रयास से कछवाहा राज्य मराठों की शेष खण्ड़नी की मांग के भुगतान तथा बरबादी से बच गया।

जवाहरसिंह को मराठों की सहायता ही पर्याप्त नहीं थी। वह अन्य हिन्दू शासकों को भी इस युद्ध में शामिल करने को समुत्सुक था। उसने राजस्थान के शासकों से भी इस पुनीत युद्ध में शामिल होने का आग्रह किया। माधोसिंह ने जाट तथा रुहेला दोनों को सन्तुष्ट रखने की कुटिल नीति अपनाई। जबकि पण्डित सवाईराम के नेतृत्व में 150 राठौड़ सवार आकर जाटों के साथ शामिल हो गये थे। जिला बुलन्दशहर के दलाल वंशीय जाट, मध्य दोआब के जमींदार भी स्वकीय सैनिक टुकड़ियों के साथ आ गये थे। जवाहरसिंह ने सिख सरदारों के पास भी इस युद्ध में शामिल होने के प्रस्ताव के साथ अपना विशेष दूत सरहिन्द रवाना किया।

10. नजीब की सुरक्षात्मक सामरिक तैयारियां

नवाब नजीब दिल्ली आया। उसने अपने परिवार, कोष को शाही दुर्ग से निकालकर सुकरताल के सुदृढ़ दुर्ग को रवाना किया और दिल्ली नगर व आसपास की चौकसी तथा युद्ध हेतु अपने पुत्र जबीता खां के नेतृत्व में 30-40 सहस्र सवार व पैदल सैनिक जमा कर लिये। उसने दुर्ग से जिंसी तोपखाना भी बाहर निकाल लिया था। रुहेलखण्ड से सीधा सम्पर्क बनाये रखने को यमुना नदी के राजघाट पर नावों का पुल डलवा दिया था। वास्तव में यह नवाब नजीब के राजनैतिक अस्तित्व का महानतम संघर्ष था। अस्तु, उसकी पुकार पर गंगापार के अन्य रुहेला अफगान सरदार तथा कौमी समुदाय भी विशाल झुण्डों में दिल्ली आ गये थे। फिर उसने दिल्ली नगर के चारों ओर खाइयां खुदवाकर फौजी मोर्चे लगा लिये थे।

अहमदशाह दुर्रानी कंधार में था। सितम्बर में नजीब ने शाह दुर्रानी के पास जाट तूफान से उसकी रक्षा करने की विनम्र प्रार्थना पत्र के साथ अपना वकील मेघराज रवाना कर दिया था।[49] साथ ही उसने मल्हारराव के साथ जाटों को हार्दिक सहयोग न देने और कछवाहा शासक को तटस्थ रहने का कूट प्रबन्ध भी कर लिया था। इस प्रकार वह दिल्ली में युद्ध करने को तैयार था।

11. जवाहरसिंह का भरतपुर से प्रस्थान

वर्षा काल के बाद काठेड़ राज्य में सर्वत्र दिल्ली अभियान की व्यापक हलचल तथा जन-जागरण निनाद गूंज उठा था। राज्य के सभी प्रान्तों में अस्थाई धारें गठित कर ली गई थीं। कहा जाता है कि इस बार ज्योतिषविदों के निर्धारित मुहुर्त को न मानकर जवाहरसिंह को अपने सैनिकों के उत्साह तथा मनोबल को बनाये रखने

के लिए अनायास की भरतपुर से दिल्ली की ओर कूंच करना पड़ा था।[50] तब कटला नमक तथा चांदपोल के बाहर पटपर (भरतपुर) में सैनिकों के शिविर पड़े थे और पटपर में ही सैनिक युद्धाभ्यास करते थे। जवाहरसिंह ने गोवर्द्धन दरवाजा मार्ग[51] से निकलकर पटपर में सेना की विधिवत सलामी ली और हाथी पर सवार होकर भरतपुर से कुम्हेर व डीग राजपथ से दिल्ली की ओर प्रस्थान किया।

उसने डीग पहुंचकर राजधानी की सुरक्षा व्यवस्था, मेवात के बारह वालों के चौधरी अलिया को सौंपी और दुर्ग की सुरक्षा हेतु लाखन बुर्ज के शिखर पर अति विशाल गढ़-गर्जनी (किला कुशा) तोप चढ़वाईं इस बार जवाहरसिंह के नेतृत्व में 30-35 सहस्र के बीच जाट, राजपूत, गूजर, मेवाती तथा मुस्लिम सवार व पैदलों की एक विशाल सेना[52] और 100 छोटी-बड़ी मैदानी तोपों का बेड़ा शामिल था। साथ ही समस्त जागीरदारों व जमींदारों की अस्थाई धारें भी स्थान-स्थान से मार्ग में आकर शामिल हो गई थीं। इस प्रकार सितम्बर के अन्त में[53] उत्तर भारत की अति सम्पन्न हिन्दू शासक की सेना में न केवल महाराजा सूरजमल महान के खून का बदला लेने, वरन् पानीपत संग्राम में मुस्लिम विजय के प्रभाव को धूमिल करने, भारतीय धर्म, ब्रज जनपदीय संस्कृति के पुनरुत्थान एवं मानवीय मूल्यों के संरक्षण के लिए नजीब के विरुद्ध प्रस्थान किया था।

अनेकों शताब्दियों से किसी भी शक्ति-सम्पन्न राजपूत शासक के नेतृत्व में इतनी विशाल वाहिनी ने भारत की राजधानी की ओर प्रस्थान करने या उस पर आक्रमण करने का साहस नहीं किया था। इस प्रकार पानीपत संग्राम में मराठा-राज्य के सुपुत्रों की पराजय के बाद जाट युवक प्रथम शासक था, जिसने एक हिन्दू राज्य की स्थापना, धर्म व संस्कृति की रक्षा के लिए अपना दृढ़ संकल्प व्यक्त करके अनुपम साहस का परिचय दिया। 20 सहस्र मराठा सवारों के साथ मल्हारराव और 15 सहस्र सिख सवार भी इस युद्ध में आकर शामिल[54] होने वाले थे।

युवक शासक ने डीग से नगर तथा मेवात राजमार्ग से जोधगढ़ होकर बल्लभगढ़ से 10 किमी. दूर अपना शिविर डाला। उसने दिल्ली के निकट बल्लभगढ़ को अपना आधार केन्द्र बनाया। विश्वसुख को दरोगा-ए-तोपखाना (आतिश) नियुक्त करके बल्लभगढ़ की सुरक्षा व्यवस्था का पर्याप्त प्रबन्ध किया और तात्कालिक कुमुक के लिए पर्याप्त तोपें, गोलाबारूद, आवश्यक साज सामान का इस दुर्ग में भण्डारण किया। यहां से उसने गुरु महंत रामकिसन, उमरावगिरी गुंसाई आदि के नेतृत्व में कुछ नागा जमातें खिज्राबाद की ओर रवाना कीं और स्वयं फरीदाबाद पहुँच गया। यहां उसने अपनी छावनी के चारों ओर खंदकें खुदवा लीं। 4 अक्टूबर को दशहरा का पावन पर्व था। इस दिन उसने फरीदाबाद शिविर से निकलकर यमुना नदी में स्नान किया और ब्राह्मणों व

भिक्षुओं को यथेष्ठ दान दिया।[55]

12. पश्चिमी तट से आक्रमण की योजना

फरीदाबाद को अपनी दाईं ओर छोड़कर जवाहरसिंह ने दिल्ली से 23 किमी. दक्षिण में यमुना नदी के पश्चिमी तट पर युद्ध का स्थान निश्चित किया और वहां अपना जिंसी तोपखाना लगाया। समाचार मिलते ही नजीब सचेत हो गया और उसने स्वयं दिल्ली के समीप नमक की मण्डी में अपना पड़ाव डालकर अन्य गंगापार रुहेला सरदारों को सहायतार्थ दिल्ली आने को पत्र लिखे। उसने दिल्ली से तत्काल नसीर खां दुर्रानी रुहेला को सवार व पैदलों की टुकड़ियों सहित जवाहरसिंह की गतिविधि जांचने को खिज्राबाद रवाना किया।

इस प्रकार अक्टूबर के अन्त में दोनों फौजों के बीच एक मंजिल की दूरी रह गई थी। नसीर खां ने जाट-शिविर के आसपास घूमकर नजीब को सूचना भेजी कि जवाहरसिंह शीघ्र ही दिल्ली नगर का घेराव करने वाला है। नजीब ने मल्हारराव के आने से पूर्व ही जाटों पर आक्रमण करके उनको पीछे खदेड़ने की योजना बना ली थी। इधर दिल्ली के समीप पहुँचकर भी जवाहरसिंह मराठा सवारों के आने की प्रतीक्षा करता रहा। उसके सैनिक खंदकों के समीप आक्रमण करने की प्रतीक्षा में खड़े रहे, किन्तु जवाहरसिंह ने उनको आगे बढ़कर आक्रमण करने से रोक दिया था। फलतः नजीब के सैनिक तीसरे पहर हताश होकर दिल्ली लौट गये।[56]

जाट वकील के निश्चित आश्वासन के बाद मल्हारराव ने जोबनेर से दिल्ली की ओर प्रस्थान किया और बहादुरगढ़ पहुँचकर उसने नवाब नजीब से कहलवाया, कि (1) उसने मराठों के जिस साज-सामान पर अधिकार कर लिया है, उसको पुनः वापस संभलवा दे। (2) गत तीन वर्ष की शेष खण्ड़नी की रकम का भुगतान करे। साथ ही उसने जीनत महल को पत्र लिखकर उससे अशिष्ट व्यवहार के लिए खेद प्रगट किया और शाही दुर्ग में जमा मराठों के जब्त साज-सामान को लौटाने का आग्रह किया। मल्हारराव ने अपने पत्र में चुनौती देकर यह भी लिखा "अन्यथा वह हर प्रकार से इस सामान को प्राप्त करने का प्रयास करेगा।"[57] इसके बाद उसने दिल्ली की ओर प्रस्थान किया और जाटों की छावनी के समीप अपना शिविर डाला।

नवाब नजीब शाही दुर्ग के नीचे बुलन्द बाग में आकर रुक गया था। उसने स्वयं भूतपूर्व वजीर कमरूद्दीन की हवेली में अपना डेरा लगाया और आत्म-रक्षा में तत्पर रहकर कूट प्रबन्ध में व्यस्त हो गया था। उसने ऊपरी दोआब से दिल्ली में नियमित खाद्यान्न लाने का कुशलता से प्रबन्ध कर लिया था। रुहेला सैनिकों ने यमुना नदी के समीप खाइयां खोद कर उनके पीछे मिट्टी की दीवार बना ली

और उस पर तापें जमा दीं। इस प्रकार नगर की दक्षिणी-पूर्वी बुर्ज तथा नदी को इस दीवार से मिला दिया गया।[58]

जाट-शासक ने फरीदाबाद में शिविर लगाकर नजीब के पास अपना दूत भेजकर उससे कहलवाया[59]–

"अपने पिता की हत्या के कारण ही उसका उससे झगड़ा है और प्रतिकार की भावना से ही उसने उसके देश में लूटमार की है।" उसने उदासीन नजीब को ललकार देकर कहा, "साहसी व्यक्तियों को नगर प्राचीर के अन्दर बन्द रहकर बैठना अच्छा नहीं लगता। शहर को लूटमार तथा बरबादी से बचाने के लिए उसको 7-8 किमी. निकलकर खुले मैदान में युद्ध लड़ना चाहिये।"

इसके बाद जवाहरसिंह ने बहादुरी के साथ अपनी सेनाओं को दिल्ली शहर से लगभग 18-19 किमी. दूर फरीदाबाद की ओर हटा लिया। किन्तु नजीब खुले युद्ध को टालता रहा। उसने शहर के बाहर निकलने की अपेक्षा राजधानी के सभी फाटक बन्द करवा दिये और वह कूट-प्रबन्ध में व्यस्त हो गया था। वह वास्तव में जाट-छावनी में थकान व निराशा का वातावरण बनाने और षड्यन्त्रकारियों के सहयोग से जाट-शासक की छावनी में विद्रोही पैदा करने की नीति अपना कर संघर्ष को लम्बा करना चाहता था। साथ ही उसको आशा थी कि इसी बीच में अहमदशाह दुर्रानी हिन्दुस्तान में आ जावेगा और जवाहरसिंह स्वयं परेशान होकर पीछे लौट जावेगा। छल-कपट की राजनीति में उसको सफलता भी मिली। मल्हारराव ने जाट-शिविर के निकट पहुँच कर नजीब को आश्वासन दिया[60]–

"मैंने आपको जो वचन दिया है, उस पर मैं दृढ़ रहूँगा। चूँकि इस समय मेरे सैनिक क्षुधा पीड़ित हैं और हिन्दुस्तान में जाट सदृश अन्य कोई सम्पन्न नहीं है। इससे आप कुछ समय के लिए उसको प्रसन्न रखने का अवसर दें। मैं रुपया वसूल करके सहयोग देना बन्द कर दूँगा।" इस पर नवाब नजीब ने उसको लिखा, "जिस प्रकार आपको लाभ मिले, उसको मैं तैयार हूँ।"

13. पुराना किला के समीप प्रथम युद्ध नवम्बर 15, 1764 ई.

मराठों के आने के बाद जवाहरसिंह ने पुराने किले के पूर्व में यमुना तट पर अपना शिविर डाला और नवम्बर 15, 1764 ई. को पुराने किले के समीप जाट-रुहेलों में प्रथम बार जमकर घमासान युद्ध हुआ। भूखे श्रृगालों की भांति जाट अफगान-रुहेलों पर टूट पड़े और जाटों के प्रबल प्रहार से रुहेला-अफगानों के पैर उखड़े गये। नजीब पराजित होकर अपनी सेना सहित दुर्ग में वापिस चला गया। इस युद्ध में उभय पक्ष के एक सहस्र सैनिक काम आये या घायल हुये।[61] नजीब की सामरिक स्थिति काफी सुदृढ़ व लाभकारी थी। उसके पास शाही दुर्ग में पर्याप्त प्रसाधन व युद्ध सामग्री थी। फिर भी वह अंतिम निर्णायक युद्ध

को टालता रहा।

जाट सवारों ने रुहेला अफगानों का पीछा किया। अब जवाहरसिंह दुर्ग (कोटला) फिरोजशाह तक बढ़कर रुहेलों की खन्दकों के सामने जम गया था। उसने मल्हारराव के डेरों पर अपना हरकारा भेजकर उस दिन रुहेलों पर आक्रमण करने में सहायता करने का आग्रह किया। मल्हारराव ने दोपहर तक कोई उत्तर नहीं दिया। फिर वह मराठा सवारों के साथ आगे बढ़ा। परन्तु जवाहरसिंह से काफी पीछे शेरशाह दुर्ग के समीप जाकर रुक गया। उसका पौत्र मालेराव (मलजी राव) अपनी सभी टुकड़ियों सहित जवाहरसिंह के पास पहुँच चुका था, तथा उसको आगे कूँच न करने का निर्देश मिल गया था। वास्तव में मल्हारराव ने नजीब को उसकी रक्षा का वचन दे दिया था। वह दिल्ली पर जवाहरसिंह के अधिकार या विजय को स्वीकार करने को तैयार नहीं था। वह आन्तरिक रूप से जाट-शक्ति को निर्बल करना चाहता था।[62]

जवाहरसिंह ने बार-बार उससे अग्रसर होकर आक्रमण करने का आग्रह किया। परन्तु उसने अनसुना कर दिया। मल्हारराव ने कहा, "जब तक पुराने किले से सभी रुहेला नहीं हटा दिये जाते, तब तक आगे बढ़ना उचित नहीं होगा।" यह सुनकर जवाहरसिंह ने कहा, "हालांकि सूबेदार एक बड़ा आदमी है और उसकी शक्ति पर भरोसा करके मैंने इस अभियान के लिए कूँच किया है। फिर भी यह युद्ध नवाब नजीब तथा मेरे स्वयं के बीच में है।" नवाब इमादुल्मुल्क के चेला (उपजीवी) मेंहँदी कुली खां ने जवाहरसिंह की यह बात सूबेदार (मल्हार) से जाकर कही, लेकिन राव रुपराम को कड़ा उत्तर दिया। इस समय मल्हारराव तथा इमाद दोनों एक ही हाथी पर सवार थे और उनके पीछे रूपराम कटारा तथा मेंहँदी कुली खां हाथियों पर बैठकर चल रहे थे। उनमें सूर्यास्त तक आपसी वाद-विवाद चलता रहा और इस विवाद को मल्हारराव व इमाद दोनों सुनते रहे। इस प्रकार कोई ठोस निर्णय नहीं निकल सका। उधर उभय पक्षों की ओर से सूर्यास्त तक केवल गोलियां चलती रही। यत्र-तत्र सैनिक झड़पों के अलावा युद्ध नहीं हो सका।[63]

नवम्बर का संघर्ष[64]

नजीब ने दिल्ली के दक्षिण में खाइयां खुदवा दी थीं। इससे नगर के समीप पहुँचना दुष्कर था। जवाहरसिंह को जब हरकारे ने इस स्थिति से अवगत कराया, तब उसने अपनी आक्रमण योजना को बदल दिया। उसको अब मल्हारराव की युद्ध नीति के प्रति भी सन्देह हो गया था। 16 नवम्बर को प्रातःकाल जवाहरसिंह ने पश्चिमी तट पर गश्त लगा रहे रुहेला सवारों को पीछे खदेड़ने तथा नाव पुल पर धावा करने को प्रधान मंत्री बलराम, राजगुरु महन्त रामकृष्ण को आठ सहस्र

सवारों तथा पण्डित सवाईराम के नेतृत्व में उसके 150 राठौड़ सवारों को अमली घाट के समीप यमुना नदी पार करने को रवाना किया। साथ ही उनको नजीब की खाइयों पर पीछे से आक्रमण करके रुहेलों की मुख्य सेना को वहाँ व्यस्त रखने का निर्देश भी दिया। जवाहरसिंह की यह योजना कुशल आक्रमण की प्रतीक थी, किन्तु उन्मादी सवारों ने मार्ग में रुककर पटपड़गंज की गल्ला मण्डी (अनाज मण्डी) को लूटने में अपना समय गंवा दिया।

जाट-राठौड़ रिसालों की कूँच से उठे धूल भरे बादलों से नजीब ने जवाहरसिंह की आक्रमण योजना को भांप लिया था। इसी समय शाहदरा से नजीब के 500 तुर्की सवारों तथा नासिर खां दुर्रानी के नेतृत्व में तैनात 600 अफगान सवारों ने मिलकर जाटों पर हमला कर दिया। उनको भारी संघर्ष करना पड़ा। रुहेला-अफगानों ने जाट सवारों को रोकने का जी-तोड़ प्रयास किया, किन्तु जाट सवारों की संख्या अधिक थी इससे रुहेला-अफगानों का सफाया हो गया। नवाब नजीब दुर्ग की एक ऊंची बुर्ज पर बैठकर दूरबीन से इस संघर्ष को, जाटों की आगे बढ़ती सेना और हाथियों पर फहराते निसान को देख रहा था। उसने शीघ्र ही खाइयों में तैनात मुहम्मद कुर को सावधान रहने का आदेश भेजा। साथ ही उसने अपने पुत्र जबीता खां से कहा, "मेरे आदमी भाग रहे हैं। यदि सभी जाट सेना पुल पर आ गई, तब कठिनाई होगी। आप अपने 500 सवार तथा 500 निजी पैदलों को यमुना नदी की ओर रवाना करे।"

अस्तु, नौबतखां रज्जर, सरफराज खां गूजर आदि के नेतृत्व में चुनींदा 1000 रुहेला सवार व पैदल बन्दूकचियों ने नाव-पुल के पूर्वी तट की ओर कूंच किया। ये सैनिक नदी पार खंदकों में जाकर छिप गये। जब जाट सैनिक निःशंक निःसंकोच लापरवाही से आगे बढ़ने लगे, तब रुहेलों ने उन पर तोपें चलाकर अचानक आक्रमण कर दिया। जाटों के कई सेनानायक गोलियों के शिकार हो गए। उभय पक्ष के सैनिकों ने घोड़ों से उतरकर भयंकर संघर्ष किया। सवाईराम सहित सभी राठौड़ सैनिक घोड़ों से नीचे उतर गये। इधर जबीता खां के निजी सहायक सरफराज खां गूजर आदि ने घोड़ों से उतरकर तलवार तथा भालों से युद्ध किया। इस संघर्ष में सवाईराम सहित सभी राठौड़ सैनिक जाटों से अलग-थलक पड़ गये। शेष जाट सैनिक मैदान छोड़कर भाग गये। रुहेला व तुर्कों ने मिलकर उनका पीछा किया।

इस समय जवाहरसिंह घोड़े पर सवार यमुना तट पर पूर्णतः सतर्क था और उसकी अपनी सेना पर निगाह थी। अपने सैनिकों को भागते देखकर उसने राजा बहादुरसिंह (वैर) को टुकड़ियों के साथ उधर जाने की सूचना भेजी। बहादुरसिंह ने तत्काल ही कूच कर दिया और नदी में छिछले स्थान की तलाश करने लगा। बलराम तथा राजगुरु महंत रामकृष्ण धीरे-धीरे लड़ते हुए पीछे लौट आये। अभी

कुछ दिन शेष था। जवाहरसिंह ने कहा, 'रुहेला निर्भीकता से पीछा कर रहे हैं और मेरे आदमी उनके सामने नहीं जम पा रहे हैं। अच्छा यही रहेगा कि मैं स्वयं घोड़े से नदी पार करूं।" नवाब इमादुल्मुल्क पचास कदम पीछे था। उसने जवाहरसिंह को नदी पार जाने से रोक लिया।

जवाहरसिंह ने फिर उमरावगिरि गुंसाई को नदी पार करने का निर्देश दिया और उसने 700 सवार के साथ कूंच किया। सौभाग्य से इनको नदी पार करने का स्थान मिल गया। नवीन कुमुक के मिलने से जाट सैनिक विनाश से बच गये। उमरावगिरि की ओर से मेधा बेगरोज बिहारी मुगल के नेतृत्व में एक नागा टुकड़ी ने रुहेलों पर तलवारों से भीषण प्रहार किया। इस संघर्ष में उसके दो पैदल काम आये और काफी घायल हो गये। फिर रुहेला बन्दूक व तीरों से लड़े। इसी बीच में कुछ ऊंट सवार उमरावगिरि के पास जम्बूरक लेकर पहुंच गये थे। सूर्यास्त तक युद्ध चलने के बाद नजीब के सैनिक पराजित होकर अपने डेरो पर लौट गये और जाट सैनिक भी यमुना नदी के एक घाट पर, जहां अन्य जाट सैनिक हाथों में मशाल लेकर मार्गदर्शन के लिए खड़े थे, पार करके पश्चिमी तट पर आ गये। इस युद्ध में बलराम के सैनिकों ने अति कायरता दिखलाई, किन्तु नागाओं ने प्राण-पण से लड़कर उनको बचा लिया। जवाहरसिंह ने विजयी उमरावगिरि को अपने हाथी पर बिठलाकर सम्मानित किया और वह सर्व प्रथम उसके डेरों पर पहुँचा। उसने घायल सैनिकों को सान्त्वना दी और उनके उपचार के लिए रुपया भेजा।

14. यमुना के पूर्वी तट से गोलाबारी

18 नवम्बर को जवाहरसिंह, मल्हारराव, इमाद आदि सभी सरदार सम्पूर्ण सेना सहित यमुना नदी पार करके पूर्वी तट पर पहुंच गये थे। दिल्ली की मंडियों में लाकर बेचने को शाहदरा में अन्न के अपार सुरक्षित भंडार थे। जाट सैनिकों ने सर्वप्रथम शाहदरा की मंडियों को बुरी तरह लूटा। शाहदरा में नियुक्त शाही सूबेदार ने 200 गूजरों के साथ दिन भर जाटों का सामना किया, किन्तु उसे सफलता नहीं मिल सकी। शाहदरा की शाही चौकी बरबाद हो गई। फिर जाटों ने लूट के लोभ में मकानों के फर्शों को खोद डाला और मकानों में आग लगाकर नगर को तहस-नहस कर दिया।[65]

जवाहरसिंह ने इसी दिन नदी के पूर्वी तट पर तोप पंक्तियों को व्यवस्थित करके दिल्ली पर गोलाबारी शुरू कर दी थी। इस ओर नगर की रक्षा के लिए कोई भी दीवार नहीं थी। इससे पूर्वी तट के मकान धराशायी हो गये। कुछ गोले शाही दुर्ग में भी जाकर गिरे और वहां अनेक व्यक्ति गोलों की चपेट में आ गये। दीवान-ए-खास की एक कांच की तिपाई टूट गई। जाट तोपखाने की गर्जन से व्याकुल होकर 19 नवम्बर को यमुना नदी के किनारे रेतीले मैदान में तैनात रुहेलों

ने भागकर दुर्ग के नीचे तथा शहर के अन्दर मकानों में शरण ली। नजीब ने तोपों की मार से बचने के लिए बुलन्दबाग में फर्श खोदकर जमींदोज एक कमरा बनवाया। इस पर तख्तों की छत बनवाई और उस पर मिट्टी डलवा दी थी। रुहेलों ने भी एक मीटर ऊंची मिट्टी की दीवार तैयार कर ली थी और उसकी आड में स्थिति संभाल ली थी। कुछ सैनिक दुर्ग प्राचीर पर लगी तोपों के सहारे अपनी रक्षा करते रहे और उन्होंने तोपें चलाकर यमुना नदी के पुल की रक्षा करने का प्रयास किया। जाट-गोलों की मार से अनेक व्यक्ति मारे गये।[66]

15 दिन (3 दिसम्बर) तक निरन्तर दिल्ली पर गोलाबारी का क्रम चला। प्रात:काल जाट तोपची गाड़ियों पर रखी तोपों को घसीट कर नदी के किनारे ले जाते थे और दिन भर गोलाबारी करके सूर्यास्त के बाद पुनः तोपों सहित अपने डेरों पर लौट आते थे। इस गोलाबारी से नगर में भीषण हाहाकार मच गया था। नागरिकों का अपने घरों से बाहर निकलना दूभर हो गया था और वे भूख से बिलखने लगे थे। रुहेलों की भी बुरी हालत थी। अनेकों ऊंची-ऊंची इमारतें ढह गई थीं, सोमवार, बृहस्पतिवार तथा शनिवार को दिल्ली शहर में भारी लूटमार की गई।[67] इस लूट में जाटों को पर्याप्त धन व सामान हाथ लगा। जवाहरसिंह ने दिल्ली दरवाजा से दिवंगत (मरहूम) सम्राटों के स्नान कराने के संगमरमर व संगमूसा के दो तख्तों को डीग रवाना कर दिया जो अभी तक डीग के भवनों में सुरक्षित हैं। नगर की बाहरी बस्तियां लूट तथा बरबादी का शिकार बन गई थीं। फिर भी नजीब ने समर्पण नहीं किया।

अन्ताजी माणकेश्वर के पुत्र बहिरो अनन्त के पास अच्छे मराठा सवार थे। उन्होंने रुहेलों के साथ अच्छा संघर्ष किया। एक-दो बार रुहेल सवारों व पैदलों ने शहर से बाहर निकल कर खाद्यान्न शहर में ले जाने का प्रयास किया, तब मराठों ने उनको खाइयों में वापस ढकेल दिया। अनेकों रुहेला काम आये। मराठों के घोड़े व सैनिक भी खेत रहे।[68]

इमाद-उल-मुल्क ने जवाहरसिंह को दिल्ली के समीप गंगा-यमुना के मध्य भाग के परगनों को नजीब से छीनने की सलाह दी। गंगा तट तक के सभी प्रदेश पर जाटों व मराठों ने अधिकार जमा लिया था। उन्होंने यत्र-तत्र अपने थाने भी स्थापित कर लिये थे। डासना तथा गाजियाबाद परगने नवाब वजीर इमाद-उल-मुल्क के कुटुम्ब की वसीयत में थे। उसने इन दोनों परगनों से शाही आमिलों को हटाकर अपना अधिकार कर लिया। इन परगनों में भारी लूटमार भी की गई।[69]

15. सिखों का आगमन तथा दिल्ली पर आक्रमण, जनवरी, 1765 ई.

जवाहरसिंह ने अक्तूबर में अपना दूत सरहिन्द के सिख सरदारों के पास भेजा था

और बीस दिन की वार्ता के बाद 15,000/- रुपया प्रतिदिन भुगतान की शर्त पर 15,000 सिख सवारों की सहायता मिलने का समझौता हो गया था।[70]

नवम्बर में जवाहरसिंह दिल्ली नगर का घेरा डालने में व्यस्त था, तभी सिखों का बूढ़ा दल उत्तरी दोआब में गंगा के किनारे-किनारे नजीब की उत्तरी सीमा में बरहा सैय्यदों की बस्तियों में लूटमार तथा बरबादी करने में व्यस्त था। उन्होंने मीरानपुर पुनः लूट लिया था। क्षेत्रीय रंधर व गूजर भी उनके साथ लूट में शामिल हो गये थे। नजीब अपनी जागीरों को बचाने का प्रयास नहीं कर सका।

जनवरी, 1765 ई. के प्रारम्भ में जाट, सिख सरदार बघेलसिंह, जस्सासिंह (कपूरथला) और चस्सासिंह ने 12,000 सिख सवारों सहित दिल्ली से 22 किमी. दूर बरारी घाट पर पड़ाव डाला। जवाहरसिंह स्वयं यमुना नदी के पूर्वी तट से पश्चिमी तट पर आया और वह सिखों के डेरों पर गया। सिख सैनिकों ने जवाहरसिंह के हाथी को रोक लिया और उसको सभास्थल तक पैदल ही जाने के लिए बाध्य किया गया। सभा मंडप में प्रवेश करने पर सिख ग्रंथी ने सिख सरदारों से उसका परिचय कराते हुए कहा, "सूरजमल के पुत्र जवाहरसिंह ने खालसा जी की शरण ली है और वह नानक पंथी सिख बन गया है। वह आप लोगों की मदद से अपने पिताजी के खून का बदला लेना चाहता है।" सिख पंथ में तेज शराब, अफीम तथा भांग का प्रयोग किया जाता है। परन्तु तम्बाकू पीना निषेध है। इससे सिखों ने जवाहरसिंह के हुक्काबरदार (खासा खबास) को गालियां दीं और उसको अपमानपूर्वक सभा मण्डप से बाहर निकाल दिया। इस प्रकार सभा मण्डप में सिखों ने जवाहरसिंह का भारी अपमान किया। किन्तु इस समय उसके शिविर में अनेक जाट सरदार व मल्हारराव उसके साथ असहयोग कर रहा था। अस्तु, केवल सिख सरदारों को अपने पक्ष में शामिल करने को ही जवाहरसिंह ने सभी अपमान सहन किये।[71]

जवाहरसिंह ने सिख सरदारों के साथ बैठकर युद्ध-योजना पर विचार किया और दिल्ली शहर का कड़ाई से घेरा डालने का कार्यक्रम बनाया। तब कुछ जाट सैनिक दिल्ली के सामने पूर्वी तट पर पहुंच गये और शेष दिल्ली तथा अजमेरी दरवाजे की ओर जाकर जम गये थे। मराठा सैनिक भी उसी ओर जाट सैनिकों के उत्तर में तथा सिख राजधानी के उत्तर-पश्चिम में जाकर जम गये थे।[72] इस प्रकार दिल्ली शहर को तीन ओर से घुड़नाल की भांति पूरी तरह से घेरे लिया गया था। नजीब तथा दिल्ली के नागरिकों के लिए केवल दक्षिण भाग के दो फाटक खुले थे। किन्तु इस ओर जाटों का सुरक्षित मुल्क तथा बल्लभगढ़ का जाट दुर्ग था।[73] सिखों ने उत्तरी-पश्चिमी क्षेत्र से आनेवाले खाद्यान्न को रोक लिया था। कलकत्ता पहुंचे समाचारों के अनुसार "नजीब वास्तव में पराजित हो गया है और वह नगर में चला गया है। दिल्ली गिर्द पर जवाहरसिंह का अधिकार हो गया है।

अब नजीब मराठों के सहयोग से, जो सिखों के साथ जवाहरसिंह की सेना के आसपास पड़े थे, अपने देश को जाने का इच्छुक है।"[74]

दिल्ली नगर की सजग तथा सफल नाकेबंदी से शहर में आने वाला खाद्यान्न बन्द हो गया था। सिख सवार नित्य-प्रति नगर के बाहर घूम-घूमकर खाद्यान्न को लूट लेते थे। ये सवार जब-तब नगर प्राचीर तक धावा मारते और छुटपुट हमला भी कर देते थे। नजीब के सिपाही वीरान पड़े मकानों के सहारे छिपकर उन पर बन्दूक चलाते थे। एक दिन दोनों से ओर से आपस में गोलियों का आदान-प्रदान हुआ और दोनों ओर की अनेकों सवार काम आये। सिख सवारों के पास घुड़नाल या छोटी व हल्की तोपों का अभाव था। इससे वे दुर्ग पर हमला नहीं कर सके। नगर प्राचीर के समीप आने पर नजीब के सैनिक धमाकों की मार से इनको तितर-बितर कर देते थे।

शुक्रवार, 25 जनवरी (12 साबान) को नरवास (जानवरों की पैंठ) तथा सब्जी मंडी के समीप पहाड़ी पर सिखों के साथ दूसरी बार घमासान युद्ध हुआ। इस युद्ध में जाटों ने भी सिखों की पूरी सहायता की। युद्ध का प्रारंभ दोनों ओर से गोलियों की भीषण बौछारों के साथ हुआ। जाट व सिख सवार शत्रु की गोलियों की परवाह न करके अफगान दलों के बीच में पहुंच गये। तलवार व भालों से जमकर युद्ध हुआ। इसमें रिसालदार मियां निवाजबेगगुल रुहेला गोली लगने से घायल हो गया। अफगानों के 200 आदमी खेत रहे तथा 400 घायल हो गये। जबकि जाट व सिखों के 100 जवान घायल हुये। सिखों ने अफगानों पर अच्छी विजय प्राप्त की। किन्तु इस बार भी युद्ध अनिर्णीत रहा। अफगान-रुहेला सैनिक पराजित होकर किले में वापस लौट गये। जाट सैनिकों ने शहर में घुसकर भयंकर लूट मचाई। इससे नगर में भारी अराजकता फैल गई।[75]

नवाब शुजाउद्दौला की पराजय के कुछ दिन बाद 1000 नागा संन्यासी अवध से दिल्ली आ गये थे। उमरावगिरि गुंसाई के सहयोग से जवाहरसिंह ने इनको दैनिक चन्दा तय करके अपनी सेना में मासिक वेतन पर भरती कर लिया था।[76] एक दिन नजीब के मुगल तोपची का घोड़ा गोली लगने से मारा गया। उसने क्रोधित होकर जवाहरसिंह के निसान को ले जाते हाथी पर गोली चलाई। गोली हाथी की सूंड पर लगी और हाथी पीछे रह गया। जवाहरसिंह ने परेशान होकर कहा, "मैंने मराठों को काफी धन दिया है, फिर भी वे युद्ध में दिलचस्पी नहीं ले रहे हैं।" इस पर उमरावगिरि ने कहा, "आज मैं नागा जमातों व अन्यों के साथ लड़ाई लड़ने जाऊंगा और हर सम्भव प्रयास करूंगा।"

तब नागों ने जवाहरसिंह की टुकड़ियों के साथ यमुना नदी पार की और हाफिजउद्दीन की हवेली के पास जा धमके। वे अनेकों धारों में विभक्त होकर धमाके चलाते, गोलियों की बौछार करते नगर में घुसने लगे। सूचना मिलते ही

नजीब स्वयं घटनास्थल पर पहुंच गया। उसने अपने आदमियों को 'आगे न बढ़ने की सलाह देकर' व्यर्थ ही खून खराबे से बचा लिया। अन्त में सआदत खान अफ्रीकी ने नागों पर हमला कर दिया। इस हमले में 10-15 नागा घायल हो गये या खेत रहे। शेष भाग गये। तभी दूसरी ओर से नशीर खान ईरानी मुगल रिसालों सहित आ गया था। फलतः नागों को निर्लाभ पीछे हटना पड़ा। फिर गुसाइयों ने संघर्ष किया। उनको भी हताश होकर पीछे लौटना पड़ा।[77]

16. इमाद तथा मल्हार की उदासीनता[78]

जवाहरसिंह ने मराठा, सिख तथा गुंसाई सभी का हार्दिक सहयोग न मिलने पर स्वयं आक्रमण करने का विचार किया और नवाब इमाद-उल-मुल्क के डेरों पर पहुंच कर उससे कहने लगा–

"श्रीमान्! आप हिन्दुस्तान के बुजुर्ग सरदार है। आपका सूबेदार जी पर भी प्रभाव है। नजीब आपका सेवक था। उसने विश्वासघात किया और साम्राज्य की सत्ता स्वयं अपने हाथों में सम्भाल ली। मेरे दाऊजी ने आपको शरण देकर पदानुकूल यथेष्ठ सम्मान किया। मैंने पिताजी की हत्या का बदला लेने को ही ससैन्य कूंच किया है और मैं सशपथ आपको वचन देता हूं कि मैं आपको सर्वोच्च पद पर आसीन करूंगा। मैंने सूबेदार जी को काफी धन दिया है और सिखों के दैनिक व्यय का बोझ उठाया है। फिर भी कोई लाभ नहीं मिल सका है। मेरी खास स्थाई सेना में 15,000 सवार व पैदल शामिल हैं। यदि आप और सूबेदार जी मेरी मदद करें, तब मैं अपने लक्ष्य में सफल हो सकूंगा।"

नवाब इमाद वास्तव में जवाहरसिंह के इरादों को समझता था और उससे अप्रसन्न था। उसने जवाहरसिंह को चिकनी-चुपड़ी बातों से प्रसन्न करने का प्रयास किया। इमाद तथा मल्हार ने आपस में विचार-विमर्श किया। उन दोनों का विश्वास था कि विजय के बाद जवाहरसिंह स्वयं शाही दुर्ग व नगर पर अपना अधिकार जमा लेगा। उसकी महत्त्वाकांक्षा इससे भी अधिक थी। उन्होंने नजीब की सत्ता को श्रेयस्कर समझा और दोनों ने ही नजीब के पास गुप्त रूप से अपना सन्देशवाहक भेजने का निश्चय किया।

'नजीबउद्दौला की जीवनी' का लेखक सैय्यद नूरुद्दीन हसन खां नवाब इमाद का अति विश्वासपात्र तथा सहयोगी सेवक था और उसने उसके साथ ही दिल्ली से भरतपुर आकर शरण ली थी। दिल्ली में गुप्त रूप से जाने तथा नजीब से बातचीत करने का उत्तरदायित्व उसी को सौंपा गया था। वह लिखता है, "इस समय नगर में प्रवेश करना टेड़ी खीर थी। रुहेला सवारों पर गोली चलाते थे और बाहर गुंसाई तथा नागा किसी भी गरीब को दिल्ली में दुर्भिक्ष का भय दिखलाकर नहीं जाने देते थे। वे सभी सजग चौकीदार थे। यदि कोई सम्भ्रान्त व्यक्ति नगर

में जाने का प्रयास करता था, तब जवाहरसिंह उसको रोक लेता था। इतनी सतर्कता के बाद भी सैय्यद नूरुद्दीन ने अति साधारण वेश में अपने एक साथी के साथ खिज्राबाद गढ़ी की पैदल सेना के सहयोग से रात्रि के अंधकार में यमुना नदी पार की और 10 किमी. पैदल चलकर फाटक के समीप एक खण्डहर मकान में पहुंचा। दो घड़ी रात्रि शेष रहने पर वह निजामुद्दीन औलिया की दरगाह की ओर बढ़ा और सूर्योदय से एक घड़ी बाद वहां सकुशल पहुंच गया। यहां से उसने नवाब नजीब के पास मिलने का समाचार भेजा। रात्रि के समय उसने नवाब से बातचीत की। नजीब से उससे कहा, "मैंने सुन लिया है कि नवाब वजीर ने मेरे बारे में मल्हारराव से अनेक बार प्रार्थना की है। मैं अब भी उनका अपने स्वामी के रूप में सम्मान करता हूं।" फिर नजीब ने इमाद के नाम एक पत्र लिखकर दिया। नजीब से मिलकर बाहर आने पर नूरुद्दीन ने अपने वस्त्र बदले और भगोड़े के रूप में वह जाट छावनी में लौट आया। नवाब इमाद इस पत्र को पाकर अति प्रसन्न हुआ। इस प्रकार नजीब ने नवाब इमाद को लुभावने आश्वासन देकर अपने पक्ष में तोड़ लिया था।

17. इमाद तथा मल्हार परिवार का पलायन

सिख सरदारों के दिल्ली के समीप आने से पूर्व ही मल्हारराव होल्कर तथा इमाद ने जवाहरसिंह को असफल बनाने की नीति बना ली थी। बाकी बेगखां तथा ख्वाजा सैय्यद महमद कछवाहा राज्य की सेवा में चले गये थे और उनका कुटुम्ब-कबीला जयपुर में था। जनवरी 3, 1765 ई. को मल्हारराव ने सवाई माधोसिंह को खरीता में लिखा, "इन दोनों अमीरों के कुटुम्ब-कबीले को उनके सभी सामान के साथ भरतपुर तक सुरक्षित पहुंचा दें।"[79] इस सन्देश के मिलते ही कछवाहा शासक ने इन कबीलों को नवाब इमाद के परिवार के पास भरतपुर (चहार बाग हवेली जनरल अस्पताल) भेज दिया था।

नजीब का भावात्मक पत्र मिलने पर इमाद तथा मल्हारराव ने आपस में गम्भीरता से विचार किया। इमाद तथा जवाहरसिंह में आपस में विचारात्मक गांठ पड़ चुकी थी। नवाब इमाद का कुछ परिवार तथा चल सम्पदा भरतपुर शहर (हवेली नवाब साहब) में थी। मल्हारराव ने नवाब को सुझाव दिया कि इस आपसी खींचतान के समय आपके परिवार का भरतपुर में रुकना अनुकूल नहीं रहेगा। अस्तु, नवाब के परिवार, उपजीवियों व सेवकों को वहां से निकालने की उचित योजना तैयार की गई। इधर दिल्ली तथा छावनी में अहमदशाह दुर्रानी के अटक पर आने की अफवाहें काफी तेजी से फैलने लगी थीं। फलतः जनवरी के तीसरे सप्ताह में इमाद व मल्हारराव ने अपने परिवारों को दिल्ली से आगरा की ओर रवाना कर दिया था। जवाहरसिंह को दूसरे दिन इन परिवारों के प्रस्थान की

सूचना मिली। तब उसने मल्हारराव के पास सन्देश भेजकर कहलवाया, "जब नजीब का पतन सन्निकट है, तब परिवारों को भेजने का क्या कारण बना?" उत्तर में मल्हारराव ने कहा, "शाह दुर्रानी हिन्दुस्तान में आ रहा है। आप और हम अब कुछ नहीं कर पाएंगे। उचित यही होगा कि हम लोग मित्र भाव से यहां से वापिस लौट जावें। फिर जो कुछ होगा, देखा जाएगा।"[80] जवाहरसिंह को इस उत्तर से अधिक संतोष नहीं हो सका।

उम्दा बेगम तथा उसकी पुत्र एवं गन्ना बेगम भरतपुर में मौजूद थी। कहा जाता है कि गन्ना बेगम जवाहरसिंह से प्रेम करती थी, परन्तु महाराजा सूरजमल ने एक बार उसकी रक्षा की थी। मल्हारराव की पुत्र वधू अहिल्या बाई ने दिल्ली से मथुरा–आगरा होकर ग्वालियर की ओर प्रस्थान कर दिया था, तब 21 जनवरी को सूबेदार जी (मल्हारराव) ने अपनी पुत्र-वधू को अति गुप्त निर्देश दिया, "इमाद तथा जवाहरसिंह में गतिरोध की सम्भावना निश्चित है। उसके परिवार का डीग तथा भरतपुर में रुकना उचित नहीं होगा। उम्दा बेगम तथा नवाब वजीर की पत्नी गन्ना बेगम भरतपुर में मौजूद हैं। वह आपसे मिलने आएगी। तुम्हारे साथ वजीर का जो कुटुम्ब-कबीला है, वह तथा भरतपुर से आने वाला कबीला नवाब फर्रुखाबाद के संरक्षण में चला जाएगा। आप मथुरा पहुंचकर किसी समझदार व्यक्ति के साथ 15-20 सवार भरतपुर रवाना करना। एक-दो दिन वह भरतपुर ही रुकें और वहां से तीसरे दिन वजीर के कुटुम्ब-कबीले तथा निजी साज-सामान सहित रवाना हो जावें। तुम्हें मथुरा में पड़ाव नहीं डालना है। सीधे आगरा पहुंचना है। जब वजीर का परिवार आपके पास आ जावे, तब नानाविधि उसका समुचित स्वागत-सत्कार करें। फिर उनको आगरा से फर्रुखाबाद मार्ग पर रवाना कर देवें। जब आगरा से बिना कहीं विश्राम के कूंच-दर-कूंच धौलपुर की ओर चल दें।"[81]

वैंदेल लिखता है, "नवाब इमादुल्मुल्क के कुटुम्ब-कबीले ने भरतपुर से आगरा होकर फर्रुखाबाद की ओर प्रस्थान किया। मार्ग में आगरा के समीप जवाहरसिंह के गुप्त निर्देश से जाट सैनिकों ने गन्ना बेगम पर हमला कर दिया। किन्तु कबीलों के विरोध के कारण जाट सैनिक अपने प्रयास में विफल रहे और फरवरी के प्रारम्भ में वजीर का परिवार सकुशल फर्रुखाबाद के नवाब अहमदखां बंगश के यहां पहुंच गया।" कतिपय आधुनिक इतिहासकारों का कथन है कि जवाहरसिंह गन्ना के रूप-सौन्दर्य पर आसक्त था और वह उसको जबरन रोकना चाहता था। वैंदेल का कथन है कि 'इमाद के परिवार को अपने राज्य में रोकने का एक मात्र कारण वजीर को भयभीत करके अपने संरक्षण में रख कर जवाहरसिंह अपने राजनैतिक ध्येय को प्राप्त करने का इच्छुक था।'[82] अस्तु, मल्हारराव के पत्र तथा वैंदेल के कथन से स्पष्ट है कि जवाहरसिंह गन्ना बेगम पर आसक्त नहीं था। परन्तु नवाब वजीर तथा उसका कुटुम्ब-कबीला जवाहरसिंह

के क्रोध से अवश्य बच गया और फिर कभी वजीर इमाद पुनः जाट शासक के चंगुल में नहीं फंस सका।

18. नागरिकों का समर्पण : सहयोगियों का विश्वासघात

कठिनाई तथा विनाश में तीन माह निकलने पर भी रुहेला–अफगान तथा मुगल सैनिक जाटों के मनोबल को गिराने में सफल नहीं हो सके। फरवरी के प्रथम सप्ताह तक जाटों पर निसान फहराते रहे और आपसी मुठभेड़ों का दौर चलता रहा। परन्तु कोई निर्णायक परिणाम नहीं निकल सका। कठोर नाकाबन्दी के कारण शहर में खाद्य-सामग्री नहीं पहुंच सकी। अराजकता फैलने तथा लूटमार होने से शहर के सभी बाजार बन्द हो गये थे और जनता भूखों मरने लगी थी। प्रशासन पूर्णतः ठप्प हो चुका था और जन-सुरक्षा के सभी प्रयास निष्फल हो गये थे। कतिपय प्रमुख उमरावों ने नजीब से शहर की जनता से ऋण लेने का आग्रह भी किया था।[83] परन्तु इस संकट काल में अपने सरदारों की सलाह को न मानकर नजीब ने गुलाबसिंह गूजर के नेतृत्व में 500-500 स्वर्ण मुद्रायें लादकर लाने के लिए अपने निजी 150 सवारों को नजीबाबाद रवाना कर दिया था और ये सवार जाट तथा सिखों से बचकर ढाक व पलास के जंगलों की आड़ लेकर सकुशल निकल गये।[84]

दिल्ली शहर के बाहर जाट-मराठा सेनायें काफी खुशहाल थीं। सूरजमल ने अपने राज्य से बाहर जाने वाले माल व खाद्य पदार्थों पर राहदारी (चुंगी) लगा रखी थीं। जवाहरसिंह ने दिल्ली के आसपास से राहदारी उठा ली थी, इससे जाट छावनी में अन्न तथा दैनिक उपयोगी वस्तुएं पर्याप्त मात्रा में उपलब्ध थीं और सस्ती दरों पर बिक रही थीं। वहां सैनिकों को एक रुपया की जगह चार आना (25 पैसे) मात्र व्यय करना पड़ता था। बाहर से चना भारी मात्रा में आ रहा था। इससे मराठों की दुर्बल घोड़ियां काफी मोटी हो गई थीं। 26-27 जनवरी को शाहजहांनाबाद तथा बाहरी बस्तियों के सहस्त्रों नागरिकों ने शहर के फाटकों को तोड़कर पुल पार किया और जाट शिविरों में शरण लेकर अन्न तथा जीवन रक्षा की भीख मांगी। सहस्त्रों नागरिक अपनी जान बचाकर अन्यत्र चले गये थे। जाट के समक्ष स्पष्टतः यह शाही राजधानी का आत्मसमर्पण था। जवाहरसिंह ने भगोड़ा नागरिकों के साथ मानवीय तथा नैतिक व्यवहार किया और उसके निर्देश से क्षुधा-पीड़ितों को शिविर में प्रचुर मात्रा में खाद्यान्न का वितरण किया गया। क्षुधा-पीड़ित रुहेला-अफगान तथा मुगल सैनिकों ने किले में पहुंचकर नजीब से भूखों मरने की अपेक्षा जाटों पर एक बार आक्रमण करने और हाथों में तलवार लेकर वीरता के साथ रणक्षेत्र में मरने की इच्छा व्यक्त की। किन्तु नजीब अपनी कूटनीति में सफल हो चुका था और उसने अपना धैर्य नहीं छोड़ा।[85]

वैंदेल लिखता है कि,"जवाहरसिंह के शिविर में विरोधियों तथा स्वामीद्रोहियों का भारी जमघट था। उसके अपने ही मित्र, साथी तथा प्रमुख सरदार काफी ऊब चुके थे और वे सभी मल्हारराव तथा वजीर के चंगुल में फंसकर नवाब नजीब के साथ समझौता करने को उत्सुक थे।'[86] नजीब ने मल्हार को धन देकर तथा जवाहरसिंह पक्ष के अनेक सरदारों को लुभावने आश्वासन देकर निष्क्रिय कर दिया था। बुलन्दशहर के छतरसिंह जाट (दलाल वंश) को 'राव' की उपाधि, कुचेसर की जागीर तथा नौ परगना का 'चोरमार' का पदक देकर अपनी ओर मिला लिया था। इससे वह अपने परिवार तथा समुदाय के साथ जवाहरसिंह को छोड़ गया था।[87] मध्य दोआब के अनेकों जमींदार नवाब नजीब के पंजों में फंस गये थे।

इस प्रकार जब जवाहरसिंह को दिल्ली विजय की घोषणा करना शेष था, तभी उसके अविश्वासी मित्रों ने उसको धोखा दिया और कृतघ्न मित्र मल्हारराव होल्कर की कुटिलता से वह व्यथित हो उठा। नवाब शेख शाकिर खां का मत है कि 'अनेक सरदार जवाहरसिंह की विजय के विरोधी थे।'[88] वैंदेल के शब्दों में, "मल्हारराव ने अपने प्रयास में अत्यधिक शिथिलता दिखलाकर और नजीब का खुला पक्ष लेकर(जवाहरसिंह के) प्रयासों को विफल कर दिया था। जब रुहेला बिना-शर्त समर्पण करने में समय नहीं गवां सकते थे, तब उसने अचानक ही समझौते का प्रस्ताव रखा और अन्त में जवाहरसिंह पर समझौते की शर्तें स्वीकार करने का दबाव डाला।"[89] जाट सैनिकों में भी शिथिलता आने लगी थी। इससे जवाहरसिंह का उत्साह कम हो गया था।[90]

अक्तूबर, 1764 ई. में अहमदशाह दुर्रानी ने अफगानिस्तान से पंजाब की ओर कूंच कर दिया था। नजीब को जाटों से मुक्त कराने के उद्देश्य से पिंजोर तथा बुरिया घाट मार्ग से बढ़कर वह फरवरी, 1765 ई. में कुंजपुरा आ धमका। शाह ने नजीब को सन्देश दिया 'डरो मत, मैं आ रहा हूं।' शाह के सरहिन्द पहुंचने का समाचार मिलते ही सिख सरदारों ने अपनी वतन जागीरों की सुरक्षा के मोह से जवाहरसिंह से बिना विदाई लिए चुपचाप दिल्ली से प्रस्थान कर दिया।[91] इससे जवाहरसिंह को अति आश्चर्य हुआ। दुर्रानी के समाचारों से स्वभावतः भय पैदा हो गया था और वास्तव में जवाहरसिंह का अच्छा साथी बिछुड़ गया।

19. नजीब के साथ शांति-समझौता, फरवरी, 1765 ई.

मल्हारराव तथा परिवर्तित सामरिक परिस्थितियों के दबाव से जवाहरसिंह असहाय हो गया और उसे शांति-समझौता प्रस्तावों पर वार्ता करने की स्वीकृति देनी पड़ी। इमाद-उल-मुल्क ने अपने कारिन्दा सैय्यद नूरुद्दीन हसन खां को दूसरी बार खुले रूप में नजीब के पास वार्ता करने को दिल्ली नगर की ओर रवाना किया। मल्हारराव के परामर्श पर विदेश मंत्री राव रूपराम कटारा भी समझौते की शर्तों

पर विचार करने को तैयार हो गया था। नजीब ने नवाब वजीर का सन्देह दूर करने तथा उसके प्रति धोखेबाजी की भावना न रखने के लिए कुरान को साक्षी करके उसके प्रति मित्रभाव तथा निष्ठाभाव का वचन दिया। उसने नूरूद्दीन को सहयोग देने का लिखित वचन-पत्र भी सौंपा। नूरूद्दीन ने यह पत्र इमाद को लाकर दिया और उसका नजीब पर विश्वास जम गया।[92]

3 फरवरी को जबीता खान शहर कोतवाली के चबूतरे पर आकर बैठ गया और उसके आश्वासनों पर व्यापारियों ने गल्ला मंडी खोली। 14 फरवरी को नवाब नजीब की ओर से सुजानमिश्र तथा राजा चेतराम मल्हारराव के डेरों पर पहुंचे और वहां उन्होंने राव रूपराम के भतीजे हरसुख कटारा के साथ शांति-वार्ता की शर्तों पर तीन दिन लगातार बातचीत कीं। 6 फरवरी को मल्हारराव तथा जाट से बातचीज करके रुहेला वकील समझौते की शर्तों के साथ दिल्ली लौट गये। फिर सूर्यास्त से दो घड़ी पूर्व जबीता खान यमुना नदी पार करके मराठा शिविर में आया और उसने मराठा सरदारों से भेंट की। तब गंगाधर तांतिया और राव रूपराम कटारा उसके साथ नवाब नजीब-उद्-दौला के पास गये। प्रधान दूतों के प्रयास तथा आपसी बातचीत के बाद जाट-रुहेलों में संधि की शर्तें तय हो गईं, किन्तु इन शर्तों का पता नहीं चल सका। 8 फरवरी को मध्याह्न जबीता खां ने मल्हारराव से डेरों पर भेंट की। मल्हार ने उसको एक घोड़ा तथा एक हाथी भेंट किया। इसी दिन नवाब नजीब तथा मल्हारराव की आपसी मुलाकात के प्रबन्ध पर विचार किया गया। सूर्यास्त से पांच घड़ी पूर्व जबीता ने लौटकर दिल्ली में प्रवेश किया।[93]

9 फरवरी को नवाब नजीब ने स्वयं अपने पुत्र जबीता खां, अब्दुलअहमदखां काश्मीरी, याकूबअली खां व अन्य कुछ प्रमुख रुहेला सरदारों तथा निजी अंगरक्षक दल के साथ रामरा घाट से यमुना नदी पार की। यहां उसको शाह दुर्रानी का पत्र मिला, जिसमें खजाना लेकर शीघ्र आने का निर्देश था। फिर उसने मल्हारराव के डेरों पर पहुंचकर अपने पुत्र के साथ उससे भेंट की। वहां शाह दुर्रानी के पत्र पर भी विचार किया गया। तत्पश्चात नजीब ने स्वयं जाट-शासक तथा नवाब वजीर इमाद के डेरों पर जाकर मिलने का निश्चय किया। तब मल्हारराव तथा नजीब दोनों ने एक हाथी पर सवार होकर जवाहरसिंह के डेरों की ओर प्रस्थान किया और शाहदरा के बाहर अति सौहार्द वातावरण में जवाहरसिंह से भेंट की। नजीब ने सूरजमल की मृत्यु पर हार्दिक संवेदना प्रगट की और एक तलवार भेंट करके समझौते की पुष्टि की। किन्तु इस बार उसकी इमाद से भेंट नहीं हो सकी। सूर्यास्त के समय जवाहरसिंह से मिलकर नजीब अपने सरदारों सहित दिल्ली नगर में वापस लौट आया। उसके साथ में काफी तादाद में अनाज से लदे घोड़े तथा बैलों का एक विशाल टांडा भी था। यह अनाज शहर में बांटा गया।[94]

अंत में नवाब वजीर इमाद तथा नजीब में भी आपस में समझौता हो गया

था। 11 फरवरी को नजीब स्वयं मल्हारराव के साथ इमाद से मिलने को उसके डेरों पर पहुंचा। इमाद ने उसको मोतियों की लड़ी का एक सरपेच तथा एक खिलअत प्रदान की। 12 फरवरी को जवाहरसिंह ने दिल्ली नगर का घेरा उठा लिया और गुरु महंत रामकिशन को तोपखाना सहित और मनुलाल को यमुना नदी के किनारे-किनारे पृथक-पृथक मार्ग से रिसालों व साज-सामान सहित बल्लभगढ़ की ओर रवाना होने का निर्देश दिया। स्वयं ससैन्य दिल्ली के दक्षिण में 8 किमी. ओखला की ओर रवाना हो गया। 15 फरवरी को मल्हारराव ने दिल्ली नगर में प्रवेश करके नजीब से भेंट की। वहां उसका भव्य स्वागत-सत्कार किया गया। उसको शाही महलों में वली अहद जवां बख्त के सन्मुख उपस्थित किया गया। नजीब ने मित्रता स्वरूप उसको एक हाथी, दो घोड़े, नौ थाल जवाहरात भेंट किए। अन्य मराठा सरदारों को 120 खिलअतें दी गई। मल्हारराव पुनः वली अहद (उत्तराधिकारी) के सामने उपस्थित हुआ और उसने झरोखा-दर्शन देकर मराठों को विदाई दी। 16 फरवरी को जवाहरसिंह को दिल्ली से अपने मुल्क की ओर प्रस्थान करने की विदाई देने को जबीता खां पटपड़गंज के समीप ओखला पहुंचा। जवाहरसिंह ने अपने डेरों पर जबीता खां को सम्मानित किया और उसने वली अहद की ओर से जवाहरसिंह को एक हाथी, एक घोड़ा तथा खिलअत भेंट करके खिज्रपुर के मैदान से प्रस्थान हेतु अंतिम बार विदाई दी।[95]

22 फरवरी को रमजान का प्रथम दिन था। नवाब इमाद ने राजधानी में प्रवेश करके शाही जामा मस्जिद में जुमा की नमाज़ पढ़ने की आज्ञा प्राप्त की। इमाद के यमुना पार करने पर नवाब नजीब पालकी में सवार होकर बुलन्द बाग में आ गया और उसने अपने पुत्र जबीता खां सहित आगे बढ़कर अमीर-उल-उमरा का भव्य स्वागत किया। अपने डेरों पर ले जाकर सम्मानित किया। फिर इमाद तथा नजीब दोनों ही एक हाथी पर सवार होकर जामा मस्जिद गये। इमाद के बगल में नजीब और उनके पीछे सैय्यद नूरुद्दीन को बैठा देखकर जनता को अति विस्मय हुआ। नमाज पढ़ने के बाद तीसरे पहर इमाद नजीब से विदाई लेकर अपने डेरों पर लौट आया।[96]

जवाहरसिंह के अपने मुल्क में लौटते समय मराठादूत गंगाप्रसाद राधाकुंडी भी साथ था और वह यह तय कर रहा था कि जाटों की ओर से शाह दुर्रानी की छावनी में किसको भेजा जाएगा। उसने मराठा शिविर में लौटकर बतलाया कि शाह दुर्रानी का प्रतिरोध करने को जाटों ने अपने दुर्गों की मरम्मत शुरू कर दी है। किरपाराम आदि ने नजीब के साथ दुर्रानी की छावनी में जाने का निश्चय किया, ताकि वह शाह को यह बतला सके कि जाट तथा नजीब ने किन-किन शर्तों पर समझौता किया है।[97] मल्हारराव भी दोआब प्रान्त में शिकोहाबाद, फफूंद आदि के मराठा परगनों का बन्दोबस्त करने को दिल्ली से प्रस्थान करना चाहता था। 25

फरवरी को मल्हारराव तथा नवाब इमाद ने ससैन्य यमुना तट से छावनी उठाकर गंगा तट की ओर कूंच किया और 3 मार्च को उन्होंने गंगा नदी के किनारे पड़ाव डाला। इसी बीच में नवाब शुजाउद्दौला भी गंगा तट पर आ गया था और 1 मार्च को शाह दुर्रानी के दिल्ली स्थित प्रतिनिधि याकूब अली खां ने उससे मिलने को प्रस्थान कर दिया। 13 मार्च को याकूब अली खां शुजा से मिलकर दिल्ली वापस लौट गया।[98] इस बार शुजा को शाह दुर्रानी तथा नजीब से कोई भी लाभ नहीं मिल सका।

20. शाह दुर्रानी की वापसी : अलासिंह को राजा की उपाधि

अहमदशाह दुर्रानी के कुंजपुरा आगमन से पूर्व ही जाट तथा रुहेला सरदारों में समझौता हो चुका था। तब मीर नशीर खां बलूच ने युद्ध परिषद में शामिल होकर शाह से वर्षा काल तक दिल्ली में रुकने तथा शाह आलम सानी की अनुपस्थिति में साम्राज्य का समुचित बन्दोबस्त करने का सुझाव दिया, किन्तु शाह के कुंजपुरा में आ जाने पर भी न तो नजीब ने और न अन्य किसी भारतीय शासक या नवाब ने उससे भेंट की। अन्त में 28 फरवरी को शाह ने सरहिन्द होकर वापस कूंच कर दिया। सरहिन्द में शाह ने सिख सरदार अलासिंह जाट को अपने दरबार में आमंत्रित कर 'राजा' का विरुद, खिलअत, नगाड़ा व निसान (तबल-ओ-अलम) प्रदान करके सम्मानित किया। इसके एवज में अलासिंह ने शाह को साढ़े तीन लाख रुपया वार्षिक खिराज देने का वचन दिया।[99] इस प्रकार वैधानिक पद पाकर अलासिंह जाट ने आगे चलकर पटियाला राज्य की नींव डाली।

21. दिल्ली अभियान का परिणाम

'मराठों का नवीन इतिहास' के लेखक सरदेसाई का मत है कि इस संघर्ष में मल्हारराव को परिस्थिति पर नियंत्रण रखने[100] का निर्देश दिया गया था। परन्तु मराठा अभिलेखों से स्पष्ट है कि मराठा-शक्ति के विनाश के बाद भी मल्हारराव हिन्दुस्तान में नजीब का पक्षधर और 'धन का लोभी' था। उसमें भारत, भारतीय, भारतीयता अथवा हिन्दुत्व की भावना तथा मानवीय मूल्यों के प्रति संवेदनशीलता का अभाव था। उसने जवाहरसिंह के साथ रहकर भी उसको धोखा दिया। जवाहरसिंह ने वास्तव में नवाब नजीब को इस युद्ध में नैतिक व मानसिक रूप से पराजित कर दिया था। आगे उसने जाटों से सीधे टकराव की हिम्मत नहीं की।

जवाहरसिंह ने अपने राज्य के जन-समर्थन से दूसरी बार दिल्ली नगर में लूटमार करके आतंकी वातावरण अवश्य बनाने का प्रयास किया, परन्तु इस बार 'जाट गर्दी' सदृश लूट या बरबादी नहीं हो सकी थी। जवाहरसिंह को लूट में जो कुछ मिला, वह सभी कुछ युद्ध में ही स्वाहा हो गया था। इस भांति एक करोड़

60 लाख से अधिक रुपया बरबाद करके जवाहरसिंह को 17 फरवरी को डीग की ओर प्रस्थान करना पड़ा। उसने अभी मराठों को शेष 12 लाख रुपयों का भुगतान भी करना था। परन्तु उसने शेष राशि के भुगतान से मना कर दिया। धीरे-धीरे मार्च के महीने में उसने राजधानी डीग में प्रवेश किया।

फादर वैंदेल तथा अन्य इतिहासकारों का आकलन है कि "इस अभियान से जवाहरसिंह को प्रजा में अपनी प्रतिष्ठा कायम करने के अलावा अन्य कोई लाभ नहीं मिल सका।"[101] निःसन्देह जवाहरसिंह को काठेड़ राज्य में 'सत्ता व शक्ति' प्राप्त करने में सफलता मिली। पड़ोसी राज्यों के हस्तक्षेप से मुक्त होकर कुछ समय के लिए जवाहरसिंह आन्तरिक (गृह) समस्याओं के समाधान के लिए मुक्त था।

सन्दर्भ

1. वैंदेल, पृ. 95;
2. नूरुद्दीन, पृ. 70 अ, 71 ब;
3. वैंदेल, पृ. 95;
4. ड्रा. ख.प. बण्डल 10, लेख 198 (पौष सुदि 13, सं. 1820/जनवरी 17,1764 ई.)
5. नूरुद्दीन, पृ. 71, ब;
6. वैंदेल, पृ. 95
7. चौबे,पृ. 21;
8. जॉन कोहन, पृ. 22 अ; उदैराम, 12 वां विलास;
9. सुक्का खास, पत्रक 10 फाल्गुन सुदि 13, सं. 1820 (मार्च 16, 1764ई.) तथा संपुष्टि पुण्य पत्रक महन्त श्रीनिवासाचार्य के नाम सितम्बर 20, 1765 ई. (आसोज सुदि 5, सं. 1822)

= ड्रा.ख.प., बण्डल 11, लेख 57 (वैसाख सुदि 3, सं. 1821/मई 4, 1764 ई.) में 'ब्रजेन्द्र बहादुर राजा' विरुद लिखा गया है। अतः जवाहरसिंह के धारित विरुद 'महाराजा व सवाई' को पड़ोसी शासकों ने प्रारंभ में मान्यता प्रदान नहीं की थी।

= महन्त लालदास के नाम कबूलियत चुंगी (सितम्बर 4, 1758 ई/भादौं सुदि 2, सं. 1815), दीवान नंदलाल-प्रतिनिधि कछवाहा दरबार के नाम परवाना (24 सितंबर, 1759 ई/आसौज सुदि 3, सं. 1816)से स्पष्ट है कि सूरजमल ने 'ब्रजेन्द्र बहादुर महाराजा' का विरुद धारण किया था (ड्रा.ख.प., बण्डल 7, लेख 151)। इसी प्रकार सैयद नूर-उद्-दीन हसन खां ने 'नजीब-उद्-दौला की जीवनी' में 1760 ई. में इसी विरुद का उल्लेख किया है।(पृ. 33 अ)

10. वैंदेल, पृ. 97;
11. कानूनगो, पृ. 11;
12. अर्जदाश्त, बण्डल 10, लेख 198 (पौष सुदि 13, सं. 1820), बण्डल 10, लेख 214 (माघ सुदि 5, सं. 1820/23 जनवरी) ड्रा.ख.प.

13. बलदेव सिंह, पृ. 78;
14. वैंदेल, पृ. 95;
15. वैंदेल, पृ. 97; जॉन कोहन (पृ. 22अ)–लेखक हंसिया तथा किशोरी के नामों में उलझ गया है। इस घटना में वैंदेल ने हंसिया के नाम का स्पष्ट उल्लेख किया है और यह सत्यानुरूप है।

= लोक वार्ताओं से ज्ञात होता है कि राजगद्दी पर आरुढ़ होने के बाद, जवाहरसिंह जब अपनी मां तथा मांजी हंसिया का आशीर्वाद प्राप्त करने ड्योढ़ियों पर पहुंचा, तब हंसिया ने उसकी पगड़ी देखकर व्यंग्य में कहा, "बेटा तेरे बाप की पगड़ी तो दिल्ली के मैदानों में मुगलों की ठोकर खा रही है। तू ये शानदार पगड़ी कहां से बांधकर आया है?" उसने कहा, "मां! आखिर ये पगड़ी तो बिरादरी पंचों ने बांधी है।" तब मांजी ने कहा, "जब तक बाप की पगड़ी दिल्ली के मैदानों से नहीं उठेगी, तब तक तू इस पगड़ी का अधिकारी नहीं हो सकेगा।" जवाहरसिंह ने कहा, "लेकिन मेरे पास इतनी धन-दौलत कहां? जो दाऊजी के खूंन का बदला ले सकूं।" जवाहरसिंह की बात मांजी के दिल में चुभ गई और उसने अपने भाई बलराम की इच्छा के विपरीत हिन्दुत्व, धर्म तथा संस्कृति की रक्षा के लिए अपने साहसी पुत्र को ड्यौढ़ी-खजाना से विपुल धन देने का निश्चय प्रकट किया। उसने कहा, 'क्या धन से ही पगड़ी खरीदना चाहता है।' जवाहरसिंह ने कहा, "बिना धन के युद्ध कैसे लड़ूंगा भाई-बन्धु मेरा विरोध कर रहे हैं। खजाने पर उनका अधिकार है। फिर भी मैं आपके चरणों की शपथ खाकर कहता हूं कि मैं नवाब से खून का बदला अवश्य लूंगा।" दृढ़ संकल्प को देखकर मांजी साहिबा ने कहा, "बेटा! धन के अभाव में अपने दाऊजी की आत्मीय भावना तथा काठेड़ राज की प्रतिष्ठा को लांछित करना ठीक नहीं है। मैं डीग से दिल्ली तक धन की ढेरी लगा दूंगी।" जवाहरसिंह ने उत्तेजना के स्वरों में अधीरता से कहा, "लेकिन मां ये दौलत कहां है?" तब मांजी साहिबा ने दरोगा-ड्योढ़ी को खजाना दिखलाने की आज्ञा दी। खजाने का रक्षक जाति का चमार था। उसमें स्वामिभक्ति, राजभक्ति तथा कर्त्तव्यनिष्ठा थी। राव चूड़ामन ने भी खजाने के रख-रखाव का भार चमारों को सौंपा था। दरोगा जवाहरसिंह को आंखों पर पट्टी बांधकर घुमावदार मार्ग से तहखानों में ले गया। अपार द्रव्य देखकर जवाहरसिंह ने संतोष की श्वांस ली और उसने प्रण निभाने की तैयारियां की।

चमार परिवार को राज्य से इनाम में गांव मिला था और दरबार में बैठने का अधिकार प्राप्त था।

16. वैंदेल, पृ. 97; नूरुद्दीन, पृ. 71 ब, 72 ब; मिसकिन, पृ. 262-3; नजीबुद्दौला, पृ. 72; पे.द., जि.29, लेख 55;
17. ड्रा.ख.प., बण्डल 10, लेख 290 (माघ सुदि 8, सं. 1820)
18. उपरोक्त लेख 221;
19. द.कौ., जि. 7 पृ, 379-381;

= डॉ. राम पाण्डे ने मुंसिफ ज्वाला सहाय के आधार पर लिखा है, "जवाहरसिंह ने माधोसिंह द्वारा भेजे टीका को स्वीकार करने से मना कर दिया।" (पृ.97); ज्वाला सहाय ने इस प्रकार का कोई भी उल्लेख नहीं किया है। अत: रामपाण्डे की मान्यता भ्रमात्मक है।

20. पे.द., जि.29, लेख 79;
21. पे.द. जि. 29, लेख 54 (30 मार्च)
22. वैंदेल, पृ. 97;
23. कानूनगो, पृ. 173;
24. नूरुद्दीन, पृ. 87;
25. इमाद, पृ. 56;

= नवम्बर 1753 से अक्तूबर 1763 ई. के वर्षों में सूरजमल ने अपने प्रतिनिधि के रूप में राव नवलसिंह को ही जयपुर दरबार में भेजा था और उसको दरबारी काम काज व शासन प्रबन्ध में दक्ष किया था।

26. राजकीय संग्रहालय, भरतपुर में सुरक्षित ध्वज।
27. सुक्का खास, मार्च 16, 1764 ई., पत्रक 10 (लेखक संग्रह)

= राव बदनसिंह ने जून 30, 1755 ई. को महंत रामकिसन को ग्राम बहज (परगना डीग)में 100 बीघा भूमि पुण्यार्थ प्रदान की थी। (छूट चिट्ठी)

28. सुक्का खास जवाहरसिंह, मार्च 16, 1764 ई. (लेखक संग्रह)
29. वैंदेल, पृ. 91, 95,97; नूरुद्दीन, पृ. 72 ब;
30. पे.द., जि. 29, लेख 55;
31. ड्रा. ख.प., बण्डल 11, लेख 17 (चैत्र सुदि 10, सं. 1821)
32. वैंदेल, पृ. 97
33. नजीबुद्दौला, पृ. 69-79;
34. पे.द. जि-29, लेख 58;
35. शाकिर, पृ. 105;
36. द.कौ.,जि.7, पृ. 364, 370, 380; ड्रा.ख.प., बण्डल 11, लेख 57;
37. ड्रा.ख.प., बण्डल 11, लेख 50 (ज्येष्ठ वदि 7, सं. 1821); द.कौ., जि.7, पृ. 364;
38. नजीबुद्दौला, पृ.78; बिहारी, इस्लामिक, खण्ड 10, पृ. 656; नूरुद्दीन, पृ. 72ब; पे. द. जि.29, लेख 55; ड्रा.ख.प., बण्डल 11, लेख 51;
39. ड्रा.ख.प., बण्डल 11, लेख 51 (असाढ़ वदि, 7 सं. 1821); द.कौ., जि.7, पृ. 364, 370;
40. ड्रा.ख.प., बण्डल 11, लेख 45 (असाढ़ सुदि 11, सं. 1821)
41. पे.द., जि.29, लेख 58;
42. ड्रा.ख.प; बण्डल 11, लेख 46, (श्रावण वदि 4, सं. 1821)
43. नूरुद्दीन, पृ.73 अ-ब; बिहारी, इस्लामिक, खण्ड 10, पृ. 656;
44. नूरुद्दीन, पृ.73 अ, 74 अ;

45. द.कौ., जि. 7, पृ. 365;
46. पे.द., जि.29, लेख 72-73; वैंदेल, पृ.97;
47. हिंगणे, खण्ड 2, लेख 55, पृ. 53;
48. वैंदेल, पृ.97; नजीबुद्दौला, पृ.80;
चौबे राधारमण का कथन '5 लाख रुपया भुगतान के करार पर मल्हार को बुलाया गया था', पूर्णत: अनुपयुक्त है। (पृ.22)
49. पे.द., जि. 29, लेख 73; सी.पी.जी., जि.1, पत्र 2459, पृ. 353; नुरुद्दीन, पृ. 75 ब; नजीबुद्दौला , पृ. 81;
50 लोकवार्ता के अनुसार एक दिन प्रात:काल जवाहरसिंह जवाहरसिंह बुर्ज पर उत्तराभिमुख होकर दातुन कर रहा था और बातचीतों के दौरान दिल्ली की ओर इशारा कर रहा था। तभी बुर्ज के नीचे झाड़ती महतरानी ने समझा कि महाराजा आज ही दिल्ली की ओर कूंच करेंगे। अफवाह फैलते ही शिविर में कूंच का धौंसा बज गया और जवाहरसिंह को कूंच करना पड़ा।
51. दिल्ली युद्ध की स्मृति में गोवर्द्धन दरवाजा (भरतपुर) के समीप अभी तक दिल्ली दरवाजा बना है। इसी के समीप नगर परकोटा में एक प्राचीन दरवाजा भी निकला है। सम्भवत: जवाहरसिंह ने इसी द्वार से प्रस्थान किया था और फिर कभी बाढ़ के समय इस दिल्ली द्वार को बन्द करवा दिया गया था।
52. पे.द., जि. 29, लेख 73 (अधिक उपयोगी)
= कवीश्वर उदैराम का कथन है कि उसके नेतृत्व में बैरागी, संन्यासी पैदल, फिरंगी पल्टन, फुटकर मुगल पठान आदि 30 सहस्त्र सैनिक थे। 50 सहस्त्र हजूरी पैदल सवार थे। इनके अलावा जागीरदारों के सैनिक थे।
= वैंदेल का कथन है कि मराठों सहित जवाहरसिंह के नेतृत्व में 60 सहस्त्र से अधिक सेना थी। इसके अलावा 12-15 सहस्त्र वैतनिक सिख सवार शामिल थे। (पृ.97) डॉ. कानूनगो ने इस आधार पर निष्कर्ष निकाला है कि उसके नेतृत्व में 60,000 सैनिक, 100 तोप, 25,000 मराठा तथा 15,000 सिख शामिल थे।
= सैय्यद नूरुद्दीन का मत है कि उसकी सेना में तोपखाना सहित 30,000 सवार तथा 25,000 पैदल शामिल थे (पृ.74 अ)
= 11 नवम्बर को दिल्ली से पटना पहुंचे समाचारों में 40,000 सवार तथा 50,000 पैदलों की संख्या दी गई थी। (सी.पी.सी., खण्ड1, पत्र 2457)
53. दिल्ली से 16 दिन में 11 नवम्बर को पटना समाचार पहुंचा था। इस समाचार के लिखने के कुछ समय पूर्व ही मल्हारराव जवाहरसिंह की छावनी में पहुंच गया था। (सी.पी.सी., पत्र 2457)
= सैय्यद नूरुद्दीन (पृ.74 अ) का कथन है कि जवाहरसिंह ने 24 अक्तूबर (रबी।।) को दिल्ली की ओर प्रस्थान किया था। जबकि पे.द. (जि.29, लेख 73) से स्पष्ट है कि जवाहरसिंह अक्तूबर के प्रथम सप्ताह में बल्लभगढ़ तथा फरीदाबाद पहुंच चुका था।

54. सी.पी.सी., जि.1, पत्र 2459, पृ. 353;
55. पे.द., जि.29. लेख 73; नजीबुद्दौला, पृ. 80-81; नुरुद्दीन (इस्लामिक) खण्ड 7, पृ. 246-7;
56. पे.द. जि. 29; लेख 73; नूरुद्दीन, पृ. 74 ब;
57. सी.पी.सी., जि.1, पत्र 2459;
58. नूरुद्दीन, पृ.75 ब; नजीबुद्दौला, पृ. 80-81;
59. सी.पी.सी., खण्ड 1, पत्र 2459, 2457;
60. नूरुद्दीन, पृ.75 अ;
61. दे. क्रॉनि, पृ. 130;
62. नजीबुद्दौला, पृ. 80; बिहारी, इस्लामिक, खण्ड 10, पृ. 656; पे.द., जि 29, लेख 79; हिंगणे, जि.1, लेख 55;
63. नूरुद्दीन, पृ.76 ब;
64. नूरुद्दीन, पृ.73 ब, 77-81; नजीबुद्दौला, पृ. 83'84, 86-87; वैंदेल, पृ. 97-8;
65. दे. क्रॉनि, पृ. 130; नूरुद्दीन, पृ.81-88;
66. दे क्रॉनि पृ. 130, नूरुद्दीन, पृ. 82 अ, 88-89;
67. दे. क्रॉनि., पृ. 130; नुरुद्दीन, पृ.83 अ;
68. पे.द. जि. 29, लेख 193(17 दिसम्बर)
69. नूरुद्दीन, पृ. 82 ब;
70. नूरुद्दीन, पृ.74 अ; कनिंघम, पृ.53;
71. नूरुद्दीन, पृ. 82 ब, 83 अ; नजीबुद्दौला, पृ. 89; हरीराम, पृ. 207-9 (पा.टि.)
72. नूरुद्दीन, पृ. 83 अ; नजीबुद्दौला, पृ. 90;
73. वैंदेल, पृ. 97;
74. सी.पी.सी., खण्ड 1, लेख 2533ए (9 जनवरी)
75. दे. क्रॉनि, पृ. 131; नूरुद्दीन, पृ.84ब-85अ; होल्करशाही, भाग 1, लेख 208, 213 (26 जनवरी तथा 2 फरवरी को अहिल्या बाई के नाम पात्र)
76. वैंदेल, पृ. 98; नूरुद्दीन, पृ.83 ब;
77. नूरुद्दीन, पृ.86 अ-ब; नजीबुद्दौला, पृ. 90;
78. नूरुद्दीन, पृ. 87 अ-89अ;
79. इन्दौर-जयपुर खरीता, पौष सुदि 12, सं. 1821;
80. नूरुद्दीन, पृ. 90 अ;
81. होल्करशाही, जि.1, लेख 206;
82. वैंदेल, पृ.99 सरकार(मुगल), खण्ड 2, पृ. 315(पा.टि.)
83. बिहारी, इस्लामिक, खण्ड 10, पृ. 656;
84. नूरुद्दीन, पृ.84 अ;
85. नूरुद्दीन, पृ. 83 ब-84 अ; वैंदेल, पृ.97;
86. वैंदेल, पृ. 102;

87. देशराज, पृ. 573;
88. शाकिर, पृ. 105;
89. वैंदेल, पृ. 97;
90. नजीबुद्दौला, पृ. 93-5;
91. नूरुद्दीन, पृ.92 अ; पे.द., जि. 29, लेख 85; गंडासिंह, पृ.297-8; हरीराम, पृ. 210;
= डॉ. कानूनगों (पृ.176 पा.टि.) का यह विचार तथ्यानुरूप नहीं है कि शाह दुर्रानी के जवाहरसिंह-नजीब के समझौता के सात माह (अक्टूबर, 1765 ई.) बाद सिंधु नदी पार की थी।
92. नूरुद्दीन, पृ.90 ब;
93. दे.क्रॉनि. पृ. 131;
94. दे. क्रॉनि. पृ. 131-2; चहार, पृ. 454; होल्करशाही, खण्ड 1, पत्र 216 अ, 217, 225; पे.द., जि.29, लेख 85; बिहारी, इस्लामिक, खण्ड 10, पृ. 657; बलदेव सिंह, पृ. 77;
95. दे. क्रॉनि., पृ. 132;
96. दे. क्रॉनि., पृ.132; नूरुद्दीन, पृ. 91 अ-ब;
97. पे.द.जि.29, लेख85 (23 फरवरी);
98. दे.क्रॉनि., पृ. 132; होल्करशाही, खण्ड 1, पत्र 222 (25 फरवरी), 225 (2 मार्च) तथा 226;
99. नूरुद्दीन, पृ.92 ब; डॉ. गंडासिंह, पृ. 302-3;
100. सरदेसाई, खण्ड 2, पृ. 663;
101. वैंदेल, पृ.98; नजीबुद्दौला, पृ. 97-8; हरसुखराय, इ.डा. खण्ड 8, पृ. 273;

अध्याय 3

कुटम्बी-जनों तथा देशस्थ सरदारों का दमन
(अप्रैल, 1765-अप्रैल, 1766 ई.)

प्रमुख स्तम्भों का दमन

1. पड़ोसी तथा विदेशियों की भरती

"हिन्दुस्तान में अहमदशाह दुर्रानी के आने तथा रुकने का भय समाप्त हो चुका था। तब जवाहरसिंह ने यह बात समझाने को कठोर कदम उठाने पर विचार किया कि वह जाट-राज्य का व्यावहारिक स्वामी तथा शासक है। उसका विश्वास था कि उसके कुटुम्बी-जनों, बन्धु-बान्धवों तथा प्रधान सरदारों के नियन्त्रण में राजकोष का लाखों रुपया जमा है। उसने परदेशियों की सहायता से इन सोने की चिड़ियों को एक ही प्रहार से ठिकाने लगाकर अतिवादी सत्ता प्राप्त करने का दृढ़ संकल्प कर लिया।"[1]

दिल्ली अभियान की विफलता से अति खिन्न, देशस्थ सरदारों की कुटिलता तथा षड्यंत्रों से अति असन्तुष्ट, चिन्तित तथा उदासमन जवाहरसिंह ने डीग लौट कर (मार्च) अपनी सैनिक सत्ता की दृढ़ता के लिए देशस्थों की अपेक्षा पड़ोसी तथा विदेशी सैनिक सरदारों के नेतृत्व में नियमित वेतन पर फौज भरती की एक योजना बनाई। दिल्ली अभियान के समय उसने उमरावगिरि गुंसाई को उनकी नागा जमातों के साथ भाड़े पर बुलाया था, और उसके सहयोग से 1000 नागा संयासियों को मासिक वेतन पर भरती कर लिया था। (अ2, परि-15) नवाब शुजाउद्दौला को अंग्रेजी फौजों के विरुद्ध सहायता करने से रुहेला सरदारों के मना करने पर मार्च के मध्य में अनूपगिरि (हिम्मत बहादुर) गुंसाई भी गढ़ मुक्तेश्वर के समीप नवाब शुजा को विपन्नावस्था में छोड़कर अपने कई सहस्र नागा सवारों व पैदलों सहित जाट-शासक की सेवा में आ गया।[2] भिण्ड-भदावर तथा गोहद के राणा से निकट

सम्पर्क बनाये रखने के उद्देश्य से जवाहरसिंह ने मिश्र गंगाप्रसाद भदौरिया (निवासी ग्राम मई, निकट बटेश्वर) को उसके रिसालों सहित अपने अली गोल (अंगरक्षक दल) में नियुक्त कर लिया और आपसी कौल-करार के बाद आगरा दुर्ग में बैठकर जून 26, 1765 ई. को ताल्लुका फतहाबाद में रुपया 5551/-वार्षिक जमा के पांच गांवों–रिहावली, तारौली, बेगमपुर, धनौकी खुर्द तथा भिलावली का पट्टा भी प्रदान करके सम्मानित किया।[3] अब जवाहरसिंह को कप्तान समरू (सौम्ब्रे)की सेवायें भी मिलने की आशा थी।

2. फ्रेंच कप्तान समरू (सौम्ब्रे) का सेवा में प्रवेश

बाल्टर रेनहर्ड ली सौम्ब्रे अल्शेसन[4] खांप (नस्ल) से था और उसका जन्म 1730 ई. के आसपास स्ट्रेगवर्ग में हुआ था। वह श्याम वर्ण था। प्रारम्भ में बढ़ई के व्यवसायी के रूप में फ्रेंच सेना में भरती होकर फ्रांसीसी जहाज से भारत आया था। भारत में फ्रेंच गवर्नर डूप्ले की पराजय के बाद वह काफी गम्भीर रहने लगा था और भारत में कभी किसी ने उसके चेहरे पर हंसी या मुस्कान नहीं देखी थी। उसके हृदय में अंग्रेजों के प्रति काफी खिन्नता पैदा हो गई थी और स्वभावतः प्रतिशोध की भावना उभरने लगी थी। कुछ समय बाद उसने अपने भाग्य की परीक्षा हेतु अपने नेतृत्व में भारत में आये साखहीन भाडे के फिरंगी या यूरोपियन सैनिकों की भरती करके निजी सेना संगठित कर ली थी।[5]

समरू की बटालियन में नवीन यूरोपीय शैली में सु-दीक्षित तथा अनुशासित 300 फ्रेंच, जर्मन तथा यूरोपियन सिपाही, एक भारतीय सिपाहियों की पैदल बटालियन तथा तोपें थीं, लेकिन ये साखहीन, भाड़े पर लड़ने वाले सिद्धान्तहीन तथा अकुलीन सैनिक थे। इनमें देशी शासकों के प्रति स्वामिभक्ति, कर्त्तव्य-निष्ठा तथा अनुराग का अभाव था। ये भारत में रहकर व्यक्तिगत स्वर्ण-मुद्रा अर्जन की भावना से भारतीय नवाबों तथा हिन्दू नरेशों से सौदेबाजी करते थे और प्रचुर द्रव्य तथा धरती के लालची थे। सर्वाधिक द्रव्य ही उनका जीवन था। रणक्षेत्र में वे स्वामी-हित में अपना जीवन न्यौछावर करना नहीं जानते थे और संकटकाल में उनको छोड़कर अन्यत्र किनारा कर जाते थे।

अपना कुल, वंश तथा व्यवसाय को छिपाने के लिए समरू स्वयं को सोब्रिस्येट सोब्रिक्येट (सौम्ब्रे) कहता था और भारतीय अनुयायियों में उसका अपभ्रंश नाम 'समरू' गार्दी[6] प्रसिद्ध हो गया था। देशी राजा तथा नवाब उसको समरू साहब[7] कहते थे। वह निरक्षर था, लेकिन आवश्यकता के क्षणों में अच्छा निशानेबाज था[8]। व्यक्तिगत रूप से न तो बहादुर था और न साहसी। फिर भी उसमें समय व अवसर को पहचानने की क्षमता थी और उसने इसका सदैव लाभ उठाया। उसकी सेना आक्रमण करने में अधिक दक्ष नहीं थी, फिर भी संकटावस्था

में योजनाबद्ध तरीके से पीछे हटने की सूझबूझ थी। इस प्रकार वह रणक्षेत्र में बिना किसी सैनिक को खोये प्राय: पीछे हटने में अधिक चतुर था। उसकी प्रकृति में गम्भीरता तथा स्वभाव में चिड़चिड़ाहट थी। उसको फ्रेंच बोलने में काफी कठिनाई होती थी, परन्तु वह शुद्ध तथा स्पष्ट फारसी तथा यूरिस भाषा बोलने में प्रवीण था। स्वयं मुगलिया पोशाक पहनता था और उसका काफी बड़ा रनिवास (हरम) था। उसने भारत में रहकर विशुद्ध भारतीय परम्परा, तौर-तरीका तथा रहन-सहन को अपना लिया था। उसका वास्तव में असाधारण व्यक्तित्व था। अपनी कुशलता, साहस, परिश्रम से ही उसने पर्याप्त प्रगति की और मुगल साम्राज्य में अपना विशिष्ट स्थान बना लिया था।[9]

त्रिचनापल्ली में मोंशियर जीन लॉ डी लॉरिस्टन की पराजय (1752 ई.) के बाद समरू फ्रांसीसी कम्पनी की सेवायें त्याग कर ब्रिटिश रेजीमेन्ट में शामिल हो गया था। 1756 ई. में उसने ब्रिटिश रेजीमेन्ट छोड़ दी और सार्जेन्ट का पद ग्रहण करके कासिम बाजार की फ्रेंच फैक्टरी के प्रमुख मोंशियर जीन लॉ डी आरिस्टन के साथ बंगाल पहुंच गया।[10] जीन लॉ के नेतृत्व में नियुक्त फ्रांसीसियों की पराजय के बाद उसने पुन: बंगाल, ब्रिटिश रेजीमेन्ट में निजी सैनिक के रूप में प्रवेश किया। 1760 ई. में मीरकासिम अली खां ने अंग्रेज कम्पनी सरकार की सहायता से नवाब मीरजाफर को सूबेदारी पद से हटाकर बंगाल-बिहार प्रान्त का नवाब पद प्राप्त कर लिया था। तब समरू पैदल बटालियनों का स्वतन्त्र नेतृत्व सम्भालने को अंग्रेजों की सेवा त्याग कर नवाब मीर कासिम अली खां की सेवा में चला गया था। नवाब की सेवा में रहकर उसने पर्याप्त नाम तथा ख्याति प्राप्त कर ली थी।[11]

मीर कासिम अली के विरुद्ध युद्ध छिड़ने पर फोर्ट विलियम कौंसिल के बिहार प्रतिनिधि (एजेन्ट) मि. एलिस ने पटना शहर पर अधिकार करने का प्रयास किया, तब कप्तान समरू ने अन्य 150 अंग्रेजों के दल के साथ एलिस को घेरकर एक कमरे में बन्द कर दिया और मीर कासिम अली के निर्देश पर उसने इन अंग्रेज अधिकारियों तथा सैनिकों की पटना में निर्मम हत्या करके मानवता की भावना को त्याग दिया। इस दुर्घटना में केवल डॉ. फुलरटोन बच सका।[12] अक्तूबर 5,1763 ई. को डॉ. फुलरटोन ने इस हत्याकांड के बारे में अपनी डायरी में लिखा, "सोम्ब्रे ने मकान को घेर लिया और एक छोटे से चौक में मि. एलिस. हे, लूसिंग्टन तथा अन्य छ: सज्जनों को बुलाया। वहां उसने उनका कत्ल कर दिया। उनके शवों को चौक में बने एक कुएं में डलवा दिया गया। उसके बाद उसने अपने सैनिक दल को दूसरे चौक में भेजा। उन्होंने वहां सैकड़ों यूरोपियन सैनिकों को गोली तथा तलवार से मौत के घाट उतारा। उनके शवों को अन्य कुओं में डाल दिया गया और इन कुओं को मिट्टी से भरवा दिया गया।"

इस पैशाचिक कांड से समरू ईस्ट इण्डिया कम्पनी सरकार का परम शत्रु तथा कोप भाजन बन चुका था। अस्तु, बक्सर युद्ध में पराजित नवाब मीर कासिम अली की सेवायें त्याग कर वह निजी जान व माल की सुरक्षा के लिए नवाब शुजाउद्दौला की सेवा में चला गया।[13] यहां उसने एक स्वतन्त्र जनरल की भांति नवाब की सेवा की। बक्सर युद्ध (अक्टूबर 23, 1764 ई.) के बाद[14] सम्पन्न समझौता वार्ता में यह स्पष्ट शर्त थी कि अंग्रेजों के क्रूर हत्यारे समरू को बन्दी बनाकर अंग्रेजों को सौंप दिया जावे।[15] शुजा ने उसकी वीरता व साहस को देखकर उसको अंग्रेज कम्पनी सरकार को सौंपने से मना कर दिया। जलालपुर युद्ध (जनवरी, 1765) के बाद नवाब शुजा तथा समरू भाग कर लखनऊ पहुंचे।[16] भगोड़ा समरू पूर्णतः सजग व सतर्क था। शुजा की असमर्थता को समझ कर भी वह 10-12 सवार, पैदल गार्दी व तिलंगों सहित पराजित शुजा के साथ रुहेलखण्ड पहुंचा। रुहेला तथा बंगश सरदारों ने अंग्रेजों के विरुद्ध शुजा की सहायता नहीं की। इससे समरू को अपनी जीवन-रक्षा का भय पैदा हो गया और वह शुजा को छोड़कर किसी अन्य राजनैतिक शक्ति तथा साधन सम्पन्न रक्षक की तलाश करने लगा। नवाब शुजा जब बरेली से फर्रुखाबाद लौट रहा था, तब उसने अपने परिवार को समरू की सुरक्षा-व्यवस्था में पीछे छोड़ दिया था। किन्तु इसी बीच में शुजा ने आर्थिक कठिनाई तथा अंग्रेजों के भय से समरू की सेवायें समाप्त कर दीं। जब उसको पता चला, उसने हरम को लूटने की धमकी दी। स्थिति को समझ कर अप्रैल, 1765 ई. में शाहबाद के निकट शुजा की माता नवाब बेगम तथा नायब बेनी बहादुर ने उसके शेष वेतन का चुकारा करके उसको सेवा मुक्त कर दिया।[17]

नवाब शुजा-उद्-दौला के बाद उत्तर भारत के देशी शासकों में केवल जाट राज्य सर्वोच्च कीर्ति के रूप में विद्यमान था। विपुल सम्पदा, अर्थ-सम्पन्नता तथा वैभव के आकर्षण ने भाड़े के विदेशी सेनानायकों को अपनी ओर आकृष्ट कर लिया था। समरू के नेतृत्व में अभी तक तोपखाना सहित एक दक्ष फिरंगी बटालियन थी। सर्वत्र उसकी साख जम चुकी थी। जनरल समरू ने अपने जीवन तथा सम्पत्ति की रक्षा हेतु जवाहरसिंह से अपनी बटालियन सहित सेवायें अर्पित करने का निवेदन किया। तब जवाहरसिंह डीग में था। प्रार्थना स्वीकार होते ही अप्रैल 1765 ई. में समरू ससैन्य जवाहरसिंह की सेवा में पहुंचा। किन्तु कुछ ही दिनों मे जाटों से असन्तुष्ट होकर वह मई में सवाई माधोसिंह की सेवा में जयपुर चला गया।[18]

अंग्रेज कम्पनी सरकार निरन्तर समरू का पीछा कर रही थी। समरू को कछवाहा राज्य में भी सन्तोष नहीं मिला। यद्यपि कछवाहा शासक उसको जाटों से विमुख करना चाहता था। फिर भी वह 10-12 सहस्त्र सैनिकों सहित जून में जाट शासक के दरबार में लौट आया। इस समय उसके नेतृत्व में 300 निम्न

प्रजाति के यूरोपियन (फिरंगी), कुछ तोप तथा नवाब मीर कासिम अली की सेवा के गार्दी व तिलंग भगोड़ों की कुछ कम्पनियां थीं। अनुमानतः उसकी कमान में चार पैदल बटालियन, जिनमें एक सहस्त्र सुदीक्षित, अनुशासित तथा दृढ़ सैनिक थे, यूरोपियनों द्वारा संचालित छः मैदानी तोपें और एक छोटी सी देशी सवार कम्पनी थी।[19] जवाहरसिंह ने समरू को पर्याप्त नियमित वेतन देकर पुरस्कृत किया और इन विदेशी सैनिकों के बल पर 'अधिनायक प्रधान' राज्य की नींव डाली।

3. कुलीन सामन्तों तथा सरदारों का दमन, जुलाई-अगस्त, 1765 ई.

दिल्ली का बन्दोबस्त करके अप्रैल, 1765 ई. में नवाब नजीब ने सोनीपत (हरियाणा) जिले की ओर कूंच किया और इस जिले के जमींदारों को नेतृत्व करने वाले बोआना (बवाना, दिल्ली के उ.पू. में 27 किमी.) के जाट जमींदारों की गढ़ी को बरबाद करके वहां भारी नर संहार किया। इससे इस जिले के सभी जमींदारों ने भूमि-कर देकर उसकी अधीनता स्वीकार कर ली। फिर वह अपनी पत्नी (पुत्री डुंडी खान) की अस्वस्थता का समाचार सुनकर नजीबाबाद चला गया।[20] शुजा ने रुहेलों का सहयोग न मिलने पर मार्च के अन्त में अनूपशहर में मल्हारराव से भेंट की और नवाब इमाद के सत्परामर्श तथा प्रयास से मई में 30,000 रुपया दैनिक व्यय तथा अन्य मांगों का अनुबन्ध करने के बाद मल्हारराव ने दोआब में मराठा परगनों पर पुर्नाधिकार करने की अपेक्षा शुजा की मदद में अंग्रेजों के विरूद्ध कोरा की ओर प्रस्थान किया।[21]

3 मई को मेजर रॉबर्ट फ्लेचर ने कोरा में शुजा व मल्हार को[22] और 22 मई को काल्पी के समीप मराठों को पराजित करके मल्हारराव को बुन्देलखण्ड की ओर खदेड़ दिया।[23] जवाहरसिंह मराठों के सम्भावित हस्तक्षेप से कुछ समय के लिए मुक्त हो गया था।

समरू के जाट की सेवा में आ जाने पर उस पर निगरानी रखने के लिए फोर्ट विलियम के अंग्रेज अधिकारियों ने आगरा स्थित चर्च के पादरी फादर फ्रांकोज जेवियर वैंदेल की सेवायें प्राप्त कर ली थीं, उसने जवाहरसिंह शासन की घटनाओं का 'मेमायर्स ऑन जाट्स' में अति विशद वर्णन किया है। चिकित्सक तथा वैज्ञानिक फादर डॉन पेड्रो डी-सिल्वा जयपुर राज्य की सेवाओं को छोड़कर आगरा आ गया था। इन दोनों यूरोपियनों ने राजनैतिक सलाहकार परिषद के सदस्यों के रूप में जवाहरसिंह की सेवा में प्रवेश किया। ये सलाहकार वास्तव में जाट राज्य की सुविख्यात शक्ति को पंगु बनाने का प्रयास करने लगे थे।

विदेशियों की सलाह पर जवाहरसिंह ने प्रधान सेनापति की सर्वोच्य शक्तियां स्वयं संभाल लीं। उसने कप्तान समरू को जनरल का पद प्रदान करके

राजकीय आतिश खाना (तोपखाना) का प्रबन्ध सौंप दिया। प्रधानमंत्री चौधरी बलराम को सभी रिसालों (सवार सेना) का और फौजदार मोहनराम को पैदल सेनाओं का सेनापति नियुक्त किया।

जवाहरसिंह ने डीग की अपेक्षा आगरा के शाही दुर्ग में अपना दरबार स्थापित कर लिया था। उसने दुर्ग की सुरक्षा-व्यवस्था भी की। दुर्ग प्राचीर के आसपास निवासियों के प्राचीन मकान थे। ये मकान दुर्ग परकोटा से बे-रोकटोक गोलाबारी करने में बाधक थे और शत्रु इन मकानों व खण्डहरों की आड़ लेकर तोपों व बन्दूकों का स्वच्छन्द प्रयोग कर सकते थे। जवाहरसिंह ने जनरल समरू के परामर्श पर बिना हिचकिचाहट के इन मकानों व खण्डहरों को धूलि-धूसरित करवा कर दुर्ग प्राचीर के आसपास खुला मैदान कराया और युद्ध कला में अनुभवहीन अपने एक चाटुकार जाट सरदार को किलेदार नियुक्त करके उसके नेतृत्व में 1000 बन्दूकची सवारों को तैनात किया।[24]

आगरा दुर्ग के बारे में इर्विन लिखता है, "वर्तमान जाट किलेदार तथा जाट सरदार यूरोपियन युद्ध शैली से अनिभज्ञ थे। मात्र जवाहरसिंह के प्रति निष्ठाभाव दिखलाने से उन्होंने उच्च पद तथा सम्मान प्राप्त कर लिया था। आगरा दुर्ग की प्राचीरें इलाहाबाद दुर्ग से अधिक ऊंची थीं और आसपास के मकान व खण्डहर आक्रान्ता के लिए अधिक उपयोगी नहीं थे।"[25] कप्तान मैडक ने जब आगरा नगर को देखा, तब उसने संस्मरणों में लिखा, "मुगल सम्राटों की वैभवशाली राजधानी तथा नगर खण्डहर हो रहा था।"[26] वास्तव में सम्राट औरंगजेब के बाद इस नगर को अधिक वैभव तथा ऐश्वर्य प्रदान नहीं किया गया।

समुचित व्यवस्था तथा तैयारी के बाद जवाहरसिंह ने आगरा दुर्ग में निःशंक होकर जुलाई मास में ज्येष्ठतम सरदारों को बदनाम करके बन्दी बनाने की योजना बनाई। उसने आतंकित करने को कुटुम्बी-जनों, भाई-बन्धुओं पर भ्रष्टाचार, धोखाधड़ी, पद व शक्तियों का दुरुपयोग करने तथा राजकोष अपहरण करने का प्रचार किया और उनको आरोपित किया।

बलराम तथा मोहनराम का दमन[27]

जवाहरसिंह जिन सरदारों से खार खाये बैठा था, उनको सैनिक नियंत्रण में रखने या छलपूर्वक बन्दी बनाने के विचार से उसने समरू की सहायता से आगरा आमंत्रित किया। जागीरदारों तथा जमींदारों के आक्रोश तथा उपद्रवों को नियंत्रित करने को उसने स्थान-स्थान पर विदेशी सैनिकों को और भरतपुर, डीग, मथुरा, धौलपुर आदि से आगरा आने वाले राजमार्गों पर योजनाबद्ध विदेशी सैनिकों तथा विश्वासपात्र तेज-धावक सवारों को तैनात करके पूर्णः फौजी नाकाबन्दी कर ली। उसने प्रधानमंत्री (वजीर) चौधरी बलराम, फौजदार मोहनराम आदि राजा सूरजमल

के सभी प्रमुख निष्ठावान सरदारों, कुटुम्बी-जनों, उनके आश्रितों या उपजीवियों को सपरिवार अन्यान्य स्थानों पर छापामार कर एक ही दिन गिरफ्तार करा लिया। इस अपमान से बलराम तथा उसके पारिवारिक या सगोत्री सदस्यों को भारी क्षोभ हुआ। जवाहरसिंह के सामने बन्दी के रूप में उपस्थित होकर अपमानित होने तथा यातनायें भुगतने की अपेक्षा बलराम तथा उसके एक अन्य कुटुम्बी ने आमने सामने खड़े होकर एक दूसरे का गला काटकर आत्महत्या करके अपने यश की रक्षा की।

अनेक सरदारों व जागीरदारों ने राजकोष अपहरण के आरोप में अपना सभी कुछ समर्पण करके प्राण बचाये। अनेकों सरदारों पर विपुल धन-सम्पत्ति संचय करने का अरोप था या जिन पर राजकोष अथवा दफ्तर दीवान का पूर्ण ज्ञान होने का सन्देह था, उनको अनेक मानसिक व शारीरिक यातनायें दी गई थीं। इन लोगों ने अपना सब कुछ अर्पण करने की अपेक्षा प्राण त्यागना उचित समझा। अनेकों वरिष्ठ अधिकारी व कर्मचारी अनभिज्ञ थे, किन्तु दिवंगत शासक ने उनको उच्च पद व सम्मान प्रदान करके प्रशासन का उत्तरदायित्व सौंप दिया था। वे भयभीत होकर सपरिवार अन्यत्र चले गये। बलराम तथा उसके कृपापात्रों के पास कितना धन था? अनुमान लगाना कठिन था।

हम देख चुके हैं कि सूरजमल के फौजदार मोहनराम को ग्राम कुचावटी की जागीर प्रदान करके 41वां पंच भाई का दर्जा प्रदान किया था। (अ.2, परि.7) इस घराने को अलवर तथा आगरा दुर्गों की किलेदारी भी सौंपी गई थी। इसके अलावा भरतपुर, डीग, बरसाना, तथा बयाना जिले में इस घराने को कांसा तथा सैनिक बन्दूकची सवारों के व्यय के लिए अनेक गांव तथा अनेक गांवों में भूमियों का पट्टा प्रदान किया गया था।[28]

मोहनराम ने भरतपुर शहर (गढ़) की बसावट के साथ ही शहर की हृदयस्थली पर एक बारहदरी (भूमि वर्तमान श्री लक्ष्मण मंदिर नया)[29] तथा कचहरी, इससे कुछ दूरी पर सामने की ओर अति विशाल तीन चौकों की द्वि-तला पुख्ता हवेली, सामने की ओर तबेला (भूमि जामा मस्जिद) का निर्माण कराया और अटलबन्द व गढ़ परकोटा की सुरक्षा हेतु बुर्ज पर तोपखाना व डेरा[30] स्थापित किया था।

जन-चर्चा थी कि मोहनराम तथा उसके परिवार के पास अमूल्य वस्तुओं व जवाहरातों के अलावा 80 लाख रुपया नकद था। अस्तु, जवाहरसिंह ने मोहनराम, उसके भाई-बन्धुओं, पुत्र मंसाराम, सूरतराम को गुप्त धन बतलाने के लिए अनेक कठोर यातनाएं दी। उसने ठाकुरसी के पौत्र मोहकसिंह (पुत्र फौजदार दूल्हेराम) को मरवा डाला। फिर भी इस परिवार ने एक कौड़ी भी समर्पित नहीं की। अन्त में मोहनराम, उसके पुत्र मंसाराम तथा अन्य कुछ सगे-सम्बन्धियों के

कारागार में निर्दयतापूर्वक सिर काट डाले गये। उनकी हवेलियों की छतों व फर्शों को खोदा गया। फिर भी कुछ हाथ नहीं लगा।

फौजदार मोहनराम की हत्या से जवाहररसिंह को भारी निराशा हुई। जिन अन्य सरदारों ने उसको धन अर्पित नहीं किया, उनकी भी यही दशा हुई। इस प्रकार ऋण-भार से ग्रसित जवाहरसिंह की पाशविक क्रूरता, अमानवीय निरंकुशता, भयाक्रान्त वातावरण से 15-20 लाख रुपया से अधिक कुछ भी नहीं मिल सका। यह जवाहरसिंह के जीवन की महान राजनैतिक भूल थी।[31] इससे कौमी संघात्मक इकाई की कीर्ति पर भारी प्रभाव पड़ा और कुछ वर्ष बाद ही राज्य तथा देशस्थ अभिजात्य वर्ग को भारी पश्चाताप करना पड़ा।

4. राजा बहादुरसिंह पर चढ़ाई, अगस्त-सितम्बर, 1765 ई.[32]

जवाहरसिंह के राज्यारोहण से पूर्व ही राजा बहादुरसिंह डीग से वैर चला गया था और उसने महाराव नाहरसिंह को जयपुर राज्य में शरण लेने से रोक कर आन्तरिक कुटुम्ब-संघर्ष को टालने का प्रयास किया था। फिर उसने राज्य के अन्य वरिष्ठ सरदारों के साथ मिलकर स्वकीय सैनिक टुकड़ियों सहित दिल्ली अभियान में भाग लिया था। वह जवाहरसिंह की निरंकुशता का विरोधी था और शासन प्रबन्धन में उससे अधिक योग्य व कुशल था। अति सम्पन्न तथा सशक्त था। उसके पास जाट, राजपूत, नागा जमातों की स्थाई, सुदीक्षित तथा अनुशासित फौज, तोपखाना तथा कुशल तोपची थे। उसकी योग्यता व वीरता की राज्य के प्रतिभावान सरदारों पर छाप थी। वास्तव में वह किसी की दया पर निर्भर न रहकर स्वयं अपनी जागीर का एक स्वतन्त्र सामन्त की भांति प्रबन्ध करने में सक्षम था। जवाहरसिंह ने उसके प्रति असन्तोष व्यक्त किया, फिर भी वह उसकी भावना को नहीं दबा सका। उसने राजनैतिक संकट को भली भांति भांप कर आत्म-सम्मान तथा अपनी जागीर की सुरक्षा हेतु सैनिक साधनों को बढ़ाना शुरू कर दिया था और वैर दुर्ग में पर्याप्त गोला-बारूद तथा हथियारों का भण्डारण कर लिया था।

राघवदास नागा का पट-शिष्य केशोदास अति लड़ाकू प्रवृत्ति का था। उसने बहादुरसिंह के संरक्षण में फूलवाड़ी के किनारे श्री रघुनाथ जी मंदिर (लश्करी) तथा तबेला का निर्माण करा कर फरवरी 7, 1764 ई. (माघ सुदि 5, सं. 1820) को प्रतिमा प्रतिष्ठापित करवाकर नागा गद्दी प्राप्त की थी। बहादुरसिंह ने उसको उसके लश्कर सहित दुर्ग की रक्षा का भार सौंप कर गढ़ के बाहर गौठरा (वैर के आग्नेय कोण में 3 किमी.) नामक स्थान पर तैनात कर दिया था।[33] पथैना के सिन-सिनवार-भाई-बन्धुओं ने उसको समय पर साथ देने का वचन दिया था और जागीर बल्लभगढ़ के तोपची व रिसाला उसकी सहायता को तैयार थे। समीपस्थ प्रभावशाली जमींदारों ने अपनी रैय्यती सवारों के साथ उसकी सहायता

की। इस प्रकार आंचलिक रैय्यत जवाहरसिंह के विरोध में उसके साथ तन-मन में शामिल थी।

राज्य की अनुभवी एवं सुयोग्य प्रतिभाओं का अचानक एक साथ दमन करने के बाद जवाहरसिंह ने वर्षा काल होने पर भी अगस्त, 1765 ई. के मध्य में तत्काल जनरल समरू, गुसाईं तथा नागा लश्करों को वैर दुर्ग पर आक्रमण करने को रवाना कर दिया। प्रारम्भ में इस अभियान का नेतृत्व ठाकुर सवाईराम (हलैना) को सौंपा गया। मूसलाधार वर्षा, बाणगंगा नदी तथा अन्य नालों में उफान भरी बाढ़ से आक्रामक सेना को अति कठिनाइयां उठानी पड़ी और तोपखाने का उपयोग असम्भव हो गया।

अग्र दलों का नेतृत्व करते हुए ठाकुर सवाईराम ने अति कठिनाई से सेना को बाणगंगा नदी के पार उतारा और घेरा के समय खाद्यान्न का उत्तम प्रबन्ध किया। कहा जाता है कि मार्ग में टोडूपुरा के समीप क्षेत्रीय जाट, गूजर, मीणा तथा राजपूत जमींदारों तथा रैय्यत ने जवाहरसिंह की सेना पर अचानक ही हमला कर दिया था और कई दिन तक उसकी प्रगति में बाधा पहुंचाई। विदेशी सैनिकों ने सवाईराम के सहयोग से वैर गढ़ का कड़ाई से घेरा डाला। तीन माह तक बहादुरसिंह अति वीरता, साहस तथा उत्साह के साथ गढ़ व दुर्ग की रक्षा में तल्लीन रहा। उसने जवाहरसिंह की विफलता का राजनैतिक स्तर पर भी प्रयास किया, किन्तु उसको बाहरी सहायता नहीं मिल सकी।

कछवाहा शासक ने अपने सीमान्त परगनों में सुरक्षा-व्यवस्था कड़ी कर दी थी। राजा हरीसिंह को कामां दुर्ग की सुरक्षा का निर्देश दिया गया और 7 अगस्त को उसने कामां से चौरासी क्षेत्र के ठाकुरों को जयपुर बुलवाया।[34] बहादुरसिंह आरम्भ से ही सवाई माधोसिंह के सम्पर्क में था। इस आपात्काल में उसने नैतिक समर्थन तथा सहायता प्राप्त करने को माधोसिंह, मल्हारराव, नवाब नजीब और सम्भवतः सम्राट शाह आलम सानी के नाम अर्जी लिखकर अपने वकील रवाना कर दिये थे। जवाहरसिंह ने भी अगस्त के प्रथम सप्ताह में गुरु महंत रामकिशन को उसके चेला चत्रदास व किरपाराम, उम्मेदसिंह, सोगरिया, रामचंद नाटाणी, जयकिसन व बालकिसन जाट, अभैसिंह कछवाहा (वृन्दावन), स्यौसिंह गड़ड़ासिया, भावसिंह राजपूत तथा चौधरी हरजी रेवारी सहित जयपुर दरबार में भेजा। 15 अगस्त को इस शिष्टमंडल को दरबार से बिदाई दी गई।[35] इस बार कछवाहा दरबार में महंत रामकिसन को जाट-राज्य के आन्तरिक मामलों में हस्तक्षेप न करने का वचन दिया।

सम्राट शाह आलम सानी अंग्रेजों के संरक्षण में इलाहाबाद में था। जवाहरसिंह की इस कार्रवाई से उसको काफी चिन्ता हो गई थी और उसने नवाब नजीब को सत्वर ही नजीबाबाद से दिल्ली पहुंचकर राजधानी की सुरक्षा व्यवस्था

कड़ी करने का निर्देश दिया। यद्यपि नजीब 24 अगस्त को नजीबाबाद से दिल्ली पहुंच गया था, परन्तु वह अपने आपको वली अहद, सम्राट के परिवार तथा राजधानी की सुरक्षा-व्यवस्था करने में असमर्थ समझ रहा था। उसने अगस्त के अन्त में सम्राट से दिल्ली लौटने का अनुरोध[36] किया।

जवाहरसिंह भी काफी चौकन्ना था। आगरा दुर्ग में बैठकर उसने सितम्बर में सिख मिसल सरदारों से पत्र-व्यवहार शुरू कर दिया था।[37] उसने नजीब के पास भी अपना दूत भेजा था, परन्तु नजीब को सिखों से अपनी जागीर सहारनपुर बचाने में व्यस्त होना पड़ा। इससे वह बहादुरसिंह को अपना नैतिक समर्थन देने में असमर्थ रहा और उसने जवाहरसिंह के अनुरोध पर भी उदासीनता व्यक्त की।[38]

कछवाहा दरबार ने बहादुरसिंह की स्थिति पर विचार करके सितम्बर 11, 1765 ई. को अपनी अर्जदाश्त में मल्हारराव को लिखा[39]–

"बहादुरसिंह वैर वाला की यहां अर्जी आई है और आपके पास भी पहुंचती होगी। जवाहरसिंह अपनी सहायता को सिखों को बुलाना चाहता है और उसने नवाब नजीब-उद्-दौला के पास भी जबीता खां को अपने दरबार में भेजने का प्रस्ताव भेजा है। किन्तु नवाब ने सत्वर ही इस प्रस्ताव को अस्वीकार कर दिया है। मैंने भी इस बारे में नवाब को लिखा है और आप भी नवाब को लिखने का कष्ट करें। शेष समाचार जुगल किशोर आपसे निवेदन करेगा।"

इसी दिन सूरतिराम कटारा (पुत्र राव रूपराम) तथा फतेराम (पुत्र पेमराज) जवाहरसिंह का सन्देश लेकर जयपुर पहुंचे और उन्होंने दरबार में बातचीत की। तब 15 सितम्बर को माधोसिंह ने श्यामसिंह हमीरदे को समाचारों के साथ रवाना किया। 3 अक्तूबर को उसने जवाहरसिंह से भेंट की और उसको सरपंच, तोरा तथा पांच पोशाकों का सिरोपाव भेंट किया।[40] जवाहरसिंह वैर अभियान में सफल हो चुका था। इससे उसका माधोसिंह के साथ आपसी समझौता नहीं हो सका।

वैर अभियान में सफलता

जवाहरसिंह वैर अभियान को वर्षा काल में ही समाप्त करना चाहता था और उसने डीग दुर्ग से 48 पौण्ड (24 शाहजहानी सेर) का गोला फेंकने वाली सबसे विशाल तोप रवाना कर दी थी। सूरजमल ने इस तोप को मराठों से प्राप्त किया था और उसको दिल्ली से डीग लाया गया था इस 'किला कुशा' (गढ़ भंजनी) तोप को खींचने के लिए 500 जोड़ा बैल तथा ढकेलने को चार हाथियों का प्रयोग किया गया। वर्षा ऋतु के कारण यह तोप एक माह में कठिनाई से 30-32 किमी. पहुंच पाई थी और अन्त में उसको मार्ग में ही रोकना पड़ा था। तभी उसने आगरा दुर्ग से 24 पौंड (12 शाहजहानी सेर) का गोला फेंकने वाली दो तोपें भेजीं। एक हाथी तथा 50 जोड़ा बैलों की सहायता से बेलदार इन तोपों को दिन-रात चलाकर दस

दिन में वैर तक पहुंचाने में सफल हो सके।[41]

वैर गढ़ (बाहरी परकोटा) पर 40 पौण्ड का गोला फेंकने वाली अनेकों तोपें लगी थीं।[42] बहादुरसिंह ने इन तोपों से मुकाबला किया। अन्त में जवाहरसिंह ने कपट चाल चली। एक ओर उसने अपने भ्राता बहादुरसिंह के पास समझौते का विश्वासघाती प्रस्ताव भेजा। दूसरी ओर किलेदार तथा अन्य रक्षकों को जागीर का प्रलोभन देकर अपनी ओर मिला लिया।[43] महंत केशोदास सीता नामक दक्षिणी द्वार पर तत्पर था। जवाहरसिंह के लुटेरा दलों ने उसकी जागीर के गांवों में भारी लूटमार व बरबादी करके नागाओं का मनोबल गिरा दिया था। जब महंत ने इस आतंक का विरोध किया, तब राजगुरु महंत रामकिसन ने उसको धन-धरती का प्रलोभन देकर तोड़ लिया। कहा जाता है कि दीर्घकालिक घेरा तथा बाहरी सहायता न मिलने से बहादुरसिंह के स्वभाव में स्वभावत: चिड़चिड़ाहट तथा उत्तेजना आ गई थी। केशोदास तथा उसमें आपस में विवाद भी हो गया था। महंत ने किलेदार तथा द्वारपाल को तोड़ लिया और वह स्वयं सीता द्वार की रक्षा को छोड़कर परकोटा से बाहर निकल गया।[44]

इस प्रकार केशोदास के सहयोग से अक्तूबर के अन्त में जवाहरसिंह के सैनिकों ने गढ़ पर आक्रमण किया और कुछ सैनिकों ने कस्बा में प्रवेश करके किलेदार की नमक हरामी से पुख्ता दुर्ग पर अधिकार कर लिया। राजा बहादुरसिंह को बिना रक्तपात के धोखा देकर बन्दी बना लिया गया। नवम्बर, 1765 ई. में उसको डीग के दुर्ग में भेजा गया, जहां उसको मुसाबी खां आदि अन्य राजनैतिक कैदियों के साथ[45] कारागार में रखा गया। फिर सैनिकों ने गढ़ में भारी लूटमार की। वैर की पूरी जागीर, दुर्ग से प्राप्त 10 लाख रुपये का खजाना, तोपखाने सहित समस्त शस्त्र भण्डार जब्त कर लिया गया। जवाहरसिंह ने क्रोधित होकर टकसाल तथा सभी कारखानों को बरबाद कर दिया। उसने दुर्ग के प्रबन्ध हेतु अपने विश्वासी किलेदार को नियुक्त किया। युद्ध के समय दो राजपूतों ने बहादुर सिंह को जवाहरसिंह की कपटी चालों के प्रति सावधान भी किया था और संघर्ष का आग्रह भी किया था। इन दोनों को कड़ी चेतावनी देकर भरतपुर दुर्ग में भेज दिया गया। बाद में इनको भरतपुर राजमार्ग पर सूली पर चढ़ाया गया और काफी समय तक इनके पार्थिव शरीर राहगीरों के हृदय में आतंक पैदा करने को लटके रहे।[46]

जवाहरसिंह ने केशोदास को महन्त पदवी प्रदान करके नागाओं के पोषणार्थ 12 गांव की जागीर देकर वैर से विदा कर दिया।[47] फिर उंसने ठाकुर सवाईराम पर इस अभियान में हार्दिक सहयोग न देने का आरोप लगाकर दण्डस्वरूप उसकी हलैना ग्राम की जागीर को खालसा-राज कर लिया। अन्य कुछ सिनसिनवारों तथा कुछ भाई बन्धुओं की जागीरों को भी जब्त कर लिया गया। अन्यान्यों पर बन्दूकची सवारों के साथ सेवा करने की पाबन्दी लगाई गई।[48]

जवाहरसिंह को इस युद्ध में 30 लाख रुपया व्यय करना पड़ा, जबकि दुर्ग में उसको 10 लाख रुपया ही मिल सका। वर्षा ऋतु में उसके असंख्य सैनिक बीमार हो गए और अनेकों की मृत्यु हो गई। अनेकों तोपें बाणगंगा नदी की दलदल में फंस गई। सैकड़ों मन बारूद भीगकर बरबाद हो गया।[49] इस अभियान के निष्कर्ष के रूप में वैंदेल का कथन है, कि "शासन के प्रारम्भ में उसके इन आचरणों ने कौमी सरदारों तथा बिरादरी में व्यग्रता उत्पन्न कर दी। इससे उसके प्रति सहानुभूति समाप्त हो गई। अनेकों विद्यमान कारणों से उसको इन आतंककारी तौर-तरीकों को अपनाने के लिए बाध्य होना पड़ा था, फिर भी ये तौर-तरीके असंगत तथा उग्रता के प्रतीक थे।"[50]

जवाहरसिंह आंतरिक विरोधी घटक के भय से मुक्त अवश्य हो गया परन्तु उसकी विवेकहीन अदूरदर्शिता जाट शासन के विघटन का मूल कारण बन गई। उसको अभी वास्तविक दावेदार अपने भाई नाहरसिंह से संघर्ष करना शेष था।

राजा बहादुरसिंह लगभग 22 माह कारागृह में नजरबंद रहा। अन्त में बुंदेलखंड विजय के बाद सितम्बर, 1767 ई.[51] में उसको मुक्त करके 12 ग्राम की कांसा जागीर प्रदान की गई। उसको तथा उसके परिवार को वैर दुर्ग में रहने या प्रवेश न करने की कड़ी शर्त भी लगा दी गई (राजा नवलसिंह ने इस शर्त को समाप्त कर दिया था) परन्तु कांसा जागीर में किसी भी प्रकार का परिवर्तन नहीं किया गया। महाराजा बलवंतसिंह ने बंदूकची सेवा न करने का आरोप लगाकर 10 गांव खालसा-राज कर लिए थे। केवल वंशजों के पालन-पोषणार्थ ग्राम बारहा तथा सलेमपुर खुर्द की जागीर शेष [52] रह गई थी।

संदर्भ

1. वैंदेल, पृ. 96-98, 102;
2. इ.डा. (चहार), खण्ड 8, पृ. 164, (मूल), पृ. 463 ब; शुजा, खण्ड 1, पृ. 23;
3. मिश्र गंगा प्रसाद के नाम पट्टा, असाड़ सुदि 9, सं. 1823;
4. पोलियर, शाहआलम, पृ. 93;
5. कॉम्पटन, पृ. 400-401;
6. इ.डा. (चहार), खण्ड 8, पृ. 183;

= समरू तथा उसकी सेना को फ्रेंच में गर्दे कहा जाता था। गर्दे का अपभ्रंश गर्दी या गार्दी हो गया था। गर्दी का अर्थ पाश्चात्य शैली पर तोपखाना प्रयोग में अनुशासित तथा प्रशिक्षित पैदल सेना से है। इनकी पोशाक तथा शस्त्रास्त्र एक ही प्रकार के होते थे।

7. जार्ज कीन, पृ. 17
8. पोलियर, पृ. 94
9. मोडव, पृ. 53

10. जार्ज कीन, पृ. 17; मोडव, पृ. 53;
11. उपरोक्त; मोडव, पृ. 53;
12. उपरोक्त, पृ.17;
13. गुलाम अली, जि.2, पृ. 178-9; इमाद, पृ.93; सियार; सी.पी.सी., जि 1, पत्र 2395;
14. पोलियर, पृ.94;
15. सी.पी.सी, जि.1, पत्र 2456, 2475, 2530; इ.डा. (चहार), खण्ड 8, पृ.165; बं. सीक्रेट कंसलटेशन, जि.2, पृ. 679-81, 715-16, 737-43, 661;
16. सी.पी.सी., जि.1, पत्र 2570;
17. इ.डा. (चहार), खण्ड 8, पृ. 165;
18. एसियाटिक एन्यूअल रजिस्टर, 1800 ई., मिसलेनियस ट्रेक्ट्स, पृ. 29-32; इ.डा. (चहार), खण्ड 8, पृ. 165; बेगम समरू, पृ. 6;
19. ए.ए.र., 1800 ई., पृ. 29-32; जार्ज कीन, पृ.18; पे.द. जि.29 लेख 128 (अप्रैल, 1766 ई.)
20. नूरुद्दीन, पृ.93 ब, 95-97;
21. जैन्टिल, पृ. 240; चहार (फा.) पृ.463 ब; खैरुद्दीन, खण्ड 1, पृ. 146, 153; पे. द., जि.29, लेख 98; खरे लेख 575;
22. दे. क्रॉनि., पृ. 133;
23. खैरुद्दीन, जि.1, पृ.159; इ.डा. (चहार), खण्ड 8, पृ. 164; ड्रा.ख.प., जि.11, लेख 129 (जेठ सुदि 2, सं. 1822)
24. वैंदेल, पृ.87;
25. इर्विन (आर्मी) पृ. 295;
26. रेने मैडक, पृ. 70;
27. वैंदेल, पृ.102-3;
28. परगना बयाना में ग्राम कोठी खेड़ा (वार्षिक जमा रु. 1040/-), ग्राम सूपा (जमा रु. 800/-), ग्राम इकरन (परगना भरतपुर) में 80 बीघा, ग्राम जारौली में 44 बीघा, ग्राम चिचाना में 80 बीघा, ग्राम मढ़रपुर में 30 बीघा, इस प्रकार अन्यान्य गांवों में 346 बीघा भूमि तथा नगला ऐंचा व नगला अभयसिंह में दो पक्के कुओं सहित 44 बीघा का चक प्रदान किया गया था। अन्तिम जागीर चार बन्दूकची सवारों की एवज में दी गई थी। (छूट चिट्ठी, आसोज वदि 1, सं. 1883 (सितम्बर 17, 1826ई.), असाढ़, सुदि 6, सं. 1883 (जुलाई 11, 1826); हिस्ट्री आफ खानपान, पृ. 19;

    = फौजदार ठाकुरसी (भ्राता मोहनराम) तथा अन्य भ्राताओं को दो गांवों की जागीर के अतिरिक्त राजकोष से 500 रुपया मासिक नकद मिलता था। (सनद, अगस्त 2, 1853 ई.) अन्यान्य कारखानों तथा विभागों से सामान की व्यवस्था भी की जाती थी।
29. महाराजा बलदेव सिंह (1823-24ई.) ने बारहदरी को तुड़वाकर वर्तमान श्री लक्ष्मण जी देवालय का शिलान्यास किया। इसी प्रकार महाराजा बलवन्त सिंह (1826-53

ई.) ने तबेला व रथखाना भूमि पर जामा मस्जिद का निर्माण कार्य प्रारंभ कराया। (बलदेव सिंह, पृ. 24; वाक्या राज, भाग 2, पृ. 181)

30. बलदेव सिंह, पृ. 31;

= श्री राधाकृष्ण मंदिर की बगल में मोहनराम बुर्ज के साधारण अवशेष अभी विद्यमान है। इस कच्ची बुर्ज पर अति विशाल लोहे की तोप रखी थी। अब बुर्ज तथा परकोटा पूर्णत: नष्ट हो चुका है और तोप भी भरतपुर राज्य के विलय के बाद हटा दी गई थी। इसी के समीप बालानंद गुसाई का रामद्वार व डेरा, अस्तबल, रथखाना था। मन्दिर के पश्चिमी भाग में भदौरिया रिसाला रहता था।

= जवाहरसिंह ने तबेला मोहनराम, मोहनराम बुर्ज व डेरा का मध्यवर्त्ती भूखण्ड (सिरकी वाले हनुमानजी का पिछवाड़ा जनरल समरू को उसकी सेना तथा परिवार को रहने के लिए आवंटित कर दिया था। आगे चलकर यह भूभाग 'घेर समरू साहब' कहलाने लगा। समरू ने यहां अपने लिए विशाल द्वितला हवेली, कचहरी, चर्च तथा बाग (वर्तमान राजकीय) उच्च माध्यमिक विद्यालय तथा आयुर्वेदिक औषधालय) बनवाया। इसके समीप रेखा नानगा खवास की हवेली तथा कचहरी बनी है।

31. वैंदेल, पृ. 103;

32. वैर अभियान का सजीव विवरण वैंदेल, (पृ. 104-5) ने किया है।

= एम.एफ.ओडायर का यह कथन 'जवाहरसिंह ने मुगलों के साथ मिलकर एक स्वतन्त्र राज्य की स्थापना के सन्देह में वैर पर चढ़ाई की थी, (भाग 3, पृ.32) भ्रमात्मक है। इस घटना व कारण के लिए वैंदेल की सूचनाएं अधिक तथ्यात्मक है।

33. कागजात मुकदमा मंदिर लश्करी, वैर;
34. ड्रा.ख.प., बण्डल 11, लेख 106 (भादौ वदि 6, सं.1822)
35. द.कौ., जि.7, 366;
36. सी.पी.सी., जि.1, पत्र 27, 35 अ; पे.द. (नई), जि.3, लेख 80;
37. पे.द. जि.29, लेख 102;
38. ड्रा.ख.प. मल्हारराव के नाम माधोसिंह की अर्जदाशत (आसौज वदि 11, सं. 1822
39. उपरोक्त, बण्डल 11, लेख 138;
40. द.कौ., जि.7, पृ. 366;
41. इर्विन (आर्मी), पृ. 120;
42. सीटन, खण्ड 1, पृ. 177;
43. वैंदेल, पृ. 104;
44. कागजात मुकदमा मंदिर लश्करी, वैर;
45. पे.द., जि. 29, लेख 165;
46. वैंदेल, पृ. 104;
47. कागजात मुकदमा मंदिर लश्करी, वैर;

48. ओडायर, खण्ड 3, पृ. 34;
49. वैंदेल, पृ.104;
50. वैंदेल, पृ. 103;
51. डॉ. कानूनगो (पृ.183-4) के अनुसरण में ठा. गंगासिंह (पृ.297) तथा डॉ.राणावत का यह कथन तथ्यात्मक नहीं है कि बहादुर सिंह को मुसाबी खां के साथ अप्रैल, 1766 ई. में मुक्त किया गया था।

= पे.द. जि. 29 लेख 165 से ज्ञात होता है कि जनवरी 1767 ई. में राव बहादुरसिंह कारागृह में था।

52. ओडायर, खण्ड 3, पृ. 323;

= महाराजा जसवंतसिंह ने ठाकुर दरयाबसिंह की मृत्यु के बाद 'नाथ कानून' के अंतर्गत इस परिवार के दोनों गांव खालसा कर लिये थे और इनके एवज में उनके पुत्र समंदरसिंह को सरदारी राज फंड से रु. 168 मासिक नकद दिया जाने लगा (हिस्ट्री ऑफ खानपान, पृ. 5)।

अध्याय 4

महाराव नाहरसिंह के साथ अंतिम निर्णायक संघर्ष

जवाहर-नजीब समझौते के बाद महाराव नाहरसिंह ने मार्च, 1765 ई. के अंत में अपने निजी सेवक मिश्र नंदराम को राजनैतिक घटनाक्रम पर विचार करने को जयपुर भेजा। 1 अप्रैल को राजा हरसाय खत्री के डेरों से उसको सिरोपाव प्रदान किया गया।[1] दमनात्मक घटनाओं से यह स्पष्ट हो चुका था कि जवाहरसिंह अपने प्रतिस्पर्धी भ्राता का भी अवश्य दमन करेगा। जवाहरसिंह के वैर दुर्ग के घेराव में व्यस्त होने पर नाहरसिंह के मामा किरपाराम तथा उसके भाई उदयसिंह ने मराठों की सहायता से राज्य का दावा प्रस्तुत करने का सुझाव देकर आत्मरक्षार्थ शेरगढ़ में किलेबंदी करके सुरक्षा व्यवस्था को सुदृढ़ कर लिया था।[2] नाहरसिंह के परामर्शकों ने कछवाहों का सहयोग प्राप्त करने में सफलता प्राप्त की और कछवाहा शासक ने मराठों की सहायता उपलब्ध कराने में योगदान भी दिया।

1. महाराव नाहरसिंह को संरक्षण प्रदान करना

पानीपत संग्राम के बाद चम्बल पार उत्तर मालवा तथा पश्चिमी बुन्देलखंड में मराठा प्रभाव को भारी क्षति उठानी पड़ी। भिण्ड़भदावर के राजपूत शासकों ने अपने राज्य से मराठा थानों को उठा दिया। सिकरवारों ने सभी थानों को घेर लिया और गोहद के जाट राणा छत्रसिंह ने इन्द्रगढ़, पिछौर के जाट जमींदारों के साथ मिलकर ग्वालियर संभाग में मराठों के अनेक गांवों, परगनों तथा गढ़ियों पर अपना अधिकार जमा लिया। राजा सामंतसिंह (ओड़छा), राजा इन्द्रजीत सिंह (दतिया), राजा रामसिंह कछवाहा (नरवर) ने भी मराठों को अपने यहां से निकाल कर चौथ की रकम भुगतान करने से मना कर दिया।[3] नवाब शुजा-उद्-दौला ने सम्राट शाह आलम सानी की स्वीकृति प्राप्त करके मराठा कमाविसदारों को हटाकर कालपी (जनवरी, 1762 ई.), मोंठ तथा झांसी दुर्ग (1 फरवरी) पर अधिकार कर लिया और फिर उसको मराठा प्रभाव को पंगु करके बुन्देला शासकों के साथ मामला तय

करके समझौता करना पड़ा।[4] परन्तु वह वहां स्थाई बन्दोबस्त करने में विफल रहा।

दिल्ली अभियान में व्यस्त रहकर भी मल्हारराव ने चम्बल के उत्तर मालवा, पश्चिमी बुन्देलखण्ड के मराठा दुर्गों तथा परगनों पर पुनः अधिकार करने की योजना बनाई। उसने जनवरी, 1765 ई. के तृतीय सप्ताह में अपनी वीर-वधू अहिल्या बाई को दिल्ली से ग्वालियर दुर्ग की ओर रवाना कर दिया और मार्च के प्रारंभ में जाट राणा गोहद के विरुद्ध सैनिक कार्रवाई करने हेतु पुत्र-वधू को अपने निरीक्षण में ग्वालियर दुर्ग में गोला-बारूद तैयार कराने का निर्देश दिया। इस कार्य हेतु उसने खेतसी करमसी साहूकार से दो लाख रुपए उधार लिये। अहिल्या बाई ने मल्हार के निर्देशों का कड़ाई से पालन किया।[5]

कालपी में अंग्रेजी फौजों से पराजित (22 मई) होने के बाद मल्हारराव ग्वालियर संभाग में पहुंचा और यहां से उसने दतिया राज्य की ओर प्रस्थान करके जुलाई में मोंठ[6] का घेरा डालकर महादजी सिंधिया को अपनी सहायता के लिए आने के लिए पत्र लिखा। 7 अगस्त में महादजी कोटा के समीप पड़ाव डाले पड़ा था। अस्तु, वह मल्हारराव के पास अपनी टुकड़ियों सहित पहुंच गया। तभी सम्राट शाहआलम सानी ने सितम्बर में इलाहाबाद से सैफुद्दीन मुहम्मद को मल्हारराव से सहयोग प्राप्त करने के प्रस्ताव के साथ भेजा।[8]

नाहरसिंह दिवंगत राजा सूरजमल की अपार सम्पत्ति तथा बहु-चर्चित राजकोष का स्वामी था। उसके पास संचित राजकोष का कुछ अंश तथा धौलपुर जागीर का कोष शेरगढ़ में सुरक्षित था। इससे वह वृद्ध मल्हारराव के स्नेह, सद्भाव, नैतिक समर्थन तथा सैनिक सहयोग का मूल्य चुकाने की स्थिति में था। मल्हारराव अति धूर्त राजनीतिज्ञ तथा अवसरवादी मराठा सरदार था। माधोसिंह जाट को अपना खिदमती सामन्त समझता था। अनुकूल स्थिति को देखकर माधोसिंह ने 14 सितम्बर को नाहरसिंह को आश्वस्त करने को लिखा, "आपकी अर्जदाश्त आई। समाचार मालूम हुए। आप धैर्य रखें। श्री सीताराम जी सभी कुछ ठीक करेंगे।"[9]

महादजी ने नरवर (ग्वालियर के दक्षिण में 64 किमी.) फौज भेजकर राजा रामसिंह[10] कछवाहा पर मामलत का दबाव डाला। उसने तीन लाख रुपए भुगतान का आश्वासन देकर मराठों की अधीनता स्वीकार कर ली।[11] तब माधोसिंह ने मल्हारराव पर नाहरसिंह की सहायता का दबाव डाला और नाहरसिंह को मल्हार से मिलने की सलाह दी। 2 अक्टूबर को माधोसिंह ने नरवर नरेश को खरीता भेज कर लिखा, "नाहरसिंह के कबीले को नरवर में रखना। वह मुझसे अलहदा नहीं है। आप इनको वहां रखने की व्यवस्था करके समुचित व्यवहार करना।" इसी प्रकार उसने मल्हारराव को लिखा-"नाहरसिंह के बारे में आपका पत्र आया था तथा जुगलकिशोर ने भी लिखा था। अब वह आपके पास आया है। इससे आप

उसकी सहायता के लिए हाथ पकड़ लें। वह राज से अलग नहीं है।" अपने तीसरे पत्र में माधोसिंह ने नाहरसिंह को सूचित किया, "मैंने सूबेदार जी (मल्हार) को पत्र लिख दिया है। आप सूबेदार जी से मिलकर सूचित करना।"[12] तब नाहरसिंह शीघ्र ही नरवर पहुंच गया।

मल्हारराव झांसी प्रान्त में पड़ाव डाले पड़ा था। नाहरसिंह ने स्वयं अपने सहयोगियों सहित उससे भेंट की। इस भेंटवार्ता के बाद मल्हारराव ने अक्टूबर 21, 1765 ई. को सवाई माधोसिंह के नाम अपने पत्र में लिखा[13]–

"नाहरसिंह के बारे में लिखे आपके दो पत्र प्राप्त हुए और वह स्वयं भी हमसे आकर मिला। राज की सलाह के अनुसार इनके काम का बन्दोबस्त करना स्वीकार है। राज जो भी अच्छी सलाह पर विचार करेंगे, उसकी पालना होगी। आगे हम सत्वर ही ग्वालियर तथा गोहद की ओर पहुंच जाएंगे।"

नाहरसिंह कबीलों का जयपुर प्रस्थान

झांसी दुर्ग पर पुनः अधिकार (सितम्बर-नवम्बर, 1965 ई.) करके और इस प्रान्त की व्यवस्था राव विश्वासराव लक्ष्मण को सौंपकर होल्कर तथा सिंधिया ने सभी फौज एकत्रित की और दतिया, ओड़छा तथा बोंडसा के शासकों के साथ मामलत का करार करके गोहद तथा भिण्ड-भदावर की ओर कूंच करने का निश्चय किया।[14]

सवाई माधोसिंह की सलाह तथा आश्वासन पर नाहरसिंह-मराठा वार्ता में पर्याप्त प्रगति हो चुकी थी। मल्हारराव ने नाहरसिंह तथा उसके कुटुम्ब-कबीले को अपने संरक्षण में ग्वालियर के दुर्ग में रखने का सुझाव दिया। परन्तु जाट परामर्शक अपने कुटुम्ब-कबीलों को उसके चंगुल में फंसाने की अपेक्षा माधोसिंह के संरक्षण में जयपुर रखना अधिक श्रेयस्कर समझते थे। फलतः 9 दिसम्बर को मल्हारराव ने इस बारे में माधोसिंह को अपने पत्र में लिखा[15]–

"महाराव नाहरसिंह जी हमारे पास आये। आपके ओर की सभी जानकारी दी। यह आश्चर्य की बात है (कि राज के सुझाव के बाद भी) ये काम नहीं बन सके। राज के महाराव के कबीला को ग्वालियर में रखने को लिखा। परन्तु इनके चित्त में नहीं आई। इससे राज के पास (कबीला) भेजा है और ये हमारे पास हैं। राज के बुजुर्गों की रीति इन पर नजर करने की रही है। बदनपुरा में हवेली है। उसे खाली कराकर इन पर गौर करना। हमने राज की सलाह के माफक (अनुसार) इनके वास्ते सब कुछ विचार कर लिया है। बड़े महाराज बैकुंठवासी (सवाई जयसिंह) ने जिस तरह इनके बड़ों की सहायता करके यश अर्जित किया है, उसी भांति राजा को भी यश लेना उचित है और हमको भी राज की सलाह के अलावा अन्य कुछ नहीं करना है। मिश्र नंदराम व पंडित जगन्नाथ जी को सभी समाचारों

से अवगत करा दिया है। वे राज को अवगत कराएंगे। उसी के अनुसार अमल में लाना उचित है। संसार में यश ही बड़ा है।"

इस प्रकार मराठों ने जवाहरसिंह के साथ संघर्ष की योजना बनाकर मिश्र नंदराम व पंडित जगन्नाथ राव की देखरेख में नाहरसिंह के परिवार व कबीले को शेरगढ़ दुर्ग से जयपुर रवाना किया। जयपुर से मराठा वकील मल्हार तुकदेव ने अपने पत्र में लिखा[16]–

"नाहरसिंह जाट उनके (सूबेदार जी) साथ है। उन्होंने उसके बन्दोबस्त का करार किया है।

नाहरसिंह ने मल्हार जी के अभिशंसा-पत्र के साथ अपना कबीला जयपुर भेज दिया है। इससे जगन्नाथराव जाट कबीला के साथ जयपुर आ गया है और उसने इस कबीला को बदनपुरा की हवेली में ठहराने की व्यवस्था पर विचार करने को माधोसिंह से भेंट की है।"

मराठों के साथ करार : उत्तराधिकार का दावा

दीवान गंगाधर यशवन्त के पत्र से इस समय मल्हारराव की आन्तरिक नीति व योजना का स्पष्ट आभास मिलता है। उसकी मुख्य नीति[17]–

(अ) उत्तरमालवा तथा बुन्देलखण्ड के पुनर्विजय की थी और इसमें उसको पर्याप्त सफलता भी मिल चुकी थी।

(ब) उसकी आगामी योजना सम्राट शाह आलम सानी को इलाहाबाद से दिल्ली लाकर शाही सिंहासन पर आरूढ़ कराने की थी।

(स) सम्राट के निर्देश से जाटों तथा रुहेलों के अधिकार में गई शाही भूमि को खालसा करना।

(द) जवाहरसिंह की शक्ति को कुचल कर जाट-राज्य से पैसा वसूल करना।

मराठों का विश्वास था कि "इस प्रकार जाट के अलावा पैसा मिलने की अन्य कोई जगह नहीं है।"[18] अन्य मराठा पत्र में भी पेशवा को लिखा गया, "हिन्दुस्तान में धन अर्जन के लिए जाट सर्वथा अनुपम तथा अद्वितीय"[19] है। उचित अवसर पाकर चतुर मल्हार ने जाटों से विपुल द्रव्य मिलने के लालच में जाट-राज्य के आन्तरिक विवाद में हस्तक्षेप करने का निर्णय कर लिया था और जाट-राज्य में गड़बड़ फैलाने की कुटिलता के लिए नाहरसिंह को अपना दत्तक या धर्मपुत्र[20] स्वीकार कर लिया था। महाराव नाहरसिंह ने राज्य का अधिकार दिलवाने के एवज में मल्हार को अपार द्रव्य देने तथा दोआब में मराठों के परगने, जिस पर पानीपत संग्राम के बाद जाटों ने अपना अधिकार कर लिया था, उनको सौंपने का वचन देकर करार कर लिया था। इस वचनबद्धता से मल्हार के मुंह में पानी भर आया था और मराठा सरदार सत्वर ही उसकी सहायता को तैयार हो

गए थे।[21]

नाहरसिंह ने अपने कबीले से निश्चिन्त होकर मराठा डेरों में बैठकर सत्वर ही उत्तराधिकार का दावा प्रस्तुत किया और राज-सरदारों के साथ गुप्त पत्र व्यवहार करके सम्पर्क बनाने का प्रयास किया। उसने अपने पत्र में उनको लिखा[22]–

"जवाहरसिंह जाट रानी की कोख से पैदा नहीं हुआ है। उसकी मां कुल हीन (गौर वंश की) है और वह वर्णशंकर सन्तान है। वह राज्य का उत्तराधिकारी नहीं हो सकता है। मैं सूरजमल का औरस पुत्र तथा उत्तराधिकारी हूं। इसी से कौमी राज्य का मुखिया हूं।"

जवाहरसिंह वास्तव में आन्तरिक संकटों से छुटकारा पाने को 'निर्मोही सन्त'[23] की भांति राजकोष को पानी की तरह बहा रहा था। राज सरदारों, भागीदारों तथा जमींदारों में जवाहरसिंह का विरोध करने का साहस नहीं था। इसी से उन पर इन पत्रों का उत्साहवर्द्धक असर नहीं पड़ सका। तभी मल्हार ने संघर्ष का मार्ग खोलने को जवाहरसिंह से दिल्ली अभियान के शेष 15 लाख रुपया भुगतान की मांग की। 'अन्यथा राज्य सीमाओं में लूटमार व बरबादी की धमकी' भी दी। जवाहरसिंह इससे सजग व चौकन्ना हो गया और उसको अपनी सैनिक शक्ति को सुदृढ़ करने की 'शह मिल गई'।[24] हमको ज्ञात है कि मल्हारराव ने धन के लालच में सवाई ईश्वरीसिंह के विरुद्ध माधोसिंह का पक्ष स्वीकार करके कछवाहा राज्य के गृह संघर्ष में हस्तक्षेप किया था। परन्तु इस बार यह नीति वृद्ध मल्हार की कीर्ति तथा यश के विनाश में सहायक बन गई थी।

जवाहरसिंह ने मराठों पर दोषारोपण किया कि उसके विश्वासघात के कारण ही दिल्ली अभियान में लगभग दो करोड़ रुपया व्यर्थ ही खर्च हुआ।[25] उसने मराठों की मांग को तत्काल ही ठुकरा दिया। फलतः मराठों ने नाहरसिंह को अपने न्यास में रहकर संघर्ष को तूल दिया और जाट राज्य पर आक्रमण करने का अविवेकी निर्णय ले लिया था। इस कार्य में उनको सम्राट शाह आलम सानी का समर्थन प्राप्त हो चुका था। सर्वत्र यह चर्चा होने लगी थी कि बादशाह स्वयं इलाहाबाद से आगरा की ओर प्रस्थान[26] करेगा।

बादशाह ने मराठों के संरक्षण में आगरा की ओर प्रस्थान करने का निश्चय व्यक्त किया था और इस कार्य के प्रयोजनार्थ दिसम्बर के अन्त में उसने मल्हार के पास सुक्का तथा अपना दूत भी भेजा था। जनवरी 6, 1766 ई. को मल्हार ने गुलाब राय के साथ बादशाही सुक्का तथा अपना खरीता माधोसिंह के पास रवाना कर दिया था। उसने लिखा, "बादशाह की ओर से उसका वकील सैफुद्दीन महमद खां यहां आया है और बादशाह का आगरा की ओर प्रस्थान करना निश्चित हो चुका है। राज के नाम का भी सुक्का आया था। वह राज को भेज दिया है। राज को उसी के अनुसार उपाय करना है और हमारे ग्वालियर की ओर पहुंचने

में ढील न समझना।"[27]

माधोसिंह ने परम्परागत अदब बजाकर शाही सुक्का स्वीकार किया और 1 फरवरी को उसने मल्हारराव को लिखा, "मिश्र नंदराम के हाथ अर्जदाश्त प्राप्त हुई। वह आपको यहां के समाचारों से अवगत कराएँगे।"[28] अस्तु, परिस्थितिवश जवाहरसिंह भी जयपुर राज्य में हस्तक्षेप करने को मुक्त था।

जाट व सिख, भरतपुर व गोहद का आपसी सहयोग

दिवंगत महाराजा सूरजमल ने अपने जीवन काल में सिखों तथा चम्बलपार गोहद, इन्द्रगढ़ तथा पिछौर तक आबाद जाट समुदाय को एक सूत्र में आबद्ध करने की परिकल्पना की थी और वह विशाल भूभाग किसान-राष्ट्र के रूप में विकसित हो सकता था। किन्तु मराठा राज्य के घमण्डी सरदारों के अहं, कुटिलता तथा असहयोग के कारण यह सम्भव नहीं हो सका। इसके अलावा उनका विचार हिन्दुस्तान (उत्तरभारत) की राजनीति में मराठों के हस्तक्षेप पर अंकुश लगाने का भी था। किन्तु केन्द्रीय सरकार की निर्बलता, मुगल दरबार के अमीरों की दलगत राजनीति अथवा व्यक्तिवादी स्वार्थी, राजपूत शासकों के आपसी मतभेदों, उनकी अकर्मण्यता, अदूरदर्शिता तथा दम्भ के कारण मराठा निरोधक संघ भी नहीं बन सका। जवाहरसिंह ने इस नीति की ओर ध्यान अवश्य दिया। परन्तु अधिनायकवादी चंचल प्रवृति के कारण वह पूर्णतः विफल रहा।

जवाहरसिंह सरहिन्द के जाट मिसलों की फौज को झण्डे की शर्त पर आकर्षित करने में सफल रहा, परन्तु इस काल में जाट मिसलों की दिल्ली की राजनीति में अधिक रुचि नहीं थी। उनकी निजी स्वार्थपरता तथा धार्मिक मदान्धता भी आपसी ऐक्य में सापेक्ष नहीं थी।

हरियाणा, ब्रज, काठेड़ तथा दोआब के जाट समुदाय ने अपनी दृढ़ता, साहस व पराक्रम से मानव जीवन के मूल्यों, नैतिकता तथा संस्कृति की रक्षा की थी। वहां चम्बल पार शताब्दियों से बसे जाट समुदायों में आत्मोकर्ष की भावना कम उज्ज्वल नहीं थी। इस काल में इस क्षेत्र में जाट राणा गोहद अकेला अवश्य था। परन्तु उसको मराठों के विरुद्ध पड़ोसी बुन्देला शासकों, बड़गूजर, गुर्जर, पंवार-इन्द्रगढ़ व पिछौर के जाट जमींदारों का नैतिक, किन्तु प्रभावहीन, समर्थन अवश्य मिल जाता था।

गोहद का जाट राणा सूरजमल का स्नेही शासक था और दो राज्यों के बीच आपसी सम्बन्ध भी थे, किन्तु उन सम्बन्धों में दृढ़ता नहीं थी। अब अवसर था जबकि मराठों के विरुद्ध दो राज्य आपस में एकता सूत्र में आबद्ध हो सकें। इस ओर जवाहरसिंह ने प्रयास भी किया, परन्तु उनका स्थाई संगठन नहीं बन सका।

दिसम्बर के मध्य में मल्हारराव ने झांसी प्रान्त में राहत मिलते ही हरबाजी

राम को खण्डनी भुगतान की बातचीत करने गोहद भेजा था, किन्तु राणा छत्रसिंह ने उसको समुचित उत्तर न देकर ग्वालियर प्रान्त में अन्ताजी माणकेश्वर के पुत्र बहिरो अनन्त के बन्दोबस्त में शामिल सभी गढ़ियों को घेर लिया। राणा ने मराठा प्रबन्धकों पर रिवोड़ी, बंधौली (मुरार के द.पू. में 5 किमी.), गिरगांब (ग्वालियार के उ.पू. में 10 किमी.) आदि गढ़ियां भी सौंपने का दबाव डाला। अन्यथा उसने पंच महाल में प्रवेश करके उसको उजाड़ने की धमकी दी। तब 19 दिसम्बर को गोविन्द सामराज के ग्वालियर से झांसी के सूबेदार विश्वासराव लक्ष्मण को अपने पत्र में चिम्नाजी पंत (अप्पा) के साथ सैनिक रवाना करने का आग्रह किया।[29]

जनवरी, 1766 ई. में मल्हारराव स्वयं ससैन्य गोहद राज्य में आकर व्यस्त हो गया। फरवरी में महादजी ने तंवरधार प्रदेश की गढ़ियों का घेरा डालकर राणा पर भारी दबाव डाला।[30] जवाहरसिंह ने विचार किया कि यदि मराठों ने गोहद राज्य की शक्ति को तोड़ दिया, तब चम्बल तटवर्ती भूभाग संघर्ष का अखाड़ा बन जाएगा और उसको धौलपुर में संघर्ष में फंसना पड़ेगा। उसने स्वयं अपने मित्र व सहयोगी राणा के पास अपना हरकारा भेजकर मराठों को उधर व्यस्त रखने की पहल की। आवश्यकता पड़ने पर स्वयं उसकी सहयता हेतु कुमुक भेजने का वचन दिया।[31] इस प्रकार सरहिन्द, काठेड़ तथा गोहद राज्य की यह कौमी शक्ति अधिक अर्थ सम्पन्न तथा शक्तिशाली अवश्य थी, परन्तु उनमें आपसी तालमेल नहीं था। फिर भी इस बार जवाहरसिंह ने मराठा सरदारों को चम्बल से दूर ग्वालियर संभाग में अटकाने का बुद्धिमत्तापूर्ण कार्य किया।

सिखों का दिल्ली प्रान्त में प्रवेश, अक्तूबर-दिसम्बर, 1765 ई.

सम्राट शाह आलम सानी ने जब इलाहाबाद से आगरा तथा दिल्ली की ओर प्रस्थान करने का निश्चय व्यक्त किया, तब मल्हार ने नवाब नजीब से पत्र-व्यवहार शुरू किया और उसके दूतों ने आपसी बातचीत के बाद यह निश्चय किया कि मराठा सेनाएं चम्बल पार भू भाग में प्रवेश करें और नजीब गंगा पार इलाकों में अपनी सेनाएं भेजकर मध्य दोआब के जाट मुल्क में अपना दखल जमा ले।[32] इस प्रकार मल्हार ने जवाहरसिंह के साथ तीन ओर से झगड़ा पैदा करने की भूमिका तैयार कर ली थी।

अक्टूबर के अंत में सिख मिसलों के एक दल ने नवाब नजीब की जागीर जिला सहारनपुर में प्रवेश करके भारी लूटमार की। नजीब जिला भिवानी के जाट जमींदारों का दमन करके रोहतक की ओर लौट रहा था। समाचार मिलते ही नवम्बर में वह सहारनपुर की ओर चल दिया और वहां उसको सिखों से उलझना पड़ा।[33] अस्तु, वह जवाहरसिंह विरोधी षड्यंत्र में शामिल नहीं हो सका। तभी कपूरथला जाट-राज्य के संस्थापक जस्सासिंह आहलूवालिया, तारासिंह, शामसिंह,

गुरुबख्श आदि 4-5 बुढ़ा सिख सरदारों के नेतृत्व में 25,000 सिख सवारों के एक अन्य दल ने पानीपत होकर दिल्ली के उत्तरी भूभाग में प्रवेश किया। नजीब को एक युद्ध में पराजित करके उसके साथ मामलत तय करने को दिल्ली की ओर प्रस्थान करना पड़ा। तब नवम्बर के प्रारम्भ में जवाहरसिंह ने आगरा से जाट-सिख एकता का प्रस्ताव लेकर रामकिशन अहीर को सिखों के डेरों पर भेजा और उनको कछवाहा राज्य की सीमाओं पर आक्रमण करने को प्रेरित किया।[34]

अस्तु, जवाहरसिंह के परामर्श पर सिख सवारों ने दिल्ली से 38 किमी. उत्तर-पश्चिम में खरखौदा की ओर प्रस्थान किया और अचानक ही राजा नागरमल की जागीर रेवाड़ी में लूटमार, तोड़फोड़ व बरबादी की।[35] जवाहरसिंह ने सिखों के मार्ग-दर्शन तथा सहायता के लिए राव नवलसिंह (भ्राता) के नेतृत्व में कुछ सैनिक दल सीमान्त की ओर रवाना कर दिए थे। साथ ही उसने कछवाहा राज्य के सीमावर्ती इलाकों पर आक्रमण करने के प्रस्ताव के साथ सिखों के डेरों पर अपना दूत रवाना किया।[36]

कछवाहा राज्य पर आक्रमण, जनवरी-फरवरी, 1766 ई.

राव रतनसिंह खंगारोत (राव अनिरुद्ध सिंह का भाई) ने कछवाहा राज्य में विद्रोह करने कनौड़ (जिला महेन्द्रगढ़) के दुर्ग पर अपना अधिकार कर लिया था। उसने कछवाहों के विरुद्ध नजीब से भी सम्पर्क किया था। नाहरसिंह परिवार को संरक्षण प्रदान करने से जवाहरसिंह कछवाहों से रुष्ट था। उसने खंगारोत की सहायता करके कछवाहों को खुली चुनौती देना शुरू कर दिया। माधोसिंह को सितम्बर में ही यह स्पष्ट हो गया था कि जवाहरसिंह उससे अवश्य छेड़छाड़ करेगा। अस्तु, उसने दीवान गंगाधर यशवंत (तांत्या) को घूस देकर उदार शर्तों पर खण्डनी की कुछ रकम देकर मल्हारराव की अनुकम्पा प्राप्त कर ली। उसने चालू वर्ष की खण्डनी का भुगतान करके पुरानी बकाया के लिए करार कर लिया।[37]

नवम्बर में माधोसिंह ने जवाहरसिंह के विरुद्ध महाराजा विजय सिंह राठौड़ को भी आमन्त्रित[38] किया। परन्तु उसने जाटों के साथ अपने सम्बन्धों को बिगाड़ना उचित नहीं समझा। फिर सहस्त्र फौज कानौड़ रवाना की।[39] जवाहरसिंह के भड़काने में आकर दिसम्बर में सिख सवारों ने कछवाहा सीमाओं में बे-रोकटोक प्रवेश करके कोटपूतली तक भारी लूटमार की। तब माधोसिंह ने राजा हरसाय तथा ठाकुर राजसिंह को फौज के साथ रवाना किया। जाट व सिखों ने कनौड़ पहुंचकर कछवाहा सेना से 12 किमी. दूर पड़ाव डाला। जवाहरसिंह स्वयं सिख डेरों पर पहुँच गया। तब जनवरी 31, 1766 ई. को कछवाहा दरबार ने इन्द्रसिंह (सोपुर) को लिखा, "सिखों की फौज ने सरकार की सीमाओं के समीप पड़ाव डाल दिया है इससे सत्वर ही संसैन्य कूंच करें।"[40] साथ ही उसने होल्कर तथा महादजी से

भी सैनिक सहायता की अभ्यर्थना[41] की और महादजी को सैनिक व्यय के लिए 51 हजार रुपया भी भेज दिया था।[42] 12 फरवरी को नाहरसिंह की ओर से मिश्र नंदराम जयपुर पहुंच गया और उसने माधोसिंह को होल्कर की भावी योजना से अवगत कराया।[43]

महादजी का दीवान अच्युतराव गणेश तथा खानाजी जाधव 8-10 सहस्र सवारों के साथ किसनगढ़ में पड़ाव डालकर लूटमार कर रहे थे। पांच हजार रुपए दैनिक व्यय भुगतान के वचन पर महादजी के आदेश[44] से अच्युतराव गणेश ने जयपुर की ओर कूंच किया और फागी पहुंच गया।[45] माधोसिंह ने जसवन्तराव बाबले को भी आमंत्रित[46] किया। किन्तु वह समय पर नहीं आ सका।

होल्कर ने देखा कि जवाहरसिंह इस समय कछवाहा राज्य की सीमाओं में व्यस्त है। तब उसने संताजी बाबले तथा गोविन्दराव बुले के नेतृत्व में 10,000 सवार धौलपुर की ओर रवाना किए और इन सवारों ने प्रेमसिंह (राजसिंह का भाई) के मार्गदर्शन में डीग तथा आगरा पर्यन्त लूटमार करके काठेड़ राज्य में धूम मचा दी थी। अति सम्पन्न व समृद्ध व्यापारिक कस्बा पिचूना (तहसील रूपवास) भी उनकी बरबादी का शिकार बन गया था।[47] फलतः जवाहरसिंह को सत्वर ही सिख सरदारों से विदाई लेनी पड़ी। उसने 5-7 सहस्र काही (लुटेरा) फौज को कुम्हेर रवाना कर दिया। राव नवलसिंह को राजधानी (डीग) का प्रबन्ध करने को नियुक्त किया और स्वयं ने मराठा सवारों का सामना करने को कूंच कर दिया।[48]

पानीपत संग्राम की पुनरावृति, मार्च, 1766 ई.

मल्हारराव ने मार्च के प्रारम्भ में सुल्तानजी लम्भाटे, मकाजी लम्भाटे, सन्ताजी बाबले तथा गोविन्दराव बुले के नेतृत्व में 15,000[49] फौज चम्बल पार धौलपुर की ओर विदा की। स्वयं ने गोहद राज्य के समीप पड़ाव डालकर राणा को बुरी तरह घेर लिया और उसके वकील से 50 लाख रुपया भुगतान की मांग की। परन्तु राणा के वकील ने 25 लाख रुपए भुगतान की पहल की। इससे कोई भी निर्णय नहीं हो सका।[50] तभी मल्हारराव ने बहिरो अनन्त को ग्वालियर दुर्ग, शहर तथा आसपास की गढ़ियों की सुरक्षा-व्यवस्था कड़ी करने का निर्देश दिया और उसको चम्बलवर्ती क्षेत्र की निगरानी का भी भार सौंप दिया।[51] 6 मार्च को माधोसिंह के नाम अपने पत्र में उसने लिखा, "हम भी यहां से 2-4 दिन में उधर ही प्रस्थान करेंगे। आशा है आप भी उस ओर अपनी फौज रवाना करेंगे। अन्य समाचार मिश्र नंदराम के पत्र से प्राप्त होंगे।"[52] परन्तु योजना के क्रियान्वयन से पूर्व ही मराठों को जवाहरसिंह के हाथों करारी मात खानी पड़ी।

लुटेरा मराठा फौज काठेड़ राज्य में लूटमार करके रूपवास लौट गई थी। तब जवाहरसिंह ने कुम्हेर आकर फरवरी के अन्त में उनको रोकने हेतु उमरावगिरि

तथा हिम्मत बहादुर गुसाईं के नेतृत्व में 15,000 नागा सवार व पैदल रवाना किए। रूपवास के समीप एक साधारण मुठभेड़ के बाद लुटेरा मराठा दल को पीछे हटाना पड़ा और उन्होंने धौलपुर की ओर अपना पड़ाव डाला।[53]

जवाहरसिंह ने दृढ़ कदम उठाए और उसने 7000 सिखों को वेतन भुगतान की शर्त पर तत्काल ही आमंत्रित किया।[54] इस बार सिख सवार जवाहरसिंह की सहायता को मुगलों के विरुद्ध न आकर अविश्वासी मल्हारराव तथा महाराव नाहरसिंह के विरुद्ध चम्बल पार तक युद्ध में शामिल होने को आए थे। तब जवाहरसिंह ने 30-35 सहस्त्र[55] फौज के साथ भरतपुर से धौलपुर की ओर प्रस्थान किया और धौलपुर से 24 किमी. पहले ही मराठों पर आक्रमण की व्यूह रचना की। 13 तथा 14 मार्च को जाट व मराठों में भीषण संघर्ष हुआ, जिसका वैंदेल की अपेक्षा मराठी पत्रों में उत्तम उल्लेख मिलता है। पीछे से सिख सवारों की एक छोटी टुकड़ी आ गई उसने मराठा सवारों पर आक्रमण किया। मराठों ने सिखों को पराजित कर दिया। सिखों के 100-50 सिपाही भी काम आए। तब लड़ते-भिड़ते सिख सवार पीछे हटने लगे और वे जाटों की तोप पंक्ति के समीप तक आ गए।

मराठा सवारों ने समझा कि सिख सवार पराजित होकर पीछे हट रहे हैं। वे उत्साहित होकर उनके पीछे-पीछे आगे बढ़ने लगे। उनको जाट की अग्र पंक्ति के समीप आकर रुकना पड़ा जहां असंख्य तोपे जम रही थीं। तब जाट व सिख बन्दूकची सवारों ने तोपों की गड़गड़ाहट के बीच अग्रसर होकर मराठों को घेर लिया। धुंआधार गोले व गोलियां चलीं। सांयकाल तक उत्तम लड़ाई चली। तोपों की मार से मराठा सवारों का भारी विनाश हुआ। सुल्तानजी लम्भाटे को अनेक घाव आए। सूर्यास्त के समय मराठा सैनिक पराजित होकर पीछे हटने लगे, तब जाट सवारों ने चम्बल तक उनका पीछा किया। इसे मराठा सवारों में भारी भगदड़ मच गई और सैकड़ों मराठा सवार खेत रहे या घायल हो गए। शेष मैदान छोड़कर इधर-उधर भाग निकले। भयभीत मराठों में से अनेक चम्बल की बीहड़ों में घिर गए, जहां जमींदारों ने उनको लूट लिया। सैकड़ों सवारों को उनके घोड़ो सहित बन्दी बना लिया गया। शेष मराठा सरदारों तथा सैनिकों ने भाग कर शेरगढ़ में शरण ली। जवाहरसिंह उनका पीछा करता आगे बढ़ा और वह धौलपुर जा पहुंचा। जाटों ने धौलपुर शहर पर अपना अधिकार कर लिया। फिर उन्होंने शेरगढ़ का घेरा डाला।[56]

मल्हारराव तथा उसका दीवान गंगाधर धौलपुर से 65 किमी. दूर था और मराठों ने गोहद राज्य की 2-3 बाहरी गढ़ियों पर अधिकार कर लिया था।[57] इससे शेरगढ़ में मराठों की नई कुमुक तत्काल नहीं पहुंच सकती थी। जवाहरसिंह ने अति वेग से आक्रमण करके शेरगढ़ पर पूर्ण अधिकार जमा लिया। जाटों को मराठों

के 3-4 हाथी तथा 300-400 घोड़े हाथ लगे। शेष सैनिक चम्बल पार निकल गए। घायल सुल्तानजी लम्भाटे तथा अन्य मराठा सेनानायकों को, जो भागकर शेरगढ़ के दुर्ग में आ गए थे, सैनिकों सहित युद्धबंदी बनाकर भरतपुर भेज दिया गया। इसी समय अनेक विद्रोही जाटों को भी, जो भरतपुर तथा डीग से भाग कर महाराव नाहरसिंह के साथ यहां आ गए थे, बन्दी बना लिया गया।[58]

इस युद्ध में मराठों को भीषण पराजय तथा बरबादी सहन करनी पड़ी। वृद्ध मल्हारराव ने पानीपत संग्राम के बाद अपनी दृढ़ता, सूझबूझ तथा राजनैतिक प्रवंचना से हिन्दुस्तान में मराठों के जिस यश और प्रतिष्ठा की रक्षा की थी, सभी कुछ सत्वर ही तिरोहित हो गया और मराठा अभिलेखों के अनुसार "बाबले, बुले, राजबले तथा लम्भाटे के लिए यह दूसरा पानीपत" था।[59] इस एक ही युद्ध से उनका सभी कुछ समाप्त हो चुका था। आगामी चार वर्ष तक उत्तर भारत से मराठों का राजनैतिक हस्तक्षेप, दबदबा भी उठ गया।

बुन्देलखण्ड तथा उत्तर मालवा के शासकों पर इस पराजय का प्रत्यक्ष प्रभाव पड़ा और सभी बुन्देला शासकों ने मामलत की बातचीतों तथा अपने वचनों को लम्बा कर दिया। तब मराठा सरदारों ने रघुनाथराव दादा को सत्वर ही आने को अनेकानेक पत्र लिखे और आशा व्यक्त की कि स्वयं रघुनाथराव के आ जाने से जाटों की पराजय सम्भव होगी।[60] परंतु यह सभी कुछ दिवास्वप्न मात्र था। रघुनाथराव को इस बार विफल होना पड़ा और राजे बहादुर नारोशंकर ने जवाहरसिंह के साथ समझौता करके मराठा प्रतिष्ठा को बचाने का प्रयास किया, जिसका विवरण अगले अध्याय में दिया गया है। मराठा शक्ति की कमजोरी का काठेड़ राज्य के पतन तथा विघटन पर अति गहरा प्रभाव पड़ा।

मल्हारराव का पूर्ण पराभव

शेरगढ़ विजय से जवाहरसिंह की कीर्ति जगमगाने लगी थी। उसने उत्साहित होकर सभी जाट समुदायों को मिलाकर एक परिसंघ बनाने का निश्चय कर लिया।[61] राणा छत्रसिंह गोहद भी अपनी फौज एकत्रित करके अपने गढ़ से बाहर निकल आया और उसने सत्वर जवाहरसिंह के पास अपना सन्देश लेकर साड़नी सवार भेजा। फिर वह स्वयं अंगरक्षकों सहित जवाहरसिंह के डेरों पर आया और दोनों ने मिलकर मराठों के विरुद्ध व्यापक नीति पर विचार किया। 20 मार्च को राणा ने एक गांव को घेर लिया और मराठा फौज को हटाकर अपना थाना स्थापित कर लिया। रांगड़ों ने भी जाटों के साथ मिलकर अपने क्षेत्र से मराठा कमाविसदार को भगा दिया।[62]

मल्हारराव के कान में तीव्र दर्द बढ़ता जा रहा था और वह शीत ज्वर से पीड़ित था। इससे सेनाओं का नेतृत्व करने और परामर्श देने में असमर्थ था। फिर

भी उसने ग्वालियर कें समीप से गोहद के निकट शिविर डालने हेतु कूंच किया और कृष्णराव गंगाधर को बिल्हारी गढ़ी पर आक्रमण को भेजा। उसने महादजी तथा दीवान गंगाधर यशवन्त तांत्या के नेतृत्व में कुछ फौज को जवाहरसिंह को रोकने हेतु चम्बल नदी की ओर रवाना कर दिया। इस सेना ने चम्बल से 10 किमी दूर कंवारी नदी के पार अपना शिविर डाल दिया। यहां से लुटेरा दल धौलपुर की ओर आगे बढ़ गया। सिख सरदार गुरु बख्श तथा जवाहरसिंह ने चम्बल नदी के उत्तरी तट पर सेना को व्यवस्थित कर लिया था और जनरल समरू 1000-1200 सैनिकों तथा तोपखाना सहित धौलपुर में आकर जम गया था। जाट तोपखाने की छाया में 25-30,000 सिख सवारों ने धौलपुर से 7 किमी. दूर पड़ाव डाला। गुरु महंत रामकिशन के नेतृत्व में जाटों की कुछ फौज ने सिख सवारों के साथ मिलकर चम्बल नदी के पार घाटी को सुदृढ़ करने की योजना बनाई। परन्तु भारी दबाव पड़ने से उनको वहीं रुकना पड़ा।[63]

जवाहरसिंह चम्बल पार करके ग्वालियर संभाग में प्रवेश करना चाहता था। परन्तु अब ग्रीष्म का प्रभाव तेज होता जा रहा था। सिखों को तृणहीन, जल-हीन शुष्क पठार तथा चम्बल कछारों की ताप असहनीय थी। दीर्घ संघर्ष को देखकर उन्होंने अपने वतन को लौटने का निश्चय कर लिया। "यदि अब भाड़े पर आए सिखों ने जवाहरसिंह का साथ दिया होता, तो जवाहरसिंह महादजी तथा तांत्या पर अवश्य आक्रमण करता और मल्हारराव का पराभव सम्भावित था।"[64] अस्तु, जवाहरसिंह को विवश होकर आगे आक्रमण करने की योजना को स्थगित करना पड़ा।

सिख सवारों की सुरक्षित विदाई

जवाहरसिंह रिसालों को अपने राज्य से सुरक्षित निकालना चाहता था। अतः वह स्वयं अप्रैल में उनके साथ धौलपुर से सराय ख्वाजा तक विदा करने गया। काठेड़ राज्य को सिखों की लूट तथा बरबादी से बचाने को उसके साथ एक ओर गुसाईं सरदार और दूसरी ओर समरू अपनी बटालियनों के साथ चल रहा था। जवाहरसिंह अपने गोल खास सहित उनके पीछे-पीछे था। इस फौज ने धौलपुर से आगरा, पलवल, फरीदाबाद होकर दिल्ली की ओर प्रस्थान किया। जाट शासक ने तिलपतघाट पर सिख सरदारों तथा रिसालों को औपचारिक विदाई की रस्म के साथ विदा किया और स्वयं वहां से पलवल की ओर लौटा। अप्रैल मास में नजीब सोनीपत में व्यस्त था। जब उसको सिख सरदारों के आने का समाचार मिला, तब उसने कुटाना के समीप उन पर आक्रमण कर दिया। नजीब ने उनका कुछ माल तथा कुछ पशु छीन गए। किन्तु सिख यमुना पार करके उसके चंगुल से बचकर निकल गए।[65]

नवाब मुसाबी खां की मुक्ति

जवाहरसिंह के रण कौशल की दुंदुभि चतुर्दिक बजने लगी थी। वह स्वयं अब काठेड़ राज्य का निष्कंटक स्वामी था। आन्तरिक गृह-कलह तथा पड़ोसियों से भयमुक्त था। सिख सरदारों को सकुशल अपने राज्य से विदा करके वह पलवल से डीग लौटा। नवाव नजीब से अपने राजनैतिक सम्बन्ध सामान्य बनाने के विचार से उसने अप्रैल के अंतिम सप्ताह में फर्रुखनगर के नवाब मुसाबी खां बलूच तथा उसके अन्य साथियों को मुक्त[66] करने की घोषणा की। डीग से मुक्त होकर नवाब मुसाबी खां दिल्ली पहुंचा, जहां मई 3, 1766 ई. को नजीब खां के पुत्र अफजल खां ने यमुना तट से आगे बढ़कर उसकी अगवानी की और उसको वली अहद के दरबार में ले जाकर उपस्थित किया।[67]

महाराव नाहरसिंह का परलोकवास, दिसम्बर, 1766 ई.

महाराव नाहरसिंह शेरगढ़ का घेरा पड़ने से पूर्व ही अपने खास सवारों, सलाहकारों तथा अन्य कुछ प्रमुख सरदारों के साथ मराठा शिविर में चला गया। अब धौलपुर की जागीर भी उसके हाथों से निकल चुकी थी। मराठा उसको अपना साधन समझते थे। किन्तु अब वह प्रतिकार का मूल्य[68] चुकाने की स्थिति में नहीं था। मल्हारराव को भी अपने श्रेष्ठतम सरदारों को बन्दी बनाए जाने से भारी क्षोभ हुआ और इसी चिन्ता से उसकी बीमारी भी बढ़ने लगी। उसको प्राणान्त की काली छाया दिखलाई देने लगी थी। उसने अपने ही डेरों में आत्म-मोक्ष के लिए गज, अश्व, ऊष्ट्र आदि सर्व-दान शुरू कर दिया। तभी रघुनाथराव ससैन्य झांसी की ओर बढ़ रहा था। मल्हारराव ने उसके प्रति मन वचन से अपनी निष्ठा प्रगट की और उसने भी पालकी में सवार होकर शनैः शनैः गोहद से झांसी की ओर प्रस्थान कर दिया।[69]

मल्हारराव की मृत्यु के बाद जून मास में निरुत्साही महाराव नाहरसिंह को अपने सभी रिसालों तथा सरंजाम के साथ मराठा शिविर त्यागना पड़ा। सवाई माधोसिंह के निर्देश पर सोपुर (श्यौपुर) बढ़ौदा[70] के कछवाहा राजा इन्द्रसिंह ने उसको अपनी गढ़ी में शरण दी।[71] चरणदास आकोदिया (मूल निवासी बल्लभगढ़) उसके रिसालों का दारोगा था। अनेक सिनसिनवार फौजदार, डागर गोत्री सवार भी उसकी कमान में शामिल थे जो बाद में यहीं रुककर सपरिवार बस गए थे। इन्दौर-जयपुर सरकारों की बातचीत के बाद नाहरसिंह अपने परिवार के पास बदनपुरा पहुंचा। सवाई माधोसिंह ने उसका समादर किया और होल्कर (मराठा) सरकार की ओर से उसके परिवार व खास सेवकों के निर्वाह के लिए परगना निवाई तथा इसके पश्चिम में 24 किमी. डांगरथल नामक गांवों[72] का राजस्व

उसके नाम कर दिया गया।

मालेराव होल्कर ने इन्दौर राज्य की गद्दी सम्भालने तथा आन्तरिक गृह-व्यवस्था के बाद जुलाई 24, 1766 ई. को महाराव नाहरसिंह की अर्जदाश्त पर विचार किया। फिर उसने अपने खरीता में माधोसिंह को सत्वर ही जयपुर की ओर ससैन्य सहायतार्थ प्रस्थान करने का संकेत दिया। परन्तु यह वचन कभी पूर्ण नहीं हो सका। उसने खरीता में लिखा[73]–

"महाराव नाहरसिंह जी के काम के वास्ते राज ने तथा कैलासवासी तीर्थरूप (मल्हार) जी ने आपसी मतैक्य से सलाह की थी। तीर्थरूप के देवलोक से और वर्षा ऋतु शुरू होने से इस काम में चार माह की ढील हुई है। आगे इस काम की दुरस्ताई राज को तथा हमको करनी है। अभी राज के विचार जान कर महाराव जी को आपके पास भेजा है। पूर्वकाल से ही आप इनकी वरदास्त तथा देखभाल करते आये हैं। राज की इच्छा से शीघ्र ही फौजबंदी कर उधर आते हैं। राज की सलाह से सभी काम अच्छा होगा। जब तक हम आएं, तब तक राज इनकी भलीभांति गौर (ध्यान) रखें।"

इस प्रकार नाहरसिंह 'आश्वासन चक्र' में फंस चुका था। राजनैतिक परिस्थितियों की प्रतिकूलता के कारण होल्कर सरकार वचन पालन में विफल रही। इससे नाहरसिंह को अति निराशा हुई और उसको अंतिम कुछ माह शाहपुरा-मनोहरपुर जागीरदार के संरक्षण में व्यतीत करने पड़े। पंडित सदाशिव इस समय जयपुर में था। नवम्बर में मालेराव ने उसको इन्दौर वापिस बुला लिया। तब जवाहरसिंह ने अपने लघुभ्राता नवलसिंह को काठेड़ जयपुर राज्यों में आपसी सामान्य सम्बन्ध बनाने के विचार से जयपुर भेजा। 28 नवम्बर को उसको सेवाराम, दरोगा ड्यौढ़ी ने खासगी तीन पोशाकों का गुलाबी सिरोपाव भेंट करके विदाई दी गई।[74] संभवतः इस बार जवाहरसिंह ने नाहरसिंह को सहायता न देने का प्रस्ताव रखा था। दोनों सरकारों में इस प्रश्न पर आपसी समझौते के लक्षण दिखलाई देने लगे थे। इससे खिन्न व निराश होकर महाराव ने दिसम्बर 6, 1766 ई.[75] को मनोहरपुर में विषपान करके देह त्याग दी।[76] वैंदले के शब्दों में 'यह सूरजमल के बे-जामिन का दुःखद अंत था। अब जवाहरसिंह आंतरिक कुचक्रों अथवा विरोध से पूर्ण स्वतन्त्र था।

संदर्भ

1. द.कौ., जि.7, पृ.417,
2. वैंदेल, पृ.105;
3. पे.द., जि 27, लेख 272, 273, 277
= डॉ. अजय कुमार अग्निहोत्री (गोहद के जाटों का इतिहास) का यह कथन अपुष्ट

है कि राणा छत्रसिंह ने ग्वालियर दुर्ग पर अधिकार कर लिया था (पृ.29)

4. पे.द.(नई), जि.3, लेख 81; पे.द., जि.29, लेख 22, 32, 34, 37, 45; शुजा, खण्ड 1, पृ. 122-125;
5. होल्कर शाही, भाग 1, लेख 225, 226;
6. झांसी तथा चिरगांव के ईशान कोण में क्रमशः 50:23 किमी; मराठों के अधिकार में आने से पूर्व परगना मौंठ नागा सरदार राजेन्द्रगिरि गुसाई की जागीर में शामिल था।
7. पे.द., जि.29, लेख 96 (अगस्त 3, 1765 ई.)
8. पे.द. (नई) जि.3, लेख 80;
9. ड्रा. ख.प., बण्डल 11, लेख 141 (आसोज वदि 14, सं.1822);
10. महाराजा छत्रसिंह का पुत्र रामसिंह कछवाहा सुयोग्य कवि तथा काव्य मर्मज्ञ था। आपने फरवरी 10,1774 ई. में 'रस सिरोमणि' तथा 10 फरवरी, 1780में 'जुगल विलास' काव्य ग्रंथ की रचना की।
11. चन्द्रचूढ़, खण्ड 1, लेख 164
12. ड्रा.ख.प., बण्डल 11, लेख 127 (कार्तिक वदि 3, सं. 1822/2 अक्तूबर);
13. इन्दौर-जयपुर खरीता, सं.91 (95) कार्तिक सुदि 7, सं. 1822;
14. पे.द., जि.29 लेख 102;
15. इन्दौर-जयपुर खरीता, सं. 92(96), मार्गशीर्ष वदि 12, सं. 1822;
16. पे.द., जि.29 लेख 102 (दिसम्बर 19,1765 ई.)
17. पे.द., जि.29 लेख 117 (फरवरी 12, 1766 ई.)
18. पे.द., जि.29 लेख 117, 177;
19. चन्द्रचूड़, जि.1, लेख 164;
20. कानूनगो, पृ.186;
21. पे.द., जि.29 लेख 102;
22. वैंदेल, (पृ.?) सरकार (मुगल), जि.2, पृ. 317;
23. कानूनगो, पृ.185;
24. पे.द., जि.29 लेख 102;

= वैंदेल (पृ.105) का कथन है कि 'जवाहरसिंह ने 22 लाख रुपया देने का वचन दिया था और उस राशि में से कई लाख रुपया अभी भुगतान करना शेष था।' डॉ. कानूनगो ने वैंदेल के आधार पर लिखा है कि जवाहरसिंह को 22 लाख की आधी रकम का भुगतान करना था। (पृ.186) जबकि मराठा अभिलेखों से स्पष्ट है कि जवाहरसिंह को अभी 15 लाख रुपया देना शेष था। अतः मराठा अभिलेखों का कथन अधिक तथ्यांत्मक है।

25. वैंदेल, पृ.105;
26. सी.पी.सी., जि.1, पत्र 2759 (7 दिसंबर)
27. इन्दौर-जयपुर खरीता, सं. 93/97 (पौष वदि 10, सं.1822)

28. ड्रा. ख. प., बण्डल 11, लेख 128 (फाल्गुन वदि 6, सं. 1822)
29. पे.द.(नई), जि.3, लेख 81;
30. पे.द., जि.29 लेख 197 (14 फरवरी)
31. वैंदेल, (पृ.?) पे.द., जि.29 लेख 102;
32. पे.द., जि.29 लेख 126;
33. पे.द., जि.29 लेख 90; नजीबुद्दौला, पृ.100;
34. पे.द., जि.29 लेख 99, 121; सी.पी.सी, जि. 1, पत्र 2735, 2735 ए;
35. पे.द., जि.29 लेख 121; नूरुद्दीन, पृ.107 अ;
36. पे.द., जि.29 लेख 102;
37. पे.द., जि.29 लेख 99, 102, 107, 108;
38. पे.द.(नई), जि.3 लेख 81;
39. पे.द., जि.29 लेख 99(11 नवंबर) तथा 102 (19 दिसंबर)
40. ड्रा.ख.प., बण्डल 11, लेख 136 (फाल्गुन वदि 5, सं. 1822)
41. ड्रा.ख.प., बण्डल 11, लेख 53; पे.द., जि.29 लेख 192;
42. इन्दौर-जयपुर खरीता, माधोसिंह के नाम महादजी की रसीद, फरवरी 1, 1766 ई.
43. द.कौ., जि. 7, पृ. 417;
44. इन्दौर-जयपुर खरीता, महादजी-माधोसिंह, ज्योष्ठ सुदि 5, सं.1822
45. पे.द., जि.29 लेख 105; जि.27, लेख 109;
46. इन्दौर-जयपुर खरीता, जसवंतराव बाबले–माधोसिंह, फाल्गुन शुदि 8, सं. 1822 (17 फरवरी)
47. पे.द., जि.29 लेख 121, 126; बलदेवसिंह, पृ. 78; वाक्या राज., जि.2 पृ. 69;
48. पे.द., जि.29 लेख 102, 104, 107-8, जि.27, लेख 109; हरीराम, पृ.243;
49. माधोसिंह के नाम लिखे खरीता में 10,000 फौज रवाना करने का उल्लेख है। इन्दौर-जयपुर खरीता, सं.95/92); जबकि रामचन्द्र तुकदेव ने अपने पत्र में इस फौज की संख्या 15-16000 लिखी थी। (पे.द., जि.29 लेख 126)
50. चन्द्रचूड़, खण्ड 1, लेख 164 (28 मार्च)
51. पे.द.(नई), जि.3, लेख 85 (28 मार्च)
52. इन्दौर-जयपुर खरीता,सं. 95/92 (चैत वदि 10,सं. 1822/6 मार्च)
53. पे.द., जि.29 लेख 126; बलदेव सिंह, पृ.78;
54. पे.द., जि.29 लेख 126;
55. हिंगणे, खण्ड 2, लेख 58 (9 मई); पे., जि.29 लेख 128;
56. पे.द., जि.29, 126, 127; चन्द्रचूड़, जि.1, लेख 102; वैंदेल, पृ.105; बलदेव सिंह पृ. 78;
57. चन्द्रचूड़, जि.1, लेख 102; होल्कर शाही, भाग 1, लेख 251 (21 मार्च)
58. पे.द., जि.29 लेख 104, (नई) जि.3, लेख 85; चन्द्रचूड़, खण्ड 1, लेख 102; वैंदेल, पृ.105;

59. चन्द्रचूड़ ,जि.1, लेख 102 (26 मार्च)
60. चन्द्रचूड़, .1, लेख 102, 164; पे.द.(नई), जि3, लेख 85;
61. हिंगणे, भाग 2, लेख 54;
62. पे.द., जि.29 लेख 127, 204; जि.3 (नई), लेख 85;
63. पे.द., जि.29 लेख 128 (2 अप्रैल) तथा लेख 140 (13 अप्रैल)
64. वैंदेल, पृ.105;
65. नूरुद्दीन, पृ.107 ब-109 ब;

= 15 अप्रैल को दिल्ली में सिखों के प्रवेश की अफवाह फैल गई थी। तब नजीब के कारिन्दा अफजल बेग ने नागरिकों को कालिका देवी के दर्शनों के लिए दिल्ली से बाहर न जाने की चेतावनी देकर नगर की सुरक्षा दृढ़ कर ली थी। 17 अप्रैल को सिखों ने ओखला घाट से आगे पटपड़गंज के बाजार को लूट लिया और मंसूरी के निकट पड़ाव डाला।(दे.क्रॉनि, पृ. 134)

66. वैंदेल; पृ. 104;
67. दे. क्रॉनि., पृ.135;
68. वैंदेल, पृ. 105;
69. पे.द.(नई), जि.3, लेख 87, 88 (10 अप्रैल)
70. 'इमाद-उस्सआदत' में इस स्थान का नाम 'कोपुर' (पृ.56) और वैंदेल के विवरण में सोपुर (श्यौपुर) मिलता है। दीक्षित (पृ.76 पा.टि.) ने इस स्थान का नाम 'चांदेर' लिखा है और यह विवरण भ्रामक है।
71. वैंदेल का यह कथन अनुचित है कि मराठों ने उसका साथ छोड़ दिया था। डॉ. कानूनगो ने अक्षरशः वैंदेल का रूपान्तरण ही प्रस्तुत किया है।
72. वंशभास्कर, पृ. 3178; नरेन्द्रसिंह, पृ.204;

= 'ईश्वरीसिंह चरित्र' (पृ.111) में निवाई तथा सवाई माधोपुर के दो परगना दिये जाने का उल्लेख है। डॉ. नागौरी (पृ. 29) डांगरथल के स्थान पर 'माधवपुर' लिखता है। सूर्यमल मिश्रण (पृ.3718) ने नगर तथा निवाई का परगना लिखा है।

73. इन्दौर-जयपुर खरीता, लेख 98/101, असाढ़ वदि 3, सं. 1823;
74. द.कौ., जि.7, पृ.407;
75. नाहरसिंह की मृत्यु का समाचार जयपुर से 10 दिसम्बर को जवाहरसिंह की छावनी में पहुंचा था। (सी.पी.सी., जि.2, लेख 12 अ), इस स्रोत से ही डॉ. कानूनगो ने नाहरसिंह की मृत्यु तिथि 6 या 7 दिसम्बर को अनुमानित की है! (पृ.205)
76. मीर गुलामअली (पृ.56) लिखता है कि नाहरसिंह ने स्वतः हीरा की कनी खा ली थी।

अध्याय 5

संघर्ष, समझौता तथा दिग्विजय

1. रघुनाथराव का उत्तर मालवा में प्रवेश, फरवरी-मई, 1766 ई.

माधवराव पेशवा का संरक्षक रघुनाथराव दादा 'प्रकति से निर्बल, अस्थिर, संयमहीन और निर्लज्ज रूप से कामुक' था। फिर भी उसका दावा था कि यदि पानीपत संग्राम में वह सेनापति के पद पर नियुक्त होकर जाता, तो मराठा-राज्य की विजय निश्चित थी। अहंकारी स्वभाव होने से उसको पेशवा परिवार के आन्तरिक कलह तथा पूना दरबार की दलगत राजनीति का शिकार बनना पड़ा था।[1] पेशवा ने फरवरी, 1766 ई. में हिन्दुस्तान में मराठा-राज्य की विलुप्त कीर्ति तथा यश की पुनर्स्थापना हेतु रघुनाथराव के नेतृत्व में 60,000 सवार तथा 100 से अधिक उच्च कोटि की तोपों का तोपखाना दल रवाना कर दिया था। रघुनाथराव ने पेशवा से कोल्हापुर में विदाई ली और जानोंजी भोंसला तथा दामाजी गायकवाड़ को अपने साथ लेकर वह मार्च के अन्त में सिरौंज के समीप तथा अप्रैल में झांसी प्रांत (उत्तर मालवा) में पहुंच गया।

तब होल्कर तथा महादजी ने गोहद राज्य का घेरा उठाकर रघुनाथराव से मुलाकात करने को प्रस्थान किया। 24 अप्रैल को भाण्डेर (सौंधा से 50 किमी.) के समीप उनकी रघुनाथराव से भेंट हुई। शिविर में दतिया तथा गोहद राज्य पर आक्रमण करने की योजना पर विचार प्रारम्भ किया गया। किन्तु 20 मई को जर्जरित वृद्ध मल्हारराव का आलमपुर (तहसील सौंधा) के निकट प्राणान्त[2] हो गया। फलतः दीवान गंगाधर यशवंत चन्द्रचूड़ रघुनाथराव तथा गोहद अभियान को अधूरा छोड़कर मल्हारराव की सम्पूर्ण सेना तथा साज-सामान सहित तत्काल इन्दौर रवाना हो गया। इस प्रकार उत्तर भारत (उत्तर मालवा, बुन्देलखण्ड, अन्तर्वेद) की राजनैतिक समस्याओं के समाधान एवं विरोधियों से युद्ध-समझौता करने का सभी उत्तरदायित्व रघुनाथराव के कंधों पर आ गया।

2. गोहद राज्य पर प्रथम आक्रमण

रघुनाथराव दतिया राज्य की पूर्ण नाकाबन्दी करके दीवान द्यानतराय को समर्पण करने को बाध्य करना चाहता था और मामलत की रकम वसूल करना चाहता था। मल्हारराव को हताश होकर गोहद का घेरा उठाना पड़ा था। रघुनाथराव ने मल्हार की नीति का अनुसरण करके जाट राणा छत्रसिंह को दबाकर काठेड़ राज्य पर आक्रमण करने का विचार कर लिया और वह जवाहरसिंह से होल्कर की पराजय का बदला लेने को लालायित था। राणा छत्रसिंह ने वास्तव में मराठा-शक्ति को चुनौती देकर सिंद पार भूभाग में बुन्देला शासकों को भी उत्साहित तथा प्रेरित किया उन्होंने असंगठित होकर भी मराठा सेनापति के विरुद्ध संघर्ष छेड़ दिया। इससे मराठा शिविर में काफी निराशा का वातावरण बन गया। जुलाई में मराठा कमाविसदार रामचन्द्र सामराज ने स्पष्ट स्वीकार[3] किया, "जाटों का क्या होता? मुल्क खराब हो गया। अनेक हमारा साथ नहीं देते हैं। इसका क्या इलाज है?" मराठों की आर्थिक दशा काफी खराब थी। बहिरो अनन्त पांच लाख रुपया के ऋणभार से बुरी तरह दब चुका था और वह युद्ध-सामग्री की व्यवस्था करने में असमर्थ था। रघुनाथराव की छावनी में भी मराठा सैनिकों तथा साज-सामान की अति विचित्र स्थिति थी। झांसी के आसपास, मराठा भंडारों में बारुद तैयार करने को पोटास तथा सीसा उपलब्ध नहीं था। वर्षा ऋतु में व्यवस्था करना कठिन था। फिर भी हठी रघुनाथराव ने गोहद राज्य को दक्षिणी मार्ग से घेरने की व्यवस्था कर ली। राजनैतिक स्थितियों का विश्लेषण करते हुए अगस्त मास में चिमनाजी वामन ने त्र्यंबकराव को बुन्देला शासकों को सन्तुष्ट करने की सलाह दी थी। उसने अपने पत्र में लिखा[4]–

"जाटों ने बुन्देलों के साथ मिलकर सर्वत्र धूम मचा दी है। श्रीमंत (रघुनाथराव) के साथ कभी ऐसा नहीं हुआ। बुन्देला वकील उभय पक्षों के सम्पर्क में हैं। आपको उनसे बिगाड़ नहीं करना चाहिए। सावधान रहकर उनसे अपना काम निकालना है। इसी से लाभ सम्भव होगा।"

मराठा सेनापति ने पूना सरकार की इस सलाह को स्वीकार नहीं किया। फलतः बुन्देलखण्ड में सर्वत्र विद्रोह भड़क उठा। गोहद राज्य में अनेक माह तक उलझने, आर्थिक विपन्नता, शिविर में मराठा सरदारों की असहयोगी भावना तथा निजी स्वार्थों के कारण सात माह के प्रयास के बाद भी वह अपनी योजना तथा नीति में पूर्णतः विफल रहा।

अगस्त के अन्त में मराठा सेनापति के नेतृत्व में विशाल सेना तथा तोपखाना ने दक्षिण-पश्चिमी भाग से जटवारा में प्रवेश करके गोहद राज्य का घेरा डाला। गोहद दुर्ग सैकड़ों गढ़ियों से सुरक्षित था और वर्षा काल में यत्र-तत्र प्रवाहित

नदियां, उफनते नाले उसकी नैसर्गिक रक्षापंक्ति का काम कर रहे थे। गोहदगढ़ के चारों ओर बुर्जों से संयुक्त लगभग 5 किमी. लंबाई में एक विशाल तथा दृढ़ परकोटा था और इसकी सुरक्षा हेतु अन्दर मिट्टी का ऊंचा परकोटा बना था। गढ़ प्राचीर के किनारे पश्चिम से पूर्व की ओर वृत्ताकार मार्ग में बैसाली नदी प्रवाहित होती है। बाह्य प्राचीर के शेष भाग को भीमताल से निकाली नहरों द्वारा सुरक्षित किया गया है। पांच माह के नियमित घेरे के बाद भी गोहद का दुर्ग तथा गढ़ पर रघुनाथराव अधिकार करने में विफल रहा।[5]

इस बार राणा छत्रसिंह को जवाहरसिंह का नैतिक समर्थन प्राप्त था। राणा के प्रयासों तथा सत्प्रेरणा से दक्षिण-पश्चिम में आबाद पिछौर के दौंदेरिया-जाट जमींदार, जिनका नेतृत्व राजा हिन्दूपत का उत्तराधिकारी तथा पुत्र राजा पहाड़सिंह कर रहा था, दक्षिण में आबाद इन्द्रगढ़ के दावरिया जाट जमींदार, पड़ोसी राजपूत, गूजर एवं बुन्देला जमींदार उसका सहयोग कर रहे थे। मराठा शिविर में सेनानायकों में आपस में विरोधाभास था। नवाव इब्राहीम खां का यह भी मत था कि 'माधवराव पेशवा अपने चाचा की सैनिक सफलता का विरोधी था। घेरे के समय उसने राणा के पास दादा का दृढ़ता के साथ सामना करने का सन्देश भेजा था। उसने यह भी आश्वासन दिया था कि उसकी सहायता से दक्षिण से नई कुमुक नहीं भेजी जाएगी'।[6] इस कथन की अन्य किसी स्रोत से पुष्टि नहीं हो सकी है।

1763-64 ई. में रघुनाथराव ने सिंधिया परिवार में गृह-संघर्ष को भड़काने का विफल प्रयास किया और नर्मदा नदी के पार आकर उसने महादजी के परगनों को जब्त[7] करने का निर्देश दिया। स्पष्टतः महादजी उसके व्यवहार व नीति से क्षुब्ध था और शिविर में रुककर दादा की सफलता का विरोधी होकर भी ग्वालियर तथा भदावर में अपनी जागीरों की मामलत तय करने में व्यस्त था। फिर भी आर्थिक कठिनाइयों में फंसकर रघुनाथराव व्यर्थ ही आक्रमण करता रहा।

सितम्बर के अन्त में महादजी सिंधिया तथा राजे बहादुर नारोशंकर के नेतृत्व में मराठा सैनिकों ने दक्षिण-पश्चिमी गढ़ियों पर अधिकार करके गोहद गढ़ का घेरा[8] डाला। 5 अक्टूबर को खण्डो त्र्यंबक ने युद्ध शिविर से रघुनाथराव को घेरे की स्थिति से अवगत कराते हुए लिखा-"श्री मंत शिंदे तथा नारोशंकर गोहद आ गए हैं। गोहद गढ़ की नदी (वैसाली) का घेरा डाला गया है। नित्यशः तोप बन्दूकों की लड़ाई चल रही है और गोलाबारी हो रही है। गढ़ के भीतर गांवों की रैय्यत है और वह हरि स्मरण करके मराठा डेरों के आसपास भीड़ मचा रही है। श्री मंत की कृपा से कुछ ही दिनों में गढ़ व दुर्ग पर अधिकार हो जावेगा और शत्रु का मुंह काला होगा।" तभी मराठा नायकों ने विजयादशमी (13 अक्टूबर) के शुभ मुहुर्त्त में आक्रमण करने का निश्चय व्यक्त किया।[9]

मराठा तोपों की नियमित गोलाबारी से गढ़ के कई प्रवेश द्वार (फाटक) टूट

गये और स्थान-स्थान से प्राचीर टूटने लगीं। बुर्जें ढह गईं। गढ़ में गोला गिरने से राणा का दामाद तथा अनेकों व्यक्ति घायल हो गये अथवा काम आये। गढ़ में खाद्य-पदार्थों की कमी होने लगी थी। मराठा शिविर में सम्भावना व्यक्त की गई कि अन्न संकट से त्रस्त राणा शीघ्र ही समर्पण कर देगा। मराठा सेनापति की दृढ़ता तथा अनुकूल स्थिति को समझकर पड़ोसी शासकों ने अपनी भूल पर प्रायश्चित करके उसके साथ समझौता-वार्ता करने का विचार किया। 26 अक्टूबर को राणा का दीवान तथा वकील निराश मन से समझौता-वार्ता करने को रघुनाथराव के डेरों पर पहुंचा और उन्होंने प्रस्तावित किया-

(अ) कि जाट राणा 25 लाख रुपये भुगतान का वचन-पत्र प्रस्तुत करने को सहमत है।

(ब) कि राणा अपने राज्य में मराठा फौजों द्वारा की गई फसलों तथा गांवों की बरबादी के एवज में किसी भी प्रकार की छूट की मांग नहीं करेगा।

(स) कि राणा के अपराधों को क्षमा करके गोहद का घेरा उठा लिया जावे और गोहद-राज्य में तैनात सभी मराठा थानों को उठा लिया जावे।

महादजी सिंधिया ने रघुनाथराव के शिविर में इन प्रस्तावों का विरोध करके पूर्ण समर्पण कराने की सलाह दी। उधर उसने राणा के पास गुप्त सन्देश भेजकर साहस से काम लेने की प्रेरणा दी। अहंकार के वशीभूत होकर रघुनाथराव ने अपनी मंत्रणा परिषद की सलाह स्वीकारते हुए राणा के दीवान से कहा-"मैं आपके स्वामी की प्रार्थना स्वीकार करने को तैयार हूं, किन्तु गोहाद-राज्य में तैनात थानों को उठाने के लिए सहमत नहीं हो सकता।"[10] अस्तु, आपसी समझौता सम्भव नहीं हो सका।

3. जवाहरसिंह के मराठा निरोधक प्रयास

काठेड़ राज्य की राजनैतिक सलाहकार परिषद का यह उचित ही विश्वास था कि मराठा सेनापति राणा छत्रसिंह को कुचलकर धौलपुर पराजय का बदला लेने को काठेड़ राज्य पर अवश्य आक्रमण करेगा। हमको ज्ञात है कि धौलपुर पराभव से पूर्व ही जब रघुनाथराव नर्मदा नदी के हंड़िया घाट पर था तब मराठा सरदारों ने उससे स्पष्ट शब्दों में आग्रह किया कि "जवाहरसिंह ने सूबेदार जी (मल्हारराव) के साथ बुरा व्यवहार व्यवहार किया है। उससे झगड़ा बढ़ गया है और लड़ाई चल रही है। उसे आवश्यक रूप से बदला लेना है।"[11] फलतः जवाहरसिंह ने मराठा सेनापति को इस बार चम्बल पार प्रान्तों में अटकाने और वहां से खाली हाथ लौटाने को स्वेच्छा से अपने मित्र राणा की सहायता करने का दृढ़ निश्चय[12] कर लिया। परन्तु वह रोग-ग्रस्त होने से अति शीघ्र राज्य की दक्षिणी सीमा पर नहीं पहुंच सका।

अपनी नीति के क्रियान्वयन हेतु जवाहरसिंह ने पड़ोसी शासकों से भी सलाह शुरू कर दी थी। जुलाई में उसने अपने पत्र के साथ राजा नागरमल तथा गुरु महंत रामकिसन को नवाब नजीब के पास नजीबाबाद भेजा। उसने पत्र में लिखा, कि "शाही सिंहासन पर किसी अन्य बादशाह को आसीन करके आप सभी पातशाही बन्दोबस्त करें।"[13] तब नजीब बीमार था। इससे मराठों के बारे में वार्ता नहीं हो सकी। पुनः अक्टूबर में जवाहरसिंह ने कुंवर बहादुर सिंह (पुत्र राजा नागरमल) तथा राजा दिलेरसिंह को नजीबाबाद रवाना किया। दोनों जाट दूतों ने नजीब तथा अन्य रुहेला-अफगानों के साथ बातचीत करने में दो माह व्यतीत कर दिये। जवाहरसिंह ने अपने पत्रों में लिखा, "हम सभी एकत्रित होकर एकता सूत्र में आबद्ध हो जावें।"

स्वस्थ होने पर नवाब नजीब सादुल्ला खां की पुत्री के साथ अपने पुत्र कालू खां की शादी की तैयारियों में व्यस्त हो गया। 19 अक्टूबर को उसने नजीबाबाद से अनोला की ओर प्रस्थान किया। 17 नवंबर को निकाह पढ़ा गया, जिसमें दिल्ली के प्रायः सभी अमीर उमरावों, हाफिज रहमत खां, डुण्डी खान आदि सरदारों ने अपने अंगरक्षकों के साथ भाग लिया। तब अफगान-बंगश-रुहेला पठानों की 'कौमी मजलिस' में मराठों से अपने-अपने मुल्क की रक्षा-नीति पर विचार किया गया। उन सभी सरदारों का विश्वास था कि गोहद पतन के बाद मराठा सेनापति उनके अधिकार में आये मराठा परगनों तथा गढ़ियों को भी हस्तगत करने का प्रयत्न करेगा। सभी ने आपसी एकता की शपथ ली और जवाहरसिंह के साथ मराठा प्रतिरोधक मंच के गठन पर विचार करने का प्रस्ताव स्वीकार कर लिया। 'कौमी मजलिस' ने यह भी स्पष्ट कर दिया कि चाहे जवाहरसिंह तटस्थ रहे अथवा मराठों से युद्ध करने को तैयार रहे तब भी वे हर स्थिति में दिल-दिमाग से एकता-सूत्र में आबद्ध होकर मराठों का सामना करेंगे।[14] इस प्रकार जहां पड़ौसी जमींदारों ने जवाहरसिंह का साथ दिया, वहां रुहेला-अफगानों के साथ मिलकर उसने विरोधी मंच गठित करने में सफलता प्राप्त कर ली थी।

हम देख चुके हैं कि सवाई माधोसिंह इन्दौर दरबार के सम्पर्क में था (अ. 4) और महाराव नाहरसिंह के पक्ष में पत्राचार चल रहा था। तभी जवाहरसिंह ने मराठा सेनापति की गतिविधियों के बारे में माधोसिंह से भी सम्पर्क किया। मुंशी रामकिसन ने कछवाहा दरबार में वार्ता कीं और फिर कछवाहों ने सरदार रायसिंह को जवाहरसिंह से वार्ता करने भेजा। राव रतनसिंह ने आगे जाकर उसकी अगवानी की और उसको जवाहरसिंह के दरबार में मुलाकात हेतु लेकर पहुंचा, जहां आपस में औपचारिक वार्ता हुई।[15]

इसी बीच जवाहरसिंह ने अपना दूत मोहकमसिंह मराठा सेनापति के पास उसके शिविर में भेजा। रघुनाथराव ने उत्तेजित होकर जवाहरसिंह को युद्ध का भय

दिखलाया और उससे खण्डनी भुगतान की मांग की। फलतः जाट-दूत को निराश होकर लौटना पड़ा।[16]

4. जवाहरसिंह का हस्तक्षेप : गोहद-मराठा समझौता

सितम्बर में जवाहरसिंह घातक रोग से पीड़ित[17] था। इससे वह तत्काल जाट-राणा की सहायता नहीं कर सका। कुछ स्वस्थ होते ही उसने मराठा सेनापति के खण्डनी प्रस्ताव को ठुकराकर आक्रमण की नवीन शैली पर विचार किया, किन्तु उसके भी डेरों में परदेशी राजद्रोहियों का जमघट था। इससे वह आक्रमण की नवीन पद्धति को अपनाने में विपल रहा।[18]

जवाहरसिंह ने डीग तथा कुम्हेर दुर्गों की सुरक्षा-व्यवस्था का भार अपने लघु भ्राता राव रतनसिंह को सौंपा और राज्य के सभी जिलों में नियुक्त योद्धा फौजों को राणा की सहायता के लिए बुला लिया। फिर वह डीग से कुम्हेर होकर गोवर्द्धन पहुंचा और यहां उसने अति उत्साह से दीपोत्सव (2 नवंबर) का महान सांस्कृतिक व धार्मिक पर्व मनाकर श्री गोवर्द्धन की पूजा-अर्चना तथा परिक्रमा की। फिर उसने 30,000 से भी अधिक अश्वारोही, पैदल तथा तोपों सहित धौलपुर की ओर प्रस्थान किया। 10 नवंबर को इस विशाल सैन्य बल ने धौलपुर के बागों में शिविर डाला। जवाहरसिंह ने इस बार मराठा सेनापति की अनुचित मांग पर दृढ़ रहने पर अति दृढ़ता से उसका सामना करने का निश्चय कर लिया। जनरल समरू, उमरावगिरि तथा हिम्मत बहादुर गुसाईं ने अविलम्ब स्वकीय सेना सहित चम्बल नदी के उत्तरी तटों पर अपनी स्थिति मजबूत कर ली।[19]

प्रथम बार समझौता-वार्ता विफल होने के बाद 2 नवंबर को रघुनाथराव ने अपने सरदारों को गोहद दुर्ग पर पुनः भारी गोलाबारी करके अचानक आक्रमण करने का निर्देश दिया। अस्तु, तोपों की छाया में मराठा सैनिकों ने पूरी ताकत से आक्रमण किये और वे गढ़ प्राचीर के नीचे पहुंच गये। उन्होंने नसेनी लगाकर प्राचीर पर चढ़ने का प्रयास किया। राणा के तोपचियों ने अति सतर्कता से मराठा तोपों का उत्तर दिया और बन्दूचियों ने गढ़-प्राचीर से बन्दूकें दागीं। जाटों ने बारूदी हुक्का तथा महताब छोड़कर 1000 मराठा सैनिकों को घायल कर दिया जिसमें 100 सैनिक मारे गये। मराठों की भयंकर गोलाबारी से गढ़ नहीं टूट सका और नसेनियों की सहायता से भी मराठा सैनिक गढ़-प्राचीर पर चढ़ने में सफल न हो सके। निष्फल होकर मराठों को अपनी खन्दकों में पीछे हटना पड़ा।[20]

जवाहरसिंह ने धौलपुर शिविर से ठाकुर मानसिंह (पथैना) को मराठा डेरों पर भेज कर रघुनाथराव से आग्रह किया, कि "राणा छत्रसिंह मेरा सहयोगी है।" मानसिंह ने राणा को परेशान न करके समझौता करने का प्रस्ताव किया। 'अन्यथा' उसने कहा, 'जाट-शासक गोहद राणा की सैनिक सहायता करने को मजबूर होगा।'

मराठा सेनापति ने अति चतुराई से इस संकट को टालने का प्रयास किया। उसने एक राजनीतिज्ञ की भाषा में जाट-दूत से कहा[21]–

"वास्तव में मेरा विचार आपके स्वामी से किसी भी प्रकार का संघर्ष करने का नहीं है। हां, मेरा विचार ठाकुर सूरजमल के कुछ हत्यारों का दमन करने का अवश्य है। आपने मेरे बारे में गलत धारणा बना ली है, यह आश्चर्य की बात है। ठीक है, जवाहरसिंह की प्रसन्नता के लिए मैं गोहद राणा से मामलत की रकम लेकर उसे क्षमा कर दूंगा। किन्तु गोहद राज्य में मेरे थाने नियमित रूप से रहेंगे।"

रघुनाथराव को आभास हो गया था कि इस दु:साध्य आक्रमण से मुक्ति मिलना कठिन है। तब उसने 8, 21 नवंबर तथा 1 दिसंबर को मालेराव होल्कर, दीवान गंगाधर, यशवन्त चन्द्रचूड़ तथा गोविन्दराव कोनेर को इन्दौर से 5000 फौज, सरंजमा तथा रुपया भेजने का आदेश दिया। परन्तु इन्दौर सरकार विगत तीन वर्षों से निरन्तर युद्धों के कारण साहूकारों के ऋण-भार से दब रही थी और मल्हार के सैनिकों का तीन वर्ष से वेतन शेष था। फिर भी दीवान गंगाधर ने अपने पुत्र सदाशिव गंगाधर (अन्याबा) के नेतृत्व में नई भरती के सैनिक भेजने का वचन अवश्य दिया, परन्तु जाटों के भय से नवीन भरती के सैनिक समय पर एकत्रित नहीं हो सके।[22] अस्तु, रघुनाथराव को अपने ही साधनों पर निर्भर रहकर संघर्ष करना था।

जवाहरसिंह के धौलपुर पहुंचने का समाचार मिलते ही लगभग 20 सहस्र अश्वारोही तथा पैदल नागा संन्यासी गोहद संभाग से उससे मिलने को चल दिये और उन्होंने चम्बल से 30 किमी. दूर नूराबाद में अपना पड़ाव डाल दिया।[23] मराठा सेनापति के शिविर में सेना की स्थिति अच्छी नहीं थी और उनमें आत्मविश्वास का अभाव था। हाथी-घोड़ों तथा भारकसों को दाना-घास की समुचित व्यवस्था नहीं हो पा रही थी। कहीं से भी पर्याप्त द्रव्य उपलब्ध नहीं हो रहा था और सैनिक उपद्रव करने पर उतारू थे। दमाजी गायकवाड़ घृणावश मराठा सेनापति का साथ छोड़कर जाने का उद्यम कर रहा था और उसकी सेना अनेक माह से वेतन न मिलने से विद्रोह करने को तत्पर थी। इस प्रकार रघुनाथराव के नेतृत्व में 20 सहस्र सेना शेष रह गई थी। इनमें भी 10-12 सहस्र सैनिक महादजी के थे और ये श्रेष्ठ लड़ाकू भी थे।[24]

रघुनाथराव महादजी की सलाह को तिरस्कृत करता था। फिर भी महादजी ने उसकी दूषित नीति का विरोध करते हुए अपनी युक्ति तथा प्रयास से भदावर तथा कछावाधार प्रांतों के जमींदारों से पेशवा के नाम मामलत भुगतान करने की सनदें प्राप्त कर ली थीं। इससे मराठा शिविर में उसका पक्ष अति प्रबल था।[25]

राणा ने रघुनाथराव के कई प्रमुख सरदारों को कुछ लोभ देकर तोड़ लिया था। यहां तक कि उसका परामर्शक चित्तोंविंट्ठल रायरीकर राणा से मिल गया था।

राणा के मध्यस्थों ने महादजी सिंधिया को पृथक् से कुछ द्रव्य देने का आश्वासन देकर घेरा उठवाने का कूटनीतिक दबाव डाला। महादजी ने बिगड़ती स्थिति को सम्भाल लिया और उसके प्रयास से राणा का दूत मराठा-शिविर में समझौता की शर्तें तय करने को आ गया। महादजी, नारोशंकर, चित्तोविंट्ठल सहित अन्य सरदारों ने रघुनाथराव पर समझौता करने का भारी दबाव डाला। राणा के दूत ने रघुनाथराव के सामने उपस्थित होकर कहा, "आपको भुगतान के लिए रकम तैयार है। इसके साथ ही हम नतमस्तक होकर आपके सामने उपस्थित होने को तैयार हैं।" मराठा सेनापति के सामने जवाहरसिंह की भी धमकी थी और वह ससैन्य गोहद पहुंचने को तैयार था। फलतः महादजी तथा गायकवाड़ की मध्यस्थता से उसने समझौता प्रस्ताव स्वीकार कर लिया। महादजी तथा नारोशंकर ने राणा से समझौता वार्ता शुरू की और चार-पांच दिन की वार्ता के बाद राणा ने ग्यारह लाख रुपया भुगतान का वचन-पत्र लिखा। लगभग दो लाख रुपया नकद व जिंस के रूप में तत्काल दिया जाना तय किया गया। शेष राशि का निश्चित अवधि में भुगतान का करार किया गया। इसके बाद राणा ने मराठा सेनापति से भेंट की।[26] इस प्रकार 2 दिसंबर को गोहद का घेरा अवश्य उठा लिया गया, किन्तु कुछ समय तक राज्य में मराठा थाने यथावत रखे गये।[27]

तदोपरान्त मराठा सेनापति ने जवाहरसिंह के साथ समझौता वार्ता करने को चम्बल संभाग की ओर प्रस्थान किया और वह गोहवरी नाला पर पहुंच गया। मार्ग में मराठा सैनिकों ने गोहद राज्य की भिलासगढ़ी का घेरा डाला। 2-3 दिन के संघर्ष में मराठों ने राणा के 300 सैनिकों को तलवार से मौत के घाट उतार 10 दिसंबर को इस गढ़ी पर अधिकार कर लिया। इस संघर्ष में मराठों के भी 200 व्यक्ति काम आये और काफी सैनिक घायल हो गये।[28] जवाहरसिंह ने भी परिस्थितिजन्य मराठा सेनापति से समझौता करना उचित समझा।

5. दुर्रानी का भारत प्रवेश : जाट-मराठा समझौता

नवाब मीर कासिम ने सितम्बर मास में अहमदशाह दुर्रानी के पास हिन्दुस्तान में आने का आमंत्रण-पत्र भेजा था।[29] फलतः नवम्बर, 1766 ई. में शाह दुर्रानी ने 'अभागे सिखों का दमन करने और मुगलों के अधीनस्थ अमीरों तथा शासकों से शेष पेशकस की राशि वसूल करने के दृढ़ विश्वास'[30] के साथ आठवीं बार पंजाब की ओर प्रस्थान कर दिया था। 4 दिसम्बर को वह गुजरानवाला में आ गया था और उसने दिल्ली पर आक्रमण करने की भी धमकी दी। इस समाचार से जवाहरसिंह तथा रघुनाथराव दोनों ही स्वभावतः व्याकुल तथा चिंतित हो उठे थे और वे दोनों युद्ध व संघर्ष को टालकर आपस में सम्मानजनक समझौता करने को उत्सुक थे।

धौलपुर की ओर प्रस्थान करके जवाहरसिंह ने अपने भ्राता राव नवलसिंह को बातचीत करने जयपुर भी भेजा था। 28 नवम्बर को उसको कछवाहा दरबार से बिदा किया गया। 8 दिसम्बर को जवाहरसिंह स्वयं धोलपुर पहुंच गया और उसने मराठा शिविर से 17 किमी. दूर अपना पड़ाव डाल दिया। फिर गुरु महंत रामकिसन, उमरावगिरि गुसाई तथा अन्य सरदारों ने अपने सभी सैनिकों को और महन्त बालानंद गुसाईं की संन्यासी जमातों को चम्बल नदी के तट पर तैनात कर दिया। तब 4-5 दिन तक जाटों का मराठा-सेनापति के साथ समझौता की शर्तों पर विचार चलता रहा।[31]

जवाहरसिंह अपनी सभी तोपों, सवारों तथा पैदलों सहित घोड़े पर सवार होकर चम्बल नदी के तट पर पहुंचा, जहां नारोशंकर ने अपने खासा अंगरक्षकों के साथ पहुंच कर उससे भेंट की। गुरु महंत रामकिसन तथा उमरावगिरि ने अपने खास सैनिकों सहित चम्बल पार उसकी अगवानी की और नारोशंकर से कुछ दूर अपना शिविर लगाया। 9 दिसम्बर को कुछ देर तक आपसी वार्ता चली, जिसमें जवाहरसिंह तथा रघुनाथ राव की आपसी मुलाकात का निर्णय लिया गया। चार घड़ी रात्रि होने पर जवाहरसिंह ने अपने डेरों में प्रवेश किया। इसी दिन लाहौरीमल वकील के दो हरकारों ने दुर्रानी के अटक के समीप नदी पार करने सम्बन्धी पत्र जवाहरसिंह को सौंपे।[32] इस समाचार को सुनकर वह काफी परेशान दिखलाई दिया।

10 दिसम्बर को प्रातः 7.30 बजे जवाहरसिंह घोड़े पर सवार होकर गुरु महंत रामकिसन उमरावगिरि तथा हरजी चौधरी से बातचीत करने निकला। फिर इन तीनों सरदारों ने चम्बल पार करके नारोशंकर के डेरों पर जवाहरसिंह के आने की सूचना दी ताकि वह जाट शासक की अगवानी की व्यवस्था कर सके। नारोशंकर ने कहा, "ठीक है, यह आपका ही घर है।" तब जवाहरसिंह ने खासा सवारों के साथ चम्बल नदी पार की और नारोशंकर के डेरों पर पहुंच कर लगभग आधा घंटे बातचीत कीं। नारोशंकर ने उसको एक हाथी, एक घोड़ा तथा पोशाक भेंट कीं। उसने केवल घोड़ा तथा पोशाक स्वीकार कीं। फिर सायंकाल वह अपने शिविर में लौट आया।[33]

इसी दिन महाराव नाहरसिंह की आत्महत्या (6 दिसम्बर) का दुःखद समाचार लेकर उसकी सेना के सभी सरदार तथा सवार जवाहरसिंह के शिविर में उपस्थित हुए और उन्होंने इस स्थिति में दिशा-बोध कराने का आग्रह किया। इन समाचारों से जवाहरसिंह को भारी सन्ताप हुआ। मध्याह्न में सुल्तानजी लम्माटे, संताजी बाबले, गोविन्दराव बुले आदि सभी मराठा सरदारों व बन्दी मराठा सैनिकों को भरतपुर दुर्ग से धौलपुर छावनी में लाया गया और यह तय किया गया कि जवाहर-नारोशंकर की आपसी वार्ता के बाद इन सभी को मुक्त कर दिया

जावेगा।[34] दोनों पक्षों के दूतों ने आपस में मिलकर यह तय कर लिया था कि जाट-शासक मराठों को किसी भी प्रकार की खण्डनी नहीं देगा। आपसी सहयोग, मित्रता तथा सद्भावना के आधार पर दिवंगत मल्हारराव के सभी सरदारों को बिना शर्त मुक्त कर दिया जावेगा।

11 दिसंबर को नारोशंकर जवाहरसिंह के डेरों पर आया और लगभग 3 बजे जाट-शासक के दरबार में उपस्थित हुआ। दोनों में आधा घंटे बातचीत चलीं। जवाहरसिंह ने बिदा करते समय उसको एक हाथी, दो घोड़ा और चार सिरोपाव भेंट किये और आपसी मित्रता की एवज में एक हजार रुपया, पांच टोकरी मिठाई, सौ मन चना आदि सामान उसके डेरों पर रवाना किया। उमरावगिरि ने भी 500 रुपया तथा दस मन गल्ला भेजा।[35]

15 दिसम्बर के आसपास जाट-शासक की ओर से हरजी चौधरी और रघुनाथराव की ओर से उसके दीवान राव नन्दराम ने समझौते की शर्तों पर विचार-विमर्श शुरू किया। तब रघुनाथराव चम्बल नदी के समीप आ गया था और दोनों प्रधान सरदारों के शिविरों के बीच में चम्बल नदी के पार 17 किमी. का अन्तर था। रघुनाथराव के शिविर से 7 किमी. अग्रिम नारोशंकर तथा मेघराज सिंधिया के शिविर थे। महादजी तथा सुबालराव अपने शिविरों में पूर्णतः सचेत व सावधान थे। आपसी संवादों के आदान-प्रदान को दोनों ओर हरकारे नियुक्त थे।[36] चार दिन तक उभय पक्षों के बीच आपसी समझौता-वार्ता का दौर चलता रहा।

19 दिसंबर के पत्र में रघुनाथराव ने समझौता-वार्ता की स्थिति, जाट-शासन के प्रति अपनी नीति तथा विचार स्पष्ट करते हुए कृष्णराव बल्ला को सूचना दी[37]–

"केवल दौलत (रुपया) ही दौलत निराली नहीं है। यही सोचकर, जैसा मैंने पूर्व में लिखा था, राजहित में मित्रता करने को ही गोहद से कूंच किया था और जाटों के समीप आ पहुंचा। केवल बिगाड़ करने से दोनों ओर की हानि है। इसी भावना से आपसी समझौता की बातचीत की जा रही हैं। आपसी मित्रता किस प्रकार हो? इस प्रसंग में गुरु महंत रामकिसन तथा उमरावगिरि गुसाईं आकर सेवा में उपस्थित हुए। हमारी भेंटवार्ता में कुछ द्रव्य लेने की कोई बातचीत नहीं हुई। फिर भी आपसी मिलन के समय जाट-शासक की ओर से लाख-पचास हजार वित्त (द्रव्य), जवाहरात, हाथी-घोड़ा आदि नजराना प्रस्तुत करने का सुझाव रखा गया। सरकार को यह विचार उपयोगी लगता है। इस प्रकार आपसी बातचीत हुई है।"

जाट-शिविर से लिखे एक अन्य पत्र के अनुसार "समझौते की शर्तों (साधना निमित्त) पर विचार करके राव रूपराम कटारा को सत्वर ही श्रीमंत (दादा) की

अनुमति प्राप्त करने के निर्देश के साथ रवना किया गया। तभी जाट-शिविर में दानसाह से झगड़ा हो गया। इससे उसको दरबार से निकाल दिया गया।" राव रूपराम कटारा ने मराठा सेनापति को विश्वास दिलाया कि उसका स्वामी आपको कुछ नजराना देने तथा आवश्यकता पड़ने पर आपके आधीन सेवा करने को तैयार है।[38] इस प्रकार काफी सोच-विचार के बाद समझौता के रूप में निश्चय[39] किया गया–

(अ) एक वर्ष पूर्व मल्हारराव होल्कर को दिये गए वचन के एवज में जवाहरसिंह को शेष पन्द्रह लाख रुपया भरपाई की रसीद सौंप दी जावेगी। इसके एवज में जवाहरसिंह रघुनाथराव को नवीन वचन-पत्र लिखकर सौंपेगा।

(ब) काठेड़ राज्य की सीमा पर कुछ राजपूत इलाका मराठों के नियंत्रण में था और वहां के जमींदार व रैय्यत लगान वसूली के दिनों में अपनी फसल एकत्रित करके नदी पार जाट-राज्य में चले जाते थे। इससे मराठा आमिल या उनके कारिंदा विगत कई वर्षों से इस इलाके से लगान वसूल नहीं कर पाते थे।

अस्तु, यह तय किया गया कि मराठा सरदार इस दक्षिणी-पश्चिमी राजपूत प्रदेश (भूभाग) की हस्तान्तरण सनद जाट-शासक को सौंप देगा और इसके एवज में जाट-शासक उनको पांच लाख रुपया नकद भुगतान करेगा।

यद्यपि मराठा लेखों में इन गांवों के नामों का विवरण नहीं मिलता; फिर भी अन्य अभिलेखों[40] से ज्ञात होता है कि मराठा सरदार बाँह तथा पिनाहट के उपद्रवग्रस्त परगनों का हस्तान्तरण करना चाहते थे।

2 दिसम्बर को नारोशंकर खासा सवारों सहित चम्बल नदी के तट पर पहुंचा। तब जवाहरसिंह का वकील वहां आया और उनको अपने साथ जाट-शासक के डेरों पर ले गया। नारोशंकर आपसी मित्रता के रूप में सुल्तानजी लम्माटे आदि सभी मराठा बन्दियों के साथ वापस लौटा। इससे मराठा शिविर में भारी खुशियां मनाई गई। 23 दिसम्बर को मालेराव होल्कर ने अपनी राजधानी में इस खुशी में तोपों की सलामी ली।[41]

इस प्रकार जाट-मराठा पूर्णतः सन्तुष्ट होकर मित्रता की ओर अग्रसर हो चुके थे। तब रघुनाथराव ने जवाहरसिंह को अपने डेरों पर आमंत्रित किया, किन्तु गुसाईं बन्धुओं के विश्वासघात के कारण मुलाकात तथा समझौता पूर्ण नहीं हो सका।

6. गुसाईं बन्धुओं का विश्वासघात तथा उनका दमन

जवाहर-रघुनाथ की भेंट-वार्ता की व्यवस्था का भार उमरावगिरि, अनूपगिरि

(हिम्मत बहादुर) गुसाईं आदि को सौंपा गया था। इस बार गुसाईं बन्धु मराठों से अपनी पैतृक जागीर कुल पहाड़, मोंठ तथा आसपास के गांवों को पुनः प्राप्त करने का प्रयत्न कर रहे थे। महादजी ने उनको अपनी ओर से भदावर तथा कछावाधार में अपनी जागीरों का बन्दोबस्त सौंप कर मराठा सेवा में लेने का प्रलोभन[42] दिया था। इस प्रकार वे अपनी सत्य-निष्ठा तथा स्वामि-भक्ति भाव से विचलित हो गये थे। उन्होंने जवाहरसिंह को उसके ही डेरों में बन्दी बनाकर रघुनाथराव को सुपुर्द करने का वचन दिया था। सावधान जाट हरकारों ने शीघ्र ही इस षड्यन्त्र का सन्देश गुरु महंत रामकिसन के पास भेजा और उसने जवाहरसिंह को इस कपट चाल से सावधान कर दिया। फलतः दोनों सरदारों का आपसी मिलन[43] नहीं हो सका।

समाचार मिलते ही जवाहरसिंह ने तत्क्षण सतर्कता बरती। 23–24 दिसम्बर की रात्रि को उसने अचानक ही महन्त ध्यानदास, महन्त बालानंद, महन्त नैनादास आदि के नेतृत्व में बीस सहस्र नागा संन्यासियों को तैयार रहने का निर्देश दिया और उन्होंने विश्वासघाती गुसाईं बन्धुओं की छावनी पर अचानक ही आक्रमण करके उनके सभी डेरों तथा सामान को लूट लिया। इस हमले में गुसाईंयों के 600 नागा खेत रहे, किन्तु उमरावगिरि, अनूपगिरि, तथा मिर्ज़ागिरि तीनों सरदार 300 सवारों सहित अति कठिनाई से बचकर निकल गये और उन्होंने चम्बल पार मराठा डेरों में शरण ली। यहां रघुनाथराव ने उनको सान्त्वना दी। उनके लगभग 10 हाथी, 1400 घोड़ा, 200 तोप तथा सभी साज-सामान, तम्बू-डेरों पर जाटों ने अपना अधिकार कर लिया। इतनी बड़ी घटना के बाद भी रघुनाथराव जवाहरसिंह से मिलने को उत्सुक था। परन्तु जवाहरसिंह ने उसकी मांग को ठुकरा कर दूसरे ही दिन आगरा की ओर कूंच कर दिया।[44]

जवाहरसिंह ने डीग, कुम्हेर तथा भरतपुर में मौजूद गुसाईंयों के कबीलों को बन्दी बनाकर कड़ी निंगरानी में रखने की कार्यवाही की। उसने शीघ्र ही आगरा से जनरल समरू तथा कुंवर दानसाह को और मलकापुर से छत्रसिंह को कुम्हेर भेजा। मनुलाल, छत्रसिंह (चतरसिंह) चौहान तथा पुरोहित किरपाराम, भरतपुर पहुंच गये और बख्शी शिवनाथ पिनाहट के लिए रवाना हो गया। महंत बालानन्द ने अपने अखाड़े सहित जवाहरसिंह से विदाई ली और यह तीर्थ यात्रा तथा भिक्षाटन को रवाना हो गया। जवाहरसिंह ने जमींदारों तथा जागीरदारों की अस्थाई लड़ाकू धारों को भी अपने-अपने गांवों तथा घरों की ओर जाने की स्वीकृति देकर विदा कर दिया। इस प्रकार धौलपुर तथा आगरा से सभी फौज चली गई। अब उसके साथ आगरा में केवल 7500 सैनिक तथा कुछ तोपखाना रह गया। 4 जनवरी को जवाहरसिंह ने सिकन्दरा के बाग में भोजन किया और फिर नौका बिहार करता हुआ आगरा दुर्ग में लौट आया। जाट सैनिकों ने गुसाईं सरदारों तथा उनकी जमात

के परिवारों को बन्दी बनाकर कड़ी निगरानी में रखा, किन्तु परशरामगिरि गुसाईं सकुशल निकल गया। इस घटना पर जवाहरसिंह ने राव रतनसिंह के प्रति अति रोष व क्रोध प्रगट किया। काठेड़ राज्य में गुसाईं बन्धुओं की 30 लाख रुपया की सम्पत्ति पर जवाहरसिंह का अधिकार हो गया। इसी बीच में अटेरे से बख्शी शिवनाथ लौट कर आगरा आ गया।[45]

रघुनाथराव ने अपनी छावनी में गुसाईं बन्धुओं का स्वागत किया और उनको हाथी, घोड़ा, ऊँट, तम्बू-डेरा तथा परिधान प्रदान किये। उन्होंने मराठा छावनी में रुक कर नवीन भरती की और रघुनाथराव के सामने चम्बल पार करके जाट राज्य में लूटमार करने का प्रस्ताव रखा। परन्तु दुर्रानी के सम्भावित दिल्ली आगमन अथवा राजपूत शासकों तथा जवाहरसिंह के मध्य चल रही मराठा विरोधी अभियान की बातचीतों के भय से मराठा सेनापति ने इस प्रस्ताव को नहीं माना।[46]

7. रघुनाथराव की वापसी

जवाहरसिंह से समझौता वार्ता-काल में रघुनाथराव ने राजपूत शासकों से खण्डनी वसूल करने की योजना बना ली थी। फलतः राजपूतों ने अपने-अपने वकील जवाहरसिंह के पास आगरा रवाना कर दिये। नवाब नजीब स्वयं रामरा घाट पहुंच चुका था और उसका वकील जवाहरसिंह के दरबार में उपस्थित था। हरसुख कटारा बदनपुरा में था और वह कछवाहों तथा अन्य राजपूतों से मुलाकात कर रहा था। सरमचुरा तथा झिरी के जागीरदार का पुत्र मोहबतसिंह यादव जयपुर में था। वह हरसुख के साथ[47] आगरा दरबार में आ गया। महाराजा विजयसिंह राठौड़ ने सिरोपाव देकर अपना वकील आगरा भेजा और जवाहरसिंह ने उसके साथ अपना वकील जोधपुर रवाना किया। इस प्रकार 4 जनवरी तक शाह दुर्रानी तथा मराठा सेनापति सम्बन्धी समस्याओं पर विचार-विमर्श चलता रहा। जवाहरसिंह ने राव रूपराम कटारा को रघुनाथराव के पास भेज कर कहलवाया कि इस समय राजपूत राज्यों के विरुद्ध प्रस्थान करना और उनसे खण्डनी की मांग करने की अपेक्षा शाह दुर्रानी के सम्भावित आक्रमण को रोकने में आपको सहयोगी होना चाहिए। परन्तु रघुनाथराव दुर्रानी उलझन से मुक्त रहना चाहता था।

अब मकर संक्रान्ति निकट आ रही थी। तब जवाहरसिंह ने गंगा-स्नान का निश्चय किया और 5 जनवरी को यमुना पार रामबाग (सम्राट बाबरकालीन आराम बाग) में लगे अपने डेरों में प्रवेश किया। उसने राव नवलसिंह को आगरा से भरतपुर रवाना कर दिया। 6 जनवरी को मिश्र गंगाप्रसाद भदौरिया ने गोल खास सहित यमुना नदी पार की और उसी दिन जवाहरसिंह ने गोल खास सहित रामबाग से सादाबाद की ओर प्रस्थान कर दिया।[48]

रघुनाथराव ने जनवरी 2, 1767 ई. को गोहद राज्य से अपने थाने उठा लिये

और तत्काल ग्वालियर सम्भाग से सबलगढ़ की ओर प्रस्थान कर दिया। गोहद राज्य के साथ सम्पन्न समझौता वास्तव में अल्पकालिक था। इससे दोनों शक्तियों में स्थाई मित्रता[49] नहीं हो सकी और कुछ माह बाद यह क्षेत्र संघर्ष का अखाड़ा बन गया।

रघुनाथराव ने सबलगढ़ (जनवरी) में डेरा डालकर करौली राज्य के जादौ शासक तुलसीपाल से एक लाख रुपया खण्डनी की मांग की। तभी शाहवली खां का दूत समझौता वार्ता करने को उसके शिविर में पहुंच गया।[50] इससे मराठा सेनापति ने राजपूत शासकों से खण्डनी वसूल करने की नीति को त्याग कर कूंच-दर-कूंच राजगढ़, पाटण, कींचीवाड़ा (गुणा, सारंगपुर, सुजालपुर तथा भेलसा) की ओर प्रस्थान कर दिया (मार्च)। 16 मई को उसने सिंरोज में और जून में नासिक में पड़ाव डाला। इस प्रकार जवाहरसिंह के प्रतिरोध के कारण मराठा सेनापति अपने अभियान में पूर्णतः विफल होकर वापिस लौटा।

संदर्भ

1. सरदेसाई, खण्ड 2, पृ. 609, 611;
2. चन्द्रचूड़, भाग 1, लेख 104-6; होल्करशाही, भाग 1, लेख 253; इ.डा. (ता. इब्राहीम) खण्ड 8, पृ. 213;
   = 31 मई को सवाई माधोसिंह ने अपने शोक-संदेश में मालेराव होल्कर को मजबूती रखने तथा सावधानी बरतने का सुझाव दिया था। (ड्रा.ख.प., बस्ता 11, लेख 192)
   = मल्हारराव की अति आकर्षक समाधि अभी तक सौंधा से कुछ किमी. दूर एक सूखे तथा रेतीले नाले के निकट आबाद आलम-बाग नामक गांव में बनी है।
3. पे.द., जि. 29, लेख 149 (29 जुलाई)
4. पे.द. (नई), जि. 3, लेख 92 (27 अगस्त)
5. सी.पी.सी., जि. 2, पत्र 12 एफ;
6. इ.डा. खण्ड 8, पृ. 213;
7. पे.द., जि. 29, लेख 149;
8. सी.पी.सी., जि. 2, पत्र 12 एफ (राणा का कम्पनी सरकार के नाम पत्र)
9. हिंगणे, भाग 2, लेख 62;
10. पू.पा.सं., जि.1, लेख अ 2 ब, पृ. 3-4, अ 3 ख, पृ. 8;
11. पे.द., जि. 29, लेख 108;
12. वैंदेल, पृ. 105;
13. हिंगणे, भाग 2, लेख 100 (31 जुलाई)
14. पू.पा.सं., जि. 1, लेख अ 3 अ, पृ. 5-7; नूरुद्दीन, पृ.103 अ-ब;
15. पू.पा.सं., जि.1, लेख अ 3 अ पृ. 5;
16. इ.डा. (हर सुखराय), खण्ड, 8, पृ. 273; पू.पा.सं., जि. 1, लेख अ 3 स, पृ. 7;

17. पू.पा.सं., जि. 1, लेख अ 3 अ पृ. 6; वैंदेल, पृ. 106;
18. वैंदेल, पृ. 106;
19. पू.पा.सं., जि. 1, लेख अ 3 स, पृ. 8;
20. पू.पा.सं., जि. 1, लेख अ 3 ख, पृ. 8; हिंगणे, भाग 2, लेख 67;
21. पू.पा.सं., जि. 1, लेख अ 3 स, पृ. 7;
22. पे.द.(नई) जि. 3, लेख 96-98;
23. पू.पा.सं., जि. 1, लेख अ 3 स, पृ. 7;
24. ऐति. लेख संग्रह, खण्ड 3, लेख 720;
25. पे.द., जि. 29, लेख 154 (2 दिसम्बर, 1766 ई.)
26. पू.पा.सं., खण्ड 1, पत्र अ 3 स; हिंगणे, भाग 2, लेख 67; जि. 29, लेख 164; ऐति. लेख संग्रह, जि. 2, लेख 494 तथा जि. 3, लेख 610, 635; जनरल ऑफ अण्डरसन, पृ.22 (महादजी को प्रलोभन)
    = ऐति. लेख संग्रह, जि. 3 के आधार पर सरदेसाई (पृ.669) का कथन है कि राणा ने 15 लाख रुपया का दण्ड देना स्वीकार कर लिया था। परन्तु इस सूचना की अन्य अभिलेखों से पुष्टि नहीं हो सकी है।
    = डॉ. अग्निहोत्री (पृ.30-35) ने राणा के साथ मल्हारराव तथा रघुनाथराव के संघर्ष तथा युद्ध का विवरण भ्रांति पूर्ण दिया है; तथा उचित होने पर भी घटनाक्रम को ठीक से नहीं परखा है। समझौता में 15 लाख रुपया का मूल्यांकन भी भ्रांतिजनक है।
27. सी.पी.सी., जि.2, पत्र 12 एफ
28. उपरोक्त, पत्र 12 बी.
29. उपरोक्त, पत्र 129; पू.पा.सं., जि.1, पत्र अ 2 ब (9 अक्टूबर), पृ.4;
30. उपरोक्त, पत्र 284 (शाह वली का लार्ड क्लाइब के नाम पत्र)
31. हिंगणे, खण्ड 2, लेख 69; सी.पी.सी., खण्ड 2, पत्र 12 बी;
32. सी.पी.सी, खण्ड 2, पत्र 12 सी;
33. सी.पी.सी, खण्ड 2, पत्र 12 डी, पृ.8;
34. सी.पी.सी, खण्ड 2, पत्र 12 बी;
35. सी.पी.सी, खण्ड 2, पत्र 12 इ, पृ.8;
36. सी.पी.सी, खण्ड 2, पत्र 12 बी;
37. पे.द., जि. 29, लेख 155 (18 दिसम्बर); हिंगणे, भाग 2, लेख 69 (20 दिसम्बर)
38. पे.द., जि. 29, लेख 159;
39. सी.पी.सी., जि. 2, पत्र 12 बी;
40. परवाना, मार्गशीर्ष सुदि 5, सं. 1824 (26 नवम्बर), पत्रक 9 (लेखक संग्रह)
41. सी.पी.सी., जि.2, पत्र 12 बी; पे.द., जि.29, लेख 158;
42. बलदेवसिंह (पृ.78) का यह कथन असंगत है कि नाहरसिंह के मामाओं ने गुसाईं सरदारों को मिला लिया था।

43. हिंगणे, भाग 2, लेख 69 (20 दिसंबर)
44. सी.पी.सी., जि.2, पत्र 164; पू.पा.सं., खण्ड 1, पत्र अ 4 अ, पृ.10; पे.द., जि.29, लेख 164; वैंदेल, पृ.106; इ.डा., खण्ड 8, पृ. 273-4; बलदेव सिंह, पृ. 78;
= हरिचरन का समय निर्धारण अस्पष्ट है। इस लूट में दो करोड़ का साज-सामान मिलने का आकलन भी अनुचित है। वैंदेल का अनुमान अधिक तार्किक है।
45. पे.द., जि.29, लेख 167 (7 जनवरी)
46. पू.पा.सं., जि.1, लेख अ 4 स, पृ.14;
47. पोथी तीर्थ पुरो०, पत्रक 65 (पौष वदि 2, सं. 1823)
48. पे.द., जि.29, लेख 167;
49. हिंगणे, भाग 2, लेख 70 (27 मार्च)
50. पू.पा.सं., खण्ड 1, लेख अ 4 स, पृ. 14; हिंगणे, भाग 2, लेख 70;

अध्याय 6

ब्रिटिश ईस्ट इंडिया कम्पनी के साथ जाटों का सम्पर्क (1765-1768 ई.)

18वीं शताब्दी के प्रथम तीन दशकों में यूरोपियन विकसित सैन्य-कला तथा नवीन युद्ध शैली के आधार पर भारत में ब्रिटिश तथा फ्रेंच ईस्ट इंडिया कम्पनियों ने काफी जोर पकड़ लिया था और ह्रासोन्मुख मुगल साम्राज्य के सूबेदारों, केन्द्रीय मंत्रियों के आपसी कलह, पारस्परिक प्रतिद्वन्द्वता का लाभ उठाकर इन 'व्यापारिक व वाणिज्यिक संस्थानों' ने भारत भूमि पर औपनिवेश स्थापित करने की ओर विशेष ध्यान दिया। यूरोप में ग्रेट ब्रिटेन तथा फ्रांस सरकारों की आपसी प्रतिस्पर्धा तथा युद्धों का भारत में इन कम्पनियों के अधिकारियों पर प्रभाव पड़ा और भारतीय वस्तुओं, कच्चेमाल के व्यापारिक एकाधिकार व आर्थिक शोषण की नीति से इन व्यापारिक कम्पनियों में भारत की भूमि पर तीन बार सैनिक संघर्ष भी हुए। परिणामतः ब्रिटिश कम्पनी सरकार की भारत में जड़ जम गई थी और इस कम्पनी ने हिन्दुस्तान की सामन्ती राजनीति में खुलकर हस्तक्षेप करना शुरू कर दिया था।

प्लासी का युद्ध (1757 ई.) भारतीय इतिहास का अन्यतम राजनैतिक क्रान्ति-बिन्दू था। ब्रिटिश ईस्ट इंडिया कम्पनी ने बंगाल प्रान्त के मुगल सूबेदार नवाब सिराजउद्दौला को पराजित करके मीर जाफर अली को अपने संरक्षण में बंगाल का नवाब बनाया। कुछ वर्षों के बाद उसको भी गद्दी से उतारकर मीरकासिम अली को सूबेदारी प्रदान की गई। परन्तु उसको भी ब्रिटिश कम्पनी के व्यापारिक, आर्थिक तथा राजनैतिक लालच का शिकार बनना पड़ा। फोर्ट विलियम की अंग्रेजी सेनाओं को बंगाल प्रान्त पर अधिकार करने के लिए घेरिया तथा उदैनाला युद्धों में भारी कीमत चुकानी पड़ी थी। जुलाई, 1763 ई. में नवाब मीरकासिम अली खां पराजित होकर अपनी बची-खुची सेना सहित नवाब सिराजउद्दौला (अवध) की शरण में चला गया। तब सम्राट शाहआलम सानी

(द्वितीय) तथा नवाब सिराजउद्दौला ने मीरकासिम अली की सहायता के लिए अंग्रेजों के विरुद्ध कूंच किया। किन्तु बक्सर युद्ध (अक्टूबर 23, 1764 ई.) में इन तीनों ने पराजय स्वीकार कर ली। पुनः मई 3, 1765 ई. को कोरा युद्ध में नवाब सिराजउद्दौला व मल्हारराव भी पराजित हो गए और अंग्रेजी सेनाओं ने पूर्वी प्रान्तों पर अपना अधिकार जमा लिया। इस अंतिम विजय ने भारत में अंग्रेजों के आर्थिक तथा राजनैतिक लालच का मार्ग खोल दिया और हतोत्साहित नवाब शुजा (अवध) ने अपने आपको पूर्णतः फोर्ट विलियम में अंग्रेज अधिकारियों की दया पर छोड़ दिया[1]।

मई 3, 1765 ई. को चतुर कूटनीतिज्ञ राबर्ट क्लाइव भारत में पुनः लौट आया था और उसने नवाब शुजा से बनारस में (2 अगस्त) तथा प्रवासी बादशाह शाहआलम सानी से इलाहाबाद दुर्ग (9 अगस्त) में पृथक्-पृथक् मुलाकात की। 12 अगस्त को बादशाह ने इलाहाबाद में बंगाल, बिहार व उड़ीसा प्रान्तों की दीवानी का अधिकार कम्पनी सरकार को सौंप कर अंग्रेजों के संरक्षण में इलाहाबाद में 'उदास साम्राज्य का दरबार' स्थापित कर लिया। 16 अगस्त को नवाब शुजाउद्दौला ने भी अंग्रेजों के साथ 'प्रतिरक्षात्मक, पारस्परिक सहयोग व मित्रता' की संधि करके अपने आपको उनकी दया पर छोड़ दिया।[2] इस प्रकार भारत में व्यावहारिक अंग्रेजी राज्य की वैधानिक नींव पड़ चुकी थी और ब्रिटिश ईस्ट इंडिया का प्रमुख अधिकारी राबर्ट क्लाइव 1765 ई. के बाद बंगाल प्रान्त का गवर्नर बन गया था।

1. समरू के समर्पण की विफल मांग

फोर्ट विलियम के अंग्रेज अधिकारी अंग्रेजों के हत्यारे जनरल समरू (सौम्ब्रे) को गिरफ्तार करके रक्त का बदला लेने के लिए लालायित थे। बक्सर युद्ध (अक्टूबर, 1764 ई.) से पूर्व ही अंग्रेज कम्पनी सरकार ने नवाब शुजा से नवाब मीरकासिम अली, फ्रेंच कप्तान समरू, अन्य फ्रेंच व यूरोपियन भगोड़ों को बिना शर्त सौंपने का दबावपूर्ण आग्रह किया था। पुनः इलाहाबाद संधि में 'इनको सेवा में न रखने तथा सौंपने' का स्पष्ट उल्लेख था।[3] जून 1765 ई. में जवाहरसिंह ने समरू को उसके साथियों सहित सेवा में रखकर संरक्षण प्रदान कर दिया। जाट-शासक जनरल समरू के प्रार्थना-पत्र पर विचार कर रहा था, तब ब्रिटिश जनरल जॉन कारनेक ने जून 19, 1765 ई. में अपने गोपनीय पत्र में फोर्ट विलियम की सेलेक्ट कमेटी के मेम्बरों को जाट-शासक की सैनिक शक्ति तथा क्षमता के बारे में सूचना भेज कर लिखा, कि "रिपोर्टों से ज्ञात होता है कि जवाहरसिंह ने अपने दुर्गों की सुरक्षा तथा दृढ़ता के लिए पर्याप्त सैनिक क्षमता संचित कर ली है।"[4] फोर्ट विलियम के प्रतिनिधियों ने जनरल जॉन कारनेक को जवाहरसिंह को प्रभावित करने का अधिकार दे दिया था। अस्तु, जनरल कारनेक ने जाट-शासक से समरू

को राज-सेवा से पृथक् करके अंग्रेजों को सौंपने की निष्फल अपील की।[5]

इलाहाबाद संधि से पूर्व ही जवाहरसिंह ने जुलाई के अंत में कम्पनी सरकार के प्रतिनिधि ब्रिगेडियर जनरल जॉन कारनेक के पास, सम्भवतः नवाब शुजाउद्दौला के आमन्त्रण व परामर्श पर, अंग्रेजों के साथ मित्रता करने की सम्भावना का अन्वेषण करने के लिए अपने दो प्रतिनिधि रवाना कर दिये थे। कारनेक ने इनको राबर्ट क्लाइब से मिलने तक इलाहाबाद में रुकने का परामर्श दिया। परन्तु बादशाह व शुजा के साथ समझौता हो जाने के बाद जॉन कारनेक ने जवाहरसिंह को अति सामान्य भाषा में लिखा, "अंग्रेज कम्पनी सरकार बादशाह व शुजा के साथ मित्रता निभाने के लिए वचनबद्ध है और इनके साथ जो भी मित्रता रखेगा, वह कम्पनी सरकार का मित्र समझा जाएगा।" उसने अपने पत्र में समरू को सौंपकर निष्कपट मैत्री भाव व्यक्त करने की भी सलाह दी।[6]

अगस्त 19, 1765 ई. को कारनेक के सुझाव का अनुमोदन करते हुए प्रेसीडेन्ट फोर्ट विलियम एवं गर्वनर रॉबर्ट क्लाइव ने भी अपने पत्र में जवाहरसिंह को लिखा, "आपने संदिग्ध रूप से यह सुन लिया होगा कि इस समय बादशाह व नवाब शुजा के साथ अंग्रेज कम्पनी सरकार की पारस्परिक मित्रता की संधि हो चुकी है। इन शर्तों के अनुसार किसी भी एक-दूसरे का कोई भी शत्रु सभी का शत्रु समझा जावेगा और संयुक्त मित्र सेनायें मिलकर उसका सामना करेंगी। अंग्रेज कम्पनी सरकार के साथ आपकी निष्कपट मित्रता मित्र-संघ को हार्दिक प्रसन्नता प्रदान करेगी।" उसने आगे लिखा, "आपने अनेक शिष्ट अंग्रेजों के हत्यारे समरू को शरण प्रदान की है। हत्यारों को अपने दुष्कर्मों का फल भुगतने के लिए मित्र-संघ को सौंपने पर ही मित्रता सम्भव हो सकेगी। तभी मित्र-संघ आपको अपना निष्कपट मित्र समझेगा और आपकी भलाई में यथाशक्ति सहयोग प्रदान करेगा।"[7]

फ्रेंच जनरल समरू को अपने राज्य में शरण देने के पीछे जवाहरसिहं की अंग्रेजों के प्रति द्वेषात्मक भावना नहीं थी। उसका विचार अपने ही सरदारों की शक्ति को विदीर्ण करने तथा पड़ोसी शत्रुओं से अपने देश की रक्षा करने का था। इस समय जाट-राज्य के आन्तरिक मामलों में हस्तक्षेप करने वाला अन्य कोई भी सबल पड़ोसी शासक भी नहीं था और फोर्ट विलियम सरकार जाट-राज्य से काफी दूर थी। इस शक्ति से भयभीत होने का कोई कारण भी नहीं था। इससे अधिक जवाहरसिंह अंग्रेज गवर्नर के पत्र की 'आदेशात्मक प्रतिध्वनि' को भी सहन नहीं[8] कर सकता था। फलतः उसने इस प्रस्ताव की ओर ध्यान न देकर गवर्नर को अपने पत्र में स्पष्ट कर दिया–

"समरू को अपने राज्य में शरण देने में उसका अंग्रेजों के लिए संघर्षात्मक सोच नहीं है। वह अपने राज्य में यूरोप की विकसित युद्ध कला, अनुशासित युद्ध

शैली के आधार पर पैदल सेना व तोपखाना का गठन करना चाहता है। इसी सोच से उसने एक यूरोपियन सेनानायक को अपने यहां सेवा में नियुक्त किया है।" उसने यह भी स्पष्ट रूप में लिखा, "अंग्रेजी सरकार की मेरे राज्य की सीमाओं से किसी भी प्रकार का सम्बन्ध नहीं है। अतः पारस्परिक सुरक्षात्मक तथा अनाक्रामक संधि की कोई आवश्यकता नहीं है।"[9] इस भांति जवाहरसिंह ने दूरदर्शिता से राबर्ट क्लाइव के प्रस्ताव को ठुकरा कर अपने आपको फोर्ट विलियम सरकार के कपटी पंजों से जाट-राज्य को बचा लिया।

2. छपरा का विफल सम्मेलन, जून, 1766 ई.

इलाहाबाद संधि से पूर्व तथा उसके कुछ माह बाद ही बादशाह शाहआलम सानी ने कम्पनी सरकार से उनके संरक्षण में दिल्ली वापस लौटने का निवेदन किया था। परन्तु ब्रिटिश अधिकारियों ने उसके प्रस्ताव को टाल दिया था। तभी देश निर्वासित बादशाह ने सैफुद्दीन महमद खां के माध्यम से मल्हारराव होल्कर के पास स्नेह व मित्रता का सन्देश भेजकर उसको इलाहाबाद से आगरा की ओर ले जाने का आग्रह किया था। मल्हारराव का विश्वास था कि वह बादशाह के आदेश से जाटों द्वारा अधिकृत मराठा परगनों पर अधिकार कर सकेगा। अतः उसने इस प्रस्ताव को स्वीकार कर लिया। वार्ता के दौरान नवाब शुजा ने अक्टूबर, 1765 ई. को कम्पनी सरकार को बादशाह तथा मराठों के बीच स्थापित सम्बन्धों के बारे में सूचित कर दिया था। दिसम्बर में बादशाह ने भी गवर्नर फोर्ट विलियम को अपने पत्र में लिखा कि मल्हारराव दिल से आपसे मित्रता करने को तैयार है। आप कर्नल स्मिथ को उसके साथ बातचीत करने का परामर्श दें। दिसम्बर के अन्त में बादशाह ने अपने वकील सैफुद्दीन महमद के साथ मल्हारराव तथा सवाई माधोसिंह कछवाहा के पास सुक्का व खरीता भी भेजा था।[10] बादशाह तथा मल्हारराव के आपसी समझौते से जाट शासक की अपेक्षा रुहेला व अफगान सरदार काफी भयभीत थे और उनकी आशंका थी कि पानीपत संग्राम के बाद अधिकृत मराठा परगनों को उनको समर्पण करना पड़ेगा। जवाहरसिंह भी सजग था और उसका विश्वास था कि बादशाह के अनुमोदन से मराठा शाही झंडे के नीचे आकर अपने लाभ के लिए उससे युद्ध करेंगे।[11] जवाहरसिंह अपने ही राज्य में अपने चचेरे भाई के विरुद्ध व्यस्त था। अतः उसने सिखों को आमंत्रित कर लिया था और जाट-राणा गोहद से भी सम्पर्क का विचार कर लिया था। अंग्रेज सरकार भी इस समझौते से व्यथित थी।

फरवरी 28, 1766 ई. को फोर्ट विलियम सेलेक्ट कमेटी ने बादशाह-मराठा संधि को प्रभावहीन करने के विचार से नवाब शुजा, जाट तथा रुहेला-अफगान सरदारों के साथ मिलकर एक परिसंघ बनाने की नीति स्वीकार कर ली और

इलाहाबाद स्थित अंग्रेजी सेना को गंगा-तट स्थित शिवराजपुर रवाना करने का निश्चय कर लिया। पुनः 13 मार्च की बैठक में सेलेक्ट कमेटी ने गवर्नर फोर्ट विलियम क्लाइव तथा कारनेक को जवाहरसिंह, रुहेला, शुजा आदि अन्य मराठा विरोधी शक्तियों से व्यक्तिगत मुलाकात करके प्रस्तावित परिसंघ की शर्तें निश्चित करने तथा पारस्परिक मैत्री संघ बनाने का अधिकार प्रदान कर दिया था। इसी दिन कमेटी ने कर्नल स्मिथ को अपने निर्णय से अवगत कराते हुए लिखा, "बादशाह का मराठों के साथ प्रस्तावित समझौता अनिवार्यतः अशांति पैदा करेगा और सम्भवतः शुजा तथा हमारे इन प्रान्तों की सीमाओं को प्रभावित करेगा। अतः शुजा-जाट व रुहेलों के साथ मिलकर एक परिसंघ का गठन किया जावे। ताकि यमुना नदी के इस पार मराठों के पैर नहीं जम सकें और न अशांति पैदा हो सके।"[12]

जवाहरसिंह का फोर्ट विलियम सरकार से सीधा सम्पर्क नहीं था। अतः सरकार ने शुजा को जवाहरसिंह तथा रुहेला सरदारों को अपने प्रभाव से अंग्रेजों के साथ पारस्परिक सुरक्षा समझौता करने को प्रभावित करने का उत्तरदायित्व सौंप दिया था। इस प्रकार मराठों की राजनैतिक प्रवंचना को रोकने तथा अहमदशाह दुर्रानी की गतिविधियों को सुदूर उत्तरी-पश्चिमी प्रान्तों तक सीमित रखने के लिए जाट-शासक के साथ मित्रता आवश्यक समझी गई।[13] जवाहरसिंह मराठों के साथ संघर्षशील था। तब नवाब शुजा ने जवाहरसिंह के पास अपना विशेष दूत भेजकर एक खरीता में 'अंग्रेजों के साथ परिसंघ में शामिल होने, उनके साथ पारस्परिक मित्रता की संधि करने तथा उससे होने वाले लाभ से पूर्व ही संधि करने पर जोर दिया।[14] इस परिसंघ के बारे में 9 मई को हिंगणे ने अनुमान लगाया कि बादशाह, फिरंगी, नजीब, शुजा, माधोसिंह तथा अन्यों को एक करने का प्रस्ताव रखा गया है।[15] कम्पनी सरकार ने परिसंघ पर विचार करने को जून में छपरा (बिहार) में एक बैठक आमंत्रित की; जिसमें गवर्नर क्लाइव, जनरल कारनेक, स्ट्रेची, इंग्हम, बादशाह, शुजा, जाट, रुहेला तथा मराठा वकीलों ने भाग लिया। इसमें क्लाइव ने मराठा तथा दुर्रानी विरोधी एक परिसंघ के गठन पर जोर दिया। अपने पड़ोसी जाट-शासक के साथ पारस्परिक सहयोगी समझौते को विशेष महत्त्व दिया। उसकी अभिलाषा थी कि जाट-राज्य को 'बफर स्टेट' के रूप में स्वीकार करके उसके स्वतंत्र अस्तित्व के लिए संधि स्वीकार की जावे। यह संधि अंग्रेज कम्पनी सरकार के लिए अधिक लाभकारी थी। नवाब शुजा मराठों की अपेक्षा रुहेलों को अपना शत्रु समझता था; परिणामतः कोई ठोस निर्णय नहीं हो सका।[16] अन्ततः कम्पनी सरकार ने नवाब शुजा को उसके स्वयं के तथा कम्पनी सरकार के हित में पड़ोसी शक्तियों के साथ समझौता करने के लिए अधिकृत कर दिया, परन्तु उस संधि व समझौते का प्रेसीडेन्ट व गवर्नर फोर्ट विलियम से अनुमोदन कराने

की आवश्यक शर्त लगा दी।[17] इस सम्मेलन के मराठा तथा अहमदशाह दुर्रानी के आक्रमण के विरुद्ध अंग्रेज, शुजा, जाट तथा रुहेलों में आपस में सुरक्षात्मक प्रयास का मार्ग अवश्य खुल गया।[18] सिद्धान्तः यह सम्मेलन विफल रहा।

4. अहमदशाह दुर्रानी का भारत प्रवेश और कम्पनी सरकार के कूट प्रयास, दिसम्बर-मई, 1767 ई.

जवाहरसिंह तथा मराठा सेनापति रघुनाथराव आपस में संघर्षरत थे, तब अहमदशाह दुर्रानी 22 दिसम्बर को लाहौर पहुंच चुका था। यह सम्भावना व्यक्त की गई थी कि इस बार दुर्रानी पंजाब तथा दिल्ली पर अधिकार करके पद्च्युत नवाब मीरकासिम अली खां को बंगाल प्रान्त की गद्दी पर आरुढ़ करने के लिए अंग्रेज कम्पनी सरकार पर आक्रमण कर सकता है।[19] इन समाचारों से जवाहरसिंह, रघुनाथराव तथा शुजा को भारी खतरा पैदा हो गया था। अन्य हिन्दू-मुस्लिम शासकों में बेचैनी फैल गई थी। 16 जनवरी को गवर्नर पद से मुक्त होते समय लार्ड क्लाइव ने अपने अंतिम पत्र में केवल इतना ही लिखा था "सम्भवतः मीरकासिम अली दुर्रानी की सहायता प्राप्त करने का प्रयास कर रहा है।" इसके बाद 26 जनवरी, 1767 ई. को उसने कलकत्ता से इंग्लैंड के लिए प्रस्थान कर दिया। अस्तु, स्थानापन्न गवर्नर हर्री वेरलस्ट पर पर्याप्त उत्तरादायित्व आ गया। निःसन्देह मीरकासिम अली रुहेलखण्ड में रहकर दुर्रानी का सहयोग प्राप्त करने का प्रयास कर रहा था, परन्तु उसे सफलता नहीं मिल सकी थी। 17 जनवरी को दुर्रानी ने व्यास नदी पार कर ली थी और वह सरहिन्द की ओर बढ़ रहा था, तब एकमात्र शुजा के पत्र से, जो कलकत्ता में 4 फरवरी को मिला था, ज्ञात होता है 'शाह दुर्रानी मीरकासिम अली खां को सहायता दे सकता है।'[20]

नवाब वजीर शुजाउद्दौला बुन्देला-मराठा सरदारों से बातचीत कर रहा था और बालाजी गोविन्द पंत व उसके बीच में कुछ समझौता भी हो गया था। पुरुषोत्तम महादेव हिंगणे के पत्र से ज्ञात होता है कि 19 जनवरी को शुजा, खलील खां, इस्माइल खां और अहमद खां बंगस व हाफिज रहमत खां की ओर से मुल्ला मुहसिन के भाई ने फर्रुखाबाद से 32 किमी. दूर एक शिविर में यह तय कर लिया था कि मराठा फौजें यमुना पार करके इटावा में शामिल हो जावेंगी। इस निर्णय के बाद रुहेला-बंगस सरदारों ने मुल्ला मुहसिन को जवाहरसिंह से बातचीत करने को भेज दिया था।[21] तभी 16 जनवरी को गवर्नर हर्री वेरलस्ट ने अपने पत्र में शुजा को स्पष्ट कर दिया था "वह रघुनाथ राव से मिलकर मित्रता कर सकता है और बादशाह को बिना अंग्रेजी फौजों के दिल्ली ले जा सकता है। शाह दुर्रानी केवल दिल्ली तक लूटमार कर सकता है। इससे आगे नहीं बढ़ सकेगा। अंग्रेजी फौजें अधिक शक्तिशाली हैं। यदि दुर्रानी इधर बढ़ेगा तो हमारी फौजें आपके साथ

मिलकर उसे परास्त कर सकेंगी।"[22]

जवाहरसिंह भी दुर्रानी के आगमन से काफी चिन्तित था। फोर्ट विलियम सरकार यह समझती थी कि रुहेला, अफगानों पर विश्वास नहीं किया जा सकता और मराठा अंग्रेजों के शत्रु थे। केवल जाट दुर्रानी का समाना करने में समर्थ थे। अतः उन्होंने शुजा पर बार-बार जाटों के साथ प्रतिरक्षात्मक संधि करने का भारी दबाव डाला। गवर्नर हर्री वेरलस्ट ने शुजा को लिखा, "आपके पिताजी की जवाहरसिंह के पिताजी से घनिष्ठ मित्रता थी। इसलिए आप उससे बातचीत करें।"[23] इधर रघुनाथराव भी दुर्रानी आगमन से भयभीत था। उसने जनवरी के शुरू में महादजी की मध्यस्थता से गोहद का घेरा उठाकर राणा के साथ समझौता भी कर लिया था।[24] उसने दुर्रानी आक्रमण पर विचार करने के लिए जवाहरसिंह, शुजा तथा अन्य भारतीय शासकों के वकीलों को आमंत्रित किया था। लेकिन जब शाह दुर्रानी को इसका समाचार मिला, तब उसने पंजाब से रघुनाथराव को धमकी भरे पत्र में लिखा, "पानीपत के विजेता को युद्ध व लूट की धमकी देना (अल्ला की) आज्ञा के विरुद्ध काम होगा।" वास्तव में रघुनाथराव शाह दुर्रानी से नहीं उलझना चाहता था। फरवरी, 1767 ई. के शुरू में जब उसका शिविर सबलगढ़ में था, तब वहां वजीर शाहवली का दूत शाह दुर्रानी के पत्र के साथ उपस्थित हुआ था। इससे नवाब शुजा तथा अंग्रेजों के कूट प्रयास विफल हो गए थे।[25]

फोर्ट विलियम सरकार को शाह दुर्रानी के सरहिन्द की ओर बढ़ने का समाचार मिला, तब 23 फरवरी को गवर्नर हर्री वेरलस्ट व सेलेक्ट कमेटी ने बादशाह, नवाब शुजा, जाट तथा रुहेलों से मिलकर एक दृढ़ संघ बनाने के प्रस्ताव को स्वीकार कर लिया और 'हिन्दुस्तान में सामान्य सैनिक सन्तुलन' के विचार से इलाहाबाद में दिखावा मात्र को एक अंग्रेजी ब्रिगेड तैनात कर दी।[26] परन्तु प्रस्ताव के क्रियान्वयन में 'रुको व देखो' की नीति अपनाकर समय निकाल दिया था।

जवाहरसिंह की शाह दुर्रानी के प्रति नीति

नवाब वजीर शुजा की पराजय के बाद नवाब मीरकासिम अली ने रुहेलों के यहां शरण लेकर सितम्बर, 1766 ई. के अन्त में सरहिन्द के पीरजादा शाह भीखा के सहयोग से शाह दुर्रानी के साथ पत्र-व्यवहार शुरू कर दिया था। उसने मुर्सिदाबाद की गद्दी पर पुनः आरुढ़ कराने और शुजा से उसका सामान व खजाना दिलवाने के एवज में शाह को एक करोड़ रुपया देने का भी वचन दिया था। उसने अपना दूत सुजान राय भी भेजा था।[27] शाह के जालन्धर-दोआब में प्रवेश करने पर जनवरी 20, 1767 ई. को मीरबख्शी नवाब नजीब के वकील राव मेघराज, सुजान राय, जवाहरसिंह के वकील लाहौरीमल, राजा माधोसिंह के वकील भीमसिंह और दिवंगत अलासिंह जाट (पटियाला) के पौत्र राजा अमरसिंह तथा कुंवर हिम्मत सिंह

के वकील ने अपने सरदारों व शासकों की ओर से शाह के प्रति निष्ठा-भक्ति निवेदित की थी और शाह ने उनको अपने शासकों को स्वयं खिराज की रकम लेकर दरबार में आकर उपस्थित होने के लिए पत्र लिखने का आदेश दिया था।[28]

जवाहरसिंह को फरवरी 7, 1767 ई. को कुम्हेर दुर्ग में समाचार मिला कि शाह ने नवाब नजीब को शाही दरबार में उपस्थित होने तथा गत सात वर्षों की बकाया 2.80 लाख रुपए खिराज जमा कराने का फरमान भेजा है, किन्तु नजीब इस मांग का 10 प्रतिशत भी भुगतान करने की स्थिति में नहीं था। फिर भी उसने 1 फरवरी को आने का सन्देश भेज दिया। उसने जाट तथा अन्य अफगान रुहेलों के प्रतिनिधियों से इस मांग पर विचार भी किया।[29] दिल्ली के पड़ोस में सर्वशक्ति व अर्थ सम्पन्न जाट-शासक को ही शाह दुर्रानी से संघर्ष करना था। इसी से जवाहरसिंह ने रघुनाथराव से समझौता करके दिसम्बर 25, 1766 ई. को धौलपुर से आगरा की ओर प्रस्थान कर दिया था।[30] मराठा दूतों के पत्रों से ज्ञात होता है कि जवाहरसिंह ने सावधानी से अपने मुल्क की रक्षा का प्रयास शुरू कर दिया था। जवाहरसिंह ने 6 जनवरी को आगरा से सादाबाद की ओर प्रस्थान कर दिया था और निरन्तर कूंच करके गंगा-तट पर आबाद करनवास के समीप तक पहुंच गया। उसने मकर संक्रान्ति को गंगा-स्नान करके यथेष्ट दान देकर सांस्कृतिक पर्व मनाया और यहां से उसने राजा दिलेरसिंह के वकील को नजीब के पास उसके नाम खिराज की रकम का निर्णय करने के लिए रवाना किया। उसने आशा व्यक्त की कि नजीब अपने प्रभाव से शाह को सरहिन्द से वापस लौटाकर देश तथा जनता को संकट से बचाने का प्रयास कर सकेगा। फिर उसने गंगा-तट से लौटकर यमुना-तट पर परगना शेरगढ़ में पड़ाव डाला। यहां वह शुजा, अफगान, बालाजी गोविन्द के प्रतिनिधियों की वार्ता तथा निर्णय की प्रतीक्षा करता रहा। तब मुल्ला मुहसिन उसके दरबार में आकर उपस्थित हुआ।[31]

शेरगढ़ से कूंच करके जवाहरसिंह वृंदावन पहुंचा और 21 जनवरी को उसने लश्कर सहित प्रस्थान करके गोवर्द्धन के निकट कुसुम सरोवर पर पड़ाव डाला। यहां से वह स्वयं अपने श्वसुर की निंबगांव (गोवर्द्धन के उ.प. में 3 किमी.) हवेली पर पहुंचा। यहां उसके साले विजैराम ने गंगा-स्नान की अगवानी पर नवीन वस्त्रों की पहरावनी की सामाजिक रस्म की और 500 रुपए नजर किए। जवाहरसिंह की पत्नी को भी वस्त्र भेंट किए गए। जवाहरसिंह ने इस समय यहां भोजन तथा रात्रि विश्राम किया। फिर 30 जनवरी को प्रात:काल लश्कर सहित प्रस्थान करके दोपहर को लगभग 11 बजे राजधानी डीग में प्रवेश किया। महाराव रतनसिंह वृन्दावन में रुक गया था। वह भी डीग आ गया। मिश्र गंगाप्रसाद भदौरिया तथा राव प्रतापसिंह (माचेड़ी वाला) लश्कर सहित वहाँ मौजूद थे। सभी लश्करों ने कुम्हेर दरवाजे के बाहर सायर चौकी पर अपना पड़ाव डाला। मराठा दूत गोपाल

चक्रधर व त्र्यंबक कृष्ण कानेतकर ने भी दो-चार दिन दरवाजे के बाहर ही विश्राम किया। जवाहरसिंह ने अपने तबेले से घोड़े मंगवाये। राजा बहादुरसिंह (वैर) डीग के पुख्ता दुर्ग में कैद था। इससे जवाहरसिंह ने उसके पुत्र कुंवर भुपालसिंह को एक घोड़ा प्रदान करके सम्मानित किया। इसी समय रघुनाथराव दादा के खींचीवाड़ा पहुंचने का समाचार मिला। कुम्हेर से राव रणजीतसिंह (किशोरी का दत्तक पुत्र) और राधाकुण्ड से गंगा प्रसाद (राधाकुण्डी) भी डीग आ गये। तभी नजीब से समाचार मिला कि शाह दुर्रानी मछीवाड़ा आ चुका है। आप स्वयं शाह से मिलने को आवें। जवाहरसिंह ने अपनी प्रतिक्रिया व्यक्त करते हुए कहा, "नवाब नजीब को क्या फितूर हो गया है? जो उसने आने की बात लिखी है।"

जवाहरसिंह ने ग्रामीणजनों को नगर प्राचीर के अन्दर बसाने और उनकी सुरक्षा व्यवस्था का निर्देश देकर राजा नागरमल को कुम्हेर रवाना किया। इस समय महंत रामकिसन फौज व तोपखाना सहित दोआब प्रान्त की सुरक्षा के लिए यमुना पार परगना जेवर व टप्पल में मौजूद था। तभी जवाहरसिंह को शाह दुर्रानी के लाहौर की ओर बढ़ने का समाचार मिला। शाह ने लाहौर से 60 किमी. दूर पड़ाव डाल दिया और सिख उसका सामना कर रहे थे। कंवर दानसाह तथा जनरल समरू कुम्हेर में थे। वहाँ 30 जनवरी को प्रातःकाल उनमें वाद-विवाद हो गया। समरू ने दानसाह को सावधान रहने के लिए एक-दो बार गोलियों की बौछार कर दी थी। जवाहरसिंह ने दुर्रानी के बारे में विचार किया। उसने तत्काल बल्लभगढ़ के किलेदार को गढ़ प्राचीर पर तोप चढ़ाने का निर्देश भेजा और कुम्हेर दुर्ग की सुरक्षा पर विचार किया। 31 जनवरी को जाट-शासक ने स्वयं डीग दुर्ग, नगर प्राचीर तथा आसपास का निरीक्षण किया। उसने पुख्ता दुर्ग व प्राचीर की मरम्मत कराने का आदेश दिया। 50 सहस्र तेज धावक (सड़ी फौज) सेना को सीमान्त प्रदेश की सुरक्षा-व्यवस्था के लिए पहरा-चौकी पर तैनात करने का निर्णय लिया। दोपहर को वह मुल्ला मुहसिन के डेरों पर पहुंचा। दोनों ने दो घंटे तक आपस में बातचीत की। मुहसिन ने अफगानों की ओर से जाट-शासक को वस्त्र, जवाहारात, हाथी व घोड़े नजर किये। फिर जवाहरसिंह शिकार के लिए कुम्हेर की ओर चल दिया। शिकार से सायंकाल लौटकर उसने दरबार किया। जाट भाई-बन्धुओं ने उससे भेंट की और आपस में समस्याओं का समाधान किया। जवाहरसिंह डीग की दीर्घकालिक युद्ध व्यवस्था करके 4 फरवरी को कुम्हेर पहुंचा और दुर्ग में फौजी व्यवस्था करने का आदेश दिया।[32]

जवाहरसिंह ने 5 फरवरी को कुम्हेर से भरतपुर पहुंचकर बीहड़ जंगलों में बाघ का शिकार किया। सायंकाल वह भरतपुर दुर्ग में लौटा और रात्रि-विश्राम से पूर्व उसने दुर्ग में दीर्घकालिक सुरक्षात्मक प्रबन्ध करने का निर्देश दिया। दूसरे दिन (6 फरवरी) अपराह्न कुम्हेर लौट आया। यहां उसने बाघ व हाथी की लड़ाई का

आयोजन करने का आदेश दिया। हथिनी लड़ने को तैयार थी, किन्तु दोनों की लड़ाई नहीं हो सकी। तत्पश्चात् उसने थोड़ी देर दो हाथियों की लड़ाई का तमाशा देखा और सायंकाल जंगलों में बाघ का शिकार किया। फिर वह कुम्हेर दुर्ग में लौटा, जहां सरदारों तथा नागरिकों ने मुजरा किया। दो घंटा रुककर वह ड्योढ़ियों में चला गया। प्रातःकाल दो घड़ी दिन निकलने पर उठा। रात्रि में शाह दुर्रानी का पत्र आ गया था। वह प्रातःकाल (7 फरवरी) को पढ़ा गया। इस समय शाह व्यास नदी के पार आ चुका था। महंत रामकिसन ससैन्य होड़ल-पलवल पहुंच गया। जवाहरसिंह फिर घोड़े पर सवार होकर घूमने निकला तथा लौटकर दरबार किया। कंवर दानसाह ने उसका मुजरा किया। जवाहरसिंह ने दरबार में सभी दुर्गों व गढ़ियों में सरंजाम व अन्य भण्डारण की व्यवस्था करने का आदेश दिया।[33] इस समय महंत बालानंद वैरागी अपनी जमात के साथ जाट-राज्य में मौजूद था। माघ स्नान (16 जनवरी-13 फरवरी) के बाद उसने अपनी छावनी से वैष्णव जमात को बिदा कर दिया था। अब उसने स्वयं को भी जवाहरसिंह से विदा करने का आग्रह किया। परन्तु जवाहरसिंह ने उसको होलीपर्व तक रुकने का निर्देश देकर भरतपुर की सुरक्षा के लिए तैनात कर दिया।[34] इस प्रकार जवाहरसिंह ने अपनी उत्तरी सीमाओं पर सेना तैनात करके सभी आन्तरिक दुर्गों में शाह दुर्रानी के सम्भावित आक्रमण से सुरक्षा की पूर्ण तैयारियां शुरू कर दी थीं। साथ ही उसने शाह को सरहिन्द से ही लौटाने का कूट प्रयास किया।

मीरबख्शी नवाब नजीबउद्दौला शाह की पेशकश की मांग से काफी परेशान था और वह एक माह तक भारतीय नवाबों व शासकों से खिराज की रकम एकत्रित करने का विफल प्रयास करता रहा। जाट-शासक ने शाह की छावनी में मीर मुंशी (मुख्य सचिव) यह्यखां के पुत्र करमउल्ला खां को अनेक बहुमूल्य भेंटों के साथ रवाना कर दिया था। पहाड़ी मार्गों से निकलकर वह शाह की छावनी में पहुंचा। 21 फरवरी (22 रमजान) को शाह ने बीजानगर में शिविर डाल दिया था, जहां राव मेघराज ने वजीर शाहवली खां से उसकी व माधोसिंह के वकील की मुलाकात कराई। फिर वकील करमउल्ला खां को शाह के दरबार में उपस्थित किया गया। शाह ने प्रसन्नता व्यक्त करके उसको तत्काल दरबार से वापस कर दिया। इससे यह अफवाह फैल गई थी कि शाह का विचार जाटों पर आक्रमण करने का है। परन्तु करमउल्ला खां बहुमूल्य नजर के साथ शाह की छावनी में उपस्थित हुआ और काफी समय तक अफगान छावनी में रुका, तब अफवाहें रुकीं। अनुमान लगाया गया कि शाह व जाटों के बीच में कोई गुप्त समझौता चल रहा है। यह समाचार मिलने पर फोर्ट विलियम के अंग्रेज अधिकारी भी सचेत हो गए और उन्होंने आशंका व्यक्त की कि जाट-अफगान एकता से उनकी सुविधा व भावी नीति को हानि पहुंचेगी।[35]

मार्च में शाह दुर्रानी ने सतलुज नदी पार करके सराय मोंगल में शिविर डाल दिया। यहां से वजीर शाहवली खां ने जाट व राजपूतों के नाम अपने साले के साथ शाही फरमान भेजकर उनको व्यक्तिशः उपस्थित होकर खिराज की रकम निश्चित करने की सलाह दी। तभी नवाब नजीब थानेश्वर में देशी शासकों के वकीलों के आने की राह देखता रहा। जवाहरसिंह आगरा पहुंच गया और उसने पुरोहित किरपाराम को एक सहस्त्र सवारों सहित अपना दूत बनाकर थानेश्वर की ओर रवाना कर दिया। शाह दुर्रानी ने सराय मोंगल से कूंच करके थानेश्वर से 23 किमी. इस्माइलाबाद (अम्बाला से 32 कि.मी. दक्षिण) में पड़ाव डाला। तब नजीब-जाट दूत किरपाराम व वकील करमउल्ला खां, सैयद मुहम्मद खां बलूच, इमादुल्मुल्क के दूत सैयद नूरुद्दीप हुसैन खां तथा भारत के अन्य सरदारों व शासकों के वकीलों के साथ 8 मार्च को उसकी छावनी में उपस्थित हुआ। शाह को यह देखकर आश्चर्य हुआ कि उसके प्रति निष्ठा-भक्ति प्रकट करने के लिए दिल्ली पार से कोई भी नवाब व हिन्दू-शासक उपस्थित नहीं है। शाह ने नजीब के प्रति नम्रता दिखलाई। दूसरे दिन (9 मार्च) सभी दरबार में उपस्थित हुए। शाह ने नजीब से बार-बार उसके स्वास्थ्य के बारे में पूछा। तब उसने कहा 'जवाहरसिंह जाट के साथ हुए युद्ध में उसको एक लाख फौज का सामना करना पड़ा था। शाह की कृपा से ही उसको सफलता मिली थी। इससे थकान व बीमारी से काफी कमजोरी आ गई है। परन्तु अब शहंशाह के दर्शनों से मेरी बीमारी दूर हो गई है।'[36]

शाह दुर्रानी ने नजीब से उसके स्वयं की, जवाहरसिंह, हाफिज रहमत खाँ, डुण्डी खां और माधोसिंह की निश्चित शेष खिराज की मांग की। उसने कहा कि आप स्वयं उनके दूतों से फैसला कर लें। इससे वह क्रोधित हो उठा और उसने घोषणा कर दी कि वह दिल्ली की ओर कूंच करेगा। इससे सभी व्यथित हो उठे। नजीब ने राव मेघराज व याकूबअली खां से विचार किया और शाह से दरबार में कहा, "आपके दिल्ली की ओर बढ़ने से देश की बरबादी होगी। रैयत भाग जाएगी। गांव उजड़ जाएंगे। यदि आप वास्तव में कूंच करना चाहते हैं, तो मेरे बलिदान के बाद ही आप कूंच करें।" इससे शाह ने उसके अमैत्रीभाव को भांप लिया था। नजीब ने अंत में उसको दो लाख रुपए नजर किए और जाट-शासक ने भी 10 लाख रुपए से लदी 16 गाड़ियां रवाना करने की सूचना भेज दी। 17 मार्च को शाह ने इस्माइलाबाद से कूंच करके 18 को अम्बाला में पड़ाव डाला। यहां से उसने सरहिन्द की ओर प्रस्थान कर दिया। 11 मई को नजीब ने भी शाह से सतलज नदी के तट से लौटने की विदा ली।[37] इसके साथ ही देश में व्याप्त भय व आतंक समाप्त हो गया। जवाहरसिंह की गाड़ियां भी मार्ग से वापस लौट आई। इस प्रकार जवाहरसिंह ने इस बार भी शाह दुर्रानी

को एक कौड़ी का भुगतान नहीं किया।

5. जाट-अंग्रेजों की पारस्परिक मित्रता के मौलिक कारण

हिन्दुस्तान में अर्थ-सम्पन्न तथा शक्ति-सम्पन्न केवल जाट-शासक था। जाट तथा अंग्रेजी शासन के बीच में अधिक दूरी होने से आपसी संघर्ष तथा राजनैतिक गतिरोध की भी सम्भावनाएं नहीं थीं। फोर्ट विलियम का गवर्नर बंगाल तथा अवध प्रान्तों की सुरक्षा के लिए लालायित था। दोनों ही शक्तियां अहमदशाह दुर्रानी को सीमाओं से दूर अटकाने तथा मराठा-शक्ति के दमन के लिए उत्सुक थीं। इस सन्दर्भ में कानूनगो का मत है कि जवाहरसिंह निम्न कारणों से हिन्दुस्तान में अंग्रेजों का सहायक हो सकता था–

(i) जवाहरसिंह अपने सिख मित्रों के पास सैनिक व आर्थिक सहायता भेजकर शाह दुर्रानी को पंजाब व सरहिन्द में व्यस्त रख सकता था।

(ii) यदि आक्रामक अंग्रेजों के विरुद्ध कूंच करने की धमकी देता, तब जवाहरसिंह उसकी सेना पर पीछे से और जाटों के सुदृढ़ दुर्गों पर आक्रमण करने पर अंग्रेज पीछे से आक्रमण करके शाह दुर्रानी को हटने के लिए बाध्य कर सकते थे। इससे जवाहरसिंह को अपनी सेनाओं को संगठित करके दुर्रानी का सामना करने का अवसर मिल सकता था।

(iii) मराठों की अपेक्षा जवाहरसिंह शाहआलम सानी को अपने संरक्षण में दिल्ली लाकर गद्दी पर आरुढ़ करने का विचार करता, तब ब्रिटिश कम्पनी सरकार के हाथों में स्वभावत: समस्त हिन्दुस्तान का बन्दोबस्त आना स्वाभाविक था। यदि बादशाह अंग्रेजों का संरक्षण त्याग कर विरोधी रुहेला या मराठों से मिलने का प्रयास करता, तब जाट अंग्रेजों का सहायक होकर उनका सामना कर सकता था।[38]

अस्तु, इन कारणों से दोनों से पारस्परिक मित्रता की संधि सम्भव थी। यद्यपि प्रथम प्रयास विफल हो चुका था; फिर भी शाह दुर्रानी के आक्रमण ने नया मार्ग प्रशस्त कर दिया था और जवाहरसिंह ने भी अंग्रेज कम्पनी सरकार के साथ समझौता करना अभीष्ट समझा था।

पारस्परिक मित्रता की संभावना

फरवरी, 1767 ई. में देश में राजनैतिक वातावरण अधिक तनावपूर्ण था। नवाब नजीबुद्दौला हिन्दुस्तान में शाह दुर्रानी का एक मात्र स्वजातीय प्रतिनिधि तथा संयोजक सरदार था। उसने शाह की छावनी में जाने से पूर्व फोर्ट विलियम के अंग्रेज अधिकारी, बादशाह व उसके सहयोगियों को भयभीत करने के लिए एक कूटनीतिज्ञ के रूप में 'शाह दुर्रानी के दिल्ली पर अधिकार करने' की अफवाह

फैला दी थी। उसका यह भी सोच था कि फिर वह जाटों को पराजित करने का प्रयास करेगा। तब नवाब वजीर ने शुजा से शाह दुर्रानी के लिए पेशकस की रकम भेजने का आग्रह किया था। शाह दुर्रानी भारतीय नवाबों तथा देशी शासकों से प्राप्त रकम को अपने सैनिकों में बांटने के लिए उत्सुक था। 21 फरवरी को कलकत्ता में जाट व शाह के बीच में गुप्त समझौता होने का समाचार पहुंचा। बाध्य होकर सेलेक्ट कमेटी को गंभीरता से विचार करना पड़ा और कमेटी ने अविलम्ब इस समझौते को विफल करने के लिए अन्य संधि या अन्य गुप्त उपायों की सम्भावना पर विचार किया।[39] अंग्रेज गवर्नर व कम्पनी सरकार देश की व्यावहारिक शक्तियों को अपने हाथों में केन्द्रित करना चाहती थी। कमेटी का विचार था कि कम्पनी सरकार के हितों को सुरक्षित रखने के लिए हिन्दुस्तान की किसी भी राजनैतिक इकाई को अधिक शक्तिशाली नहीं बनने दिया जाए।

नायब वजीर मुनीर-उद्-दौला शाह दुर्रानी की छावनी में उपस्थित होने के लिए उत्सुक था। उसने 27 फरवरी तथा 3 मार्च को गवर्नर वेरलस्ट को 'अंग्रेज सरकार की नीति' स्पष्ट करने के लिए पत्र लिखे थे। इसके उत्तर में 7 मार्च को गवर्नर ने उसको सूचित किया कि "यह अनुचित होगा कि अन्य भारतीय शासकों की भांति बादशाह दुर्रानी के प्रति समर्पण की भावना व्यक्त करे अथवा आप उसकी छावनी में जाकर उपस्थित हों। इससे कठिनाइयां बढ़ेंगी। उनका विश्वास है कि जवाहरसिंह जाट, नजीब व अन्य रुहेला दोनों मिलकर सिखों की थोड़ी-सी मदद करें, तब शाह को पराजय व अपयश ही मिलेगा।" तभी 12 मार्च को कर्नल सर रॉबर्ट बारकर ने सेलेक्ट कमेटी को सूचना भेजी कि "शाह दुर्रानी ने दो दिन पूर्व सरहिन्द की ओर प्रस्थान कर दिया है। नजीब उससे मिलने जा रहा है और हाफिज रहमत खां व डुण्डी खां भी उससे मिलने को तैयार हैं। परन्तु शुजा हमारी नीति का अनुसरण करेगा। मराठा व जाटों के साथ मिलने से शाह दुर्रानी भयभीत होकर वापस लौट जाएगा। यदि दुर्रानी की गति को नहीं रोका गया, तो जाट, राजपूत, रुहेला उसको खिराज देकर मिल सकते हैं। तब शाह की शक्ति को रोकना असम्भव होगा।"[40]

नवाब शुजाउद्दौला तथा कर्नल बारकर के पत्रों के उत्तर में गवर्नर वेरलस्ट ने अपने 25 मार्च के पत्र में शुजा को लिखा, "अंग्रेजी सेनाएं पूर्वापेक्षा अधिक शक्तिशाली हैं और पैदल सेना अधिक उपयोगी है, जबकि शाह दुर्रानी के पास मात्र सवार सेना है। यदि जाट व रुहेला शाह दुर्रानी का पक्ष ग्रहण कर भी लें, तब भी अंग्रेजी सेनाएं शत्रु को पराजित करने में सक्षम है।" उसने 1 मार्च के पत्र में शुजा के लिए 'जवाहरसिंह को प्रोत्साहित करने तथा यथासम्भव अच्छी सवार सेना भरती करने की भी' सलाह दी थी।[41] इसी समय 27 मार्च को गवर्नर ने सेलेक्ट कमेटी की बैठक में जाट मराठा सहित सभी भारतीय शक्तियों के साथ

शत्रुओं के विरुद्ध प्रति-रक्षात्मक समझौता करने के लिए दबाव डाला था। सेलेक्ट कमेटी भी युद्ध के खतरे के प्रति असावधान नहीं रह सकती थी अतः उसने गवर्नर के प्रस्तावों को अनुमोदित कर दिया। तब गवर्नर ने नवाब शुजा से जाट शासक के दरबार में शत्रु के विरुद्ध परिसंघ में शामिल होने की तात्कालिक आवश्यकता पर जोर देने के लिए खरीता के साथ अपना विश्वासपात्र दूत भेजने का सुझाव दिया।[42]

नवाब शुजाउद्दौला शाह दुर्रानी विरोधी परिसंघ गठित करने के लिए अति उत्सुक तथा प्रयत्नशील था। उसने मुनीम खां (मुनीरउद्दौला) के माध्यम से जवाहरसिंह के नाम खरीता भेजकर लिखा, "मेरे तथा अंग्रेजों के बीच विद्यमान संधि में डुण्डी खां व अहमद खां भी शामिल होकर परिसंघ बनाने तथा प्रतिरक्षात्मक संधि करने को तैयार हैं। अब आपको स्वयं इस बारे में निर्णय करना है।" कर्नल सर राबर्ट बारकर ने भी जवाहरसिंह को प्रभावित करने का प्रयास किया। तब शाह दुर्रानी भारतीय शासकों से नजर व खिराज की रकम प्राप्त करने का प्रयास कर रहा था और मीरबख्शी नजीब ने बादशाह से शाह के लिए नजर भेजने का आग्रह किया था। उसने बादशाह को लिखा था कि शाह दुर्रानी का सिखों का पूर्ण दमन करने के लिए अभी एक वर्ष लाहौर में रुकने का विचार है। इससे जवाहरसिंह को अति आश्चर्य हुआ। उसका इस समय अपने सहयोगी सिख सरदारों से भी सम्पर्क टूट चुका था। अस्तु, जाट-शासक नवाब वजीर शुजा के दबाव तथा राजनैतिक परिस्थितियों के अनुरूप अंग्रेजों की मित्रता की ओर झुकने लगा था। बंगाल सरकार भी जाट-शासक की मित्रता के लिए उत्सुक थी। तब जवाहरसिंह ने अंग्रेज कम्पनी सरकार की मित्रता तथा प्रति-रक्षात्मक संधि पर विचार किया। इस प्रकार अंग्रेजों की वचनबद्ध-निष्ठा से प्रभावित होकर जाट-शासक न केवल प्रस्तावित सुरक्षात्मक संधि बल्कि कम्पनी सरकार के साथ अनाक्रामक व सुरक्षात्मक संधियां करने के लिए उत्सुक था। इसी आशा में उसने सम्भवतः शाह दुर्रानी के सामने समर्पण करने के लिए अभी तक कोई अर्जी नहीं भेजी थी।[43]

मार्च के अन्तिम सप्ताह में जवाहरसिंह ने वकील श्रीकृष्ण के माध्यम से मुहम्मद रजा खां के नाम पत्र भेजकर आग्रह किया—

"आप अपने प्रभाव से कलकत्ता के शिष्टजनों से लेखक (जवाहरसिंह) के साथ सशपथ सुरक्षात्मक, अनाक्रामक तथा प्रतिरक्षात्मक संधि व दृढ़ मित्रता करने की सहमति प्राप्त कर लें, ताकि लेखक शाह दुर्रानी से सफलतापूर्वक युद्ध कर सके और सफलता के बाद हिन्दुस्तान की वर्तमान राजनैतिक समस्या को हल कर सकें। लोक-शांति तथा हिन्दुस्तान में राजनैतिक घटनाचक्र को सदैव के लिए निर्णीत करने के लिए (कलकत्ता के शिष्टजनों) को लेखक (जाट-शासक) का

स्थाई तौर से एक सूत्र में आबद्ध समझना चाहिए और यह भी दृढ़ भाव से समझना चाहिए कि लेखक इस एकता, स्थिरता में सक्षम है, ताकि विफलता पर उनको फिर कभी विचार नहीं करना पड़े।" उसने अपने पत्र में यह भी सुझाव दिया था "यदि शिष्टजनों की यह इच्छा हो या वे उचित समझते हों, तो लेखक बादशाह शाहआलम सानी को शाहजहांनाबाद (दिल्ली) या अकबराबाद के मुगल सिंहासन पर आरुढ़ कर देगा और इमादुल्मुल्क को साम्राज्य का 'वजीर-ए-आजम' घोषित कर देगा, लेकिन इसके एवज में लेखक का प्रस्ताव है कि इस वचन-पालन से पूर्व बादशाह लेखक को रणथम्भौर का किला सौंप दे।"[44]

मुहम्मद रजा खां ने इस पत्र की प्रतिलिपि गवर्नर के पास रवाना कर दी, जो कलकत्ता में 12 अप्रैल को पढ़ी गई। ठीक इसी समय नवाब वजीर शुजा का 25 अप्रैल को पत्र पहुंचा, जिसमें उसने संकेत दिया था, कि 'वह रुहेलों के अधीन रहना उचित नहीं समझेगा। उनकी निष्ठा पर विश्वास नहीं किया जा सकता। उनकी नम्रता, मधुर शब्दों, संधियों में कपट एवं अविश्वास की भावना निहित है, लेकिन जवाहरसिंह एक विश्वासपात्र व्यक्ति है। लेखक को विश्वास है कि वह (जवाहरसिंह) सहर्ष हमारी मित्रता स्वीकार कर लेगा।...यदि जवाहरसिंह दृढ़तापूर्वक समझौता व संधि और आप व मैं समय पर उसको सैनिक सहायता देने या वचन देने को तैयार हो जावें, तब वह रक्त की अंतिम बूंद बहाने तथा अंतिम श्वांस तक वचनों का पालन करेगा। इसके एवज में उसकी मांग हैं कि मैं व अंग्रेज मित्र उसको आश्वस्त करें कि यदि शाह दुर्रानी उस पर आक्रमण करे, तो दोनों मित्र उसकी सहायता के लिए आकर खड़े हो जावेंगे। इस संधि वार्ता का क्या रूप होगा? यह आपको स्वयं निश्चित करना होगा। आशा है आप इस गूढ़ तथा विषम बिन्दु पर विचार करके लेखक को अपने विचारों से अवगत कराएंगे, ताकि लेखक सहानुभूतिपूर्वक विचार कर सके।"[45]

कलकत्ता में 5 अप्रैल को यह समाचार मिल चुका था कि अहमद शाह दुर्रानी सरहिन्द से लाहौर की ओर प्रस्थान करने वाला है और इसी दिन गवर्नर को मुनीर-उद्दौला का पत्र मिला था, जिसमें शुजा ने सिराजपुर से अंग्रेजी सेनायें वापस बुलाने की सलाह दी थी। अस्तु, फोर्ट विलियम के अधिकारियों को सुरक्षा-व्यवस्था की अधिक चिन्ता नहीं रही। फिर भी वे जाट-शासक के साथ केवल सुरक्षात्मक समझौता करने के लिए उत्सुक थे। 15 अप्रैल को बंगाल सरकार के गवर्नर वेरलस्ट ने मुहम्मद रजा खां को अपने पत्र में लिखा था कि "वह जवाहरसिंह को सूचित कर दे, कि यदि वे वास्तव में अंग्रेजों के साथ शुद्ध भाव से मित्रता करने का इच्छुक है तो उसको अपना एक विश्वास पात्र वकील बनारस भेज देना चाहिए, जहां लेखक (गवर्नर) स्वयं पहुंच रहा है। ताकि वहां शुद्ध भाव से इस विषय में विचार-विमर्श किया जा सके।" इसी समय गवर्नर ने शाह दुर्रानी

के विरुद्ध जाट-शासक को सहयोग देने का आश्वासन भी दे दिया।[46]

मुहम्मद रजा खां का अनुकूल उत्तर मिलने पर जवाहरसिंह ने आगरा में उसके तथा शुजा के सुझावों पर गम्भीरता से विचार किया और डॉन पेड्रो डी. सिल्वा को अपना वकील नियुक्त करके बनारस भेजने का निश्चय कर लिया, ताकि वहां 1 मई को गवर्नर के साथ उसकी खुलकर बातचीत हो सके। परन्तु दक्षिण में अंग्रेजों व हैदरअली के बीच युद्ध छिड़ जाने से बनारस संगोष्ठी स्थगित हो गई। इससे जाट-अंग्रेजी सरकार की वार्ता गतिशील नहीं हो सकी। फिर भी राबर्ट क्लाइव ने जाट-सत्ता से समझौता करने की जिस नीति को सिद्धान्तः स्वीकार कर लिया था, उसमें काफी प्रगति हो चुकी थी और हिन्दुस्तान की राजनीति में अंग्रेज कम्पनी सरकार जाट-शासक की मित्रता का महत्त्व[47] समझने लगी थी। सेलेक्ट कमेटी को भी उत्तर भारत में किसी प्रकार का खतरा न होने का विश्वास हो गया था। इससे कम्पनी सरकार दक्षिण भारत में अपनी शक्ति संकलित करने के लिए स्वतंत्र थी।

6. मित्रता का अन्तिम विफल प्रयास

पंजाब व सरहिंद के सिख मिसलों ने शाह दुर्रानी को सरहिन्द से वापस लौटने के लिए बाध्य कर दिया। 12 मई को नजीबउद्दौला भी शाह की छावनी से अपनी जागीर की ओर चल दिया था। इस प्रकार मई के अंत में दुर्रानी के आक्रमण का भय समाप्त हो चुका था। 22 मई को गवर्नर फोर्ट विलियम ने जवाहरसिंह के नाम सीधा एक पत्र लिखा[48] और सम्भवतः जाट-शासक के प्रति अंग्रेज सरकार की नीति के बारे में इलाहाबाद में अंग्रेज बटालियनों के साथ तैनात कर्नल रिचार्ड स्मिथ को भी सूचित कर दिया था। कर्नल स्मिथ ने इस पत्र के बारे में जवाहरसिंह को भी सूचना दी थी। तभी सर्वत्र यह सम्भावना जोर पकड़ने लगी थी कि नवाब शुजा दक्षिण में नवाब हैदरअली की सहायता के लिए अंग्रेजों के विरुद्ध 'मुस्लिम एकता' की योजना बना रहा है। सम्भवतः इसी आशंका से गवर्नर ने जवाहरसिंह के नाम लिखा पत्र रवाना नहीं किया था और न इस पत्र की प्रतियां अन्यत्र ही भेजी गई थीं। नवाब शुजा ने यूरोपियन सैनिक शैली पर अपनी सेनाएं संगठित करना शुरू कर दिया था। जवाहरसिंह ने भी मई के अंत में फ्रेंच कप्तान मेडक को उनके सेनानायकों व सैनिकों सहित अपनी सेवा में रख लिया था और वह मराठा अधिकृत व प्रभावित दक्षिणी प्रान्तों पर आक्रमण करने की विशद योजना बना चुका था। जून के अंतिम सप्ताह में जाट-शासक तथा उसके वकील डॉन पेड्रो डी सिल्वा ने प्रथम बार फोर्ट विलियम सरकार के गवर्नर मि. वेरलस्ट के नाम गवर्नर पद की नियुक्ति पर बधाई-पत्र भेजकर दोनों सरकारों के बीच में एकता की भावना व्यक्त की। दोनों ने ही कर्नल स्मिथ के पत्र का उल्लेख करते

हुए 'अंग्रेजों के साथ एकता सूत्र में आबद्ध समझने की इच्छा' व्यक्त की और गवर्नर को आश्वासन दिया कि 'उनको जो भी कार्य सौंपा जावेगा, उससे वह पराङ्मुख नहीं होंगे।'[49] कलकत्ता में यह पत्र 27 जून को पहुंच गया था।

खरीतों के उत्तर में 30 जून को गवर्नर ने जवाहरसिंह तथा डॉन पेड्रो डी सिल्वा को लिखा, "...कुछ समय पहले मुर्सिदाबाद के किसी व्यक्ति ने मुहम्मद रजा खां को आपके नाम से अंग्रेजों के साथ संधि करने सम्बन्धी जाली पत्र लिखे। फिर भी लेखक ने रजा खां को समुचित उत्तर दिया। किन्तु ज्यों ही लेखक इस पत्र को आपके पास रवाना करने वाला था, तभी इस धोखेबाजी का आभास हो गया और जाली मुहर लगे ये पत्र रजा खां की हवेली से बरामद कर लिए गये। अब राजा की ओर से मित्र-भावी असली पत्र मिलने पर लेखक को प्रसन्नता है। आशा है दोनों की मित्रता नित्यशः प्रगाढ़ होगी और उसके अच्छे परिणाम निकलेंगे। आप लेखक से व्यक्ति वार्ता करने के लिए एक विश्वासपात्र वकील कलकत्ता भेजने का कष्ट करें, ताकि संतोषजनक निष्कर्ष निकल सके।"[50]

अब जवाहरसिंह बुन्देलखण्ड-विजय में व्यस्त था और उसकी निरन्तर विजय से शुजा तथा अंग्रेज दोनों ही चिन्तित थे। जाट-शासक के भय से गुसाईं बन्धुओं ने भागकर शुजा के यहां शरण ले ली और वह अंग्रेजों से मिलकर जाट-शासक के विरुद्ध प्रपंच रच रहे थे। 24 जुलाई को लिखे मराठा-पत्र से ज्ञात होता है कि वह अफवाह जोर पकड़ चुकी थी कि अनूपगिरि गुसाईं अंग्रेजों की बारह पलटनों के साथ जाटों के विरुद्ध बुन्देलखंड की ओर आ रहा है। किन्तु वह एक निराधार सम्भावना थी। फिर भी 25 अगस्त को गवर्नर ने शुजा को जाट व मराठों की गतिविधि पर निगाह रखने की सलाह दी। उसने अपने पत्र में लिखा कि "मराठा हिन्दुस्तान में पुनः सक्रिय होना चाहते हैं। किन्तु जिन प्रान्तों ने मराठों की अधीनता स्वीकार कर ली हैं, उन पर जवाहरसिंह स्वत्वाधिकार जमाने के लिए सैनिक कार्यवाही कर रहा है। उन प्रांतों में उसकी कार्रवाही पर निगाह रखना दूरदर्शिता होगी।"[51]

7. सद्भावी समझौता

जवाहरसिंह ने अपने अनुपम साहस तथा प्रयास से दिवंगत महाराजा सूरजमल के 'कौमी संघात्मक' राज्य को दक्षिण में कछावाधार तक, बुन्देलखण्ड में कालपी तथा फफूंद तक बढ़ा दिया था और जाट-राज्य का अनुमानित वार्षिक राजस्व दो करोड़[52] रुपया हो चुका था। वर्षा काल के खराब मौसम होने से पहले ही वह डीग लौट चुका था और अब शांति से राज-प्रबन्ध की ओर ध्यान देने लगा। दो माह (सितम्बर-अक्टूबर) तक वह ईस्ट इंडिया कम्पनी सरकार तथा मारवाड़ नरेश के साथ मिलकर मराठा विरोधी सैनिक परिसंघ के गठन में व्यस्त रहा।

वर्षा ऋतु के बाद सर्वत्र चर्चा होने लगी थी कि रघुनाथराव दादा तथा जानूजी भोंसला (नागपुर) की सेनायें हिन्दुस्तान विजय के लिए पुनः कूंच करेंगी। जानूजी ने शुजा को पत्र लिखा और माधवराव पेशवा ने शुजा व अंग्रेजों के बीच विद्यमान आपसी कटुता को जन-चर्चा के आधार पर परखने तथा हिन्दुस्तान में मराठा फौज भेजने के बारे में शुजा की नीति का पता लगाने का प्रयास किया।[53] जानूजी वास्तव में पेशवा के विरुद्ध अंग्रेजों को भड़काने का प्रयास कर रहा था। उसने फोर्ट विलियम सरकार के नाम भी पत्र भेजा था। 27 सितम्बर को गवर्नर ने उसके वकील को लिखा, "उत्तर भारत में अंग्रेज शुजा तथा जवाहरसिंह के सहयोग से पेशवा व भोंसला के बीच विद्यमान कटुता को दूर करने के लिए पूर्णतः सजग व सावधान हैं।" अंग्रेजों ने मराठों की गतिविधियों को अप्रभावी बनाने के लिए अहमद खां बंगस तथा जवाहरसिंह के साथ मिलकर एक परिसंघ की नीति को क्रियान्वित करने का निश्चय कर लिया। 10 अक्टूबर को शुजा ने गवर्नर को लिखा, "मराठों को रोकने के लिए अहमद खां बंगस तथा जवाहरसिंह दोनों लेखक व अंग्रेजों के साथ मिलकर संधि कर सकते हैं। यदि इन सभी सरदारों में आपस में एक सुदृढ़ संधि हो जाती है, तब प्रत्येक शासक देश व सम्पत्ति की रक्षा करने में समर्थ रहेगा। लेखक को आगामी नीति से अवगत कराया जावे।"[54] इस प्रकार शुजा ने मराठों के विरुद्ध एक ठोस संगठन पर जोर दिया।

शुजा के प्रस्ताव व सुझावों से पूर्व ही सितम्बर, 1767 ई. में मराठा-भय की आशंका से ही गवर्नर ने एक अन्य पत्र में सुदृढ़ व स्थाई मित्र-संघ बनाने की भावना से पूर्व प्रस्तावित संधि की शर्तों में सोच-विचार कर नवीन राजनैतिक घटनाओं के अनुकूल कुछ सुधार करने का प्रस्ताव भेजा। सुधारों का उद्देश्य हिन्दुस्तान में मराठों के विरुद्ध प्रायः सभी सम्पन्न राजनैतिक इकाइयों के साथ मिलकर शांति स्थापित करना था। इसी भावना से 14 अक्टूबर को गवर्नर वेरलस्ट...?

(स्व. लेखक द्वारा लिखित इससे आगे का पृष्ठ प्राप्त नहीं हुआ।–सम्पादक)

संदर्भ

1. डॉ. आशीर्बादी लाल श्रीवास्तव, 'शुजाउद्दौला' खंड 1 (1754-65 ई.) पृ. 259;
2. पे.द. (नई), खंड 1, लेख 80, 16 दिसम्बर; सी.पी.सी., खंड 1, पत्र 2688; फोर्ट विलियम कॉरस्पोंडेन्स, खंड 4, (सेलेक्ट कमेटी-कोर्ट ऑफ डाइरेक्टर्स), पत्र सं. 32, सितम्बर 8, 1766 ई.;
3. डॉ. आ.ला. श्रीवास्तव, 'शुजाउद्दौला', खंड 2 (1765-75 ई.), पृ. 12; सी.पी.सी., खंड 1, पत्र 2250-2, 2257-8, 2260-2, 2267, 2351, 2535; बंगाल सीक्रेट कंसलटेशन, खंड 2, 212-13, 225-29;
4. फोरेन डिपार्टमेन्ट, सेलेक्ट कमेटी प्रोसी., अगस्त, 1765 ई., पृ. 96, जुलाई 4,

1765 ई.;

5. हरबर्ट कॉम्पटन, 'यूरोपियन मिलिट्री एडवेंचर्स इन हिन्दुस्तान', 1893 ई., पृ. 402;
6. फो.डि., सेलेक्ट कमेटी प्रोसी. अगस्त, 1765 ई., पृ. 130, फो.वि.कॉ. अगस्त 10, 1765 ई.;
7. फोर्ट विलियम कॉरस्पोंडेन्स, खण्ड-4 (1764-66 ई.) पत्र सं. 32, पृ. 436-7; सी.पी.सी., खंड 1, पत्र 2694, अगस्त 19, 1765 ई, पृ. 427;
8. कानूनगो, पृ. 195;
9. फोर्ट वि.कॉ., खंड 4, 1764-66 ई., 19 अगस्त के पत्र के उत्तर में जाट-शासक का पत्र, जुलाई-नवम्बर, 1765 ई.;
10. सी.पी.सी., खंड 1, पत्र, 2718, 2730, 2731, 2759, 2688; पे.द., जि. 29, पत्र 99, 102, 107, 138; इन्दौर-जयपुर खरीता, सं. 93/97, पौष वदि 10, सं. 1822, जनवरी 6, 1766 ई.; ड्रा. ख.प., बण्डल 11, लेख 128, फाल्गुन वदि 6, सं. 1822, फरवरी 1, 1766 ई.;
11. बंगाल सेलेक्ट कमेटी के नाम फरवरी 10, 1766 ई. का कर्नल स्मिथ का पत्र;
12. फो.वि.कॉ., खंड 1, सेलेक्ट कमेटी प्रो., फरवरी 28, 1766 ई., पृ. 21 तथा मार्च 13, 1766 ई., पृ. 41-2;
13. सी.पी.सी., खंड 2, पत्र 201; फो.वि., से.क.प्रो., मार्च 13, 1766 ई., पृ. 41-2; नवाब शुजा-बंगाल सरकार, पत्र सं. 250;
14. सी.पी.सी., खंड 2, पत्र 250;
15. हिंगणे, खंड 2, लेख 58;
16. सी.पी.सी., खंड 2, पत्र 201, 255; फो.वि., खंड 4, पृ. 436-37; दॉ लाइफ ऑफ लार्ड क्लाइव, सर जार्ज फोरस्ट, खंड 2, पृ. 326-7; पे.द. खंड 29, लेख 143;
17. फो.वि. खंड 4, कोर्ट ऑफ डाइरेक्टर्स के नाम सेलेक्ट कमेटी का पत्र सं. 32, सितम्बर 8, 1766 ई. अनु. 16-17, पृ. 436-7;
18. बं.सी.प्रो., जनरल क्लेवरिंग-कोर्ट ऑफ डाइरेक्टरर्स, सितम्बर 16, 1766 ई.; शुजा, खंड 2, पृ. 28;
19. सी.पी.सी., खंड 2, पत्र 16ए, 12ए;
20. सी.पी.सी., खंड 2, पत्र 79, 65, 16अ, 17, 20, 12 अ;
21. पे.द. (नई), खंड 3, लेख 100;
22. सी.पी.सी., खण्ड 2, पत्र 2802; कानूनगो, पृ. 191;
23. सी.पी.सी., खंड 2, पत्र 201, 234, 255, 294; कानूनगो, पृ. 196;
24. पू.पा., 1, पत्र अ 3 स, पृ. 8; सी.पी.सी. 2, पत्र 12 एफ;
25. उपर्युक्त, पत्र अ 4 स, पृ. 14; सी.पी.सी. 2, पत्र 65; बनर्जी, माधव राव फर्स्ट, पृ. 145-7;

(इससे आगे के संदर्भ प्राप्त नहीं हुए।—सम्पादक)

अध्याय 7

मावण्डा-मढ़ौली युद्ध
(सितम्बर, 1767 ई.-मार्च 1768 ई.)

दिग्विजय पिपासु[1] जवाहरसिंह का हौसला काफी बढ़ चुका था और देश में सर्वत्र उसकी विजय व कीर्ति फैल रही थी। तभी वह उत्तराधिकारी के जन्म से अत्यधिक हर्षोल्लित हो उठा। विशाल सैन्य-बल तथा अपार सम्पत्ति से मदान्ध, स्वकीय अंध अहं के वशीभूत होकर विवेकशील तथा दूरन्देसी सरदारों की उचित सलाह को न मानकर उसने अपने हाथों से अपने भाग्य को कलंकित किया। रुष्ट विधाता ने आते वेग से उसको भाग्योन्नत शिखर सोपान से तीव्र झटका देकर नीचे ढकेल दिया और कुछ महीनों में उसका अंध-अहंकार किरकिरा हो गया।[2] उसको संभलने का एक अवसर और मिला फिर भी शांति के साथ सत्ता-संपन्न किसान-राज्य को स्थायित्व प्रदान नहीं कर सका।

1. उत्तराधिकारी का जन्मोत्सव, सितम्बर, 1767 ई.

पड़ोसी रुहेला अफगानों के भय तथा दूरस्थ मराठों के सर्व विघ्नों से विमुक्त, लोक सम्मानित, धन धान्य सम्पन्न एक विशाल राष्ट्र का सर्व प्रमुख सम्पन्न स्वामी होकर भी जवाहरसिंह निःसंतान होने से अति खिन्न, चिंतित तथा बेचैन रहता था। चम्बल पार करते ही मार्ग में (अगस्त के अंतिम दिनों में) उसको सहोदर भ्राता महाराव रतनसिंह की पत्नी सतभामा[3] की कोख से पुत्र जन्म का आल्हादित संदेश मिला।[4]

सितम्बर महीने के शुरू में जवाहरसिंह ने इस बालक केहरसिंह को अपना दत्तक पुत्र तथा उत्तराधिकारी घोषित[5] करके एक महा दरबार में स्वयं 'महाराजाधिराज पृथ्वीन्द्र सवाई जवाहरसिंह बहादुर' का श्रेष्ठतम विरुद[6] धारण किया। अनेक सूर सामान्तों को उनकी वीरता, शौर्य के लिए जागीरों की सनद व नकद पुरस्कारों से पुरस्कृत किया और राजा बहादुरसिंह (वैर वाला) सहित अनेक

राजनैतिक बंदियों को भी मुक्त करने की घोषणाएं की। कंवर दानसाह को 'राव' की उपाधि प्रदान की गई।[7] 'अपार द्रव्य व्यय'[8] करके अति भव्य व विशाल स्तर पर सांस्कृतिक रंगारंग महोत्सव, आमोद-प्रमोद संयुक्त दरबारों का आयोजन किया।

2. मराठा निरोधक संघ की योजना

मारवाड़ नरेश महाराजा विजयसिंह राठौड़ के प्रमुख सलाहकार गोरधन खींची ने ब्रज-यात्रा से लौटकर उसको सलाह दी कि, "इस कार्य में जवाहरसिंह आपका एक अच्छा मित्र तथा सहयोगी साथी हो सकता है और दोनों शासक मिलकर मराठों को नर्मदा नदी के पार रोक सकते हैं।" विजयसिंह ने नागौर से परसादीराम पंचौली तथा जोधा छतरसाल रघुनाथ सिंद्धोत को अपना वकील बनाकर 'पारस्परिक मित्रता, सहयोग तथा सहायता' के आधार पर समझौता वार्ता हेतु जाट शासक के दरबार में भेजा।[9]

हम देख चुके हैं कि जनवरी 4, 1767 ई. को रघुनाथराव की धमकी के विरुद्ध मारवाड़ राज्य के दूत ने आगरा (अ. 5 अनु.7) में जवाहरसिंह से भेंट करके सिरोपाव भेंट किया था और जाट-शासक ने भी अपना वकील जोधपुर भेजकर आपसी समझौता की वार्ताएं चलाई थीं।[10] इस प्रकार दोनों शासक आपस में मित्र[11] हो गये और मारवाड़ शासक ने जवाहरसिंह को कार्तिक पूर्णिमा (6 नवम्बर) के पुनीत धार्मिक एवं सांस्कृतिक पर्व पर श्री पुष्करराज की यात्रा करने और वहां मिल बैठकर 'स्थाई मित्रता तथा पारस्परिक सहयोग' के आधार पर राजपूतों के साथ एक परिसंघ बनाने, मराठों को चम्बल पार खदेड़ने की नीति पर विचार करने को आमन्त्रित किया।[12] इधर मराठा आक्रमण की अपुष्ट चर्चाओं के कारण वर्षा ऋतु के बाद जाट शासक व नवाब शुजा, फोर्ट विलियम सरकार का गवर्नर पारस्परिक मित्रता व सहयोग के आधार पर मराठा विरोधी परिसंघ के प्रस्ताव पर विचार कर रहे थे। कम्पनी सरकार बंगस-पठान को भी इस परिसंघ में शामिल करना चाहती थी। इसी विचार से सितम्बर में जवाहरसिंह ने अपने सलाहकारों के आग्रह पर विजयसिंह के निमंत्रण को स्वीकार कर लिया।[13]

3. जवाहरसिंह का पुष्कर प्रस्थान

प्रतिष्ठापित शासकीय शिष्टाचार एवं परम्परानुसार जवाहरसिंह ने अलवर से सवाई माधोसिंह के पास अपना दूत भेजकर श्री पुष्कर स्नान के लिए मार्ग में केवल सुरक्षा हेतु ससैन्य उसके राज्य में होकर जाने की अनुमति मांगी।[14] माधोसिंह ने 'एक मित्र तथा तीर्थ यात्री' की भांति दो सहस्त्र सवारों सहित जाने का अनुरोध किया।[15] जवाहरसिंह के सलाहकारों ने भी उसको गोल-खास (निजी अंगरक्षक सवार) के साथ जाने का परामर्श दिया।[16] किन्तु कछवाहा दरबार के सुझाव व

विचारों पर सन्देह होने से उसने दूरदर्शी सुझावों को नहीं स्वीकारा।

दशहरा (3 अक्टूबर) के बाद श्री पुष्कर की विशद तैयारियां प्रारम्भ हुई। गोल खास अश्वारोही, जनरल समरू व कप्तान रानेमादे की सुदीक्षित बटालियनें तथा तोपखाना, नागा-वैरागी जमातें तथा तुर्क-मुगल लश्कर प्रस्थान हेतु तैयार थे। जवाहरसिंह ने राव प्रतापसिंह नरूका के पास हरावल का नेतृत्व संभालने के लिए हरकारा के ग्राम डहरा में परवाना भेजा। राव प्रताप ने 'कछवाहा राज्य में हस्तक्षेप' कह कर रोष व्यक्त किया और कहा, 'हम आमेर के बन्धु-बान्धव हैं, आपने धार (सेना) सहित उस राज्य में जाने की खूब सोची।'' तब उसने माधोसिंह को सावधान रहने तथा उचित अवसर आने पर हरावल में अपने हाथ दिखलाने की अर्जदाश्त भेजकर शीघ्र ही डहरागढ़ी से अपने सभी परिवार, सैनिक साज-सामान, हाथी, घोड़ा सहित जयपुर पहुंचने का संकल्प कर लिया।[17]

जाट हरावलों (अग्र दल) ने 16 अक्टूबर (कार्तिक वदि 9) को डीग से प्रस्थान[18] किया और जवाहरसिंह ने स्वयं इन्द्रगज पर आरुढ़ होकर नगर[19] में प्रथम पड़ाव डाला, जहां नवाब जुल्फीकार खां खानज़ादा (अली नगर-सखावली), चौधरी अजमत खां (बूरली), चौधरी आजम अली (अलिया) मेव (लाढ़मका), चौधरी दल्ला खां मेव (बागौड़-रामगढ़), सेदनपुर व सीकरी के राव मदारी खां बरकटिया, नवाब नजावत खां खानजादा (पेशगी) भी अपनी मेवाती जमातों के साथ आकर शामिल हो गए थे।[20] जवाहरसिंह ने ब्रज-तीर्थ यात्रा पर आये राजा तुलसीपाल जादौ (करौली) से गोवर्द्धन में भेंट की[21] और फिर दीपावली पर गोवर्द्धन नाथ की पूजा (22-23 अक्टूबर) करके वह अलवर में अपनी सेना में जाकर शामिल हो गया।

बासन्ती ध्वजायें फहराते, धौंसा निनाद के साथ 40 सहस्त्र[22] सेना ने 25 अक्टूबर को अलवर से बसुवा मार्ग से कछवाहा राज्य में शांतिपूर्वक प्रवेश किया और बिना विश्राम किये अथवा पड़ाव डाले कूंच-दर-कूंच[23] महुबा, दासा, चाटसू (चाकसू), फागी, पछावर होकर[24] जवाहरसिंह सकुशल शुक्रवार, नवम्बर 6, 1767 ई. (कार्तिक सुदि 15, वि.सं. 1824) से एक दिन पूर्व (5 नवम्बर) पुष्कर पहुंच गया।[25]

4. जाट-कछवाहा मतभेदों के कारण

इस काल में जाट तथा कछवाहा निकटतम पड़ोसी तथा मुगल राजधानी के समीप हिन्दुस्तान में सर्वाधिक शक्ति सम्पन्न हिन्दू राज्यों के मूर्द्धन्य नेता तथा हिन्दुस्तान के हिन्दु शासकों का प्रतिनिधित्व करने में सक्षम थे। दोनों राज्य आपस में मिलकर शांतिपूर्वक हिन्दू धर्म, भारतीय सभ्यता तथा संस्कृति के विकास में भागीदार हो सकते थे और इनकी पारस्परिक एकता हिन्दुस्तान की जर्जर राजनीति को नया

मोड़ दे सकती थी; किन्तु जवाहरसिंह स्वयं को स्वतंत्र सत्ताधारी शासक समझता था। कछवाहा रूढ़िवादी चिन्तन से ग्रस्त थे। शताब्दियों से प्रचलित परम्पराओं के मोह-बंधन को तोड़ने में विश्वास नहीं रखते थे। वे मुगल तथा मराठों के खिदमती सामन्त के रूप में मामलत तथा खण्डनी-चौथ देकर भी अपने पुरातन स्नेह के मोह को श्रेयस्कर समझते थे।

समकालीन तथा वर्तमान शताब्दी के इतिहासकारों ने दोनों राज्यों के (1) सामाजिक, (2) राजनैतिक, (3) प्रशासनिक कारणों की मूल भावनाओं का विश्लेषण करने का प्रयास अवश्य किया है, किन्तु जनवादी राजनैतिक सिद्धान्तों व चिन्तन की सर्वथा उपेक्षा की है। सूर्यमल्ल मिश्र ने दो राज्यों के आपसी तनावों की पृष्ठभूमि में राजपूतों की सामन्ती रुढ़िवादी परम्परा में रनिवासों के प्रेमाख्यानों की भांति जवाहरसिंह की कामुकता तथा उसी कुदृष्टि को उभारने का प्रयास किया है। कालोपरांत जयपुर राज्य (ढुंढ़ाड़) के इतिहासकारों ने काल्पनिक गल्पों के आधार पर सूर्यमल्ल मिश्रण के औपन्यासिक प्रमोख्यान को अधिक महत्त्व दिया था। यद्यपि यह अभिलेखित तथ्य है कि जवाहरसिंह ने महाराव नाहरसिंह के परिवार को काठेड़ राज्य में भेजने का अनुरोध किया था; यादवकुलीन सिनसिनवारों में विद्यमान कौटम्बिक परम्परा के अनुसार वह अपनी भाभी को सह-पत्नी नहीं बना सकता था।

(1) महाकवि का विश्वास था कि जवाहरसिंह को अपनी भाभी के यौवन तथा रूप-सौन्दर्य की पिपासा तथा दिवंगत महाराव की सम्पत्ति की सर्वाधिक भूख थी। नाहरसिंह की मृत्यु के बाद उसने दृढ़तापूर्वक उसकी रूपवती पत्नी, परिवार तथा सम्पत्ति को सौंपने की मांग की थी। नाहरसिंह की विधवा को जवाहरसिंह की बर्बरता तथा अत्याचारों का भय था। रमणी के सतीत्व की रक्षा, शरणागत की सुरक्षा भावना, जवाहरसिंह की अभद्रता के भय तथा राजपूती अहंकार से माधोसिंह ने इस मांग को नहीं माना। तब जवाहरसिंह ने माधोसिंह पर अपनी भाभी को जबरन अपने अन्तःपुर (संरक्षण) में रखने का आरोप लगाया। जिसका उसने कठोर उत्तर दिया।[26]

कछवाहा दरबारियों में स्वभावतः अथवा परिस्थितिजन्य यह चर्चा जोर पकड़ने लगी थी कि जवाहरसिंह नाहरसिंह के कबीले को छुड़वाने के लिए जयपुर पर आक्रमण करने आ रहा है। इस चर्चा को सुनकर वीरांगना साध्वी ने अपने संरक्षक को संकट से मुक्त कराने के लिए कुछ समय बाद विषपान कर लिया।[27] फिर भी यह प्रकरण दो राज्यों के बीच 'बारूद की चिनगारी' बन गया था।

(2) ठाकुर नरेन्द्रसिंह ने इसी क्रम में जवाहरसिंह की कामुकता तथा कौमी विद्वेषता की कड़ी में महाराजा विजयसिंह राठौर की पासवान गुलाबराय की ब्रज यात्रा, गुलाबराय का जाटों की नाक कटवाने और श्यामसिंह खंगारोत का राठौर

मर्यादा हेतु जाटों से लड़ने[28] की अपुष्ट मन गढ़न्त काल्पनिक कथा का उल्लेख किया है।

(3) कौमी श्रेष्ठता तथा सामाजिक असमानता का अहं[29]—जातिगत तथा सामाजिक असमानता के रुढ़िवादी विचारों तथा छुआछूत की भावना ने भारतीय धर्म, संस्कृति, मानवता तथा राष्ट्रीय एकता के विकास में सदैव योग दिया है और अधुना यह सकारात्मक प्रश्न राष्ट्र की एकता तथा अखंडता के लिए चुनौती है। राजपूत राज्यों में जाट कबीलों तथा खापों की सामाजिक तथा आर्थिक स्थिति अति दयनीय थी। राजपूत सामान्तों अथवा जागीरदारों ने उनको काश्तकार तथा श्रमिक वर्ग से अधिक ऊंचा नहीं उठने दिया। उनमें एकता, शौर्य व साहस का अभाव था। राजनैतिक चेतना के अभाव में 'न तो वे घोड़े की सवारी कर सकते थे और न कोई हथियार रख'[30] सकते थे।

काठेड़, ब्रज तथा चम्बल पार के जाटों में राजनैतिक व सामाजिक चेतना व प्रगतिवादी सूझबूझ थी। आर्थिक रूप से सम्पन्न व समृद्ध थे। रहन-सहन का स्तर काफी सुधरा था और कौमी संगठन को एक राजनैतिक इकाई में संगठित करने में सफलता प्राप्त की थी। केवल राजस्थान के राजपूत राज्यों में सामूहिक एकता तथा प्रगति की भावना 19वीं शताब्दी के तृतीय दशक तथा उसके बाद की देन है।

राजपूतों में अनेक जातियां, प्रजातियां, कुलवंश समाहित हैं। वे सामाजिक रूप से आपस में आलाअदना, प्रशासन में भागीदारी तथा आर्थिक विषमता के आधार पर भेदभाव, नवीन प्रगतिशील चिंतन व विचारों से इतर रूढ़िवादी विचारों तथा परम्पराओं से ग्रसित हैं। अस्तु, रूढ़िवादी माधोसिंह नवोदित, नव विकसित जाट-राज्य तथा जाट-शासक के वैभवशाली उत्कर्ष को संतोष के साथ सहन नहीं कर सका।

प्रकृति की स्वाभाविक देन है कि जब संरक्षक व सलाहकार की अधिक समय तक आवश्यकता नहीं होती, तब दोनों में शत्रुभाव परिलक्षित होने लगता है। पूर्ववर्ती जाट शासकों ने सवाई जयसिंह की अनुकम्पा, सहयोग के प्रति निरन्तर अपनी कृतज्ञता प्रकट की थी और उसके तथा उत्तराधिकारी सवाई ईश्वरीसिंह के प्रति सदैव अधीश्वर सदृश आदर भाव प्रकट किया था। परम प्रतापी महाराजा सूरजमल तथा उसका उत्तराधिकारी स्वयं शक्तिशाली, सम्पन्न तथा अन्य पड़ोसी शासकों को संरक्षण देने में समर्थ थे।

सूर्यवंशी कछवाहा शासक तथा उसके सामन्त तत्कालीन समाज में विद्यमान जातिगत असमानता से ग्रस्त जातीय एवं शासकीय स्तर पर अपने आपको जाटों से श्रेष्ठ तथा उच्च कुल का समझते थे, जबकि जवाहरसिंह अन्य जाट-वंश व कुलों की अपेक्षा यदुकुल (चंद्रवंश) संतति होने से अपने आपको कछवाहों के

समतुल्य समझता था। अस्तु, समकालीन कवियों ने दोनों जातियों की समता का रसास्वादन किया।

कछवाहा सामन्तों के आश्रित सोभनाथ के अनुसार–"एक बार जवाहरसिंह से कुछ सलाहकारों ने कहा, "माधोसिंह रघुवंश अंश हैं, जिन्होंने समुद्र पर पुल बांधा था। इससे उसका सम्मान करना चाहिये।" तब जवाहरसिंह ने कहा, "इसमें कौन-सा बड़प्पन है। उन्होंने दूसरों की सहायता से पुल बांधा था। मेरे पूर्वज (श्री कृष्ण) ने एक सप्ताह तक श्री गिरिराज जी को कनिष्ठा पर धारण करके इन्द्र का मान-मर्दन किया था।"[31] मिरासी वीर गीतों से भी इस लोक चर्चा का पता चलता है। उनके अनुसार "हमारे दादा मान (सिंह) ने हिन्दुस्तान में विजय-ध्वज फहराकर समुद्र में खांडा पखारा और जवाहरसिंह के पूर्वजों ने राजा कंस का मान मर्दन किया था।"

(4) राजनैतिक तथा प्रशासनिक कटुता–(i) सवाई ईश्वरीसिंह का पक्ष ग्रहण करने से माधोसिंह-सूरजमल में अधिक प्रेम, राजनैतिक मित्रता नहीं रह सकी और वह सूरजमल के प्रति द्वेष-भाव रखने लगा था। (ii) माधोसिंह अलवर के शाही दुर्ग पर जाटों के अधिकार की कड़वाहट[32] को नहीं भुला सका था। इससे परगना बहात्री में सीमान्त झगड़ों का रास्ता खुल गया था। अंतिम वर्षों में स्वयं सूरजमल का भी माधोसिंह से विश्वास उठ गया था।[33] (iii) महाराव नाहरसिंह को संरक्षण देने से जवाहरसिंह व्यथित था और उसने कछवाहा राज्य के सीमान्त परगनों में हस्तक्षेप किया। दिसम्बर, 1765 ई. में उसने जिला नारनौल पर अधिकार करने हेतु सिखों के साथ परौंडी क्षेत्र में लूटमार की थी। यद्यपि दोनों शासकों में आपसी समझौता हो गया था, फिर भी माधोसिंह सशंकित रहता था।[34] (iv) जवाहरसिंह इस बार 'भड़कीला' सैन्य प्रदर्शन करके कछवाहों को भयभीत नहीं करना चाहता था और न युद्ध ही चाहता था। जयपुर-जोधपुर शासकों तथा सामन्तों की आपसी आन्तरिक कटुता के भी अनेक कारण[35] थे। फलतः जाट-राठौड़ शासकों की पारस्परिक राजनैतिक मित्रता से कछवाहा सामन्त भयभीत हो गए थे और इन सामन्तों ने जवाहरसिंह पर पुष्कर जाते समय ही मार्ग में आक्रमण करने की इच्छा व्यक्त की थी।[36] किन्तु सवाई माधोसिंह ने महाराजा विजयसिंह के आग्रह पर प्रारम्भ में कछवाहा सामन्तों के आक्रमण प्रस्ताव को स्वीकार नहीं किया। अस्तु, जाते समय मार्ग में किसी भी राजपूत सामन्त ने जवाहरसिंह का विरोध नहीं किया।[37]

मावण्डा-मढ़ौली युद्ध कछवाहा सामन्तों के कौमी असमानता के अहंकार तथा राव प्रतापसिंह नरूका के निजी स्वार्थ, अवसरवादी चातुर्थ्य का आकस्मिक संयोग था। कछवाहों ने आश्वासन देकर भी जवाहरसिंह पर धोखे से आक्रमण किया। जवाहरसिंह को केवल अपने बचाव के लिए कछवाहा सवारों का सामना

करना पड़ा।

5. कछवाहों का मराठों से नियमित सम्पर्क

सवाई माधोसिंह मराठा-शक्ति के प्रति अपने मोह को भंग नहीं कर सका और वह इन्दौर तथा उज्जैन सरकार के निरन्तर सम्पर्क में था। मराठा प्रतिनिधि उसके दरबार में उपस्थित थे। कछवाहा दरबार ने 9 सितंबर को सदाशिव पंडित को इन्दौर से जयपुर आमंत्रित किया और 10 सितम्बर को सूबेदार केदारजी शिंदे, महादजी शिंदे, दीवान अच्युतराव पंडित, तुकोजी राव होल्कर, सदाशिव गंगाधर तात्या (अन्याबा) के नाम खरीते व परवाने भेजे गए। साथ ही विद्यागुरु भटजी, राजा सदाशिव तथा ठाकुर राजसिंह हमीरदे को उनके साथ पत्र-व्यवहार करने के लिए अधिकृत कर दिया गया।[38]

सिंधिया की ओर से गोविन्द राव पंडित ने कछवाहा शासक से बातचीत कीं और माधोसिंह ने मराठों को तत्काल अपनी सहायता के लिए आमंत्रित किया।[39] 19 सितम्बर को सूबेदार केदारजी शिंदे तथा पटेल महादजी शिंदे ने और 30 सितम्बर को दीवान अच्युतराव ने माधोसिंह को लिखा,. "विजयादशमी (2 अक्टूबर) के दिन डेरा दाखिल होने का मुहुर्त है। डेरों में प्रवेश करके हम मंजिल-दर-मंजिल आपकी ओर आवेंगे। सभी आपस में मिलकर विचार करेंगे। इसी में सभी का भला होगा।"[40] नवंबर के प्रारम्भ में केदारजी ने ठाकुरसीदास व जयराम गिरमाजी को जाटों से बातचीत करने को रवाना कर दिया था।[41] इस प्रकार मराठा जाटों के साथ मिलकर कोई शान्ति-समझौता करना चाहते थे।

कछवाहा दरबार में युद्धोत्तेजक विचारों की गरमाहट थी। इस समाचार को जानकर नवम्बर के प्रथम सप्ताह में सूबेदार केदारजी शिंदे और 30 नवम्बर को राव तुकोजी होल्कर ने कछवाहा शासक को अपने पत्रों में लिखा[42]–

"इन दिनों जाट व राज की फौज का झगड़ा सुनने में आया है। इससे शीघ्र ही राज में शामिल होने के लिए भारी फौज व तोपखाना के साथ रवाना होने का विचार है। श्रीमंत पंडित प्रधान (पेशवा) की भी यही इच्छा है।...श्रीमंत दादा साहब (रघुनाथ राव) ने सरदारी व मुल्क के बन्दोबस्त में कसर रखी थी। वह सभी पूरी हो जावेगी। एक दो दिन में फौज लेकर आपकी तरफ आ रहे हैं। थोड़े ही दिन में भारी जमाव से नर्मदा पार करके कूंच-दर-कूंच आपकी ओर आने का समाचार मिल जावेगा।"

माधोसिंह मराठा सहायता के लिए अधीर था और वह बुन्देलखंड में भी गड़बड़ कराने का इच्छुक था। 10 नवम्बर को उसने महाराजा हिन्दूपति बुन्देला को सिंधिया तथा होल्कर आदि की जयपुर की ओर आने की सूचना भी दी।[43] निःसन्देह सिंधिया ने दीवान अच्युतराव तथा संताजी बाबले के नेतृत्व में और

होल्कर ने अन्याबा के साथ 5-7 सहस्र मराठा सवार रवाना भी कर दिये थे। इनके साथ में हल्का तोपखाना भी था। किन्तु शेष खण्डनी भुगतान तथा फौज खर्च भुगतान की मांग पर दोनों पक्षों के साथ कछवाहों का आपसी समझौता नहीं हो सका।[44] अस्तु, मराठा सैनिकों ने मावण्डा-मढ़ौली युद्ध में भाग नहीं लिया।

6. श्री पुष्कर जी में सद्भावी सम्मेलन

विजयसिंह राठौर जवाहरसिंह से पूर्व ही व्यवस्था हेतु श्री पुष्कर पहुंच चुका था।[45] जवाहरसिंह को भी श्री पुष्कर से दो मंजिल दूर उसके वहां आगमन की सूचना मिल चुकी थी।[46] 6 नवम्बर (कार्तिक पूर्णिमा) को मारवाड़ नरेश ने उसका अति भव्य व शालीनता से स्वागत किया। सर्वप्रथम जवाहरसिंह नौबत व नगाड़ा बजाता उसके शिविर में पहुंचा। प्रवेश द्वार पर स्वयं विजयसिंह ने उसकी अगवानी की। फिर दोनों नरेशों ने एक ही कालीन पर आसीन होकर[47] आपस में अपनी पगड़ियां बदल कर प्रगाढ़ भाई-चारा, मित्रता तथा दो राज्यों के बीच एकता की शपथ ग्रहण की। विदा के समय राठौड़ शासक ने उसकी दो हथिनी, चार घोड़ा, दो बन्दूक, हीरा-जवाहरात के थाल नजर किये। फिर दूसरे दिन (7 नवंबर) विजयसिंह उसके शिविर में आया। जवाहरसिंह ने परम्परागत उसका सस्नेह स्वागत किया। शिष्टाचारानुसार विदा में दो घोड़े, हीरे-जवाहरात के थाल भेंट किये। इस प्रकार दोनों शासक आपस में पगड़ी-बदल प्रगाढ़ मित्र बन गये।[48]

फिर दोनों शासक इन्द्र गज पर सवार होकर फिरंगियों के सैनिक रंगारंग तथा सांस्कृतिक कार्यक्रम देखने भारी सजधज व धूमधाम के साथ बूढ़े पुष्कर के मैदान में पधारे। दोनों ओर की सेनायें भी उपस्थित थीं। सर्वप्रथम तोपों का अति तीव्र धमाका हुआ। मस्त हाथी मैदान में उतरे। महावत भी भाला लेकर मैदान में आ गये। गज-युद्ध के बाद काफी समय तक अनेक सांस्कृतिक व रंगारंग कार्यक्रम चले। इसी समय जवाहरसिंह का इन्द्र गज बिगड़ गया और अम्बारी डगमगाने लगी। जवाहरसिंह ने विजयसिंह को भुजा पकड़कर संभाल लिया। महावत ने प्रयास करके हाथी को बिठलाया। चार प्यादों ने नमस्कार कर नसेनी लगाई। सर्वप्रथम, जवाहरसिंह, फिर विजयसिंह उतरकर घोड़े पर सवार हुए। जवाहरसिंह ने क्रोधित होकर इन्द्रगज को तोप से उड़ाने का आदेश दिया। विजयसिंह ने इन्द्र गज को श्रीगणेश जी का प्रतीक कहकर मारने से रोक दिया। फिर जवाहरसिंह पुष्कर घाट पहुंचा, जहां तीर्थ-पुरोहित ने पुण्य-दान सम्पादन करवाया।[49] जाट-शासक ने यथेष्ठ दान दिया, दीपदान किया और पुष्कर झील के तट पर पक्का घाट एवं मंदिर निर्माण का आदेश दिया।

दोनों शासकों ने सभी राजा-रजवाड़ों तथा सभी राजपूतों की एकता,

हिन्दुस्तान की अन्य हिन्दू राजनैतिक इकाइयों की आपसी एकता का आधार तथा दखनियों को राजस्थान तथा मालवा प्रान्त से बाहर खदेड़ने के प्रस्तावों पर गम्भीरता से विचार किया। उन्होंने आपस में करार किया कि कछवाहा, राठौड़ तथा जाट-तीनों शासक आपस में मिलकर मराठों को नर्मदा के पार खदेड़ने में एक-दूसरे का सहयोग करें और तीनों शक्तियां क्रमशः मालवा, गुजरात तथा पूर्वी प्रान्तों (अन्तर्वेद तथा दोआब) पर अधिकार जमा लें।[50]

प्रस्तावों पर विचार करके विजयसिंह ने देवीसिंह चांपावत के पुत्र सहित दो-चार विश्वासपात्र सरदारों (शिष्टमंडल) को अपने अपने खरीता के साथ माधोसिंह के पास पुष्कर आकर प्रस्तावों पर विचार करने के लिए आमंत्रित किया। तभी उत्तरी मालवा से मराठों का अमल उठाकर वहां अपना अधिकार करने में सहयोग देने हेतु राणा गोहद के नाम भी खरीता भेजा गया। दोनों शासकों ने 'पारस्परिक एकता व समझौता' का प्रस्ताव अन्य राजपूत शासकों के पास भी भेजा।[51] अदूरदर्शी माधोसिंह ने दोनों शासकों (मुख्यतः जाट-शासक) के प्रति विद्यमान कटुता के कारण राठौड़ नरेश के आमंत्रण को अस्वस्थता का बहाना बनाकर टाल दिया। उसने राठौड़ शिष्टमंडल से कहा[52]–

"यदि आपको इस सम्मेलन में मुझको भी शामिल करना था, तब पहले मुझसे बातचीत करके जाट को बुलवाना था।" उसने सगर्व अनेक बार कहा, "जाट की बात पर विश्वास नहीं किया जा सकता। आपका भी इस मायावी से मिलना उचित नहीं है। दखनियों को मालवा से निकालना सम्भव नहीं है। 14-15 दिन बाद ही मराठों की 50-60 सहस्त्र फौज इधर आवेगी। तब सभी संकट में फंस जावेंगे और अपना-अपना घर संभालना कठिन होगा। मुझे इस प्रकार की गोष्ठी में शामिल नहीं होना है। आपको इस मित्रता से क्या लाभ होगा।"

7. जयपुर में फौजों का जमाव : उत्तेजना

जवाहरसिंह के प्रस्थान से पूर्व ही कछवाहा दरबार से राज्य के सभी अधीनस्थ सामन्तों, जागीरदारों तथा अन्य जमींदारों (जिनके साथ जयपुर राज्य के राजनैतिक तथा व्यावहारिक सम्बन्ध भी नहीं थे और जो जाटों से शत्रुता रखते थे) को अपनी अच्छी जमीयत सहित जयपुर आने के लिए पत्र भेजे गए।[53]

राव प्रतापसिंह नरूका को अचानक ही डहरा से प्रस्थान से पूर्व भूमिगत खजाना मिल गया था।[54] अतः वह जाट-शासक के साथ 'विश्वासघात'[55] करके निजी राजनैतिक स्वार्थ के वशीभूत जवाहरसिंह के प्रस्थान के बाद खजाने को ऊंटों पर लादकर जयपुर चला गया। माधोसिंह ने अपने पुराने वैर-भाव को भुलाकर आवश्यकता के क्षणों में उसका स्वागत किया। 29 अक्टूबर को राजा हरसाय (राज-दीवान-मंत्री) तथा ठाकुर राजसिंह हमीरदे ने बांध की पार पर पहुंचकर

उसकी अगवानी की और उसको अपने साथ लेकर दरबार में पहुंचे। माधोसिंह स्वयं दीवानखाना से निकलकर दरबारआम में आकर बिराजे और दरबार में नरूका को ताजीम दी गई। प्रताप तथा उसके साथ उपस्थित ठाकुरों ने नजर भेंट की और माधोसिंह के प्रति निष्ठा की शपथ ली। माधोसिंह ने उसको क्षमा करके राजसेवा में ले लिया[56] और पूर्व की भांति दरबार में दाईं ओर की नरूका कुर्सी (बैठक) उसको प्रदान की।[57]

माधोसिंह तथा जयपुर राज्य के अन्यान्य सामन्तों को जवाहरसिंह के विरुद्ध सैनिक संघर्ष के लिए प्रेरित करने में अलवर राज्य के भावी संस्थापक राव प्रतापसिंह की कुटिलता ने विस्फोट का काम किया। उसके ही आग्रह पर माधोसिंह ने बहादुरसिंह नरूका (जावली) को 'अपने साथ अच्छी जमीयत (जमात) लेकर उपस्थित होने पर बोहरों के ऋण तथा तनख्वाहदारों की खींचतान से पिण्ड छुड़वाने का' आश्वासन दिया।[58] उसने ठाकुर तिलौकसिंह, साहबसिंह, ठाकुर संतोखसिंह (खेड़ा) के पुत्र कुंवर मंगलसिंह, ठाकुर इन्दसिंह (मानपुर) को भी जयपुर बुलवाने में सफलता प्राप्त कर ली थी।[59] ठाकुर राजसिंह हमीरदे के समझाने पर राव प्रताप ने 'घोर युद्ध की गर्जना' की। उसकी बुद्धि चातुर्य्य तथा निडरता से प्रसन्न होकर सम्भवतः माधोसिंह ने तभी उसको राजगढ़ माचेड़ी की पुरानी जागीर संपुष्ट (बहाल) करने का प्रलोभन भी दिया।[60] इस प्रकार राव प्रतापसिंह की दो शासकों में युद्ध कराकर उन दोनों को अशक्त करने और स्वयं कछवाहा राज्य में प्रतिष्ठित होने की दूरदर्शी चाल थी। वह बिना किसी त्याग या बलिदान, रक्त की एक बूंद बहाये अपनी कुटिल नीति में सफल रहा। युद्ध के दिन तटस्थ रहा और दूसरे दिन जाटों के साज-सम्मान की लूट में भागीदार बन गया।

अक्टूबर माह के अंत तक जयपुर में सामन्तों की पर्याप्त 'नकदी व कलमी' सेना एकत्रित हो गई थी और सामन्त वर्ग माधासिंह पर झगड़ा करने का दबाव डालने लगा। मराठा संवाददाता ने 1 नवंबर को अपने संवाद में लिखा, "अभी हाल में माधोसिंह का उससे काफी झगड़ा बढ़ गया है। वह हर एक से झगड़ा कर रहा है। उसको शीघ्र ही दबा दिया जावेगा।"[61] तभी बंगस-पठान सरदार डुण्डी खां तथा हाफिज रहमत खां से बातचीत करके बादशाह के दूत अब्दुल हमीद खां तथा अब्दुल वहाब खां जयपुर पहुंचे।[62] इन दोनों ने भी जाटों को दबाने का सुझाव दिया।

अस्तु, वृद्धावस्था में काफी अस्वस्थ होकर भी सामन्तों की हठवादिता, दुराग्रह तथा भड़काने पर माधोसिंह को युद्ध के लिए प्रस्तुत होना पड़ा और वंश परम्परा के सम्मान व मान-मर्यादा की रक्षा के लिए उसका रक्त उबल पड़ा।

राठौड़ शिष्टमंडल की विफलता के बाद विजयसिंह ने ठाकुर गिरदास

सूरज सिंहोत को माधोसिंह के पास उनको पुनः समझा-बुझाकर पुष्कर लिवाकर लाने को रवाना किया। माधोसिंह ने गिरते स्वास्थ्य से अवगत कराकर इस दूसरे प्रयास को भी टाल दिया।[63] कछवाहा दरबार में राज दीवान (प्रधान मंत्री) राजा हरसाय खत्री, फौज बख्शी (प्रधान सेनापति) गुरसाय खत्री, ठाकुर सहजसिंह तथा ठाकुर राजसिंह हमीरदे ने राठौड़ आमंत्रण का कड़ा विरोध किया।[64] स्वार्थी तथा अवसरवादी ताजीमी व अन्य कछवाहा राज्य के जागीरदारों ने अपमान की आड़ में विशेष उग्रता तथा उच्छृंखलता दिखलाई और माधोसिंह को उत्तेजित करने के लिए ही क्रोधावेश में कहा–

"जिनके पूर्वज आपके पुरखों के आश्रित थे और जो बड़े महाराजा (सवाई जयसिंह) के सामने विनीत भाव से हाथ जोड़कर खड़े रहते थे। क्या आप उस वंश के व्यक्ति से अपमानित होना पसंद करेंगे।" उत्तेजक शासक ने कहा, "जब तक इस धरा पर कछवाहा कुल का अंश है, तब तक इस अपमान को स्वीकार नहीं करूंगा।"

इस प्रकार माधोसिंह ने उत्तेजित होकर विजयसिंह के पास अपना दूत ठाकुर गुमानसिंह शेखावत (पछार) को भेजकर अपने खरीता में उसको फटकारते हुए लिखा[65]–

"महाराणा उदयपुर, रावराजा बूंदी और आप ही सामाजिक रूप से मेरे सम-कक्ष हैं। हम लोग आपस में सम्बन्धी हैं; किन्तु जाट हम लोगों की बराबरी नहीं कर सकता। आपने एक किसान के मूर्ख पुत्र और कछवाहा राज्य के सेवक (खिदमती असामी) को समकक्ष समझने और अपना पगड़ी-बदल भाई बनाकर अपने पूर्वजों की प्रतिष्ठा पर बट्टा लगाया है। आपका यह कार्य अशोभनीय है।"

इस खरीता ने चिंगारी का काम किया। जवाहरसिंह के दोनों प्रस्ताव विफल हो गये। इससे पारस्परिक द्वेष व वैमनस्य बढ़ गया। जवाहरसिंह खरीता की भाषा को देखकर अति क्रोधित हुआ और उसने आवेश में आकर इसको फाड़ डाला।[66] जाटों से युद्ध होने के समाचार चतुर्दिक फैल चुके थे। तब 22 नवम्बर को महाराजा गजसिंह ने विजयसिंह राठौड़ के प्रति अविश्वास का अत्यधिक विरोध किया।[67] इसका कोई प्रभाव नहीं पड़ सका।

8. युद्ध की तैयारियां : प्रस्थान

कछवाहा शासक ने युद्ध-संचालन की जटिल समस्या दरबार में उपस्थित खत्री बन्धुओं, ठाकुर राजसिंह हमीरदे के अलावा 70 वर्षीय राव दलेलसिंह धूला (जयपुर के पूर्व में 40 किमी.), रतनसिंह नाथावत, कीरतसिंह, विक्रमाजीत, करनसिंह खंगारोत आदि ताजीमी सामन्तों के निर्णय पर छोड़ दी थी। राव दलेलसिंह राजावत ने भरे दरबार में युद्ध संचालन का बीड़ा उठाया।

युद्ध सर्वसम्मत निर्णय हो जाने के बाद माधोसिंह तत्काल जयगढ़ दुर्ग में पहुंचा और वहां से फौजकसी के लिए 52 लाख रुपये का खजाना घोड़ों पर लादकर रवाना किया। उदयपुर, सोपुर, खींचीवाड़ा, कोटा, बूंदी, करौली के शासकों के नाम कुमकुम-पत्र सहित उनकी फौज लाने के लिए विशेष दूत भेजे गये। राव राजा उम्मेदसिंह (बूंदी) ने अपने ज्येष्ठ पुत्र अजीतसिंह को दो सहस्त्र फौज के साथ, महाराव कोटा ने अपने काका सरूपसिंह को तीन सहस्त्र सवारों के साथ, महाराणा उदयपुर ने राघोसिंह झाला को दो सहस्त्र सवारों के साथ, राजा तुलसीपाल जादौं (करोली) ने कंवर निहालपाल को ससैन्य रवाना किया। राजा इन्द्रसिंह (सोपुर) स्वयं निजी सेना सहित और युद्ध के समय राजा बलिभद्रसिंह खींची 2-3 सहस्त्र फौज के साथ जयपुर पहुंच गया था।[68]

इस प्रकार माधोसिंह के आमंत्रण पर लगभग 40-50 सहस्त्र सवार व पैदल जयपुर में एकत्रित हो चुके थे।[69] इसके अतिरिक्त युद्ध के समय 3000 सवारों के साथ राव कुशलसिंह (भिवानी), 500 सवारों सहित अमृतसिंह खुनदाना (नारनौल के समीप), राणा अजमेरसिंह बहरोड, फेहल से 200 चौहान राजपूत भाड़े पर आ गये थे।[70] साथ ही नवाब मिर्जा साबित खां खानजादा खसावली (भ्राता नवाब जुल्फीकार खां) और ठाकुर नाहरसिंह (इटावा) भी वहां पहुंच गये थे।[71]

सवाई माधोसिंह ने उदयपुर की पांच सहस्त्र और बूंदी की दो सहस्त्र फौज को जयपुर की रक्षार्थ तैनात किया और राव दलेलसिंह राजावत (धूला) को इस युद्ध का प्रधान सेनापति का भार सौंपा। दीवान हरसाय, बख्शी गुरसाय, ठाकुर राजसिंह हमीरदे को फौजकसी के सर्वाधिकार सौंपकर सुतरनाल, घुड़नाल, बाण, बंदूक, गोला बारूद आदि संरजाम से फौज को सुसज्जित करके शुभ-मुहुर्त में प्रस्थान करने का निर्देश दिया। साथ ही उसने सांवर (सिवकांकड) गांव के समीप जाटों पर आक्रमण करने की सलाह दी।[72] तब 16,000 सवारों के अलावा पैदल सैनिकों ने चौमू, गोविन्दगढ़, तिगरिया, निवाणा (जयपुर के उत्तर में 52 किमी.) तथा थोई होकर कूंच किया।[73] खाटू से सांवलसिंह ने राव दलेलसिंह के पास जाटों के प्रस्थान तथा मार्ग की सूचना भेजकर कार्य सुलभ कर दिया।

9. कछवाहों की प्रवंचनात्मक कूटनीति

जवाहरसिंह के पुष्कर में अधिक दिन रुकने से स्वार्थी कछवाहा सामन्त अपनी कुटिलता में सफल हो गये। इससे सैनिक तैयारियां हो सकीं। किन्तु जवाहरसिंह कछवाहा शासक के साथ किसी भी प्रकार का झगड़ा नहीं करना चाहता था। जाटों से युद्ध होने के संभावित समाचार चारों और फैल चुके थे और विजयसिंह भी काफी चिंतित था। तभी माधोसिंह ने जाट-राठौड़ दोनों की सैन्य बल में अलगाव की कपट चाल चली और दीवान हरसाय के परामर्श पर विद्या गुरु भटराजा

सदाशिव को दोनों शासकों से बातचीत करने को रवाना किया।[74]

दोनों शासक श्री पुष्कर से कूंच करके सांभर तक आ चुके थे, जहां भटराजा सदाशिव ने विजयसिंह से चार बार भेंट की और उसको संभावित युद्ध में तटस्थ रखने का प्रयास किया। जब विजयसिंह ने जयपुर में एकत्रित फौज का कारण पूछा, तब उसने कहा, "यह फौज केवल जाब्ता के लिए एकत्रित की गई है।" मारवाड़ नरेश ने कहा, "यदि जवाहरसिंह के साथ झगड़ा करने का किसी प्रकार का विचार हो, तब मैं जाटों को कछवाहा राज्य की सीमा तक पहुंचाने जाऊंगा।" भटराजा ने आश्वासन दिया कि जाटों के साथ किसी प्रकार का झगड़ा नहीं होगा। वे राज्य से शांतिपूर्वक निकल जावें। इससे दोनों शासकों को शांति मिली और उनमें शिथिलता आ गई।[75]

भटराज ने जवाहरसिंह से भी भेंट की और उसको जड़ाऊ सरपेच, तोरा तथा सप्त परिधानों का सरोपाव भेंट किया।[76] जाट-शासक को उसकी बातों पर सन्देह हो गया था और उसने क्रोधावेश में शेखी बघारी।[77] विजयसिंह जाटों के साथ सांभर से दो-तीन मंजिल आगे तक आया। फिर मेहता मनरूप के नेतृत्व में नागौर की और शिवचंद सिंधवी के साथ सोजत की कुल तीन सहस्त्र अश्वारोही सेना जवाहरसिंह के साथ रवाना करके देवलिया में जवाहरसिंह से विदाई ली। राठौड़ों की शेष सेना मींडा तथा रेनवाला से पीछे लौट गई। विजयसिंह ने सांभर मारौठ होकर मेड़ता में कुछ पड़ाव डाला।[78]

10. मावण्डा-मंढौली युद्ध, दिसम्बर 14, 1767 ई.

जवाहरसिंह ने अपनी विशाल सेना, भारी व हल्का तोपखाना, साज-सामान, तम्बू-डेरों सहित देवलिया से पधार, रींगस, श्री माधौपुर, कनावर होकर तोरावाटी भूभाग में स्थित मावण्डा[79] नामक गांव से निकलकर नीमराना पहुंचने का प्रयास किया। मावण्डा जाट-राज्य की सीमा के निकट तंवर राजपूतों की स्वतंत्र जागीर में कछवाहा राज्य का अंतिम थाना था और युद्ध के समय राव सम्पतसिंह पाटन (तोरावटी) तटस्थ रहा। इसी क्षेत्र में जाट निवासी थे और जाटों को इस खांप से सहयोग की आशा थी। परंतु कछवाहों ने परवाना भेजकर उनको भी आमंत्रित कर लिया था। जवाहरसिंह को आशा थी कि उसकी सेनायें बिना किसी अड़चन के मार्ग पार करके अपने राज्य की सीमा में प्रवेश कर जावेंगी।[80]

जवाहरसिंह की सेना अति बलशाली थी और उसमें युद्धकुशल साहसिक सेनापति थे। फलतः कछवाहों ने आमने-सामने मैदान में जमकर युद्ध करना उचित नहीं समझा। राव प्रताप ने सेनानायकों के आपसी मतभेद, दुर्बलता और युद्ध करने के तौर-तरीकों का भेद दे दिया था और उसने जाटों पर तंग घाटी को पार करते समय अचानक ही धावा बोलने की सलाह दी। कछवाहों ने हाड नदी पार करके

32 किमी. आगे कूंच किया। यहां से पुनः 21 किमी. आगे बढ़ने का निश्चय किया गया। राजा हरसाय व राजसिंह हमीरदे 2000 सड्या सवारों (तेजधावक) को हरावल के रूप में रवाना किया और शेष फौज ने 38 किमी. का मार्ग तय करके जाटों पर आक्रमण करने का विचार किया। इस प्रकार सोमवार, दिसम्बर 14, 1767 ई. (पौष वदि 9, सं. 1824) के दिन मावण्डा-मंढौली घाटी में अति प्रसिद्ध युद्ध लड़ा गया।[81]

14 दिसम्बर को अरुणोदय से पूर्व कछवाहा सवारों ने रण का केशरिया बाना धारण किया और लाल पट्टियां बांधीं। तुलसी तथा गंगा जल ग्रहण करके घोड़ों पर सवार हो गये। उनका तोपखाना काफी पीछे मालपुरा के पास पचेबर में था। तभी दीवान हरसाय तथा ठाकुर राजसिंह ने ठाकुर बनेसिंह खंगारोत (बिचूण), भोपालसिंह शेखावत, तोलसिंह आदि को 2000 सवार हरावल में तैनात किया। जवाहरसिंह जब मावण्डा गांव के निकट पहुंचा, तब पीछा करते हरावल सवार उसके निकट आ गये। यहां से जाट-सेना को मावण्डा की एक तंग घाटी से होकर निकलना था। उनके पास समय कम था। इससे जाट सेनायें तीन दलों में विभक्त हो गई थीं। पुरोहित किरपाराम की निगरानी में भारी साज-सामान तथा डेरों (चंदौल) के भारकसों को तंग घाटी से निकालने के लिए अग्रपंक्ति (हरावल) में रवाना किया गया। उसके पीछे कप्तान राने मादे की टुकड़ियां तथा तोप थीं। कछवाहा सवारों ने अपनी तोपों की बाट देखे वगैर प्रातःकाल अचानक ही जाटों की अग्रपंक्ति पर सीधा आक्रमण कर दिया।[82]

पुरोहित किरपाराम ने कछवाहा हरावल का सामना किया और मुख्य छावनी में आक्रमण का समाचार भेजकर कहलवाया कि कछवाहा सवार लड़ाई करना चाहते हैं। उनसे लड़ना है अथवा नहीं? जवाहरसिंह ने राजगुरु महंत रामकिशन तथा उनके शिष्य चत्रसाल, चतरसिंह चौहान (दीवान), नवाव जुल्फीकार खां, जनरल समरू आदि से विचार-विमर्श किया। तब रामकिशन ने पीछे न हटकर आक्रमण का उत्तर देने की सलाह दी। जनरल समरू ने कहा, "उसके प्रशिक्षित तोपची अपनी तोपों तथा चादरों से पर्वतों को उड़ाने में समर्थ हैं, फिर कछवाहा सवारों की क्या बिसात?" इस प्रकार आत्म रक्षार्थ लड़ते-लड़ते आगे चलते रहने का निर्णय किया गया। बाध्य होकर जाट-शासक ने किरपाराम के पास सामना करने की सूचना भेजी और शेष सेना ने तंग घाटी में प्रवेश करना शुरू कर दिया। समरू ने बहीर को 13 किमी. आगे बढ़ाने का निर्देश देकर कूंच जारी रखा।[83]

पुरोहित किरपाराम ने कछवाहा सवारों का जमकर सामना किया। भारकसों को आगे बढ़ने में कठिनाइयां आई। पीछे से नई कुमुक सम्भव नहीं थी। हरावल ने शत्रु सवारों पर तोप व बन्दूकों से धावा किया। प्रथम मुठभेड़ में काफी उत्साह दिखलाकर ठाकुर बनेसिंह खंगारोत अपने 500 सवारों सहित खेत रहा। शेखावत

भयभीत होकर अपने सवारों सहित किनारा कर गया और बाद में पीछे हटकर जाट-चन्दौला पर मंडराने लगा।[84]

तभी जाटों की अन्य टुकड़ियां तंग दर्रे में घुस गई। भारी सामान का कोतल दल पांच किमी. आगे मैदान में निकल चुका था। जाट-सेना भी घाटी को द्रुतगति से पार करके दूसरी ओर मैदान में पहुंचना चाहती थी, किन्तु दर्रे की संकीर्णता के कारण उनको एक लम्बी कतार में चलना पड़ा।

आक्रमण-प्रत्याक्रमण

दोपहर तक जाट सेनायें घाटी के मध्य पहुंच चुकी थीं। तब कछवाहा सवारों ने आक्रमण किया। जाट तोपों ने कछवाहा रिसाले पर कुछ समय तक भारी गोलाबारी की। इससे रिसाले में भगदड़ मच गई। प्रधान सेनापति राव दलेलसिंह राजावत रथ में सवार था। उसके पुत्र लक्ष्मण सिंह ने सवारों के घायल होकर पीछे हटने की सूचना दी। तब राव दलेलसिंह, राजा हरसाय, बख्शी गुरसाय, सार्दूलसिंह, ठाकुर लक्ष्मणसिंह (सीकर) राजसिंह हमीरदे, राजा बलिभद्रसिंह आदि सभी सरदारों ने तोपखाना संगर को तोड़कर तलवार, बरछी, तीरों से युद्ध करने का निश्चय किया।[85]

अस्तु, मध्याह्न में 70 वर्षीय राव दलेलसिंह रथ से उतरकर घोड़े पर सवार हो गया। जवाहरसिंह के पास समय कम था। फिर भी उसने सत्वर ही आठ तोप तथा चार पलटन आगे रवाना कर दी और स्वयं हाथी पर सवार हो गया। जनरल समरू, दीवान बहादुरसिंह, चौधरी रोशनलाल (होड़लिया), महंत रामकिशन, चत्रसिंह, गुलाबसिंह (जहांगीरपुर), धीरजसिंह (कैलूरी), मदारी खां मेवाती आदि ने शत्रु रिसालों के भीषण आक्रमण का जमकर सामना किया।[86]

जवाहरसिंह की मुख-पंक्ति में जनरल समरू अपनी चतुष्कोणीय सैनिक पंक्ति के साथ था। उसने चन्दौल (पृष्ठ भाग) में आपात काल के लिए 50 तोपों का बेड़ा सुरक्षित रखा। उसके पैदल तथा सवार तीनों डिवीजन तोप पंक्ति के पीछे खड़े थे। शत्रु सवार 'जय भवानी' घोष के साथ समरू की सैनिक पंक्तियों की ओर बढ़े। फिरंगी सेना ने 'जय-जय ब्रजराज तथा गिरिराज' के घोष से कछवाहा सवारों पर सामने, दायें तथा बायें–तीनों ओर बन्दूकों से गोलियों की भारी बौछार शुरू की। फिरंगी चद्दरों से चलते अंगूरी छर्रों से व्यथित शत्रु सवारों को पीछे हटना पड़ा और उन्होंने घूमकर अग्र पंक्ति पर हमला किया। सैकड़ों राजपूत सवार खेत रहे; परन्तु उनके आक्रमण का वेग इतना तीव्र व कठोर था कि मुख पंक्ति की तोपें दूसरी बार गोला-गोली नहीं फेंक सकीं। रिसालों ने संगर को तोड़ डाला। सामने (अग्र पंक्ति) उनकी चतरसिंह चौहान तथा नवाब जुल्फीकार खां से मुठभेड़ हुई। एक घंटा तक तीर-तलवारों, बरछी-भालों से युद्ध चलता रहा। रिसालों के तीव्र

प्रहारों से जाटों की अग्र पंक्ति को पीछे हटना पड़ा। कछवाहा सवारों को भारी क्षति उठानी पड़ी। ठाकुर नवलसिंह शेखावत (झुंझुनू) पंचपाना सरदारों सहित और नवलगढ़ के सौदानी राव, जिस पंक्ति में तैनात थे, शांति से युद्ध का तमाशा देखते रहे और उन्होंने अंतिम क्षण तक युद्ध में पहल नहीं की। वे नम्रता दिखलाकर मैदान से भाग गये।[87]

दीवान हरसाय, बख्शी गुरसाय तथा दलेलसिंह राजावत, नाथावत आदि के नेतृत्व में उनके रिसालों ने मध्य भाग को तोड़कर पीछे से दाई बाजू पर तैनात मुगल व तुर्क रिसालों पर तीव्र आक्रमण किया। तुर्क तोपची अपनी तोपों का मुख इन रिसालों की ओर मोड़ने में विफल रहे। इससे कछवाहों ने जाट पैदलों को घायल करके दाई बाजू की तोपों पर अधिकार कर लिया और उनकी रंजकों में लोहे के खूंटे ठोककर नकारा कर दिया।[88]

तब महंत रामकिशन जाट-सवारों सहित और राठौड़ सेना नायक अपनी टुकड़ियों सहित तुर्कों की सहायता के लिए पहुंच गये। राजपूतों की क्रूर कृपाण तथा भालों की मार से व्यथित होकर तुर्क-मुगल मैदान में पीछे हट गये। कछवाहा सवारों को जाट व राठौड़ों से मुकाबला करना पड़ा। इस युद्ध में राठौड़ों के बीस प्रमुख सेनानायक, 12 जजैलबरदार खेत रहे और अनेक घायल हो गये। महन्त रामकिशन को भी कई घाव आये। इसी बीच कछवाहों की कुछ टुकड़ियां बाईं ओर मुड़ गई थीं। इन पर समरू ने गोलाबारी की। शत्रु सवारों के प्रहारों से यद्यपि समरू घायल हो गया और उसकी प्रायः सभी तोपें बेकार हो गई। फिर भी वह मैदान में जमा रहा। कछवाहा पक्ष में हताहतों की संख्या काफी बढ़ चुकी थी। इन आक्रमणों में शत्रु के सैकड़ों वीर योद्धा सामन्त खेत रहे।[89]

इस प्राणघातक दिन (14 दिसम्बर) जवाहरसिंह ने असामान्य पौरुष से रणक्षेत्र में जमकर युद्ध किया। कछवाहा सवारों ने उसके निसान तथा हाथी को घेर लिया। तोपों की गड़गड़ाहट से उसका हाथी रणक्षेत्र में बिखर गया। इससे नवीन भरती के दस हजार तुर्क मुगल सैनिकों में हंगामा मच गया। उन्होंने नमकहरामी की और वे दस लाख रुपया का खजाना लूटकर दिल्ली की ओर भाग निकले। इससे जाट सैनिकों में भगदड़ मच गई[90] और वे बरबाद होकर इधर-उधर भाग गये। जवाहरसिंह स्वयं घायल हो गया और उसके तलवार, तीर तथा बरछी के घाव आये, साथ में उसके खास गोल के सैनिक व सरदार भी घायल हो गए थे।[91]

तंग दर्रे में सूर्यास्त तक युद्ध चलता रहा। फ्रेंच कप्तान मोंशियर मेडक ने जमकर मोर्चा लिया और फ्रेंच फिरंगियों ने चट्टानों की ओर पीठ मोड़कर सूर्यास्त तक युद्ध किया। उन्होंने इस दिन वीरता तथा साहस दिखलाया। जाट सैनिक भारकसों सहित लड़ते-भिड़ते आगे बढ़ गये। जब वे सामान के पास मैदान में आ

गये, तब वहां उनको लूटमार व अव्यवस्था का सामना करना पड़ा। समीपस्थ ग्रामीणों के झुण्डों ने काफी सामान लूट लिया था।[92]

सूर्यास्त के बाद भी जवाहरसिंह स्वयं पांच सहस्त्र सवारों, जनरल समरू, राने मेडक आदि अपने सैनिकों के साथ मैदान में जमे रहे। जवाहरसिंह ने उस रात्रि को उसी स्थान पर डेरा खड़ा करने का आदेश दिया। जाटों ने शत्रु के चार हाथी घेर लिये। फलतः कछवाहों के पैर उखड़ गये और वे 13 किमी. पीछे हठकर नींवरा थाना पहुंच गये। फ्रेंच सवारों ने रात्रि में काफी दूरी तक उनका पीछा किया, किन्तु शत्रु सवार उनके हाथ नहीं आये। जनरल समरू ने असाधारण वीरता, योग्यता तथा सूझबूझ से काम लिया। उसने त्रिकोण बनाकर अपने सैनिकों तथा जवाहरसिंह को महान विपदा से बचा लिया था। फ्रांसिसियों तथा फिरंगियों ने निःसन्देह युद्ध पर काबू पा लिया और अनेक स्थानों पर चौकियां भी बिठा दी थीं।[93]

इस युद्ध में जाटों के लगभग दो सहस्त्र सैनिक काम आये।[94] वहां कछवाहों को अत्यधिक हानि उठानी पड़ी। यद्यपि उनके भी दो-तीन हजार योद्धा तथा सैनिक खेत रहे[95] और घायलों की लम्बी सूची बन गई, किन्तु जयपुर राज्य का मुश्किल से द्वेष भड़काने वाला कोई सामंत परिवार ही शेष रहा होगा, जिसका एक या दो पुत्र इस युद्ध में काम नहीं आया हो। अनेक संस्थानों में 6-7 वर्ष के बालक ही वंश-रक्षा के लिए बचे थे। न केवल राजा हरसाय व बख्शी गुरसाय, बल्कि प्रधान सेनापति राव दलेलसिंह (धूला) अपनी तीन पीढ़ियों सहित काम आया। ठाकुर राजसिंह हमीरदे का हाथी और 1260 सैनिक खेत रहे।[96] इस प्रकार दोनों ओर के पांच सहस्त्र व्यक्ति काम आये।[97]

रणस्थल के हृदय विदारक दृश्य को देखकर जवाहरसिंह स्वयं अनायास ही अपना धैर्य तथा आत्मविश्वास खो बैठा। तब समरू ने उसको अपने शेष सुरक्षित 50 तोपों के सहारे डीग सुरक्षित पहुंचाने का वचन दिया। अतः जवाहरसिंह अपनी ही सूरत का अपने ही वस्त्रों में हाथी पर सवार एक गूजर को रणस्थल में राजछत्र (ध्वज) तथा राजचिह्नों सहित छोड़कर अति कष्ट सहता रात्रि में फ्रेंच सैनिकों के साथ सुरक्षित निकल गया। कोराणा (मावण्डा से 58 किमी., तहसील बहरोड़) गांव में एक वावरिया ने उसके घावों की मरहम पट्टी की। वहां से वह अलवर दुर्ग में कुछ विश्राम करके डीग लौट आया।[98]

दूसरे दिन (15-16 दिसम्बर) राजपूत सैनिकों ने युद्ध-स्थल पर पहुंचकर जवाहरसिंह का राजछत्र (ध्वज), तोपों तथा सामान को लूट लिया और कुछ दिन रुककर लूट के सामान सहित लौट गये।[99] रांठ के चौहान, भिवानी के जाटू व तंवर, राजौरी, दयौती तथा घासेड़ा के बड़गूजरों ने जाटों के प्रति असन्तोष अवश्य प्रकट किया, किन्तु युद्ध तथा लूट में भाग नहीं लिया।

राव प्रतापसिंह नरूका अपने काका कंवर मंगलसिंह (खेड़ा), सरदार इन्द्रसिंह (गढ़ी), जाचीक जीवण पठान आदि के साथ दूसरे दिन रणक्षेत्र में पहुंचा। उसने लूट में भाग लेकर अपने भाग्य को कसौटी पर परखा और घायलों की सूची तथा युद्ध-स्थल का एक रेखाचित्र बनवाकर कछवाहा दरबार में भेज दिया।[100] ठाकुर राजसिंह हमीरदे की अभिशंसा पर माधोसिंह ने उसको 'राव' का विरुद तथा ढाई गांव की पैतृक जागीर बहाल कर दी। अत: वह अपने 500 सवारों व सरदारों सहित जाट-शासक का पीछा करने का बहाना लेकर राजगढ़ की ओर चल दिया।[101]

कप्तान मेडक वहां चार दिन रुका और लूट से जो कुछ साज-सामान, तम्बू-डेरा युद्ध का सामान बचा सका, उसको लेकर डीग की ओर रवाना हो गया। खराब सड़क तथा अपने सैनिकों की परेशानी को देखकर उसने भिन्न-भिन्न आकार-प्रकार की 70 तोप, छावनी का सामान, रसद की गाड़ियां जाट-राज्य की सीमा में लाकर पीछे सुरक्षित छोड़ दी।[102]

विजयसिंह को युद्ध तथा बरबादी का समाचार मारौठ में मिला। उसको भारी संताप हुआ। उसने भटराजा सदाशिव के प्रति गहरा रोष प्रकट किया। विप्र वंश से बदला लेने की अपेक्षा उसको अपने डेरों से निकाल कर ही सन्तोष करना पड़ा।[103]

11. युद्ध का परिणाम

मावण्डा-मढ़ौली के इस विनाशकारी युद्ध को पुराने इतिहासकारों ने राजपूताना का 'अत्यन्त रक्त पिपासु' युद्ध और जयपुर राज्य के आधुनिक लेखकों ने कछवाहों को 'महाभारत तुल्य' और घाटी को 'द्वितीय हल्दी घाटी' की संज्ञा दी थी। यद्यपि इस युद्ध के बाद उभय पक्ष अपनी-अपनी विजय का दावा करने लगे थे, किन्तु सैद्धांतिक रूप से यह 'अंतिम निर्णायक युद्ध' नहीं था और न किसी एक पक्ष की विजय अन्य पक्ष की पराजय का द्योतक थी। फिर भी भविष्य में हिन्दुस्तान की दो महान राजनैतिक हिन्दू शक्तियों के स्थाई पराभाव तथा दोनों राज्यों के विघटन का संकेत[104] अवश्य था। आंचलिक लोकगीतों या क्षेत्रीय वार्ताओं पर इस कौमी समता के युद्ध का कम से कम युद्ध शताब्दी के अंत तक प्रभाव रहा। इससे हिन्दुस्तान में मराठा वर्चस्व का मार्ग खुल गया था।

सवाई माधोसिंह ने जहां अपनी 'विजय' का दावा किया, वहां डॉ. सरकार तथा उनके आधार पर अन्य आधुनिक लेखकों ने साक्ष्यों का पर्याप्त विश्लेषण किये वगैर जवाहरसिंह की 'पूर्ण पराजय'[105] मानी है। जबकि इस युद्ध के बारे में कम्पनी सरकार के राजनीतिज्ञों का आकलन था कि "जवाहरसिंह ने (उसने) राजपूतों के साथ युद्ध करके व्यक्तिगत साहस दिखलाया, किन्तु उसकी युद्ध संचालन शैली में साधारण दूरदर्शिता अथवा प्रबन्ध पटुता की कमी थी।"[106]

वास्तव में जवाहरसिंह को यह युद्ध शत्रु की धरतीपर अपने साज-सामान तथा सैनिकों के जीवन की रक्षार्थ अनायास जी जबरन बिना किसी पूर्व तैयारी के लड़ना पड़ा था। भाड़े के परदेशी तुर्क व मुगल सवारों ने नकमहरामी करके रणस्थल में अराजकता फैलाकर जाट-पक्ष को हतोत्साहित कर दिया था। अस्तु, इसको जवाहरसिंह की पूर्ण पराजय मानना अनुचित है।

इस युद्ध से जाटों के विख्यात शौर्य्य, चातुर्य्य तथा प्रतिष्ठा को आघातित अवश्य किया और ब्रज संस्कृति का गौरवान्वित विकास सूर्य ढलने लगा।[107] यह भी स्पष्ट हो गया था कि देश तथा जाति के स्वाभिमान को अक्षुण्य रखने वाले देशस्थ सरदार तथा देशस्थ सैनिकों की उपेक्षा करके नियमित वेतन पर भरती परदेशी तथा विदेशी झंडे के सैनिक न तो देशभक्त हो सकते हैं और न अपना रक्त बहा सकते हैं।

जवाहरसिंह बचकर अवश्य आ गया था, किन्तु उसने अपने हठी स्वभाव के वशीभूत होकर मुगल सादृश्य शान शौकत, ऐश्वर्य तथा वैभव को अपने ही हाथों से खो दिया था। उसके सभी शत्रु तथा कुछ मित्र सर्वत्र ही उपहास[108] करने लगे थे। जाचीक जीवण ने अपने प्रबन्ध काव्य में व्यंग्य किया है, 'कि जवाहरसिंह नगर में रुका और फिर डीग के महलों में श्वांस ली। वहां रमणियों ने प्रश्न किया, 'हे कंत! कहो, ढूंढ़ाड़ कैसी है?'[109]

जाटों की बरबादी का समाचार सारे देश में तेजी से फैल गया था। 16 दिसम्बर को दिल्ली शहर में इश्तहार तथा दुंदुभि बजाकर इस पराजय की घोषणा[110] की गई। कछवाहा राज्य के अहलकारों (परवाना नवीस), पड़ोसी राज्य के दूत व इन वकीलों ने सत्वर ही अपने हरकारों तथा कासिदों के साथ इस युद्ध का विवरण रवाना करके अपने विजय की शेखी बखान की।[111] इससे कुछ माह तक जाटों के विरुद्ध गड़बड़ रही विशेषतः इसका तात्कालिक प्रभाव भदावर, कछवाधार पर पड़ा।

12. जवाहरसिंह की दृढ़ता : प्रत्याक्रमण की तैयारियां

जवाहरसिंह के जीवन में प्रथमवार महान विपदा आई थी और अनुभवी सलाहकारों ने रुहेलों, बलूची तथा मराठों के भावी कार्यक्रमों की विफलता के लिए राजपूतों के साथ आपसी संघर्ष को टालकर शांति-समझौता करने की सलाह दी थी। किन्तु स्वाभिमानी, दृढ़ी, अक्खड़ स्वभाव के जाट-शासक ने आत्मविश्वास के साथ उनका सामना करना शुभ समझा और कछवाहों के कुंठित प्रचार तथा ईर्ष्या द्वेष की भावना को ललकारने का दृढ़ संकल्प व्यक्त किया।[112]

उसने डीग से आगरा पहुंचकर अपने सरदारों, जागीरदारों की वीरता व साहस को इनाम देकर प्रोत्साहित किया। मोंशियर राने मेडक को भारी उपहारों से

पुरस्कृत किया गया। उसके भत्ता में पांच हजार रुपया मासिक की वृद्धि की और सेना-बल में वृद्धि करने का आदेश दिया। किन्तु यूरोपियन शस्त्रों की कमी के कारण वह 250 अतिरिक्त सैनिक ही भरती कर सका।[113]

13. सीमान्त परगनों की मांग

सीमावर्ती गांवों में राजपूतों, जाटों तथा मेवातियों की मिली-जुली जमींदारियां तथा काश्तकारियां थीं और आपस में उपज का आदान-प्रदान होता था। काश्तकारों की उपज तथा लेन-देन को लेकर सीमावर्ती गांवों में सामान्यतः आपसी झगड़े चलते रहते थे।

नरूखण्ड, परगना बहात्री (बसुवा) तथा कोटपूतली की कछवाहा जागीर के गांवों में जाट राज्य का सामान्यतः हस्तक्षेप था। शेखावत जमींदार प्रायः सीमान्त गांवों में उपद्रव करते थे। जाट सैनिकों ने परगना बहात्री के उपद्रवी गांवों को कई बार घेर कर लूट लिया था। कोटपूतली के भी कुछ गांवों को उजाड़कर जोटों ने अपना अमल कर लिया था। तब नीदरगढ़ के राव नाथूसिंह स्यौब्रह्मदोता तथा बख्शी श्रीराम शेखावत ने जाटों का सामना किया, जिसमें नाथूसिंह खेत रहा और जाट सैनिकों को सफलता मिली।[114] इसी प्रकार सितम्बर, 1767 ई. में परगना खोहरी में जाट तथा कल्याणौत राजपूतों में आपस में झगड़ा हो गया। पदमसिंह तथा बख्तसिंह कल्याणौत ने जाटों का सामना किया।[115]

उत्तर में परगना कामां तथा खोहरी (खोरी) जाट राज्य की सीमाओं के भीतर कछवाहा राज्य के उपनिवेश थे। महाराजा सूरजमल इन दोनों परगनों को अपने राज्य में शामिल नहीं कर सका था। कामां (काम्यकबन) ब्रज का सांस्कृतिक केन्द्र था और खोहरी मेवात प्रांत का सम्पन्न व समृद्ध परगना था। इन दोनों परगनों पर काठेड़ राज्य का विधि सम्मत दावा था। राजा हरीसिंह कामां संस्थान का बन्दोबस्त करने में पूर्णतः विफल रहा। इस संस्थान में आबाद बांकावत, कल्याणौत खांप के ठाकुर उससे अप्रसन्न थे।[116] काठेड़ (जटमई) के मुतसदी व साहूकारों ने कामां के अनेक गांवों को रहन (गिरबी) रख लिया। इससे स्वभावतः परगना कामां में जाट-शासन का हस्तक्षेप बढ़ने लगा। राजा हरीसिंह स्वयं ऋणभार से दब रहा था। उसने भी पुरोहित गोकुलचंद कटारा से ऋण लेकर कस्बा कामां क्षेत्र के चार गांव गिरवी रख दिये थे।[117]

1764-65 में कल्याणौतों ने परगना के गांवों में काफी बदअमनी फैलाकर दो-चार गांवों के भू-राजस्व का गठन कर लिया। अगस्त, 1765 ई. में चौरासी के ठाकुरों को कामां की सुरक्षा हेतु उनकी जमीयत सहित बुलाया गया था, किन्तु उन्होंने भी आदेशों की अवहेलना की। तब कछवाहा दरबार ने जवाहरसिंह को लिखा, "कामां के समीपवर्ती गढ़ी में आपकी ओर से सुखलाल कायस्थ थानेदार

तैनात है। वह कामां के गांवों के साथ खींचतान करता है।"[118] अस्तु, कामां में फैली बदअमनी का मुख्य कारण जटवाड़ा के अधिकारियों का हस्तक्षेप था।

अगस्त 1767 ई. में कामां जागीर को खालसा करके राजा सारदूलसिंह नरूका को प्रबन्धक, खुश्यालचंद को दीवान तथा परसिंह राय खत्री को मुसाहिब नियुक्त किया गया। मुसाहिब (कारिंदा) को राजा सारदूलसिंह के साथ हाथी की सवारी में बैठने, बांकाबत कल्याणौत आदि जागीरदारों तथा चौरासी के जमींदारों को संतुष्ट रखने और उनके सहयोग से कामां कोट की मरम्मत करवाने तथा जखीरा (भण्डार) की देखभाल करने के भी अधिकार प्रदान कर दिये। अक्टूबर में जवाहरसिंह की पुष्कर-यात्रा की तैयारियों को देखकर तत्क्षण संगही अणदराम को दीवान नियुक्त करके कामां की सुरक्षा-व्यवस्था को सुदृढ़ करने का प्रयास किया गया।[119]

डीग लौटकर जवाहरसिंह ने कछवाहा शासक से परगना कामां तथा परगना खोहरी सौंपने की मांग की अन्यथा इन परगनों को बरबाद करने की धमकी दी। माधोसिंह ने चाचा देवीसिंह (पुत्र राजा हरीसिंह, कामां) की ओर उन्मुख होकर दरबार में कहा, "चाचा! मेरा शरीर साथ नहीं देता है। मैं स्वयं युद्ध करने में असमर्थ हूं। परगने सौंपकर समझौता कर लूंगा।" ठाकुर राजसिंह हमीरदे (सेनापति तोपखाना) ने इस मांग का विरोध किया और देवीसिंह ने कहा, "मैं जीते जी अपने परगना का एक भी गांव नहीं देने दूंगा। मेरे बाद आपको जो भी उचित लगे, करना।"[120] फलतः माधोसिंह ने जाट-राज्य पर आक्रमण करने की तैयारियां शुरू कीं।

14. कछवाहों के विफल कूटनयिक प्रयास

सवाई माधौसिंह ने जाटों के राजनैतिक अस्तित्व को समाप्त करने की महती योजना बनाई और उसने न केवल हिन्दुस्तान के अन्यान्य सहयोगी राजपूत नरेशों, रुहेला, मराठा, मुगल सम्राट तथा शुजा को जाटों के विरुद्ध प्रस्थान करवाने का विफल प्रयास किया, वरन् विदेशी आक्रान्ता अहमद शाह दुर्रानी को भी जाटों के विरुद्ध अपनी सहायता को आमंत्रित किया।

राजा महासिंह चौहान ने विद्रोह करके नीमराना गढ़ में स्वाधीनता की घोषणा कर दी और गढ़ की चाभियां कछवाहा शासक के पास भेजकर अधीनता स्वीकार करने की इच्छा व्यक्त की।[121] राव फतहसिंह बड़गूजर (घासेड़ा) ने भी विद्रोह कर दिया। चम्बल पार के राजपूत जागीरदारों, गूजर जमींदारों तथा बुन्देलों ने भी मराठों के साथ मिलकर जाटों के विरुद्ध तुमुल घोष किया।

माधोसिंह का इन्दौर-दरबार के साथ निरन्तर पत्राचार चल रहा था। 16 जनवरी को माधोसिंह ने राव तुकोजी होल्कर को 'सत्वर आने' का आग्रह किया।

इस पर 20 जनवरी को तुकोजी ने फौज रवाना करके और भी फौज का तांता लगाने और महादजी के साथ स्वयं शीघ्र ही उधर आने का स्वप्निल आश्वासन दिया।[122]

कछवाहा दरबार ने नवाब नजीब के पास अपना दूत भेजकर अपने पत्र में लिखा, "अब जाट शासक के दमन करने का समय आ चुका है।" नवाब अस्वस्थता के कारण सहयोग नहीं दे सका। परन्तु नवाब मुसाबी खां बलूच अवश्य अपने कप्तानों के साथ कछवाहों का सहयोग देने को तैयार होकर दिल्ली से निकल पड़ा। माधोसिंह ने राजपूत शासकों, रुहेलों, नवाब शुजा तथा अंगेज कम्पनी सरकार के साथ मिलकर जाट-विरोधी परिसंघ गठित करने का तात्कालिक विफल प्रयास किया और आगरा का दुर्ग छीनने की योजना बनाई। माधोसिंह ने सम्राट शाहआलम सानी को अपनी अर्जदाश्त में लिखा–

"जहाँपनाह की अनुकम्पा से आपके सेवक की सेनाओं ने विजय प्राप्त कर ली है और अवज्ञाकारी विद्रोही को उसके जिद्दी स्वभाव के कारण दुष्कार्यों का फल मिल चुका है। अब समय आ गया है कि आप इधर पधारें। ताकि आपके चरणों से अकबराबाद (आगरा) पवित्र हो सके। आपका पुराना पुश्तैनी खिदमतगार अन्य उमरावों सहित आपके नेतृत्व में गठित संघ में शामिल होकर पूर्ण-निष्ठा से युद्ध में शाही निसान की सेवा करेगा।...यदि शाही निसान आगरा की ओर शीघ्र ही रवाना नहीं किया गया (तो इससे गड़बड़ हो जावेगी।)"[123]

उत्तर में प्रयाग से सम्राट ने कहा, "नवाब कमर-उद्-दौला की सलाह व सहमति के बगैर हम किसी भी ओर कूंच करने में असमर्थ हैं। हम उसी की सलाह पर ही कार्य करेंगे।" परन्तु जवाहरसिंह को सिखों की सहायता मिलने का समाचार मिलते ही माधोसिंह ने नवाब वजीर शुजा पर बादशाह की सहायता व सहयोग का दवाब डाला। शुजा ने बादशाह को माधोसिंह के पक्ष में पत्र लिखा–

"सेवक को अभी समाचार मिला है कि सिखों का वकील आपकी सेवा में आने वाला है। उसे आदेश दिया जावे कि वह अपने सरदारों को जवाहरसिंह की अपेक्षा माधोसिंह की सहायता करने को कहे। जाटों ने उनको जो कुछ भी रकम देने का वचन दिया है, माधोसिंह भी उतना ही भुगतान करेगा।"[124]

बादशाह ने वजीर के इस सुझाव को स्वीकार न करते हुए भी माधोसिंह को सूचित किया–

"आप आगे प्रस्थान करें और दिल्ली की ओर से आ रहे मुसाबी खां बलूच के साथ मिलकर आगरा दुर्ग पर अधिकार कर लें। तब शाही निसान व बादशाह उधर प्रस्थान करेंगे।"[125]

इसी सन्दर्भ में बादशाह ने 15 फरवरी के पत्र में गवर्नर फोर्ट विलियम को सूचित किया कि, "दोनों में आपसी सम्बन्ध संघर्षात्मक हैं। दोनों ही अपनी-अपनी

छावनियों में हैं और अभी तक दूसरी लड़ाई नहीं हुई है।"[126] बादशाह फोर्ट विलियम के अधिकारियों की अनुमति तथा नवाब वजीर के अनुमोदन के वगैर इलाहाबाद नहीं छोड़ सकता था। जब शुजा ने कछवाहा नरेश को दिये आश्वासन के बारे में उसको लिखा। तब उसने शुजा को बतलाया, "हमने नवाब मुसाबी खां को कोई भी आदेश नहीं दिया है और न हमने सहायता करने के आपके प्रस्ताव से ही सहमतिं प्रगट की है।"[127] अस्तु, माधोसिंह शाहआलम सानी की छत्रछाया में 'हिन्दुस्तान की मर्यादा तथा आपसी एकत्व'[128] के फतवा में पूर्णतः विफल रहा।

15. सिखों के साथ करार तथा उनकी भरती

दिसम्बर में जस्सासिंह के नेतृत्व में सिख सवारों ने सरहिन्द से प्रस्थान करके जनवरी में बादशाह को दिल्ली आने के लिए आमन्त्रित किया। बादशाह ने सभी सिखों को संगठित करके शाही निसान के नीचे एकत्रित होकर सेवा करने का सुझाव देकर दूत को लौटा दिया।[129]

प्रारम्भ में जवाहरसिंह ने प्रयास किया कि नजीब खां सिखों को मार्ग में ही अटका ले। परन्तु उसने अस्वस्थता की आड़ में उनके साथ समझौता कर लिया।[130] तब सिखों ने जनवरी में जाट-राज्य के सीमावर्ती परगनों में हंगामा मचाया और यमुना नदी पार करके जाट परगनों में प्रवेश किया। जाट आमिल व सिपाही अपने थानों को छोड़कर पीछे हटने लगे और रैय्यत ने अपने गांव खाली कर दिये। इस प्रकार सीमान्त परगनों के गांवों में भगदड़ मचने लगी।[131] यद्यपि नजीब ने जवाहरसिंह को परामर्श दिया था "कि सिखों को आप मत बुलाओ। उनसे आपको अधिक जलालत उठानी पड़ेगी। वे बदजात हैं। उनकी बात पर विश्वास नहीं है। वह कहते कुछ हैं और करते कुछ हैं।"[132]

तभी माधोसिंह ने सिखों को अपनी सेवा में भरती करने का प्रयास किया और उसने रामकिशन मुंशी को नजीब के माध्यम से उनके साथ समझौता वार्ता करने को भेजा।[133] अस्तु, जवाहरसिंह को बाध्य होकर सिखों को अपने पक्ष में शामिल करने को बातचीत करनी पड़ी और सात लाख रुपया भुगतान के करार पर दस सहस्र सिख सवार उसकी सेवा में आकर शामिल हो गये।[134]

इससे मरणासन्न माधोसिंह की तन्द्रा भंग हो गई और सभी प्रयासों की विफलता के बाद उसको अकेले ही जवाहरसिंह से संघर्ष करना पड़ा।

16. कामां युद्ध (29 फरवरी) और माधोसिंह का प्राणान्त (5 मार्च)

राजा सारदूलसिंह ने कामां गढ़ (परकोटा) की मरम्मत करा ली थी और पर्याप्त खाद्य-भंडार, गोला-बारूद का प्रबन्ध भी कर लिया था। 2 फरवरी को महाजनों व चौधरियों की बैठक में थिरमां बख्शीस करके उनसे सहायता की मांग की

गई।[135]

सवाई माधोसिंह ने जाट-राज्य के उत्तरी-पश्चिमी परगनों में हंगामा करने और उन पर अमल करने को गुलाबा के नेतृत्व में सेनायें रवाना कीं और राजा महासिंह चौहान (नीमराना) को उसका साथ देने का परामर्श दिया।[136] राव प्रतापसिंह नरूका को उसकी जमात के साथ सत्वर ही नरूखण्ड की ओर प्रस्थान करके आसपास के गांवों पर अधिकार करने की आज्ञा दी और वह तत्काल राजगढ़ पहुंच गया। जाट-शासक की धमकी का समुचित उत्तर देने को ठाकुर राजसिंह हमीरदे बख्शी के नेतृत्व में सोलह सहस्त्र[137] सवार व पैदल सेना, तोपखाना व युद्ध का साज-सामान कामां की ओर रवाना किया गया और उसने राजगढ़ होकर कामां में पड़ाव डाल दिया।[138] इस सेना ने जाट सीमावर्ती परगनों में प्रवेश करके भारी लूटमार व हंगामा मचा कर रैय्यत को भयभीत कर दिया।[139] उन्होंने अनेक गांवों पर भी अधिकार कर लिया।[140] इस प्रकार कछवाहों ने जाट-शासक को अंतिम निर्णायक युद्ध के लिए चुनौती दी।

जवाहरसिंह ने तत्काल कंवर दानसाह के साथ कप्तान मेडक तथा सिख सवारों को राजसिंह बख्शी के विरुद्ध रवाना किया और इस सेना ने कछवाहों से 16 किमी. दूर डीग की सीमा पर अपना पड़ाव डाला।

फरवरी 29, 1768 ई. (फाल्गुण सुदि 12, वि.सं. 1824, सोमवार) के दिन कामां के बाहर दोनों सेनाओं में जमकर युद्ध हुआ। इस युद्ध में कछवाहों को भारी क्षति उठानी पड़ी और उनके अनेक सामन्त अपनी जमीयत सहित खेत रहे। दानसाह तीर से घायल हो गया और उसके सैकड़ों सैनिक काम आये। फलतः फ्रांसिसी तथा सिख सवार मैदान छोड़कर पीछे हट गये। युद्ध के बाद दोनों ओर के सैनिक सीमावर्ती चौकियों पर कई दिन तक पड़ाव डाले पड़े रहे।[141]

सवाई माधोसिंह संग्रहणी रोग से पीड़ित था। अब वह काफी निराश हो चुका था। अस्तु, उसने जवाहरसिंह के साथ शांति-समझौता करने को विद्यागुरु भट राजा सदाशिव को भेजा। 3 मार्च को उसने जवाहरसिंह से भेंट की और एक जड़ाऊ सरपेच, एक तोरा तथा पांच पोशाक (सिरोपाव) भेंट की। आपसी बातचीत के बाद 'स्थाई शान्ति समझौता की अपेक्षा केवल अस्थाई युद्ध विराम' के बाद दोनों ओर की सेनाएं सीमावर्ती क्षेत्र से हट गई।[142] सवाई माधोसिंह के जीवन का यह अंतिम कौमी संघर्ष था। मार्च 6, 1768 ई. को प्रातःकाल सवाई माधोसिंह का प्राणान्त हो गया।[143]

17. कम्पनी सरकार की नीति : शुजा का नैतिक पराभव

सवाई माधोसिंह ने जाट शासन के विरुद्ध मुस्लिम शक्तियों को प्रेरित करके जिस संघर्ष कीं कूट-नीति का सूत्रपात किया था, उसे जाट शासक विफल करने में

असमर्थ था। सर्वत्र यह सम्भावना व्यक्त की गई कि आक्रमण होने पर उसके देशज शत्रु आन्तरिक गड़बड़ फैलाकर गृह-संघर्ष छेड़ देंगे। परन्तु बादशाह तथा नवाब वजीर शुजा–दोनों ही फोर्ट विलियम सरकार के अनुमोदन के बगैर कुछ भी करने की स्थिति में नहीं थे। कम्पनी सरकार दक्षिण में नवाब हैदरअली के साथ युद्ध में फँस रही थी। उसको जाटों से किसी भी प्रकार का भय नहीं था। चतुर अंग्रेज बादशाह को अपने चंगुल से निकाल करके दिल्ली पहुँचाने या अन्य राजनैतिक शक्तियों के सहारे बादशाह के दिल्ली पहुँचने की नीति से सहमत नहीं हो सकते थे। उनको बादशाह के दिल्ली पहुँचने पर स्वतन्त्र होने और उसके नेतृत्व में 'मुस्लिम भ्रातृत्व संगठन' पुनः बनने का भय था। अस्तु, कम्पनी सरकार के इसी सम्भावित भय ने जाट शासक की रक्षा की।

जनवरी मास में नवाब नजीब ने अपनी अस्वस्थता के कारण बादशाह से दिल्ली आकर अपने परिवार की रक्षा करने का आग्रह किया और फरवरी में राजधानी की सुरक्षा का भार छोड़कर एकान्तवास की इच्छा व्यक्त की।[144] मार्च में अपने ज्येष्ठ पुत्र जबीता खां को अपना उत्तराधिकारी तथा नायब घोषित करके दिल्ली शहर, शाही परिवार तथा अपनी जायदाद की सुरक्षा-व्यवस्था का भार सौंप दिया और 26 मार्च को वह स्वयं नजीबाबाद चला गया।[145] इससे जवाहर सिंह नवाब नजीब की ओर से निश्चिंत हो गया।

नवाब शुजा अपनी सेनाओं को यूरोपियन युद्ध शैली से अनुशासित करने और विकसित हथियारों से सुसज्जित करने में व्यस्त था। दिल्ली दरबार में नियुक्त नवाब सआदत खां का वकील राजा लक्ष्मीनारायण अनेक वर्षों से जाट राज्य में निवास कर रहा था। अब वह भी सपरिवार शुजा की सेवा में फैजाबाद चला गया।[146] प्रारम्भ में शुजा ने बादशाह से आपसी मतभेदों के कारण सवाई माधोसिंह को प्रदत्त आश्वासन का विरोध किया। परन्तु महत्त्वाकांक्षी शुजा ने एकाएक ही मराठों के साथ मिलकर बुन्देलखंड तथा अन्तर्वेद में अमल करने की नीति को ध्यान में रखकर बादशाह के समक्ष जाटों की शक्ति को विभाजित करने की एक योजना प्रस्तुत की। योजनानुसार उसने राजा बख्तसिंह तथा बालाजी गोविन्द को सहयोग देने का आश्वासन भी दिया। उसने बादशाह को सुझाव दिया–

(1) सिखों को जवाहरसिंह की सेवा तथा मित्रता से विमुख करने तथा उनको तटस्थ रखने के लिए बादशाह माधोसिंह के नाम पर जवाहरसिंह द्वारा उनको प्रदत्त धनराशि की बराबर रकम का भुगतान करें।

(2) रुहेला अफगानों के कबीला सरदारों को शाही निसान के नीचे संगठित करने हेतु दिल्ली से किसी एक शहजादा को शाही फरमान के साथ उनके पास भेजा जावे, ताकि ये शक्तियां दोआब तथा यमुना नदी के पूर्वी प्रान्त में जाट अधिकृत जिलों व परगनों पर आक्रमण करके अधिकार कर सकें। फिर उनको

बन्दोबस्त में विजित प्रदेश सौंपकर उनकी स्वामिभक्ति तथा वीरता को पुरस्कृत किया जावे।[147]

इस योजना के क्रियान्वयन हेतु उसने बादशाह को जाटों के विरुद्ध अपनी सेवाएं अर्पित करने का भी आश्वासन दिया। उसने अपने पत्र में लिखा कि, "जब भी सम्राट मुझे आमंत्रित करेंगे, मैं स्वयं उपस्थित होकर अवश्य सेवा करूंगा।" कछवाहा शासक की मृत्यु के कारण 'मुस्लिम भ्रातृत्व' की यह योजना स्वतः विफल हो गई। फोर्ट विलियम सेलेक्ट कमेटी ने सभी बिन्दुओं पर विचार करके निष्कर्ष निकाला कि मुस्मिल इकाइयों की संगठित शक्ति से एक मात्र जाट ही संघर्ष करने की स्थिति में है। अस्तु, उन्होंने राजनैतिक तथा सैनिक सन्तुलन बनाये रखने को जाट-राष्ट्र के अस्तित्व को अधिक महत्व दिया। उन्होंने दृढ़तापूर्वक बादशाह तथा वजीर के सभी सुझावों को ठुकराकर जाट-शासक के हाथ मजबूत कर दिये। उन्होंने वजीर की सहायता हेतु ब्रिटिश सेनाओं को भी रवाना करने से मना कर दिया। इस प्रकार शुजा अपनी कुटिलता में विफल रहा।

18. सीमान्त परगनों में अन्तिम झड़पें (मार्च, 1768 ई.)

पांच वर्षीय अल्पज्ञ पुत्र सवाई पृथ्वीसिंह को कछवाहा राज्य गद्दी पर आरूढ़ करने के बाद दरबार से सभी अधिकारियों तथा जागीरदारों के नाम सीमावर्ती परगनों की सुरक्षा-व्यवस्था कड़ी करने के लिए परवाना भेजे गये।[148] 10 मार्च को राजा सारदूलसिंह को कामां गढ़ (नगर-परकोटा) की मजबूती बनाये रखने तथा सहायता हेतु फौज व खर्च की रकम रवाना करने का आश्वासन-पत्र भेजा गया। 11 मार्च को बाँकांबत तथा कल्याणौत जागीरदारों को राजा के निर्देशन में कामां की रक्षा करने का आदेश दिया गया। इसी दिन राजा महासिंह चौहान (नीमराना), शाहजहांपुर, बसई, घीसी के चौहान, कोहल्या, सांवरी, गुढ़ा के पंवार तथा शेखावत, चरखी, दीगोद, भिवानी के जाटू व तंवर, राजौर-द्योती तथा बड़गूजर (घासेड़ा) के नाम परवाना भेजकर उनको गुलाबा की सहायता करने तथा जाट परगनों पर अमल बनाये रखने का आग्रह किया गया।[149]

हम देख चुके हैं कि सवाई माधोसिंह तुकोजी होल्कर पर फौज भेजने का दबाव डाल रहा था। (इसी अध्याय के अनुभाग-5 तथा 14) उसने फौज रवाना करने से पूर्व माधोसिंह से शेष 17 लाख रुपया खण्डनी भुगतान की मांग[150] की थी। कछवाहा शासक तत्क्षण यह रकम भुगतान की स्थिति में नहीं था। फिर भी कछवाहों के अधिक आग्रह तथा पेशवा के आदेश पर इन्दौर सरकार ने जसवन्तराव बाबले, संताजी बाबले, सोमोजी लम्भाटे तथा आपाजी के नेतृत्व में एक मराठा फौज रवाना कर दी।[151] इस सेना ने फौज खर्च का आश्वासन मिलने के बाद ही जाटों के विरुद्ध सीमान्त परगनों की ओर प्रस्थान किया।

कछवाहा सरदार जाट तथा सिखों में अलगाव पैदा करने का प्रयास कर रहे थे। ठाकुर राजसिंह बख्शी ने अपना दूत भेजकर उनके साथ कुछ बातचीत की थी। 11 मार्च को राजगढ़ शिविर में रामनारायण ने बोहरा गोविन्दराम को सूचित किया, "महाराजा की मृत्यु का समाचार मिलने पर सिखों ने हमारे सरदार राजसिंह को संवेदना-सन्देश भेजा है और लिखा है कि वह हिन्दुस्तान के राजाओं में अग्रणी थे। आपके (राजसिंह) और उनके बीच जो बातचीत हुई है उस पर उन्होंने अमल करने का आश्वासन दिया है।" तभी जाट सैनिकों ने मीर अजमत खां के गढ़ को घेरकर आसपास के गांवों में भारी हंगामा किया। तब अजमत खां ने जवाहरसिंह से बातचीत की। जवाहरसिंह ने कहा, "मैं तो उस घर का चाकर हूं। मेरा जो दर्जा है, मैं उसी के अनुसार रहूंगा।" तब गोकुलचन्द कटारा तथा अजमत खां के गुमास्ता नंदराम ने बख्शी राजसिंह को सभी बातों से अवगत कराया और अजमत खां ने उसको वचन दिया कि आपने जो बात कहीं है; वह उसको स्वीकार है।"[152]

खोहरी गढ़ी पर अधिकार

जवाहरसिंह मार्च के प्रथम सप्ताह में महाराव रतनसिंह, कंवर दानसाह, जनरल समरू तथा मेडक के नेतृत्व में जाट सेनाओं को सीमान्त परगनों में तैनात करके डीग पहुंच गया। इनके साथ सिख सवार भी थे। कंवर दानसाह तथा समरू ने खोहरी की ओर प्रस्थान करके ग्राम बम्बोली के समीप अपना शिविर डाला। जाटों की एक टुकड़ी ने पोनरवर गढ़ी का घेरा डालकर 3-4 गांवों के मवेशियों को घेर कर भगा दिया। कछवाहा फौज माचेड़ी से 10 किमी. दूर पड़ी थी। जाट तथा सिखों की फौज में 20-25 किमी. का अन्तर था। 10-12 सौ कछवाहा सवारों ने दानसाह व समरू के विरुद्ध कूंच करने का विचार किया, परन्तु सिखों के भारी दबाव तथा पृष्ठ भाग में जाट मुल्क होने के कारण वे आगे या पीछे हटने में विफल रहे। फिर भी 13 मार्च को जाट-कछवाहों में एक झड़प हुई, जिसमें, मराठा सवारों ने सिखों का सामना किया। सिख तत्काल पीछे हट गये। इस झड़प में जाटों के 40 सवार व घोड़े काम आये। कछवाहों को भी काफी क्षति उठानी पड़ी।[153]

कछवाहा दरबार ने 14 मार्च को रतनसिंह खंगारोत को अपने क्षेत्र में मजबूती से जमे रहने और 18 मार्च को कालुहाड़, बड्याल तथा पीपलखेड़ा के कल्याणौत जागीरदारों एवं ठाकुर रतनसिंह व अजीतसिंह नाथावत के पास गढ़ी खोहरी को मजबूत रखने को परवाने भेजे गए थे,[154] किन्तु इन सभी को निर्देश मिलने से पूर्व ही 19 मार्च को महाराव रतनसिंह तथा समरू पन्द्रह सहस्त्र पैदल व तोपखाने के साथ प्रातःकाल खोहरी गढ़ी पर जा धमके और उन्होंने गढ़ी के

चारों ओर तोप लगाकर हमला किया। समस्त दिन तथा रात्रि के दोपहर तक भीषण संघर्ष चलता रहा। गढ़ी के सैनिक रात्रि के अंधकार में गढ़ी खाली करके निकल गये। गढ़ी में तोपों के गोले गिरने से काफी सैनिक काम आये। जाटों ने गढ़ी सहित सभी सरंजाम पर अधिकार कर लिया।[155]

परगना रामगढ़ में झड़प

गढ़ी रामगढ़ में सरूपसिंह दासाबत नरूका था, महाराव रतनसिंह ने उससे बातचीत कीं। मेवात में रामगढ़ का दुर्ग काफी मजबूत बना था और वहां 1500 नरूका सैनिक मौजूद थे। सरूपसिंह को आशा थी कि उसको आसपास से 3-4 हजार सैनिकों की सहायता मिल जावेगी। इस दुर्ग से 26 किमी. दूर हलैना (हलीणों) की गढ़ी थी और वहां आठ हजार जाट सैनिक एकत्रित हो चुके थे। परगना रामगढ़ के गांवों में लूटमार तथा भगदड़ मचने लगी। सरूपसिंह का अनुमान था कि जाट विपरीत दिशा से आक्रमण करेंगे। उन्होंने ठाकुर राजसिंह के काका जालिमसिंह से राय लेकर तैयारियां की।[156] अन्त में उभय पक्षों की एक झड़प में महाराव रतनसिंह को गहरी चोट लगी।

महाराव रतनसिंह की मृत्यु की अफवाह सर्वत्र फैलते ही 30 मार्च को गुलाबा ने संगही जीवाराव को लिखा, "मैं श्री जी के प्रताप से मेवात में बरोहड़ व बसई पर अमल कर सकता हूं।"[157] किन्तु कछवाहा शासन जाटों के संघर्ष करने की स्थिति में नहीं था और उनमें आपसी समझौता होने से शांति का वातावरण बन गया।

19. सिख सवारों की विदाई : जाट कछवाहा समझौता

अब सिख सवार जाटों के लिए भारस्वरूप थे। अस्तु, जवाहरसिंह ने मार्च के प्रथम सप्ताह में अपने वकील साहबसिंह तथा हरपतराय को नवाब वजीर के पास सिखों को वापिस लौटाने के बारे में बातचीत करने भेजा। 21 मार्च को उन्होंने जबीता खां, अफजल खां (नजीब का भाई) तथा मुंशी शामलाल के साथ नवाब से मुलाकात की। उन्होंने कहा, "जवाहरसिंह तथा सिखों में आपस में खींचतान चल रही है। यदि आप कुछ सैनिक भेजकर सहयोग करें, तब जवाहरसिंह सिखों को मारकर भगा सकता है।" नजीब ने कहा, "जवाहरसिंह उनके साथ अपनी इच्छानुसार निपटारा करे।"[158]

कछवाहा संघर्ष में सिख सवारों ने जाटों की सहायता की अपेक्षा तटस्थता दिखलाई थी और उन्होंने गांवों में लूटमार शुरू कर दी थी। 9 मार्च को कछवाहों की ओर से रामकिसन मुंशी ने सिख सरदारों के साथ बातचीत कीं और उनको कुछ रकम का भुगतान करने का आश्वासन दिया। अब उन्होंने जवाहरसिंह पर

करार की रकम भुगतान का दबाव डाला और जवाहरसिंह उनको खाली हाथ लौटाना चाहता था। अन्त में जाट-शासक ने उनको 'सात लाख रुपया'[159] भुगतान का वचन देकर अपने राज्य से विदा किया। 25 अप्रैल को सिख सवारों ने यमुना नदी पार करके आगे कूंच किया।

जाट-कछवाहा राज्यों के सामान्य सम्बन्धों के लिए उभय पक्ष की ओर से प्रयास किया गया। शांति समझौता के बाद मई, 1768 ई. में राव नवलसिंह, किशोरसिंह सूर्यद्विज तथा गोकुलचंद कटारा महाराज सवाई पृथ्वीसिंह के लिए राजतिलक का साज लेकर जयपुर पहुंचे। 12 मई को राव नवलसिंह को सरपेच व अन्य सामान और 13 मई को विदाई के समय 14 जिंसों के साथ एक घोड़ी भेंट की गई।[160] इस प्रकार दोनों राज्यों के बीच आपसी शांति हो गई।

संदर्भ

1. जार्ज कीन (पतन), पृ. 87;
2. वैंदेल, पृ. 107; कानूनगो पृ. 202;
3. खूंटेला जाट डूंग, निवासी, ग्राम सांतरूक, कोहन पृ. 25-बी;
4. राने मादे (पृ. 69) तथा बलदेवसिंह (पृ. 79) ने केहरीसिंह का जन्म जवाहरसिंह के दक्षिण अभियान से लौटते समय लिखा है। यद्यपि केहरीसिंह का जन्म डीग में हुआ था, किन्तु किसी भी सन्दर्भ ग्रंथ में उसकी जन्म तिथि की सूचना नहीं मिल सकी है। देहली कॉनिकल में भी इस जन्म का कोई सूत्र नहीं दिया गया है।
   = डॉ. कानूनगो ने इस घटना को मुसाबी खां की मुक्ति से सम्बद्ध करके देहली क्रॉनिकल के संदर्भ के आधार पर केहरीसिंह का जन्म मई, 1766 ई. में मानकर भ्रम पैदाकर दिया है। (पृ. 184-5; क्रॉनिकल में 2 मई को मुसाबी खां के दिल्ली पहुंचने की सूचना मात्र है पृ. 135। परवर्ती लेखक डॉ. राणावत तथा ठाकुर गंगासिंह ने कानूनगो का ही अनुसरण किया है।)
5. राने मादे, अनु. 51, पृ. 69-70;
6. परवाना कंवर दानसाह (मार्गशीर्ष सुदी 5, वि.स. 1824/नवंबर 26, 1767 ई.); भरतपुर-जयपुर खरीता-साहजी जीवराज के नाम जवाहरसिंह का खरीता, सं. 13/56/7, ज्येष्ठ सुदी 2, वि.स. 1825/मई 18, 1768 ई.; वैंदेल, पृ. 57
   = सूर्यमल मिश्रण ने अपने काव्यात्मक वर्णन में (भरतनेर) शब्द का प्रयोग किया है जिसका अर्थ भरतपुर का राजा है। वैंदेल ने सवाई जवाहरसिंह भरतेन्द्र (भरतपुर का राजा) लिखा है (पृ. 106)। कानूनगो ने वैंदेल के आधार पर जवाहरसिंह का विरुद 'भरतेन्द्र' माना है (पृ. 171, 223)। परन्तु लेखक को किसी भी संदर्भ या पत्रों में इस विरुद का उल्लेख नहीं मिला है।
7. वैंदेल; बलदेवसिंह, पृ. 79;
8. राने मादे, अनु. 51, पृ. 69-70;
9. हकीकत बही, खण्ड 1, पृ. 179; तवारीख, पृ. 117; जोध-ख्यात, जि. 3, पृ. 93;

ओझा, जि. 3, पृ. 718;

10. पे.द., जि. 29, लेख 167;
11. पे.द. (नई), जि. 1, लेख 189;
12. तवारीख, पृ. 117-8; जोध-ख्यात, जि-3, पृ. 83; पे.द. (नई), जि. 3, लेख 139; वैंदेल, पृ. 106; प्रताप रासो, पृ. 16; वंशभास्कर, पृ. 3719;
13. वैंदेल, पृ. 108;
14. पे.द. (नई), जि. 3, लेख 139;
15. राने मादे, पृ. 70, चहार (इ.डा., जि. 8, पृ. 167);
16. वैंदेल, पृ. 108, मिरासी के बीर रस प्रधान गीतों में भी कहा जाता है–
    लाला जवाहरसिंह सुण, माण म्हांरी सीख
    पुष्कर नहाण कछु नहीं, गंगा नहाणौ ठीक ॥
    = माधव जयति (पृ. 4 ब) 'जवाहरसिंह ने आगरा दुर्ग में बैठकर जयपुर विजय का विचार किया।' राने मादे (पृ. 70) 'तीर्थयात्रा की अपेक्षा उसकी जयपुर के राजा से झगड़ा मोल लेने की चाल थी।' वंश भास्कर (पृ0 3718), माधोसिंह को भयभीत करने के लिए विशाल सेना के साथ कूंच किया।
17. प्रताप रासो, पृ. 17-8; मुरक्का-इ-मेवात, पृ. 326;
18. खतूत अह., 379/365 (कार्तिक वदि 11, सं. 1824/18 अक्टूबर); डॉ. नागौरी (पृ. 34, 35) की प्रस्थान की तारीख भ्रमात्मक है।
19. प्रताप रासो, पृ. 17;
20. मुरक्का-इ-मेवात, पृ. 327-8; मिरासी वीर गीतों व आल्हा में आये खानजादौं तथा मेवाती चौधरियों के नाम।
    = जवाहरसिंह ने अजमत खां को 22 गांवों की सनद, नवाब नजामत खां को परगना मांठ तथा महका की फौजदारी की खिलअत प्रदान की थी। (मुरक्का-इ-मेवात, पृ. 327-8)
    = अलीनगर–डीग नगर मार्ग पर डीग के पश्चिम में 14 किमी;
21. ड्रा. ख.प.प., बस्ता 12, लेख 111 (कार्तिक सुदि 4); करौली-जयपुर खरीता, लेख 105 (कार्तिक सुदि 9)
22. चहार (इ.डा., खण्ड 8, पृ. 167) के लेखक जवाहरसिंह की सैनिक संख्या 60 हजार सवार, एक लाख पैदल और 200 छोटी-तोप मानता है; (अतिशयोक्ति); सोभनाथ (पृ. 11 ब) 60 हजार सवार व पैदल लिखता है। अन्य किसी लेखन ने जवाहरसिंह के सैन्य बल का अनुमान अंकित नहीं किया है।
    = जवाहरसिंह की कमान में इस समय 40 हजार से अधिक सैनिक नहीं थे। इनमें अलड़ाकू खिदमतगार सेवक, भी शामिल थे।
23. सोभनाथ, पृ. 12 अ;
24. नरेन्द्रसिंह, पृ. 214 (मार्ग का विवरण)
    = 25 अक्टूबर की अर्जदाश्त में लिछमीराम ने जयपुर सूचना भेजी कि जाट सेनाएं

हिन्डौन आने की बजाए बसवा होकर गई थी। (ख.अ., 380/386)

25. चहार (इ.डा., खण्ड 8, पृ. 167, 169); तवारीख, पृ. 88; जोध-ख्यात, जि. 3, पृ. 84;
26. वंश भास्कर, पृ. 3718-9; वीर विनोद, पृ. 1303; वैंदेल, पृ. 108;
27. उपरोक्त, पृ. 3719; वीर विनोद, पृ. 1304; थर्टी डि.बै., पृ. 209; सरकार (जयपुर), पृ. 318; मथुरालाल (जयपुर), पृ. 184; वैंदेल, पृ. 108;

= ठाकुर नरेन्द्रसिंह ने 'महाराजा सवाई ईश्वरीसिंह का जीवन चरित्र' में लिखा है, कि जवाहरसिंह ने नाहरसिंह की पत्नी को भेजने की अर्जदाश्त भेजी थी।' स्त्री ने कहा, 'जवाहरसिंह नीच है। वह मेरा सतीत्व भंग करना चाहता है।' इससे उसने विषपान करके प्राण त्याग दिये। (परि. 1, पृ. 111) लेखक ने अर्जदाश्त का विवरण नहीं दिया है।

= वंश भास्कर के अतिरिक्त अन्यत्र इस प्रकार का वृतान्त नहीं मिलता। अन्य सभी परवर्त्ती लेखकों ने बिना समालोचक परीक्षण के इसी स्रोत का अनुकरण किया है।

= मिरासी शौर्य गीतों में–

"राजा राणी भेज दये, जो चाहे आपुण खैर।
ना नाहीं करत छिण में, बाढ़ जायगौ वैर ॥

28. थर्टी डिसासिव बैटिल्स, पृ. 296-99; लेखक ने अपने कथन की पुष्टि में किसी प्रमाण अथवा साक्ष्य का उल्लेख नहीं किया है।

= ठाकुर श्यामसिंह खंगारौत ने भरतपुर राज्य में सूरजमल के शासनकाल में सेवा की थी।

= जोधपुर ख्यात (पृ. 117) के अनुसार "गुलाबा अणदराम भूरट की बडारण (सेविका) जाट जाति की थी। महाराज विजयसिंह ने उसको 1764-65 ई. (वि.सं. 1821) में गायिका के रूप में बुलवाया था। फिर 10 वर्ष के बाद फाल्गुण सुदि 2, सं. 1831 (मार्च 3, 1775 ई.) को गुलाब राय को पासवान की पदवी देकर रनिवास में दाखिल किया था (तवारीख, पृ. 145)। देखिए डॉ. शिवदत्त, पृ. 127;

29. सरकार (जयपुर) पृ. 316-7; सरकार मुगल, जि. 2, पृ. 321; पूर्व आधु. पृ. 191; मथुरालाल, पृ. 183-4;
30. शाह बलीउल्लाह कृत सियासी मकतूबात, पत्र सं. 2, पृ. 50-51;
31. सोभनाथ, पृ. 9 अ;
32. पे.द. (नई), जि. 1, लेख 189, जि. 29, लेख 129;
33. ड्रा.ख.प. (बण्डल 10, लेख 17) से दोनों राज्यों के बीच उभरे मतभेदों का स्पष्ट ज्ञान होता है।

जुलाई 19, 1762 ई. (श्रावण वदि 13 सं. 1819) को राव रूपराम कटारा ने भट जी राजा सदाशिव को लिखा–

"आगे सारा समाचार मुनसी गंगा बिशन जी सों कहे सो उनके लिखे सों मालुम हुवे होयगे। श्री जी ह़जूर अरजी लिखी है सो मालुम करौगे और नवाब ने हमकौ

ठाकुर साहिब (सूरजमल) पास को बिदा किये हैं। सो लाला साहिब जवाहरसिंह जी सों मिल करि ठाकुर साहिब पास जाय। जो जो बात नवाब साहित ने श्री जी (माधोसिंह) के वा ठाकुर साहिब के इतफाक वास्ते फरमाई हैं सों पकी करि आपको लिखौ हूं। आप भी श्रीजी हजूर मालूम करि जा बात में ठाकुर साहिब को दरबार से हेत इतफाक ह्वै, वठै सोच करि हमको लिखोगे...।"

34. ड्रा.ख.प., जि. 11 लेख 53; वैंदेल पृ. 107; सरकार (मुगल), खण्ड 2, पृ. 321;
35. रेउ (पृ. 382) ने मारवाड़-जयपुर राजा के आपसी मतभेदों पर प्रर्याप्त प्रकाश डाला है।
36. मार्ग शीर्ष वदि 5, सं. 1824 (नवम्बर 10, 1767 ई.) को माधोसिंह ने महाराजा हिन्दूपति (पन्ना) के नाम में लिखा था, "सो ठाकुर लोगां की मरजी ई. सूं फिसाद करिवा की छी। परि महाराजा बिजैसिंह जी का कहावा सूं हाल फिसाद मौकुफ राखौ।" (ड्रा.ख.प. बस्ता 12, लेख 132)
37. वैंदेल, पृ. 107; तवारीख, पृ. 118, वंश भास्कर, पृ. 3718;
38. ड्रा.ख.प., बस्ता 12, लेख 80 (आसोज वदी 1) तथा लेख 78 (आसोज वदि 3, सं. 1824)
39. ड्रा.ख.प., बस्ता 12, लेख 83 (आसोज वदि 13, 20 सितम्बर);
40. इन्दौर-जयपुर खरीता, सं. 104/105 (आसोज वदि 12) तथा सं. 104/107 (ओसोज सुदि 7, सं. 1824)
41. शिंदेशाही, खण्ड 1, पत्र 296 (4 नवम्बर)
42. ड्रा.ख.प. बस्ता 12, लेख 53 (मार्ग शीर्ष वदि 4); इन्दौर-जयपुर खरीता, सं. 105/108, मार्ग शीर्ष सुदि 8, सं. 1824;
43. ड्रा.ख.प., बस्ता 12, लेख 132 (मार्गशीर्ष वदि 5, सं. 1824)
44. पे.द. (नई), जि. 3, लेख 143;

= खतूत अह., सं. 381 (367), पौष वदि 9 (14 दिसम्बर) से ज्ञात होता है कि दखनियों के साथ समझौता हो चुका था और आशा व्यक्त की गई थी कि दस दिन में मराठा फौज भीलाड़ा पहुंच जावेगी।

45. वंश भास्कर, पृ. 3719;
46. इ.डा. (चहार), खण्ड 8, पृ. 167;
47. पे.द. (नई), जि. 3, लेख 139; वंश भास्कर, पृ. 3061, 3719; सोभनाथ, पृ. 12अ;
48. हकीकत बही, सं. 1, पृ. 169; जोध. ख्यात, जि. 3, पृ. 84; वीर विनोद, पृ. 1304; सोभनाथ, पृ. 12अ; पे.द., जि. 29, लेख 162, 164, 165, (नई), जि. 3, लेख 139; ओझा, जि. 2, पृ. 718; माधोसिंह का खरीता, ड्रा. ख.प. बस्ता 12, लेख 132 (मार्गशीर्ष वदि 5, सं. 1824)

= सूर्यमल्ल मिश्रण का कथन है कि सर्व प्रथम विजयसिंह जाट-शिविर में गया और फिर जवाहरसिंह राठौड़-शिविर में मिलने गया। (वंश भास्कर, पृ. 3720)

49. जोध. ख्यात, जि. 3, पृ. 94;

50. तवारीख, पृ. 118; जोध.ख्यात, जि. 3, पृ. 84; वंशभास्कर, पृ. 3720; वीर विनोद, जि. 4, पृ. 1304; ओझा, भाग-2, पृ. 718-9; सरकार (जयपुर), पृ. 318; पे.द., जि. 29, लेख 162, (नई) जि. 3, लेख 139;
= ठाकुर नरेन्द्रसिंह (पृ. 211) का अनुमान असत्य है कि जवाहरसिंह ने विजयसिंह से यह समझौता किया था कि जयपुर विजय होने पर जोधपुर में पश्चिमी भाग और भरतपुर में पूर्वी भाग मिला लिया जावे।
51. तवारीख, पृ. 118; जोध ख्यात जि. 3, पृ. 85; वंश भास्कर, पृ. 3720; पे.द. (नई), जि. 3, लेख 139;
52. पे.द. (नई), जि. 3, लेख 139;
53. ड्रा.ख.प., बस्ता 12, लेख 71, 81, 84-5, 87-8, 103, 105, पे.द., (नई), जि. 3, लेख 139;
54. वाक्या राज., जि. 2, पृ. 332; वीर विनोद, पृ. 1376;
= प्रताप डहरा से प्रस्थान करने ही वाला था, तभी उसकी एक दासी को मिट्टी खोदते समय गढ़ी में असरफी, रत्नाभूषणों का पर्याप्त खजाना मिला था।
= डॉ. नागौरी ने राज-राज्य अभि. के दस्तावेजों के आधार पर लिखा है, "राव प्रताप की एक चेली के बच्चा होने वाला था। तब क्षुधा पीड़ित एक वृद्धा शीत से कांपती दरबार में आई। प्रताप ने उसको भोजन कराकर प्रेम भरी बातों से सन्तुष्ट किया। उसने प्रसन्न होकर प्रताप को यह सम्पत्ति बतलाई। इस धन से उसने भरतपुर छोड़कर एक सेना एकत्रित कर ली थी। (पृ. 33, पा.टि. 4)" यह लेखक का भ्रम है। प्रताप के पास कुंटुम्बी जनों की सेना रहती थी और डहरा की आय भी प्रर्याप्त थी।
55. सोभनाथ, पृ. 7 अ;
= डॉ. नागौरी (पृ. 47) का यह निष्कर्ष अनुचित है कि राव प्रताप ने स्वदेश प्रेम तथा अपने राजनैतिक उद्देश्य की पूर्ति के लिए माधोसिंह का पक्ष लिया था। अतः उसे विश्वासघात नहीं कहा जा सकता।
56. द.कौ., जि. 11, पृ. 159;
57. प्रताप रासो, पृ. 18; सोभनाथ, पृ. 7 अ;
58. ड्रा.ख.प., बस्ता 12, लेख 125, मार्गशीर्ष वदि 1, सं. 1824 (6 नवम्बर)
59. उपरोक्त, लेख 128, मार्गशीर्ष सुदि 11, सं. 1824 (1 दिसंबर)
60. सोभनाथ, पृ. 13 ब, 16 ब, 17 अ; प्रताप रासो, पृ. 22-4;
61. पे.द., जि. 29, लेख 192;
62. महाराजा गजसिंह के नाम माधोसिंह का खरीता, बस्ता 12, लेख 123; मार्गशीर्ष वदि 4, सं. 1824 (ड्रा.ख.प.)
63. तवारीख, पृ. 118; जोध ख्यात, जि. 3, पृ. 85; वीर विनोद, पृ. 1303;
64. सोभनाथ, पृ. 13 ब; टॉड, जि. 2, पृ. 300
65. वंश भास्कर, पृ. 3720; वीर विनोद, खण्ड 3, पृ. 1304; पृ. 4 ब; सरकार (जय.),

पृ. 318 तथा (मुगल) जि. 2, पृ. 321, 355; मथुरालाल, पृ. 184; थर्टी, पृ. 211;

= ईश्वरीसिंह चरित्र (पृ. 113) में लेखक ने लिखा है, 'भरतपुर के जाट सदैव से हमारे खिदमती चाकर हैं। आपने जो मर्यादा शून्य व्यवहार किया है, सो ठीक है। परन्तु जाट-राज मेरे पायदान तक भी नहीं पहुंच सकता।'

66. सरकार (मुगल), जि. 2, पृ. 355;
67. ड्रा.ख.प., बस्ता 12, लेख 126 (मार्गशीर्ष सुदि 1, सं. 1824)
68. जोध. ख्यात, जि. 3, जि. 3, पृ. 86; नरेन्द्रसिंह, पृ. 213; पे.द. (नई), जि. 3, लेख 143, 139, जि. 29, लेख 192; बनेडा संग्रह, पत्र 49;
69. पे.द. (नई), जि. 3, लेख 139; नरेन्द्रसिंह, पृ. 213; सोभनाथ;

= जयपुर में एकत्रित फौज के बारे में भिन्न-भिन्न आंकड़े मिलते हैं। चहार (इ.डा., खण्ड 8, पृ. 167) 20,000 : 20,000 सवार व पैदल; रामचन्द्र तुकदेव (पे.द. (नई) 3/139) 40-50 हजार फौज; वीर विनोद (पृ. 1305) 60,000; प्रताप रासो (पृ. 25, दोहा 127) 80 हजार;

= जोध-ख्यात, राने मादे (पृ. 70) तथा बलदेवसिंह (पृ. 80) ने 70,000 सेना का अनुमान दिया है। इसी प्रकार महाराजा सवाई पृथ्वीसिंह ने कम्पनी सरकार के गवर्नर के नाम लिखे अक्टूबर 29, 1776 ई. के पत्र में 70,000 सेना उपस्थित होने का उल्लेख किया था। (सी.पी.सी., जि. 5, लेख 339)

70. नरेन्द्रसिंह, पृ. 214;
71. मुरक्का-इ-मेवात, पृ. 327;
72. वीर विनोद, पृ. 1305; पे.द. (नई), जि. 3, लेख 139;
73. जोध-ख्यात, जि. 3, पृ. 87; इ.डा. (हरसुख), जि. 8, पृ. 274; नरेन्द्रसिंह, पृ. 214;
74. पे.द. (नई), जि. 3, लेख 139; प्रताप रासो, पृ. 20;
75. हकीकत बही, सं. 1, पृ. 175; तवारीख, पृ. 120; जोधपुर ख्यात, जि. 3, पृ. 86; वीर विनोद, पृ. 1304; पे.द. (नई), जि. 3, लेख 139;
76. द.कौ., जि. 7, पृ. 382;
77. पे.द. (नई), जि. 3, लेख 139;
78. हकीकत बही, सं. 1, पृ. 176-6, 186; तवारीख, पृ. 121; जोध, ख्यात, जि. 3, पृ. 87; प्रताप रासो, पृ. 22; वीर विनोद, पृ. 1304; रेउ, पृ. 382; जोधपुर राज्य का इति., भाग-3, पृ. 400;
79. नारनौल के द.प. में 38 किमी., रींगस रेवाड़ी रेलवे लाइन पर जयपुर के उत्तर में 96 किमी. नीम का थाना के समीप;
80. वीर विनोद, पृ. 1305; नरेन्द्रसिंह, पृ. 214;
81. पे.द. (नई), जि. 3, लेख 139;
82. उपरोक्त; राने मांदे, पृ. 70; नरेन्द्रसिंह, पृ. 215;
83. पे.द. (नई), जि. 3, लेख 139; प्रताप रासो, पृ. 23; नरेन्द्रसिंह, पृ. 215; इ.डा. (हरसुख), जि. 8, पृ. 274;

84. पे.द. (नई), जि. 3, लेख 139; जि. 29, लेख 192; ख्यात, जि. 3, पृ. 87; वैंदेल, पृ. 108; राने मादे, पृ. 70; वीर विनोद, पृ. 306; कानूनगो, पृ. 208; सरकार (जय.) पृ. 318;
85. जोध. ख्यात, जि. 3, पृ. 88; पे.द. (नई), जि.3, लेख 139; राने मादे; पृ. 70; वंश भास्कर, पृ. 3721; वीर विनोद, पृ. 1305;
86. बलदेवसिंह, पृ. 80; वाक्या राज., जि. 2, पृ. 70-71;
87. वंश भास्कर, पृ. 3715-16, 3726;
= ठाकुर नरेन्द्रसिंह (पृ. 216) का यह अनुमान अतिरंजित है कि समरू के साथ 400 तोपों का बेड़ा था; कोर्ट ऑफ डाइरेक्टर्स की रिपोर्ट में इस युद्ध में जाटों के साथ 80 हल्की तोपों का विवरण दिया गया है। (को.वि., खण्ड 5, पत्र सं. 17, मार्च 28, 1768 ई. पृ. 404)
88. नरेन्द्रसिंह, पृ. 216;
89. पे.द. (नई), जि. 3, लेख 139; जोध ख्यात, जि. 3, पृ. 88; वंश भास्कर, पृ. 3726; प्रताप रासो, पृ. 27; वीर विनोद, पृ. 1305; नरेन्द्रसिंह, पृ. 217-8
90. जोध ख्यात, जि. 3, पृ. 88-9; वाक्या राज., जि. 2, पृ. 71; चौबे, पृ. 25-6;
91. पे.द., (नई), जि. 3, लेख 139, 143;
92. राने मादे, पृ. 70;
93. जोध-ख्यात, जि. 3, पृ. 89; तवारीख, पृ. 129; वंश भास्कर, पृ. 3727; जॉन कोहन, पृ. 23 अ;
94. पे.द. (नई), जि. 3, लेख 139;
95. वैंदल, पृ. 108;
96. जोध-ख्यात, जि. 3, पृ. 89-90; वंश भास्कर, पृ. 3726; प्रताप रासो, पृ. 27; वीर विनोद, पृ. 1305; नरेन्द्रसिंह, पृ. 217-8; सोभनाथ; कानूनगो, पृ. 211
97. चहार (इ.डा., खण्ड 8, पृ. 167) ने दोनों ओर की हानि 20,000 सवार व पैदल मानी है। (अतिशयोक्ति); राने मादे (पृ. 70) तथा चौबे (पृ. 25-6) का यह कथन भी अतिशयोक्ति है कि दोनों ओर के 10,000 सैनिक खेत रहे।
= मराठी लेखों तथा वैंदेल के आधार पर यह स्पष्ट है कि 5000 व्यक्तियों से अधिक क्षति नहीं हुई थी। सरकार (मुगल, जि. 2, पृ. 323) की भी यही धारणा है।
98. राने मादे, पृ. 70; तवारीख, पृ. 129; वैंदेल, पृ. 108; जॉन कोहन, पृ. 23 अ; वंश भास्कर, पृ. 3787; मुरक्का-इ-मेवात, पृ. 329; ओझा, जि. 2, पृ. 720; कौन, पृ. 88;
99. सूर्यमल्ल मिश्रण ने लिखा–

तवात छत्र अरु तोप कोष लुट्टै कछवाहन।
भरतनेर गये भज्ज, जट्ट मरवाय सिपाहन ॥
जित्ते कुरम जोध, नाग जट्टन गिनि नाहर।
समरू वेहुनजू संग जाय पकरेहिं जवाहरसिंह ॥

संस्कृत भुजंग ससिमान सक 1824 हमतक यह जंग हुव।
जयनेर विजय जट्टन भजन भई विदित आव्रज भुव ॥

100. नागौरी, पृ. 46;
101. प्रताप रासो, पृ. 28;
102. राने मादे, पृ. 70-1; वैंदेल, पृ. 70; इ.डा. (चहार), खण्ड 8, पृ. 167;
103. जोध-ख्यात, जि. 3, पृ. 90; हकीकत बही, जि. 1, पृ. 185; तवारीख, पृ. 129;
104. फोर्ट विलियम, खण्ड 3, पत्र 17, मार्च 28, 1768 ई. (कोर्ट ऑफ डाइरेक्टर्स के नाम सेलेक्ट कमेटी की रिपोर्ट), पृ. 404;
105. सरकार (पतन), खण्ड 2, पृ. 323, 249;
= सी.पी.सी., खण्ड 2, पत्र 789-माधोसिंह का पत्र बादशाह के नाम;
106. फोर्ट विलियम कॉ., खण्ड 5, पत्र 17, मार्च 28, 1768 ई., पृ. 404 (सेलेक्ट कमेटी-कोर्ट ऑफ डाइरेक्टर्स)
107. राने मादे, पृ. 71; चहार तथा हरसुख (इ.डा., खण्ड 8, पृ. 167; 274); कानूनगो, पृ. 209;
108. हरसुख (इ.डा., जि. 8, पृ. 274); पूर्व आधुनिक राजस्थान, पृ. 191; मथुरालाल, पृ. 184-5;
109. प्रताप रासो, पृ. 27; प्रबन्धकार जाति का पठान और प्रतापसिंह का सेवक था। (द. कौ.जि.11, पृ. 174) वह प्रतापसिंह के साथ ग्राम ड़हरा में रहा और जाट तथा नरूका दोनों के बारे में उसको अनुभव था। उसने अपने स्वामी के शौर्य का अधिक वर्णन किया है।
110. दे.क्रॉनि., पृ. 136;
111. पे.द. (नई), जि. 3 पत्र 139 (रामचंद्र तुकदेव–सूबेदार गोविन्द पंत), 143 (गोविन्द सामराज-विश्वास राव) श्रेष्ठ विवरण; खरीता-महाराजा रामसिंह-माधोसिंह माघ वदि 14, माधोसिंह-तुलसीराम, माघ वदि 1; मदरसिंह-माधोसिंह, पौष सुदि 10, माधोसिंह-गजसिंह, माघ वदि 12 तथा माघ सुदि 12;
112. वैंदेल, पृ. 108;
113. राने मादे, पृ. 71;
114. सोभनाथ, पृ. 7 ब-8 अ;
115. ड्रा.ख.प., बस्ता 12, लेख 107, अक्टूबर 29, 1767 ई;
116. ड्रा.ख.प. बस्ता 12, लेख 60, भादौ वदि 14, सं. 1824 (अगस्त 23, 1767 ई.)
117. उपरोक्त, बस्ता 10 लेख 34, श्रावण वदि 14, सं. 1819 (जुलाई 20, 1762 ई.); बस्ता 12, लेख 85, कार्तिक वदि 14, सं. 1824 (अक्टूबर 21, 1767 ई.)
118. उपरोक्त, बस्ता 11, लेख 3, मई 9, लेख 106, अगस्त 7, 1765 ई., लेख 147, जून; लेख 145-माधोसिंह-जवाहरसिंह, जून 1765 ई.;
119. ड्रा.ख.प., बस्ता 12, लेख 60 (अगस्त 23, 1767 ई.), 62 (26 अगस्त), 65, 67 (5 तथा 1 सितम्बर)
120. प्रताप रासो, पृ. 21-22; जोध-ख्यात, जि. 3, पृ. 85-86; सोभनाथ, पृ. 4 ब, 5 ब;

हकीकत बही सं. 1, पृ. 175; तवारीख, पृ. 119; वीर विनोद, पृ. 1305;

= वंश भास्कर (पृ. 3720) तथा सोभनाथ का कथन है कि पहाड़ी तथा खोहरी परगनों की मांग की थी। हरसुखराय (इ.डा., जि. 8, पृ. 270) 'भरतपुर के आसपास के परगनों की मांग।'

= डॉ. कानूनगो के आधार पर आधुनिक इतिहासकारों ने परगनों की मांग को मावण्डा-मढ़ौली युद्ध का एक कारण मानने की भूल की है।

= मिरासी वीरगीत–
"कामां पहाड़ी खोहरी, ये कंचन के कतला।
हिल्यौ हिल्यौ जाट, कब जयपुर छोड़ेगौ ॥

121. ड्रा.ख.प., बस्ता 12, लेख 143, फाल्गुन वदि 4, सं. 1824 (7 फरवरी)
122. ड्रा.ख.प., बस्ता 12, लेख 138, माघ वदि 12; इन्दौर-जयपुर खरीता, सं. 106 (109);
123. सी.पी.सी. खण्ड 2, पत्र 789; (13 फरवरी);
124. सेलेक्ट कमेटी प्रोसी., जि. 14, पृ. 161;
125. सी.पी.सी., खण्ड 2, पत्र 835 (2 मार्च);
126. सी.पी.सी., खण्ड 2, पत्र 791;
127. उपरोक्त, खण्ड 2, पत्र 223, 224;
128. ड्रा.ख.प., बस्ता 12, लेख 139 (माधो-गजसिंह) माघ वदि 11 (15 जनवरी)
129. सी.पी.सी., खण्ड 2, पत्र, 849; नजीब-उद्-दौला, पृ. 72
130. सी.पी.सी., खण्ड 2, पत्र 847, 1101; पे.द., जि. 29, लेख 142;
131. खतूत अहं., सं. 382/368, फरवरी 21, 1768 ई. (फाल्गुण सुदि 4); राने मादे, पृ. 71; वैंदेल, पृ. 108;
132. खतूत अह., सं. 374 (361), चैत सुदि 5, सं. 1824 (23 अप्रैल, 1768 ई.)
133. ड्रा.ख.प., बस्ता 12, लेख 29, चैत वदि 6, सं. 1824 (9 मार्च, 1768 ई.)
134. फोर्ट वि.कॉ., खण्ड 5, सं. 17, पृ. 404, अनु. 19-सेलेक्ट कमेटी-कोर्ट ऑफ डाइरेक्टर्स; राने मादे, पृ. 71; वैंदेल, पृ. 108; सरकार (मुगल), जि. 2, पृ. 323;
135. द.कौ.जि., जि. 1, पृ. 904;
136. ड्रा.ख.प., बस्ता 12, लेख 143 (7 फरवरी);
137. पे.द., जि. 29, लेख 84; सरकार (मुगल), जि. 2, पृ. 323;

= डॉ. मथुरालाल शर्मा (पृ. 185) के अनुसार दस सहस्र सेना ने जाट-राज्य पर आक्रमण किया था। मैडक (पृ. 71) साठ सहस्र सैन्य बल मानता है। यह अतिशयोक्ति मात्र है।

138. पे.द. (नई), जि. 3, लेख 139; ड्रा.ख.प., बस्ता 12 (माधोसिंह-राजा तुलसीपाल), लेख 140 (6 जनवरी); माधोसिंह-तुकोजी, लेख 138 (16 जनवरी), माधोसिंह-राजा अनिरुद्ध सिंह, चन्देरी, लेख 142 (5 फरवरी);
139. राने मादे, पृ. 71;
140. बनेडा अभि., पृ. 49, (पंचौली अभैराम-राजा राजसिंह), माघ वदि 14 (जनवरी 18,

1768 ई.)

141. पे.द., जि. 29, लेख 84 (11 मार्च); सरकार (मुगल), जि. 2, पृ. 323; मथुरालाल, पृ. 185; = राणावत (पृ. 85) 'दानसाह को सिख सेनापति' कहना तथा इस युद्ध के बाद 'सिख सेना को पुनः आमंत्रित करना' दोनों भ्रमभूलक हैं।
= ठाकुर नरेन्द्रसिंह का कथन है कि इस युद्ध में राजावत सामन्तों ने भाग लिया था और उनमें से अनेकों सामन्त काम आये।
= मराठा प्रलेख में जाटों के 400 सैनिकों के काम आने की सूचना अतिशयोक्ति है।
= डॉ. राजपाल (पृ. 203) का विचार 'कामां पर जाटों का अधिकार करना' पूर्णतः अपुष्ट है। लेखक ने गहराई से अनुसंधान व शोध कार्य नहीं किया है। वास्तव में जनरल पैरन ने महाराजा रणजीतसिंह को परगना कामां सौंपा था।

142. द.कौ., जि. 7, पृ. 382; राने मादे, पृ. 71; कानूनगो, पृ. 214-5; फोर्ट वि. कॉ., खण्ड 5, पत्र सं. 21, सितम्बर 25, 1768 ई.;

143. दे.क्रॉनि., पृ. 138; खतूत अह., लेख 384 (370), 11 मार्च; ड्रा.ख.प., बस्ता 12, लेख 156;

144. सी.पी.सी., जि. 2, पत्र 847, 1101; पे.द., जि. 29, लेख 143;

145. नूरूद्दीन, पृ. 114अ-115अ;

146. चहार (फा.), पृ. 497ब (शुजा, जि. 2, पृ. 45);

147. सी.पी.सी., जि. 2, लेख 835 (मार्च 2, 1768 ई.)

148. ड्रा.ख.प., बस्ता 12, लेख 22, 29; खतूत अह, 384/370 चैत वदि 8, वि.सं. 1824 (12 मार्च);

149. ड्रा.ख.प., बस्ता 12, लेख 22, 26, 29;

150. माधोसिंह-तुकोजी, माघ सुदि 8, सं. 1824 (12 मार्च); माधोसिंह-महादजी-माघ वदि 6 (10 फरवरी);

151. ड्रा.ख.प., बस्ता 12, लेख 30, चैत वदि 14 सं. 1824 (12 मार्च), माधोसिंह-महादजी माघ वदि 6 (10 फरवरी)

152. खतूत अह. सं. 380, चैत वदि 8, सं. 1824 (12 मार्च);

153. खतूत अह. सं. 398/381, चैत वदि 14, (17 मार्च);

154. ड्रा.ख.प., जि. 12, लेख 24, चैत वदि 14; खतूत अह., 374/361, चैत सुदि 5;

155. खतूत अह. 375 (362), चैत सुदि 6;

156. उपरोक्त;

157. खतूत अहल., 385 (384), चैत सुदि 12;

158. खतूत अह., सं. 374 (384), चैत सुदि 12;

159. वैंदेल, प्रो हरीराम गुप्ता, हिस्ट्री ऑफ सिक्ख, खण्ड-1, पृ. 254, डॉ. राजपाल सिंह, पृ. 208, टि. 123 भी देखें;

160. द.कौ., जि. 7, पृ. 408, 409 तथा 354;

अध्याय 8

परलोकवास : मूल्यांकन

मावण्डा-मंढ़ोली युद्ध के बाद जवाहरसिंह ने अपनी दृढ़ता से क्षणिक लुप्त कीर्ति तथा स्वाभिमानी प्रतिष्ठा पुनः प्राप्त कर ली थी और जाट-राज्य में सर्वत्र सुख-शांति, समृद्धि तथा ऐश्वर्य परिलक्षित होने लगा था। दक्षिणी प्रान्तों पर स्वाधिकार करने के बाद उसने आगरा प्रवासकाल में यूरोपीय सैन्य विज्ञान के विकसित मानदण्ड के सिद्धान्त पर मैदानी तोपखाने को विकसित करने तथा सेना को अनुशासित तथा दक्ष करने की ओर ध्यान दिया। किन्तु इस योजना के क्रियान्वयन करने और जाटों को प्रबल शक्ति के रूप में प्रदर्शन करने से पूर्व[1] ही उसका 28 जुलाई को करुणाजनक अन्त हो गया।

1. जवाहरसिंह की कारुणिक हत्या

जवाहरसिंह की कारुणिक नृशंस हत्या के बारे में हमको फारसी इतिवृतों में, इन लेखकों के स्वकीय सूत्रों के आधार पर, भिन्न-भिन्न विवरण और ब्रिटिश लेखकों के परिस्थितिजन्य अनुमानित कथन मिलते हैं। 'चहार गुलजार-इ-शुजाई तथा बयान-इ-वाकी' के लेखकों के अनुसार 'अनादर व अपमान का बदला लेने' और 'सियारूल-मुताखरीन' के लेखक के अनुसार 'वरिष्ठ राज-सरदारों की अपेक्षा साधारण श्रेणी के एक चौबदार को अधिक विशिष्ट सम्मान प्रदान करने से उनमें बढ़ती ईर्ष्या तथा अविश्वास की भावना' के कारण जवाहरसिंह की एक व्यक्ति (सदा या हैदर?) ने हत्या कर दी थी।[2]

ब्रिटिश लेखक ग्राउन, हेनरी जॉन कीन तथा फोर्ट विलियम के गवर्नर हरी वेरलस्ट की आख्या (रिपोर्ट) में परिस्थितिमूलक द्वेषात्मक प्रकृति के आधार पर 'कछवाहों को इस हत्या का दोषी' समझा गया है।[3] जबकि कछवाहा सामन्तों की आपसी कटुता का शिकार जयपुर राज्य का अल्पवयी शासक जवाहरसिंह की हत्या करवाने की स्थिति में नहीं था। अस्तु, संपुष्ट प्रमाणों या साक्ष्यों के अभाव

में उनके कथन को तर्कसंगत नहीं माना जा सकता।

इस दुःखद घटना के समय फ्रेंच कप्तान राने मेडक आगरा में ही था। उसका विवरण अधिक विश्वसनीय समझा जा सकता है। हरसुखराय के कथन से तथा पटना से बंगाल सरकार को प्रेषित सितावराय की रिपोर्ट से भी जवाहरसिंह के अति अनुग्रही सरदार राने मेडक का विवरण संपुष्ट है।[4] मेडक ने इस हत्या का आरोपण किसी सरदार, घटक, जाति या व्यक्ति विशेष पर नहीं किया है। उसके संस्मरणों के अनुसार–

"जवाहरसिंह ने आगरा के बाहर एक अति रमणीक उद्यान बनवाया था। एक दिन वह इस उद्यान में हाथियों की लड़ाई (गज-युद्ध) देखने गया। वहां किसी अजनबी, जिसको अभी तक किसी ने भी नहीं पहचाना है, ने उसकी हत्या कर दी। उसने तलवार के एक ही वार से राजा का सिर धड़ से अलग कर दिया। तत्क्षण ही राजा के सभी आदमी (अंगरक्षक) हत्यारे पर टूट पड़े और उसके टुकड़े-टुकड़े करके बदन को इतना अधिक विकृत कर दिया कि हत्यारे की पहचान भी कठिन हो गई।"

इस घटना के लगभग 60 वर्ष बाद जॉन गोटलिइव कोहन ने जाट-राज्य के उच्च पदासीन सचिवों, घटनाकाल में जाट-राज्य में शरणागत केन्द्रीय मुगल शासन के सामन्तों के कथनों के आधार पर लिखित इतिहास में जो विवरण दिया है, वह अधिक तार्किक है और राने मेडक के कथन के कुछ सारांश के साथ प्रचलित लोक-चर्चाओं से, साधारण अन्तर के साथ, मिलता-जुलता है। लेखक के अनुसार[5]–

"मदारी खां नामक एक मेव राजा (जवाहर) का अधिक विश्वासपात्र सेवक था। राजा ने प्रसन्न होकर उसको साधारण स्तर से उठाकर उच्च सम्मान तथा पद प्रदान कर दिया था। उसके पास एक लाख रुपये से अधिक मूल्य का जवाहरात जड़ित एक हुक्का था। उसके साथियों से सूचना मिलने पर राजा ने एक दिन उससे वह हुक्का दिखलाने को कहा। उसने हुक्का के बारे में स्पष्ट मना कर दिया। मदारी खां अत्यधिक मदिरा पान करता था। एक दिन तथ्य अनुवीक्षक साथी ने उसको अति तीव्र मदिरा पिलाकर बेहोश कर दिया। तब उसने अंगूठी की छाप एक कागज पर लगाई और इस छाप चिह्नित-पत्र को लेकर वह उसके परिवारजनों के पास गया। कागज दिखलाकर उसकी पत्नी से रत्न-जड़ित हुक्का ले आया। फिर उसने जवाहरसिंह के समक्ष यह हुक्का प्रस्तुत किया। सहृदय होने पर भी राजा दुनियादारी से अपरिचित था। उसने मदारी खां को वह हुक्का दिखलाया। इससे वह भयभीत होकर कांपने लगा और गिड़गिड़ाने लगा। उसको विश्वास हो गया कि उचित अवसर आने पर राजा उसे सजा देकर मरवा डालेगा। उसने राजा से बचने का उपाय सोचा और अपने किसी एक साथी को पर्याप्त धन व सम्पत्ति

का प्रलोभन देकर राजा को मौका पाते ही मारने को राजी कर लिया। श्रावण मास (1 जुलाई, 29 जुलाई : पुरुषोत्तम मास-27 अगस्त) में एक दिन जवाहरसिंह आगरा में नौ-महला की छत से गज-युद्ध का तमाशा देख रहा था। सूर्यास्त होने पर तमाशा समाप्त हो गया। तब जवाहरसिंह सीढ़ियों से उतर रहा था। अज्ञात हत्यारा सीढ़ियों में जाकर छुप गया। उसने मदारी खां के भड़काने में आकर राजा को तलवार से मार गिराया। सरदारों ने राजा का यमुना तट पर रेती में अंतिम संस्कार कर दिया।"

2. हत्या-तिथि की प्रामाणिकता

जवाहरसिंह की हत्या किस दिन अथवा अंतिम-संस्कार किस दिन किया गया? इस बिन्दु पर समकालीन इतिवृत्तों में भिन्न-भिन्न तारीख व माह दिये हैं। 'चहार गुलजार-इ-शुजाई' के लेखक हरिचरन ने माह सफर, हिजरी सन् 1182 (16 जून - 15 जुलाई), जॉन गोटलियब कोहन तथा बलदेवसिंह ने 'तवारीख भरतपुर' में श्रवण मास (1 जुलाई - 29 जुलाई) और कम्पनी सरकार के गवर्नर हर्री वेरलस्ट ने 25 सितम्बर की रिपोर्ट में माह 'जून' और कोर्ट ऑफ डाइरेक्टर्स को 13 सितम्बर को प्रस्तुत रिपोर्ट में 'जुलाई' का महीना लिखा है।[6]

राजवंश में जवाहरसिंह की दाह-तिथि का श्राद्ध प्रतिवर्ष पूर्णिमा को होता था और राधा-रमण चौबे तथा कविराजा श्यामलदास ने श्रावण सुदि 15, वि.सं. 1825 = 29 जुलाई को उसका अंतिम संस्कार माना है।[7] भरतपुर राज्य के भावी दीवान कंवर जोधराज पल्लीवाल ने 1 अगस्त (श्रावण द्वितीय, वदि 1) को कुम्हेर में राव हरसुख कटारा तथा सूरतिराम कटारा को अपना तीर्थ पुरोहित स्वीकार किया था।[8] सम्भवतः दाह संस्कारोपरांत सभी राज-सरदार तथा ठाकुर ड्यौढ़ी दुर्ग-कुम्हेर में मातमपुरसी हेतु एकत्रित हो गये थे।

कछवाहा सरकार ने 9 अगस्त को राव रतनसिंह के नाम खरीता में जवाहरसिंह की मृत्यु पर संवेदना प्रगट की थी।[9] अस्तु सभी सन्दर्भों तथा मराठी, ढुंढ़ाड़ी तथा क्षेत्रीय साक्ष्यों से स्पष्ट है कि जवाहरसिंह की मृत्यु 28 जुलाई को सायंकाल हुई थी और उसका आगरा यमुनातट पर 29 जुलाई (श्रावण सुदि 15, वि.सं. 1925) के दिन अंतिम संस्कार किया गया था।

3. चरित्र तथा उपलब्धियां

जवाहरसिंह ने अपने अनुपम शौर्य व साहस से कुछ ही वर्षों में जाट-राज्य को ऐश्वर्य, शालीनता, भव्यता तथा गौरव की चरम सीमा पर पहुंचा दिया और भारतीय इतिहास में अपने नाम की अमिट छाप छोड़ी। उसे न तो मृत्यु से भय था और न वह ईश्वर से भय खाता था। वह कठिन परिस्थितियों तथा दुरूह उलझनों में

कभी नहीं घबराया। 'दिग्विजय' की लालसा तथा सफलता के लिए उसने प्रकृति तथा पड़ोसी शासक-दोनों को ही ललकारा और विदेशी तथा भारतीय मूल के पड़ोसी सैनिकों के बल पर, उसके प्रति तथा राज्य के प्रति कटुता रखने वाले सामन्तों तथा शासकों से जीवन भर उलझता रहा। उन पर भूखे शृंगाल की भांति तेजी से झपटा और अन्त में हर बार आर्थिक संकट तथा सैनिक हानि के साथ केवल अस्थाई शांति समझौता करके वापिस लौटता रहा। इन विफलताओं का कारण गंभीरता, नीति-निपुणता, दूरदर्शिता, व्यावहारिक कुशलता, अवसरवादिता तथा विनम्रता का अभाव और अंधा क्रोध, ईर्ष्या, आत्म-सम्मान मिश्रित अहं था। उसने वास्तव में अपने पिता की दूरदेशी से लाभ नहीं उठाया।[10]

जवाहरसिंह का चरित्र 'हिन्दुस्तान के अमीरों की भांति'[11] था और उस पर मुगलों की शान-शौकत, चमक-दमक, रहन-सहन, खानपान, पहनावे का स्पष्ट प्रभाव था। वह 'सिर पर गुंधी (गुथी) पाग, उस पर जड़ाऊ मोतियों का सरपेच, कानों में जड़ाऊ मोतियों की लड़ी, शरीर पर घेरदार झंगा और गले में हीरा-जवाहारात व कंठा[12] पहनता था। ब्रज में प्रचलित भांग का अर्क और रात्रि में अधिकतर देशी अर्क (शराब) का सेवन[13] करता था। उसने प्रारम्भ से ही अपने जीवन को एक शाहजादा अथवा अमीरजादा सदृश शान-शौकत, ठाट-बाट रंगरेलियों तथा अपव्यय के ढांचे में ढाल लिया था। उसके दरबारियों ने भी उसके सदृश्य रहन-सहन को अपनाकर ब्रज-सभ्यता तथा संस्कृति को प्रभावित किया। दरबार में विद्वानों की अपेक्षा चाटुकार सामंतों को अधिक सम्मान प्राप्त था। इससे नवीन सामाजिक व्यवस्था, लोक-संस्कृति का विकास होने लगा था, खान-पान, वेशभूषा में भी परिवर्तन आने लगा था।[14] फिर भी अद्‌भुत चमक-दमक के बीच में उच्च वर्ग के सामन्तों में स्वभाव-जन्य गवांरपन की झलक[15] परिलक्षित होती थी।

कहा जाता है कि उसमें मुगलों के वैभव के प्रति ईर्ष्या थी। वह स्वयं आगरा में सम्राट जहांगीर के काले संगमूसा के वैभवशाली तख्त पर बैठा करता था। भविष्य में उस तख्त पर अन्य कोई व्यक्ति अपने आपको गौरवान्वित नहीं कर सके, इस सोच से उसने एक ही धमाके से उस कीमती तख्त को तोड़ दिया था। इस तख्त में अभी भी यह दरार है।

उसके कुछ दुर्गुणों ने उसकी छवि को कलुषित कर दिया था। कविवर सोभनाथ ने 'मधुपान करके परित्रिया लम्पट', प्रबन्धकार उदैराम, ने उसकी प्रेमाशक्ति को 'अनंग अवतार' के रूप में और महाकवि सूर्यमल मिश्रण ने 'कामुक तथा विलासी' के रूप में वर्णित किया है।[16] निश्चित साक्ष्यों के अभाव में केवल प्रतिध्वनि से नाहरसिंह की पत्नी पर आशक्त होने की कहानी को स्वीकार करना कठिन है, फिर भी वैंदेल के इस कथन में कुछ सत्यता अवश्य है कि वह नवाब

वजीर इमाद की पत्नी के प्रति आसक्त था, किन्तु उसको सफलता नहीं मिल सकी।[17]

'उसके प्रियजन एवं परम हितैषी उसको योग्य राजा, प्रतापी, साहसी, ऐश्वर्य की प्रतिमूर्ति, उदार व्यक्ति समझकर भी शासक के रूप में अति अपव्ययी[18] और शत्रु उसको अंध-दुराग्रही, सनकी, चपल, पाषाण हृदय, अविश्वासी, छली-कपटी तथा मानव-रक्त-पिपासु समझते थे।'[19] वह हिन्दुस्तान के राजनैतिक क्षितिज पर धूमकेतु की भांति चमका और अचानक ही तीव्र गति से लुप्त हो गया। शासन के कुछ महीनों को छोड़कर उसकी तलवार निरन्तर लपलपाती रही। 'उसकी तलवार के भय से दुर्जन तथा शत्रु थर-थर कांपते थे।'[20] उसने योग्य व अनुभवी प्रशासनिक स्तम्भों व उनके सहयोगियों को मौत के घाट उतार कर राज्य में जिस आतंक का सूत्रपात किया, उसका परिणाम शुभकर नहीं रह सका और आगामी दशक में ही जाट-साम्राज्य का पतन हो गया।

4. राज्य की आर्थिक स्थिति

जवाहरसिंह ने वाणिज्यिक तथा व्यापारिक संस्थानों को संरक्षण प्रदान किया। अधिकांश सम्पन्न व्यापारी, सेठ-साहूकार मुगल राजधानी को छोड़कर जाट-राज्य में आ गये थे। निश्चल आंतरिक शांति, सुरक्षित आवागमन, नियमित पैदावार, नील, नमक व सोडा उत्पादन तथा मुक्त व्यापार, लेन-देन की दृष्टि से डीग, कुम्हेर, भरतपुर, रामगढ़, आगरा प्रमुख व्यापारिक केन्द्र बन चुके थे और यह क्षेत्र उत्तर भारत का 'मालवा' कहलाने लगा था। यहां लक्ष्मी, ऐश्वर्य तथा विलासता में होड़ लगी थी। शासन ने व्यापारिक वस्तुओं, कारखानों के उत्पादन तथा जनता पर नवीन कराधान नहीं किये। अन्न (गल्ला) से चुंगी तथा जकात शुल्क भी उठा लिए थे। राजस्व अधिकारी, दीवान, आमिल आदि आज्ञाकारी व चतुर थे और इजारेदारों पर कड़ी निगाह रखते थे। युद्धों में अपार द्रव्य व्यय करके भी हासिल-वसूली की ओर पूरा-पूरा ध्यान देकर वित्तीय व्यवस्था को संतुलित रखा गया था।

पड़ोसी रजवाड़ों की अपेक्षा शहरी तथा ग्रामीण जनता काफी सम्पन्न व खुशहाल थी।[21] महिलाएं सोने-चांदी के आभूषण पहनती थीं; वहां पुरुष वर्ग भी कानों तथा गले में स्वर्णाभूषण तथा पैरों में चांदी के कड़े पहनता था।[22]

5. सैन्य संगठन

जवाहरसिंह की नियमित सेना में जनरल-समरू तथा कप्तान राने मेडक की सुदीक्षित बटालियनों के अतिरिक्त निजी सेवा में 12,000 सवार थे। इसके अतिरिक्त असंख्य पैदल दुर्गों की सुरक्षा व्यवस्था में तैनात थे। जवाहरसिंह ने यद्यपि जहां शासन संचालन तथा उसकी देखरेख के लिए कार्यकारी परिषद का

पुनर्गठन किया, वहीं राज्य में शांति-व्यवस्था की सुरक्षा हेतु परम्परागत युद्ध-विधि की अपेक्षा यूरोपीय युद्ध प्रणाली तथा नवीनतम हथियारों से सुसज्जित, अनुशासित सैन्य बल की ओर विशेष ध्यान दिया। गर्वनर हर्री वेलस्ट का मत 'जाट शस्त्र चलाने के अभ्यस्त तथा शूरवीर सैनिक नहीं हैं' अधिक वजनदार नहीं है। जाट सैनिकों ने प्रचलित मुगल सैन्य कला से बेहतर समयानुसार विकसित युद्ध-कला व शैली का ज्ञान प्राप्त कर लिया था। वे अच्छे लड़ाकू थे और विकसित शस्त्रों का प्रयोग करने में दक्ष थे और अब भी उनकी योग्यता व दक्षता परिलक्षित होती है।

जवाहरसिंह ने, अपने पूर्वजों की भांति, सैनिक भरती करने में जाति, धर्म व सम्प्रदाय का भेद-भाव नहीं रखा। सेना में ब्राह्मण, जाट, गूजर, राजपूत, मेव, शेख, सैय्यद, तुर्क, पठान, मुगल, रुहेला सभी शामिल थे। सैय्यदों, खानजादा तथा मेवाती जमींदारों व चौधरियों को तथा सुयोग्य मुस्लिम सेनानायकों तथा सैनिकों को राजसेवा में उनकी योग्यता तथा क्षमता के अनुरूप पद व सम्मान प्रदान किया। फ्रेंच सेनानायकों को सैनिक जागीर की अपेक्षा नियमित मासिक वेतन देकर प्रोत्साहित किया और समय-समय पर उनकी कुशलता को पुरस्कृत तथा सम्मानित करता रहा।[23]

अवसर आने पर जवाहरसिंह ने अवध के भगोड़े गुसाईं सरदारों तथा नागा जमातों को, दिल्ली तथा उसके आसपास के तुर्क व मुगल रिसालों को, रुहेलों को भरती करके अस्थाई अर्द्ध-सैन्य बल का गठन किया। पड़ोसी सिखों को कुछ माह तक भाड़े पर अपनी सेवा में रखा। परदेशी सेनानायक राज्य तथा शासन के प्रति निष्ठावान नहीं रह सके। उनका मुख्य ध्येय स्वामी हित में प्राणोत्सर्ग करने की अपेक्षा रोजी-रोटी का जुगाड़ था। गड़बड़ करने पर उसने गुसाईं बन्धुओं का दमन भी किया और उनके परिवारों का सर्वस्व-हरण कर लिया था। सिखों को कुछ रकम देकर शेष रकम का भुगतान करने का आश्वासन देकर पिण्ड छुड़ाया।

विदेशी जनरल समरू तथा कप्तान राने मेडक के यूरोपियन व गार्दी (दक्षिण भारतीय) सैनिक जहां गणवेषधारी थे, वहां नागा युवक सैनिक हल्की तोपों रामचंगी सहित सभी प्रकार के परम्परागत शस्त्रों से सुसज्जित उन्मादी पदाति अनियों में विभाजित था। वे निहंग कोपीनधारी थे। उनके पास न तो तम्बू-डेरा, भारकस तथा बोरी-बिस्तर रहता था और न अन्न अथवा भक्ष्य वस्तुओं का भंडारण रहता था। सांसारिक बन्धनों से मुक्त नागा युवक वृद्ध साधु-सन्त सरदार के नेतृत्व में एक स्थान से दूसरे स्थान पर आते-जाते थे। शहरों अथवा ग्रामीण अंचल में जहां भी उनकी जमात का पड़ाव पड़ता था, वहीं उनको उपयोगी सामान का प्रबन्ध साधारणतः हो जाता था और समाज उनका नागा-साधु अथवा गोस्वामी के रूप में मान-सम्मान करता था। यदा-कदा आवश्यक वस्तुएं मुफ्त में प्राप्त करने के

विशेषाधिकार की आड़ में, मनुष्यों के विरोध करने पर हंगामा मचाने तथा लूट करने पर भी उतारू हो जाते थे।

फादर वैंदेल, जो भारतीय साधु-समाज की परम्परा से अनभिज्ञ था, ने भिक्षुक नागा-समूह का 'दूसरों की कमाई पर पेट भरने वाले आस्तिक फकीर (धर्म-परायण साधु) तथा स्वेच्छाचारी सैनिक टुकड़ी, जो मान-सम्मान व सत्कार करने वालों के प्रति आस्थावान नहीं रहते थे' के रूप में आकलन किया है।[24]

जवाहरसिंह ने सभी दुर्गों की मरम्मत करवाई और उनको सैनिक साज-सामान, युद्ध-प्रसाधनों से आत्म-निर्भर कर दिया था[25] सीमांत गढ़ियों में अस्थाई सैनिक रखे और उनको तोपों व गोला बारूद से सुरक्षित किया। आगरा तथा भरतपुर में विशाल तोप ढालने के कारखाने थे। इन विशाल तोपों को उठाने के लिए हजारों बेलदारों की आवश्यकता होती थी। अलवर दुर्ग में 'कडक बिजली' तोप चढ़वाने में 40,000 बेलदार लगाए गए थे।[26] आगरा दुर्ग के बाहर निर्मित मकानों व हवेलियों को सुरक्षा की दृष्टि से तुड़वाकर साफ मैदान बना दिया गया था।[27]

प्रतापी सूरजमल ने राजकुल से सम्बद्ध निष्ठावान रिश्तेदारों, साहसी डूंग व पाल जमींदारों, राज-काज में निपुण अन्य जातियों के सरदारों को उनकी योग्यता, निष्ठा के अनुसार उनको उच्च पद व जागीर प्रदान करके सम्मानित किया था। जवाहरसिंह ने उन सरदारों तथा कौमी डूंग इकाइयों को दबोचकर महान भूल की। विदेशी सेनापति जनरल समरू तथा कप्तान मेडक जाट-राज्य के प्रति निष्ठावान नहीं थे। अन्ततः अपनी जीवनरक्षा के लोभ में अपनी बटालियनों के साथ राजसेवा को छोड़कर किनारा कर गये और राज्य को इसका दुष्परिणाम भुगतना पड़ा।

6. धार्मिक भावनाएं

जवाहरसिंह रामानुज सम्प्रदाय की निवृति मार्गी शक्तिपीठ (श्री वैंक्टेशजी) का अनुयायी था, किन्तु उसमें धार्मिक कट्टरता नहीं थी। अन्य धर्म व सम्प्रदायों के प्रति तथा उनके अनुयायियों के प्रति उदार था। परन्तु मुगलों के प्रति ईर्ष्या-भाव के कारण उसने 'आगरा की सबसे बड़ी तथा पवित्र जामा-मस्जिद को उसने बाजार बना दिया और वहां गल्ला-मंडी खुलवा दी। वहां बहु-संख्यक जनता गल्ला खरीदने आने लगी। आगरा के सभी बूचड़खाना बन्द करवा दिए। इससे गाय-बैलों का वध रुक गया। रूढ़िवादी कट्टर इस्लाम-परस्तों के साथ कठोरता का व्यवहार किया गया। मुल्ला-मौलवी, मुअज्जनों पर धर्म-प्रचार के समारोह आयोजित करने पर पाबन्दी लगा दी। अजान देने के अपराध में आगरा-प्रशासन ने एक व्यक्ति की जिव्हा कटवा दी।'[28]

कप्तान राने मेडक ने अपने संस्मरणों में लिखा है-"जब जाट आगरा के

अधिपति बने, तब कुछ वर्ष पूर्व मैंने देखा कि आगरा की सबसे बड़ी मस्जिद के मुल्ला ने एक दुर्भागी फकीर को पत्र सौंपकर सशपथ साक्ष्य देकर उसमें लिखा कि वह अकेला ही खुदा का प्रिय भक्त है। उस पर मंत्री-परिषद (कार्यभारी परिषद) के कार्यों में हस्तक्षेप करने का आरोप लगाया गया तथा मूर्तिपूजकों ने उसके साथ क्रूरता का व्यवहार किया।"[29]

लेखक ने इस घटना में जवाहरसिंह के नाम का उल्लेख नहीं किया है। सम्भवतः जवाहरसिंह शासनकाल में केवल प्रतिशोध की भावना से किसी अन्य व्यक्ति ने यह कार्य किया हो।[30] जवाहरसिंह ने शिया सम्प्रदाय को प्रश्रय दिया। शिया-सुन्नी सम्प्रदाय व घटकों में आपसी टकराव के अनेक साक्ष्य हमको तत्कालीन इति-वृत्तों में देखने को मिलते हैं। शौकत अली तथा मेहरवान अली के संस्मरणों से स्पष्ट है कि जवाहरसिंह ने मौलवियों की धार्मिक कट्टरता से अनेक मुस्लिम महिलाओं की रक्षा की थी और उनको संरक्षण प्रदान करके उनके साथ न्याय किया था।[31]

18वीं शताब्दी के सातवें दशक में **महाराजाधिराज पृथ्वींद्र सवाई जवाहरसिंह बहादुर** के प्रतीकात्मक[32] अवतरण ने जाट-साम्राज्य के विघटन, राजवंश के सदस्यों तथा रिश्तेदारों के बीच कड़वाहट का बीजारोपण कर दिया। धन-लोलुप विदेशी सेनानायकों को फौजी स्तम्भों पर टिकी राज-सत्ता तथा शक्ति के ध्रुवीकरण के विरोध में कौमी मजलिस का, राजवंश के सदस्यों तथा रिश्तेदारों का अन्तर्नाद कुछ ही महीनों बाद मुखरित हो उठा। कार्यभारी परिषद के अवसरवादी चाटुकार अधिकारी (देश दीवान, प्रधान सेनापति (बख्शी), फौजदार, किलेदार प्रभृति) सामन्तों के आक्रोश तथा रिश्तेदारों की आन्तरिक गड़बड़ का अधिक समय तक सामना नहीं कर सके और जाट-साम्राज्य स्वभावतः पारिवारिक घात-प्रतिघात, मसनद (गद्दी) व राज-सत्ता हथियाने का रंगमंच बन गया।

संदर्भ

1. राने मादे, पृ. 72;
2. इ.डा. (चहार), खण्ड 8, पृ. 167, "शिकार के मैदान में एक स्थान पर तलवार का वार किया।" अब्दुल करीम (फा. पा.लि.), पृ. 302 'अपमानित ब्राह्मण'; और गुलाम हुसैन खां, जि. 4, पृ. 34 'सदा नामक चौबदार (अनुवादक मुस्तफा ने 'सदा' के स्थान पर 'हैदर'? नामक चौबदार) ने विश्वासघात से मसनद पर मार दिया।"
3. मथुरा मेमॉयर्स, पृ. 40; फॉल ऑफ द मुगल एम्पायर, पृ. 88; फोर्ट वि. कॉर. खण्ड-5, पृ. 466, पत्र सं. 21, सितम्बर 29, 1768 ई.

= डॉ. कानूनगो (पृ. 217) ने साक्ष्यों के अभाव में 'स्वाभाविक संदेह को' सारहीन माना है।

4. राने मादे, पृ. 72; इ.डा. (हरसुख), खंड 8, पृ. 274; सी.पी.सी., जि. 2, पत्र 1100 (22 अगस्त);
5. कोहन, पृ. 23अ-24ब;
= दीक्षित ने हत्यारे का नाम 'शुजात' मेव लिखा है। (पृ. 80-1); मुंसिफ ज्वाला सहाय (वाक्या.रा., जि. 2, पृ. 71) के अनुसार 'आगरा दुर्ग का निरीक्षण करते समय' किसी अज्ञात व्यक्ति ने उसकी तलवार से हत्या की थी।
= 1945-46 ई. में मुझे अनेक बुजुर्गों ने बतलाया था कि जवाहरसिंह की हत्या उसके अंतरंग मदारी खां मेव ने की थी। उनकी धारणा थी कि राजा के आतंक के शिकार कुछ सरदार मदारी खां से दाह रखते थे। उन्होंने जवाहरसिंह को रत्न जड़ित हुक्के का मूल्य बढ़ाचढ़ा कर बतलाया था। जवाहरसिंह इन्हीं सरदारों के कुचक्र का शिकार बन गया था।
6. इ.डा. (चहार), खंड 8, पृ. 167; जान कोहन, पृ. 24अ (अनुवाद की पाद टिप्पणी में डॉ. सरकार ने हत्या की तारीख 9 अगस्त दी है।); बलदेव सिंह, पृ. 28; फोर्ट वि.कॉ., खंड 5, पत्र सं. 18 (13 सितम्बर), अनु. 25, पृ. 418 तथा पत्र संख्या 21 (21 सितम्बर), अनु. 9, पृ. 466;
= डॉ. कानूनगो (पृ. 217) ने चहार के महीने को ही उचित समझा है। डॉ. सरकार ने 'इमाद-उस्-सआदत' (जि. 1 पृ. 56) में लिखित 4 जून की तारीख को स्वीकार न करके इस घटना को बाद में उपलब्ध सामग्री के आधार पर 'अगस्त' के प्रारम्भ में अंकित किया है। (मुगल, खण्ड 2, पृ. 324)
= डॉ. मनोहरसिंह राणावत ने जान कोहन के अनुवाद में सरकार द्वारा दी गई तारीख (9 अगस्त) तथा विश्वासराव लक्ष्मण, सूबेदार झांसी के नाम जोतिषराय केसरीसिंह के पत्र (केलकर, पत्र सं. 46, पृ. 368-9, द्वितीय सावन कृष्ण 14 सं. 1825/11 अगस्त) के आधार पर निष्कर्ष निकाला है कि यह घटना 7-8 अगस्त के लगभग हुई होगी। (पा.टि. पृ. 90)
= डॉ. राजपाल सिंह ने संदर्भों तथा साक्ष्यों का बारीकी से अन्वेषण किए बगैर इस घटना का अनुमान 2 से 10 अगस्त के बीच लगाया है। (पृ. 198)
7. चौबे, पृ. 26; वीर विनोद, पृ. 1644;
8. पोथी तीर्थ पुरोहिताई दीवान राव हेमराज कटारा, पत्रक 66;
9. ड्रा.ख.प., बस्ता 12, लेख 268;
10. सियार, खंड 4, पृ. 33;
11. फोर्ट वि.कॉ., खण्ड 5, पत्र सं. 17, मार्च 17, 1768 ई.;
12. सोभनाथ, पृ. 3 ब;
13. वैंदेल, पृ. 107;
14. कानूनगो, पृ. 222;
15. वैंदेल;
16. सोभनाथ, पृ. 3 ब; उदैराम 'सुजान सम्बत समें', प्रथम चौपाई 57; वंश भास्कर, पृ.

3718; सरकार (जयपुर), पृ. 318;

17. वैंदेल, पृ. 98;
18. वैंदेल, पृ. 106;
19. कानूनगो, पृ. 220;
20. सोभनाथ, पृ. 3 ब;
21. राने मादे, पृ. 72;
22. वैंदेल;
23. फो.वि.कॉ., खंड 5, पत्र 17, पृ. 404; वैंदेल, पृ. 106; राने मादे, पृ. 69, 72;
    = प्रताप रासो (पृ. 16) का लेखक काठेड़ राज्य की सैन्य संख्या तीन लाख बतलाता है; परन्तु यह अतिशयोक्ति है।
24. वैंदेल;
25. राने मादे, पृ. 72;
26. सी.पी.सी., खंड 7, पत्र 1620;
27. वैंदेल; इर्विन (आर्मी), पृ. 295;
28. राने मादे, पृ. 47; कानूनगो, पृ. 220-1;
29. राने मादे, पृ. 47;
30. कानूनगो, पृ. 220-1;
31. 'जाट-जगत' मासिक, अगस्त, 1984 ई.
32. सोभनाथ, पृ. 9 अ;

अध्याय 9

महाराजा सवाई रतनसिंह
(अगस्त, 1768–अप्रैल, 1769 ई.)

सवाई जवाहरसिंह की हत्या के बाद भी राज्य बाहरी आक्रमणों तथा पड़ोसी शासकों की कुटिलता से पूर्णतः सुरक्षित था। सम्राट शाहआलम सानी (द्वितीय) इलाहाबाद में निष्काषित जीवन व्यतीत कर रहा था। नवाब नजीब-उद्-दौला, कछवाहा तथा मराठा अपनी-अपनी मानसिक, प्रशासनिक तथा आन्तरिक घरेलू उलझनों में फंस रहे थे।[1] इस शांति-काल में व्यापार तथा उद्योग-धन्धे प्रगति कर सकते थे। आर्थिक व सांस्कृतिक विकास हो सकता था। किन्तु जवाहरसिंह के उत्तराधिकारी में संयम, साहस, बल-पौरुष, बुद्धि-कौशल, राजनैतिक दूरदर्शिता, सूझबूझ तथा परिपक्व चरित्र का अभाव था। सत्ता तथा शक्ति के ध्रुवीकरण व जवाहरसिंह की तानाशाही से भयभीत राजवंश के कतिपय सदस्यों, सगे-संबंधियों तथा उनके अधीनस्थों ने घरेलू गड़बड़ पैदा कर दी। अस्तु, निर्बल उत्तराधिकारियों ने निरुत्साही कवच पहनकर कुचक्रों के निपटारे तथा आमोद-प्रमोद की मस्ती में अपना समय गंवाना पड़ा। रनिवास के उत्पातों तथा आन्तरिक गृह-कलह से जाट-साम्राज्य के ऐश्वर्य, वैभव, कीर्ति-निनाद, राजनैतिक वर्चस्व तथा आर्थिक सम्पन्नता शनैःशनैः विलुप्त होने लगी।

1. उत्तराधिकारी का कलह एवं राज्यारोहण

जवाहरसिंह की हत्या के समय उसका सहोदर कनिष्ठ भ्राता महाराव रतनसिंह महेवा (परगना लहार, कदावाधार)[2] में था। महाराव कंवर दानसाह ससैन्य भदावर राज्य में, जनरल समरू सरंजाम सहित अटेर की खादरों के पार फिरोजाबाद के समीप उंड़ि की गढ़ी में, मिश्र गंगाप्रसाद भदौरिया आगरा दुर्ग में, कप्तान राने मेडक आगरा में तथा गुरु महन्त रामकिशन रामदल सहित दोआब में तैनात था।[3] समाचार मिलते ही महाराव रतनसिंह, कंवर दानसाह एवं गुरु महन्त रामकिशन अविलम्ब

आगरा होकर डींग पहुंचे और कुल परम्परानुसार डीग पंचायत के समक्ष रतनसिंह का राज-तिलक करने का अभिमत व्यक्त किया गया।

तब सगे-संबंधियों (भाई-भतीजों), ड्योढ़ीवान, कुछ प्रभावशाली वरिष्ठ अधिकारियों आदि के बहकावे में आकर दिवंगत राजा की पत्नियों ने रनिवास में महाराव नाहरसिंह के पुत्र बहादुरसिंह को राज-गद्दी पर बिठलाने का दृढ़तापूर्वक हठ किया।[4] अन्तःकरण से असन्तुष्ट निष्ठावान सरदार राजघरानों में कोई विरला ही शेष रहा होगा, जिसने स्वार्थवश राजवंश के इस गृह कलह को तूल नहीं दिया हो।[5] किन्तु फौजों पर कठोर नियंत्रण व राजधानी में किलेदार के सुदृढ़ बन्दोबस्त के कारण किसी भी प्रकार का आशंकित हंगामा या उपद्रव नहीं हो सका।[6]

मराठा सरदार शामराज नीलकंठ के दो पुत्रों[7] के अतिरिक्त हमको अन्य किसी इतिवृत या विदेशी लेखकों के संस्मरणों से 'उत्तराधिकार कलह' का ज्ञान नहीं हो सका है; सम्भवतः कुछ ही दिनों में इसका निपटारा हो जाने से इस घटना की उपेक्षा की गई है। मराठी पत्रों के अनुसार रतनसिंह ने कौमी पंचायत का 'बहुमत' प्राप्त कर लिया था। किन्तु रनिवास में त्रिया-हठ तथा परिवार-जनों के विरोध से स्वयं को कर्त्तव्य निर्वाह में असहाय पाकर सम्भवतः दानसाह तथा अपने पक्ष के अन्य सरदारों (सगे सम्बन्धियों) के परामर्श पर उसने फौजदार, दीवान-राज (प्रधानमंत्री) तुलसीराम, ड्यौढ़ीवान आदि अन्य कुछ पुराने पदाधिकारियों को कैद करके भतीजे बहादुरसिंह सहित रनिवास की चौकसी अति कठोर कर दी थी। उन सभी को 'ठिकाने लगाने का मानस' देखकर 'कौमी पंचायत' के विवेकी हस्तक्षेप से चौधरी किसनसिंह तेवतिया (बल्लमगढ़), कुन्तल (खूंटैल) डूंग सरदारों की मध्यस्थता से समझौता वार्ता के फलस्वरूप सर्वप्रथम महन्त रामकिशन गुटबन्दी को छोड़कर अन्यत्र चला गया। कंवर दानसाह को रिसालों सहित तत्काल राजधानी से भिण्ड जाने का निर्देश दिया। उसकी गतिविधियों पर निगरानी रखने को सूरजमल के पुराने सेनानायक धनसिंह गौड़ को भी भेजा गया। दीवान द्यानतराव दो घोड़ा तथा सिरोपाव के साथ तथा अन्य अनेकों जमींदार भी शिष्टाचार के नाते रस्म में शामिल होने डीग आए थे। उन सभी को राजधानी से बिदा करके संकट को टाला गया।

एक माह के आन्तरिक गृह-षड्यंत्र के कारण रतनसिंह अगस्त 28, 1768 ई. (भाद्रपद वदि प्रतिपदा, वि.सं. 1825)[8] को राजगद्दी पर आरूढ़ हुआ। पुराने कारभारी दीवान-राज (प्रधानमंत्री) तुलसीराम, फौजदार आदि सभी पदाधिकारियों को पूर्ववत अपने-अपने पदों तथा स्थानों पर कार्य करने की संपुष्टि की गई।[9] कप्तान राने मेडक के वेतन में चार नई तोप तथा नवीन भरती के एवज में वृद्धि करके उसको पूर्व की भांति निष्ठा-भक्ति तथा उत्साह के साथ सेवा करने का निर्देश दिया।[10] बाद में कंवर दानसाह (प्रधान रिसाला सेनापति) को राज-संचालन

का सभी भार सौंप दिया था। रतनसिंह की प्रशासन तथा सैन्य संचालन के प्रति उपेक्षा, रसिकता, कामुकता, भोग-विलासिता तथा दुर्व्यसनों के प्रति बढ़ती अभिरुचि[10] के परिणाम स्वरूप कुछ व्यक्तियों को मनमानी करने का अवसर मिल गया और ड्योढ़ियों में कुचक्रों ने जोर पकड़ लिया।

2. परराष्ट्र (विदेश) नीति

रतनसिंह ने पड़ोसी राज्यों तथा शासकों के साथ जवाहरसिंह की निर्धारित विदेश नीति का ही अनुसरण किया और उत्तरी मालवा तथा बुन्देलखण्ड में राणा छत्रसिंह (गोहद) पिछोर तथा इन्दरगढ़ के क्षेत्रीय जाट सरदारों, दीवान द्यानतराव तथा दतिया के राजा शत्रजीत, लहार के कुशवाहा, इन्दुरखी के गौड़ राजा भगवंतसिंह तथा गुर्जर सरदारों को मराठा गतिविधियों को नियन्त्रित रखने में नैतिक समर्थन दिया।

रतनसिंह ने राज्यारोहण के बाद स्वयं तथा उसके वकील (दूत) डॉन पेड्रो डी-सिल्वा ने सीधे तथा कर्नल बारकर के माध्यम से गर्वनर-बंगाल सरकार के नाम अर्जी भेजकर भाई की मृत्यु तथा स्वयं की गद्दीनशीनी की सूचना के साथ लिखा, "उसके भ्राता तथा अंग्रेज कम्पनी सरकार के बीच विद्यमान आपसी सद्भाव के स्थाई रखने तथा उसमें वृद्धि करने का दृढ़ विचार है।"[11] परन्तु अपर्याप्त साक्ष्यों से प्रतीत होता है कि कम्पनी सरकार ने अपनी परिवर्तित नीति के अनुसार जाट शासक के प्रस्ताव पर विशेष ध्यान नहीं दिया। इससे आगे सम्पर्क नहीं बन सका।

हम देख चुके हैं कि सवाई माधोसिंह ने जवाहरसिंह के विरुद्ध अपनी सहायता के लिए अहमदशाह दुर्रानी को आमंत्रित किया था।[12] (अध्याय 7, अनु. 4) 1768 ई. के अन्त में यह चर्चा थी कि दुर्रानी हिन्दुस्तान पर पुनः आक्रमण करने आ रहा है। इससे भारतीय शक्तियों में स्वभावतः हलचल मची। 1769 ई. के प्रारम्भ में दुर्रानी चिनाव नदी के बायें तट तक आ गया था और उसके दूत शाही फरमानों के साथ भारतीय शासकों के दरबारों में पहुंच चुके थे। फरवरी में उसका दूत शाही फरमान सहित सवाई रतनसिंह के दरबार में भी आया। जाट-शासक ने शाही दरबार की प्रचलित परम्परा तथा रस्म-रिवाज के अनुसार समारोह आमंत्रित करके शाही फरमान स्वीकार किया और राजदूत का स्वागत सत्कार किया। इस फरमान में शहंशाह ने जाट-शासक को लिखा–

"दिवंगत राजा जवाहरसिंह ने राजपूतों के विरुद्ध सहयोग देने के एवज में 60 लाख रुपया भुगतान का वचन दिया था। इस रकम का भुगतान किया जावे। साथ ही उत्तराधिकार के नजराने के रूप में कुछ लाख रुपया भी दिया जावे।"

जाट-शासक ने जवाहरसिंह के वायदा के बारे में न केवल अपनी अनभिज्ञता प्रगट की, बल्कि उसने कहा कि दिवंगत राजा राज्य पर इतना अधिक

ऋण छोड़ गया है कि राज्य के सभी साधनों से भी उसका चुकारा असम्भव है। इस भांति उसने शाह के दूत को कोरा जवाब देकर टरका दिया।[13] तभी अफगानिस्तान में शाह दुर्रानी के प्रमुख सरदारों ने विद्रोह कर दिया और शाह के सरदारों में भी हिन्दुस्तान में कूंच करने पर काफी मतभेद थे। फलतः शाह को बाध्य होकर अपने देश वापस लौटना पड़ा।[14]

समीपस्थ पड़ोसी राज्य जयपुर के साथ जाट-शासक के सामान्य सम्बन्ध हो गए। कछवाहा शासन ने जवाहरसिंह की मृत्यु पर जहां संवेदना प्रगट की, वहां सद्भावना की ओर हाथ बढ़ाने का भी प्रयास किया।[15] महन्त बालानंद वैरागी जाट-राज्य में निवास कर रहा था। अहमदशाह दुर्रानी के आने की चर्चा पर कछवाहा शासक ने सम्भवतः जाट-शासक से बातचीत करने को पत्र लिखा था और उसको जयपुर आने के निर्देश दिए थे।

3. सिखों से झड़प : भदावर उपद्रव

राने मेडक के संस्मरणों[16] से यद्यपि यह स्पष्ट नहीं होता कि रतनसिंह ने किस निर्लाभ साधारण अभियान का संचालन किया था, तथापि अन्य सूत्रों से यह आभास होता है कि सम्भवतः अक्टूबर के मध्य में सरहिन्द-दोआब के सिख सवारों ने सीमान्त प्रदेश में प्रवेश करके हंगामा किया, तब रतनसिंह को महन्त रामकिशन के रामदल तथा वैरागी सवारों सहित उनके विरुद्ध कार्यवाही करनी पड़ी।[17] इस मुठभेड़ में घायल होकर उसको लौटना पड़ा। उसकी मृत्यु की अफवाह से अटेर में भदौरिया जमींदारों ने उपद्रव कर दिया। महाराव दानसाह भिण्ड में मौजूद था और उसने अपने सवार सैनिक मघंड (जागीर निहोना) का बंदोबस्त करने भेज दिए। 26 अक्टूबर को दानसाह ने इस सवारों को वापिस बुलाकर अटेर की ओर रवाना किया। तभी समरू, महंत रामकिशन, मिश्र गंगा प्रसाद भदारिया तथा गोपाल राव बार्बे सेना सहित आगरा पहुंच गए। परन्तु दानसाह के कड़े रुख से भदावर का उपद्रव शान्त हो गया।[18]

4. भादौ मास का सांस्कृतिक पर्व

जाट-शासकों ने ब्रज की लोकधर्मी कला के विविध आयामों को संरक्षण प्रदान किया। अब ब्रज में भक्ति-विलास, लोक-कला एवं सांस्कृतिक लोकोत्सवों के लिए सुस्थिर शांति का समय था। रानियों ने वैदिक व लौकिक अनुष्ठानों में विशेष रुचि ली, वहां राज-कुल ने धार्मिक उत्सवों व समारोहों में उत्साहपूर्वक भाग लेकर जनभावना को जीत लिया। रतनसिंह ने राज्यारोहण के बाद मथुरा, वृन्दावन की यात्राएं कीं। अगणित शताब्दियों के बाद श्रीकृष्ण की पावन धरा पर, करील-कुंजों एवं यमुना की कल-कल तरंगों, लहरियों में ब्रज ललनाओं के नूपुरों, पायलों की

झंकार, वीणा, ढोलक, मृदंग, एकतारा तथा बांसुरी की सुमधुर ध्वनि गूंज उठी। सभी भक्त कबीले, संत-महात्मा भादौं मास के महान उत्सव, कृष्ण लीलाओं में आत्म विभोर हो गए। रतनसिंह ने तभी वृन्दावन से आगरा तक यमुना की कछारों में उपवनों की वृद्धि का आदेश देकर प्रकृति प्रेम को प्रदर्शित किया।[19]

5. होली का महान सांस्कृतिक महोत्सव

अनादि काल से ब्रज में होली का महानतम सामाजिक, सांस्कृतिक पर्व अति उल्लास, उमंग, आमोद-प्रमोद के साथ मनाया जाता है। इस महोत्सव में दूरस्थ प्रांतों के सहस्त्रों नर-नारी, बाल-वृद्ध अति उत्साह से भाग लेते थे। सवाई रतनसिंह ने इस वर्ष अपने पूर्वजों से अधिक उत्साह, आमोद-प्रमोद के साथ इस उत्सव को मनाया। ब्रज में श्री कृष्ण की पौराणिक रंगभूमि की याद पुनः ताजा हो गई। महोत्सव में यदुकुल के ऐश्वर्य व वैभव की पराकाष्ठा समाहित थी। ब्रजराज स्वयं पावन ब्रज-रज में मस्त हो गया था।

रतनसिंह ने यमुना-तट पर सड़क के किनारे ढाई किमी. लम्बा शेरों की खाल[20] का अति विशिष्ट तथा विशाल शामियाना लगवाकर वसंत का सांस्कृतिक पर्व मनाया। लाखों भक्तजनों, नर-नारियों के नियमित भोजन की व्यवस्था की गई। हास-परिहास, लोकनृत्य, लोकसंगीत, मनोविनोद में शामिल होने को चार सहस्र बाई[21] आ गई थीं। पूर्व जाट शासकों ने रणभूमियों में बारूद के धुएं से अंबर काला किया था, जबकि ब्रजराज रतनसिंह ने दो माह (माघ शुक्ला 5-चैत शुक्ला 2 वि. सं. 1826/11 फरवरी-अप्रैल 8, 1769 ई,) तक वसंत तक होली का उत्सव मनाया। दो लाख मन बहुरंगी गुलाल व अबीर उड़ाकर अंबर को लाल कर दिया था और ब्रजप्रदेश नृत्य, रंगोत्सवों तथा रंगरेलियों में विभोर हो गया था।[22]

इस धार्मिक एवं सांस्कृतिक महोत्सव में कप्तान मैडक भी शामिल था। उसने इस समारोह में हस्तमुक्त से किये व्यय को अपव्यय लिखा है। वहां उसने रतनसिंह में 'कामुकता' के अलावा स्वर्ण-लोभ की कमजोरी का भी विवरण दिया है। वृंदावन में रूपानंद वैरागी गुसाईं इन्द्रजाल (जादू), वशीकरण (तंत्र), मंत्र की कला तथा चमत्कार प्रदर्शन में अति चतुर था। इसके बारे में 'पारस पत्थर से धातुओं का सोना (स्वर्ण) बनाने' की सामान्य चर्चा थी। राजा को जादू तथा रासायनिक विद्या सीखने की धुन सवार हो गई। इससे वह वैरागी राजा के पास बे-रोकटोक आने-जाने लगा और विश्वासपात्र सेवक की भांति रहता था। राजा ने सोना बनाने के लिए उसको पर्याप्त द्रव्य भी दिया। परन्तु रसायन प्रयोग की आड़ में वैरागी उसको ठगता रहा और समय निकलता रहा।[23]

जॉन गोटलिइव कोहन रूपानंद के सम्पर्क के बारे में रतनसिंह को उसकी चौदह वर्षीय लावण्यशीला चन्द्रवदना के मोहजाल में फंसने और उसको भ्रम में

रखने का उल्लेख करता है। तब रूपानंद ने अपने आपको रसायन-विद्या में पारंगत होने का प्रचार करके पारा से सोना बनाने की रसायनिक प्रक्रिया का प्रयोग शुरू किया था।[24]

6. सवाई रतनसिंह की हत्या, अप्रैल 8, 1769 ई.

अंतिम दिनों में सोने का नमूना दिखलाने का दबाव डालने पर रूपानंद ने राजा से कहा कि 'प्रक्रिया में अभी कसर है।' राजा ने उत्तर से असंतुष्ट होकर उसको 'विफलता पर मरवाने की' धमकी दी। धोखेबाज गुसाईं ने भय अथवा पूर्व नियोजित किसी षड्यंत्र के अनुसार 'रात्रि के अंतिम प्रहर में उसके (राजा के) सामने सोना बनाकर दिखलाने' की घोषणा कर दी। साथ ही गोपनीयता का प्रस्ताव रखा।

संदर्भ

1. अधिक जानकारी हेतु देखिये–नजीब, सरकार (मुगल), खण्ड 2, पृ. 273; नूरुद्दीन, पृ. 114 अ; सी.पी.सी., खंड 2, पत्र 1101, 847; पे. द. जि. 29 लेख 143; कछवाहा-मथुरालाल शर्मा, 'हिस्ट्री ऑफ जयपुर'; मराठा, पे.द., जि. 29, लेख 212, 214-5, 223;
2. बलदेव सिंह, पृ. 81 (महेवा से डीग आना); महेवा, लहार के दक्षिण में 8 किमी. है।

= आधुनिक लेखकों ने भ्रमवश छत्रसाल बुंदेला के प्रसिद्ध गढ़ 'महोबा' को समझा है। 1768 ई. में जाटों का अधिकार परगना लहार तक सीमित था।

3. पे.द. (नई), जि.3, लेख 175, 176 (इन दोनों पत्रों की सही तारीख 18 तथा 26 अगस्त, 1768 ई. है।)
4. उपरोक्त
5. सी.पी.सी., खंड 2, पत्र 1101, पृ. 299 (सम्राट–गवर्नर, बंगाल सरकार), अगस्त 27, 1768 ई.
6. पे.द. (नई), जि 3, लेख, 175 (सही तारीख अगस्त 18, 1768 ई,); फो. वि. कॉ. खण्ड 5, पृ. 418;
7. उपरोक्त, लेख 175 तथा 176 (सही तारीख 26 अगस्त, 1768 ई.);
8. मेजर एच.इ.ड्रेक ब्रोकमन, 'गजेटियर ऑफ ईस्टर्न राजपूताना' के अलावा अन्यत्र राज्यारोहण की तिथि नहीं मिलती।

= पे.द. (नई, जि. 3, लेख 176) के पत्र 26 अगस्त सी.पी.सी. (जि. 2, लेख 1117-8) के पत्र (7 सितम्बर) से स्पष्ट है कि राज्यारोहण इन दोनों तारीखों के बीच हुआ था।

9. पे.द., (नई), जि. 3, लेख 175, 176;
10. राने मादे, पृ. 72; कोहन, पृ. 24 ब;

11. सी.पी.सी., खंड 2, लेख 1117, 1118 (सितम्बर 7, 1768 ई.); फो.वि.कॉ., खंड 5, लेख 15, पृ. 418 (सेलेक्ट कमेटी–कोर्ट ऑफ डाइरेक्टर्स);
12. फोर्ट विलि. खंड 5, पृ. 546 (सेलेक्ट कमेटी--कोर्ट ऑफ डाइरेक्टर्स), अप्रैल 5, 1769 ई.
13. आगरा से प्राप्त गुप्तचर की रिपोर्ट के आधार पर सेलेक्ट कमेटी के नाम कर्नल स्मिथ का पत्र, मार्च 6, 1769 ई. तथा फोरेन डिपा., से.क.प्रो., 1769, पृ. 139, मार्च 21, 1769 ई.;
14. सी.पी.सी., खंड 2, लेख 1365, 1499; फोर्ट वि., खण्ड 5, पृ. 546;
15. ड्रा.ख.प.; बस्ता 12, लेख 268 (अगस्त 9, 1768 ई.);
16. राने मादे, पृ. 72;
17. ड्रा.ख.प. बस्ता 12, लेख 215 (माघ सुदि 2 सं. 1825/फरवरी 8, 1769 ई.);
18. पे.द. (नई), जि. 3, लेख 165 (पत्र प्राप्ति, अक्टूबर 31, 1768 ई.) तथा केलकर, पत्र सं. 53, नवम्बर 5, 1768 ई. (रामपुरा के कछवाहा शासक राजा कल्याण सिंह जू देव का पत्र); दे.क्रॉनि. में 18 अक्टूबर/6 जमादि II की अंकित सूचना पे.द. के लेख 165 की पुष्टि करती है।
19. बलदेवसिंह, पृ. 81;
20. बलदेवसिंह, पृ. 81;
21. राने मादे, पृ. 72;

= वृन्दावन, राधाकुण्ड, मथुरा आदि ब्रज तीर्थों में राधा-स्वामी (चैतन्य) सम्प्रदाय में दीक्षित सहस्त्रों बंगाली विधवा बाई मोक्ष की कामना से समर्पित वास करती हैं और वे भक्तिभाव से विह्वल नृत्य-गायन-वादन में मस्त रहती हैं। अत: रतनसिंह के खेमा में होलिकाष्टकों में पेशेवर या जबरन लाई गई नृत्यांगनाओं की अपेक्षा धर्मनिष्ठ बाइयों का जमाव था।

22. राने मादे, पृ. 72; बलदेवसिंह, पृ. 81; जान कोहन, पृ. 25अ;
23. राने मादे, पृ. 72; बलदेव सिंह, पृ. 81; इ.डा., हरसुखराय, जि. 8, पृ. 274;
24. जॉन कोहन, पृ. 25 अ;

अध्याय 10

महाराजाधिराज ब्रजेन्द्र सवाई केहरीसिंह

(अ) मराठा हस्तक्षेप : संघर्ष तथा समझौता (1769-1770 ई.)

केहरसिंह का राज्यारोहण, अप्रैल 12, 1769 ई.

चिरनिद्रा से पूर्व सवाई रतनसिंह ने वृंदावन छावनी में राज्य के प्रमुख सेनापति महाराव दानसाह तथा अन्य प्रभावशाली राज-सरदारों के समक्ष अपने डेढ़ वर्षीय[1] (20 माह) पुत्र केहरसिंह[2] को संरक्षण प्रदान करके राजगद्दी पर आरूढ़ करने की अभिलाषा व्यक्त की थी। ज्येष्ठ शाखा से संबद्ध अल्पवयी केहरीसिंह राजगद्दी का वैध उत्तराधिकारी था। अस्तु, अप्रैल 12, 1769 ई. चैत सुदि, वि.सं. 1826[3] को डीग में कौमी पंचायत के सरदारों की सभा में केहरीसिंह को 'महाराजाधिराज ब्रजेन्द्र सवाई'[4] के विरुद के साथ राजगद्दी पर आरूढ़ किया गया।[5] महाराव दानसाह ने लगभग 5 माह तक संरक्षण के रूप में स्वयं राज्य का नायब (मुख्त्यार-राज) पद संभाला।

दूरस्थ सीमांत जिलों के विद्रोह का दमन

कछवाहा दरबार ने 'आपसी सद्भाव व सहयोग की भावना' से केहरीसिंह के उत्तराधिकार को मान्यता प्रदान करते हुए 15 अप्रैल को पुण्ड़रीक जगन्नाथ के साथ राजतिलक का टीका, जड़ाऊ सरपेच, पोशाक तथा मंगल गज भेजा।[6] तब राव नवलसिंह ने गोकलचंद कटारा को बातचीत करने जयपुर भेजा, जहां से 26 मई को कछवाहा दरबार ने और 31 मई को राजमाता चूड़ावत ने ड्योढ़ियों से थिरमा बख्शीश करके उसको विदा किया।[7] किन्तु शासक परिवर्तन के समाचारों के साथ प्रवासी बादशाह शाहआलम सानी ने अप्रैल के अंतिम सप्ताह में नवाब वजीर

शुजा-उ-द्दौला के साथ आठ सूत्री समझौता कर लिया था। एक ओर शुजा ने बुन्देला शासकों को जाटों के विरुद्ध हंगामा करने को भड़काया, वहां बादशाह ने 21 मई को उसके तथा स्मिथ की कमान में आठ मैदानी तोपों सहित दो अंग्रेजी बटालियनों के संरक्षण में आगरा होकर दिल्ली प्रस्थान करने का निश्चय व्यक्त किया। जाट-शासन के सौभाग्य से 24 मई को जहां शुजा की फौजों ने विद्रोह कर दिया वहां गवर्नर वेरलेस्ट सहित सेलेक्ट कमेटी ने बादशाह के प्रस्ताव को अस्वीकार कर दिया।[8] अस्तु, जाट-राज्य शाही संघर्ष से मुक्त अवश्य हो गया, किंतु फिर भी दूरस्थ अन्तर्वेद के पूर्वी जिलों तथा दक्षिणी जिलों में प्रभावशाली जमींदारों ने लगान रोककर विद्रोह कर दिया। तब दानसाह को बाध्य होकर समरू, मैडक तथा अन्य सेनानायकों को ससैन्य इन विद्रोहियों के विरुद्ध रवाना करना पड़ा।[9] इससे राजधानी को विदेशी सैनिकों से निरापद देखकर राजवंश के सरदारों ने जून या जुलाई मास में दानसाह विरोधी षड्यंत्र का सूत्रपात किया।

दानसाह की नायब पद से मुक्ति

कंवर दानसाह जवाहरसिंह का मौसेरा भाई अवश्य था, परन्तु वह राजवंश अथवा बिरादरी का अनुवांशिक सदस्य नहीं था। उसने जवाहरसिंह के अनुग्रह से ही राज रिसालों का प्रधान सेनापति पद प्राप्त किया था। राजवंश के अधिकांश सदस्य, जाट जमींदार, देशस्थ सरदार और सेनानायक विजातीय दानसाह की मुख्त्यारी से असन्तुष्ट थे। यह संभावना व्यक्त की गई कि दानसाह महिला संरक्षिका की आड़ में सैनिक बल से कार्यकारी परिषद की सभी व्यावहारिक शक्तियों का अपहरण कर सकता है।[10] अनेक प्रतिष्ठित जमींदारों, जागीरदारों, प्रमुख सरदारों तथा राजवंश से संबद्ध निकटतम संबंधियों जिनका प्रशासन में वर्चस्व था उन्होंने डीग से अपनी जागीरों में पहुंचकर दानसाह की मुख्त्यारी को स्वीकार नहीं किया और उन्होंने संघर्ष की चुनौती दी। डीग तथा ड्योढ़ी दुर्ग कुम्हेर में अनेक प्रदर्शन हुए और दो घटकों में हिंसात्मक टकराव भी शुरू हो गया। डीग तथा कुम्हेर में जून मास में दो बार भंयकर अग्निकांड हुए, जिनमें 12-12 हजार व्यक्ति जल गए। 6 जून को कुम्हेर के अग्निकांड में राजा नागरमल, नगर सेठ के पुत्रों तथा अन्य नगर निवासियों का माल व सामान स्वाहा हो गया और लगभग दो हजार व्यक्ति आग में जल कर मर गए। पशुओं तथा मकानों की तो गणना ही नहीं थी।[11]

महाराजा सूरजमल के शासन-काल में उनका साला जीवाराम बंचारी राज्य का अति विश्वासपात्र सेवक था। वह इस बात से असंतुष्ट था कि पुराने सेवक अब दानसाह के आदेशों का पालन करेंगे। अतः भूतपूर्व दीवान-ए इमारत चौधरी जीवाराम बंचारी (सोहरोत) ने दानसाह की 'नायबी' को चुनौती दी। जीवाराम बंचारी डीग से रानी किशोरी के पास कुम्हेर आया। जहां उसने इंदुरखी के गौड़

राजा भगवन्त सिंह, चौधरी दलेलसिंह होड़लिया (सोलंकी) तथा कासौट के ठाकुर से दानसाह के विरुद्ध मंत्रणा की। इसी प्रकार डीग में मांजी खेतकौर (खत्तू दादी) तथा रानी सतभामा ने भी उसको हटाकर नवलसिंह को नायब नियुक्त करने की वरीयता दी।[12]

महाराजा सूरजमल के दोनों जीवन्त पुत्र राव नवलसिंह तथा राव रणजीतसिंह के नेतृत्व में जन-आन्दोलन ने जोर पकड़ लिया। इन दोनों ने दीवान तुलसीराम व फौजदारों सहित मंत्री-परिषद के अन्य सरदारों को अपने पक्ष में मिला लिया। तभी राव मोहकम सिंह ने रणजीत सिंह से भरतपुर में मुलाकात की और रणजीतसिंह ने उसको कुछ रुपया दिया। अगस्त के अंत में उभय भ्राताओं के नेतृत्व में जमींदारों के सैनिकों ने दानसाह की दुर्ग हवेली को घेर लिया। दानसाह ने सहायता के लिए कप्तान मेडक व अन्य विदेशी-परदेशी सैनिकों को डीग आने के आदेश भेजे। वर्षाकाल में मार्गों की कठिनाई के कारण वे तत्काल समय पर नहीं आ सके। दानसाह ने जीवन-रक्षा के आश्वासन के साथ दुर्ग से प्रतिष्ठानुसार ससम्मान निकलकर अन्यत्र जाने का प्रस्ताव रखा। उसने धमकी भी दी कि अन्यथा वह दुर्ग हवेली के समीपस्थ बारुदखानों, जिन पर उसके विश्वास पात्र सैनिक तैनात हैं, में आग लगाकर दुर्ग व राजधानी में विस्फोटक स्थिति पैदा कर देगा। कई दिन की वार्ता के बाद उभय भ्राताओं ने राज्य की सीमाओं से बाहर जाने की शर्त पर क्षमा कर दिया। तब उसने अपने विश्वासपात्र सेनानायकों की देखरेख में अल्पवयी राजा को नवलसिंह की गोद में सौंपकर उसकी सुरक्षा की कामना की और वह सितम्बर के अंत में कुछ सवारों सहित डीग से सकुशल गोहद की ओर चला गया। समझौता व समर्पण के दूसरे दिन कप्तान मेडक डीग पहुंचा, जहां दोनों भाइयों ने उसके साथ मानवीय व्यवहार किया।[13]

राव नवलसिंह का नायब (मुख्त्यार) पद प्राप्त करना

दोनों भाइयों में दानसाह को हटाकर राज्य से निकलने की सहमति के आधार पर गठबन्धन हुआ था। किन्तु नायब (मुख्त्यार) पद व सत्ता के मामले में आपस में मतभेद हो गया। नवलसिंह ज्येष्ठ भ्राता अवश्य था, परन्तु रणजीतसिंह सजातीय रानी की संतान होने से कुल व वंश परम्परा के आधार पर नायब (मुख्त्यार) पद का इच्छुक था। नवलसिंह ने अति धैर्य, निपुणता व संयम से काम लिया। कप्तान मेडक ने उसके हितों की रक्षा का वचन दिया, तभी नवलसिंह ने चतुराई से दानसाह के रिसाला सेनानायकों सहित उनके चार सहस्र सवारों को विगत अनेक महीनों का शेष वेतन भुगतान का वचन देकर अपने पक्ष में मिला लिया।

फिर उसने विमाता रानी खेतकौर, रानी सतभामा, राव किसनसिंह तेवतिया की पुत्री रानी नंदकौर तथा उनसे सम्बद्ध भाई-भतीजों का सहयोग प्राप्त करके,

मंत्री परिषद के कार्यभारी अधिकारियों, प्रमुख डूंग सरदारों, प्रभावशाली सेनानायकों से व्यक्तिशः मिलकर अपना समर्थन जुटाया। अस्तु, डूंग पंचायत ने नवलसिंह को इच्छित मुख्त्यार राज (नायब) पद तथा लघुभ्राता राव रणजीतसिंह को 10 लाख रुपया वार्षिक जमा के चार परगना सहित कुम्हेर दुर्ग का राज्यपाल (गवर्नर) पद प्रदान करने की बहुमत से संपुष्टि की। अल्पवयी शासक को गद्दी पर आरूढ़ करके सूरजमल की परम्परा के निर्वाह हेतु श्री हरिदेवजी के गुसाईं हीरालाल से कंठी बंधवाई और इसके एवज में उनको अडींग में 52 बीघा धरती प्रदान की। अस्तु, रणजीत सिंह को अपने पक्षधरों के साथ निराश होकर डीग से कुम्हेर लौटाना पड़ा।[14]

नवलसिंह में चारित्रिक गुणों का अभाव था और बुद्धिकौशल, शौर्य व योग्यता भी नहीं थी। घरेलू शत्रुओं के भड़काने में आकर राजवंश के प्रभावशाली रिश्तेदारों ने स्वार्थ की ज्वाला में कटुता व मनोमालिन्य की आहुति देकर जाट-राज्य में पतन के बीज बो दिए। मांजी किशोरी के हस्तक्षेप से दोनों भाइयों ने 'पारिवारिक कटुता तथा आन्तरिक गृह-संघर्ष की आंधी' से बचने की व्यक्तिशः भेंटवार्ता के प्रस्ताव को स्वीकारा और मनोमालिन्य दूर करने का मानस बना लिया था। इसके लिए दशहरा (अक्टूबर 10, 1769 ई.) का शुभ दिन निश्चित किया गया। किन्तु दीवान जीवाराम बंचारी की युक्ति तथा छल-नीति के प्रभाव में आकर विरोधी घटक ने गुप्त मंत्रणा करके नवलसिंह को कुम्हेर दुर्ग में घेरकर बन्दी बनाने की योजना बना ली। नवलसिंह ने पांच सहस्र सवारों सहित डीग से प्रस्थान करके कुम्हेर में प्रवेश किया। परन्तु रणजीतसिंह ने ड्यौढ़ी दुर्ग से बाहर निकलकर उसकी अगवानी नहीं की। तभी नवलसिंह के धायी भाई दीपा गूजर ने शहर के सभी फाटक बंद करवाकर महलों में उसको बन्दी बनाए जाने के षड्यंत्र से सावधान कर दिया। फलतः नवलसिंह को दुर्ग में प्रवेश करने की अपेक्षा भरतपुर दरवाजे से निकलकर महाराज बाग (भरतपुर-कुम्हेर सड़क) में पड़ाव डालकर विश्राम करना पड़ा।[15] इस प्रकार बंचारी अपने षड्यंत्र में विफल रहा।

कुम्हेर दुर्ग का घेरा, नवम्बर-फरवरी, 1770 ई.

अति साधारण वर्षा से उत्तर भारत एक वर्ष (सितम्बर, 1769 ई.-अक्टूबर, 1770 ई.) तक दुर्भिक्ष तथा चेचक की महामारी से पीड़ित रहा। दोआब के अनेक जिलों में 100 से 250 ग्राम वजन की ओलावृष्टि से सहस्त्रों पशु-पक्षी जानवर तथा आदमी मौत के शिकार हो गए। सर्वत्र सन्नाटा, भूख व प्यास से बेचैनी थी। इस प्राकृतिक विपदा से राज्य की अर्थव्यवस्था पर प्रतिकूल प्रभाव पड़ा। जमींदारों को बोहरों से ऋण लेकर अपनी रैय्यत की प्राण-रक्षा करनी पड़ी।[16] तभी जाट-राज्य पारिवारिक संघर्ष तथा युद्ध की ज्वाला से धधक उठा था।

राजवंश के आंतरिक षड्यंत्रों को विफल करने के लिए नवलसिंह ने अविलम्ब नायब पद का उत्तरदायित्व ग्रहण करके 'प्रधान सेनापति' पद सम्भाला। फिर उसने कुचक्रियों को गिरफ्तार करने के लिए लाला अजमत, शेख सनुल्ला तथा कप्तान बली बाज खां के नेतृत्व में कुम्हेर का घेरा डालने को दस सहस्त्र रिसाला सैनिक रवाना किए। बाद में कप्तान मेडक भी अपनी सुदीक्षित बटालियनों सहित इस घेरे में जाकर शामिल हो गया।[17]

राव रणजीतसिंह ने 'मुख्त्यार राजपद का दावा' घोषित[18] करके नवलसिंह के विरुद्ध शस्त्र तथा कूट परीक्षण की तैयारियां कीं। उसको जन-समर्थन प्राप्त था। चौधरी दलेलसिंह सोलंकी (होड़ल) तथा क्षेत्रीय ठाकुरों ने युद्ध प्रसाधनों से सुरक्षित गढ़ व दुर्ग की तन्मयता से रक्षा की और मेडक तथा तुर्क-मुगल सवारों का जमकर सामना किया। एक माह के घेरे के बाद भी विदेशी कप्तान रणजीतसिंह को निराश करने तथा रसद की नाकेबंदी करने में सफल रहा। चार माह तक निरन्तर सैनिक व कूटनैतिक संघर्ष चलता रहा। एक भी पक्ष अंतिम निर्णय तक संतुष्ट होकर शांत नहीं हो सका। रणजीतसिंह को जीवाराम बंचारी की बुद्धि तथा कूटनीति की चाल में फंसकर इस संघर्ष को चलाना पड़ा।

सिख सरदारों का राज्य में प्रवेश

महादजी सिंदे तथा यशवन्त राव बाबले उदयपुर में खंडणी वसूल करने में व्यस्त थे, तब जुलाई में यशवन्त राव बाबले के पास सिख दूत यह सन्देश लेकर गया था कि चालीस हजार सिख उनके साथ मिलकर नजीब तथा जाटों पर आक्रमण करने को तैयार हैं।[19] इस प्रकार हम देखते हैं कि सरहिन्द-दोआब के सिख सरदारों ने अन्य सिख सरदारों के साथ जाट व रुहेलों से द्रव्य वसूल करने का मानस बना लिया था। तभी दीवान जीवाराम ने रणजीत सिंह के पक्ष में सिख तथा हिन्दुस्तान की ओर बढ़ रही मराठा सेनाओं को भाड़े पर आमंत्रित किया। अक्टूबर के अंत में नवलसिंह ने भी सिखों के साथ मैत्रीपूर्ण समझौता करने के लिए चौधरी हरजी रेबारी को अनेक बहुमूल्य उपहारों के साथ रवाना कर दिया। सिख सरदारों ने नवलसिंह के दूत से जवाहरसिंह की लिखित शर्त के आधार पर शेष सात लाख रुपये तथा इस बार सहायता के एवज में 13 लाख रुपये की मांग की।[20] नवलसिंह इस मांग से सहमत नहीं हो सका।

दिसम्बर में जस्सासिंह कलाल, सदासुख, नानूसिंह, गुरुबख्शसिंह, दौलचासिंह, बघेलसिंह, खुशहालसिंह, मेहरसिंह आदि सरदारों ने 20,000 सवार व 10,000 पैदलों[21] के साथ प्रस्थान करके राज्य की उत्तरी-पश्चिमी सीमाओं में प्रवेश किया और सराय मेहरपरवर व ताल्लुका बहादुरगढ़ के आसपास छोटे-बड़े अनेक गांवों तथा कस्बा रेवाड़ी में भारी लूट व बरबादी की। चौधरी हरजी रेबारी बहादुरगढ़

से बहाना बनाकर पहाड़ियों के दामन में आबाद कस्बा बादशाहपुर में आ गया। सिखों ने इस कस्बे को घेरकर किलेदार से हरजी को सौंपने की मांग की। उन्होंने पहाड़ियों में आबाद लुटेरे मेवातियों के कुछ गांवों को लूटकर उपद्रव किए। फलतः बादशाहपुर के किलेदार को हताश होकर हरजी को उन्हें सौंपना पड़ा। इसी बीच में सिखों की एक टुकड़ी ने रणजीतसिंह के प्रतिनिधि से बातचीत करने के लिए बंचारी गांव की ओर कूंच किया और इस गांव में भी लूटमार की।[22]

बंचारी गांव की लूट का समाचार मिलते ही 3 जनवरी को नवलसिंह ने मराठा सरदार गोपालराव बार्बे, छतरसाल मण्डावरिया (गूजर), बख्शी फतेराम, सूखासिंह आदि सेनानायकों के नेतृत्व में 16 हजार सवार व पैदल डीग से बरसाना रवाना किए। सिखों के कुछ दलों ने दिल्ली की ओर प्रस्थान कर दिया था। जाबित खां ने अपनी सेनाओं सहित शाहदरा व पटपड़गंज के बीच में पड़ाव डालकर सिखों से दिल्ली निवासियों की रक्षा के उपाय किए। नवाब नजीब ने युद्ध या संघर्ष की अपेक्षा सत्वर ही अपने वकील भोलानाथ को सिख सरदारों के पास भेजकर 65 हजार रुपये भुगतान का करार करके उनसे पिंड छुड़ा लिया। तभी नजीब ने अपना दूत राय सागरमल तथा कारिंदा शेख करीमउल्ला खां को नवलसिंह के पास रवाना किया।

22 जनवरी को सिखों ने बादशाहपुर से प्रस्थान करके बल्लमगढ़ में पड़ाव डाला और जस्सासिंह कलाल व बघेलसिंह ने गुरु गोविन्दसिंह के कड़ाह-प्रसाद के लिए 50 हजार रुपये प्राप्त करने के लिए दौलचासिंह को हरजी के साथ राजा हीरासिंह चौधरी (तेवतिया) के पास बल्लमगढ़ दुर्ग में भेजा। चौधरी ने उनको नकारात्मक उत्तर देकर कहा, "मेरे पास पैसा कहां? इस समय दुर्ग में गोला बारूद ही है।" तब सिखों ने आसपास के अनेक गांवों में भारी लूट व आगजनी की।

23 जनवरी को चौधरी हरजी के साथ सिख वकील 20 लाख रुपये तत्काल भुगतान की मांग के साथ नवलसिंह के पास डीग पहुंचे। साथ ही उन्होंने युद्ध की भी धमकी दी। नजीब के दूत भी डीग पहुंच चुके थे। नवलसिंह ने बातचीत के बाद अपने दीवान साहबसिंह तथा नरपतसिंह को पत्र सहित उनके साथ शाहदरा रवाना किया। 23 जनवरी को जाट-दूत जाबित खां की छावनी में पहुंच गये थे। नवलसिंह ने सिख वकील से बातचीत शुरू कीं, तभी बल्लमगढ़ से बढ़कर सिखों ने सराय होड़ल से 35 किमी. दूर कस्बा बठेन, ग्राम नंदगांव तथा बंचारी में अपना पड़ाव डाला। इन गांवों के जमींदारों तथा रैय्यत ने उनका प्रतिरोध किया। मुठभेड़ों में दोनों ओर से अनेक सैनिक काम आये या घायल हो गये और अंत में जमींदार भी खेत रहे।[22]

1 फरवरी को दिल्ली से करीमउल्ला खां, दीवान साहबसिंह व जाट-दूत नरपतसिंह, राजा नागरमल का दूत ख्वाजा तमकीन और राय सागरमल ने

नजीबाबाद पहुंचकर दूसरे दिन (2 फरवरी) प्रातःकाल नवाब नजीब से भेंट की और नवलसिंह व जाबित खां की संयुक्त कमान में सिखों को पंजाब की ओर खदेड़कर मराठों का सामना करने का प्रस्ताव रखा। नजीब दोनों में से किसी से भी फौजी संघर्ष में नहीं उलझना चाहता था। उसने कहा, "सिख उसके मार्ग में अड़चन हैं।" तब नवलसिंह को स्वयं सिखों से निपटारा करना पड़ा।[23]

सिखों से युद्ध तथा समझौता, 1770 ई.

सिखों ने बरसाना से 22 किमी. दूर अपना पड़ाव डाल दिया और नवलसिंह स्वयं डीग से बरसाना पहुंच गया। युद्ध की अनिवार्यता देखकर 11 फरवरी को कप्तान मेडक व अन्य जाट रिसालों ने कुम्हेर दुर्ग का घेरा उठाकर बरसाना की ओर प्रस्थान किया। सिख फौजें नंदगांव से 6 किमी. दूर थीं। 14 फरवरी को मेडक ने अपनी बटालियनों के साथ सिख छावनी से 15 किमी. दूर एक गांव में विश्राम किया। 15 फरवरी को प्रातः वह हाथी पर सवार हो गया और नवलसिंह के रिसालों की प्रतीक्षा किए बगैर ही उसने 500 अनुशासित फिरंगी सैनिकों की चार कंपनियों तथा दो मैदानी तोपों के साथ सिखों की टोह में 12 किमी. आगे कूंच किया। उधर सिख सवारों ने भी जाटों पर आक्रमण करने के लिए कूंच कर दिया। मध्याह्न पूर्व सिखों ने मेडक पर एक गांव के समीप प्राण-घातक हमला किया। प्रथम मुठभेड़ में ही मेडक के लगभग 100 सैनिक खेत रहे। उत्साह हीन मेडक को पीछे हटकर लगभग तीन घंटा एक गांव में शरण लेनी पड़ी। तभी अनायास ही नवलसिंह की एक रिसाला टुकड़ी घटनास्थल की ओर पहुंच गई। इससे मेडक की जीवनरक्षा हो सकी। सिख सवार जाट सवारों को देखकर गांव छोड़ गये। कुछ देर की मुठभेड़ में राव गोपालगणेश बार्बे जख्मी हो गया। अनेक सैनिक खेत रहे और उनको पराजित होकर पीछे हटना पड़ा।

नवलसिंह ने सिखों के विरुद्ध नागा सवार व पैदलों को भेजा; नागा आक्रमण से व्यथित होकर सिख अपना धैर्य खो बैठे और उन्होंने जिला नन्दगांव खाली कर दिया। जाट रिसालों ने उनका पीछा किया। तभी नवलसिंह ने सिखों को जाट मुल्क छोड़कर अपनी जागीरों में पहुंचने पर 23 लाख रुपया भेजने का प्रलोभन दिया और उनके वकील को तत्काल कुछ रकम भी दे दी। मराठों की विशाल सेना आगे बढ़ रही थीं और उन्होंने रणजीतसिंह की सहायता का प्रस्ताव मान लिया था। जाट-शासक ने सिखों से मराठा विरोधी अभियान में शामिल होने का भी आग्रह किया। परन्तु उनमें अपना मुल्क बचाने का लोभ जाग्रत हो गया। अतः 24 फरवरी को उन्होंने 96 किमी. पीछे हटकर जाट सीमाओं पर पड़ाव डाला। दिल्ली के समीप जाबित खां उनका सामना करने को तैयार था। इस प्रकार मराठा भय तथा द्रव्य के लालच में फंसकर सिख सरदार रणजीतसिंह को उसके

भाग्य के सहारे छोड़कर फरवरी के अंत में अपने मुल्क की ओर चल दिये।[24]

मराठा आक्रमण, मार्च-अप्रैल, 1770 ई.

कनकपुरा संधि (मार्च, 1769 ई.) से पूना सरकार पर माधवराव पेशवा की पकड़ मजबूत हो गई थी और उसने हिन्दुस्तान में मराठा राष्ट्र की कीर्ति के पुनर्स्थापना हेतु एक विशाल सेना व साधनों का संग्रह कर लिया था। पेशवा ने हिन्दुस्तान अभियान का नेतृत्व करने के लिए रामचंद्र गणेश को अपना नायब नियुक्त किया और 5000 खास जरी पटका तथा निजी (हजूरात) 10 हजार सेना देकर प्रधान सेनापति का पद भी प्रदान कर दिया। इसके साथ में उप-सेनापति दीवान विसाजी कृष्ण बिनावाल, महादजी सिंदे, खंडेराव पवार (सेना सदर), कृष्णाजी व जिवाजी पवार की सेना, शिवाजी विट्ठल विंचरकर (पुत्र विट्ठल शिवदेव) राजे बहादुर क्षारोशंकर तथा अन्य छोटे-छोटे सरदारों को भी भेजा था। दीवान विसाजी कृष्ण, महादजी सिंदे तथा राव तुकोजी होल्कर के परामर्श पर रामचंद्र गणेश को सेना तथा कूटनीति के संचालन करने का भार सौंपा गया। इस सेना के साथ विशाल तोपखाना और मालवा तथा दोआब के हिन्दू, कुशल व अनुभवी अरबी, अबीसिनियन, कोंकणी तथा मालाबारी तोपचियों का समूह था।[25] मराठों ने 1769 ई. के अक्टूबर में नर्मदा नदी पार कर ली थी। सितम्बर में उदयपुर से महादजी सिंदे तथा कोटा-बूंदी से राव तुकोजी होल्कर भी 15-15 हजार निजी सवारों के साथ खींचीवाड़ा में आकर शामिल हो गये। इन दोनों की सेनाओं में 20 हजार पिण्डारियों का लुटेरा व विध्वंसक दल भी शामिल था। इस भांति मराठा सेना की संख्या 50 हजार हो गई थी।

1761 ई. के बाद जाट, रुहेला तथा अफगानों ने दोआब व अन्तर्वेद के जिन मराठा परगनों पर अधिकार कर लिया था, उन पर अब मराठों को पुनः अपना अधिकार करना था। पेशवा ने प्रधान सेनापति तथा दीवान को परराष्ट्र-नीति सम्बन्धी अनेक सुझाव व निर्देशों के साथ ही जाट, राजपूताना-बुन्देलखण्ड के भारतीय शासकों तथा नवाबों को दबाकर मराठों के प्रति निष्ठावान बनाने और उनसे खण्डनी वसूल करने के पूर्णाधिकार भी प्रदान कर दिये।[26] अस्तु, रामचन्द्र गणेश ने हिन्दुस्तान के सभी नरेशों, जागीरदार, जमींदारों तथा नवाबों के नाम पत्र भेजकर स्वयं उपस्थित होकर खण्डनी की राशि प्रस्तुत करने तथा मराठों की जबरन अधिकृत जागीरें पुनः उनको सौंपने की मांग की।

जाट राणा छत्रसिंह ने मराठा के साथ समझौता करने के विचार से मई 1769 ई. में उसने बालाजी माणकर के माध्यम से अपने वकील दीवान जैतराम के साथ रामचन्द्र गणेश तथा विसाजी कृष्ण के लिए पाँच-पाँच वस्त्रों का सिरोपाव भेजकर सहयोगी समर्पण नीति का अनुसरण किया।[27] रामचन्द्र गणेश के मालवा

में आने पर जाट राणा छत्रसिंह ने मराठों के साथ समझौता करना उचित समझा और उसने मराठों के निर्देश पर नूराबाद के जमींदार कपूरसिंह गूजर के पुत्र को रिहा करके ग्वालियर के मुकासदार शिवाजी विट्ठल विंचूरकर के साथ भी समझौता कर लिया। तभी दीवान जीवाराम बंचारी ने महादजी सिंदे तथा उसके माध्यम से रामचन्द्र गणेश के पास (सम्भवत: जनवरी, 1770 ई.) रणजीतसिंह की सहायता करने तथा उसको नायब पद पर आसीन कराने का प्रस्ताव भेजा। इस सहायता के एवज में उनको एक लाख रुपया[28] भुगतान का भी वचन दिया गया। मराठों की गति अति धीमी थी और इसी बीच में रणजीतसिंह को सहायतार्थ सिख सवार आ चुके थे। तब मराठा करौली तथा जयपुर राज्य की सीमाओं[29] में रुककर अवयस्क कछवाहा शासक पृथ्वीसिंह से टीका की नजर[30] तथा खंडनी भुगतान का दवाब डालने में व्यस्त रहकर भ्रातृ-संघर्ष में सिखों के हस्तक्षेप तथा उसके परिणाम को सन्तोष के साथ देख रहे थे।

महाराव नवलसिंह भी मराठों के विरुद्ध कूटनयिक प्रयासों में व्यस्त था और उसने नवाब नजीब के पास अपना वकील भेजकर कहलवाया कि शाही सेनायें, जाट तथा सिख आपस में मिलकर मराठों का प्रतिरोध कर सकते हैं। कपट व्यवहार में प्रवीण नजीब जाटों के हित संवर्द्धन में सहयोगी रहने की अपेक्षा सदैव से अपने राजनैतिक तथा आर्थिक स्वार्थ के लिए जाट-सत्ता के पराभव तथा राज्य के विघटन का आकांक्षी था। होल्कर राज्य के पुराने मंत्री तुकोजी के परामर्शक उसके सहयोगी थे, और तुकोजी होल्कर भी पुरानी सहयोगी परम्परा व नीति का संपोषक था। सितम्बर, 1769 ई. में ही नजीब ने राजा परसादी राम को जाटों के विरुद्ध अभियान छेड़ने के प्रस्ताव के साथ तुकोजी के पास भेजा।[31] उसने मराठों को आश्वासन दिया कि 'मेरा उत्तराधिकारी जाबित खां आपकी सलाह से पीछे नहीं हटेगा।'

नवलसिंह ने जनवरी के अन्त में मराठा-शिविर में अपने वकील किशनसिंह तथा हरिनारायण को बातचीत करने भेजा। उन्होंने 29 जनवरी को मेरठ, करौली में उनसे भेंट की। इसके बाद 8 फरवरी को मराठों ने अपनी छावनी से अपना दूत भगवंत गोविन्द जाटों के पास रवाना किया।[32] तभी नवलसिंह ने अपना वकील तुलसीराम अखैरोह्या मराठों के विरुद्ध सैनिक सहायता प्राप्त करने कछवाहा दरबार में भेजा।[33] यद्यपि कछवाहा सरकार अपने सामन्तों के विरोध के कारण घरेलू समस्याओं में उलझ रही थी, फिर भी उन्होंने मराठों की मांग पर प्रस्ताव रखा कि जवाहरसिंह ने हमारे राज्य के जिन इलाकों को दबा लिया है, यदि उन्हें पुन: वापिस करवा दिया जावे तो इसके एवज में सरकार 50 हजार रुपया नजराना के लिए सहमत है। उन्होंने अपना वकील राव सहजराम को उनके डेरों पर भेजकर 11 लाख खंडनी भुगतान का करार तथा उनके साथ फौज भेजने का भी करार

कर लिया, परन्तु बाद में इस ओर ध्यान नहीं दिया गया।[34]

राव रणजीतसिंह की सहायता का निर्णय

फरवरी माह में मराठों का जाट, कछवाहा तथा नजीब के दूतों व वकीलों के साथ बातचीत का दौर चलता रहा। 'मराठा-शिविर में महादजी के रणजीतसिंह को नायब पद पर आसीन कराकर जाटों के सहयोग से रुहेला व अफगानों की शक्ति का दमन करने' तथा तुकोजी के 'नजीब को सहयोगी बनाकर जाटों से बलपूर्वक एक बड़ी राशि वसूल करने' के सुझावों पर नीतिगत मतभेद हो गये। रामचन्द्र गणेश में दृढ़ इच्छाशक्ति का अभाव था। अनिर्णय की स्थिति में महादजी ने रुष्ट होकर करौली छावनी से मारवाड़ की ओर कूंच कर दिया। कलह निवारणार्थ रामचन्द्र गणेश ने गनोजी कदम को महादजी को समझाकर वापस लाने को भेजा। तब फरवरी के अन्त में मराठों ने करौली राज्य की सीमाओं से कुम्हेर की ओर प्रस्थान किया और दूतों तथा पत्रों के पारस्परिक आदान-प्रदान के बाद रणजीतसिंह के आग्रह पर कुम्हेर दुर्ग की छाया में अपना शिविर लगाया।[35]

5 मार्च को रणजीतसिंह ने दुर्ग से बाहर निकलकर मराठा सरदारों से भेंट की और मराठों ने भारी उपहार देकर उसका अपनी छावनी में सम्मान किया। रणजीतसिंह ने मराठा फौजों की रसद व्यवस्था का वचन दिया। रणजीतसिंह के सहयोग व मार्गदर्शन में मराठा सैनिकों ने कुछ ही दिनों में बयाना रूपवास आदि दक्षिणी परगनों तथा गढ़ियों पर अधिकार करके उसके नाम पर आमिलों व अन्य कर्मचारियों की नियुक्तियां शुरू कर दीं। लगभग डेढ़ माह तक मराठा सैनिकों की राज्य के दक्षिणी परगनों में लूट व बरबादी चलती रही और नवलसिंह शांति से इस बरबादी को देखता रहा। फिर 28 मार्च को प्रधान सेनापति रामचन्द्र गणेश सहित समस्त मराठा फौज ने कुम्हेर दुर्ग के समीप आकर आठ दिन तक पड़ाव डाला।[36]

अऊ छावनी के समीप साधारण झड़पें

नवलसिंह ने राजधानी डीग की सुरक्षा के गढ़ परकोटा के बाहर अपनी फौजें लगाकर दूरस्थ प्रान्तों में अपने सभी सेनानायकों को ससैन्य डीग आने के लिए परवाने भेजे। मिश्र गंगाप्रसाद फदौरिया (किलेदार-आगरा दुर्ग), जनरल समरू, चौधरी कंवर, जोधराज पल्लीवाल, ठाकुरदास सेंगर आदि ससैन्य डीग पहुंच गये थे। कंवर दानसाह ने नवाब मीर कासिम की सेवाएं त्यागकर 2000 भदौरिया, कुशवाहा, गौड़ सवारों सहित बेहट (गोहद) से प्रस्थान करके गोवर्द्धन[37] में अपना पड़ाव डाला। तभी मार्च के मध्य में हरलाल खानसामा कुछ कछवाहा सवारों के साथ जयपुर से डीग आ गया।[38] सभी सेनाओं के एकत्रित होने पर नवलसिंह

स्वयं 15 हजार सवार तथा महंत बालानंद 20 हजार वैरागी व हल्के मैदानी तोपखाने सहित अऊ में आ गया था। उसने दुर्ग व गढ़ प्राचीर से दूर तक मार करने वाली विशाल तोपों की छाया में अपने सैनिकों के शिविर लगवाए। जनरल समरू तथा कप्तान मेडक ने अऊ तथा कुम्हेर के मध्य भाग में दोनों सेनाओं के बीच में चौकियाँ स्थापित कर ली थीं। उन्होंने मराठों को कुम्हेर से आगे बढ़कर युद्ध करने को उत्साहित भी किया और यदाकदा 5-6 दिन अग्र-धावक दलों में सामान्य झड़पें भी हुई। परन्तु मराठा सेनापति जटबाड़ा में आर्थिक लाभहीन दीर्घकालिक युद्ध में फँसकर श्रम व शक्ति व्यर्थ ही नहीं गंवाना चाहते थे। वे युद्ध की अपेक्षा नजीब के साथ मिलकर जाटों से विपुल द्रव्य-प्राप्ति की युक्ति व नीति पर विचार करने में व्यस्त थे। इससे मराठा डीग दुर्ग की ओर नहीं बढ़ सके।[39] मराठों का मुख्य लक्ष्य मुगल राजधानी दिल्ली पर अधिकार[40] करके हिन्दुस्तान की राजनीति में वर्चस्व तथा दिल्ली सरकार में पूना सरकार का हस्तक्षेप बनाये रखना था।

नजीब के कूट प्रस्ताव

नजीब विदेशी आक्रान्ता अहमदशाह दुर्रानी की सहायता के बगैर मराठों से युद्ध करने में असमर्थ था। मराठों को अपनी कुटिल व्यूहचक्र में फंसाने के लिए उसका तुकोजी के साथ पत्र-व्यवहार व वकीलों के माध्यम से बात-चीतें चल रही थीं। नजीब का स्वास्थ्य काफी गिर चुका था और पालकी में घूमता था। फिर भी दिल्ली की सुरक्षा-व्यवस्था अपने वंश व नव-स्थापित रुहेला राज्य के वर्चस्व के लिए वह स्वयं मार्च के अंत में मराठा सरदारों से मिलने उनसे बातचीत करने को वलीअहद मिर्जा जवांबख्त की ओर से नजीबाबाद से सिकन्दराबाद (गाजियाबाद और बुलन्दशहर के मध्य) आया और उसने मराठों के पास निम्न प्रस्ताव[41] भेज दिये–

(i) नवाब नजीब वलीअहद (शाही प्रतिनिधि) शाहजादा मिर्जा जबांबख्त की ओर से मध्य दोआब में यमुना तट तक कोइल (अलीगढ़) आदि सभी जाट-अधिकृत शाही परगनों.पर और मराठा सरदार निचले दोआब व अन्तर्वेद में जिला मथुरा तथा जिला आगरा में यमुना पार के सभी जाट अधिकृत जिलों व परगनों तथा सम्पदा को जब्त (राजसात) करके अधिकर कर लें।

(ii) नवाब नजीब गंगापारी अहमद खां बंगस पर आक्रमण करने, उनसे खण्डनी वसूल करने तथा अन्तर्वेद (कालपी, इटावा, कन्नौज क्षेत्र) व गंगापार के उनके द्वारा जबरन दबाये गये मराठा परगनों पर पुनःअधिकार कराने में उनकी सहायता करेगा।

(iii) मराठों के सहयोग से प्रवासी बादशाह शाहआलम सानी को दोनों के

संयुक्त सैनिक संरक्षण में इलाहाबाद से दिल्ली लाकर शाही सिंहासन पर आरूढ़ किया जाए।

नजीब की कूटनीति का मुख्य सोच मराठों को प्रारम्भ में जाटों से उलझाकर उन दोनों की आर्थिक व सामरिक शक्ति को कमजोर करके जाटों की राजनैतिक सत्ता व राज्य का विघटन करना था और फिर अहमद खां बंगस से उलझाना था। उसने अब्दुलअहद खां (मजीद) तथा याकूबअली खां के संरक्षण में वलिअहद को दिल्ली से आगरा पहुंचने का परामर्श दिया। सद्‌भाव वातावरण बनाने के लिए 5 अप्रैल को उसने 30,000 सवार व पैदलों सहित रामगढ़ (अलीगढ़) के उत्तर पश्चिम में 32 किमी. चन्दौस के समीप अपना डेरा डालकर सेनाओं को मध्य दोआब के जाट प्रशासित टप्पल परगना की ओर रवाना कर दिया। फलतः अनावश्यक रूप से भिड़ने की अपेक्षा जाट सेना नौंहघाट को पार करके हट गई।[42]

जाट वकील किसनसिंह के साथ मामलत राशि भुगतान की बातचीतों में एक माह व्यर्थ ही निकल गया। नवलसिंह भी यह निर्णय नहीं कर पाया कि मराठों से युद्ध करे या येनेकेन प्रकरेण द्रव्य का प्रलोभन देकर उनको खरीद ले।[43] उसने मराठों के साथ कपट-जाल का प्रयोग किया और मराठा छावनी में निजी पत्र भेजकर कहलवाया, "आपको इस समय द्रव्य से सरोकार है। चाहे आपको यह धनराशि रणजीतसिंह से मिले या मुझसे। आप यहां से मथुरा कूंच करें। मैं यह रकम आपको मथुरा भेज दूंगा।"[44]

मराठा सेनाओं को कुम्हेर के खुले मैदानों में पर्याप्त खाद्यान्न, जल, घास-दाना उपलब्ध नहीं था। रणजीतसिंह भी व्यवस्था करने में अपने आपको असमर्थ पा रहा था। अस्तु, उसने मराठों से मथुरा की ओर प्रस्थान करने का निवेदन किया।[45] अनिश्चय की स्थिति में मराठों ने भी कुम्हेर से छावनी उठाकर जिला मथुरा में छावनी डालने और नजीब से वार्ता करने का मानस बना लिया था। 5 अप्रैल को तुकोजी सैनिकों की निगरानी में छोटी-बड़ी सभी तोपों, साज-सामान को भी मथुरा की ओर रवाना करना शुरू कर दिया गया। इसके पीछे ही मराठा सवार व पैदल भी धमाकों व हल्की मैदानी तोपों के साथ सौंख की ओर रवाना हो चुके थे।[46]

'नजीब के यमुना नदी के उत्तरी तट पर आने और तुकोजी व जयराम के उससे मिलने को जाने'[47] का समाचार मिलते ही मेडक व समरू की अपेक्षा दानसाह व मूलचंद (मूलानंद) के परामर्श को सुनकर नवलसिंह ने सोचा राजधानी के समीप से बिना युद्ध या एक लड़ाई के सकुशल निकलने में मराठों का साहस बढ़ जायेगा। वे नजीब के साथ मिलकर मध्य दोआब के जिलों और परगनों को दबा लेंगे। अस्तु, 6 अप्रैल (शुक्रवार, चैत सुदि एकादशी) को उसने अचानक ही उनका पीछा करने के विचार से अपने सरदारों को हल्की तोप व साज-सामान

सहित द्रुतगति से गोवर्द्धन होकर अड़ींग की ओर प्रस्थान करने का निर्देश दिया। यह आदेश इतना त्वरित था कि देशी व विदेशी पलटन व रिसालें एकाएक तैयार नहीं हो पाये। जनरल समरू तथा कप्तान मेडक की रेजीमेंट के बहु-संख्यक सिपाही डीग डेरों से निजी उपयोगी सामान तथा सेना का एक अंग गोला-बारूद की गाड़ियों को लाने के लिए पीछे लौट गया था। जाट सैनिक अनेक टुकड़ियों में विभक्त भारतीय तौर-तरीके से अव्यवस्थित, अनुशासनहीन इधर-उधर बिखर कर चल रहे थे। परन्तु उनके समीप आने पर मराठा सरदार उनकी धोखेबाजी को भांप कर शीघ्र ही सजग व सावधान हो गये। दिन के तीसरे पहर में जाटों ने उनको युद्ध की स्थिति में, युद्ध को तत्पर पाया।[48]

सौंख-अड़ींग का विनाशकारी युद्ध, अप्रैल 6, 1770 ई.

डीग व कुम्हेर से दो राजपथ प्रायः एक दूसरे के समानान्तर पश्चिम से पूर्व की ओर जाते हैं। मथुरा की ओर बढ़ने पर इन दोनों मार्गों की दूरी क्रमशः कम होने लगती है। जाटों ने डीग गोवर्द्धन की उत्तरी तथा मराठों ने कुम्हेर सौंख की दक्षिणावर्ती मार्ग से प्रस्थान किया। गोवर्द्धन के लिए कुम्हेर-सौंख मार्ग सीधा था। गोवर्द्धन की ओर इन सड़कों में छः किमी. से अधिक का अन्तर नहीं है। इससे सौंख गोवर्द्धन के मध्य दोनों सेनाएं अनायास ही छः किमी. के अन्तर से युद्ध के लिए जम गई।

युद्ध-दल को अति समीप देखकर नवलसिंह के देशस्थ सरदारों को युद्ध का प्रोत्साहन मिल गया था। तत्काल आमंत्रित युद्ध परिषद की बैठक में यद्यपि समरू व मेडक ने कहा, 'उनके सैनिक दल डीग डेरों से आकर पूरी तरह एकत्रित नहीं हो सके हैं और अब युद्ध के लिए पर्याप्त दिन व प्रकाश भी शेष नहीं है। उन्होंने इस दिन युद्ध न करने की उचित सलाह दी।' कंवर दानसाह को अपने भदौरिया राजपूत रिसालों पर भारी घमण्ड था और उसको खूटैला पट्टी में विजय की पूर्ण आशा थी। उसका सोच था कि शायद फिर कभी इस प्रकार का मौका नहीं मिल सके। इस बैठक में मूलचंद (मूलानंद), मिश्र गंगाप्रसाद भदौरिया, ठाकुरदास सेंगर, कंवर जोधराज पल्लीवाल भी मौजूद थे। दानसाह व मूलचंद ने फिरंगी सेनापतियों के सुझाव का विरोध करके शत्रु पर अविलंब आक्रमण करने का सुझाव दिया। उन्होंने व उनके सेनानायकों ने इतना अधिक शोर व हंगामा मचाया कि नवलसिंह को आवेश में आकर आक्रमण की सहमति देनी पड़ी।[49]

इस भांति इसी दिन (6 अप्रैल)[50] सौंख गढ़ी के समीप सूर्यास्त से ढाई घंटा पूर्व मराठों के मैदानी धमाकों व गोलों के प्रहार से युद्ध शुरू हो गया और सूर्यास्त के पांच घंटे बाद तक चन्द्रमा की चांदनी में तुमुल युद्ध चला। त्वरित निर्णय व अचानक आक्रमण के कारण जाट रिसाले पर्याप्त संख्या में आकर शामिल नहीं

हो सके। इस युद्ध में जाटों को दुःखद परिणाम भुगतना पड़ा और उनकी सैनिक शक्ति पूर्णतः क्षीण हो गई। मोंशियर मेडक के संस्मरणों व मराठी समाचारों की अपेक्षा हमको रणक्षेत्र से ही बिहार के नायब नाजिम सिताब राय के नाम भेजी रिपोर्टों से इस युद्ध व परिणाम का उत्तम विवरण मिलता है।

दानसाह के नेतृत्व में अग्र-पक्ति में तैनात तड़क-भड़कदार चुनिंदा दो सहस्र कछाया, भदौरिया राजपूत सवारों ने मराठों की अग्र पंक्ति पर प्राणघातक हमला किया। मराठों के धमाकों व हल्की मैदानी तोपों ने इन रिसालों को निर्दयता से पीछे धकेल दिया। फिर दोनों ओर से सैनिक तलवार व भालों से आपस में भिड़ गये। अग्र-पंक्ति में ठाकुरदास सेंगर के नेतृत्व में जाटों के हिन्दू-मुसलिम (मुगल, पठान, शेख, सैयद) रिसालों ने मैदान में घोड़ों से उतरकर भारतीय तौर-तरीके से आवेश के साथ प्राण-पण से शौर्य प्रदर्शित किया, किन्तु ठाकुरदास सेंगर के काम आने और कुंवर किलक (तिलक?) के बुरी तरह से घायल होने से उनकी पंक्ति पूर्णतः भंग हो गई। सैंकड़ों सैनिक खेत रहे या घायल हो गये। पीछे से सैनिक दस्तों को दानसाह की सहायता को भेजा गया। किन्तु नई कुमुक के वहां पहुंचने से पूर्व ही निर्णय हो चुका था। दानसाह ने अति कठिनाई से अपनी तोप पंक्ति के पीछे जाकर शरण ली। कप्तान (जमादार) रोशन खां, शेख खानमुहम्मद तथा गोपालराव बार्वे ने घोड़ों से उतरकर तलवारों का प्रयोग किया, लेकिन मराठों के प्रहार से त्रस्त जाट व तुर्क सैनिक इधर-उधर बिखर गये।

कप्तान मेडक 1400 फिरंगी व छः मैदानी तोपों के साथ दायें पार्श्व में था। उसकी तोपों की मार से मराठों की बाईं पंक्ति बिखर गई और वे पीछे हट गये। तभी दाई ओर से मराठों ने उधर दौड़कर प्रबल गति से आक्रमण कर दिया। मेडक को अपने बचाव में बटालियन का सम-चतुष्कोण बनाना पड़ा और वह तीनों बाजुओं से आक्रमण करके शत्रु को पीछे ढकेल कर रक्षा कर सका। इस प्रकार वह कुछ समय तक टक्कर लेता रहा। तभी टुकड़ियों में इधर-उधर भागते जाट व तुर्क सैनिकों ने भीड़-भाड़ के साथ उसके चतुष्कोण में आकर सैनिक बाड़ को पूरी तरह तोड़ दिया। पृष्ठ-भाग में यह अनुमान लगाया गया कि फिरंगी बटालियन पूरी तरह बरबाद होकर भंग हो गई। तब जाट सेनापति ने नई कुमुक भेजने की अपेक्षा धूमिलता का लाभ उठाकर मेडक को पीछे हटने का निर्देश भेजा। अंत में मेडक के पास 7-8 सवार रह गये थे और वह चन्द्रमा के प्रकाश में मराठा सवारों को चीर कर सौभाग्य से सुरक्षित डीग पहुंच गया।

मध्य रात्रि के एक घंटा पूर्व तक युद्ध चलता रहा। जाट सेनानायकों में आपसी तालमेल का अभाव था। नायब नवलसिंह हाथी पर सवार मध्य भाग (गोल) में था और उसकी अग्रपंक्ति का संचालन मिश्र गंगाप्रसाद भदौरिया तथा कंवर जोधराज कर रहे थे। मिश्र गंगाप्रसाद ने 'अपने सवारों के साथ पांव रोपकर

नवलसिंह की पूर्णरक्षा की। उसको रणक्षेत्र से सकुशल निकाल दिया, परन्तु वह स्वयं रणक्षेत्र में खेत रहा।' मूलचंद ने भी वीरता दिखलाई। दो घंटा की भीषण लड़ाई में नवलसिंह अपना धैर्य खो बैठा और वह अम्बारी से उतरकर घोड़े पर सवार हो गया। फिर प्राण रक्षा के लिए समरू की फिरंगी सेना के पृष्ठ भाग में चला गया। समरू ने उसकी रक्षा की। नवलसिंह ने भयभीत होकर अपने अलंकरण व राजसी चिह्न उतार दिये और कुछ सैनिकों के साथ 10 किमी. पैदल दौड़कर अड़ींग की गढ़ी में चला गया। अभी विजय अनिर्णीत थी। उसकी खोज में वहां पहुंचे अनेक सेनानायकों ने उससे कायरों की भांति गढ़ी में छुपने की अपेक्षा मैदान में चल कर खड़े होने का आग्रह किया। इससे राज्य का भाग्योदय हो सकता था, किन्तु उसके आत्म-विश्वास ने उसका साथ नहीं दिया और वह अंगरक्षकों के साथ अड़ींग से डीग चला गया। उसने नगर द्वार के सभी फाटक भी बंद करवा दिये।

निःसंदेह यशस्वी तथा युद्ध लड़ने में विख्यात जाट व उनके सहयोगी इस युद्ध में भारतीय परम्परा के तौर-तरीकों से अति दृढ़ता व साहस के साथ लड़े थे; परन्तु चन्द्रमा के प्रकाश में मराठा अपेक्षाकृत अधिक जम कर लड़े। समरू अंतिम समय तक जमा रहा। मेडक का सर्वाधिक विनाश हुआ। अंत में अपने स्वामी की अकुशलता और कायरता के साथ भागने से थकी-मादी सेना मैदान से हट गई।

युद्ध का परिणाम

"इस युद्ध से पूर्व अन्य किसी रणभूमि में जाटों के इतने अधिक सेनानायक या सैनिक न तो काम आए और न घायल ही हुए थे। उनकी सभी सेना पूर्णतः भंग हो गई थी। जो कुछ सैनिक शेष रहे, अधिकांश 22 किमी. का चक्कर काटकर डीग पहुंच गये थे। सहस्त्रों निराश होकर रणजीतसिंह की सेवा में कुम्हेर पहुंच गए थे।" अनुमानतः जटवाड़ा के लगभग 2000 सैनिकों ने वीरगति प्राप्त की और 500 (5000?) सवार व पैदल घायल हो गये थे। इनमें मेडक की डिवीजन के भी सैनिक शामिल थे। उसके हाथी, घोड़े, ऊंट, भारकस के बैल व खच्चर, शस्त्र तथा 5 तोपें नष्ट हो गई थीं। समरू दो हल्की मैदानी तोप (चद्दर) अपने साथ ले गया। जाटों की शेष 40? छोटी-बड़ी तोप रणभूमि में ही रह गई थीं। मराठों ने जाटों के लगभग 1000-1200 तुर्की व ताजी घोड़ों, अम्बारी सहित ग्यारह हाथियों, बैलों, रहकला व राकेटों से लदे 300 ऊंटों, 12 तोपों, धौंसा, नगाड़े, निसान आदि पर अधिकार कर लिया था।

मराठों के अनेक बड़े सरदार भी काम आए। लगभग 1000-1200 (5000?) सैनिक खेत रहे या घायल हो गये और 800 घोड़े भी मारे गये। कुछ

तोपें भी नकारा हो गई थीं। फिर कुछ सरदार एक सप्ताह तक जाटों के पुनः आने की प्रतीक्षा में गोवर्द्धन, सराय कोयला (मथुरा के दक्षिण में 8 किमी.) की झील पर पड़ाव डाले पड़े रहे। कुछ सवारों ने डीग तक पीछा किया, किन्तु परकोटा पर सधी तोपों की मार से बाहर तक ही पहुंच सके।

युद्ध के दूसरे दिन (7 अप्रैल) सरदारों ने नायब रामचन्द्र गणेश व विसानी कृष्ण को विजय की बधाइयां दीं। उन्होंने अपने नामवर सरदारों व सैनिकों को साढ़े बावन बागों (पाग-दुपट्टा) से सम्मानित किया।[51]

हिन्दुस्तान में मराठों की उस स्वधर्मी हिन्दू-राष्ट्र पर प्रथम विजय थी, जिन्होंने अपने प्राणों की बाजी लगाकर हिन्दुस्तान में हिन्दू स्वराज्य के यज्ञ में सदैव उनका साथ दिया। अपने कूट प्रयासों तथा देशस्थ सैनिक क्षमता के बल पर विदेशियों से टक्कर ली। मुगल साम्राज्य के विघटन में सक्रिय भूमिका निभाकर मानवता व भारतीय समाज व संस्कृति की रक्षा की। पानीपत संग्राम में लुटे-पिटे महाराष्ट्र की भगोड़ा सन्तानों को उनके दुर्भाग्य से बचाकर जीवनरक्षा की। पूना सरकार इनके ऋण से कभी उऋण नहीं हो सकती थी। मराठों ने जाट-राष्ट्र के पतन का मार्ग अवश्य खोल दिया था, परन्तु उनको किसी प्रकार का राजनैतिक लाभ नहीं मिल सका।

जाट-प्रशासन का नैतिक व सैनिक पराभव

यह युद्ध नायब नवलसिंह के आत्मविश्वास को डिगाने वाला था उसकी चारित्रिक दुर्बलता का द्योतक, राजवंश के आन्तरिक मतभेदों को उजागर करने में सहायक तथा विशाल हिन्दू-राष्ट्र के पतन का अशुभ सूचक था।

कृषक प्रधान राष्ट्र-निर्माता सूरजमल महान् के दो पुत्रों तथा रनिवास के आपसी वैमनस्य से उनसे सम्बद्ध मातुल पक्ष (चौधरी) से जागीरदार, व जमींदार, डूंग व पाल पंचायत के गढ़पतियों में पक्षपात से बिखराव तथा नैतिक पतन के लक्षण परिलक्षित होने लगे थे। प्रशासनिक तंत्र तथा सैन्य संगठन को इतना गहन आघात पहुंचा कि वह अपने आपको पूर्णतः नहीं संभाल सका। यद्यपि नायब नवलसिंह की सत्ता यथावत् बनी रही, किन्तु नादान बालक की संरक्षिका खूटैला माता तथा उसके भाई-भतीजे (जो राजकाज, राजनीति से पूर्णतः अनभिज्ञ थे), दीवान-राज तथा फौजदार-राज काफी रुष्ट हो गये थे। राजहित के सभी मामलों में सामूहिक उत्तरदायित्व व निर्णय के लिए इन चारों की एक पंचायत (काउंसिल) का गठन किया गया। परन्तु इन चारों सदस्यों के विचारों में न सामंजस्य था और न व्यवस्था और उनका उद्देश्य केवल नायब को नीचा दिखलाना था। मराठा संवाददाता के शब्दों में "ये चारों सदस्य स्वतंत्र थे। सोच-विचार के बाद भी पंचायत में एक मत से कोई निर्णय सम्भव नहीं था।"[52] इससे सभी कामकाज ठप्प

हो गया था।

गढ़ी नौंह व परगना पर नजीब का अधिकार, 9 अप्रैल

होल्कर छावनी से विजय संवाद मिलते ही नवाब नजीब ने ससैन्य चन्दौस से कूंच करके 8 अप्रैल को यमुना नदी की उत्तरी तटवर्ती गढ़ी नौंह झील पर आक्रमण कर दिया। परगना नौंह तथा गढ़ी में नौहवार जाटों का बाहुल्य व आधिपत्य था। गढ़ी से जाट सैनिकों ने उसका सामना किया और किलेदार ने तोप दागकर 10-12 उपद्रवी रुहेला तथा उनके बैलों को मार गिराया। तब नजीब ने सेना के फिरंगी तोपचियों को गढ़ी पर 2-4 गोला फेंकने का आदेश दिया। गढ़ी में दो गोला गिरने से पर्याप्त हानि हुई। किलेदार ने सामना करने में असमर्थ समझकर कुछ शर्तों पर समर्पण कर दिया। 9 अप्रैल को नजीब ने किलेदार व उसके सैनिकों को सपरिवार यमुना पार निकालकर गढ़ी व परगना पर अधिकार कर लिया।[53] तब यहां से प्रस्थान करके उसने मथुरा के उस पार वृन्दावन घाट पर अपना पड़ाव डाला।

रणजीतसिंह का प्रस्ताव : मराठा नजीब समझौता

11 अप्रैल को तुकोजी होल्कर ने अपने लश्कर व पिंडारी दल सहित यमुना नदी पार करके वृन्दावन घाट से 10 किमी. दूर अपना शिविर लगाया। दो दिन बाद (13 अप्रैल) नायब रामचन्द्र गणेश ने मथुरा के समीप यमुना नदी पार करके उसके ही समीप अपना डेरा डाला, परंतु महादजी शिंदे नदी के उत्तरी किनारे पर ही रुका रहा।

वरिष्ठ मराठा सरदारों के मथुरा में यमुना नदी के समीप पड़ाव डालने पर नवलसिंह के वकील ने वहां पहुंचकर उनसे मामलत की चर्चा अवश्य की, परन्तु आपस में अधिक विचार-विमर्श नहीं हो सका। तभी रणजीसिंह स्वयं मराठा डेरों पर पहुंच गया। उसने 11 अप्रैल को मराठा सरदारों से मुलाकात की और 320 नग बागा भेंट करके, दीवान जीवाराम बंचारी के 5-7 हजार सवार व तोपों के सहयोग से यमुना पार दोआब में राज्य के परगनों को जब्त (राजसात) करके उसको सौंपने का प्रस्ताव रखा। इसके एवज में उसने 10-16 लाख रुपया भुगतान का भी वचन दिया।[53]

"शिंदे सहित सभी सरदारों का विचार था कि जाट के साथ स्नेह करने से तुरन्त पैसा मिलने पर हमारी फौज की मजबूती होगी, परन्तु इस विचार में बल पड़ गया, क्योंकि होल्कर का विश्वास था कि नजीब की सलाह से कार्य सिद्ध हो सकेगा। इस परस्पर विरोधी प्रवृत्ति से उनका लक्ष्य अभी अधूरा था।"[55] अस्तु, 13 अप्रैल को अब्दुलअहद खां तथा अहमदखां बंगस के वकील भोलानाथ ने तुकोजी व उसके सरदारों के साथ विचार-विमर्श किया। मराठा सरदारों की

आपसी खींचतान व मनोमालिन्य के बाद भी तुकोजी ने चार दिवस की विशद वार्ता के बाद मराठा सरदारों की सुरक्षा तथा दोनों ओर से आपस में विश्वासघात न करने की शपथ व आश्वासन के बाद मराठा सरदारों और नजीब में आपसी भेंटवार्ता का मार्ग खुल गया। तब 17 अप्रैल को तुकोजी ने महादजी पर भारी दबाव डाला और नजीब को 'पारस्परिक सहयोग व मित्रता' का लिखा विश्वास-पत्र सौंपकर 'जाटों के विरुद्ध मित्र-संघ' बनाने में मदद की। तब 19 अप्रैल को तुकोजी के प्रयासों से रामचन्द्र गणेश और महादजी ने यमुना नदी पार करके नजीब से भेंट की। 'जाट महालों की जब्ती (राजसात) व अमल से ही जाट से अधिक पैसा मिलने' की आशा से दोनों पेशवा प्रतिनिधियों ने जाट-शासन विरोधी नजीब के प्रस्ताव को स्वीकार किया 'कि नजीब वलीअहद के नाम पर नजीब उपरि मध्य दोआब के जाट महालों पर और मराठा मध्य दोआब के दक्षिणवर्ती जाट महलों पर अपना अधिकार कर लें। 25 अप्रैल को सभी मराठा फौज यमुना पार करके प्रधान शिविर में पहुंच गई।[56]

अब दो महान शक्तियां, एक हिन्दू शासकों से खण्ड़नी या चौथ वसूल करने की कला में प्रवीण तथा दूसरी स्वस्वार्थ एवं बिरादरी की एकता के लिए हिन्दू शक्तियों को बरबाद करने के लिए कपट व धोखेबाजी की कला में निपुण अंग्रेजों की नीति के अनुरूप 'पारस्परिक सहायता व सहयोग' के मिथ्या सिद्धान्त के आधार पर 'मित्र-संघ' बनाकर अल्पवयी शासक की शेष शक्ति व राज के विघटन में सहायक बन गई थी। अन्ततः नजीब की धोखेबाजी की नीति से मराठा सेनापति को निराश होना पड़ा। महादजी की दूरदर्शिता व उसके कूट प्रयासों से रुहेला अफगानों की बिरादरी शक्ति का भी अन्त हो गया था।

मध्य व दक्षिणी दोआब पर अधिकार

18 अप्रैल को रामचंद्र गणेश ने बाबूराव हरि को मथुरा, वृन्दावन आदि दोआब के परगनों को राजसात (जब्त) करने की सनद प्रदान कर दी थी। इस सनद में स्पष्ट उल्लेख था कि महालों की हासिल (लगान) में से बन्दी सवार व पैदलों के व्यय के एवज में 25 % की दर से रणजीसिंह को दिया जावेगा और शेष हासिल पेशवा सरकार की होगी। फिर जाट महालों के बंटवारे का सौदा करके उसको तथा गणेश विट्ठल को एक सहस्त्र सवारों के साथ 30-35 किमी. तक के जाट मुल्क की जब्ती का अनुमान लगाने को रवाना किया गया। पीछे से मराठा मुसद्दी व कारिंदा भी लेखा रखने को भेजे गये। तभी जाट सवारों ने उत्तरी सीमाओं से यमुना नदी पार करके दोआब में प्रवेश किया । परन्तु शत्रु सैनिकों की उपस्थिति, आवागमन में व्यवधान व असुविधा तथा तालमेल के अभाव से उनको पीछे हटना पड़ा। मराठों ने मई के मध्य तक वहां भारी लूट, हुल्लड़ व बरबादी की। प्रायः छोटे-बड़े

सभी जमींदारों ने उनको भू-राजस्व भुगतान से मना कर दिया, वहां इन परगनों के चौधरी व कानूनगोओं ने भी उनको जमा का लेखा नहीं बतलाया।[57] सासनी, हाथरस, मुरसान के जाटों ने भी मराठों को रकम नहीं दी थी।

नजीब ने केवल डेढ़ माह (3 मई तक) में दोआब में शिकोहाबाद, सादाबाद, जवार, दनकौर, टप्पल, दबही (यह डिबाही कस्बा है।–संपादक) पर्यन्त राज्य के बीस महालों को अपहृत (राजसात) करके 4 मई को सात हजार सवारों के साथ सादतखां अफ्रीदी, करमखां रज्जर आदि सेनानायकों को इनका बन्दोबस्त करने को रवाना कर दिया।[58] फिर नजीब ने जिला कोइल (अलीगढ़) तथा जलेसर के दुर्ग सहित जिले की अनेक महालों पर भी कब्जा करके सम्राट के नाम से बंदोबस्त कर लिया।[59] परन्तु उसने इन महालों में पूर्वकाल से कार्यरत छोटे-बड़े सभी जाट राजस्व कर्मचारियों को अपनी ओर से पुनर्नियुक्त करके प्रशासनिक व्यवस्था का प्रयास किया। इधर भी लुटेरे पिंडारी सवारों ने भारी लूट व बरबादी की, अनेक गांवों को उजाड़ा।

मामलत का दबाव : भुगतान में विलम्ब

नवाब वजीर इमाद-उल-मुल्क 1765 ई. से फर्रुखाबाद में था और उसका शिंदे व अन्य मराठा सरदारों से पत्र-व्यवहार चल रहा था। 24 अप्रैल को मराठों ने उसको आमंत्रित किया। उसने फर्रुखाबाद से मैनपुरी होकर 3 मई को आगरा के समीप सिंकदरा में पड़ाव डाला। जाटों ने भी मराठों के साथ बातचीत का मानस बनाकर गोपाल गणेश बार्वे को पर्याप्त द्रव्य व सरंजाम के साथ मराठा छावनी में भेज दिया था। 3 मई को ही विसाजी कृष्ण व जाट प्रतिनिधियों ने इमाद से भेंटकर उपहार प्रस्तुत किये। मराठों ने उससे जाटों की समस्या पर विचार किया और इमाद उनके साथ आगरा शहर में आ गया, जहां 6 मई को उसने रामचंद्र गणेश तथा महादजी से मुलाकात की। फिर इमाद ने अचानक ही महादजी के शिविर में पहुंचकर जाट, अफगान व अन्य राजनैतिक समस्याओं पर चर्चा की। इस मुलाकात से बादशाह, शुजा, अंग्रेज तथा नजीब चौकन्ना हो गये थे। बल्कि 9 मई को तुकोजी से उसके साथ 'विश्वासघात' की सूचना मिलते ही नवाब नजीब 10 मई को अचानक ही वृन्दावन घाट छावनी को छोड़कर कोइल की ओर चल दिया। मराठा पिंडारियों ने छापा मारकर उसको रोकने व उसके सामान को लूटने का असफल प्रयास किया।[60]

मराठों ने प्रारंभ में उनसे एक करोड़ की और फिर 80 लाख रुपये की मांग की। जाट वकील किसनसिंह चार माह से निरन्तर मराठा शिविर में था और वह 60-65 लाख रुपये तक की चर्चा करने लगा था। इमाद के माध्यम से जाटों के साथ युद्ध क्षतिपूर्ति के एवज में मामलत की वार्ताएं शुरू कीं गईं। तभी नवलसिंह

मथुरा-वृन्दावन पहुंच गया। कंवर दानसाह व समरू ने अटेर पहुंचकर भदावर प्रान्त का बंदोबस्त संभाल लिया था और राजा भदावर इटावा की ओर भाग गया।[61] 17 मई को नजीब के मुंशी शामलाल के साथ पौरच राजपूत जमींदार राजा रतनसिंह मेंडूवाला जिसको 1761 ई. में महाराजा सूरजमल ने मेंडू से निकाल दिया था और मेंडू हाथरस के ठाकुर बरनसिंह जाट को प्रदान कर दिया था। मराठा शिविर में पहुंचे उन दोनों को पांच-पांच पोशाकों से सम्मानित किया गया।[62] शायद मेंडूवाला ने मराठों से मेंडू प्रदान करने का आग्रह किया था। उसने मराठों के सामने समर्पण कर दिया था।

मराठा सरदारों (महादजी एवं तुकोजी) के आपसी मतभेद व कलह से नित्य नये प्रस्तावों व मांगों से मामलत समझौता आसान नहीं रहा। इस स्थिति में पंचायत राज अपने चातुर्य व विवेक से 65 लाख की सरल किश्तबंदी, भुगतान का समय, मराठों द्वारा हासिल व पाई माली के अनुपात में छूट, नजीब की एक-चौथाई की साझेदारी जैसी पेचीदगी के साथ 'रुको, देखो, समय निकालो' की नीति का अनुसरण करने लगी थी। तुकोजी जाटों से सीधी मामलत की शर्त तय करने से खिन्न था और वह नजीब को इसमें शामिल करना चाहता था। इसी से उसके पिंडारी सवार हुल्लड़ मचाकर शांति प्रयासों पर पानी फेर देते थे। मई के अंतिम सप्ताह में रामचन्द्र गणेश ने कस्बा सोनई में पड़ाव डाला। तभी जून के मध्य में तुकोजी के आदमियों ने 'पेशवा की नीति को विफल करने' संबंधी अहमदखां बंगश के नाम लिखे नजीब के अति गोपनीय पत्रों को पकड़ लिया, तब मराठों के प्रति नजीब की 'कलुषित नीति व धोखेबाजी' से रामचंद्र गणेश की आंखें खुलीं। मराठों ने जाटों से 'कुछ मिलने के लोभ से' सीधी समझौता वार्ता करने का मानस बनाकर किसनसिंह वकील को फौजकसी का भय दिखलाया। 24 जून को रामचन्द्र गणेश ने गंगा नदी की ओर पड़ाव डालकर उसी दिन किसनसिंह तथा मानस्वरूप को नवलसिंह के पास डीग रवाना किया। 8-10 दिन की वार्ता के बाद दोनों में किश्तबंदी की रकम व समय की शर्तों के साथ 65 लाख रुपए का करार हो गया। जाटों ने प्रथम किश्त के रूप में 23 जुलाई (श्रावण सुदि प्रतिपदा) को 10 लाख रुपया भुगतान का वचन दिया।[63]

इस समझौते से नजीब को लाभ नहीं था। उसने जाटों पर इसका पालन न करने का दबाव डाला। जाट शासन भी इतनी बड़ी रकम एक साथ देने में असमर्थ था। फिर भी 10 जुलाई को रामचन्द्र गणेश का दीवान ऊंट रिसाला के साथ रकम लेने डीग पहुंच गया। 20 जुलाई को वर्षाकाल में रामचंद्र गणेश भी कोइल के समीप पहुंच गया। पंचायत राज ने 'पाईमाली की छूट' की मांग करके कठोर रुख अपनाया और मराठा दीवान को खाली हाथ लौटना पड़ा।[64] जहां नारो नरसी का यह मत था कि जब तक गंगा-यमुना का जल छिछला रहा, तब तक जाट बातचीत

करते रहे। जब नदियों में पानी बढ़ने लगा करार की गति भी धीमी होती गई।[65] वहां हिंगणे की रिपोर्ट से मराठों की आर्थिक मानसिकता का बोध होता है। उसके अनुसार '50-60 लाख जमा का जाट-मुल्क दान लेने पर भी मराठा फौज का खर्च नहीं चल पाता। अब तक 5-6 लाख रुपया उधार लेकर खाते रहे। अब उधार भी मिलना दुष्कर है।'[66]

नजीब जब कोइल में था, तब हाफिज रहमत खां, डुण्डी खां और अहमदखां बगस ने भी अपने दूत उसके पास भेज दिये थे।[67] 30 जुलाई को मराठा छावनी बंगस नजीब की छावनी के निकट रामगढ़ (अलीगढ़) की ओर खिसकने लगी। मराठों ने गंगापारी रुहेला व बंगस पर मामलत का दबाव डालने का निश्चय कर लिया था। तब महादजी ने स्पष्ट कहा, "जब तक जाटों से रकम नहीं मिलती, तब तक हिन्दुस्तान का अन्य कोई शासक हमको एक पैसा भी नहीं देगा।"[68] महादजी का विचार यथार्थवादी था। नवलसिंह ने अगस्त मास में अपना वकील सिख सरदार बघेलसिंह के पास भेजा और उसने 23 लाख रुपया फौज खर्च की शर्त पर वर्षा ऋतु के बाद आने का वचन दिया। जाटों के लिए यह भी एक महंगा सौदा था।[69] अतः बाद में उन्होंने इस ओर ध्यान नहीं दिया।

नजीब की मध्यस्थता तथा समझौता

अपनी नीति में विफल होकर रामचन्द्र गणेश ने तुकोजी के परामर्श पर नजीब से सलाह की। 'ग्यारह वर्ष पूर्व नजीब ने शुकरताल में दत्ताजी सिंधिया को फंसाकर रोकने की जिस कुटिल नीति को अपनाया था, ठीक उसी तौर तरीके को पुनः अपना लिया।' उसने बंगस, अफगानों की ओर रुख करने की अपेक्षा मराठों को 10-12 सहस्र फौज दिल्ली की ओर भेजकर राजधानी के पड़ोस में जाट-मुल्क को जब्त करके जाटों को समझौता पालन के लिए विवश करने का सुझाव दिया। इस सुझाव पर हजूरात फौज के सरदार आनंदराव गणेश व राजे बहादुर नारो शंकर ने महादजी व तुकोजी से विमर्श किया। नजीब की यह युक्ति मराठों को दीर्घ सूत्र में फंसाकर निष्फल करने की थी। फलतः बंजी पंडित व भगवंत राव ने नजीब से पुनः बातचीत कीं। उसने अपने बिरादरी भाइयों के विरुद्ध कूंच करने की बात को टालकर कहा–

"नवलसिंह के परगनों को जब्त करने पर भी उससे मामलत की रकम वसूली न करना एक राजनैतिक भूल होगी। मैं अपना विश्वास पात्र कारिंदा उसके पास बातचीत के लिए भेजने को तैयार हूँ। उसका असन्तोषजनक उत्तर मिलने पर आपको रामगढ़ व खुर्जा के जाट दुर्गों का घेरा डाल देना चाहिये।" परन्तु बाद में दोआब में दोनों प्रमुख जाट दुर्गों पर अधिकार करने का विचार मराठों ने त्याग दिया।"[70]

तब 27 अगस्त को रामचन्द्र गणेश, विसाजी पंडित तथा तुकोजी ने नजीब से भेंट की और उन्होंने नवलसिंह के पास राजा चेतराम को मामलत तय करने को भेजने का आग्रह किया। नजीब ने अपने स्वार्थ से तत्काल उसको डीग रवाना कर दिया।[71]

नजीब मराठों से दूर रहकर इधर-उधर आ जा रहा था। 30 अगस्त को नजीब ने गढ़ी सासनी से कूंच करके बेसवां के समीप पड़ाव डालकर जाट राजा के साथ सीधे स्वयं ही मामलत तय करने के लिए दबाव डालने लगा।[72]

29 अगस्त को मराठों के 5-6000 सैनिकों ने यमुना तट से हटकर गंगा नदी की ओर रामघाट पर, प्लेग के कीटाणुओं से बचने को 30 अगस्त को महादजी तथा तुकोजी ने सादाबाद के समीप और 31 अगस्त को रामचन्द्र गणेश ने सासनी से हटकर बेसवा में पड़ाव डाला। 1 सितम्बर को मुंशी शामलाल ने नजीब के समक्ष राजा चेतराम की अर्जदाश्त प्रस्तुत की। उसने लिखा था, कि 'नवलसिंह प्रस्तावों से सहमत हो गया है। उसने सात लाख नकद तथा तीन लाख के आभूषण अपने मुंशी (सचिव) महासिंह को सौंप दिये हैं और वह एक-दो दिन में इनको लेकर आवेगा।" तभी रामचन्द्र गणेश ने अपने पत्र में नजीब पर मामलत की रकम वसूल करने का दबाव डाला। नजीब ने उसकी संतुष्टि के लिए राजा चेतराम का पत्र मराठा डेरों पर भेज दिया।

3 सितम्बर को रामचन्द्र गणेश मेंडू-दरियापुर के समीप और महादजी, तुकोजी व विसाजी आगरा से 25 किमी. दूर यमुना पर गऊघाट पर पहुंचे। यहां से तीनों सरदारों तथा अन्य मराठा सरदारों के वकीलों व मुतसद्दियों ने मामलत की राशि प्राप्त करने को डीग प्रस्थान किया। निःसन्देह मराठा जाटों को बिना किसी शक्ति की मध्यस्थता के सीधा ही अपना सहयोगी साथी बनाने को उत्सुक थे। नवलसिंह ने अपने सरदारों के साथ परकोटा से बाहर आकर मराठा वकीलों की अगवानी की और उनको दरबार में आमंत्रित किया। मराठों के साथ सीधी बातचीत का मार्ग खुलते ही नवलसिंह ने राजा चेतराम से कहा, "अब मामलत का निपटारा सिंधिया करेगा। दशहरा (4 अक्टूबर) के बाद भू-राजस्व की वसूली होने पर ही भुगतान सम्भव होगा।" तभी जनरल समरू, दानसाह व अन्य कुछ सेनानायकों ने मथुरा से आगरा पर्यन्त यमुना नदी के प्रमुख घाटों पर पड़ाव डाला। भुगतान में विलम्ब से मराठा सरदारों को कुपित देखकर महंत बालानंद (पत्र के अनुवाद में महनाराम किसन का नाम भ्रममूलक है) आदि ने उनको आश्वस्त किया कि प्रथम किश्त भुगतान के दस लाख रुपया आ रहे हैं।[73]

डीग में मराठा व नजीब के प्रतिनिधि नवलसिंह तथा पंचायत राज के साथ मिलकर अपने-अपने स्तर पर सीधे करार का पालन कराने का प्रयास कर रहे थे। परन्तु शिंदे व होल्कर के वकीलों में आपस में खींचतान थी। तब राजा चेतराम

ने सुझाव दिया कि 'भविष्य में अमीर-उल-उमरा उनकी पड़ोसियों से रक्षा करने को वचनबद्ध है। दखनी प्रदत्त आश्वासन व वचन भंग करने में प्रवीण हैं और वे इस देश में स्थाई रूप से नहीं रहेंगे।'' 11 सितम्बर के मराठा पत्र से स्पष्ट है कि तब नजीब छावनी से 32 किमी. दूर कस्बा कोइल के समीप पड़ाव डाल चुका था और वह कोइल से नहीं हटना चाहता था।[74] राजा चेतराम अपने कूट-प्रयासों में सफल रहा। फिर चेतराम ने दीवान साहिब सिंह, मुंशी महासिंह तथा राज्य के अन्य प्रमुख पदाधिकारियों के साथ मथुरा-घाट पर यमुना नदी पार की और 17 सितम्बर को जाट प्रतिनिधि मंडल नजीब के डेरों पर पहुंच गया। वार्ता के समय उन्होंने नजीब को बतलाया, कि 'प्रथम किश्त के भुगतान हेतु तीन लाख रुपया नकद तथा सात लाख के रत्नाभूषण मथुरा के खजाने में जमा हैं। साहूकारों ने माल को परख कर काफी माल खोटा बतलाया।' नजीब ने कहा, कि 'मराठा खोटा माल नहीं लेंगे।'

नजीब पक्ष की ओर से जाट प्रतिनिधियों के समक्ष अनायास ही 'जाटों ने मीर बख्शी (अमीर-उल-उमरा) की जागीर के जिन परगनों पर अवैध अधिकार कर लिया है, उन्हें मीरबख्शी को हस्तांतरित करने' का एक नवीन प्रस्ताव आया। हम देख चुके हैं कि मार्च-अप्रैल मास (अनु.7) में ही तुकोजी के परामर्श पर पेशवा प्रतिनिधि नजीब के इस प्रस्ताव से सहमत हो चुका था। मुंशी महासिंह ने आश्चर्य व्यक्त करके इस प्रस्ताव को नवलसिंह के पास भेज दिया। तभी 20 सितम्बर को पेशवा के दूत बंजी पंडित तथा होल्कर के दूत भगवंत राव ने नजीब को बतलाया कि मराठा सरदार रुहेला-बंगस सरदारों के विरुद्ध प्रस्थान करना चाहते हैं। यह सुनकर 21 सितम्बर को नजीब के निर्देशन पर जाट दूतों ने नजीब के विश्वासपात्र कारिंदा परसादी राम के साथ रामचन्द्र गणेश से बातचीत करने को प्रस्थान किया।[75]

अब मीरबख्शी नजीब को अपनी मृत्यु समीप दिखलाई देने लगी थी। इससे 27 सितम्बर को उसने जाट प्रतिनिधियों से एकांत में बातचीत कीं और 28 सितम्बर को गुप्त रूप से क्षतिपूर्ति की रकम निश्चित करके मित्रतापूर्ण समझौता कर लिया।[76] इस गुप्त समझौते में जाट-राज्य की ओर से नजीब को लिखित आश्वासन दिया गया कि 'वह मध्य दोआब में उसके द्वारा जब्त किए राज्य के जिले व परगनों (20 परगना) से जमादामी व हासिल वसूली करने को अधिकृत होगा।' साथ ही उसको इन परगनों की राजस्व पत्रावलियां भी सौंप दी गई थीं।[77]

2 अक्टू. को तुकोजी व अन्य सरदारों ने नजीब से मुलाकात की। 8 अक्टूबर को उसके दरबार में जाट-मराठों में अहर्निश वार्ताओं का दौर चला और अंत में अक्टूबर 10, 1770 ई. को आंठ माह के बाद संशोधित शर्तों पर निम्न प्रकार स्थाई समझौता[78] सम्पन्न हो गया–

(i) महादजी सिंधिया ने रणजीतसिंह को संरक्षण प्रदान करके जाट-राज्य के महालों पर अपना दखल जमा लिया था। इसके एवज में रणजीतसिंह को दुर्ग व परगना कुम्हेर सहित 20 लाख रुपया वार्षिक जमा के परगनों की जागीर प्रदान की जावेगी।

(ii) 24 जून को जाटों ने मराठों के साथ 65 लाख रुपया भुगतान का समझौता किया था। उसमें अब यह जोड़ा गया कि यह राशि मीरबख्शी नजीब द्वारा अधिकृत जाट महालों की मामलत से पृथक होगी। मराठा यमुना पार के जाट जिलों व महालों से अपना अमल उठा लेंगे।

(iii) 65 लाख रुपया का भुगतान किश्तों में निम्न प्रकार किया जावेगा–

	रकम		
	(i) साहूकारी हुण्डी	रु.	6,00,000/-
	(ii) जिंस के रूप में	रु.	1,00,000/-
(ब)	नवाब नजीब के हस्ताक्षरों व जमानत के रूप में संयुक्त प्रतिभूति की राशि	रु.	3,00,000/-
(स)	आगामी सात माह के बाद देय राशि (मई)	रु.	15,00,000/-
(द)	आसाढ़ II कृष्ण पक्ष के अन्त में	रु.	7,50,000/-
(द)	आगामी दो वर्षों के अंत में नजराना के रूप में	रु.	32,50,000/-
	कुल	रु.	65,00,000/-

अपने मृत्यु का निकट समय समझकर नजीब ने अपने पुत्र को कोइल बुलाया और शीघ्र कोइल पहुंचा, नजीब ने अपने पुत्र व उत्तराधिकारी जाबित खां का हाथ तुकोजी होल्कर के हाथ में सौंप कर उसके साथ पितृवत स्नेह व व्यवहार करने की कामना की और फिर उसको कुछ सैन्य बलों 5000 पैदल व सवार सहित मराठों के साथ रवाना कर दिया। 12 अक्टूबर को स्वयं ने कोइल छावनी से प्रस्थान करके चन्दौस (बुलन्दशहर के दक्षिण में 38 किमी.) के सफेद कुआं के समीप और 16 अक्टूबर को सिकन्दराबाद में पड़ाव डाला। जब वह परगना हापुड़ में था, तब 31 अक्टूबर 1770 ई. को मध्याह्न में उसका प्राणान्त हो गया।[79] इसके साथ ही मुगल साम्राज्य की राजनीति का निसन्देह एक युग समाप्त हो गया।

समझौते के बाद रामचन्द्र गणेश ने भी सासनी से हटकर 20 अक्टूबर को कस्बा जलेसर के समीप शिविर डाला और फिर ससैन्य शिकोहाबाद-इटावा की ओर प्रस्थान अवश्य किया, किन्तु उन्होंने अभी जाट मुल्क को अपने अमल से मुक्त नहीं किया।

राज्य विभाजन के इस समझौते ने सूरजमल और जवाहरसिंह के सार्वभौम स्वराज्य, हिन्दू-हित के स्वप्न को चूर-चूर कर दिया। इससे ब्रज गौरव, हिन्दूत्व की भावना व ब्रज की विकासमान संस्कृति को भारी धक्का लगा और कालान्तर में इसका विकास रुक गया।

संदर्भ

1. सी.पी.सी., जि.2, पत्र 1499, अगस्त 1, 1769 ई;
2. गवर्नर-बंगाल सरकार ने मुहम्मदरजा खां से प्राप्त रिपोर्ट पर यह ज्ञात किया कि क्या केहरसिंह रतनसिंह का औरस पुत्र है या दत्तक पुत्र है? (सी.पी.सी., जि. 2, लेख 1346, अप्रैल 25, 1769 ई.); इसी प्रकार कुछ इतिहासकारों का मत था कि केहरसिंह जवाहरसिंह का औरस पुत्र था। (चौबे, पृ. 29)

= राने मैडक ने स्पष्ट लिया है कि अल्पवयी केहरीसिंह रतनसिंह का पुत्र था और जवाहरसिंह ने उसको गोद लिया था। (राने मादे, अनु. 51)

= समकालीन कुछ प्रपत्रों में तथा लेखकों ने इसका नाम 'केशरसिंह' भी लिखा है। (सी.पी.सी., जि. 2, पत्र 1389; द.कौ., जि. 7, पृ. 325; ऐति. लेख संग्रह, खंड 6, पृ. 1876; चौबे, पृ. 29; ब्रज का इतिहास, भाग-1, पृ. 197;

= समकालीन सभी फारसी, फ्रेंच तथा पत्रों में केहरी सिंह का उल्लेख है। सी.पी.सी. जि. 2, पत्र 1499 (केहरीसिंह);

3. जॉन कोहन ने केवल माह व सम्वत् लिखा है (पृ. 25ब); बलदेवसिंह (पृ. 28) तथा ब्रुकमैन (गजेटियर ऑफ ईस्टर्न राजपूताना, पृ. 30) ने राज्यारोहण की तिथि चैत सुदिन 6, सं. 1826 अंकित की है।

= डॉ. सरकार का मत है कि केहरीसिंह का राज्यारोहण 8 अप्रैल को हुआ था। किन्तु कप्तान मैडक का कथन है कि दानसाह ने वृन्दावन से डीग पहुंचकर सभी सैनिक अधिकारियों तथा पड़ोस के सभी सरदारों की सभा आमंत्रित की। अतः सरकार का कथन अपुष्ट है।

4. सुक्का खास (दान पत्र) श्री हरिदेव जी गुसाईं हीरालाल के नाम (1769 ई.) तथा सुक्का खास पुरोहित घमण्डी राम, दिसम्बर 29, 1771 ई.
5. राने मादे, पृ. 73; सी.पी.सी., जि.2, पत्र 1499, जॉन कोहन, पृ. 25 ब;
6. द.कौ., जि. 7, पृ. 325, 409
7. द.कौ., जि. 7, पृ. 410;
8. सी.पी.सी., जि.2, पत्र, 1366, 1367, 1369, 1364 (11 मई), 1365; स्मिथ-बंगाल सेलेक्ट कमेटी, अप्रैल 25, 1769, बं., से. क. प्रोसी., 1769, पृ. 271-280;
9. राने मादे, पृ. 73;
10. उपरोक्त;
11. इ.डा. (चहार), जि. 8, पृ. 168; दे.क्रॉनि, (6 जून), पृ. 168;
12. बलदेवसिंह, पृ. 82; जॉन कोहन, पृ. 26 अ;

13. राने मादे, पृ. 73-74;
= नवाब मीरकासिम नवाब नजीब से सहयोग न मिलने पर अपने अनुचरों सहित राणा गोहद के पास चला गया। राणा ने उसको बेहट का दुर्ग दे दिया। यहां उसने नवीन सैनिकों की भरती की। कंवर दानसाह मीरकासिम की सेवा में गोहद पहुंचा और नवाब ने उसको उप-बख्शी का पद दिया। यहां उसने भदौरिया, कुशवाहा एवं गौड़ राजपूतों की भरती करके 2000 का रिसाला खड़ा किया। मीरकासिम ने अपनी सहायता को सिखों से बातें कीं। विफलता के बाद फरवरी, 1770 ई. में अर्थाभाव के कारण नवाब ने अपनी सेना तोड़ दी। तब मार्च में दानसाह नवलसिंह की सेवा में लौट आया। (सी.पी.सी., खंड 3, पत्र 128, 129; फोर्ट वि., खण्ड 6, पृ. 198, पत्र सं. 6, मार्च 18, 1770 ई.) पे.द. (नई), जि. 3, पृ. 177 (17 नवंबर) से ज्ञात होता कि दानसाह गोहद से इन्दुरखी आया।
14. राने मादे, पृ. 74; बलदेव, पृ. 83;
15. बलदेवसिंह, पृ. 83; पू.पा.सं., जि.1, पत्र अ 6;
16. खैर, खंड 1, पृ. 182; चहार (फा.), पृ. 502 ब; फोर्ट वि., जि. 6, लेख 8, पृ. 203 (जून 28, 1770 ई.);
17. बलदेवसिंह, पृ. 83, राने मादे, पृ. 74;
18. बलदेवसिंह, पृ. 83; इ.डा. (चहार), जि. 8 पृ. 168;
19. सरकार, मुगल, खण्ड 2, पृ. 353;
20. पू.पा.सं., जि.1, पत्र अ-6 (नवंबर 3, 1769 ई.)
21. उपरोक्त, पत्र अ-7 (जनवरी 24, 1770 ई.)
= डॉ. कानूनगो (पृ. 228) तथा सरकार (मुगल, खंड 3, पृ. 4) ने मेडक (पृ. 74) द्वारा दी गई 70 हजार सवार व पैदल संख्या को ही उद्धृत किया है।
= बलदेव (पृ. 83); वाक्या राज. (जि.2, पृ. 73) तथा चौबे (पृ. 30) ने 20 हजार सवार व पैदल संख्या दी है।
22. पू.पा., जि. 1; पत्र अ-7 (24 जनवरी);
23. उपरोक्त, पत्र अ-8 (फरवरी);
24. राने मादे, पृ. 74-5; ऐति. लेख, खण्ड-4, लेख 970 (बार्बे का जख्मी होना), सी.पी.सी., लेख 128, 129, 133, 162; फोर्ट वि., खंड 6, पत्र 6, पृ. 198 (18 मार्च) तथा पत्र 7, पृ. 202 (9 मई); पे.द., जि. 29, लेख 259 (23 लाख का करार);
25. माधवराव, पृ. 56, ऐति. संकीर्ण साहित्य, खंड 7, लेख 36, पृ. 42;
26. ऐति. संकीर्ण साहित्य, खण्ड 7, लेख 36; ऐति. पत्रें यादी वगैरे, लेख 222; इन्दौर-जयपुर खरीता (माधवराव पेशवा-सवाई पृथ्वीसिंह) आसोज वदि 8, सं. 1826/अक्टूबर 22, 1769 ई., संख्या 120/124;
27. पे.द., जि. 29, लेख 232 (नूराबाद), 237 (समझौता), 283 (जैतराम भेंट);
28. चौबे, पृ. 30;
29. सी.पी.सी., जि.3, पत्र 161;
30. पे.द. जि.29, लेख 248; पुरन्दरे, जि.3, पत्र 25; द.कौ., जि.9, पृ. 355;

31. इन्दौर-जयपुर खरीता, लेख 121/125, आसोज सुदि 10, सं. 1826 (10 अक्टूबर);
32. पे.द., जि.29, लेख 283; बलदेव, पृ. 84;
33. द.कौ., जि.7, पृ. 411 (10 फरवरी);
= किसनसिंह चन्द्रभान पुरोहित का पुत्र व पुरोहित घमण्डीराम का भाई था। हरिनारायण उसका पुत्र था। इन्होंने दफ्तर वकालत (विदेश विभाग) का कार्यभार संभाल लिया था।
34. केलकर, पत्र 123, चैत वदि 5, सं. 1826/16 मार्च (फौज का करार);
35. पे.द., जि. 29, पत्र 252 (गनोजी कदम); सी.पी.सी., जि.3, लेख 128;
36. पे.द., जि. 29, लेख 283 (सम्मान), पृ. 305; राने मादे, पृ. 72; सी.पी.सी., जि.3, पत्र 161, 178; फोर्ट वि., खंड 6, पत्र 7, पृ. 202; इ.डा. (चहार), खंड 8, पृ.168;
37. बलदेव, पृ. 84;
38. केलकर, पत्र 123;
39. राने मादे, पृ. 75; बलदेव, पृ. 84; सी.पी.सी., जि.3, पत्र 180; चौबे, पृ. 31 (सैनिकों की गलत संख्या) गवा जय खरीता, लेख 51(4), चैत वदि 8/19 मार्च; कानूनगो, पृ. 231;
40. सरदेसाई, जि. 2, पृ. 671;
41. सी.पी.सी., खण्ड 3, पत्र 178, 185, 200; गुलिस्तान-इ-रहमत, मुस्तजीव खां, 147 अ
42. दे.क्रॉनि, पृ. 142; सी.पी.सी., जि. 3, पत्र 178; बिहारी, पृ. 12;
43. सी.पी.सी., खंड 3, पत्र 161;
44. बलदेव, पृ. 84; चौबे, पृ. 31;
45. पे.द., जि.29, पत्र 246 (सही तारीख 17 अगस्त);
46. सी.पी.सी., खंड 3, पत्र 180, 184; राने मादे, पृ. 75;
47. सी.पी.सी., खंड 3, पत्र 180; कानूनगो, पृ. 231;
48. बलदेव, पृ. 84; राने मादे, पृ. 75;
49. राने मादे, पृ. 75; सी.पी.सी., खंड 3, पत्र 184; कानूनगो का भ्रम है कि इस युद्ध में बालानंद वैरागी भी शामिल था।
50. दे.क्रॉनि, पृ. 142; राने मादे, पृ. 75; सी.पी.सी., खंड 3, 180, 184; पू.पा., खंड 1, पत्र. अ. 9; बलदेव पृ. 84; ग्वा. जय. खरीता सं. 58(8), वैसाख वदि 4, सं. 1827 (14 अप्रैल); लाल कवि ने अपने कवित्त में 'कोप करि करतौ न समर मूलचंद जो' लिखा है और खिताब राय ने अपने पत्र में इसी मूलचन्द को मूलानंद लिखा है। (सी.पी.सी.;)
51. राने मादे, पृ. 75; दे. क्रॉनि, पृ. 142; पू.पा., जि.1, पत्र अ-9; सी.पी.सी., जि.3, पत्र 180, 184; पे.द., जि. 29, लेख 254 तथा जि. 37, लेख 210; बलदेव, पृ. 84; ग्वा, जय. खरीता, सं. 58 (8); ऐति. लेख संग्रह, खंड 4, लेख 970, 971; फोर्ट वि., खंड 56, पत्र 7, पृ. 202 (9 मई); कवि कुसुमाञ्जली, पृ. 29;
52. पे.द., नई जि. 3, लेख 183;

53. पू.पा., जि.1, पत्र अ-9, पृ. 22; पृ. 120अ; तहमास्पनामा, पृ. 76ब;
54. सी.पी.सी., जि. 3, लेख 216
55. पे.द., जि. 29, लेख 261 (चर्चा), 283 (भेंट), 246 (जब्ती = सही तारीख 17 अगस्त);
56. दे.क्रॉनि, पृ. 143-4; पे.द., जि. 29, लेख 255, 246; ऐति. लेख, भाग 4, पत्र 970; सी.पी.सी.; जि. 3, पत्र 216, 200; नूरु, (पृ. 120ब, 121 अ) मराठा तथा नजीब की भेंटवार्ता तथा वार्तालाप का विशद विवरण दिया है।
57. पे.द., जि. 29, पृ. 307 (सनद की प्रति), लेख 255, (नई) जि.3, लेख 182 (22 जुलाई)
58. दे.क्रॉनि, पृ. 145; नूरु., पृ. 119;
59. पे.द., जि.29, लेख 260 (16 जून); नूरु, पृ. 119;
60. दे.क्रॉनि; पृ. 145; सी.पी.सी., खंड 3, पृ. 185, 193; फो.वि., खंड 6, पत्र 8, पृ. 205;
61. पे.द., जि. 29, पृ. 261 (एक करोड़), 257 (80 लाख), 258, 260; पू.पा., खंड 1, पृ. अ-10;
62. पे.द. जि. 29, पृ. 310
63. पे.द., जि. 29, पत्र 250, 257, 258, 260, (नई) जि. 3, लेख. 183; एति. लेख, खंड 4, लेख 1001; नूरु., 122 ब; मुना, पृ. 108; सी.पी.सी. जि. 3, पृ. 323; करार = पे.द., 27, पृ. 214; सी.पी.सी., जि. 3, पृ. 323; फो.वि., खंड 6, लेख 18, पृ. 266;
64. पे.द. (नई), जि. 3, लेख 61, 182, 183; सी.पी.सी., जि. 3, पृ. 323;
= सत्ता के माध्यम से आर्थिक लाभ कमाने की व्यापारिक प्रवृत्ति वाली अंग्रेज कंपनी सरकार का यह अनुमान निर्मूल था कि जाट दुर्ग में जाटों के पास कई करोड़ का जमा खजाना था (फो.वि., खंड 6, सं. 8, पृ. 205)।
65. पे.द., 29/255
66. हिंगणे, II/103, 19 जुलाई
67. नूरु. 117 अ., 121 ब, 122 अ
68. पे.द., 29/246
69. पू.पा., जि.1, पत्र 11, पृ. 24, पत्र 13 अ, पृ. 27
70. नूरु. 121ब
71. सरदेसाई, खंड 2, पृ. 672; पे.द., जि. 29, लेख 246; पू.पा., जि. 1, पत्र अ-12, अ-11, अ-13;
72. PRMH, I, A11, P24. 8 सितम्बर
73. दे.क्रॉनि., पृ. 146; पू.पा., जि. 1, पत्र अ-11 (5 सितम्बर) तथा अ-12 अ-ब;
= समकालीन साक्ष्यों से यह स्पष्ट नहीं होता कि इस संधि वार्ता में राजा नागरमल व उसके पुत्रों, महदीकुली आदि ने क्या भूमिका निभाई?
74. (PRMH, I, A 13 P. 2, A 13 B, P. 2

75. पू.पा., जि. 1, पत्र, अ-13ब, पृ. 28;
76. दे.क्रॉनि., पृ. 146
77. उपरोक्त, जि.1, पत्र अ-17, पृ. 32 (जुलाई 2, 1771 ई.);
78. रोन मादे, पृ. 76; सी.पी.सी. जि.3, पत्र 445 (7 अक्टू. को लिखे समाचार में करार की शर्तों का विवरण); अन्य किसी साक्ष्य से किश्तों का विवरण नहीं मिल रहा है।
79. दे.क्रॉनि, पृ. 146; मिसकिन, पृ. 272; हंटर, महादजी, पृ. 60;

अध्याय 11

पारस्परिक विवाद तथा आपसी सहयोग
(1771-73 ई.)

एक वर्ष (अक्टू. 1769-अक्टू. 1770 ई.) के राजवंश की अन्तर्कलह के परिणाम-स्वरूप निरन्तर सैनिक संघर्ष के उपरान्त अल्पवयी शासक राज्य का विघटन हो चुका था। सरदारों में अन्तर्कलह से आपसी विरोध था। सेना का उत्साह व साहस कुंद हो चुका था। राज्य की माली हालत काफी विषम हो गई थी और आगामी वर्षों में भी नियमित लगान के अभाव में समृद्धि, सम्पन्नता, शांति, सुस्थिरता प्रभावित होती गई। दृढ़ राजनीतिक इच्छाशक्ति, निर्णय क्षमता, दूरदर्शिता, कूटनैतिक चातुर्य, अवसरवादिता, सैन्य संगठन व संचालन की अक्षमता तथा मानसिक दुर्बलता ने नवलसिंह को अविवेकी बना दिया था। नाम व छाप की अपेक्षा नवलसिंह ने 'राजा' का विरुद धारण करके नायब के रूप में राज्य व प्रशासन का वास्तविक वैधानिक मुख्त्यार (नायब) बन गया था। न केवल अनुभवी एवं सशक्त राज-दीवानों को हटाकर पंचायत राज के सैद्धांतिक स्वरूप को समाप्त कर दिया, बल्कि मध्य दोआब में अति प्रभावशाली हाथरस के मेंडू मुरसान के ठेनुआ सरदरों व नौंहवार तथा कामेर, सहार, होडल, पलवल, बल्लभगढ़ के नजदीकी रिश्तेदार जागीरदारों को कुपित करके राज्य की उत्तरी सीमाओं की सुरक्षा-व्यवस्था को भी विनष्ट कर दिया था। वह अपने अधीनस्थ कर्मचारियों डूंग पंचायत के ठाकुरों पर प्रभावी नियंत्रण नहीं रख सका। मुगल बादशाह आलम सानी के दिल्ली लौटकर आने (6 जनवरी, 1772 ई.) के बाद दोआब, मेवात व हरियाणा में सूरजमल ने जिन भारतीय ईरानी मूल के मुस्लिम सरदारों व बलूच उमरावों के वंशजों को उनकी जागीरों से बेदखल कर दिया, वे बादशाह से अपने पुराने अधिकारों व दस्तूरों का उपयोग करने की तथा उन जागीरों को पुनः प्राप्त करने की आशा से उनके परचम के नीचे आकर शामिल होने लगे। नवम्बर 1772 ई. में कप्तान मेडक, जिस पर नवलसिंह को सबसे अधिक भरोसा था, भी

विश्वासघात करके शाही चाकरी में चला गया। बादशाह शाह आलम सानी के आगरा प्रांत व दुर्ग हस्तगत करने तथा जाट शासक को अपना अधीनस्थ सामंत बनाने के निश्चित सोच के कारण ही जून 1773 ई. तक राज्य मराठों की शोषण प्रवृत्ति का शिकार बना रहा।

1. सैन्य संगठन का प्रयास, दिसंबर, 1770–मार्च, 1771ई.

सौंख-अडींग युद्ध से कप्तान मेडक के गर्व व महत्त्वाकांक्षा को आघात पहुंचा। सभी कुछ नष्ट हो जाने के बाद आलोचना व आक्षेपों से उसको भारी क्षोभ व मानसिक सन्ताप सहन करना पड़ा। अपने आपको असुरक्षित समझकर वह अपने जीवन, परिवार व संचित संपदा की सुरक्षा के प्रयासों में तत्पर हो गया। उसने जुलाई, 1770 ई. में कप्तान हार्पर के माध्यम से गवर्नर-बंगाल सरकार के नाम अपनी अर्जी (प्रार्थना-पत्र) भेजकर 'अंग्रेजी सेना को छोड़कर भागने के अपराध को क्षमा करने, अंग्रेज सरकार के संरक्षण में हिन्दुस्तान में किसी भी स्थान पर रहने और फिर कभी उनके विरुद्ध शस्त्र न उठाने' की प्रार्थना की। तब अगस्त माह की बैठक में बंगाल सेलेक्ट कमेटी ने उसके माध्यम से जाट राज्य व प्रशासन की अति गोपनीय सूचनाएं प्राप्त करके उसकी निष्ठा को परखने का खुफिया अवसर खोजने का प्रयास किया।[1] इसी भांति कोर्ट ऑफ डायरेक्टर्स के अनुमोदन की प्रतीक्षा में बंगाल सरकार उसके प्रति नम्र व्यवहार करने पर सहमत हो चुकी थी।

समुचित उत्तर के अभाव में भयभीत कप्तान ने आक्रांत होकर गोआ के फ्रेंच वायसराय को शरण देने तथा यूरोप लौटाने का प्रबन्ध करने को पत्र लिखा। छह माह के बाद उसको चन्द्रनगर फैक्टरी के फ्रेंच कमाण्डर मोशियर चेवेलियर का 2 अप्रैल, 1771 ई. का पत्र मिला, जिसमें उसको केवल निजी सेना के कप्तान की अपेक्षा हिन्दुस्तान में फ्रांस सरकार के दूत के रूप में कार्य करने की सलाह दी गई। इस कार्य हेतु उसको शासन की ओर से मान्यता प्रदान कराने तथा राष्ट्रहित में उसकी सेवाओं को पुरस्कृत कराने का भी आश्वासन दिया गया।[2] अत: उसको राज्य सेवा में रुकना पड़ा।

इस समय राज्य में जात व छह हजारी जात के दो सर्वोच्च सामंत पद (औहदा) विद्यमान थे। मराठों के अंतर्वेद की ओर प्रस्थान करते ही नवलसिंह ने राज्य की सैनिक क्षमता को सुदृढ़ करने के विचार से कप्तान मेडक को पांच हजार जात व सवार का पद प्रदान करके नवीन फिरंगी व तैलंग सेना के पुनर्गठन व संस्थापन का आदेश दिया और गत युद्ध में हुई हानि की क्षतिपूर्ति का वचन देकर मेडक ने तत्काल मराठों के पास अपने आदमी भेजकर रणभूमि में ही छोड़ी अपनी मस्कटों को प्राप्त कर लिया था। उसने दो माह की अवधि में आगरा में चार पौंड

की 12 तोप, शस्त्रास्त्र, गोला बारूद तथा कार्यशाला एवं भरतपुर में 50 पौंड का एक मोर्टार ढलवाया। कुछ नवीन परदेशी सैनिक भरती करके तीन बटालियन (कुल 3000 सैनिक) खड़ी कीं और उनको डीग में रहकर शीत ऋतु (दिसंबर-मार्च, 1771 ई.)में दैनिक ड्रिल, युद्ध अभ्यास करवाकर अनुशासित व दीक्षित कर लिया था।[3] तभी जनरल समरू तथा अन्य कुछ उच्च पदस्थ सामंतों व सेनानायकों को भी सम्मानित किया गया।

रबी की फसल (अप्रैल-जुलाई 1771 ई.) आने पर नवलसिंह ने दोआब के सम्भवतः सासनी, मेडू आदि जोरतलब विद्रोही जमींदारों से राज अंशदान वसूली में क्षेत्रीय आमिलों की सहायतार्थ राजधानी से कप्तान मेडक, उसके योग्य सैनिक व कुछ अन्य विश्वसनीय सरदारों को रवाना किया। वहां उनको कुछ अधिक प्रयास नहीं करना पड़ा और कुछ ही दिनों में वसूली अभियान सफलतापूर्वक पूरा हो गया। वर्षा पूर्व मेडक व अन्य सभी सरदार अपने डेरों पर लौट आए। इसके बाद मेडक ने अपनी सेना को अधिक सुदृढ़ करने का प्रयास किया।[4]

2. हस्तान्तरण पत्र सौंपने का दबाव, मार्च, 1771ई.

मराठों ने विसाजी कृष्ण के कुशल नेतृत्व में राजधानी दिल्ली व शाही दुर्ग से मीर-बक्शी जाबित खां के प्रबंधकों को निकालकर और अपना अधिकार (फरवरी 10, 1771 ई.) करके वली अहद शाहजादा जवांवरल के साथ प्रवासी बादशाह शाह आलम सानी को अपने संरक्षण में इलाहाबाद से दिल्ली लाकर गद्दी पर आरूढ़ करने का समझौता कर लिया।

उन्होंने वली अहद के प्रमुख सलाहकार के रूप में राजधानी की सम्पूर्ण प्रशासनिक व्यवस्था संभाल ली।[5] 20 मार्च को विसाजी के मीरबक्शी जाबित खां के आमिलों को दिल्ली गिर्द के उत्तर-पूर्व में शाही खालसा के महालों से हटाकर मराठा मामलतदार (राजस्व अधिकारी) नियुक्त कर दिये।[6] उन्होंने ऊपरी दोआब से मध्य दोआब तक नवाब नजीब द्वारा अधिकृत जाट परगनों को अपने कब्जे में लेने की नीति के अन्तर्गत 21 मार्च को जाबित खां के पास पत्र भेजकर 'दोआब के जाट-महालों के जमादा के कागजात सौंपने' का निर्देश दिया। इसके उत्तर में जाबित खां ने मराठा वकील को बतलाया कि वली दिवंगत अमीर-उल-उमरा ने कोइल छावनी में ही ये कागजात पंडित को सौंप दिये थे। अब उनके बारे में मुझसे पूछताछ करने से क्या लाभ?[7]

तभी विसाजी तथा महादजी के आग्रह पर रामचन्द्र गणेश ने नवलसिंह को लिखा।

(i) "उसने दिवंगत मीरबख्शी नवाब नजीब को मध्य दोआब में उसके द्वारा जबरन अधिकृत जाट-राज्य के महालों से मामलत वसूल करने का लिखित

अधिकार पत्र सौंपा था, तदनुरूप अब उनको राज्य का एक-चौथाई अंश (चौथ) वसूल अधिकार पत्र उनको जावे।"

(ii) भविष्य में मित्रभाव से उनके साथ शरीक (शामिल) रहें।

नवलसिंह ने मराठों की इस मांग को समर्पण प्रस्ताव कहकर ठुकरा दिया और इस बारे में जाबित खां को अवगत कराते हुए कहा–

"मेरी हार्दिक इच्छा है कि हिन्दुस्तान के अमीरों की भलाई के लिए मराठों को इस देश के बाहर खदेड़ दिया जावे। विश्वास दिलाता हूँ कि आप जब भी प्रस्थान करेंगे, तब मैं भी आपकी मदद को अपने एक विश्वासपात्र सेनानायक के नेतृत्व में अपनी सेना भेज दूंगा।"

मीरबख्शी जाबित खां पेशवा के सेनापतियों के आंतरिक मतभेदों, आपसी विद्वेष, मानसिक दुर्बलता तथा महादजी के सबल विरोध से भयभीत मराठा छावनी को छोड़कर अपनी सम्पदा व जीवन रक्षा हेतु अपनी पैतृक जागीर नजीबाबाद चला गया और वहां बिरादरी-भाइयों के साथ मिलकर मराठों के विरुद्ध तैयारियां करने लगा। मराठा छावनी में नारो पंड़ित के परामर्श पर तुकोजी, गणेश पंडित और नागोराव ने जाबित खां को सहयोग देने का आश्वासन देकर हिन्दुस्तान की अन्य शक्तियों को मीरबख्शी का साथ देने के लिए भड़काना शुरू कर दिया। तथा उसके वजीर शाह वली खां ने भी हिन्दुस्तान की सभी राजनैतिक शक्तियों को मराठों के विरुद्ध जाबित खां को सैनिक सहायता देने को फरमान लिखे और जून, 1771 ई. में जाबित खां ने अहमद शाह दुर्रानी का जाट शासक के नाम लिखा पत्र[8] नवलसिंह के पास भेज दिया था तब नवलसिंह का झुकाव उसकी ओर था।

पेशवा प्रतिनिधि रामचंद्र गणेश अपने ही सरदारों की आंतरिक कलह व मतभेदों के कारण अपनी नीति में विफल रहा और व्यथित होकर उसने हजूरात फौज के साथ दक्षिण लौटने का मानस बना लिया।

3. छह लाख की मांग, पलवल में लूट व समझौता, मई-जुलाई, 1771 ई.

महादजी के दबाव व सतत प्रयास से ही 'कोइल संधि' में नवलसिंह के प्रतिद्वंद्वी राव रणजीत सिंह को राज्य में बीस लाख रुपया वार्षिक आय का परगना सौंपने का प्रावधान शामिल किया गया, किन्तु, मराठा सरदार अन्तर्वेद में काल्पी, इटावा, शिकोहाबाद आदि बंगस अधिकृत महालों पर अधिकार करने में व्यस्त थे, तब इस संधि के क्रियान्वयन तथा वायदा के आधार पर रणजीत सिंह से छह लाख रुपया वसूल करने के विचार से महादजी की एक प्रधान मराठा टुकड़ी मथुरा-आगरा के बीच पड़ाव डालकर संरक्षण तथा परगना दिलवाने के एवज में रणजीतसिंह के वायदा के आधार पर पड़ी थी।[9] यद्यपि रणजीत सिंह वायदा की रकम भुगतान

की स्थिति में नहीं था और नवलसिंह ने राज्य विभाजन को अस्वीकार कर दिया था, अतः उसने मराठों से मेवात प्रांतों के परगने दिलवाने का प्रस्ताव रखा।

महादजी ने परगना रेवाड़ी पर अधिकार जमाने को सैनिक रवाना किए। आपसी वाद-विवाद के बाद राजा नागरमल के कारिंदा बालमुकुंद ने महादजी को 1.35 लाख रुपया देकर अपना पिंड छुड़ाया।[10]

रामचंद्र गणेश रुष्ट होकर दिल्ली से चल दिया। अप्रैल मास में रामचन्द्र गणेश ने समझौते के अनुसार नजीब प्रतिभूति की रकम 3 लाख रुपया वसूल करने के लिए राज्य की उत्तरी सीमाओं में प्रवेश करके पलवल में पड़ाव डाला। 26 अप्रैल को दिल्ली में रामचन्द्र गणेश के स्थान पर विसाजी कृष्ण को नायब व प्रधान सेनापति नियुक्त करने का समाचार मिला (दे.क्रानि.)।

इन सैनिकों ने मेवात प्रांत के कुछ परगनों (सम्भवतः गुड़गांव, गढ़ी हरसरू, कोटकासिम, सोहना आदि) पर अधिकार करके वहां के जागीरदारों व जमींदारों से चौथ वसूल की, परन्तु परगना पलवल में जमींदार व उनकी रैय्यत ने मराठा शिविरों के आसपास भीड़भाड़ की और कुछ व्यक्ति उनकी घोड़ियों को भी चुराकर ले गए। फलतः पिंडारी लुटेरा दलों व मराठा सैनिकों ने कस्बा पलवल में भारी लूटमार की और उन्होंने कस्बा के साहूकारों से द्रव्य वसूल करने की धमकी दी। परगना पलवल राज-दीवान राजा तुलसीराम की जागीर का भाग था। उसको भारी क्षोभ हुआ और उसने मराठों से पिंडारियों की लूट रोकने का अनुरोध करके मराठा प्रतिनिधि के साथ वार्ता शुरू की।[11]

पेशवा के इस निर्णय से रामचन्द्र गणेश काफी रुष्ट था और अन्य सेनानायकों में भी मतभेद उभरे। विसाजी ने दबाव में आकर रामचन्द्र गणेश से दिल्ली लौटने का अनुरोध किया और यह पत्र उसको पलवल में 20 मई को मिला। उधर क्रमशः 5000-6000 सैनिकों के साथ महादजी तथा तुकोजी ने नायब प्रतिनिधि से मिलने और उसको समझाकर अपने साथ दिल्ली ले जाने को पलवल की ओर प्रस्थान किया।[12]

जुलाई मास में बादशाह नबीगंज (फर्रुखाबाद के दक्षिण-पश्चिम में 32 किमी. में) आ चुका था और वह महादजी पर उधर आने का दवाब डाल रहा था। मराठा सरदारों का दबाव तथा परगनों को लूट व बरबादी के बचाने के मोह में दीवान-राज ने 3.50 लाख रुपया भुगतान करना स्वीकार कर लिया और किसनसिंह तथा मानस्वरूप वकीलों के माध्यम से यह रकम मराठा कोष में जमा कराई गई।[13] तब जुलाई के मध्य में नवलसिंह ने मराठों से भेंट की और उनको 400 बागा नजर करके दिल्ली की ओर प्रस्थान की विदाई दी।[14]

4. मध्य दोआब में नूंहगढ़, खुर्जा आदि पर अधिकार, अक्टू.-नवंबर, 1771 ई.

हिन्दुस्तान में अब विसाजी पंडित मराठा राष्ट्र का प्रतिनिधि अधिकारी था और 2 अगस्त को उसने दिल्ली दुर्ग का प्रबन्ध बादशाह के कारिंदा याकूत खां तथा सलाहकार सैफुद्दीन मोहम्मद खां को सौंप दिया और 19 सितंबर को महादजी ने भी दिल्ली से नबीगंज की ओर प्रस्थान कर दिया (दे. क्रानि.)। इस वर्ष के शुरू (जनवरी) में जब मराठा सेनाएं इटावा (अन्तर्वेद) से शिकोहाबाद, मैनपुरी, रामगढ़ (अलीगढ़) मार्ग से दिल्ली की ओर बढ़ रही थी; तब परगना नूह तथा (बुलंदशहर के दक्षिण-पश्चिम में 18 किमी.) वर्तमान जिला बुलंदशहर में खुर्जा महालों में रैय्यत (जाट-गूजर) ने महादजी की छावनी के सामान को लूटकर उसके मार्ग में अड़चनें डाली थीं। इन महालों में नजीब का बन्दोबस्त था, किन्तु गढ़ियों में जाट किलेदार व जाट सैनिक यथावत मौजूद थे। मार्ग को निष्कंटक करने को महादजी ने नूंहगढ़ के किलेदार व सैनिकों को तलवार से मौत के घाट उतारकर और खुर्जा, शिकारपुर (बुलंदशहर के दक्षिण में 22 किमी.) गढ़ियों से सैनिकों को निकालकर इन दो-तीन गढ़ियों पर अधिकार कर लिया। बली पंडित को मराठा कमाविसदार नियुक्त करके रामगढ़ (खुर्जा के दक्षिण में 43 किमी.) के समीप पड़ाव डाला। कार्तिक पूर्णिमा (23 अक्टूबर) को रामघाट (अलीगढ़ की उत्तरी-पूर्वी सीमा) पर गंगा स्नान करके नबीगंज की ओर प्रस्थान किया और 18 नवंबर को शाहजादा अकबर के साथ बादशाह से मुलाकात की।[15]

बादशाह ने 29 नवंबर को मराठा संरक्षण में नबीगंज से प्रस्थान किया और 1 दिसंबर को अपने परिवार, प्रशिक्षित दो अंग्रेजी बटालियन, चार तोप तथा 800 गोलों से लदी गाड़ियों सहित सूरजपुर (सिकंदराबाद के उत्तर-पश्चिमी में 26 किमी.) में पड़ाव डाला। यहां से उसने विसाजी सहित जनवरी 6, 1772 ई. को प्रातःकाल सवा आठ बजे राजधानी में प्रवेश करके दिल्ली द्वार से दुर्ग में प्रवेश किया और शाही गद्दी पर आरूढ़ हुआ।[16]

5. उत्तरी सीमांत परगनों पर अधिकार तथा मामलत विवाद, अक्टू.-जन.1772 ई.

एक ओर महादजी ने मध्य दोआब के शेष दो-तीन जाट दुर्गों पर अधिकार कर लिया, वहां दशहरा (18 अक्टूबर) के बाद तुकोजी होल्कर की सलाह पर विसाजी ने जाट वकीलों पर द्वितीय किश्त की भुगतान का दबाव डाला और दिल्ली के दक्षिण में खिज्राबाद में छावनी डालकर पिंडारी सवारों ने राज्य के उत्तरी सीमावर्ती फरीदाबाद, बादशाहपुर, होडल आदि चार-पांच परगनों में धूम-धाम शुरू कर दी

थी। जाट वकीलों ने मराठा सैनिकों द्वारा की गई फसलों की बरबादी के एवज में 10 लाख रुपया छूट का और शेष 5 लाख की राशि में से दो लाख नकद तथा दो लाख पश्मीना, किमखाब आदि कपड़ों के थान आदि जिंस के रूप में भुगतान करने का प्रस्ताव रखा। इन प्रस्तावों पर बीस दिन तक मराठा छावनी में दोनों ओर से वाद-विवाद चलता रहा, परन्तु नारो गणेश (होल्कर का दीवान) तथा शिवाजी विट्ठल निष्कपट भाव से नवलसिंह के साथ समझौता नहीं करना चाहते थे और उन्होंने इन परगनों की जब्ती का मानस बना लिया। जाट वकीलों ने जब उनसे उत्तरी सीमांत परगनों से अपनी सेनाएं हटाकर खाली करने का अनुरोध किया, तब उन्होंने शेष 45 लाख रुपया भुगतान की शर्त रखकर जाट वकीलों को नवलसिंह से उत्तर प्राप्त करने का समय देकर वार्ता को टाल दिया।[17]

बादशाह की ओर से विसाजी को जाबित खां की यमुना पारी जागीरों को बंदोबस्त करने के दबावी पत्र मिल रहे थे, इससे 15 नवंबर के आसपास विसाजी ने खिज्राबाद के किनारे से कूंच करके पुराने किले के पास यमुना नदी के किनारे अपना शिविर डाल दिया। 4 दिसंबर को राजे बहादुर नारोशंकर को झांसी रवाना होने की विदाई देने के बाद विसाजी ने ससैन्य बादशाह का स्वागत करने को यमुना नदी पार करके सिकंदराबाद की ओर प्रस्थान किया और तुकोजी ने राज्य के चार-पांच उत्तरी सीमांत परगनों पर अपने वर्चस्व का संकेत दिया।[18]

बल्लभगढ़ दुर्ग की व्यवस्था में शामिल उत्तरी सीमान्त परगनों की सुरक्षा व्यवस्था का भार राव बिसनसिंह तेवतिया पर था। राव विश्वेश्वरसिंह सूर्यद्विज के साथ राव बिसनसिंह समझौता वार्ता को मराठा छावनी में पहुंचे और उन्होंने शाही थाने उठाने के एवज में 21 दिसंबर तक (अगहन मास) दो लाख रुपये भुगतान का वचन दिया, किन्तु मराठों ने उनसे इस रकम की साहूकारी हुण्डी सौंपने का दबाव डाला।[19] तब बादशाह के समीप आने की व्यस्तता से कोई भी परिणाम नहीं निकल सका, इस घटना से यह अनुमान लगाना उचित होगा कि मराठों के साथ बिसनसिंह की सीधी वार्ता के समाचारों से संभवतः राव नवलसिंह, बल्लभगढ़ घराना से कुपित हो गया और इस घटना ने शेष राज्य के विघटन का मार्ग प्रशस्त किया।

6. भू-राजस्व वसूली : नवलसिंह की शादी से मतभेद, मार्च-जून, 1772 ई.

बादशाह के मराठा फौजों के साथ जाबित खां के विरुद्ध पथरगढ़ की ओर कूंच करते ही नवलसिंह ने भी कप्तान मेडक को मेवात प्रान्त के परगनों (किसनगढ़, रामगढ़, तिजारा, सोहना, गुड़गांव आदि?) से भू-राजस्व वसूली को रवाना कर दिया। मेडक इस क्षेत्र में दो महीने व्यस्त रहा और केवल फौजी परेड़ से ही

वसूली में सफल रहा। फिर उसको यमुनापार दोआब में अंशदान वसूल करने को भेजा गया। मार्ग में उसने दो साधारण गढ़ियों पर आक्रमण भी किया। अन्य जमींदारों ने उसके सामने समर्पण कर दिया। फिर वह लौट आया, जहां नवलसिंह की शादी की तैयारियां चल रही थीं।[20]

यद्यपि हमको राजवंश से संबंधित पर्याप्त साक्ष्यों के अभाव में अधिक जानकारी नहीं मिल सकी है, फिर भी कप्तान मेडक के संस्मरणों से ज्ञात होता है कि नवलसिंह सरदारों व सैनिकों के साथ डीग से दो दिन में विवाह स्थल पर पहुंच गया। यह उत्सव अति धूमधाम से मनाया गया।[21] अनुमानतः नवलसिंह ने कोटबन के डोंडें गौत्री सरदार सीताराम, जिसको जवाहरसिंह ने कुपित होकर अपने शासन व जमींदारी से पृथक् कर दिया था, की बहन के साथ यह शादी की थी। इससे रनिवास तथा दरबार में अन्तर्विरोध मुखरित हो उठा और राज्य के प्रभावशाली रिश्तेदार सोलंकी, सोरोतन, तेवतिया आदि काफी रुष्ट हो गए थे। राज दीवान तुलसीराम तथा दीवान साहबसिंह को इससे भारी धक्का लगा और उनके प्रशासनिक वर्चस्व को आघात पहुंचा। नवलसिंह ने उनका दमन करके राज्य की सैनिक एकता को छिन्न-भिन्न कर दिया।

7. विरोधी सामंतों का दमन, जून, 1772 ई.

शादी के बाद नवलसिंह खासा सवारों के साथ कोटबन से डीग लौट आया, परन्तु उसने कोटबन से ही कप्तान मेडक को उसकी बटालियनों व राज के कुछ रिसालों सहित राजवंश के निकटतम दो रिश्तेदारों, (होडल के देलेलसिंह सोलंकी तथा बल्लभगढ़ के तेवतिया सरदार) जिन्होंने राज-सैनिकों को अपने प्रभाव में लेकर नवलसिंह का विरोध शुरू कर दिया था, के दमन को रवाना किया। मेडक ने एक गढ़ी तक पहुंचने का मार्ग बना लिया और खाइयों में रुककर आक्रमण किया। 15 दिन के प्रयास के बाद किलेदार ने जीवन रक्षा तथा राज से बाहर सुरक्षित चले जाने की शर्त पर गढ़ी खाली कर दी। फिर कप्तान ने अन्य गढ़ी की और कूच किया। यह गढ़ी पूर्वपिक्षा अधिक बड़ी व सुरक्षित थी और इसकी प्राचीरों पर 28 तोप थीं। यहाँ मेडक को खाइयाँ खोदकर डेढ़ माह तक घेरा डालना पड़ा। अन्त में रसद संकट के कारण किलेदार ने राज्य सीमा से बाहर सुरक्षित चले जाने की शर्त पर यह दुर्ग उसके सुपुर्द कर दिया। इन दोनों आक्रमणों में मेडक व राज रिसालों के लगभग 1000 सैनिक काम आए। सैनिकों ने इन गढ़ियों पर कब्जा करके मरम्मत शुरू की। फिर वर्षा (जून) में ही कप्तान नवलसिंह के पास मथुरा लौटा, जहां नवलसिंह ने उसके व उसके कप्तानों की सेवाओं की सराहना की। मेडक को एक हाथी, जवाहरात, एक तलवार प्रदान की गई। यहां से मेडक आगरा लौटा चूंकि मध्य दोआब में मराठा सरदारों की राजनीतिक हलचल शुरू होने लगी

थी। इससे नवलसिंह मथुरा से भरतपुर चला गया और मेडक को भी वहां बुला लिया। मेडक ने यहां रुककर वर्षाकाल में युद्ध साधन जुटाए, फिर भी वह यहां अपने जीवन को सुरक्षित नहीं समझ सका।[22]

यद्यपि मेडक ने अपने संस्मरणों में इन गढ़ियों व विरोधी जागीरदारों के नामों का उल्लेख नहीं किया है, फिर भी राजा नवलसिंह के दरबार से लिखे मराठा वकील के फारसी पत्रों तथा हरिचरन के विवरण से संकेत मिलता है कि उसने क्रमशः होडल व बल्लभगढ़ की गढ़ियों पर आक्रमण किया होगा? हम देखेंगे कि नवलसिंह व राजवंश के इन स्वार्थी रिश्तेदारों ने नजफ खां के शत्रुओं के साथ मिलकर उससे किस प्रकार बदला लिया? और सूरजमल के शेष साम्राज्य के पतन में योग दिया। न केवल विघटन में बल्कि अपने ही बन्धु-बान्धवों को मुगलों की परतन्त्रता (सत्ता) स्वीकार करने को बाध्य कर दिया।

नवलसिंह ने भरतपुर पहुंचकर फौजदार चैनसुख नाहरवार (किलेदार) को दुर्ग की मरम्मत करवाने, नवल बुर्ज को पक्का बनवाने और वहां निवास हेतु हवेली बनवाने तथा गढ़ में नवलगढ़ वास बसाने का निर्देश दिया।[24] रनिवास के आन्तरिक कुचक्रों की निगरानी के लिए पुरोहित घमण्डीराम को मुंतजिम ड्योढ़ी और जोधराज पल्लीवाल को अपना दीवान नियुक्त किया। जोधराज न तो नीति निपुण व्यक्ति था और न उसमें रणक्षेत्र में सैन्य संचालन की योग्यता थी। इन परिवर्तनों से राज्य के विघटन पर गहरा असर पड़ा।

8. सम्राट विरोधी परिसंघ, मई-नवंबर, 1772 ई.

राज-प्रतिनिधि नवलसिंह राज्य में स्वकीय प्रशासनिक वर्चस्व कायम करने का प्रयास कर रहा था, तब तीनों मराठा सरदार बादशाह के नेतृत्व में रुहेलखण्ड में भारी लूट व बरबादी में व्यस्त थे।[25] फिर उन्होंने वर्षा के भय से गंगा नदी पार की और जाट राज्य के सीमावर्ती जिला बुलंदशहर में प्रवेश किया।[26] बादशाह गंगा नदी पर अनूपशहर के समीप पड़ाव डाले पड़ा था। महादजी ने अपने वकील के माध्यम से आगरा विजय की योजना को पूरा करने हेतु बादशाह से वर्षाकाल में कोइल में पड़ाव डालने का अनुरोध किया।[27] परन्तु पथरगढ़ की लूट व विभाजन से असंतुष्ट बादशाह मिर्जा नजफखां के साथ प्रस्थान करके 9 जुलाई को दिल्ली पहुंच गया।[28] दोआब में मराठों ने जाट परगनों से राजस्व वसूल करने को शिकारपुर तथा खुर्जा गढ़ियों का घेरा डाला। घेराबंदी से परेशान होकर जाट किलेदार ने गढ़ी खाली कर दी और 30 जुलाई को विसाजी ने खुर्जा की गढ़ी का बंदोबस्त संभाल लिया।[29] अब विसाजी पर होल्कर का प्रभाव बढ़ गया था। विसाजी व होल्कर ने सितंबर 1772 ई. रामगढ़ दुर्ग के समीप परगना कोइल में और महादजी ने 'नीति व सिद्धांत' पर गहरे मतभेद व अनबन के कारण यमुना

नदी के दाईं किनारे उनसे 39 किमी. दूर शेरगढ़ में वर्षाकालीन शिविर डाला।[30] यहां विसाजी व मल्हार ने रुहेला-अफगानों व जाटों के साथ समझौता करने का उद्यम किया।

जाट वकील किसनसिंह मराठा शिविर में साथ चल रहा था और शुकरताल विजय (4 मार्च) पर उसने 6 मार्च को केहरी सिंह की ओर से मराठों को पांच पागा भेंट किए थे।[31] 20 सितम्बर को विसाजी ने दोआब के जब्त परगनों में अपने अमलदार भेजकर वहां के कानूनगो व चौधरियों को उपस्थित होने व भू-राजस्व भुगतान करने पर बागा भेंट करके प्रोत्साहित किया।[32] फिर उसने शुजा की मध्यस्थता में रुहेला-अफगानों से समझौता[33] करके राजा नवलसिंह के वकील पर मामलत भुगतान का दबाव डाला। नवलसिंह ने विसाजी के समक्ष राज्य के जब्त महालों को बादशाह को पुनः दिलवाने का प्रस्ताव रखा, वहां जाबित खां ने अपने दूत राजा चेतराम को अपने धर्म भाई तुकोजी के पास भेजकर वतन जागीर व बख्शी पद पुनः दिलवाने का अनुरोध किया। इसके एवज में उसने मराठों को आठ लाख रुपये देने तथा उनकी सेवा में रहने का वचन दिया। तुकोजी के भारी दबाव में आकर विसाजी ने इस प्रस्ताव पर अपनी सहमति प्रदान कर दी। 26 सितंबर को होल्कर ने चेतराम के माध्यम से जाबित खां को मराठा शिविर में आने के लिए पत्र भेजा, वहां उसने जाटों से मेल-मिलाप का मानस बनाकर उसी दिन किसनसिंह से नवलसिंह को शिविर में बुलवाने का अनुरोध किया, 'अन्यथा मध्य दोआब में उनके अति सुदृढ़ दुर्ग रामगढ़ (अलीगढ़) का घेरा डालने की धमकी दी।'[34]

मराठा सरदार वास्तव में रामगढ़ दुर्ग पर आक्रमण करके दीर्घकाल तक जाट शासक से नहीं उलझना चाहते थे। तुकोजी के आग्रह व परामर्श पर विसाजी ने नवलसिंह के नाम अपने पत्र में बादशाह से उनके सभी परगने लौटवाने की मांग स्वीकार कराने का आश्वासन दिया और उससे मराठा शिविर में आकर उपस्थित होने का आग्रह किया। उसने मांगों पर विचार करने को सत्वर ही दीवान जोधराज को भेजने का भी निर्देश दिया। मराठा शिविर में जाट वकील के साथ खण्डनी के बारे में दिन-रात बातचीतों का क्रम चलने लगा।[35]

मराठा डेरों में जाटों के साथ बातचीत प्रगति पर थी तब महादजी सिंधिया का इशरा पाकर मिर्जा नजफ के शाही सैनिकों ने जाट राज्य की उत्तरी चौकियों व थानों पर आक्रमण कर दिया। परन्तु 'इब्रतनामा' के लेखक के अनुसार "जाबित खां-मराठा समझौता से नवलसिंह को भय हो गया था कि मराठा उसके राज्य की बरबादी कर सकते हैं। अतः नवलसिंह को मराठा सेनाओं के भारी दवाब से सत्वर ही उनके साथ ही निर्णायक वार्ता को बाध्य होना पड़ा।"[36] 6 अक्टूबर को दशहरा का राष्ट्रीय पर्व था। 9 अक्टूबर को जाट शासक का दीवान जोधराज, रिसालदार

लोहरे सिंह जाट मथुरा से चलकर विसाजी के डेरों से 8 किमी. दूर तक पहुंचे। मार्ग में मराठों ने उसकी अगवानी की और वे उनको विसाजी के डेरों पर लेकर पहुंचे। 12 अक्टूबर को मराठा सरदार ने उन दोनों का आलिंगन करके आत्मीयता व प्रगाढ़ मित्रता का परिचय दिया। विसाजी के डेरों में बातचीत चलीं। 19 अक्टूबर को जाबित खां ने तुकोजी से भेंट की। 22 अक्टूबर को हाफिज रहमत खां का वकील भोलानाथ भी 5 लाख रुपये नकद व 3 लाख की हुण्डी लेकर मराठा शिविर में आ गया। तब जाटों के साथ खण्ड़नी भुगतान तथा बादशाह से सनद दिलवाने के प्रश्न पर पंद्रह दिन तक बातचीत चली। अन्त में नवलसिंह ने मराठों की सेवा करना स्वीकार कर लिया।[37] इस प्रकार तुकोजी की प्रवंचना से मराठा, रुहेला व जाटों का एक परिसंघ बन गया, परन्तु महादजी के विरोधी रूख से मराठा जाटों के विरोध में विफल रहे और महादजी इनसे रुष्ट होकर बादशाह की सेवा में दिल्ली चला गया।

9. उत्तरी महालों पर अधिकार : मेडक का विश्वासघात, अक्टू.-नवंबर, 1772 ई.

वर्षाकाल में राजा नवलसिंह विदेशी सैनिकों की सुरक्षा में भरतपुर दुर्ग में था और कप्तान मेडक भरतपुर शिविर में रुककर अपने सैनिकों को नियमित युद्ध अभ्यास, तोपखाने के लिए गोला बारूद और नई सैनिक वर्दी तैयार कराने में व्यस्त था। किन्तु चन्द्रनगर का फ्रांसिसी गवर्नर उस पर 'व्यक्तिगत स्वार्थ को त्याग कर राष्ट्रहित' में शाही चाकरी का दबाव डाल रहा था। मेडक ने भी अपने पत्रों में गवर्नर को 'अपने देश की सेवा में सर्वस्व अर्पण करने' का विश्वास दिलाया। फिर उसको चन्द्रनगर से 24 जुलाई, 1772 ई. का लिखा तीसरा पत्र मिला, जिसमें चेवेलियर ने उससे 'बादशाह से मिलने और फ्रांसिसी कंपनी सरकार की ओर प्रेरित करने' का सुझाव दिया। उसको यह भी सूचित कर दिया कि उसका दूत ड्यूजर्डे समझौते की शर्तों के साथ बादशाह से मिलने दिल्ली आ रहा है। उसने अपने दूत को यह निर्देश देकर रवाना किया कि वह कप्तान मेडक के परामर्श व अनुभव से लाभ उठाकर कार्य करे और मेडक को 'राष्ट्र-हित' में शाही सेवा में भरती कराने का प्रयत्न करे।[38]

मुसलिम वेशभूषाधारी ड्यूजर्डे ने खुफिया तौर से मेडक से मुलाकात की और उसको गवर्नर का 16 अगस्त को लिखा चौथा पत्र सौंपा। इस पत्र में ड्यूजर्डे के शाही दरबार में पहुंचकर बादशाह के समक्ष 5000 फ्रांसिसी सैनिकों की सेवाएं प्रदान कराने, उसके देशी सैनिकों को यूरोपियन युद्ध कला में प्रवीण करने, फ्रेंच सैनिकों की उपयोगिता व श्रेष्ठता से अवगत कराने और कप्तान मेडक को शाही चाकरी का अवसर देने संबंधी विस्तृत किन्तु अति गोपनीय जानकारियां दी गई

थीं।[39] इस प्रकार आपसी वार्तालाप व मेडक की सहमति लेकर फ्रांसिसी दूत ड्यूजर्डे दिल्ली में शाही दरबार व मेडक के बीच एक सम्पर्क सूत्र बन गया था।

बादशाह को विश्वास हो गया कि मराठा जाट शक्ति के दमन में उसके उपयोगी साधन नहीं हो सकते। अस्तु, मिर्जा नजफ खां ने रुहेलखण्ड से बादशाह के साथ दिल्ली आकर शाही आदेश पर अपने अनुयायी जमादार व रिसालदारों के सहयोग से दिल्ली में सात सहस्त्र सेना और ईरानी-तूरानी सवारों का एक शाही रिसाला तैयार कर लिया। तभी उसने अपने विश्वासपात्र मिर्जा के लेफ्टीनेंट नजफ कुली खां सेनानायक को दिल्ली के उत्तर व उत्तर-पश्चिम में शाही खालसा महालों पर कब्जा करने को रवाना भी कर दिया।[40]

जबकि दोआब प्रांत में रामगढ़ दुर्ग पर आक्रमण करने की धमकी तथा दिल्ली में मिर्जा नजफ खां की सैनिक व राजनीतिक गतिविधियों से नवलसिंह को खुफिया सूचनाओं के आधार पर स्पष्ट आशंका थी कि मिर्जा नजफ खां राज्य के उत्तरी सीमावर्ती चार-पांच महालों, जहां मराठों ने 'रुहेलखण्ड प्रस्थान से पूर्व अपने अमलदार भेजकर शाही थाने स्थापित कर लिये थे, पर भी अपना अधिकार कर सकता है।' अत: अक्टूबर मास में नवलसिंह ने अचानक ही अपनी सेनाओं को एकत्रित करने का आदेश दिया। चूंकि देशी बन्दूकची सवार व पैदल सैनिक इस ऋतु में पूर्व परम्परानुसार अपने-अपने घरों को चले गए और उनके एकत्रित होने में विलम्ब स्वाभाविक था। दिल्ली की ओर किसी भी बहाने से प्रस्थान करने के लिए व्यग्र कप्तान मेडक तत्काल प्रस्थान की स्थिति में था। अत: नवलसिंह ने मिर्जा के लेफ्टनेंट नजफ कुली खां ने उसकी सहमति से सर्वप्रथम उसको अग्र दल के रूप में रवाना होने का निर्देश दिया। इस प्रकार सुदक्ष अस्त्रों से पूर्णत: सुसज्जित, नवीन व आकर्षक वर्दीधारी 200 यूरोपियन, 2800 देशी सवार व पैदल तथा 8 मैदानी तोप और 2000 राज रिसालों सहित मेडक ने अविलम्ब उधर प्रस्थान कर दिया।[41]

नि:सन्देह कप्तान मेडक अतिनाजुक व असमंजस की स्थिति में था। वह शाही सैनिकों एवं चौकियों पर आक्रमण करके फ्रेंच कम्पनी सरकार की गुप्त योजना को आघात नहीं पहुंचाना चाहता था। सौभाग्य से दो सहस्त्र राज-सवारों ने आगे बढ़कर उत्तरी सीमांत महालों में प्रवेश किया, तब शाही सिपाही बिना किसी विरोध या मुठभेड़ के गढ़ियों, जाट थानों व चौकियों को छोड़कर चले गए और जाट सैनिकों ने शांति से उन पर अपना कब्जा कर लिया।[42]

नवलसिंह का अस्तित्व मेडक की सैनिक सक्रियता पर निर्भर था। महादजी जाट राज की सेना से येन-केन-प्रकारेण इसको तोड़ना चाहता था। दरबार में बादशाह ने भी जाटों की सैनिक शक्ति को तोड़ने के स्वार्थ से साखहीन भाड़े के विदेशी सेनानायकों को प्रलोभन देकर शाही चाकरी में शामिल करने की नीति

को स्वीकार कर लिया था। संभवतया महादजी के परामर्श पर फ्रांसिसी दूत की प्रेरणा से सीमांत पर गुप्त रूप से मेडक के साथ बातचीत शुरू की गई। बादशाह ने उसको प्रतिमाह, 40,000 रुपये भुगतान और इच्छानुसार सैनिकों में यथेष्ठ बढ़ोतरी का वचन दिया। मेडक अब भी काफी दुविधा में था। शाही शर्तों को तत्काल स्वीकार करने पर उसको जाटों पर बकाया दो लाख रुपये से हाथ धोना पड़ता और अस्वीकार करने पर 'राष्ट्र-हित' को धक्का लगता। इसी वार्ता के दौरान उसको 4 अक्टूबर को भेजा गवर्नर का पांचवा पत्र मिला, जिसमें 'पेरिस सरकार के यश व कीर्ति की वृद्धि के लिए बादशाह का साथ देने' पर जोर दिया गया था। मेडक ने तत्काल शाही सेवा करने का मानस बना लिया। अतः 'राष्ट्रहित में उपयोगी साधक के स्वप्निल आत्मविश्वास से विभोर होकर' उसने शाही प्रस्ताव स्वीकार कर लिया। 28 अक्टूबर को उसको शाही दरबार से एक विशिष्ट शाही अधिकार पत्र सौंपा गया।[43]

अतः वह नवलसिंह की बिना पूर्वानुमति के तत्काल अपने परिवार, संचित सम्पदा, सभी सैनिकों व सैनिक साधनों को एकत्रित करके ले जाने को दिल्ली से डीग होकर भरतपुर लौटा। सन्देहास्पद स्थिति में नवलसिंह की कड़ी निगरानी के निर्देशनों के बाद भी वह जाट सैनिकों व जमींदारों से लड़ता-भिड़ता भरतपुर से डीग होकर कामां (4 नवंबर) पहुंच गया और वहां से प्रस्थान करके 15 दिसंबर को उसने दिल्ली में प्रवेश किया।[44] इस भांति एक विश्वासघाती व कृतघ्न विदेशी भगोड़े ने सबल शत्रु की सेवा में पहुंचकर जाटों को उसकी जीवनरक्षा व समुचित यथेष्ठ सम्मान का मूल्य चुकाया।

17 नवंबर को एक शासक सदृश तड़क-भड़क के साथ वह प्रातःकाल शाही दरबार में जाकर उपस्थित हुआ। मिर्जा नजफ खां ने दरबार में उसका बादशाह से परिचय कराया। बादशाह ने उसको सात वस्त्रों की सुनहरी खिलअत, एक कमरपट्ट, एक पगड़ी, जड़ाऊ सरपेच, तलवार व अन्य अलंकरण प्रदान किए।[45] इस शाही सम्मान से उसका दिमाग फिर गया और उसको अपना अंतिम समय संघर्ष तथा आर्थिक संकट में व्यतीत करना पड़ा।

10. संयुक्त सेनाओं का राजधानी पर आक्रमण, नवम्बर-दिसम्बर, 1772 ई.

तुकोजी होल्कर के सतत प्रयासों से रुहेला व जाटों के साथ समझौता होते ही दादो मल्हार (विसाजी का दीवान व प्रतिनिधि) तथा नारो गणेश (तुकोजी का दीवान) आदि ने 4 नवंबर को दिल्ली पहुंचकर नायब वजीर हिसामुद्दौला के माध्यम से शाही दरबार में (i) पदच्युत मीरबख़्शी जाबित खां की मीरबख़्शी पद पर पुनर्नियुक्ति और सहारनपुर की जागीर प्रदान करने, (ii) जाटों को पूर्व काल से

उनके द्वारा अधिकृत उन सभी इलाकों की सनद प्रदान करने, और (iii) मराठों के साथ सम्पन्न समझौता की प्रस्तावित धनराशि का भुगतान और उनको जिला कोरा व कड़ा जागीर देने की सनद सौंपने का प्रस्ताव रखा।[46]

बादशाह को महादजी सिंधिया की कर्त्तव्य परायणता व निष्ठा पर अधिक भरोसा था और वह विसाजी से रुष्ट होकर दिल्ली आ गया था। बादशाह ने भी 7 नवम्बर को उसको सात हजारी जात व सवार का मनसब, नौबत, माही-ओ-मरातिब (मछली का निशान) और महाराजा पाटिल साहब का विरुद प्रदान करके सम्मानित किया और अनूपशहर तथा जिला करनाल जागीर में प्रदान कर दिए थे।[47] फलतः बादशाह ने महादजी[48] तथा नजफ खां[49] के परामर्श पर मराठा प्रतिनिधियों को दृढ़ता पूर्वक प्रस्ताव स्वीकार न करके दो टूक जवाब देकर रवाना कर दिया।[50] मिर्जा नजफ खां की सैनिक शक्ति तथा उसके प्रति बादशाह के अनुग्रह से ईर्ष्यालु हिसामुद्दौला ने रुष्ट मराठा सरदारों को दिल्ली की ओर बढ़ने तथा आक्रमण करने का सुझाव दिया।[51]

दोआब में मराठा रुहेलों ने ससैन्य दिल्ली की ओर प्रस्थान किया और 21 नवंबर को शाहजहांनाबाद से 13 किमी. दूर यमुना नदी पार खिज्राबाद गांव के समीप पड़ाव डाला।[52] तभी नवलसिंह ने भी उनकी सहायता व राजसीमाओं की सुरक्षा के लिए जनरल समरू के नेतृत्व में तोपखाना सहित उसकी एक बटालियन व राज रिसाला रवाना कर दिए।[53] इस प्रकार त्रिवर्ग के लगभग एक लाख सैनिक दिल्ली पहुंच गए। इनके पीछे जाट राज्य के परगने थे, जहां से उनको रसद व खाद्यान्न बराबर मिलता रहा।

बादशाह ने मराठों की लूट व बरबादी को रोकने के लिए फजल अली खां को अंग्रेज सिपाहियों की दो बटालियों सहित यमुना नदी के पूर्वी तट की रक्षार्थ शाहदरा की ओर रवाना कर दिया था। मिर्जा नजफ खां के पुराने सभी रिसालदार दिल्ली से दूर जागीरों में थे। दिल्ली में उसके पास शाही सेना का अनुभवी रिसालदार सैय्यद खां, गलीज बेग खां तथा अन्य जमींदारों के केवल 2000 नए सवार थे। फिर भी उसने दिल्ली में 38,000 सवार तथा 8000 पैदल एकत्रित कर लिए थे। कप्तान मेडक अपनी तीन[54] बटालियनों (3000 सैनिक) सहित नजफ खां के साथ तैयार था। बादशाह के आदेश पर मिर्जा नजफ खां ने 7 दिसंबर को ससैन्य बारापूला की ओर प्रस्थान किया और सैय्यद मुहम्मद खां बलूच को आगे बढ़कर मराठों से भिड़ंत करने को भेजकर 10 दिसंबर को पुराने किले के नीचे यमुना रेती में खाइयां खोदकर पड़ाव डाला।[55]

मराठों को यह आशा नहीं थी कि कोई उन पर आक्रमण करने का भी साहस करेगा। सैय्यद मुहम्मद खां बलूच ने आगे बढ़कर मराठों पर मस्कटों से गोले बरसाए। विसाजी ने तत्काल उसका सामना करने को कई हजार सवारों को

एक सरदार के साथ भेजा। 10 दिसम्बर की इस प्रथम भिड़ंत में दोनों ओर के कुछ सैनिक काम आए। फिर 12 तथा 16 दिसंबर की झड़पों के बाद 17 दिसम्बर को अंतिम निर्णायक युद्ध लड़ा गया।[56]

17 दिसम्बर को प्रात:काल दिल्ली शहर से 16 किमी. दक्षिण में दुर्ग-तोपों की मार से दूर पुराने किले के दूसरी ओर बदरपुर नामक स्थान पर मिर्जा नजफ खां तथा मराठा मित्रों की सेना के बीच नौ घंटे घमासान युद्ध चला। मिर्जा नजफ ने घायल होकर दिल्ली के महालों से 7 किमी. दूर हुमायूं मकबरा के समीप मेडक के चतुष्कोण में जाकर शरण ली। विसाजी ने मेडक पर आक्रमण किया। वह मध्याह्न से गोधूलि के बाद तीन घंटे तक रिसालों के उफान का सामना करता रहा। फिर उसने मराठों को धकेल कर मिर्जा सहित शहर में प्रवेश किया। षड्यंत्रकारी हिसामुद्दौला नगर प्राचीर पर लगी 30 तोपों, दो रेजीमेंटों व शाही बादशाह रिसालों के साथ धीमी गति से चलकर गाजीउद्दीन की हवेली के समीप रुक गया था। वह मराठा सवारों पर खाली बंदूकें चटकाकर नजफ खां के विनाश को देखता रहा। मराठा सवार भगोड़ा सैनिकों का पीछा करते दिल्ली के दरवाजों तक पहुंच गए और उन्होंने मेडक की छावनी, गाजीउद्दीन खां की हवेली को लूटकर हातिमा बाजार तक लूट व बरबादी की। पिंडारियों ने पटपड़गंज व जयसिंहपुरा में आग लगा दी। इस दिन के युद्ध में दोनों ओर के 3000 सैनिक काम आए। सुयोग्य शाही रिसालदार सैय्यद मुहम्मद खां बलूच खेत रहा। मराठों के 17 रणकुशल सरदार (जमादार) काम आए तथा 12 घायल हो गए। जाबित खां गोली लगने से घायल हो गया और कप्तान मेडक की जांघ में गोली लगी। मराठों ने मिर्जा नजफ व मेडक की छावनी के टेंटों व सभी सामान, 11 तोप, 5 हाथी, सैकड़ों ऊंट व घोड़ों पर अधिकार कर लिया।[57]

दूसरे दिन (18 दिसम्बर) प्रात:काल मराठों, की सेना सहित जाबित खां के रुहेला सवारों, जाट व समरू के तोपचियों ने मिलकर शहर का घेरा डालकर लूटमार की। इससे नगरवासी भागने लगे। तब नजफ खां गाजीउद्दीन खां की हवेली के पास नदी की रेती में आकर जम गया। नीली बुर्ज के समीप झड़पें हुईं। मराठा, रुहेला तथा समरू की पलटनों ने तोप पंक्ति के साथ शहर को घेर लिया। शाम को हिसाम के परामर्श पर बादशाह ने मराठों के साथ बातचीत करने की सहमति प्रदान कर दी। 8 दिन की वार्ता व आपसी मुलाकातों के बाद बादशाह ने 27 दिसम्बर को चारों मांगे स्वीकार कर लीं। इस प्रकार जाबित खां को मीरबख्शी की खिलअत और मराठों को जाटों के उनके परगने लौटाने की सनद सौंप दी गई। 2 जनवरी को मिर्जा नजफ-कप्तान मेडक व ईरानी-तूरानी मुगलिया रिसालों को शाही चाकरी से मुक्त करके राजधानी से बाहर जाने का निर्देश दिया। हिसामुद्दौला ने मराठों को 25 लाख रुपया के एवज में नौ लाख रुपया देकर संतुष्ट

किया। 2 फरवरी को मराठों ने नजफ खां के साथ हाफिज रहमत खां आदि रुहेला तथा शुजा के विरुद्ध रुहेलखंड की ओर प्रस्थान कर दिया।[58] जनरल समरू व जाट रिसाले वापिस लौट आए। जाटों को मुगल सीमाओं में लूट के अतिरिक्त इस सहयोग से अन्य कोई लाभ नहीं हो सका। अब उसको शाही सनद के अनुसार अपने परगनों को मुक्त कराने के लिए तीनों मराठा सरदारों से पृथक्-पृथक् सौदेबाजी करनी थी।

महादजी के साथ समझौता

फरवरी में महादजी ने कप्तान मेडक को अपनी सेवा में रख लिया था, कप्तान मेडक के पलायन से राजा नवलसिंह को असहनीय आघात लगा और महादजी ने इस आघात से लाभ उठाया।[59] दिल्ली आक्रमण के समय महादजी अपनी 10 हजार सेना के साथ कछवाहा राज्य की सीमाओं पर पहुंचकर राजा नवलसिंह तथा कछवाहा शासक पर खण्डनी भुगतान का दबाव डालने लगा।[60] नवलसिंह ने रणजीतसिंह का पक्ष त्यागने की शर्त पर उसको शुरू मे तीन लाख रुपया देने का वचन दिया।[61] किन्तु इससे राज्य के निकट सम्बन्धी असन्तुष्ट होने लगे। फिर भी नवलसिंह ने महादजी को 2.25 लाख रुपया देना स्वीकार कर लिया और महन्त बालानंद तथा कोठारी अयोध्या प्रसाद ने 21 जुलाई, 1773 ई. को 1.25 : 1.25 लाख रुपया भुगतान की सनद सौंपी। कोठारी अयोध्या प्रसाद ने 50 हजार रुपया भुगतान करके महादजी से राज्य सीमाओं से बाहर जाने का आग्रह किया। महादजी ने आयोध्या प्रसाद को कैद कर लिया।[62]

जून के अंत में नवलसिंह से रुष्ट होकर चेतराम (मामा) कुम्हेर आया और अपने भानजे रणजीतसिंह को लेकर महादजी सिंधिया के शिविर में पहुंचा।[63] 'तवारीख भरतपुर' के लेखक का मत है कि "जब महादजी राजपूताना की ओर जा रहा था, तब रणजीत सिंह ने जीवाराम बंचारी के साथ रूपवास में भेंट की। रणजीत सिंह ने महादजी से निवेदन किया कि 'पाटिल साहब! हमने आपको राज (नायब पद) दिलवाने में सहायता करने के लिए आमंत्रित किया था। आप हमारा साथ छोड़कर वापस जा रहे हैं।' तब सिंधिया ने कहा "हम आपको राज देते हैं, आप क्यों नहीं लेते?" रणजीतसिंह ने निःसंकोच कहा, 'पाटिल साहब! यह राज्य तो हमारा ही है। इसके अलावा यदि आप अन्य कोई परगना (प्रान्त) मुझे प्रदान करें, तो मुझे कोई आपत्ति नही होगी।' यह सुनकर दीवान जीवाराम ने कहा, 'ये दोनों भाई अन्दर से एकदिल हैं और लोक-दिखावा को अलग-अलग।' यह देखकर जीवाराम तथा मोहकमसिंह, जिसकी जीवाराम से पहले मृत्यु हुई, अपने कबीले व सम्पत्ति के साथ राज्य को छोड़कर महादजी के साथ पुष्कर चला गया और राव रणजीतसिंह अपने भाई नवलसिंह के पास गोवर्द्धन पहुंचा। जुलाई के तीसरे सप्ताह

तक उसने अपने मतभेद दूर करने का प्रयास किया।"[64] परन्तु पारिवारिक घात-प्रतिघात चलता रहा।

संदर्भ

1. फोर्ट वि., खंड 6 लेख 10, पृ. 224, अगस्त 31, 1770 ई. तथा लेख 19, पृ. 151, मार्च 25, 1772 ई.;
2. बार्बे, पृ. 76-7;
3. राने मादे, पृ. 76;
4. उपरोक्त, पृ. 77;
5. दे. क्रॉनि.; पृ. 149; सी.पी.सी., खंड 3, पत्र 665, 695, 717;
6. उपरोक्त
7. उपरोक्त
8. पू.पा., खंड 1, लेख अ 16, पृ. 30, 31, 30 मार्च, अ 17, पृ. 32, 2 जुलाई;
9. सी.पी.सी., खं.3, लेख 505, सितम्बर 16, 1770 ई. तथा फोर्ट वि. खंड 6, लेख 18, पैरा 2, पृ. 266, जनवरी 18, 1771 ई.;
10. पू. पा. खंड 1, लेख अ 22, पृ.50, दिसम्बर 5, 1771 ई.

= साम्राज्य का सुयोग्य अनुभवी मुतसद्दी राजा नागरमल इस समय कामां में एकान्तवास कर रहा था। दिल्ली पर अधिकार करके रामचन्द्र ने उसको साम्राज्य के राजस्व प्रबन्ध की जानकारी के लिए दिल्ली बुलवाया। मराठा सरदारों में रस्साकसी के कारण उसने वहां जाना उचित नहीं समझा। तीन लाख रुपया वार्षिक जमा का परगना रेवाड़ी उसकी निजी जागीर में था। सिंधिया के माध्यम से उसने 1.35 लाख देकर पिंड अवश्य छुड़ाया, किन्तु विसाजी ने रेवाड़ी को प्राप्त कर लिया। तब 17 नवम्बर को राजा नागरमल कामां से दिल्ली पहुंचा और हुमायूं मकबरा के समीप रुक कर विसाजी (18 नवम्बर) तथा तुकोजी (19 नवम्बर) से भेंट कर उनको बहुमूल्य उपहार प्रस्तुत किए (पू.पा., खंड 1, पत्र अ-20 स, पृ. 45, पत्र अ-21 स, पृ.49, तथा अ-22, पृ.50-51, दिसंबर 5, 1771 ई.) फिर उसने 21 नवंबर को शाहजादा जवाँबख्त से हुमायूं मकबरा पर मुलाकात की (दे.क्रॉनि)। विसाजी ने उसको संतुष्ट करने को उसकी रेवाड़ी जागीर का अमल बहाल करने का आदेश दिया। (पू.पा., खंड 1, पत्र. अ-21 स, पृ. 49, 27 नवंबर)। उसने तथा जाट वकील दीवान किसनसिंह ने बादशाह के साथ रुहेलखंड की ओर प्रस्थान किया। 24 फरवरी को बादशाह ने नागरमल को नास्तीन (आधी बाँह का खुला गले का कोट) प्रदान करके दीवान-ए-खालसा पद पर नियोजित किया(दे-क्रॉनि, पृ. 154)

11. पे.द., जि. 20, लेख 268 (16 मई);
12. सी.पी.सी. खंड 3, पख 810 (जून 30, 1771 ई.);
13. पू.पा., खंड 1, लेख, अ-22, पृ.50, 5 दिसम्बर;

14. पे.द., जि.29, पृ.320 (भेट व बागा);
15. पू.पा., खंड 1, लेख, अ-20 स, पृ.45, 7 नवंबर, अ 20 ब, पृ.47 तथा दे. क्रॉनि, पृ.154 (बादशाह से 18 नवंबर को मुलाकात); हिंगणे, खंड 2, लेख 79, 19 अक्टूबर;
16. दे. क्रॉनि; पू.पा., जि.1, पत्र अ 23, पृ.53 (1 जनवरी को सूरजपुर में विसाजी की भेंट), पत्र अ-24, पृ.54 (महादजी की सम्राट से मुलाकात और 29 नवंबर को प्रस्थान
   = पू.पा., (खंड 1, अ-26, पृ.55) में बादशाह की दुर्ग में प्रवेश करने और गद्दी पर आरूढ़ होने की तारीख 7 जनवरी भ्रामक है दे.क्रॉनि.। तथा महादजी के सवाई पृथ्वीसिंह के नाम लिखे पौष सुदि 11, सं.1825 (ज.अ., केलकर, पत्र सं. 149) से स्पष्ट है कि बादशाह को 6 जनवरी को ही गद्दी पर आसीन कराया गया था।
17. पू.पा., खंड 1, पत्र अ-20 ब, पृ.44, 7 नवम्बर, अ 21 अ, पृ. 46, 27 नवम्बर, अ 22, पृ. 50-51, 5 दिसम्बर, अ 23, पृ.53, 27 जनवरी;
18. पू.पा., खंड 1, पत्र-अ 26 अ, पृ. 55, 8 फरवरी; हिंगणे, खंड 2, लेख 80, 15 दिसम्बर;
19. पू.पा., खंड 1, पत्र-27, पृ.57;
20. राने मादे, पृ.77; सम्भवत: मेवात क्षेत्र में उसने दीवान जीवाराम बंचारी के सहयोगियों से और दोआब में नौंहवार तथा ठेनुआ वंश से अंशदान वसूल किया था?
21. राने मादे, पृ.77; मौलवी खैरूद्दीन का यह कथन असत्य है कि सीताराम नवलसिंह का श्वसुर था और उसने जवाहरसिंह तथा नवलसिंह की अधीनता स्वीकार नहीं की थी। (इ. ब्र 1, पृ.341)। परन्तु रघुनाथ राव दादा के नाम दिल्ली से लिखे वाका नवीस के पत्र से स्पष्ट हैं कि सीताराम नवलसिंह का साला था (पू.पा., खंड 1, पत्र. अ-44 स, पृ.76);
22. उपरोक्त, पृ. 78;
23. राजा तुलसीराम की मृत्यु के बाद नवलसिंह ने उसके पुत्र मोहनराम व बख्शी रतनलाल को बन्दीखाने में डालकर रुपया जमा कराने का दबाव डाला था। (पू. पा., खंड 1, अ-36 ब, पृ. 68, अगस्त, 1773 ई.) इसी प्रकार चहार (इ.डा., खंड 8, पृ. 168) तथा देहली गजेटियर (पृ.213) से स्पष्ट है कि नवलसिंह ने बल्लू जाट (बलराम) के पौत्रों से बल्लभगढ़ दुर्ग को अपने अधिकार में ले लिया था।
24. बलदेव सिंह, पृ.25;
25. नियुक्ति के लिए दे. क्रॉनि. तथा मुना. पृ. 150; युद्ध के लिए खैर, खंड 1, पृ. 204-211; शुकरताल व पथरगढ़ अभियान);
26. खैर, खंड 1, पृ. 211; पू.पा., अ-30, पृ.60;
27. पू.पा., खण्ड 1, अ-30, प1. 60-61, जुलाई, 1772 ई.;
28. खैर, खंड 1, पृ.212; मुनालाल (पृ. 129) के अनुसार विसाजी ने बादशाह से इलाहाबाद की ओर चलकर शुजा से पेशकश लेने का अनुरोध किया, जबकि

महादजी ने उसको दिल्ली जाने का सुझाव दिया था।

29. खैर, खंड 1, पृ. 211 तथा फोर्ट वि. खंड 6, पत्र 50, पैरा 21, पृ. 434;
30. पू.पा., खंड 1, प.अ.-31, पृ. 61 (24 सितम्बर-21 अक्टूबर);
31. पे.द., जि. 29, पृ. 325;
32. उपरोक्त लेख 285, पृ.328 (पर राष्ट्र व्यय);
33. सी.पी.सी., जि.4, पत्र 60; पे.द., जि.29, पत्र 270;
34. खैर, खंड 1, 214 (जाबित-तुकोजी); पू.पा., खंड 1, पत्र अ-31, पृ. 62; फो.वि., जि.6, पत्र 50, पृ.434, 10 नवंबर;
35. उपरोक्त
36. खैर, खंड 1, पृ. 215;
37. पू.पा., खंड 1, पत्र. अ-31 पृ.62-63; पे.द., जि.29, लेख 288, 12 अक्टूबर,(पर राष्ट्र व्यय); पोलियर, पृ.26;
   = खैरुद्दीन (214) "जाबित खां के साथ समझौता होने पर नवलसिंह ने खण्ड़नी भुगतान का वचन देकर अपने राज्य को बचा लिया।"
38. बार्बे, पृ.61, 73-75, 78-80; राने मादे, पृ.77-8;
39. राने मादे, पृ. 77;
40. खैर, खंड 1, पृ. 212; कीन, पृ.98; फ्रेंकलिन, पृ.44; पोलियर, पृ.26;
41. राने मादे, पृ. 78;
42. राने मादे, पृ. 78;
43. उपरोक्त; बार्बे, पृ.82-83 (4 अक्टूबर का पत्र)
   = इस घटना के बारे में डॉ. कानूनगो का यह आकलन स्पष्टतः तर्कहीन व अपुष्ट है, "कि नायब नवलसिंह मराठों के साथ स्पष्ट सम्मानजनक शर्तों पर समझौता न होने से निराश हो गया था। तभी अविश्वासी मंत्री हिसामुद्दौला की कुटिलता से बादशाह व मराठों में मनमुटाव हो गया था। जाट शासक ने इसका लाभ उठाकर बादशाह से रक्षात्मक समझौता करने का विचार किया। सीमा विवाद को शांति से निपटाने और राज्य सीमाओं में मराठा आक्रमण से बादशाह की सहायता प्राप्त करने के समझौता प्रस्ताव के साथ अक्टूबर, 1772 ई. के प्रारम्भ में नवलसिंह ने मेडक को अपना दूत बनाकर शाही दरबार में भेजा, लेकिन मेडक दरबार की हवा में फंस गया।"(पृ. 245-6)
   = इस स्थान पर बार्बे (पृ.83-84) का यह कथन अनुपयुक्त है कि बादशाह ने इसी समय मेडक को छः हजारी जात व सवार का मनसब तथा 'नवाब समसुद्दौला बहादुर कासिम जंग' की उपाधि का फरमान प्रदान करके 'उमरा' बनाया।
44. राने मादे, पृ. 79-80 तथा बार्बे, पृ.84-71, (मेडक का भरतपुर आना और दिल्ली जाने का सम्पूर्ण वृतान्त); देखिए कानूनगो, पृ. 246-248;
45. बार्बे, पृ.88-90; दे. क्रॉनि, पृ.159; मुनालाल, पृ. 134;
46. मुनालाल, पृ.137, सी.पी.सी., जि.4, लेख 122; पू.पा., जि.1, पत्र अ-32 पृ. 64;

47. पू. पा., खंड 1, पत्र अ-32, पृ.64;
48. फोर्ट वि., जि.6, पत्र 55, पृ.454, दिसम्बर 9, 1772 ई.;
49. मुनालाल, पृ. 138;
50. पू.पा., जि.1, पत्र अ-32, पृ.64; राने मादे;
51. खैर, खंड 1, पृ.215, 219;
52. खैर, खंड 1, पृ. 216; सी.पी.सी., जिल्द 4, लेख 122, 138;
53. कीन, पृ. 103; हंटर, पृ. 65;
= कम्पनी सरकार के नाम भेजे पत्र में बादशाह ने नवलसिंह पर आरोप लगाया था 'कि उसने समरू तथा मराठों को राजधानी को घेरा डालने को भेजा था।' सी.पी.सी., खंड 4, पत्र 612, पृ.112;
54. शुजा अपने पत्र में बटालियन लिखता है। सी.पी.सी., खंड 4, पत्र 122;
55. खैर, जि. 1, पृ. 216; कीन, पृ. 216; राने मादे; मुनालाल, पृ. 138; पोलियर, पृ. 29;
56. खैर, जि.1, पृ.216; पोलियर, पृ.29;
57. खैर, जि. 1, पृ. 217-8; मुनालाल, पृ. 138-40; गुलाम अली, जि. 3, पृ. 7-12; सी.पी.सी., जि. 4, पत्र 122, 138, दे.क्रॉनि, पृ. 162; पोलियर, पृ.28-30; फ्रेंकलिन; पृ. 45; कीन, पृ. 104; राने मादे;
58. दे.क्रॉनि; राने मादे; खैर., जि.1, पृ.219-222; मुनालाल, पृ.141-4; सी.पी.सी., जि. 4, लेख 122, 138; पोलियर, पृ.31-2; कीन, पृ.104;
59. फोर्ट वि., खंड 6, पत्र 55, पृ. 454 (9 दिसम्बर);
60. पोलियर, पृ.30; मुनालाल, पृ.137; हंटर, पृ.65;
61. पू.पा., खंड 1, अ 34 ब, पृ. 65, जुलाई 6, 1773 ई.;
62. उपरोक्त, अ-36 अ, पृ.67, अगस्त 15, 1773 ई.;
63. उपरोक्त, अ 34 ब;
64. बलदेव सिंह, पृ.87-8;

अध्याय 12

नजफ का प्रथम अभियान : आगरा का पतन (1773-74 ई.)

मराठों के प्रस्थान के बाद हिन्दुस्तान के राजनैतिक अखाड़े में मुगल सरकार, जाट तथा सरहिन्द के जाट सिख–तीन शक्तियां शेष थीं। सैनिकों के नियमित मासिक वेतन व साज-सामान की व्यवस्था के लिए शाही खजाना खाली[1] होने पर भी अमीर-उल-उमरा मिर्जा नजफ खां ने बादशाह के आदेश पर कुछ ही महीनों में पुराने शाही मुगल कप्तानों की कमान में 20,000 से अधिक सैनिक एकत्रित कर लिये।[2] नवलसिंह के अहं व हठ के कारण राजघराने के सदस्य, प्रभावशाली रिश्तेदार व जागीरदार असन्तुष्ट थे। उसने बादशाह को अशक्त समझा और उसको पेशकश की कुछ रकम न देकर सिख व जाबित खां के साथ मिलकर बादशाह व मीरबख्शी का सामना करने की अदूरदर्शिता दिखलाई। अस्तु, परिस्थिति के अनुकूल अमीर-उल-उमरा ने बादशाह के आदेश पर सिखों की अपेक्षा सर्वप्रथम काठेड़ राज्य को संघर्ष का अखाड़ा बनाया और सात माह के अल्पकाल में ही उसने बलूची-अफगान भूखंड, अहीरवाटी, मेवात व मध्य दोआब सहित फरवरी, 1774 ई. में आगरा दुर्ग पर अधिकार करके बादशाह के स्वप्न को साकार कर दिखलाया। मई, 1774 ई. में जनरल समरू भी राज-सेवा को त्याग कर बादशाह की सेवा में चल दिया।

1. गुर्जर विद्रोह का दमन, जुलाई, 1773 ई.

'काम्टे डी मोडव' ने अपने संस्समरणों में गहन अध्ययन के बाद इस दशाब्दी की ग्राम्य व्यवस्था का अति सजीव विवरण प्रस्तुत किया है। उसके अनुसार 'भारतीय ग्राम्य व्यवस्था लोकतन्त्र पर आधारित थी। जातीय पंचायतों में सभी समस्याओं व मामलों का निस्तारण हो जाता था। निर्णयों में पंचायतें किसी को भी अपना स्वामी या किसी का भी दबाव नहीं मानती थीं। ग्राम्य गढ़ियों की सुरक्षा के लिए

जमींदारों के पास उनकी ही रैयत या जमात के बन्दूकची सवार व पैदल रहते थे। किसी शक्ति या अधिकारी के आक्रमण करने पर ये सभी मिलकर अपनी रक्षा करते थे। भारी सैनिक दबाव में आकर ही भू-राजस्व की कुछ रकम देकर अपनी फसल, बस्तियों व मानव-जीवन की रक्षा करते थे।'[3]

राजधानी डीग के उत्तर-पश्चिम तथा कामां के पश्चिम में गुर्जरों के अनेक बहु-संख्यक गांव आज भी आबाद हैं। इन गांवों की जातीय पंचायत का प्रमुख मुखिया ग्राम पला का पटेल[4] था। ये गूर्जर राजमार्ग में लूटमार करने लगे थे। अनुमानतः विश्वासघाती कप्तान मेडक के इस क्षेत्र में होकर भागते समय गुर्जर पटेलों ने उसके मार्ग में रुकावट न डालकर राज्याज्ञा का उल्लंघन किया था। अतः आन्तरिक शांति व व्यवस्था भंग होने तथा प्रशासनिक अधिकारियों के आदेशों की उपेक्षा करने पर 5-6 जुलाई को राजा नवलसिंह ने स्वयं डीग से कामां की ओर प्रस्थान करके घाटा में पड़ाव डाला और यहां से दूसरे दिन उसने दक्षिण-पश्चिम में पहाड़ी के दामन में आबाद ग्राम पला (पामा?) को लूटकर बरबाद करने को रिसाला टुकड़ियां रवाना कीं।

पला तथा आसपास के गुर्जर पटेलों के नेतृत्व में कबीले के बन्दूकचियों ने मैदान में जमकर तीन घंटा तक राज रिसालों का अति साहसिक सामना किया। इस भयंकर मुठभेड़ में सबलाना (सादाबाद?) का फौजदार श्यामसिंह, गजराज खूंटैल तथा नव-गठित व ट्रेंड बटालियन का फ्रेंच कमाण्डर काम आया और पुरोहित पलटन के रिसालदार पुरोहित बालमुकुन्द, खूबराय व खुशहाली राम[5] घायल हो गए। प्रातःकाल राज-सैनिकों ने गांव पर अधिकार करके अनाज भंडार व शेष सामान राजसात कर लिया। नवलसिंह बाद में 7-8 दिन तक घाटा पहाड़ी के दामन में रुका और राज सैनिकों ने गूर्जरों का लगातार पीछा करके उनके पटेलों को समर्पण करने के लिए बाध्य कर दिया। मुख्त्यार-राज ने चौधरी मोहकमसिंह कौमरिया (कॉमर) को यहां का थानेदार नियुक्त किया और एक नवीन गढ़ी बनवाने का आदेश दिया। 18 जुलाई को नवलसिंह ने घाटा से कूंच करके गोवर्द्धन में डेरा डाला।[6] यहां लगभग एक माह रुककर सावण-भादों के धार्मिक उत्सवों, कथा-भागवत श्रवण में भाग लिया और राजनैतिक कूट-प्रयासों तथा नवीन अस्थाई सैनिकों की भरती में व्यस्त रहा।

2. सम्राट के प्रति समर्पण तथा पड़ोसी शक्तियों से सहयोग का प्रयास

यूं तो मराठों के दक्षिण की ओर प्रस्थान करने पर जून के अंतिम सप्ताह में नवलसिंह ने अनेक जानवर व चिड़ियों की नजर के साथ शाही दरबार में अर्जी भेजकर बादशाह के प्रति निष्ठा प्रगट करने की औपचारिक अभ्यर्थना की, किन्तु

अब्दुल अहद खां तथा पुनः बादशाह की मांग पर अपने दिल्ली दरबार में स्थित वकील मानस्वरूप के माध्यम से हिरन व भांति-भांति की मनमोहक पिद्दियां तथा चिड़ियां भेजकर समझौते का प्रयास किया।[7] यद्यपि नायब वजीर अब्दुल अहद खां, जिसे मजीद-उद-दौला की उपाधि दी गई थी, नवलसिंह के साथ सौदेबाजी करके झगड़े का निपटारा करने का इच्छुक था, परन्तु नजफ खां ने इस समझौते का दृढ़ता से विरोध किया।

मैदान गढ़ी दुःखान्तिका (17 अगस्त) के बाद 24 अगस्त को मानस्वरूप ने नवलसिंह को अपनी अर्जदाश्त में लिखा–

"बादशाह की इच्छा है कि यदि नवलसिंह वास्तव में शाह के प्रति भक्ति व निष्ठाभाव का इच्छुक है, तब उसको दरबार में आकर मिलना चाहिए। दखनियों को देय शेष मामलत की रकम का मुझको भुगतान करे और जबरन अधिकृत शाही महालों को सौंप दे। मेरी मराठा व अंग्रेज दोनों से मित्रता है। अंग्रेजी फौज के आने पर अनुनय-विनय का कोई असर नहीं होगा।"

इसके उत्तर में नवलसिंह ने अपने वकील को लिखा–

"वह बादशाह तथा उसके मंत्री (वजीर) से स्पष्ट निवेदन करे कि मीरानपुर व अन्य परगनों से मराठा थानों को हटाकर शाही अधिकार में लेने पर ही नवलसिंह शांत-चित्त होकर आपकी सेवा में उपस्थित हो सकेगा। मराठों ने हमारा सारा मुल्क उजाड़ दिया है और राज-खजाने में जो द्रव्य जमा था उसको भी वे ले गए हैं। अब रकम कहाँ? बादशाह के सैनिक अभियान का विचार छोड़कर कुछ महालों की सनद सौंपने की सहमति पर मुझे उसकी चाकरी में उपस्थित होने में हिचक नहीं होगी।"[8]

वास्तव में नवलसिंह ने पंजाब के सिख, पदेन वजीर शुजाउद्दौला तथा पदेन मीरबख्शी जाबित खां के सहयोग की आशा में अपने आपको झंझट में फंसा लिया। अगस्त में उसने दिल्ली के उत्तर-पश्चिम में फर्रुखनगर, उत्तर में बल्लभगढ़ तथा दोआब में रामगढ़ को आधार बनाकर बादशाह से उलझने की निष्फल योजना बनाई। सिखों के पास मार्ग व्यय के लिए साहूकारी हुण्डी भेजकर उसने उपरि दोआब व हरियाणा की ओर से दिल्ली पर आक्रमण करने का सुझाव दिया। जबकि उस ओर मिर्जा नजफ के लेफ्टीनेंट कुली खां व अफरासियाब खां सैनिक भरती व धन का प्रबन्ध करने में व्यस्त थे और अलासिंह जाट के राजा अमरसिंह तथा राजा गजपतसिंह पुत्रों ने नजफ कुली खां को पेशकश का लिखित वचन-पत्र सौंपकर समझौता कर लिया था।[9] अतः नवलसिंह को सिखों से मदद मिलने की धूमिल आशा थी।

हाफिज रहमत खां की आर्थिक व सैनिक शक्ति पंगु हो चुकी थी और जाबित खां में रुहेलों को संगठित करने की क्षमता नहीं थी। फिर भी उसने जाटों

के मूल्य पर दिल्ली दरबार में अपना वर्चस्व बनाने के विचार से नवलसिंह के पास अपने दूत राजा भूपालसिंह को भेजकर पत्र में लिखा–

"अब मौका है, जो कुछ करना है, शीघ्र करें। अन्यथा विलम्ब से कठिनाइयां बढ़ेंगी।" नवलसिंह ने उत्तर में दूत को बतलाया "मैंने अभी हाल में पुरानी सेनाओं के अतिरिक्त दससहस्र नवीन सैनिक भरती किए हैं। महंत कंवलराम रिसालों सहित दोआब में पहुंच चुका है और मैं स्वयं होडल पलवल की ओर कूंच करने को तैयार हूँ। जब आप दिल्ली के समीप होंगे तब मुझको भी अपने ही पास समझना।"[10]

नवलसिंह ने पड़ौसी कछवाहा शासक, नरूका[11] व शेखावत सरदारों तथा राणा छत्रसिंह (गोहद)[12] से भी सैनिक सहयोग मांगा। सीमावर्ती नरूका व शेखावतों ने अपने आपको 'कछवाहा सेवक' बतलाकर सहयोग देने से मना कर दिया, किन्तु उन्होंने नालबंदी (पेशगी) की शर्त पर बेरोजगार पेशेवर सिपाही भेजने का सुझाव अवश्य दिया। नवलसिंह ने कोठारी गोकुलचंद को कछवाहा दरबार में भेजा, किन्तु अवयस्क सरकार सामन्तों के दलदल में फंस रही थी। 10 अगस्त को राणा छत्रसिंह का भाई किशोरसिंह 130 सैनिकों के एक रिसाला के साथ गोवर्द्धन आ गया था और उसने सैनिक व्यय की पूर्ति हेतु परगना धौलपुर सौंपने की शर्त पर अतिरिक्त सैनिक बुलवाने का प्रस्ताव रखा।[13] अस्तु, नवलसिंह को स्वदेशी सैनिकों पर निर्भर रहकर देश की रक्षा करनी पड़ी।

राज्य में आन्तरिक हंगामे की आशंका से नवलसिंह ने 10 अगस्त को बख्शी रतनलाल तथा दिवंगत राजा तुलसीराम के पुत्र मोहनराम को बंदी बनाकर उनकी सभी सम्पत्ति राजसात करके खजाने की रकम जमा कराने का दबाव डाला। उसने विजयसिंह को मेवाती इलाके में भेजकर मेहरों पर बन्दूकची सवार भेजने का दबाव डाला और मथुरा प्रवास के समय वैरागी महंतों व महात्माओं के नाम 'ब्रज गौरव दांव' की मार्मिक अपील भेजकर उनसे इस महायज्ञ में शामिल होने की याचना की। अनेक जमींदारों की अस्थाई लुटेरा धारें भी उसके पास आने लगीं। इस प्रकार नवलसिंह ने सितम्बर तक 40 सहस्र सवार व पैदल सैनिक एकत्रित कर लिये थे, परन्तु ये सभी अकुशल सैनिकों की भीड़ थी।[14]

हिन्दुस्तान में अब युद्ध शैली में परिवर्तन आ चुका था। तीर, तलवारों की अपेक्षा आग्नेय अस्त्रों का प्रचलन बढ़ रहा था। मिर्जा नजफ की शाही सेना में अंग्रेजों द्वारा ट्रेंड व सधे स्थायी सैनिकों की दो बटालियनें थीं, जबकि इस समय राज्य में जनरल समरू की कमान में यूरोपियन युद्ध-कला में पारंगत केवल डेढ़ रिसाला व तोपची बटालियन (कुल 1300 सैनिक) थीं। उनका भी कई माह से और नियमित मासिक वेतन बकाया था। नवलसिंह की कायरता से जाटों में युद्ध नैपुण्य का स्तर गिर गया था। राज परिवार व सरदारों में वैमनस्यता थी। अतः राज्य

का नैतिक पतन होने लगा था।

3. नजफ का मैदान गढ़ी पर अधिकार, अगस्त, 17, 1773 ई.

महाराजा सूरजमल ने सीमांत में चौकसी रखने को दिल्ली के दक्षिण में 21 किमी. मैदान गढ़ी[15] का निर्माण करवाया था। इस कच्ची गढ़ी में कुछ राज सिपाही व तोपची तैनात थे। अमीर-उल-उमरा मिर्जा नजफ खां ने दिल्ली शहर के बाहर बारापूला[16] में अपनी प्रधान छावनी डाल दी थी। 'एक दिन गढ़ी के राज सिपाहियों ने केवल शेखी में मुगलों के कुछ खच्चर, घोड़ा व जानवरों को छीनकर उनको अपनी सीमा से बाहर खदेड़ दिया। सूचना मिलते ही मिर्जा ने तत्काल गढ़ी पर आक्रमण करने का आदेश दिया और कई घंटों के भीषण मुठभेड़ के बाद उस पर अधिकार कर लिया।''[17]

मैदान गढ़ी आक्रमण का 'इब्रतनामा' में विवरण मिलता है, 'कि एक दिन मिर्जा एक सवार टुकड़ी सहित पीर कुतुबशाह (दरगाह कुतुबद्दीन) की दरगाह पर इबादत को जा रहा था। गढ़ी के समीप से निकलने पर जाट रक्षकों ने उसका मार्ग रोकने के लिए तोप दागी। घोड़े पर सवार मिर्जा ने अपने रिसालदारों को गढ़ी पर आक्रमण करने का आदेश दिया। 17 अगस्त (दे.क्रॉनि) को मिर्जा के पैदल सैनिकों ने मैदानी तोपों के साथ गढ़ी पर धावा बोला और गढ़ी पर गोले दागे। पैदलों ने परकोटा से चल रही जम्बूरक व बन्दूकों की परवाह न करके अपनी तोपों की छाया में गढ़ी की दीवार में तलवार व कटारों की नसेनी बना ली थी। प्राचीर पर चढ़कर मुगलों ने 'अल्ला-ओ-अकबर' के नारे के साथ गढ़ रक्षकों पर हमला बोला। कुछ घंटों की मुठभेड़ में जाट रक्षक परकोटा छोड़ गये। मिर्जा के सैनिकों ने गढ़ी के सभी आदमियों को तलवार से मौत के घाट उतार कर अपना अधिकार कर लिया। यह मिर्जा की जाट राज्य पर आक्रमण करने की घोषित पृष्ठभूमि 'विजय का प्रथम सोपान' था।'[18] मिर्जा ने गढ़ी में अपना थाना स्थापित किया और वह दिल्ली लौट गया।

राजा नवलसिंह गोवर्द्धन में 'ख्याली योजना' ही बना रहा था और 15 अगस्त को गोवर्द्धन से मथुरा की ओर प्रस्थान करने पर उसने जनरल समरू के पास कस्बा सहार (गोवर्द्धन के उत्तर में 15 किमी.) में पड़ाव डालने का निर्देश पत्र भेजा।[20] अगस्त को उसको मथुरा छावनी में इस गढ़ी के पतन का समाचार मिला। इससे उसकी दिमागी उलझन बढ़ गई और सलाहकार परिषद के परामर्श पर 22 अगस्त को दीवान जोधराज के नेतृत्व में रिसालदार बाला बख्श खां व कप्तान बाकी बेग खां की पलटनें (रेजीमेंट), लोहरी (लाहोरी)? रिसाला, असलत नजीर, पुरोहित मोहनराम व खुशहालीराम के साथ पुरोहित रिसाला, सवाईराम पलटन तथा अन्य सैनिकों ने छाता की ओर प्रस्थान कर दिया था। इसी दिन

जनरल समरू को कस्बा सहार में प्रथम पड़ाव डालने को विधिवत विदाई दी गई। उसने भरतपुर कारखाना से 2000 गोला तथा 100 मन बारूद की गाड़ियां रवाना कीं और अपने रिसालदारों को 140 बख्तर भेजकर उनको सुरक्षित कर लिया। समरू ने सहार के समीप और दीवान जोधराज ने नरी सेमरी (छाता के दक्षिण में 4 किमी.) गांव में अपना प्रथम पड़ाव डाला। 25 अगस्त को नवलसिंह ने समरू के वकील को रु. 13,000/- मासिक अग्रिम देकर एक अन्य बटालियन तैयार करने का भी आदेश दिया।[19]

27 अगस्त को नवलसिंह को समाचार मिला कि मिर्जा के चन्दू चेला नजफ कुली खां ने मेवात की प्रमुख गढ़ी तौंड़ा पर हमला करके अधिकार कर लिया है और सुहेल, बसौंठ आदि अन्य स्थानों से जाट थानों को हटाकर शाही थाने बिठला दिये हैं। इधर उसने बन्दोबस्त भी शुरू किया है। अतः 29 अगस्त को नवलसिंह मथुरा से दीवान जोधराज के नरी सेमरी शिविर पहुंचा और रात्रि को उसने अपने सरदारों से परामर्श किया। अगले दिन (30 अगस्त) दीवान जोधराज ने 7 किमी. आगे बढ़कर छाता से 3 किमी. आगे और समरू ने दीवान के शिविर से 3.5 किमी. आगे पड़ाव डाला। 31 अगस्त को चौधरी सीमाराम कोटमनिया को लोहरी रिसाला व तोपों सहित यमुना तटवर्ती शेरगढ़ घाट की ओर हसनपुर[20] रवाना किया गया। 1 सितम्बर को चौधरी सुरावा (कस्बा खोह) का पुत्र मिया खां (म्यांन खां) बूरली, पेसगी के मेवातियों के 100 पैदल (एक सदी) के साथ 2 सितम्बर को भरतपुर से महन्त पीताम्बरदास[21] तीन सदी नागा चेलों के साथ, 7 सितंबर को डीग से रामानंदी सम्प्रदाय के 3-4 महंत एक सहस्त्र विरक्तों के साथ शिविर में पहुंच गये।

2 सितम्बर को मानस्वरूप वकील की रिपोर्ट से पता चला कि मिर्जा नजफ खां दिल्ली से बाहर पड़ाव डालकर राज्य के महालों में बन्दोबस्त कर रहा है। अब तक शाही सेना में पुराने रिसालदारों सहित 25 सहस्त्र सवार पैदल शामिल हो चुके है। 3 सितम्बर को नवलसिंह ने जाबित खां की मांग पर अपने दूत के साथ चार-चार पीतल व लोहे की बड़ी तोपें भेजकर कहलवाया कि वह शीघ्र ही दिल्ली की ओर कूंच करे। परन्तु वह 15 सहस्र सैनिकों के साथ दिल्ली से 64 किमी. दूर लुहारा में रुककर जाट नजफ के संघर्ष का परिणाम देखने लगा।

5 सितम्बर को नवलसिंह ने नरी सेमरी से 13 किमी. आगे प्रस्थान किया और ग्राम द्यौताना (छाता से 7 किमी. उत्तर) में पड़ाव डाला। यहां 7 सितम्बर को उसे पता चला कि शाही सेना ने 3-4 दिन तक घेरा डाल कर गढ़ी कोटा कलाल पर अधिकार कर लिया है। अनाज की खत्ती, घोड़ा, चार तोप व अन्य वस्तुएं भी शाही सैनिकों के हाथ लगीं।[22] इस प्रकार उसको नित्यशः मेवात की प्रतिकूल सूचनाएं मिल रही थीं।

4. दनकौर युद्ध, सितम्बर, 1773 ई.

पेशवा प्रतिनिधि को मामलत की किश्त देने की अपेक्षा नवलसिंह ने जुलाई में दीवान जोधराज के परामर्श पर मध्य दोआब से मराठा कमाविसदार व उनके आमिलों को हटाकर खुर्जा आदि गढ़ियों पर कूट प्रयासों से दखल करने का मानस बना लिया। रामगढ़ दुर्ग के जाट किलेदार (चन्दू गूजर) चन्द्रभान ने राज्यादेश की पालना में कमाविसदार लक्ष्मण पंडित के पास समाचार भेजा कि खुर्जा पर अधिकार करने को शाही फौज आ रही है। अत: इलाकों की सुरक्षार्थ गढ़ के समीप जाट सैनिकों की तैनाती कर रहा हूँ। हम अपने आदमियों से भू-राजस्व वसूल करके आपका भुगतान कर देंगे।[23] इसके बाद नवलसिंह ने उधर कुछ सैनिक भी रवाना कर दिए थे।

नवलसिंह ने रामगढ़ के किलेदार चन्दू (चन्दर भान) गूजर तथा अतरौली के किलेदार राव दुर्जनसिंह जाट को मध्य दोआब में अपना प्रधान सेनापति नियुक्त कर दिया था। उसको चन्द्रभान के साथ मिल कर कार्यवाही करने का निर्देश दिया। उसकी सहायता को उसने दानसाह के नेतृत्व में एक सेना अतरौली रामघाट राजपथ पर (रामगढ़ के पूर्वोत्तर में 26 किमी.) और महन्त कंवलराम की वैरागी जमात, विजयराम, केशोचंद तथा अन्य सेनानायकों व रिसालदारों के रिसालों को भी दोआब में भेज दिया। इस प्रकार वहाँ बीस सहस्र सैनिकों का जमघट हो चुका था। चन्द्रभान गूजर दनकौर (रामगढ़ के उ.प. में 72 किमी.), खुर्जा, बुलन्दशहर के मध्यवर्ती मैदानी भू-भाग में विगत दो माह से इधर-उधर रिसाला गश्त कर रहा था। मैदान गढ़ी की घटना से क्रोधित नवलसिंह ने 20 अगस्त को दोआब के मराठा कमाविसदार तथा आमिलों को अपने पत्र में लिखा, कि हमारी सेनाओं के उनके इलाकों से निकलने पर आप मार्ग में किसी भी प्रकार का अवरोध नहीं करें।[24]

नवलसिंह के निर्देशन पर दनकौर शिविर से दानसाह व चन्दू गूजर के सैनिकों ने जिला सिकन्दराबाद (वर्तमान बुलन्दशहर का पश्चिमी-उत्तरी भाग) से गाजियाबाद (दिल्ली के पूर्व में 32 किमी.) पर्यन्त बादशाही आमिलों को भगाकर गांवों में भारी लूटपाट व बरबादी की। कस्बा सिकन्दराबाद में आमिल उजबेग खां ने एक छोटी टुकड़ी से जाट-गूजरों का जमकर सामना किया और 1 सितम्बर को बादशाह से नई कुमुक भेजने का आग्रह किया। बादशाह ने 2 सितम्बर को मीर आगा बुज़ुर्ग को चलकिया सिकन्दराबाद आदि खालसा महालों का फौजदार नियुक्त किया, किन्तु चन्दू गूजर, विजयसिंह तथा केशोचन्द आदि के रिसालों ने सिकन्दराबाद का शाही थाना लूट लिया। अनेक शाही सैनिक काम आये और शेष वहाँ से भाग गये। जाट-गूजरों ने दो तोप व कुछ बादशाही घोड़ों पर अधिकार कर

लिया।[25]

मीरबख्शी जाबित खां से सहयोग की आशा में नवलसिंह की मिर्जा नजफ व शाही सेनाओं को उत्तरी सीमा से हटाकर दोआब में उलझाने की योजना थी। परन्तु मिर्जा नजफ ने मदनपुर छोड़कर पूर्व या पश्चिम की ओर हटने से स्पष्टत: मना कर दिया था। फिर भी उसने सिकन्दराबाद के समाचार मिलते ही 7 सितम्बर को बारापूला छावनी से सत्वर ही 6000 सवारों को नियाज बेग खां, बादल बेग खां, कासिम खां, ताज मोहम्मद खां बलूच तथा अन्य तूरानी रिसालदारों को और इन्हीं के साथ बादशाह ने कमाण्डर रामरू कुभैदान के नेतृत्व में यूरोपीय सैनिक विधि से सधी सिपाहियों की अपनी खास लाल पलटन का रेजीमेंट अनेक मैदानी तोप व धमाकों के साथ रवाना किया। इस सेना ने यमुना नदी पार करके शाहदरा में अपना पड़ाव डालकर विजयसिंह आदि पर आक्रमण करने की योजना बनाई।[26]

8 सितम्बर को नवलसिंह ने द्यौताना से प्रस्थान करके कोसी तथा कोटवन के मध्य अपना शिविर लगाया और चौधरी सीमाराम के पास तत्काल हसनपुर से यमुना नदी पार करके चन्दू गूजर के पास नवीन कुमुक के साथ पहुंचने का आदेश भेजा। शाही सेना के समीप आने पर दानसाह लौट आया, परन्तु शाही सैनिकों ने 30-35 किमी. आगे बढ़कर रात्रि में दानसाह की छावनी पर हमला कर दिया। अत: सेनानायकों की कमान में अस्थायी जाट सवार सिकंदराबाद के दक्षिण-पश्चिम में 40 किमी. पीछे हटकर दनकौर और 9 सितम्बर को महंत कंवलराम तथा अन्य सेनानायक सिकंदराबाद व दनकौर के मैदानों को खाली करके जहांगीरपुर लौट आए। शाही सैनिकों ने इधर-उधर बिखरे अनेक सैनिकों को पकड़ कर मार डाला और उनके डेरों व सामान को लूट लिया।[27]

शाही खालसा महालों की लूट व बरबादी से चिंतित व परेशान होकर बादशाह ने अहद खां द्वारा प्रस्तुत 'जाटों के प्रति मित्रता का रुख अपनाने' की अभिसंशा को ठुकरा कर गवर्नर वारेन हैस्टिंग्ज से साहसी अधिकारियों के साथ अंग्रेजी फौज भेजने का आग्रह किया।[28] इस प्रकार शाही दरबार में झगड़े का निपटारा कराने को मध्यस्थ बनने वाला नवलसिंह का कोई सहयोगी नहीं रहा और नवलसिंह ने भी पेशकश[29] की रकम देकर अपने देश की स्वाधीनता को बेचना उचित नहीं समझा।

दनकौर युद्ध, सितंबर 16, 1773 ई.

जाट सेनानायकों ने पीछे हटकर दनकौर के बाहर पहाड़ी तथा खाइयों की सुरक्षा में स्थिति संभाल कर 16 सितम्बर को अग्रसर होकर शाही सेना की बाढ़ को रोकने का प्रयास किया। प्रधान सेनापति चन्दू गूजर की अग्र पंक्ति के रिसालों ने शत्रु की तोप पंक्ति पर पूरी ताकत तथा प्रबल वेग से आक्रमण किया। परन्तु

तौपचियों ने एक के बाद एक निरन्तर मस्कैट चलाकर और शाही बन्दूकचियों ने छर्रों से अचूक निशाने लगाये। यद्यपि जाट सवारों को इस निरन्तर बौछारों की आशंका नहीं थी। फिर भी जाट-गूजरों ने शाही तोपों पर इतना साहसिक धावा बोला कि अनेक युद्धों के अनुभवी व युद्ध अभ्यस्त वृद्ध मुगल रिसाला के कप्तान भी उनके सामूहिक व व्यवस्थित धावे से चकित रह गये। जाट सिपाही काफी संख्या में गोलियों की बौछार के शिकार बन गये। घायल होकर भी चन्दू गूजर कुछ सवारों के साथ मुगलों की पंक्ति को चीरकर अन्दर तक घुस गया और अति विलक्षण शौर्य, साहस व कीर्ति से दो घंटे तक जमकर युद्ध करता रहा। विकसित वैज्ञानिक युद्ध कला तथा अनुशासित अंग्रेजी बटालियनों की किरचों के सामने अड़ कर अल्हड़ जाट-गूजरों ने अति साहस व पराक्रम का परिचय दिया। शत्रु सैनिकों ने 'बहादुरी में अद्वितीय' चन्दू (चन्द्रभान) गूजर को घेरकर संगीनों से छेद डाला। इस प्रकार इस 'बहादुर' ने घमासान युद्ध में जमकर वीरगति प्राप्त की और ताज मोहम्मद खां बलूच ने उसके क्षत-विक्षत सिर को काटकर दरबार में प्रस्तुत करने को दिल्ली भेज दिया। इससे जाट-गूजरों की अग्र पंक्ति इधर-उधर बिखर गई। शाही सैनिकों ने अनेक भगोड़ा सैनिकों का पीछा किया और उनको मार डाला।[30]

चन्दू (चन्दन) के पराभाव का समाचार मिलते ही अतरौली के किलेदार दुर्जनसिंह के पुत्र ने 500 सवारों के रिसाला से मुगलों पर धावा बोला, किन्तु तोप, मस्कैट व बन्दूकों की करारी मार से उसके 200 सवार काम आये। वह स्वयं शेष सैनिकों के साथ सकुशल मैदान से निकल गया। दो अन्य जाट रिसालदारों (मोहनसिंह तथा हरमानसिंह) ने भी 300-300 सवारों के साथ आक्रमण किया। उनकी तथा उनके सवारों की भी चन्दू सदृश गति हुई। इसी बीच कुछ सहस्र सवारों के साथ कॅवर दानसाह ने नदी पार करके शाही सेना के पृष्ठ भाग (चन्दौल) पर आक्रमण कर दिया। आमने-सामने जमकर युद्ध हुआ। ताज मोहम्मद खां बलूच के अति तीव्र प्रत्याक्रमण से जाट सैनिकों को पीछे हटना पड़ा। घायल दानसाह[31] मैदान से सकुशल निकल गया और उसने एक गढ़ी में जाकर शरण ली। जाट सैनिक प्राण बचाकर यमुना नदी पार करके भागने लगे। 200 सैनिक नदी में डूब गये। नवलसिंह को इस युद्ध में भारी क्षति उठानी पड़ी। 3000 से अधिक जाट-गूजर खेत रहे और मुगलों ने उनका पर्याप्त सामान लूट लिया। मध्य दोआब में जाट सत्ता पूर्णतः नष्ट हो गई और इस युद्ध ने जाटों के भाग्य का निर्णय कर दिया। मिर्जा नजफ खां की इस जाट विजय पर गवर्नर जनरल ने मिर्जा नजफ खां को बधाई पत्र भेजा।[31अ.] मिर्जा नजफ के चमकते सितारे के आगे नवलसिंह के नक्षत्रों की फीकी चमक विलुप्त होने लगी।

5. आगरा प्रान्त की सूबेदारी, सितम्बर, 24, 1773 ई.

दनकौर विजय से शाही सेनापति तथा सैनिकों का साहस बढ़ गया और शाही दरबार में मिर्जा की कीर्ति में चार चाँद लग गये। विजेता सैनिकों ने दिल्ली लौटकर वेतन का हल्ला मचाना शुरू कर दिया और मिर्जा वेतन की व्यवस्था करने में असमर्थ था।[32] बादशाह के पास भी पर्याप्त अर्थ-व्यवस्था नहीं थी[33] और वह अब्दुल अहद के प्रभाव से निजी जेब खर्च जागीरों की आय को मिर्जा की सेना पर खर्च करने को तैयार नहीं था। अस्तु, उसने मिर्जा को नवीन भरती के अतिरिक्त सैनिकों की सेवाएं समाप्त करने अथवा जाट प्रान्त पर आक्रमण करने का परामर्श दिया।[34] तभी उसने बंगाल सरकार के गवर्नर को वजीर शुजा के साथ सेना सहित आमंत्रित किया और आगरा में फैक्टरी लगाने तथा जाटों का दमन करके साम्राज्य विरोधियों को पाठ पढ़ाने का आग्रह किया।[35]

मिर्जा नजफ खां के नायब बख्शी पद की गरिमा तथा शाही दरबार में राजनैतिक वर्चस्व सामाजिक सम्मान की सफलता का आधार सैनिक शक्ति थी। अतः 24 सितम्बर को शाही दरबार से उसको आगरा प्रान्त की सूबेदारी की खिलअत और जाटों के विरुद्ध कूंच करने तथा आगरा दुर्ग पर अधिकार करने की अनुमति भी प्रदान कर दी गई। इसी दिन मिर्जा ने दिल्ली से प्रस्थान करके रात्रि को 8 बजे बारापूला (हुमायूं मकबरा के समीपवर्ती बारहमोरा पुल) शिविर में प्रवेश किया और यहां से 26 सितम्बर को बदरपुर (दिल्ली के दक्षिण में 23 किमी.) होकर फरीदाबाद की ओर कूंच किया।[36]

पश्चिम में शंकर जाट के नेतृत्व में जाट सैनिकों ने फर्रुखनगर के आसपास खुले मैदानों में हंगामा खड़ा करके गढ़ी हरसरु (फर्रुखनगर के पूर्व में 14 किमी.) का घेरा डाल दिया था। मिर्जा ने समाचार मिलते ही तत्काल दिल्ली से 41 किमी. गुडगावां से 10 किमी. नजफ कुली खां को सैनिक दलों के साथ मेवात व बलूच बस्तियों से शंकर जाट को खदेड़ने और उधर से भी जाटों का अधिकार उठाने के लिए रवाना किया। सुयोग्य लेफ्टी. ने द्रुतगति से कूंच करके 2-3 अक्टूबर को जाट सैनिकों पर अचानक हमला कर दिया। जाट सैनिक पीछे हट कर फर्रुखनगर के उत्तरी अंचल में चले गये। शाही कप्तान ने गढ़ी हरसरु (4 अक्टू.) और फिर बादशाहपुर आदि 2-3 गढ़ियों पर अधिकार करके गढ़ी के चार रहकलों व सभी सामान पर कब्जा कर लिया। इन तीनों महालों में शाही थाने व चौकी स्थापित करके नजफ कुली खां ने 7 अक्टूबर को बावल (रेवाड़ी के द. मं. 16 किमी.) की ओर कूंच किया। यहां उसको सूचना मिली कि जाट लश्कर 23 किमी. की दूरी पर है। अतः वह 8 अक्टूबर को मिर्जा की सिकरी फतहपुर बलूच छावनी में लौट आया। बादशाह ने बलूची क्षेत्र के इन विजित परगनों की व्यवस्था नवाब मुसावी खां को सौंप दी। इस प्रकार एक दशक के बाद यहां बलूच

सरदार का पुनः अधिकार हो गया।[37]

6. मिर्जा नजफ का बंचारी तक बढ़ना, 7-16 अक्टूबर, 1773 ई.

दस सहस्र नागा वैरागियों की जमातों के साथ महन्त बालानन्द वैरागी के शिविर में आ जाने से नवलसिंह के पास लगभग 40,000 सैनिक जमा हो चुके थे। दनकौर युद्ध के बाद बल्लभगढ़ दुर्ग व जिले की सुरक्षा-व्यवस्था हेतु नवलसिंह द्यौताना से सीकरी फतहपुर बलोच[38] पहुंचा। तभी नायब वजीर अहद खां ने मिर्जा नजफ खां को दिल्ली से दूर हटाने के लिए दो लाख रुपये और बादशाह ने अंग्रेजों द्वारा ट्रेंड अपनी आठ बटालियनों को उसके साथ रवाना होने का आदेश दिया। मिर्जा ने दोआब से भी रिसालों सहित अपने सभी कप्तानों को बुला लिया। इस प्रकार मिर्जा के पास धीरे-धीरे आठ शाही बटालियनों सहित 25 सहस्र सैनिक जमा हो गये। उसने फरीदाबाद से नवीन भरती के सवारों तथा मुल्ला रहीम दाद खां रुहेला के तीन सहस्र सवार व पैदलों को रास्ता साफ करने, लूटमार व बरबादी करके आतंक फैलाने के लिए बल्लभगढ़ की ओर रवाना किया। नवलसिंह ने इनको रोकने का प्रयास करने की अपेक्षा बल्लभगढ़ दुर्ग की सुरक्षा के लिए एक शक्तिशाली सैनिक टुकड़ी छोड़कर 3-4 अक्टूबर को पीछे लौटकर बावची खेड़ा (पलवल के द.में. 10 किमी.) में अपना शिविर लगाया।[39]

मिर्जा ने आगे बढ़कर 7 अक्टूबर को सीकरी फतहपुर बलोच में छावनी डाली, जहां दूसरे दिन (8 अक्टूबर) नजफ कुली खां अपनी टुकड़ियों के साथ आ मिला। बल्लभगढ़ दुर्ग पर आक्रमण व अधिकार की अपेक्षा मिर्जा ने नजफ कुली के साथ सैनिक दस्तों को आगे रवाना किया जिन्होंने जाट चौकियों को दैनिक झड़पों के बाद खाली करा लिया। क्षेत्रीय जमींदारों ने इनका विरोध न करके जन-जीवन की सुरक्षा का प्रयास किया।[40]

नवलसिंह नित्यशः पीछे हट रहा था और मिर्जा क्रमशः उसके पीछे-पीछे आगे बढ़ रहा था। 6 अक्तू. को नवलसिंह ने पलवल से अपनी सभी भारी तोपें, डेरा व सामान को कुम्हेर की ओर रवाना करके स्वयं ने निजी सेना, समरू की कुछ पलटनों व तोपों सहित 8 अक्तू. को बंचारी[41] में किलेबन्दी की।[42] नजफ खां भी पीछा करता पलवल (8 अक्तू.) तक पहुंच गया। फरीदाबाद से पलवल तक हुल्लड़ करते मिर्जा के सैनिकों ने मार्ग में फसलों की भारी बरबादी की। इस बारे में 'इब्रतनामा'[43] के विवरण से ज्ञात होता है–

"उस समय खरीफ की पकी फसल खड़ी थी। मार्ग में शाही सैनिकों ने घोड़ों को मक्का, ज्वार-बाजरा चराया और स्वयं ने भी उस पर निर्वाह किया। वे रास्ते के गांव से सैकड़ों पशु, भेड़-बकरी आदि को लूटकर ले जाते और उनको साधारण कीमत में बेच देते या मारकर खा जाते। मुख्यतः रहीम दाद खां के

जंगली पशु सदृश दिखने वाले भूखे-नंगे रुहेला सिपाही वस्त्र पहिनने व भर पेट खाने से काफी मोटे-ताजे होकर इंसान दिखालाई देने लगे।''

तब नवलसिंह ने मिर्जा के पास अपना पत्र भेजकर 'देश में लूटमार व बरबादी को रोकने' का अनुरोध किया। राजा के दूत ने धमकी के साथ कहा 'अन्यथा, जाट राजा को युद्ध करने को बाध्य होना पड़ेगा।' प्रत्युत्तर में मिर्जा ने भी दूत को युद्ध की चुनौती दी।[44]

राजा नवलसिंह की रणनीति शाही सेनापति को थका-थकाकर राज्य के आन्तरिक भाग में लाकर फंसाने और जाबित खां के सैनिकों के उसके शिविर में आ जाने पर अपने ही घर में पराजित करने की थी। परन्तु उसमें न तो अपने पिताश्री तुल्य शौर्य था, न साहस था और न रणनीति के क्रियान्वयन की क्षमता थी। राजवंश आंतरिक मतभेद व कलह से विभाजित था और राजवंश के प्रभावशाली रिश्तेदार नवलसिंह से असन्तुष्ट थे। सेना में अधिकांश अकुशल अस्थायी व लूट के लालची सैनिकों का जमघट था। नागा वैरागी कुशल तोपची या बन्दूकची नहीं थे। मिर्जा ने पलवल से आगे कदम बढ़ाया और दोनों में 13 किमी. का अन्तर था, तब राजा केहरीसिंह के मातुल बंधु राजा हीरासिंह व राजा अजीतसिंह तेवतिया ने नजफ के आमंत्रण पर उससे मुलाकात की और नवलसिंह के पड़ौस में ही होने की सूचना दी। मिर्जा ने अजीतसिंह को उन्हें बल्लभगढ़ दुर्ग की किलेदारी व जिले का बन्दोबस्त पुनः सौंपने का वचन देकर शाही चाकरी करने का अनुरोध किया।[45] इस असन्तुष्ट घराने ने नवलसिंह के 'जीवन-मरण' में तथा राज सत्ता के पतन में मुख्य भूमिका निभाई और इससे नवलसिंह के 'निश्चय की कमर टूट गई।'

नजफ खां ने 400 शाही सवारों व अपने जमादारों सहित आगे प्रस्थान किया और बंचारी से 5 किमी. दूर एक उजड़ा खेड़ा पर जाकर रुका। लेकिन इससे पूर्व नवलसिंह ने अचानक ही 10 अक्तूबर को संगर को तोड़कर 13 किमी. दक्षिण-पूर्व में सघन जंगल व ऊबड़-खाबड़ भूमि पर निर्मित अपनी ससुराल के दुर्ग कोटवन[46] में प्रवेश कर किलेदारी कर ली। मिर्जा ने अनजाने में ही एक सदी सवारों को अग्रिम जाट चौकियों पर धावा बोलने को भेजा। जाट बंजारों ने इसकी सूचना मुख्य रक्षक दल (सवारान-ए-चौकी) के पास भेज दी और बाद में वे भी चौकी पर आ गये। सूर्यास्त तक दोनों में झड़प चलती रही। अन्य दिन भी यही क्रम चला। 10 अक्तूबर को मिर्जा जब एक गांव में पहुंचा, तब एक अजनबी ने उसको बतलाया कि नवलसिंह बंचारी से जाने की तैयारी में है। आश्चर्यचकित मिर्जा ने तत्काल जमादार अली नबी खां को जांच करने के लिए आगे भेजा और वह कुछ व्यक्तियों को बन्दी बनाकर लौटा। बन्दियों ने मिर्जा नजफ को बतलाया–

"दोपहर में नवलसिंह भोजन कर रहा था और उसके सिपाही भोजन बनाने में व्यस्त थे, तभी पश्चिम में धूल का एक विशाल बबूला उठा। नजफ खां की फौज समझकर वे भड़भड़ाकर शिविर व अपना सभी सामान छोड़कर घोड़ों पर सवार होकर इधर-उधर भाग गये। धूल का बबूला ऊंची मीनार की भांति आगे बढ़ रहा था। नवलसिंह भी कुछ क्षण गूंगा-सा एकटक देखता रहा। फिर अवाक्-सा लड़खड़ा कर खड़ा हो गया और हाथी पर बैठकर कोटवन की ओर चल दिया। पीछे से उसकी सेना भी बेतहासा इधर-उधर भागने लगी। भगोड़ों की इस असहाय स्थिति को देखकर बंचारी की रैयत ने जाट छावनी को लूटना शुरू कर दिया।"

यह वृतान्त सुनकर मिर्जा नजफ व उसके सैनिकों ने तत्काल (10 अक्तूबर) बंचारी के सूने शिविर की ओर दौड़ लगाई और वहां उन्होंने लगभग एक सहस्र पैदल बन्दूकचियों को लूट में व्यस्त देखा। उनमें से कुछ ने मिर्जा को कुछ रुपया नजराना दिया और शाही सैनिकों ने शिविर में लूट की। मिर्जा की पिछली छावनी में ज्योंही यह खबर लगी, वह भी लूट में भाग लेने पहुंचे। सांझ होते ही वापस अपने शिविरों में लौट गये।[47] शाही दरबार में 11 अक्तू. को नवलसिंह के बंचारी से अपनी ससुराल में जाकर शरण लेने व खाली छावनी के शेष टैंटों व युद्ध सामग्री के लूटने का समाचार पहुंचा। फिर मिर्जा नजफ खां ने एक सप्ताह (11-16 अक्तू.) बंचारी के समीप अपना डेरा डालकर नजफ कुली खां को जाट-सवारों का पीछा करने के लिए रवाना कर दिया।[47अ]

7. समझौता वार्ता तथा आपसी झड़पें (14-27 अक्टूबर)

'दीर्घ संघर्ष व युद्ध' को टालने के विचार से नवलसिंह ने किसनसिंह वकील व उसके पुत्र हरिनारायण को मिर्जा नजफ के पास समझौता वार्ता करने भेजा। मिर्जा के दूतों (कारिन्दा) ने उनके साथ आकर नवलसिंह से जवाब-सवाल किये (16 अक्तू.)। किसनसिंह ने भी नवलसिंह को एकान्त में बतलाया कि-"मिर्जा का कहना है कि सम्राट मुहम्मद शाह के समय में जाट जमीदारों के नियंत्रण में जो इलाके थे, उन पर ही आप अपना अधिकार रखकर आगरा दुर्ग सहित मेवात व अन्य शाही जिलों व परगनों को शाही सरकार को सौंप दे।" नवलसिंह ने किसनसिंह को निर्देश देकर 17 अक्तू. को रवाना करके कहलवाया कि "जाट शासन फर्रुखनगर के किले सहित मेवात के महलों को छोड़ने की शर्त पर शांति समझौता करने को तैयार हो सकता है। साथ ही उसने जिन इलाकों पर अधिकार कर लिया है, उनमें जाट शासक हस्तक्षेप नहीं करेगा।"[48]

मिर्जा नजफ खां ने बंचारी से मितरौल और 17 अक्तू. को वहां से 16 किमी. चलकर कोटवन की विपरीत दिशा में यमुना नदी की ओर ग्राम खेमरी में पड़ाव डाला।[48अ.] उसने इसी दिन (17 अक्तू.) रात्रि में सलाहकार परिषद से

विमर्श किया। मुगल कप्तानों ने प्रातःकाल ही जाटों का पीछा करने की सलाह दी। किन्तु मिर्जा के जाट सहयोगी अजीतसिंह व हीरासिंह ने सुझाव दिया–

"अभी जाट शिविर के टूटने की सम्भावना नहीं है। वे कोटवन के सुरक्षित स्थान से पुनः कूंच कर सकते हैं। राजवंश की उदारता व अनुकम्पा से सम्पन्न जागीरों के उपभोक्ता व उनसे सम्बद्ध घराने अपनी आंखों से राज्य का विनाश नहीं देख सकते। वे अंतिम निर्णायक युद्ध में राज्य की स्वाधीनता व परिवारों की सुरक्षा में प्राण-पण से जीवन न्यौछावर करने को तत्पर है।...आपके सैनिकों की अपेक्षा जाट सेना अति दृढ़ व अनुभवी है। उनका विरोध सरल व लाभप्रद नहीं होगा।...हमको शत्रु को पीछे खदेड़ने का उनका पीछा करने के सिद्धान्त व नीति को छोड़कर राजधानी डीग की ओर प्रस्थान करना होगा। नवलसिंह के कोटवन के सुरक्षित दुर्ग से निकल कर आगे बढ़ने पर ही आप उसको युद्ध की ललकार दें। यदि वह अपने ही स्थान पर निश्चल रहता है, तब राजा की अनुपस्थिति में डीग पर अधिकार करना सुगम होगा।"[49]

अपने जाट मित्रों की सलाह मानकर मिर्जा ने राजा नवलसिंह को अपनी युक्ति से कोटवन की किलेबन्दी से बाहर निकालने का उपाय सोच लिया। तभी दूसरे दिन (18 अक्तू.) किसनसिंह वकील ने लौटकर नवलसिंह को बतलाया कि नजफ खां ने प्रस्तावित शर्तों पर समझौता करने से मना कर दिया है।

सैनिक दृढ़ता से भयभीत नायब वजीर अब्दुल अहद खां ने मिर्जा पराभव के लिए मीर बख्शी जाबित खां को अपना हथियार बनाने का प्रयास किया। मिर्जा के दिल्ली से दूर हटते ही जाबित खां ने 9 अक्तू. को पन्द्रह सहस्र सैनिकों सहित शाहदरा में यमुना पार की और शाही दरबार में अहद खां ने उसकी बादशाही से मुलाकात कराई। जाबित खां ने शुरू में मध्य दोआब में नवलसिंह अधिकृत कोइल, जलेसर आदि महालों को प्रदान करने की प्रार्थना की, परन्तु नजफ खां के प्रतिनिधि के विरोध के कारण जाबित खां असफल रहा। फिर दोनों मंत्रियों ने विचार करके बादशाह से जाबित खां का ससैन्य मिर्जा की सहायता के लिए भेजने का अहद खां ने प्रस्ताव रखा। लेकिन मिर्जा के कठोर रुख व विरोध को देखकर बादशाह ने इस प्रस्ताव को स्वीकार नहीं किया। 18 अक्तू. को नवलसिंह को जाबित खां का एक पत्र मिला, जिसमें उसने 'व्यावहारिक समझौते के लिए एक युद्ध' का परामर्श दिया।[50]

आगे इधर-उधर फैलकर फसलों को चौपट करने और गांवों को उजाड़ने का आदेश मिलते ही शाही लुटेरे सवारों व गश्ती टुकड़ियों ने नवलसिंह को कोटवन में 8 किमी. पीछे छोड़कर दिल्ली-मथुरा के पुराने 'शाह-राज' से डीग की ओर कूंच किया। 19 व 20 अक्तू. को चौकियों के आस-पास गश्ती दलों से साधारण झड़पें चलती रहीं। 22 अक्टू. को मिर्जा ने खेमरी से 10 किमी. आगे कूंच किया

और कोटवन से 16 किमी. आगे छाता (सहार) (मथुरा के उ.प. में 24 किमी.) और बरसाना के पश्चिम में 11 किमी., व द्यौताना के बीच में पड़ाव डाला। शाही सैनिकों ने छाता, कोसी व सहार के आसपास लगभग 25 गांवों को लूटकर पूर्णतः उजाड़ दिया। रुहेला सिपाही ग्रामीणों के सैकड़ों मवेशियों को मारकर खा गये। इस भयंकर लूट व बरबादी में अनेक व्यक्ति मारे गये। ग्रामीणों ने भाग कर सराय छाता (मथुरा के उ.प. में 27 किमी.) में शरण ली। कुछ शाही टुकड़ियों ने शेरगढ़ से 7 किमी. दूर एक ग्राम्य गढ़ी पर आक्रमण किया। जमींदारों ने रैयत के साथ मिलकर साहसिक सामना किया, जिसमें मिर्जा के एक सदी सैनिक खेत रहे। अंत में रात्रि को सभी रैयत गढ़ी खाली करके सुरक्षित निकल गई। मिर्जा नजफ खां स्वयं शेरगढ़ जा धमका और उसने इस गढ़ी को खाली कराने का प्रयास किया।[51]

छाता में लूट व बरबादी[52]

शाही सैनिकों ने सराय छाता व कस्बा को घेरकर भारी लूटपाट की। अनेक नागरिक मारे गये। मुगल कस्बा के अनेक स्त्री-पुरूषों व बालकों को बन्दी बनाकर अपने साथ ले गये। सराय व कस्बा की लूट में मिर्जा को लगभग 4 लाख नकद, आभूषण, बर्तन, वस्त्र, अन्न व जानवर आदि हाथ लगे। उन्होंने शेरगढ़ के आमिल व नवलसिंह के 21 घोड़ों सहित 60 घोड़ों को भी पकड़ लिया (22-26 अक्तू.)। छाता व गाँवों की बरबादी से सर्वत्र भय व आतंक छा गया था, किन्तु इससे बादशाह को भारी क्षोभ हुआ और उसने मिर्जा को प्रताड़ित करते हुए अपने पत्र में लिखा–

"मैंने आपको राज्य के महालों में प्रशासनिक संस्थापन व बन्दोबस्त करने के लिए भेजा था, न कि लूटपाट, नरसंहार व बरबादी के लिए। आगे इस भांति भूल नहीं की जावे। सभी स्त्री-पुरुष व बालकों को तत्काल मुक्त कर दिया जावे।"

अतः मिर्जा नजफ खां शेरगढ़ से तत्काल छाता पहुंचा और उसने कप्तानों व रिसालदारों से बन्दियों को मुक्त कराया। इस आतंकी अभियान के दौरान उसने राज्य के पड़ौसी नरूका व शेखावत जागीरदारों पर सहयोग देने व शाही चाकरी में आकर उपस्थित होने का प्रपंच रचा। 23 अक्तू. को दिल्ली से कप्तान ताज मुहम्मद खां बलूच आ गया। राजगढ़ युद्ध के बाद कछवाहा दरबार के ताजीमी सामन्तों में महत्त्वाकांक्षी राव प्रतापसिंह नरूका का विरोध मुखरित हो उठा। फलतः 'हिन्दू हित' व धार्मिक स्थलों की सुरक्षा की अपेक्षा ब्रज प्रदेश में जागीर उपार्जन की आकांक्षा से अभिभूत होकर उसने शाही सेवा में उपस्थित होने का अवसर ढूंढ लिया था। 24 अक्तू. को अमीर-उल-उमरा के आमंत्रण पर जाटों के विरुद्ध राव नरूका के मंत्री (कारिंदा) खुशाली राम हल्दिया, संतोषसिंह व काका मानसिंह के

नेतृत्व में नरूका सैनिक तथा मनोहरपुर के (शेखावत) राव का पुत्र ससैन्य मिर्जा की छावनी में आ गये और उन्होंने नजफ खां से भेंट की।[53] नजफ ने उनको सिरोपाव देकर सम्मानित किया।

एक सप्ताह (19-24) की साधारण झड़पों के बाद 25 अक्तू. को नवलसिंह युद्ध हेतु कोटवन के बाहर निकला और उसने छावनी के बाहर मैदान में युद्ध का परचम फहरा दिया। दीवान जोधराज, सीताराम चौधरी, चतरसिंह चौहान आदि प्रमुख सरदारों ने 3 किमी. आगे बढ़कर अपनी सेनाएं जमा ली। फसलों की बरबादी से शाही छावनी में खाद्यान्न, दाना-घास की तंगी से परेशान तथा रोजिनदारी अथवा माहवारी वेतन न मिलने से निराश मुगल सैनिक व सवार भागने लगे। इससे कप्तानों व रिसालदारों ने मिर्जा पर युद्ध का दबाव डाला। यद्यपि मिर्जा नजफ खां भी युद्ध के लिए सवार हो गया था, फिर अचानक ही सलाहकारों की बात मानकर उसने कहा, "नवलसिंह संगर की छांव में है। उसके मैदान में आने पर ही मैं युद्ध करूंगा।" अतः रात्रि में राजा अपना छावनी में लौट गया।[54]

मिर्जा ने बंगाल सरकार के गवर्नर को अपने पत्र में अपना निश्चित भत्ता लगातार देने की प्रार्थना के साथ इस बारे में इंगित किया, "बादशाह का विरोध करने पर मुझको ससैन्य नवलसिंह के विरुद्ध आना पड़ा। शत्रु एक मुठभेड़ में पराजित हो गया, फिर भी अभी जाट मैदान में जमकर विरोध पर आमादा है।... शत्रु समीप ही है और युद्ध किसी भी क्षण हो सकता है।"[55]

अब मिर्जा ने नवलसिंह को कोटवन से निकालने के लिए ही 27 अक्तू. को छाता से चलकर डीग से 23 किमी. दूर सहार[56] के समीप तातारपुर (शाहपुर) में स्थायी पड़ाव डाला। यद्यपि नवलसिंह कोटवन में अति सुरक्षित था और वह शाही सेनापति का सहज की घेराव कर सकता था। परन्तु मिर्जा के सहार के समीप पहुंचने से गोवर्द्धन होकर डीग की ओर जाने वाला पश्चिमी राजपथ खुल चुका था। फलतः नवलसिंह को बाध्य होकर कोटवन में एक छोटी सी टुकड़ी छोड़नी पड़ी और स्वयं ने इसी दिन (27 अक्तू.) अपराह्न 1 बजे सम्पूर्ण सैन्य बल व सैनिक साज-सामान सहित 23 किमी. मार्ग तय कर नंद गांव होकर बरसाना के पूर्वी मैदान में रात्रि को 9 बजे पड़ाव डाला। अब वह शाही सेना के दाईं और राजधानी डीग के उत्तर में 20 किमी. की दूरी पर था और आवश्यकता के क्षणों में सैन्य बल अपने भारी साज-सामान सहित इस दूरी को 3 घंटे में तय कर सकता था। यहां उसने जनरल समरू व अन्य सभी सेनानायकों को आक्रमण का सामना करने को सारी रात चौकन्ना रहने का निर्देश दिया और स्वयं ने डीग से खजाना लाने को रात्रि में ही प्रस्थान कर दिया।[57]

डीग आने पर उसको पता लगा कि कुछ विरोधी जागीरदारों के माध्यम से दिवंगत सूरजमल की पत्नी रानी खेतकौर (खत्तो दादी) तथा राजा केहरीसिंह की

माता (सम्भवतः राव किसनसिंह तेवतिया की पुत्री नंद कौर) ने अमीर-उल-उमरा से सहयोग की याचना की है और उसके पास प्रस्ताव भेज कर कहलवाया है, कि 'केहरीसिंह को राज्य व राजतन्त्र का व्यावहारिक बन्दोबस्त सौंपने के एवज में आप जो भी मांगेंगे, वह आपको मिलेगा।' साथ ही, उन्होंने राज्य पर आक्रमण करने पर विजय की कामना की।[58] इससे नवलसिंह को भारी आघात लगा और वह दूसरे ही दिन (28 अक्तू.) बरसाना लौट गया।

बरसाना व तातारपुर छावनी में 9 किमी. का अन्तर था। मिर्जा ने तातारपुर के स्थायी शिविर की देख-रेख के लिए सुरक्षा दलों को छोड़कर 28 अक्तू. को प्रातःकाल रिसालों के साथ बरसाना की ओर 6 किमी. आगे बढ़कर कवँई ग्राम में रुककर पांच-छह सवारों की कई टुकड़ियों को नवलसिंह के गश्ती दलों व चौकियों पर हमला करने को इधर-उधर भेजा। कई स्थानों पर आपस में लगभग आधा घंटा संघर्ष हुआ। अंधकार होने पर दोनों ओर के सवार सैनिक अपनी-अपनी चौकियों पर लौट गये। मिर्जा ने इसी दिन कवँई ग्राम के समीप मुख पंक्ति में तोपों का बेड़ा व फिरंगी (ट्रेंड) बटालियनें और दाईं-बाईं बाजू को सुदृढ़ करके युद्ध की स्थिति में खड़ा कर दिया। जाटों ने भी जनरल समरू को मुख पंक्ति में और दायें-बायें में रिसालदारों को लगाकर चौकसी शुरू की। युद्ध न होने पर नवलसिंह ने हाथी से उतर कर रात्रि में विश्राम किया।[59] इस प्रकार इसी दिन उभय-पक्ष दोपहर के बाद युद्ध को तैयार होकर खड़े हो गये।

रात्रि को युद्ध-परिषद की बैठक में दीवान (राजमंत्री) जोधराज, चतरसिंह चौहान, कँवर दानसाह, छतरसाल (चत्रसाल) जाट, सीताराम चौधरी, गुरु चत्रदास, जनरल समरू आदि ने विचार विमर्श किया। तब नवलसिंह ने मिर्जा नजफ खां को अंतिम रूप में स्पष्ट शब्दों में कहलवाया–

"आप अभी हाल में जितने प्रदेश पर अधिकार कर चुके हैं, मैं उसमें रोड़ा नहीं अटकाऊँगा। किन्तु आगे इससे अधिक अन्य किसी प्रदेश को अपने पक्षधरों के शिरोच्छेन और मेरे प्राणोत्सर्ग के बाद ही अधीन कर सकेंगे। सम्राट मुहम्मद शाह तथा आलमगीर सानी (द्वितीय) का जमाना निकल चुका है। श्री हरिदेवजी यह साम्राज्य मुझको प्रदान कर चुके हैं। मैं आपसे नहीं डरता हूँ। मैं युद्ध को भी सदैव प्रस्तुत हूं।"[60]

इस भांति नवलसिंह ने मिर्जा को 'समझौता व युद्ध' की धमकी दी। 29 अक्तू. को भी यद्यपि गश्ती दलों में झड़पें हुई और उन्होंने जाट चौकियों व सुरक्षा दलों की स्थिति से मिर्जा को अवगत कराकर युद्ध करने को भारी दबाव डाला। अतः कप्तानों व रिंसालदारों के कठोर रुख व दबाव से व्याकुल होकर नजफ खां ने जाटों को युद्ध की चुनौती दी। प्रत्युत्तर में ज़ाटों की ओर से जनरल समरू ने इस चुनौती को स्वीकार कर लिया।[61] इस प्रकार 29 अक्तूबर की रात्रि को ही

दोनों ओर के सैनिक युद्ध को तैयार हो गये।

8. बरसाना युद्ध अक्टूबर 30, 1773 ई.

परगना सहार, छाता, कोसी, कोटवन, नंदगांव, बरसाना आदि ब्रज के प्रमुख तीर्थ स्थल तथा अति सम्पन्न व्यापारिक कस्बे थे। इस अंचल में जाट, गूजर, गौरया राजपूत व ठाकुर जमींदारों का बाहुल्य व वर्चस्व था और आज भी कृषि-प्रधान इन जातियों का निवास है। नवलसिंह का खाद्यान्न पर नियंत्रण था और आंचलिक जमींदार राज्य की रक्षा में पूर्णतः सजग थे। युद्ध संचालन की वास्तविक बागडोर नवलसिंह के हाथ में थी। वह अति सुरक्षित स्थिति में था। उसके पृष्ठ भाग में बरसाना की सुरक्षित पहाड़ी थी। नजफ खां का आक्रामक रुख था, वहां नवलसिंह आत्मरक्षा का प्रयास कर रहा था। यह उसकी वास्तव में भूल थी।

जाट शक्ति के दमन के लिए लालायित मिर्जा नजफ खां ने कवच धारण करके सेनाओं को रणक्षेत्र में जमने का निर्देश दिया। शाही सेना ने 30 अक्तूबर को प्रातःकाल 7.30 बजे युद्ध का धौंसा व नगाड़े बजाकर मैदान में अपना परचम फहराया। दो दशक के उपरान्त जाट-मुगलों का यह एक राष्ट्रीय ख्याति का प्रथम युद्ध था, जिसमें दोनों ओर से यूरोपियनों द्वारा प्रशिक्षित गोलंदाजों व सैनिकों ने भाग लिया था। अशिक्षित सिपाहियों ने अपने प्राणों की आहुति दी। इससे युद्ध अधिक समय तक चला और दोनों पक्षों को पूर्वापेक्षा प्रथम बार भारी जनहानि उठानी पड़ी।[62]

दोनों ओर लगभग 40 सहस्र सैनिकों का संघर्ष होने पर भी जाट खेमे में 15 सहस्र तथा मिर्जा नजफ खां के पास 10 सहस्र सुयोग्य व प्रशिक्षित युद्धक सैनिक थे। नजफ खां ने प्रचलित मुगलिया सिद्धान्त (जंगे-सुल्तानी) तथा यूरोपियन युद्ध शैली के मिश्रित तरीके को अपनाया। प्रधान सेनापति सदृश अपने हाथी की अमरी में मासूम अली खां को आरुढ़ करके उसने स्वयं तेजधावक घोड़े पर सवार होकर रणक्षेत्र में इधर-उधर दौड़ लगाते अपने कप्तानों व सैनिकों का उत्साह-वर्द्धन किया।[63]

नवलसिंह ने अपनी सेना को तीन भागों में विभक्त करके उनको एक-दूसरे से पर्याप्त दूरी पर तैनात करके युद्ध व्यूह की संरचना की। उसके अग्र भाग (हरावल) में दाईं ओर फ्रांसिसी लैफ्टीनेंट व कप्तानों के नेतृत्व में प्रशिक्षित जनरल समरू की 6 बन्दूकची (मस्कैटधारी) पलटन तथा तीन फ्लींगटनधारी, जिनकी नलिकाओं में गोलियां भरी थीं और उन पर सवाई जवाहरसिंह द्वारा विकसित संगीनें लगी थीं, पलटन थी। इनके मध्य भाग में युद्ध का परचम व धौंस था। बाईं ओर महन्त बालानन्द के साथ शेर-चीतों सदृश अति खूंख्वार, निडर व साहसी धमाकों, टोपीदार बन्दूक, रामचंगी (बड़ी तोप) तथा बानैत-तलवार धारी पांच सहस्र

सवार व पदाति वैरागी थे। उनके ही समीप में रिसालदार, सहयोगी सरदार व सैनिक बन्दूक, भाला, बल्लम, नेजा आदि से सुसज्जित खड़े थे। इनकी अग्रिम पंक्ति (हरावल) में लोहे की जंजीरों व सलाखों से आबद्ध बड़ी तोपें थीं और उनके पीछे पैदल व घुड़सवार थे। नवलसिंह स्वयं अति कुशल परिजनों, चौधरी सीताराम, दानसाह, चतरसिंह आदि के साथ हाथी पर सवार मध्य भाग (गोल) में खड़ा था। आकस्मिक कुमुक के लिए विश्वासपात्र सरदारों के साथ चंदौल (पृष्ठ भाग) में अतिरिक्त सैन्य बलों को छोड़ दिया गया था। दोनों सेनाओं के बीच में ऊंची व गहरी खड़ी ज्वार व मक्का की करबी (कड़ब) खड़ी थी।[64]

मिर्जा नजफ ने भी मैदान में शाही तोपखाना पंक्ति व्यवस्थित की। सैन्य मुख (हरावल) में समरू के सम्मुख कमाण्डेंट रजा बेग खां व कमाण्डेंट रहीम बेग खां के साथ अंग्रेजों द्वारा प्रशिक्षित चार सवार व पैदलों की तैलंग पलटनें तथा दो शाही बन्दूकची पलटनें खड़ी थीं। 3000 पदाति रुहेलों के साथ मुल्ला रहीम दाद खां व उसके पीछे मुगलिया पलटनें बालानन्द के सम्मुख पंक्तिबद्ध थीं। मध्य भाग की प्रथम दाईं पंक्ति में नजफ कुली खां, ताज मुहम्मद खां रुहेला और वाम अंग में कप्तान अफरासियाब खां, नियाज बेग खां, फतह अली खां दुर्रानी तैनात थे।

पौ फटने के दो घण्टे बाद तोपों का धूम-धड़ाका व शोर शराबा शुरू हुआ और दोनों ओर से चार घण्टे तक लगातार चलता रहा। अपराह्न एक बजे से पांच बजे तक दोनों में भयंकर मुठभेड़ें हुईं।[65] रहीम दाद खां ने वैरागियों पर आक्रमण करके दोपहर के बाद युद्ध की शुरूआत की। वैरागियों ने अति कुशलता व वीरता के साथ अग्नि वर्षा की। उनके प्रथम गोला से रहीम दाद खां के हाथी से अमरी (छोटा खुला हौदा) उड़ने से वह नीचे गिर पड़ा, लेकिन तुरन्त ही अपने समीप पीछे खड़े मुहम्मद शाह खां के हाथी पर सवार होकर उसने रुहेलों का संचालन किया। नागा निरन्तर शस्त्र व गोली बरसा रहे थे और अपने बचाव को रुहेला भूमि पर बैठ कर आगे बढ़ते थे। नागा अपनी बन्दूकों को भर भी नहीं पाये थे कि रुहेलों ने उनके निकट पहुंच कर तलवारों से आक्रमण किया। दोनों ओर से तलवार, बल्लम, भालों से संघर्ष हुआ, लेकिन जंगली रुहेलों ने वैरागियों की कमर तोड़ दी। बालानन्द व अन्य कुछ नागा संचालक घायल हो गये। 1000 नागा खेत रहे या घायल हो गये। अंत में क्षत-विक्षत नागा तितर-बितर होकर पीछे हट गये।

रजा बेग व रहीम बेग खां ने अग्र पंक्ति की तोपों से आगे बढ़ कर समरू पर आक्रमण किया, किन्तु समरू ने उनकी गति को कुंद कर दिया। 'शाही बटालियनों ने समरू के समीप पहुंच कर बन्दूकों (मस्कैट) को चलाने तथा फिर बैनेटों का प्रयोग करने का निश्चय कर लिया था। इससे उन्होंने अधिक गोलियां नहीं चलाईं। परन्तु समरू की प्रथम बौछार से रजा बेग खां तथा रहीम बेग खां

दोनों मैदान में खेत रहे।' इससे मुगलिया दस्ते अपनी मस्कैटों को फेंककर मैदान से भागने लगे और उन्होंने फसल के डंठलों में शरण ली। यह युद्ध की चरम सीमा थी। प्रचलित भारतीय युद्ध परम्परा के अनुसार जाट सैनिकों ने अदम्य साहस व उत्साह के साथ सेना के मध्य भाग (गोल) में निशान सहित हाथी पर सवार प्रधान सेनापति के प्रतिरूप मीर मासूम अली खां को जाकर घेर लिया। यहां मिर्जा के सैकड़ों सैनिक काम आये और शेष मैदान छोड़कर भाग गये।

पूर्वार्द्ध में मिजा नजफ को भारी आघात लगा। उसकी सेना बिखर गई और उसकी पराजय परिलक्षित होने लगी। परन्तु उसका भाग्य नक्षत्र बुलन्द था और हिन्दुस्तान की राजनीति में उसका सौभाग्य सूर्य चमकने वाला था। उसकी योग्यता, दृढ़ता, आत्म विश्वास तथा सेनापतित्व के गुणों ने उसको विजय-माला पहनाने में सहायता की थी। जाट राजा नवलसिंह डरपोक व भाग्यहीन था। अपनी बाईं पंक्ति की पराजय को देखकर मिर्जा ने मध्य भाग में पहुंच कर नजफ कुली खां तथा अफरासियाब खां के रिसालों को जाटों के मध्य तोपखाना पंक्ति पर गोलियों की बौछार के साथ आक्रमण करने का आदेश दिया। मुगलों ने तोपों की जंजीरों को तलवारों से काट कर बीच से मार्ग बना लिया। छलांग मार कर जाटों के मध्य भाग पर आक्रमण किया। जाट व नरूका सैनिकों ने आपस में अपूर्व शौर्य प्रदर्शन किया और अफरासियाब खां का कनिष्ठ भ्राता घायल होने से मूर्छित होकर गिर गया। नजफ कुली खां के भयंकर तथा असहनीय झटके से नवलसिंह का मध्य भाग पूरी तरह टूट गया। मुगल सैनिक दीवान जोधराज, चौधरी सीताराम, दानसाह, चतरसिंह की ओर बढ़ गये। चौधरी सीताराम और घमण्डी (खण्डी ?) पुरोहित मैदान से हट गये। अन्य सैनिक व छावनी के सिपाही डीग, कामां की ओर भागने लगे। तब नवलसिंह ने भयभीत होकर जनरल समरू की बटालियनों के समीप जाकर शरण ली।

तब नजफ की चार पलटनों ने पहुंच कर समरू पर तीन ओर से गोलियां चलाईं। इससे समरू के सैनिक भी घबराने लगे। अन्त में राजा नवलसिंह हताश होकर अपार सम्पत्ति, खजाना, डेरों को छोड़कर हाथी पर सवार रणक्षेत्र से डीग की ओर चल दिया। जाटों का राजसी शिविर पृष्ठ भाग (चन्दौल) में था और इसमें प्रभूत सम्पत्ति की चर्चा सर्वत्र फैल चुकी थी। विजेता मुगल सिपाही व कुछ बड़े सरदार नरूका राजपूतों के साथ मिलकर चन्दौल में पहुंच गये। उन्होंने जाट सैनिकों पर आक्रमण किया। नरूकों ने लूट में उनका सहयोग दिया। मिर्जा के अन्य अधिकारी व सैनिक भी जल की तलाश के बहाने इधर आ गये और युद्ध को छोड़कर लूट में फंस गये। परन्तु अभी लड़ाई नहीं जीती गई थी।

जनरल समरू अभी तक चतुष्कोण बनाकर शत्रु पर आक्रमण करने को पूर्णतः सजग व चौकन्ना खड़ा था। उसके सैनिक गोली चला रहे थे। दीवान

जोधराज उसके पृष्ठ भाग में 500 सवारों के साथ युद्ध को तैयार खड़ा था। मिर्जा के सरदार व सैनिक लूट में व्यस्त थे। अनियन्त्रित इधर-उधर बिखर गये थे। उनको एकत्रित करने का उसने प्रयास किया। अन्त में वह स्वयं क्रोधित होकर अली गोल के 40 सवारों के साथ समरू के सिपाहियों से बचकर जोधराज पर झपटा। संघर्ष में जोधराज के सवारों के पैर उखड़ गये। मिर्जा एक भाला लगने से घायल हो गया। भाला उसके कवच को भेदकर उसकी दाईं जाँघ की हड्डी तक निकल गया था। फिर भी जोधराज की सैनिक पंक्ति टूट गई थी और वह स्वयं मैदान से भाग गया था।

पौने घण्टे तक लगातार लड़कर जनरल समरू ने युद्ध करना व्यर्थ समझा और आदेश मिलते ही उसके सैनिक धैर्य व व्यवस्था के साथ सकुशल मैदान से हट गये। परन्तु उसके एक फ्रांसिसी नायब व मुख्यत्यार ने अपने सैनिकों के साथ जमकर इतनी तीव्रता व सूक्ष्मता से गोलियां चलाईं कि शाही सेना की विजय लालसा सूख गई। मिर्जा ने नजफ कुली खां को अपने तोपचियों की तलाश करने भेजा। काफी प्रयास से वह कुछ तोपची तलाश कर पाया। मिर्जा के बन्दूकची भी उनके सामने विफल रहे। नजफ कुली खां के तोपचियों के प्रथम गोले ने फ्रांसिसी नायब की बारूद की पेटियों को तबाह कर दिया। दूसरा गोला नायब लैफ्टीनेंट के सिर पर पड़ा और तीसरा गोला सेना के मध्य भाग में गिरा। अत: फ्रेंच सैनिकों को पीछे हटना पड़ा। तब उस सौभाग्यशाली दिवस में मिर्जा के चेहरे पर मुस्कराहट दिखलाई दी।

युद्ध में जाटों के लगभग 2000 सैनिक खेत रहे या घायल हो गये थे, जबकि मिर्जा के भी 2000 मुगल सैनिक काम आये और 300 सैनिक घायल हो गये।[66] जनरल समरू की अधिकांश बटालियन बेकार हो गई। राज-सेवा के रिसालदार बाला बख्श खां के पुत्र का पैर उड़ गया और महन्त बालानन्द घायल हो गया। चन्दौल में सुरक्षित राजा की 'कल्पनातीत विपुल सम्पत्ति' को शाही सैनिकों ने नरूकों के साथ मिलकर लूट लिया। 14 तोपों, छावनी के सभी डेरों व सामान, पीछे रह गये हाथी, घोड़ा, ऊँट, मालवाहक गाड़ी व खच्चरों, अमूल्य वस्त्रों तथा नकद खजाने पर मुगल सेनापति का अधिकार हो गया। दीवान राव हेमराज व उसके भाई राव रूपराम कटारा, लालजी के पुत्र फौजदार मोहनराम बरसानिया के प्रभूत द्रव्य से विगत पांच दशकों में विकसित व समृद्ध तीर्थ बरसाना को मुगलों ने बर्बरता के साथ लूट कर, तोड़-फोड़ कर बरबाद कर दिया। राव रूपराम कटारा द्वारा निर्मित महल सदृश हवेलियों को भी भारी क्षति पहुंची, परिणामत: एक सदी तक यह तीर्थ वैष्णव आचार्यों के संरक्षण के अभाव में उपेक्षित रहा।

नवलसिंह के भगोड़ा सैनिक व छोटे-बड़े सभी सेनानायक व मंत्री अनेक

दलों में विभक्त होकर उसी रात्रि को डीग व कामां पहुंच गये। नवलसिंह शेष जीवन डीग से बाहर नहीं निकला। महाराव दानसिंह आगरा दुर्ग में, सीताराम चौधरी कोटवन चले गये और चार माह के बाद दीवान जोधराज भी उसको उसके भाग्य के सहारे छोड़कर राव रंजीतसिंह की सेवा में कुम्हेर चला गया। अमीर-उल-उमरा ने नवलसिंह के शिविर में कुछ दिन रुक कर विश्राम किया और स्वयं का व घायलों का उपचार करवाया। शाही दरबार में विजय का समाचार दूसरे दिन (31 अक्तू.) पहुंचा। बादशाह ने मूल्यवान उपहार भेजकर प्रधान सेनापति को प्रोत्साहित किया।

इस युद्ध में दीवान खुशाली राम हल्दिया के प्रयास व युद्ध में प्रदर्शित नरूका-शेखावत सैनिकों के साहसिक रणकौशल से राव प्रतापसिंह नरूका ने मिर्जा नजफ खां का विश्वास प्राप्त कर लिया। युद्ध के बाद मिर्जा ने राव को सिरोपाव भेजकर दीवान व उसके सभी सैनिकों को विदा कर दिया और वे राजगढ़ लौट गये।[67] मिर्जा के वरदहस्त से कछवाहा दरबार में भी राव प्रतापसिंह की प्रतिष्ठा बढ़ गई। 7 नवम्बर को जब वह 200 सवारों के साथ जयपुर दरबार में पहुंचा, तब सगौत्री नाथावत बन्धुओं तथा अन्य ताजीमी सरदारों ने विरोध को छोड़कर उसके साथ समझौता कर लिया।[68] मिर्जा की अभिशंसा पर नवम्बर 30, 1773 ई. (रमजान 15, सन् 15वां जलूसी) को बादशाह ने उसको 5000 जात/5000 सवार का मनसब, राव बहादुर का विरुद झण्डा व नक्कारा प्रदान करके एक शाही मनसबदार बना दिया।[69]

9. कोटवन गढ़ी पर अधिकार, नवम्बर, 1773 ई.

मिर्जा नजफ खां ने बरसाना में लगभग एक माह रुक कर नवम्बर के द्वितीय सप्ताह के शुरू में रहीम दाद खां को रुहेला सैनिकों व शाही तोपखाना व सैनिकों सहित कोटवन पर आक्रमण करने को रवाना किया, जहां सीताराम चौधरी के नेतृत्व में जाट सैनिकों ने 19 दिन जमकर सामना किया। शाही सैनिकों ने गढ़ी के समतल मैदान में तीन ओर खंदकें खोदकर और चौथी ओर सघन जंगलों में दिन-रात चौकसी करने को 500 सैनिक तैनात करके घेरा डाला। एक रात्रि को रुहेलों ने 200 सैनिकों की निगरानी में आ रहे खाद्यान्न से लदे बैलों को रोक लिया। झड़प के बाद जाट सुरक्षा बल व रेवासी भाग गये। फिर मिर्जा भी सेना लेकर आ गया। उसने रहीम दाद खां को किलेदारी व कोटवन जागीर में देने का प्रलोभन देकर उत्साहित किया और नजफ कुली खां को तोपखाना वे सैनिकों सहित उसकी सहायता को भेजा। 18 दिवस के दीर्घकालीन घेराबंदी से व्यथित होकर सीताराम एक रात्रि को गढ़ से ससैन्य बाहर निकल गया और प्रातःकाल शाही सैनिकों ने गढ़ी में प्रवेश करके अधिकार (नवम्बर के अंत में) कर लिया।

गढ़ी में मिर्जा को दो लाख मन अन्न का सुरक्षित भण्डार, दो कमरा गोला-बारूद, पांच तोप, कुछ घोड़े, व ऊँट, एक 'मस्त' हाथी, डेरा व अन्य सामान हाथ लगा। नजफ खां ने रहीम दाद खां को किलेदार नियुक्त किया और 'मस्त' हाथी, घोड़ा-ऊँट आदि भी उसको प्रदान कर दिये। किलेदार ने कोटवन परगना में अपनी चौकी व थाने बैठाकर प्रबन्ध संभाल लिया।[70]

नजफ खां ने जिला बरसाना, सहार, मेवात का बन्दोबस्त शुरू किया और अपने कुछ कप्तानों को मेवात व मध्य दोआब के दूरस्थ परगनों में जमींदारों को आश्वस्त करके समर्पण कराने तथा लगान वसूल करने के लिए भेज दिया।[71] अब उसने सम्पूर्ण राज्य पर अधिकार करने की योजना बना ली। उसने विजित प्रदेश में राज्य के राव (जागीरदार), जमींदारों, किसानों व रैयत को बेदखल करने की अपेक्षा भू-राजस्व भुगतान की शर्त पर यथावत अपनी जागीरों व जमींदारियों को उपभोग करने को मनाने का प्रयास किया। जाट सेवा के रिसालदारों को प्रलोभन देकर अपनी सेना में लेने की घोषणा के साथ नवाब जुल्फीकार खां खानज़ादा व अनेक रिसालदार उसकी सेवा में आ गये। राजा हीरासिंह व राजा अजीतसिंह के प्रयत्नों व उसकी मध्यस्थता से नवलसिंह सत्ता के विरोधी मातुल कुल से सम्बद्ध उसके अनेक चचेरे व ममेरे भाई बन्धु भी मिर्जा से आकर मिल गये। मिर्जा ने उन सभी को समृद्ध व उपजाऊ गांवों में ला-खिराज जागीरों की संपुष्टि कर दी।[72]

शाही दरबार में जाबित खां व अहद खां नवलसिंह की सहायता करने में विफल रहे। नवम्बर में अहद खां ने नवलसिंह को प्रोत्साहित करने के लिए पत्र लिखा, किन्तु मिर्जा के खुफिया सिपाहियों ने मार्ग में ही उसको पकड़ लिया।[73] अतः जाटों के लिए दोनों शाही मंत्री उपयोगी साधन नहीं रहे।

दिल्ली में मिर्जा नजफ के सैनिक भरती के प्रयास के समय ही नवलसिंह ने पदेन वजीर नवाब शुजाउद्दौला से सहयोग प्राप्त करने का प्रयास किया और उसके पास अपनी अर्जी (जून-जुलाई) भेज कर आग्रह किया-

"बादशाह के प्रति निष्ठा व समर्पित भाव के अलावा उसका अन्य कोई विचार नहीं है। नजफ खां ने शाह के समक्ष हमारे बारे में भ्रांत धारणाएं व्यक्त की हैं। वह हमारे महालों में गड़बड़ पैदा करने का इच्छुक है। आपके पिता (नवाब सफदरगंज) ने पूर्वकाल में सानुग्रह यह देश हमको दिया है। इसको आप ही सुरक्षित रखें।"

तब शुजा रुहेलखण्ड व अन्तर्वेद में कम्पनी सरकार के सैनिक सहयोग से मराठों द्वारा अपहृत शाही दुर्ग व परगनों पर अधिकार करने की योजना बनाकर गवर्नर वारेन हैस्टिंग्स से मुलाकात व विमर्श करने हेतु वाराणसी जा रहा था।[74] वारेन हैस्टिंग्स के आगमन तथा (अप्रैल, 1772 ई.) उत्तर भारत से मराठा सरदारों के दक्षिण जाने के बाद से ही कम्पनी सरकार की नीति बदलने लगी और उसने

अवध प्रान्त से आगे प्रान्त विस्तार की नीति बना ली। वह कम्पनी के लाभ में देशी राज्यों के साथ अनाक्रामक व आन्तरिक सुरक्षा की संधि करके उनकी व्यावहारिक स्वतन्त्रता में हस्तक्षेप करने को तैयार था। प्रारम्भ में सीधे हस्तक्षेप की अपेक्षा उसने शुजा को अपना हथियार बना लिया और शुजा ने अंग्रेजी फौजों की सहायता से गवर्नर जनरल के निर्देशन पर (i) पड़ौसी शासकों–फर्रूखाबाद के नवाब मुजफ्फरजंग, राणा गोहद व जाटों से मित्रता व समझौता करके (ii) नारायण राव पेशवा की मृत्यु (30-8-1773 ई.) के बाद बुन्देलखण्ड, अन्तर्वेद, दोआब व रुहेलखण्ड से मराठा थानों को उठाकर उनके किलों व परगनों पर कब्जा करने और (iii) बादशाह के साथ मिलकर उसके संरक्षण में बुन्देलखण्ड व रुहेलखण्ड पर विजय का मानस बना लिया।[74अ.]

बरसाना युद्ध के बाद नवम्बर 1773 ई. में नवलसिंह ने सिखों तथा शुजा के पास अपना वकील भेजकर पुनः सहयोग की याचना की। शुजा ने भी अपनी योजना के क्रियान्वयन के लिए बादशाह के साथ मिलकर आगरा दुर्ग पर अधिकार करने के बाद बुन्देलखण्ड व रुहेलखण्ड की ओर प्रस्थान के साथ फैजाबाद से अपने कारिंदा मोहम्मद एलिच खां को शाही दरबार में भेजने का निश्चय (नवम्बर के मध्य में) व्यक्त किया। साथ ही, उसने भी मीरबख्शी जाबित खां को इटावा होकर आगरा की ओर कूंच करने के विनिश्चय से अवगत करा दिया।[75]

शुजा ने फर्रुखाबाद के नवाब मुजफ्फर जंग को 'फरजंद' की उपाधि प्रदान करके वास्तव में उसे अपना 'अधीनस्थ सरदार' बना लिया। नवलसिंह ने भी मिर्जा की अपेक्षा राज्य की रक्षा के एवज में आगरा का दुर्ग शुजा को सौंपने का प्रस्ताव स्वीकार कर लिया। अतः शुजा ने स्वयं की तीन व कम्पनी सरकार की बटालियनों को गंगा नदी पार करके इटावा मार्ग से आगरा की ओर रवाना कर दिया। मार्ग में चार दिन के घेरे के बाद 15 सितम्बर को मराठा किलेदार हरी पंडित को पराजित करके उसके सैनिकों ने इटावा दुर्ग तथा कुछ ही दिनों में पड़ोसी क्षेत्र से मराठा आमिलों को निकालकर अन्य गढ़ियों पर कब्जा कर लिया।[76]

नवाब शुजा के आगरा की ओर सैनिक बटालियनें भेजने की अफवाह को सुनकर मिर्जा ने 5 दिसम्बर को कोटवन से पूर्व की ओर मुड़कर द्रुतगति से मथुरा की ओर प्रस्थान किया और नजफ कुली ने मथुरा का घेरा डाल कर सैन्य विहीन हिन्दुओं की पावन-धर्म नगरी पर अधिकार कर लिया। मिर्जा ने मथुरा, वृन्दावन, फरह आदि में अपने आमिल व थाने बिठला कर तोपों व सभी सेना सहित सिकन्दरा (आगरा) में पड़ाव डाला।[77]

शाही कप्तानों व रिसालदारों के अति सम्पन्न व समृद्ध व्यापारिक नगर आगरा को लूटकर अपने सैनिकों के शेष वेतन चुकाने के प्रस्ताव की अपेक्षा नगर के छोटे-बड़े हिन्दु-मुस्लिम सभी संभ्रांत व्यापारियों, नागरिकों की शहर व

जन-जीवन की सुरक्षा की सामूहिक विनय को प्राथमिकता देकर मिर्जा ने अपनी सज्जनता, नैतिक कुशलता व चातुर्य का परिचय दिया। तब शुजा व अंग्रेज सैनिकों के आने से पूर्व ही 11 दिसम्बर को उसके रिसालदारों ने बेरोकटोक आगरा शहर में प्रवेश करके स्थान-स्थान पर सैनिक चौकियां बिठलाकर दुर्ग के समीपस्थ जामा मस्जिद व क्षेत्रीय खाइयों पर अधिकार कर लिया।[78]

10. आगरा दुर्ग का घेरा व समर्पण, 11 दिस.-फरवरी 18, 1774 ई.

मिर्जा ने अकबर महान् के अति सुदृढ़ व अजेय दुर्ग का सर्वेक्षण करके 16 दिसम्बर को लम्बी मार की दुर्ग-विध्वंसक तोपों के अभाव में घेराबन्दी के प्राचीन देशी युद्ध सिद्धान्त को अपनाया। आसपास की कंकरीली व अति कठोर मिट्टी देखकर उसने चारों ओर उचित स्थानों पर योग्य रिसालदारों को उनकी तोपों के साथ तैनात कर दिया।[79] सुदीर्घ दुर्ग का घेरा लगभग 60 दिन (12 फरवरी तक) चला था। दूसरे दिन (17 दिस.) इटावा छावनी से नादिर ख्वाजा बसन्त अली खां अपनी तैलंग पलटनों के साथ आगरा आ गया और उसने किलेदार (दानसाह का भाई) के पास शुजा को दुर्ग सौंपने का गुप्त सन्देश भेजा। इसको सुनकर मिर्जा ने पत्र व अमूल्य पुरस्कारों सहित शुजा के पास वापस लौटा दिया। उसने पत्र में नवाब शुजा के प्रति समर्पण भाव प्रकट करके सभी विजयों से अवगत कराया। शुजा ने भी उसको आश्वस्त किया कि वह केवल आपकी सहायता के लिए ही उधर आ रहा था।[80]

छापामार नीति में विफलता

नजफ खां ने अपनी खंदकों व तोपों को दुर्ग-प्राचीर की ओर धीरे-धीरे बढ़ाया। तोपों की छाया में खंदकों से पक्की खाई तक पहुंचने पर पेड़ों की भारी डालें व घास-फूस डाल कर खाई को पाटने का निष्फल प्रयास किया गया। किलेदार ने दो-तीन सहस्त्र दुर्ग-रक्षकों के साथ प्राचीर से तोपें व बन्दूकें चलाकर जमकर मुकाबला किया और शाही सैनिकों को बार-बार पीछे ढकेल दिया।[81] यद्यपि मिर्जा नजफ खां के पास लगभग 30,000 सवार व पैदल आगरा आ चुके थे। इससे वहां खाद्यान्न, दाना-घास की तंगी होने लगी, सैनिकों का दैनिक गुजारा भी कठिन हो गया। उसने इस संकट के निपटारे को अपने रिसालदारों को जाट क्षेत्र के विजित परगनों को जायदाद के रूप में बांट दिया। तभी कुछ दिनों बाद जाट टुकड़ियों ने डीग, कुम्हेर, भरतपुर से निकल कर शाही थानों व चौकियों पर छापा मारना शुरू कर दिया। लगभग एक माह तक जाटों का छापामार कार्यक्रम चलता रहा। नजफ कुली खां भी उनका पीछा करता रहा। परन्तु एक माह के बाद शाही सैनिक

परेशान हो चुके थे।[82]

सितम्बर, 1773 ई. में अधिकृत 'सर्फ-ए-खास' मध्य दोआब में खुर्जा, अतरौली आदि परगनों (एक-तिहाई बटौता के आधार पर मिर्जा नजफ खां ने बादशाह की सर्फ-इ-जेब खर्च जागीर में छोड़ दिये थे, परन्तु फरवरी 1774 में अब्दुल अहद खां मिर्जा नजफ के विरुद्ध बादशाह को भड़काने में सफल हो गया था) में बादशाह ने राय सुचेतराव को फौजदार नियुक्त करके एक फिरंगी पलटन के साथ भेजा। कुछ दिन की झड़पों के बाद लक्ष्मण पंडित को समझौते के साथ खुर्जा का दुर्ग खाली करके (जनवरी) उसको सौंपना पड़ा।[83] बाघजी पंडित नवलसिंह की सेवा में आ गया और उसने जाट टुकड़ियों के साथ मथुरा व कोटवन के शाही थानों पर हमला कर दिया। लेकिन मीर मासूम ने उनको राय सुचेतराव की ओर पीछे हटने को बाध्य कर दिया।[84] मुनम्मद हसन और मिर्जा असहूर बेग नामक दो आमिलों ने तीन वर्ष तक अतरौली में राजस्व प्रशासन चलाया।[84अ.]

दूसरी बार नवलसिंह के निर्देशन पर बाघजी पंडित, सूरतिराम व मंसाराम कटारा (राव रूपराम कटारा के पुत्र) ने बरसाना के शाही थानों पर छापा मारा। छापामार सवारों के कोकिला वन (नन्दगांव से 3 किमी.) में आने पर रुहेला व मुगलिया सवारों के एक दल ने कोटवन से आकर रात्रि में उन पर अचानक आक्रमण कर दिया। बाघजी व अन्य सभी सवार होकर भाग गये, कुछ सामना करने पर खेत रहे। शाही सैनिकों ने दो-तीन सौ घोड़ों, दो पालकी, गोला-बारूद व ऊँट आदि पर अधिकार कर लिया।[85] अस्तु जाटों की छापामार नीति भी विफल हो गई।

शुजा के कूटनयिक प्रयास

नवलसिंह के दूत शुजा पर सैनिक सहायता का दबाव डाल रहे थे। 15 जनवरी को शुजा ने अपने कारिन्दा मोहम्मद एलिच खां तथा अकबर अली खां को तीन बटालियनों के साथ मिर्जा नजफ खां की अपरोक्ष सहायतार्थ तथा उसके व बादशाह के साथ कतिपय शर्तों पर बातचीत करने को रवाना किया। उन्होंने मिर्जा से मुलाकात करके 'शुजा को आगरा दुर्ग की किलेदारी सौंपने पर दुर्ग विजय का सम्पूर्ण उत्तरदायित्व स्वयं अपने ऊपर लेने तथा दुर्ग समर्पण के प्रस्ताव के साथ दानसाह से उसको मिलने की अनुमति देने' का प्रस्ताव रखा। इसके एवज में उन्होंने मिर्जा को पांच लाख रुपये गुप्त रूप से देने का वचन दिया। परन्तु मिर्जा ने स्वयं लाभ उठाने का निश्चय करके शुजा के प्रस्तावों को अस्वीकार कर दिया।[86] तब एलिच खां ने दिल्ली पहुंच कर 20 जनवरी को शाही दरबार में भी इन प्रस्तावों की चर्चा की ओर सम्राट से आगरा की ओर चलने और आगरा विजय

के बाद बुन्देलखण्ड अभियान में शामिल होने का अनुरोध किया। उसने नवलसिंह को उसकी भूलों के लिए क्षमा करने का निवेदन किया। परन्तु अहद खां की कुटिलता के कारण बादशाह ने सभी प्रस्तावों को स्वीकार नहीं किया। इस भांति एक माह व्यर्थ ही निकल गया और शुजा का दूत आगरा लौट आया।[87]

शुजा की सैनिक सहायता

चिंतित मिर्जा नजफ खां ने काफी परेशान होकर 'बादशाह तथा इस्लाम' के नाम पर शुजा से सैनिक सहायता की मांग की। एलिच खां के दिल्ली से लौट आने पर मिर्जा को 'बादशाह को रुहेलखण्ड तथा बुन्देलखण्ड अभियान में शुजा के साथ शामिल होने के लिए राजी करने' की शर्त को स्वीकार करना पड़ा। मिर्जा की 'अपील तथा वचन देने पर' फरवरी के शुरू में शुजा ने अपनी सेना के अति कुशल स्विस इंजीनियर मेजर पोलियर को अंग्रेजी सिपाहियों की दो पलटनों तथा अपने नादिर ख्वाज़ा बसन्त अली खां को भारी तोपखाना व बटालियनों के साथ 'नवलसिंह के आश्वासन की पालना में किलेदार से सम्पर्क करके दुर्ग पर अधिकार करने और दुर्ग में उपलब्ध सभी सैनिक प्रसाधनों पर कब्जा करने' के गोपनीय निर्देश के साथ रवाना किया। किलेदार ने शुजा के सैनिकों को दुर्ग में लाने का कई बार प्रयास किया, परन्तु नजफ खां की कड़ी सतर्कता से यह सभी असम्भव हो गया।[88]

पोलियर तथा शुजा की सेना ने 8 फरवरी को यमुना पार करके नजफ से मुलाकात की। पोलियर अंग्रेजों का एक योग्य व कुशल इंजीनियर था। उसने मिर्जा के साथ दुर्ग का निरीक्षण करके बंगला बुर्ज के दूसरी ओर एक ऊँचे टीले पर अपना तोपखाना लगाकर इसी दिन आक्रमण किया।

आगरा दुर्ग का समर्पण

मेजर पोलियर के दुर्ग की पुख्ता दीवार पर तीन दिन में 5000 गोले दागने से 'बंगला बुर्ज की दीवार के पत्थर प्रबल वेग के झकोरों से उड़ती पत्तियों की भांति लुढकने लगे।' इससे कमर कोठा भी टूट गया। तीन दिन व रात नजफ की सेना खंदकों में पड़ी रही। 10 फरवरी को मुगल सैनिकों ने दुर्ग पर आक्रमण किया। दुर्ग-रक्षकों ने अति योग्यता व तत्परता से दुर्ग की रक्षा की। फलतः शाही तोपखाने का दरोगा व 40 सैनिक काम आये और 260 सैनिक घायल हो गये। बुर्ज की दीवार टूटने से दानसाह का मनोबल टूट चुका था और उसको बाहर से भी सहायता मिलना असम्भव था। मिर्जा के जाट सहयोगी उस पर समर्पण का दबाव डाल रहे थे और राव रणजीतसिंह भी मिर्जा के साथ पत्र व्यवहार करने लगा था। मिर्जा नजफ की ओर से नवाब जुल्फीकार खां खानजादा ने दुर्ग में प्रवेश करके

दानसाह से वार्ता की। 13 फरवरी को दानसाह तथा महाराजा केहरीसिंह के मामा ने नजफ के शिविर में पहुंच कर भेंट-वार्ता की। तीन सहस्त्र जाट दुर्ग-रक्षकों के अपने हथियारों सहित दुर्ग से बाहर आने, उनके परिवार व निजी साज-सामान की सुरक्षा प्रदान करने के वचन पर दानसाह ने दुर्ग के बाहर नाहर गंज में अपना शिविर लगा दिया। फिर दानसाह स्वयं रजा बेग की तैलंग बटालियन के कुछ सैनिकों को अपने साथ दुर्ग में ले गया। इन्होंने प्रवेश द्वार पर शाही झण्डा फहराया और एक शाही थाना स्थापित किया। दुर्ग के आन्तरिक भाग में रहने वालों के 'जान-ओ-माल' की सुरक्षा की घोषणा की गई।

दुर्ग पांच दिन में पूर्णतः खाली हो गया। तब 18 फरवरी को अमीर-उल-उमरा मिर्जा नजफ खां ने दुर्ग में प्रवेश किया। मुगलों की कपट चालों का आभास होते ही दानसाह नाहर गंज शिविर को छोड़ कर भदावर के बीहड़ों में चला गया। मिर्जा ने जाट शिविर के सभी साज-सामान व खजाने पर अधिकार कर लिया। इस प्रकार 12 वर्ष के बाद आगरा का प्रसिद्ध ऐतिहासिक दुर्ग मुगल सत्ता के हाथों में चला गया। समाचार मिलने पर 18 फरवरी को बादशाह ने बाजे बजवाने व तोपें दाग कर खुशियां मनाने का आदेश दिया और कम्पनी सरकार के गवर्नर जनरल वारेन हैस्टिंग्स ने भी इस विजय पर नजफ खां को बधाइयां भेजीं।[89]

बादशाह ने अब्दुल अहद के प्रस्ताव पर आगरा दुर्ग पर अधिकार होने से पूर्व ही तैलंग पलटन के दरोगा मीर फजल अली खां (सैफुद्दीन मुहम्मद का चेला) को किलेदार नियुक्त करके[89अ.] आगरा की ओर रवाना कर दिया था, परन्तु मिर्जा ने शाही आदेश की उपेक्षा करके अपनी ओर से दाऊद बेग खां खुरची को किलेदार तथा अपने विश्वास पात्र लैफ्टीनेंट नजफ कुली खां को आगरा का सेनानायक नियुक्त किया। नजफ कुली ने अपने सैनिकों को आगरा के पश्चिमी भाग डीग व कुम्हेर के सीमान्त में तैनात करके सुरक्षा प्रबन्ध किये।

अब मिर्जा का प्रथम अभियान सफल हो चुका था। अतः उसने 20 फरवरी को यमुना नदी पार की और आगरा से शिकोहाबाद की ओर कूंच कर दिया। उसने 27 फरवरी को इटावा में नवाब वजीर-उल-मुल्क शुजा से भेंट की। 6 मार्च को शुजा ने नजफ खां को अपनी ओर से शाही दरबार में मुख्त्यार तथा नायब वजीर नियुक्त किया।[90] फिर शुजा व नजफ खां ने नवाब मुजफ्फरजंग के साथ दोआब में प्रस्थान किया। शुजा ने कौरियागंज होकर हरदुआगंज में पड़ाव डाला। मार्ग में उसने सम्राट की अनुमति से मराठा कमाविसदारों को हटाकर अधिकार कर लिया। 'रुहेलखण्ड अभियान में शुजा व अंग्रेजी फौजों की सहायता के लिए बादशाह को अपने साथ लाने और रुहेला प्रदेश को आपस में विभाजन करने' के प्रस्ताव के साथ मिर्जा नजफ खां ने जिला कोइल में शुजा से विदाई ली और 28 मार्च को शाही दरबार में जाकर उपस्थित हुआ। बादशाह ने उसको

खिलअत से सम्मानित किया (दे.क्रानि.)।

11. बल्लभगढ़ तथा फर्रुखनगर दुर्गों का पतन, अप्रैल-मई, 1774 ई.

अन्ततः राजा नवलसिंह विशाल राज्य के विघटन को रोकने में असमर्थ हो चुका था। मिर्जा नजफ खां ने राजवंश के बन्धु-बान्धव व प्रमुख रिश्तेदार तेवतिया व सोलंकी परिवारों व उनके अनुजीवियों के सहयोग से मेवात के जमींदारों को तोड़ने की जिस नीति व उपाय को प्राथमिकता दी थी, उसके फलस्वरूप जाट शासक के सेनानायकों ने राज सेवा त्यागकर स्वाधीन होने या स्व-भाग्य निर्माण का निर्णय कर लिया था और वे नवलसिंह से विलग होने लगे थे। दीवान जोधराज भी अपने लाहोरी रिसाला व अनुजीवियों सहित रणजीतसिंह की सेवा में पुनः आ गया और रणजीतसिंह ने उसको अपना 'मुख्त्यार' बना लिया। इस संकट काल में कुछ सरदारों के परामर्श पर राजमाता किशोरी पुरोहित हरिनारायण (किशनसिंह का पुत्र तथा घमण्डी पुरोहित का भतीजा) के साथ राणा छत्रसिंह (गोहद) के पास पहुंची।

राणा छत्रसिंह मराठों को खदेड़कर राज्य विस्तार करने को समुत्सुक था और उसने अपने पड़ोसी शासक नवाब शुजा से सहयोग प्राप्त करने में सफलता प्राप्त कर ली। शुजा ने राणा को बुन्देलखण्ड में अपनी नीति का संपोषक समझ कर सानुग्रह इटावा छावनी में आमंत्रित किया और उसको अपनी ओर से कालपी तथा झांसी आदि जिलों के कुछ परगनों की सनद भी प्रदान कर दी। साथ ही मराठों के विरुद्ध उसकी सहायता हेतु कप्तान मेडक को भी फिरंगी सैनिकों सहित रवाना कर दिया।[91] तभी राणा ने मराठों के विरुद्ध गवर्नर कम्पनी सरकार के साथ पत्र-व्यवहार करने का भी मानस बना लिया था।[92] अनुमानतः उसने रानी किशोरी की प्रार्थना पर अपने वकील या दूत को शुजा के पास भेजकर रणजीत सिंह की सहायता का दबाव डाला और उसने रानी किशोरी से रणजीतसिंह को नवाब वजीर-उल-मुल्क(शुजा) की सेवा में भेजने का आग्रह किया। रानी अपने सत्प्रयासों की पृष्ठभूमि बनाकर वापस लौटी और नवलसिंह व रणजीतसिंह दोनों ने उससे भेंट की।[93]

इस विषम स्थिति में जनरल समरू अपने जीवन को असुरक्षित समझने लगा था। निरन्तर युद्ध के कारण उसके सैनिकों का दो लाख रुपया वेतन चढ़ चुका था। उसने नवलसिंह की सेवाओं को त्यागकर मिर्जा तथा बादशाह की सेवा में जाने का मानस बना लिया। मिर्जा नजफ भी आगरा प्रान्त के बन्दोबस्त के लिए उसको नवलसिंह से तोड़ना चाहता था। दोनों के बीच अब्दुर्रहमान खां के माध्यम से पत्र-व्यवहार चल रहा था। समरू ने अहद खां के पास अपनी अर्जी भी भेज

दी।[94] तभी मिर्जा नजफ ने राजा हीरासिंह को शाही सैनिकों के साथ बल्लभगढ़ दुर्ग पर अधिकार करने को रवाना किया। उसने दुर्ग की घेराबन्दी के बाद 20 अप्रैल को अपने पैतृत्व दुर्ग पर अपना स्थायी अधिकार कर लिया।[95] मिर्जा नजफ खां ने हीरासिंह तथा अजीतसिंह दोनों भ्राताओं को 'राजा' के विरुद से सम्मानित किया। उसने अजीतसिंह को बल्लभगढ़ दुर्ग का किलेदार तथा प्रान्त का हाकिम (राज्यपाल) नियुक्त किया और हीरासिंह को 'सालार जंग' की उपाधि व सम्मान देकर अपने साथ शाही सेवा में रख लिया।[96] उधर नवाब मुसाबी खां को फर्रुखनगर दुर्ग से जाट किलेदार को निकाल कर अधिकार करने को भेजा गया। सम्भवतः दुर्गरक्षकों ने उसका जमकर सामना किया। दिल्ली से रुहेलखण्ड की ओर प्रस्थान करने से पूर्व मिर्जा नजफ खां की अनुशंसा तथा बादशाह के निर्देश पर अहद खां ने मुसाबी खां के पास 7 तोप व चार रिसाला कम्पनी रवाना कर दी थीं।[97] 6 मई को नवाब मुसाबी खां ने जाट किलेदार व दुर्गरक्षकों को निकालकर फर्रुखनगर दुर्ग पर अधिकार कर लिया।[98] 20 मई को जनरल समरू भी दो लाख रुपया बकाया होने पर नवलसिंह को छोड़कर मुगल बादशाह की सेवा में चला गया। बादशाह ने उसको 'जफरयाब खां' के विरुद से सम्मानित किया और दूसरे दिन (21 मई) शाहजादा फख्रउद्दौला को नायब नियुक्त करके सरहिन्द के करनाल-पानीपत आदि दो-तीन परगनों की फौजदारी के अधिकार प्रदान किये और 65,000 रु. महावार भुगतान की शर्त पर जुलाई में इन परगनों पर अधिकार करने को रवाना किया।[99]

12. रणजीतसिंह की विफलता, मार्च-अगस्त, 1774 ई.

मिर्जा नजफ खां तथा नवाब वजीर शुजाउद्दौला दोनों अब 'एक प्राण दो शरीर' बन चुके थे। मिर्जा जब दिल्ली में ही था, तब शुजा ने उससे आग्रह किया, 'कि वह रणजीतसिंह को भी अपने साथ रुहेलखण्ड शिविर में लेकर आवे।[100] अतः रणजीतसिंह तथा जोधराज (मुख्त्यार) दोनों 4-5 सहस्र सवार व पैदलों के साथ मिर्जा के पास जाने को दिल्ली पहुंचे और 22 अप्रैल को वहां से उसके साथ रुहेलखण्ड की ओर चल दिये। गंगा पार करते ही मिर्जा को मीरान कटरा युद्ध (23 अप्रैल) में नवाब वजीर की विजय का समाचार मिला 15 मई को उसने विसौली में शुजा से भेंट की।[101] तभी रणजीतसिंह ने भी शुजा से मुलाकात की। शुजा ने मिर्जा से उसको राज्य के प्रान्तों के कुछ अधिकार सौंपने की अभिशंसा की।[102]

विसौली छावनी में नवाब शुजा के साथ रुहेला प्रदेश के विभाजन का गुप्त समझौता करके मिर्जा नजफ खां मीरबख्शी जाबित खां तथा रणजीतसिंह सहित अनूपशहर होकर 11 जून को दिल्ली लौटा ओर 12 जून को उसने शाही दरबार

में बादशाह से भेंट की।[103] रणजीतसिंह व जाबित खां ने कश्मीरी दरवाजे की ओर परकोटा के बाहर कुदसिया बाग के समीप अपना शिविर डालकर मिर्जा के माध्यम से अपने राज्य के 10 परगनों की शाही सनद प्राप्त करने का अथक प्रयास किया। परन्तु मिर्जा नजफ खां जाट प्रदेश की लूट व विजित प्रदेश का बादशाह व स्वयं के बीच बंटवारे की समस्या में उलझ चुका था।

बादशाह उससे अप्रसन्न था और वजीर की शक्तियों व मुहर के प्रयोग व अहद खां व मिर्जा में काफी अनबन होने से रणजीतसिंह को दिल्ली में दो माह तक रुकना पड़ा। अब्दुल अहद खां ने रणजीतसिंह को मिर्जा से विमुख करने के लिए प्रस्ताव रखा 'राजा सूरजमल आगरा दुर्ग से जिन जिंसी तोपों व साज-सामान को उठाकर ले गया है, उसको वापस लौटाने के वचन-पत्र पर वह हस्ताक्षर करके उसको सौंप दें,' तभी जाट राज्य के कुछ परगनों उसको सौंपे जावें। तभी परगनों की शाही सनद, के बदले नजराना व पेशकश के प्रस्ताव पर विचार सम्भव हो सकेगा। इस कारण रणजीतसिंह को बादशाह के समक्ष शाही दरबार में मुलाकात का अवसर नहीं मिल सका। अन्ततः मिर्जा नजफ खां ने रणजीतसिंह को अपने न्यास व प्रभाव में रखने की नम्र नीति से जोधराज को वचन दिया, 'बादशाह के साथ जाट राज्य के परगनों का एक-तिहाई का बंटवारा तय करने के बाद वह उसको (रणजीत सिंह) 10 लाख रुपया वार्षिक जमा की जागीर का पट्टा दिलवाने का प्रयास करेगा।'[104]

शाही दरबार से सनद न मिलने से स्वप्न चूर होते ही 'रणजीतसिंह एक दिन शिकार के बहाने अपने सैनिकों के साथ छावनी से बाहर निकला और उस पर निगरानी रखने वाले मिर्जा के चार हरकारों को मारकर भरतपुर लौट आया।[105] अब उसने मुगलों की कपट चाल को परखकर देशहित में अपने भाई के साथ मिलकर सहयोग देने का दृढ़-निश्चय (अगस्त) कर लिया।

संदर्भ

1. सी.पी.सी., खंड 4, पत्र. 473
2. खैर, खंड 1, पृ. 229; मिसकिन, पृ.283; इ.डा. (चहार), खंड 8, पृ. 168;
3. इस्लामिक कल्चर, खंड 11, पृ. 387 (सरकार द्वारा अनुदित मोडव संस्समरण); 1937 ई.;
4. कवि जसराम के कवित्त से ज्ञात होता है कि इस समय राज्य में सात विरोधी व्यक्ति थे। उसने लिखा है कि जिस राज में 'सात भूत' खेलते हों, उस राज्य में कुशलता कहां?

   पला कौ पटेल जो पलाप देत ताही छिन।
   सही रहै येही कहै आयुस ब्रजराज की ॥

   × × ×

आवै दीन दुखित सहाय दरबार जान।
सात भूत खेलें, कहौ कुशल का राज की ॥

5. घमण्डीराम पुरोहित तथा उसके अन्य सात भाइयों ने सूरजमल की वीरता व साहस से सेवा की थी। घमण्डीराम ने पुरोहित रिसाला तैयार किया था। पुरोहित बाल मुकुन्द हरबल का पुत्र और खुशहालीराम मोहनराम का पुत्र था।
6. पू.पा., खंड 1, पत्र अ 36 ब और पृ. 67, 15 अगस्त;
7. पू.पा., खंड 1, पत्र. 34 ब, पृ. 65, 6 जुलाई तथा पत्र अ-36 अ, पृ. 67;
8. पू.पा., खंड 1, पत्र. अ 37 अ, पृ. 68, 11 सितम्बर;
9. पू.षा., खंड 1, पत्र, अ-37 अ तथा पत्र. अ 34 ब, पृ. 65 (6 जुलाई); सी.पी.सी. खंड 4, पत्र 539, 22 सितम्बर;
10. उपरोक्त, पत्र. अ-36 ब, पृ.67, पत्र अ-37 ब, 11 सितम्बर;
11. मावण्डा-मंढौली युद्ध (अ 7) के बाद राव प्रतापसिंह नरूका का जयपुर राज्य की राजनीति में पर्याप्त हस्तक्षेप रहने लगा था। उसने राजगढ़ में एक विशाल दुर्ग, महल बाग, बाजार बनवाकर नरूखण्ड में अर्द्ध-स्वाधीन सामन्त के रूप में पर्याप्त सामन्ती वैभव बढ़ा लिया था। इससे कछवाहा दरबार में कुछ सामन्त उससे असन्तुष्ट थे। अतः फरवरी 20, 1770 ई. को जयपुर में किसी अज्ञात ने उसको गोली से घायल कर दिया। इस घटना से सामन्तों की गुटबन्दी को बढ़ावा मिला। अतः सितम्बर-अक्टूबर, 1772 ई. में राजसिंह घुड़चढ़ा व फिरोज खां ने राजगढ़ का घेरा डाला। थानागाजी युद्ध के बाद राजसिंह की अर्जदाश्त पर कछवाहा दरबार ने राव प्रतापसिंह के अपराधों को क्षमा कर दिया और 16 अक्टूबर को राव प्रतापसिंह कछवाहा दरबार में जाकर उपस्थित हो गया। 21 अक्टू. को उसको ताजीमी सरदार बनाया गया। इससे रतनसिंह नाथावत (चौमू) तथा रावल सुलतान सिंह नाथावत (साभौद) असंतुष्ट हो गये थे। इसके बाद दरबार में इसकी प्रतिष्ठा कम होने लगी थी। अतः वह अपने स्वतन्त्र अस्तित्व की ओर अग्रसर होने लगा और अन्ततः मिर्जा नजफ खां की सेवा में चला गया। (द.कौ. खंड 11, पृ. 159-164; प्रताप रासो, चतुर्थ प्रभाव)
12. कंवर दानसाह के बेहट से डीग लौटते ही नवाब मीर कासिम के अफगान सैनिक भी पेशगी के अभाव में उसको छोड़कर चले गये और छत्रसिंह राणा ने भी उसका साथ छोड़ दिया। मराठों से अपनी रक्षा के लिए राणा छत्रसिंह ने बादशाह से सम्पर्क किया और जनवरी, 1772 ई. में उसने शाह आलमसानी से मुलाकात करके कुछ रुपया व वस्तुएं नजर कीं। बादशाह ने उसको उपाधियों से अलंकृत किया और गोहद व ग्वालियर की सनद सौंपकर वैधानिक स्वामित्व प्रदान किया। तब राणा ने 2500 बन्दूकची सवारों सहित 10,000 सैनिक जमा करके ग्वालियर से समीपवर्ती सिकरवाड़, तंवरघार भू-भाग पर अधिकार कर लिया। इससे पंचमहल में भारी दहशत फैल गई। राजा शत्रजीत (दतिया) ने भी मराठा थानों को उजाड़कर दखल कर लिया। पे.द., जि. 29, लेख 268; झांसी में उपद्रव भड़कने पर जनवरी, 1773 ई. में शिवाजी विट्ठल 5000 सैनिकों के साथ झांसी पहुंचा, परन्तु वह उपद्रवों

को शांत नहीं कर सका।

13. पू.पा., खंड 1, पत्र अ-36 ब, 37 अ-ब, पृ. 69-70;
14. पू.पा., खंड 1, पत्र अ-36 ब, पृ. 68 तथा अ-37 अ, पृ. 69;
15. कुतुब मीनार तथा तुगलकाबाद के दक्षिण में क्रमशः 3:3.5 किमी. और मदनपुर के द.प. में 10 किमी;
16. चहार गुलजार-ए-शुजाई के आधार पर कानूनगो ने इस कथन को प्राथमिकता दी है।
17. कानूनगो, पृ.252 तथा दे.क्रानि;
18. खैर, खंड 1, पृ. 212 (सन् ठीक नहीं); पू.पा., खंड 1, पत्र. अ-37 अ, पृ.68; गुलाम अली, खंड 3, पृ.34; चहार, पृ. 492 ब;
19. पू.पा., खंड 1, पत्र अ-37 अ, पृ.67;
20. होड़ल के उ.प.में 15.5 किमी;
21. महंत पीताम्बरदास महन्त लालदासजी, मंदिर श्री सीतारामजी, कोतवाली, भरतपुर के पट्ट शिष्य थे। इनकी प्रधान गद्दी घाटा टुड़याना (तह. महुआ) थी।
22. पू.पा. खंड 1 पत्र अ-36 ब, पृ. 67, अ-37 अ तथा ब, पृ.68-70 (11 सितम्बर) तथा पत्र. अ-41, पृ.72 (जाबित खां का लुहारा में रुकना);
23. पू.पा. खंड 1 पत्र अ-36 अ, पृ. 66, 15 अगस्त;
24. उपरोक्त, पत्र अ-37 ब, पृ. 70, 11 सितम्बर;
25. दे.क्रॉनि; मुना. पृ. 150; खैर, पृ. 213; पू.पा., खंड 1, पत्र अ-37 ब, पृ. 70 तथा पत्र अ-39, पृ. 71;
26. खैर, खंड 1, पृ. 213; दे.क्रॉनि; चहार; गुलाम अली (शाह अलम नामा), पत्र 34;
27. खैर, खंड 1, पृ. 213; पू.पा., खंड 1, पत्र अ-37 ब, पृ. 71;
28. सी.पी.सी., खंड 4, पत्र 539 (यह पत्र कलकत्ता 22 सितम्बर को पहुंचा था); पू. पा., खंड 1, पत्र अ-37 ब, पृ. 71 (अहद खां का पत्र नवलसिंह को 11 सितम्बर को मिला था।)
29. पू.पा., खंड 1, पत्र अ-37 ब, पृ. 71 (अहद खां का पेशकश का प्रस्ताव)
30. दे. क्रॉनि; खैर, जि.1, पृ. 213; गुलाम, खंड 3, पृ.29-33; चहार, पृ.493 अ; सी. पी.सी., खंड 4, पत्र 558; (12 अक्टूबर); पू.पा., खंड 1, पत्र अ-39, अ-41, पृ. 72;
31. दे. क्रॉनि (पृ. 171) की सूचना कि घायल लैफ्टी. दानसाह 20 सितम्बर को दरगाही (डूंगर) गढ़ी में मर गया भ्रांति पूर्ण है। (पू.पा., पत्र अ-39, पृ.71), मुना (पृ.152) तथा सी.पी.सी., (खंड 4, पत्र 558) के अनुसार वह घायल होकर एक गढ़ी में चला गया था।

31अ. सी.पी.सी., खंड 4, न. 647, पृ. 118

32. पोलियर, पृ.27, खैर, खंड 1, पृ.230;
33. सी.पी.सी., खंड 4, पत्र 473 (1 सितम्बर)
34. खैर, खंड 1, पृ. 230; फ्रेंकलिन, पृ.53;

35. सी.पी.सी., खंड 4, पत्र 612 (5 नवंबर);
36. मुना., पृ. 151; दे.क्रानि, पृ. 171; पू.पा., खंड 1, पत्र अ-39, पृ.71; खैर, खंड 1, पृ. 230;
37. दे. क्रॉनि; पृ. 172; पू.पा., खंड 1, पत्र अ-31, पृ. 71 तथा अ-41, पृ. 72; गढ़ी हरसरु-फर्रुखनगर के द. में 13 किमी; (सम्भवतः इस गढ़ी में मराठों ने अधिकार कर लिया था।)
38. बल्लभगढ़ के द. में 8 किमी. तथा पलवल के उत्तर में 15 किमी.;
39. खैर, खंड 1, पृ. 230; मुना.; पृ. 151; पू.पा., खंड 1, अ 39, पृ. 71 तथा अ-41, पृ. 72;
40. खैर, खंड 1, पृ. 230; पू.पा., खंड 1, पत्र अ-39, पृ. 71; दे. क्रॉनि; गुलाम अली खंड 3, पृ. 36; चहार, पृ.492 अ.
41. पलवल के द. में 24 किमी. तथा होडल के उ.प. में 7 किमी;
42. खैर, खंड 1, पृ. 232; पू.पा., खंड 1, पत्र अ-42, पृ. 73, अ-44 अ, पृ. 76 (बंचारी में किलेबन्दी)
43. खैर, खंड 1, पृ. 230;
44. खैर, खंड 1, पृ. 231;
45. खैर, खंड 1, पृ. 232;
46. होडल के द.पू.में 7 किमी.; राजा बदनसिंह ने जीवन के अंतिम वर्षों में यहां अति उत्तम महल, कचहरी तथा ईंटों की पक्की गढ़ी का निर्माण कराया था। गढ़ी के बाहर 18 फुट चौड़ा मिट्टी का परकोटा और उसके चारों ओर 16 फुट चौड़ी खाई थी।
47. खैर, खंड 1, पृ. 233-4;
47अ. दे क्रॉनि. पृ. 172
48. पू.पा., खंड 1, पत्र अ-43 अ, पृ. 74 तथा पत्र अ-44 अ, पृ. 76;
= मितरौल-होडल के उत्तर में 14 किमी. और पलवल के दक्षिण में 13 किमी.
48अ. पू.पा., पृ. 74
49. खैर, खंड 1, पृ. 234;
50. दे. क्रॉनि; पू.पा., खंड 1, पत्र अ-40, पृ. 72, पत्र अ-42, पृ. 73 तथा पत्र अ-43 अ, पृ. 74; छाता-कोसी के द. पू. में 16 किमी. और सहारे के उत्तर में 19 किमी. कोसी-कोटवन के द.पू. में 12 किमी., सहार-मथुरा के द.प. में 24किमी. और बरसाना के पश्चिम में 11 किमी.।
51. पू.पा., खंड 1, पत्र अ-43 अ, पृ.74, तथा अ-44 अ, पृ. 76; (शेरगढ़-मथुरा के उ.प. में 19 किमी.)
52. पू.पा., खंड 1, पत्र अ-43 अ, पृ. 74-75; खैर, खंड 1, पृ. 235, गुलाम अली, खंड 3, पृ. 38; चहार, पृ.493 ब; छाता-मथुरा के उ.पू. में 23 किमी. तथा सराय छाता 28 किमी;, कोसी के द.पू. में 16 किमी. तथा सहार के उत्तर में 19 किमी;)

53. उपरोक्त; प्रताप रासो, पृ. 47-50 (ब्रज में जागीर का अभ्यार्थी)
54. पू.पा., खंड 1, अ-43 अ, पृ. 75; खैर, खंड 1, पृ. 235;
55. सी.पी.सी., खंड 4, पत्र 628 (पत्र प्राप्ति 13 नवम्बर);
56. मथुरा के उ.प. में 34 किमी.; डीग के उ.पू. में 22 किमी. तथा बरसाना के उत्तर-पूर्व में 11 किमी.;

= खैरुद्दीन का कथन है कि मिर्जा ने प्रथम पड़ाव सहार के समीप और फिर साहपुर में स्थायी छावनी डाली (खंड 1, पृ. 235); इस क्षेत्र में इस प्रकार का कोई भी गांव न होने से डॉ. सरकार का अनुमान है कि यह गांव तातारपुर होना चाहिए (खंड 3, पृ. 63);

= डॉ. कानूनगो (पृ.262) की यह भूल है कि 22 अक्टू. को मिर्जा सहार पहुंच गया था। लेखक का यह आकलन खैरुद्दीन के विवरण पर आधारित है।

57. खैर, खंड 1, पृ. 235; पू.पा., खंड 1, अ-43 अ, पृ. 75, अ-44 स, पृ. 77;
58. पू.पा., खंड 1, पत्र अ-44 स, पृ. 77 तथा बलदेव सिंह, पृ. 88;
59. उपरोक्त, खंड 1, पत्र अ-43 ब, पृ. 75; खैर, खंड 1, पृ. 235;
60. उपरोक्त, खंड 1, पत्र अ-44 अ, पृ. 76; परिषद की बैठक के लिए, प्रताप रासो, पृ. 50
61. उपरोक्त, खंड 1, पत्र अ-43 ब, पृ. 75;
62. सी.पी.सी., खंड 4, पत्र 638, प्राप्ति 17 नवंबर) के आधार पर डॉ. कानूनगो का मत है कि यह युद्ध 31 अक्टूबर (14 साबान) को लड़ा गया था। (पृ. 263); जबकि नवलसिंह छावनी से लिखे मराठा सम्वाददाताओं के पत्र तथा दे.क्रॉनि की सूचना से स्पष्ट है कि यह युद्ध 30 अक्टू. को लड़ा गया था।
63. पू.पा., खंड 1, पत्र अ-44 अ, पृ. 76 (सैनिक संख्या); खैर, खंड 1, पृ. 237 (मासूम अली खां);
64. खैर, खंड 1, पृ. 236 तथा पू.पा., खंड 1, पत्र अ-43ब, पृ. 75;
65. बरसाना युद्ध के लिए देखें–खैर, खंड 1, पृ. 236-240; गुलाम अली, खंड 3, पृ. 40-4; पू.पा., खंड 1, पत्र अ-43 ब, पृ. 75-76; चहार, पृ. 493 ब; दे. क्रॉनि. (तारीख); फ्रेंकलिन, पृ. 53; हिन्दुस्तान अण्डर फ्री लांसर्स, पृ. 21-2, (1770-1820ई,) ले. एच.जी.कीन, मु. 1907 ई.;
66. सी.पी.सी., खंड 4, पृ. 638; पू.पा., खंड 1, पत्र 43 ब, पृ. 76 (दोनों ओर से 1000 सैनिक खेत रहे या घायल हो गये थे)।
67. प्रताप रासो, पृ. 51;
68. द.कौ., जि. 11, पृ. 165-6;
69. नकल सुक्का व सनद; (इस सुक्का में अंकित तारीख की सही जांच किये बगैर ही डा. नागौरी ने इस सम्मान का वर्ष 1774 ई. लिखा है, पृ.54; किन्तु यह उसकी भूल है।

= बादशाह आलम सानी का 15वां ज़लूसी सन् जुलाई 24, 1773 ई. को शुरू होता

है। यह सुक्का का सन् 1773 ई. ही है।

70. पू.पा., खंड 1, पत्र अ-46 ब, पृ. 80; खैर, पृ.241-2; चहार पृ. 493 ब (19 दिन का घेरा);
71. पू.पा., खंड 1, पत्र अ-46 ब, पृ. 80;
72. खैर, खंड 1, पृ. 244;
73. उपरोक्त, खंड 1, पृ. 242;
74. पू.पा., खंड 1, पत्र अ-36 अ, पृ. 67-8;

74अ. फोरेस्ट, 26 नम्बर, 1773 पृ. 75-76, 77, 78;

75. सी.पी.सी., खंड 4, पत्र 705; पू.पा., खंड 1, पत्र अ-45;
76. पू.पा., खंड 1, पत्र 48 अ, पृ. 81; पे.द., जि. 39, पत्र 263; सी.पी.सी., खंड 4, पत्र 719, 731, 736, 751; राने मादे, पृ. 50; दे. क्रॉनि., पृ. 173 (19 दिसम्बर को इटावा समाचार); चहार, पृ. 512 ब; शुजा, खंड 2, पृ. 200-1;
77. खैर, खंड 1, पृ. 245; चहार, पृ. 494 अ; पू.पा., खंड 1, पत्र अ 45, पृ. 78, अ-46 ब, पृ. 80, अ-48, पृ.82;
78. खैर, खंड 1, 245; फ्रेंक., पृ. 54, पू.पा., खंड 1, अ-48 अ, पृ.82; दे. क्रॉनि., पृ. 173;
79. खैर, खंड 1, 246; फ्रेंक., पृ. 54,
80. पू.पा., खंड 1, पत्र अ-48 ब, पृ. 82 (बसन्त अली) तथा खैर, खंड 1, पृ. 245 (पत्र);
81. दे. क्रॉनि., पृ. 173 (19 दिसम्बर को अंकन); पू.पा., खंड 1, पत्र 48 अ, पृ. 82;
82. पू.पा., खंड 1, पत्र 48 ब, पृ. 82;
83. उपरोक्त, खंड 1, पत्र 48 अ, पृ. 82;
84. उपरोक्त, खंड 1, पत्र 48 ब, पृ. 82;

84अ. सिद्दीकी, पृ. 123; तारीखे अतरौली, 17

85. उपरोक्त, खंड 1, पत्र 49, पृ. 83;
86. सी.पी.सी., खंड 4, पत्र 802; पू.पा., खंड 1, पत्र अ 48 ब, पृ. 82;
87. उपरोक्त, पत्र. 802, 907; खंड 5, पत्र 197;
88. खैर, खंड 1, पृ. 246; सी.पी.सी., खंड 4, पत्र 802; शुजा, खंड 2, पृ. 237 तथा कानूनगो, पृ.269 (गुप्त निर्देश);
89. पू.पा., खंड 1, पत्र अ-40, पृ. 83, अ-50 अ, पृ. 84; मुना., पृ. 152; गुलाम अली, खंड 3, पृ. 45-51; खैर, खंड 1, पत्र 247-9; चहार, पृ. 493 ब; सी.पी.सी., खंड 4, पत्र 647, 731, 907 (2); 904, 1022; फोर्ट वि., खंड 7, पृ. 590; फ्रेंक., पृ. 54-55; दे. क्रॉनि., पृ. 175; पोलियर प्राक्थन, पृ. 6 (पोलियर ने स्वयं आगरा आक्रमण का वृतान्त नहीं दिया है)

89अ. पू.पा., खंड 1, पत्र 48 अ, पृ. 81, 12 फरवरी

90. पू.पा., खंड 1, पत्र अ-50 अ, पृ. 84; दे. क्रानि., पृ. 176; खैर खंड 1, पृ. 250;

सी.पी.सी., खंड 4 पत्र 907, खंड 5, पत्र 197, शुजा, खंड 2, पृ. 237-8 (4 व 6 मार्च मुलाकात की तारीखें भ्रामक हैं।) इमाद पृ. 114-5; चहार, पृ. 448 अ;

91. पू.पा., खंड 1, पत्र अ-48 ब, पृ. 83; (23 अप्रैल के मेडक के प्रयासों से पराजित होकर बालाजी व गंगाधर गोविन्द ने मीर नेमउल्लाह के सामने समर्पण कर दिया था, सी.पी.सी. खंड 4, पत्र 188);
92. सी.पी.सी., खंड 4, पत्र 972 (गवर्नर के नाम अर्जदाश्त) तथा पत्र 1183 (समझौता की शर्तें);
93. बलदेव, पृ. 89 तथा वाक्या राज. खंड 2, पृ. 77
94. सी.पी.सी., खंड 4, पत्र 1152-4, 1157, 1171, 1184;
95. दे.क्रॉ., पृ. 177
96. वही, पृ. 213
97. सी.पी.सी., पत्र 1026
98. दे.क्रॉ., पृ. 178
99. दे. क्रानि, पृ. 178; सी.पी.सी.; खंड 4, पत्र 1090 (बादशाह से मुलाकात), 1079, 1097; खैर, खंड 1, पृ. 263; मुना., पृ. 155, पू.पा., खंड 1, पत्र अ-51 अ, ब; पृ. 87;
100. सी.पी.सी., IV, पत्र 1044
101. खैर, खंड 1, पृ. 251, 260; गुलाम अली, खंड 3, पृ. 57; मुना., पृ. 155; शुजा, खंड 2, पृ. 239-241; सोल्जरिंग इन इंडिया, पृ. 210; फ्रेंकलिन, पृ. 61-2;
102. बलदेव सिंह का यह कथन एक भूल है कि इस समय नवाब वजीर शुजा ने रणजीतसिंह को 'फरजिन्द बहादुर' की उपाधि प्रदान की (पृ.89); पेशवा दरबार में भेजे समाचार पत्र से स्पष्ट है कि मिर्जा नजफ खां ने जनवरी 24, 1778 ई. को यह उपाधि प्रदान की थी। (पू.पा., खंड 1, पत्र अ-55 ब, पृ. 92);
103. खैर, खंड 1, पृ. 260, मुना, पृ. 156; पू.पा., खंड 1, पत्र अ 51 अ, पृ. 85;
104. पू.पा., खंड 1, पत्र अ-51 अ, पृ. 86-87, 3 अगस्त;
105. बलदेव, पृ. 90

अध्याय 13

नजफ खां का द्वितीय अभियान : डीग दुर्ग का पतन (1774-1777 ई.)

श्रीहीन, साधनहीन, भाग्यहीन राजा नवलसिंह बार-बार रणक्षेत्र में भीरुता दिखलाकर पीछे हटने तथा पराजित होने के बाद भी विजय की स्वप्निल आशा में बचे-खुचे को दाँव पर लगाने वाले जुआरी की भांति राज-रक्षा में प्राण न्यौछावर करने वाले देश-भक्तों के सहयोग से अपने परगनों पर अधिकार करने की निष्फल चेष्टा कर रहा था। मिर्जा नजफ खां दिल्ली में 8 माह (जून-जनवरी, 1775 ई.) तक अब्दुल अहद खां के प्रतिस्पर्धी राजनीतिक प्रपंचों व प्रशासनिक बंदोबस्त के षड्यन्त्रों में उलझकर भी सधैर्य बुद्धि कौशल से अपनी सैनिक क्षमता को बढ़ाता रहा। फिर वह तीन माह (जनवरी-मार्च) बीमार रहा। मार्च, 1775 में स्वस्थ होकर उसने जाटों के विरुद्ध दूसरी बार कूच किया। इस प्रकार लगभग एक वर्ष की शांति के बाद नवलसिंह को पुनः मिर्जा नजफ खां के साथ दीर्घ संघर्ष में फंसना पड़ा। अन्ततः आन्तरिक गृह कलह, कछवाह व नरूकों के विश्वासघात के कारण वह राज्य की रक्षा करने में विफल रहा और इसी उहापोह में उसकी जीवन लीला समाप्त (अगस्त 10, 1775 ई.) हो गई। राज्य के वरिष्ठ सामन्तों व रनिवास के कुचक्रों के विदग्ध अनुभवहीन रणजीतसिंह भी राजधानी-डीग की रक्षा करने में विफल रहा और मिर्जा नजफ ने राजधानी पर भी अधिकार (अप्रैल 30, 1776 ई.) कर लिया। महाराजा केहरी सिंह बचकर भरतपुर आ गया, जहाँ अप्रेल 7, 1777 ई. (चैत वदी, वि.सं. 1834) को उसका प्राणान्त हो गया। इस बारे में कवीश्वर उदैराम का यह कथन कितना सटीक व सापेक्ष है-

निबल जान बैरिन बल पायौ, सकल ओर से राज दबायौ।
बिनु विवेक बहु लई लराई, मारे अरि परि फते न पाई ॥
जो सुजान नृप राज जमायौ, जोर जवाहरसिंह कीयौ सवायौ।

सो नृप नवलसिंह धरयौ, सक्यौ न सम्हारि अति भर परयौ ॥
बीत गई बरसा सरद, सिसिर बंसतअरु सीत।
अब विलसत ब्रज बाग में, ग्रीषम रितु रनजीत ॥

1. सोनोखर गढ़ी[1] अभियान

रणजीत सिंह ने दिल्ली से निराश लौटकर मिर्जा द्वारा अपहृत अपने परगनों से उसके आमिलों को हटाकर अधिकार करने को एक सेना रवाना की।[2] तब नवलसिंह ने भी नौ गांव, सीकरी, पहाड़ी, फिरोजपुर-झिरका आदि परगनों से नजफ के आमिलों को हटाकर पुनः अपना अधिकार करने को सोनोखर की गढ़ी को भारी व लम्बी दूरी तक मार करने वाली तोपों व अन्य सैनिक साज-सामान से सुरक्षित कर लिया। इस गढ़ी के पश्चिम से कछवाहा शासन का सीमावर्ती परगना कामां होने से गढ़ी पूर्णतः सुरक्षित थी और इधर से उसको पर्याप्त सुविधा उपलब्ध थी। तब नवलसिंह मांद से सोकर उठे सिंह की भांति दहाड़कर डीग दुर्ग के बाहर निकला और सोनोखर गढ़ी को आधार बनाकर उसके 10 सहस्त्र पवन वेग धावक सवारों ने उत्तरी मेवात प्रांत से मिर्जा के आमिलों को खदेड़कर (अक्टू.-नवम्बर) दिल्ली की ओर कूंच करने की धमकी दी।[3] मिर्जा ने कप्तान नजफ कुली खां को जाट सवारों को पीछे खदेड़ने का निर्देश (दिसम्बर) दिया। उसने प्रारम्भ में राजा हीरासिंह तेवतिया के निर्देशन में जाट सवारों को पीछे ढकेलने में सफलता प्राप्त कर ली। आगामी माह (जनवरी, 1775 ई.) में मिर्जा ने नवाब समरू[4] को भी अपनी सेवा में लेकर उसकी सहायता को बरसाना रवाना कर दिया था। इस अशांत तथा अस्थिर राजनीतिक स्थिति को देखकर आगरा, डीग, कुम्हेर, मेवात आदि के अधिकांश सम्पन्न सेठ-साहूकारों व सम्भ्रांत परिवारों ने अपनी धन-संपदा के साथ भागकर कामां में शरण ली।[5]

नजफ कुली खां ससैन्य बरसाना छावनी में आ गया था, परन्तु तीन ओर से घिरने के भय से सोनोखर की ओर नहीं बढ़ सकता था। जाट सवारों ने सोनोखर गढ़ी को आधार बनाकर छापामार संघर्ष शुरू कर दिया। उभय पक्ष के सैनिकों में स्थान-स्थान पर आपस में झड़पें होती रहीं। जाट सवारों को परगना कामां के जमींदारों का सहयोग व रसद की सहायता मिल रही थी। इससे नजफ कुली जाट रिसालों पर पर्याप्त दबाव डालने में विफल रहा।

राजपूत शासकों के आपसी मतभेदों से सैनिक शक्ति बिखरी हुई थी। शासकों व अधीनस्थ राजपूत सामन्तों में न शौर्य था और न मानव जीवन के मूल्यों को संरक्षित करने, हिन्दू धर्म के संवर्द्धन का सोच था, फिर भी अपने राज्यों की स्थिरता, राजनीतिक स्वाधीनता के वर्चस्व के लिए लड़खड़ाती निर्बल केन्द्रीय मुगल सत्ता के पुनर्जीवन का खतरा मोल नहीं ले सकते थे। कछवाहा शासन को

भी भय होने लगा था कि जाटों के पतन के बाद मुगल उन पर पेशकश का दबाव डालेंगे और उनके परगनों को भी छीनने का प्रयास करेंगे। राव राजा प्रतापसिंह नरूका अपने उत्कर्ष के लिए दोहरी कपट चाल चल रहा था। फिर भी नवलसिंह ने जयपुर के अवयस्क शासक पृथ्वीसिंह की प्रतिनिधि सरकार से सहायता प्राप्त करने को दूल्हेराय कायस्थ[6] को भेजा। दीवान खुशाली राम बोहरा ने 'अपरोक्ष सहयोग' प्रदान करने का आश्वासन देकर और कामां के आमिल को आवश्यकतानुसार सहयोग का निर्देश पत्र भेजकर सहयोग दिया। परिणामतः नजफ चार माह तक सोनोखर अभियान में फंसा रहा।[7]

कामां पर मुगल अधिकार, मार्च 1775 ई.

समरू को क्षेत्रीय भौगोलिक स्थिति व जाटों की रणनीति का ज्ञान था। उसने कप्तान नजफ कुली को परामर्श दिया कि "जब तक जाटों को पीछे से सहायता मिलती रहेगी, तब तक वे समर्पण नहीं करेंगे। सोनोखर गढ़ी पर अधिकार करने से पूर्व कामां की ओर से आने वाली सहायता को अवरुद्ध करना आवश्यक होगा।" तब नजफ कुली ने नैतिक व वैधानिक नीति के विपरीत कामां के आमिल से सहायता न करने का आदेशात्मक ध्वनि में अनुरोध किया और कामां पर आक्रमण कर दिया।[8] नवलसिंह सोनोखर में एक शक्तिशाली सेना छोड़कर डीग आ गया और उसने नजफ कुली खां के विरुद्ध कछवाहों का साथ दिया।

शाही सैनिकों ने कामां का घेरा डालकर भारी गोलाबारी की, परन्तु 16 फीट चौड़े मिट्टी के परकोटा को दो माह के प्रयास के बाद भी तोपखाना नहीं तोड़ सका। अन्ततः नजफ कुली ने रहीम दाद खां रुहेला को कामां को उसके बन्दोबस्त जागीर में सौंपने का वचन दिया। वह प्रलोभन में आकर अपने पैशाचिक व साहसी रुहेलों के साथ खाइयों से आगे बढ़ने लगा। सैकड़ों रुहेलों के खेत रहने पर भी वह परकोटा के समीप पहुंच गया और उसके सैनिक परकोटा में मौखला (छेद) करके ऊपर चढ़ने में सफल हो गये। प्राचीर पर तलवारों से युद्ध चला। आमिल नगर छोड़कर भाग गया और रहीम दाद खां ने गढ़ पर अधिकार कर लिया। तब नजफ कुली ने नगर द्वारों पर अपने सैनिक तैनात कर दिये और कस्बा की लूट व बरबादी को रोककर साहूकारों से 25 लाख रुपया वसूल किया।[9] इस प्रकार मार्च के अंत में कामां का पतन हो गया।

कामां पतन का समाचार मिलने पर कछवाहा प्रतिनिधि सरकार को क्रोधित होकर नवल सिंह के साथ खुला सहयोग करने का मन बनाना पड़ा। उन्होंने महादजी सिंधिया के सेनानायक यशवंत राव वागले (बाबले)[10] को उसके मराठा सवारों सहित भाड़े पर भरती कर लिया और फिर दोनों सेनाओं ने मिलकर कामां की ओर कूंच किया। समीप आने पर प्रतापसिंह नरूका भी 5000 सवारों सहित

आकर शामिल हो गया।[11] संयुक्त सेनाओं के कामां की ओर बढ़ने पर नजफ कुली खां परेशान हो गया और आसपास के मेवाती महालों से मिर्जा के आमिल भागने लगे। तब नजफ कुली ने दिल्ली से नई कुमुक भेजने का आग्रह किया।[12]

4 अप्रैल को मिर्जा नजफ खां कुछ स्वस्थ हो गया था और उस दिन बादशाह ने उसकी हवेली पर जाकर उसको सान्त्वना दी।[13] तभी दीवान खुशाली राम बोहरा के प्रस्ताव पर नायब वजीर अहद खां ने बादशाह से 'शाही फरमान भेजकर कामां तथा डीग से शाही सेनाओं को वापस बुलाने' का आग्रह किया। मिर्जा नजफ के प्रतिनिधि ने दरबार में कछवाहा वकील से कामां के एवज में बादशाह को रणथम्भौर का दुर्ग सौंपने की मांग की। जयपुर दरबार ने इस मांग को उसी समय ठुकरा दिया और बादशाह ने भी अहद के प्रस्ताव को स्वीकार न करके[14] 21 अप्रैल को मिर्जा नजफ खां को शीघ्र ही जाट व कछवाहा विरोधी अभियान का नेतृत्व संभालने की स्वीकृति प्रदान कर दी। मिर्जा ने सभी ओर से अपने सभी सेनानायकों को ससैन्य दिल्ली बुला लिया और 26 अप्रैल को दिल्ली से प्रस्थान करके बारापूला छावनी में प्रवेश किया। यहां से वर्षा होने पर भी वह क्रमशः बरसाना छावनी में पहुंच गया।[15]

घाटी युद्ध, मई 18, 1775 ई.

दिल्ली से मिर्जा नजफ खां के कूंच का समाचार मिलने पर जलोदर रोग से पीड़ित होकर भी नवलसिंह डीग से शाही सेनाओं से कुछ किमी. दूर (लगभग 8-10 किमी.) दक्षिणी खाइयों में तैनात अपने सैनिकों के उत्साहवर्द्धन के लिए आ गया।[16] जाट-राजपूतों में अलगाव पैदा करने को कप्तान अफरासियाब ने नजफ खां को गोवर्द्धन का घेरा डालने और नजफ कुली खां व समरू को जयपुर की ओर रवाना करने का सुझाव दिया। कछवाहा राज्य के डेरों में शामिल रहकर भी राव प्रतापसिंह नरूका का नजफ खां के साथ नियमित पत्र-व्यवहार चल रहा था। उसने भी अफरासियाब के सुझाव को स्वीकार करने का आग्रह किया। मिर्जा ने इस सुझाव को सिद्धांतः मानकर कामां की ओर कूंच कर दिया। दो दिन बाद ही लगभग 30 सहस्र कछवाहा-मराठा सेनाएं कामां के समीप पहुंच गई और जाट-कछवाहों ने मिलकर शाही सेनापति पर आक्रमण करके कामां दुर्ग व कस्बा पर अधिकार करने की योजना बना ली। इससे मिर्जा को कामां की सुरक्षा व्यवस्था से पीछे लौटना पड़ा। तब कछवाहों ने डीग की ओर प्रस्थान कर दिया। अभियान को अधिक खींचने से खतरा बढ़ने की सम्भावना से नजफ कुली खां ने आगे बढ़कर बार-बार युद्ध की चुनौती दी।[17]

कई दिन की आपसी झपटों के बाद 18 मई को बड़े पैमाने पर एक अनिर्णायक युद्ध हुआ। नजफ खां ने जाटों का घेराव करने को अपने सैनिक भेजे

और रसद भंग करने का प्रयास किया। 3000 मुगल सवार बिना किसी सेनानायक के नवलसिंह के डेरों के समीप एक तंग घाटी में आगे बढ़े। कछवाहा-मराठों ने खंदकों से उन पर अति तीव्र आक्रमण किया। दोनों ओर से कुछ देर तक गोलियां चलती रहीं। शाही सवार हताश होकर पीछे हट गये। जाटों ने इस दिन वीरता का परिचय दिया और राजपूत-मराठों ने उनका काफी दूरी तक पीछा किया। इस युद्ध में दोनों ओर के लगभग 1000 सैनिक व सैकड़ों घोड़े काम आये। नवलसिंह मराठा-राजपूतों को उनसे संघर्ष करने के लिए बाहर छोड़कर डीग दुर्ग में चला गया। राजपूत काफी दिनों तक बाहर पड़े रहे।[18] कप्तान मेडक भी अपनी निजी जागीर बाडी का बंदोबस्त करके शाही छावनी में आ गया। आगे किसी बड़े युद्ध की संभावना का समाचार मिलते ही दिल्ली से नोंशियार मोडव भी मेडक की छावनी में बरसाना पहुंच गया।

कछवाहों के साथ समझौता : रहीमदाद जाट शिविर में

मिर्जा नजफ खां के नेतृत्व में 20 सहस्त्र सेना थी, परन्तु मुगल सेनानायकों में आपस में अविश्वास था और सैनिक कछवाहा-मराठों से काफी भयभीत थे।[19] मिर्जा नजफ ने जाट, कछवाहों में अलगाव पैदा करने के समरू के सुझाव को स्वीकार कर कामां का दुर्ग व परगना कछवाहा शासक को सौंपने का मानस बना लिया। दीवान खुशालीराम बोहरा ने समरू के माध्यम से भी इस प्रस्ताव से सहमत होकर जाटों की सहायता से हाथ खींचने का वचन दिया। बोहरा ने शाही सरकार को 7 लाख रुपया भुगतान का और जिला नारनौल, जिस पर मिर्जा ने फरवरी, 1774 ई. में कब्जा[20] कर लिया था, के हस्तांतरण पर 11 लाख रुपया वार्षिक पेशकस देने की शर्त भी स्वीकार कर ली थी।[21] इस प्रकार समझौता वार्ता चल रही थी, तब मिर्जा ने रहीमदाद खां को कामां के एवज में अन्य परगना प्रदान करने का प्रलोभन दिया, जिसे उसने स्वीकार नहीं किया। अन्ततः मिर्जा ने कामां समरू को सौंप दिया और उसकी सेनाओं ने रुहेलों को हटाकर कामां पर अधिकार कर लिया।[22]

मुल्ला रहीमदाद खां को मिर्जा से काफी ग्लानि व घृणा हो गई थी। अतः वह मिर्जा तथा समरू से रुष्ट होकर और उनसे इस धोखेबाजी का बदला लेने की भावना से अपने अनुभवी वीर 10,000 रुहेला सवार व पैदलों सहित नवलसिंह के साथ सहयोग करने को डीग आ गया। नवलसिंह ने उसका तथा उसके बहादुर जमादारों का गर्मजोशी से स्वागत किया। रुहेला सैनिकों को उचित वेतन व रहीम दाद खां को जागीर प्रदान कर दी। परंतु रुहेलों पर पूर्ण भरोसा न करके हरकारों की शंकालु निगाहों के नीचे दुर्ग से दूर बाहर मैदानों में ही शिविर डाल़कर दूर ही रखने का विवेकी कदम उठाया।[23] मिर्जा नजफ ने उनके पीछे डीग दुर्ग के

आसपास उपद्रव करने को कुछ सवार भेजे। 29 मई को डीग के समीप एक मुठभेड़ हुई।[24] मराठा व रुहेलों ने मिलकर मुगल सवारों को पीछे खदेड़ दिया।

गोहाना तथा गोवर्द्धन में झड़पे, 10 जून[25]

ब्रज तथा दोआब प्रांतों में गंगा दशहरा (ज्येष्ठ सुदि दशमी) सांस्कृतिक पर्व के रूप में अति उल्लास व उमंग के साथ मनाया जाता है। इस दिन लाखों नर-नारी, बाल-वृद्ध, गंगा, यमुना, गोवर्द्धन आदि प्रमुख नदियों व सरोवरों में प्रातःकाल स्नान, पूजा व दान करते हैं। परम्परानुसार रणजीतसिंह व नवलसिंह स्नान व गिरिराज जी की पूजा करने गोवर्द्धन पहुंचे, वहां मिर्जा के कप्तानों ने उनको घेर लिया। मिर्जा नजफ ने स्वयं दो डिवीजन सेना के साथ बरसाना से गोवर्द्धन की ओर और मेडक[26] ने दो बटालियनों के साथ पश्चिमी मार्ग से डीग की ओर कूंच किया। इन दोनों सेनाओं के बीच 11 किमी. का अंतर था।

10 जून को डीग से 8 किमी. उत्तर-पूर्व गोहाना नामक स्थान पर जाटों की मेडक के साथ एक मुठभेड़ हुई। अहंकार ग्रस्त रुहेलों ने जाट सैनिकों के साथ मिलकर रॉकिटों से मेडक पर आक्रमण कर दिया। अफरासियाब खां के साथ मिर्जा नजफ मेडक के मध्यवर्त्ती भू-भाग में गोवर्द्धन की ओर बढ़ रहा था। उसने मेडक की सहायता में जाट-रुहेला सवारों पर हमला कर दिया। इससे जाट-रुहेलों का साहस कम हो गया और वे मैदान छोड़कर डीग दुर्ग में चले गये। रुहेला सवारों ने भी जाट सवारों के साथ गढ़ में घुसने का दुःसाहस किया, परंतु जाटों की सूझबूझ से उनको अंदर प्रवेश करने का अवसर नहीं मिल सका। मिर्जा ने भी गोवर्द्धन के समीप जाट सवारों को पीछे ढकेल कर उनके अनेक घोड़ा, ऊंट व गाड़ियों पर कब्जा कर लिया और गोवर्द्धन में लूटमार की। जाटों की निराशाजनक स्थिति तथा समरू की मध्यस्थता में चल रही शांति-वार्ता को ध्यान में रखकर राजपूतों ने भी जाटों का साथ छोड़ दिया। वर्षा ऋतु प्रारंभ होने वाली थी। इससे सैन्य गतिविधियां भी धीमी पड़ने लगी।

2. नवाब मेडक की बरबादी, 29 जुलाई[27]

मुल्ला रहीमदाद खां की राजभक्ति व निष्ठा के प्रति शंकालु जाट अधिकारियों को सोच था कि वह रक्त सामंजस्य, मुस्लिम कट्टरता व धन-धरती के प्रलोभन में फंसकर मिर्जा नजफ के पक्ष में पुनः जा सकता है। अतः जाट सरदारों ने मिर्जा की शक्ति को विभाजित करने और रहीमदाद खां को राजधानी से दूर हटाने के विचार से उसको नवाब मेडक की सैनिक जागीर व जायदाद के परगना बयाना, बाड़ी आदि में लूटमार करने तथा उन पर अधिकार करने को रवाना करने का निश्चय करके प्रलोभन दिया कि क्षेत्रीय लूट में प्राप्त सभी सम्मान व द्रव्य पर

उसका अधिकार रहेगा और जाट शासन उसको बयाना महाल भी जागीर में सौंप देगा। इस प्रलोभन से रहीमदाद खां अपने रुहेला सवारों के साथ डीग से बयाना की ओर चला गया। तभी जाटों ने जसवन्तराव बागले को भी उसके 500 सवारों सहित बयाना की ओर रवाना कर दिया, ताकि दोनों मिलकर बयाना, हिण्डौन, फतहपुर-सीकरी आदि पर अधिकार करने में सफल हो सकें।

चार-पांच माह के निरंतर संघर्ष में फंसकर अमीर-उल-उमरा की आर्थिक स्थिति काफी खराब हो चुकी थी। उसके कप्तानों में आपस में अविश्वास था। अनेक माह से वेतन व नालबन्दी न मिलने से उनके सैनिकों में असंतोष बढ़ रहा था। मुगल शाही रिसाले भूखे मर रहे थे और इन सभी सैनिकों ने आसपास के गांवों व परगनों में लूटमार करके निर्वाह करना शुरू कर दिया। शाही छावनी में रुककर मेडक भी परेशान था क्योंकि वेतन के अभाव में उसके सैनिकों में असंतोष बढ़ने लगा था। नवाब समरू भी वेतन के अभाव में काफी असंतुष्ट व परेशान था। मिर्जा तथा उसमें आपस में अनबन व उग्र विवाद भी हो चुका था। तब वह जाटों की सेवा छोड़कर अपनी भारी भूल पर पश्चाताप करने लगा और एक बार उसने नवलसिंह की सेवा में पुनः जाने की भी धमकी दी। मिर्जा भी उसको सेवामुक्त करने पर विचार करने लगा।[28]

रहीमदाद खां के बयाना महाल में पहुंचने की सूचना से ही मेडक परेशान व व्याकुल हो गया और वह अपनी सैनिक जागीर की सुरक्षा के मोह में मिर्जा के पास बरसाना छावनी में पहुंचा। मिर्जा स्वयं अपने सैनिकों के हंगामों से परेशान था। उसने मेडक से जल्दी न करने का आग्रह किया। मेडक के स्वभाव में उत्तेजना आ गई। विक्षिप्त की भांति मिर्जा को कठोर शब्दों में उत्तर देकर उसने अपनी दो बटालियनों सहित बरसाना से फतहपुर-सीकरी मार्ग से बयाना की ओर प्रस्थान कर दिया। कई दिन से वर्षा हो रही थी। फतहपुर-सीकरी मार्ग में उसकी बारुद की पेटियां, हथियार व अन्य साज-सामान पूरी तरह भीग गया। मेडक के प्रस्थान से नजफ खां भी परेशान हो गया। वह फिर डीग के आसपास अपनी कुछ सेना छोड़कर बरसाना से 26 किमी. दूर होडल पहुंच गया और उसने समरू के सुझाव[29] पर जाटों के साथ शांति-वार्ता करने का मानस बना लिया। उसने नवलसिंह व रणजीतसिंह दोनों के नाम पत्र लिखकर रवाना कर दिये।[30]

रहीमदाद खां भी मेडक की टोह में बयाना से फतेहपुर-सीकरी की ओर बढ़ने लगा था। दोनों के बीच में गंभीर व ककुन्द नदियां उफान पर थीं। मेडक रुहेला-मराठी सवारों की टोह लेने में विफल रहा। उसने रुदावल नामक ग्राम के आसपास किसी स्थान पर, जहां छाती से भी अधिक पानी था, नदी पार करने को अपने घोड़ों को नदी में उतार दिया। उसके रक्षक दल सामान सहित नदी पार करने में व्यस्त थे। तभी रुहेलों के अग्र दस्ते वहां आ गये। इनके कंधों पर बंदूकें

लटक रहीं थीं और हाथों में तलवारें थीं।

इस प्रकार 29 जुलाई को उन्होंने मेडक पर अचानक धावा बोल दिया। मेडक के सैनिकों ने बंदूकों से गोलियां चलाईं। किंतु कारतूसों के भीगने से प्रथम वार व्यर्थ गया। दूसरी बार बंदूकों को भरते, तभी रुहेला-मराठों ने उसके सैनिकों को तलवार से मौत के घाट उतार दिया। भगदड़ मचते ही उसके सभी सैनिक प्राण बचाकर भाग गये। मेडक का किसी भी सैनिक ने साथ नहीं दिया। वह घायल होकर घोड़े पर सवार इतनी तीव्र गति से भागा कि उसने प्रातःकाल आगरा पहुंचकर श्वास ली। इस प्रकार बिना किसी युद्ध के ही अचानक धावे में मेडक के आधे यूरोपियन व अन्य सेनानायक तथा एक सहस्त्र सैनिक (दो बटालियन) काम आये या घायल हो गये। रुहेलों ने उसके सभी तोप व बन्दूक बेडा, बारुद की पेटियों, हाथी, साज-सामान, सरंजाम पर अधिकार कर लिया। परन्तु उन्होंने औरतों के साथ मानवीय व्यवहार किया।

पीछे से रहीमदाद खां फतेहपुर-सीकरी पहुंचा और वहां तथा आगरा प्रांत की अन्य महालों से आमिलों को भगाकर अपना प्रशासन शुरू किया। उनके साथ मिलकर जमींदारों ने सर्वत्र हंगामा खड़ा कर दिया और शाही कर्मचारियों को पीटकर भगा दिया। समाचार मिलते ही मिर्जा नजफ खां ने मोहम्मद बेग हमदानी को आगरा का सूबेदार नियुक्त करके एक सहस्त्र सवार व पैदलों के साथ बरसाना से आगरा की ओर रवाना कर दिया। पीछे से स्वयं सितम्बर मास में डीग लौट आया। परंतु हमदानी जिला आगरा में अधिक सफल नहीं हो सका। मिर्जा जाटों की गति डीग के समीपस्थ इलाके से हटकर मथुरा विधि पर निगरानी रखने को बरसाना व जिला गोवर्द्धन में कुछ सैनिक छोड़कर मथुरा आगरा के मध्य यमुना नदी के समीप फरह की ओर चला गया।[31]

3. नवलसिंह का प्राणान्त, अगस्त 10, 1775 ई.

राजा नवलसिंह ने दृढ़ हठ व अज्ञानता से अमीर-उल-उमरा मिर्जा नजफ खां को दूसरी बार आमंत्रित करके शेष रोजकोष व सैन्य साधनों को व्यर्थ ही झोंकने का प्रयास किया था। राजकोष खाली हो चुका था। प्रशासन व्यवस्था पूर्णतः चरमरा चुकी थी। कोई सहयोगी शक्ति नहीं थी। सामन्तों व जमींदारों का आत्मबल, आत्मविश्वास, दुर्बल होनें लगा था। दो-तिहाई राज्य के छिन्न-भिन्न हो जाने तथा आत्म-रक्षा युद्धों में सदैव पराजित होने पर भी वह अंतिम श्वास तक दुराग्रही रहा। सोनीखर गढ़ी को छोड़कर वह डीग लौटा और जलोदर रोगग्रस्त होकर कई माह तक रोगशैय्या पर पड़ा रहा।

समरू के माध्यम से कछवाहों ने मिर्जा नजफ के साथ सौदेबाजी करके कस्बा कामां पुनः हस्तगत कर लिया और जाटों का साथ छोड़ दिया। कछवाह

मित्रों के इस व्यवहार से जाट निराश नहीं हुए। उनको आशा थी कि मराठा[32] पुनः उनको इस संकट से उबार सकेंगे। अतः उन्होंने अपनी संप्रभुता, सार्वभौम सत्ता व स्वतंत्रता की कीमत पर मिर्जा नजफ खां की समर्पण व अधीनस्थ सामन्तपरक शांति प्रस्ताव को स्वीकार नहीं किया। उन्होंने नजफ खां के निमित्त समरू द्वारा प्रस्तुत झगड़ा निपटारा समझौता प्रस्तावों' को निर्भीकता से ठुकरा दिया।[33]

अवध के नवाब आसफ-उद्दौला का मुख्य लक्ष्य अपने विद्रोही मुस्लिम सरदारों (मुहम्मद इलिच खां, फौजदार मुहम्मद शेर खां आदि-आदि) और कम्पनी सरकार, फ्रांसिसी व अन्य यूरोपियन भगोड़ों को बादशाह व मिर्जा नजफ के संरक्षण से विमुख कराकर बन्दी बनाने का था। इधर कछवाहा, नरूका तथा अन्य सभी राजपूत शासकों का विचार अतीत की भांति "अपनी थोथी आन बान की रक्षा, हिन्दुत्व मार्यादा व हिन्दू स्वराज्य के स्थायित्व के लिए और जाट ब्रजधरा की स्वाधीनता, ब्रज-संस्कृति की रक्षा के लिए"[34] मिर्जा नजफ की सैनिक शक्ति को तोड़कर उसके दुःसाहस पर अंकुश लगाना चाहते थे। अस्तु, जून के प्रारम्भ में राजा नवलसिंह, रणजीतसिंह, खुशालीराम बोहरा, खुशालीराम हल्दिया तथा अन्य राजपूत शासकों के प्रतिनिधियों ने आपसी विचार-विमर्श व मंत्रणा करने अपने-अपने वकीलों को नवाब अवध व कम्पनी सरकार के जनरल ब्रिस्टो से बातचीत करने फैजाबाद रवाना कर दिया। आपसी सहयोग के आधार पर जून के मध्य में नवलसिंह व रणजीतसिंह ने भी राजपूत शासकों की भांति अनुरूप शर्तों पर कम्पनी सरकार के साथ लिखित 'कौलनामा (वचन पत्र)' निष्पादित किया।[35] उन्होंने अपनी 'अर्जी' में 'मिर्जा के साथ अनुरूप शर्तों पर उचित समझौता कराने का भी आगह किया। जाट वकीलों के साथ अर्जी पर विचार करके 23 जून को जनरल ब्रिस्टो ने मिर्जा को 'गत अपराधों को भूलकर युद्ध रोकने और प्रतिशोध के विचार को त्याग कर जाटों के साथ समझौता करने' की सलाह दी। प्रत्युत्तर में मिर्जा ने 'अब तक चलीं बातचीतों का विस्तृत विवरण' भेजकर जनरल ब्रिस्टो से 'समुचित समझौता के उपायों पर विचार करने' का आग्रह किया।[36] जाटों को वास्तव में कम्पनी सरकार से तत्काल कोई राहत नहीं मिल सकी।

मिर्जा नजफ शाही दरबार की वैधानिक अनुमति के बगैर ही स्वयं नवलसिंह व रणजीतसिंह दोनों के साथ पृथक-पृथक समझौता करके जाट राष्ट्र के विभाजन की नीति का अनुसरण कर रहा था। उसने एक वर्ष पूर्व रणजीतसिंह को 10 लाख रुपया वार्षिक जमा का मुल्क (देश) देने का वचन दिया था और अब वह 35 लाख रुपये पेशकश व नजराना भुगतान की शर्त पर उसको शेष राज्य का अधिपति स्वीकार करने को तैयार था।[37] नवलसिंह छरेरे बदन का युवक था। जलोदर से उसकी नित्यशः शारीरिक व मानसिक दुर्बलता बढ़ रही थी और जीवन की अंतिम श्वासें गिन रहा था। मिर्जा नजफ के राष्ट्र विभाजन के छद्म प्रस्तावों

से निराश होकर उसने रणजीतसिंह को अति आत्मीयता से अपने पास डीग बुलवाया और मिर्जा के साथ समझौता न करने का आग्रह किया।

कप्तान समरू तथा राजगढ़ के महत्त्वाकांक्षी राव प्रतापसिंह नरूका के प्रयासों से कछवाहा शासक के साथ शांति समझौता हो जाने पर मिर्जा नजफ खां ने तीन लाख रुपया नकद व जिंस के रूप में प्राप्त करके सवाई प्रतापसिंह कछवाहा के प्रतिनिधि वकील खुशालीराम बोहरा को कस्बा कामां सौंप दिया। इस समझौता से राव प्रतापसिंह को अधिक लाभ मिला और उसने कछवाहा दरबार में पुनः उचित सम्मान व स्थान प्राप्त कर लिया। उसकी कुटिलता से ही खुशालीराम बोहरा मिर्जा नजफ के जामिन के रूप में डीग आया और उसने नजफ खां से जाट शासक व रणजीतसिंह को 20 लाख रुपया वार्षिक जमा की जागीरें प्रदान कराने का वचन दिया। परन्तु दोनों पक्षों के इस प्रस्ताव के ठुकरा देने से रुष्ट होकर वह कामां लौट गया और कछवाहों ने जाट सहयोग से अपना हाथ खींच लिया।[38]

मरणासन्न राजा नवलसिंह ने भी जुलाई के तृतीय सप्ताह में राजा रणजीतसिंह को राजसत्ता सौंप दी।[39] अन्ततः 'समर्पण प्रस्तावों को अस्वीकार करके' बृहस्पतिवार, अगस्त 10, 1775 ई. (श्रावण सुदि 14, वि.सं. 1831) को सूर्यास्त के एक घंटा पश्चात् (12 जमादि-उलदोयम, हि. 1189) नवलसिंह ने शांति की अंतिम श्वांस ली।[40]

राजा नवलसिंह सफल राजनीतिज्ञ, कुशल रणबांकुरा व सुयोगय सेनापति नहीं था। रनिवास के आन्तरिक षड्यन्त्रों एवं राजवंश के वरिष्ठ रिश्तेदारों की गुप्त मंत्रणाओं से त्रस्त होने से उसने एक आक्रांता (दिग्विजेता) से इतर सदैव राष्ट्र-रक्षार्थ युद्ध अवश्य लड़े, किन्तु विजय लाभ की स्थिति आने से पूर्व ही विवेकहीनता व भीरुता का परिचय दिया और अपने सूर-सामन्तों एवं उनके सैनिकों सहित शत्रु के सामने मैदान में छोड़कर जीवन रक्षार्थ भाग निकलता था। वह व्यावहारिक निर्णयों में हठी, दुराग्रही व अदूरदर्शी, परम्पराओं के निर्वाह में स्वेच्छाचारी, आन्तरिक शासन प्रबन्ध में दृढ़ी था। उसने कुशल व अनुभवी मंत्रियों के दीर्घ ज्ञान व सुलझे विचारों की अवहेलना करके संप्रभुता सम्पन्न विशाल राष्ट्र को घोर विपत्तियों में फंसा दिया। आन्तरिक विद्रोहियों व रनिवास के कुचक्रों के आगे सिर नहीं झुकाया और न राजवंश से सम्बद्ध मातुल पक्ष के सरदारों व उनके गिरोहों को पनपने दिया। कठिन समय में सरदारों व राज-सामन्तों के अप्रसन्नता व्यक्त करने पर भी, राज्य के दो वरिष्ठ विदेशी सामन्तों (जनरल समरू व कप्तान मेडक), रिश्तेदारों (सोलंकी, बेनीवाल, मदेरणा, तेवतिया घराना), अहीरवाटी व मेवात के पुराने खानजादा नवाबों के पृथक् हो जाने पर भी, उनकी निष्ठा व राजभक्ति ही आशा में उनका साथ निभाया। दो-तिहाई राज्य का सैनिक बल कपट

चाल से अपहरण होने पर भी उसने कुल परम्परा की आन-बान, हिन्दू धर्म व संस्कृति के संरक्षण, ब्रजभूमि में शांति का मंगल व्रत धारण करके संप्रभुता व स्वाधीनता की कीमत पर ईरानी अमीर-उल-उमरा तथा मुगल बादशाह का अधीनस्थ सामन्त बनना स्वीकार नहीं किया।

राजा नवल सिंह काव्य प्रेमी था। उसने जीवन पर्यन्त पुराणों का श्रवण, काव्यांगों व सत्साहित्य का गहन अध्ययन किया था। रीतिकाव्य मुख्यत: शृंगार रस प्रधान नायिका भेद में उनकी गहरी रुचि थी। उसने अनेक सुयोग्य धर्मनिष्ठ आचार्यों व कवियों को संरक्षण प्रदान किया था। उसकी वैष्णव धर्म में पूर्ण आस्था थी और उनको मेला, त्यौहार व सांस्कृतिक पर्वों में भाग लेकर प्रोत्साहित किया था। अपने पिता की भांति वह स्वयं 'श्री हरिदेवजी' का उपासक[41] तथा श्री गोवर्द्धननाथ का परम भक्त था। उसने रामोपासक शाखा से सम्बन्ध विच्छेद करके श्री हरिदेव जी के गुसाईं हीरालाल को राजगुरु पद पर प्रतिष्ठापित किया। राजमुद्रा में 'श्री हरिदेवजी' अंक प्रतिपादित किये। दिसम्बर 2, 1769 ई. (मार्गशीर्ष सुदि 4, सं. 1826) के दिन मथुरा छावनी में श्री हरिदेव जी की सेवा-पूजा के लिए अड़ीग में 52 बीघा भूमि उदक में प्रदान की थी (सनद)। इसके अतिरिक्त सभी महालों की चुंगी पर उदक चुंगी भुगतान की जाने लगी थी।

नि:संदेह नवलसिंह धर्माचारी, प्रजापालक, अति दानवीर, शीलवन्त, गरीब निवाज था। सौहार्द, उदारता, सज्जनता, नम्रता, सम्मान भाव व न्यायप्रियता आदि गुणों से उसने देशस्थ सैनिकों व जनता का स्नेह प्राप्त कर लिया था और उसकी मृत्यु पर जन-जन ने विशुद्ध भाव से विलाप[42] किया। उसके साथ ही जाट राष्ट्र का वैभव ऐश्वर्य, सम्पदा व गरिमा भी समाप्त हो गई।

4. रणजीतसिंह का पलायन व सत्ता संघर्ष, अगस्त-नवम्बर, 1775 ई.

राजा नवलसिंह की मृत्यु पर आयोजित 'चालीस डूंग पंचायत' ने समय की गति व कुटुम्बीजनों के मतभेदों को देखकर राजा रणजीतसिंह को आठ वर्षीय बालक राजा केहरीसिंह का 'नायब' अथवा 'मुख्त्यारराज' की अपेक्षा राज-प्रशासन के कार्यपालिका का भार सौंपने[43] का निर्णय देकर उलझन पैदा कर दी। रणजीतसिंह ने कार्यपालिका के व्यावहारिक संचालन के लिए कुछ उच्च व सामान्य पदों पर अपने विश्वास-पात्र प्रशासनिक सरदार व अधिकारियों को नियुक्त करते ही 'कारभारी पंचायत' के कतिपय सदस्यों, पुराने अधिकारी व कर्मचारियों ने उनके साथ असहयोग शुरू किया। फलत: चन्द दिनों में ही दोनों के सरदारों में सत्ता व शक्ति के लिए आपस में खींचतान व झगड़ा शुरू हो गया।[44]

इस विषम स्थिति में राजतंत्र को बचाने व झगड़ों के निपटारा को राजा

बहादुरसिंह (वैर) ने राजवंश के बान्धवों से विचार-विमर्श करके भदावर से महाराव दानसाह को डीग बुलवाया और सितम्बर के मध्य में वह अपने निजी सवारों के साथ डीग पहुंच गया। परन्तु रणजीतसिंह के आमिल ने उसको डीग दुर्ग में जाने से रोक दिया। इससे दानसाह व किलेदार छतरसिंह नाहरवार तथा रणजीतसिंह के सिपाहियों में एक पहर तक आपस में बनैठियों व बन्दूकों से लड़ाई-झगड़ा चला, जिसमें रणजीतसिंह का आमिल मारा गया। मुल्ला रहीमदाद खां भी मेडक छावनी की लूट में प्राप्त सम्पूर्ण साज-सामान, डेरों आदि के साथ डीग आ गया और उसने अपनी पूर्व छावनी के स्थान पर गढ़ प्राचीर के बाहर बहज व गोवर्द्धन फाटकों के मध्य अपना शिविर डाल दिया। दानसाह व उसके साथियों ने रणजीतसिंह को राज महलों में घेरकर बन्दी बनाने की मंत्रणा से दुर्ग के बाहर शिविरों में पड़े चार-पांच सौ रुहेला-अफगानों को अपनी सहायता के लिए गढ़ के अन्दर बुला लिया। रुहेलों ने डीग के दोनों राजमहलों को घेरकर जवाहरगंज व पुरानी डीग के बाजारों में तोड़-फोड़ व लूटमार करके आतंक फैलाया। उन्होंने गढ़ प्राचीर पर भी नियंत्रण करने की विफल चेष्टा की। रणजीतसिंह के सैनिकों ने मुल्ला रहीमदाद खां के पुत्र को घेरकर बन्दी बना लिया। इससे रुहेलों का उपद्रव शांत हो गया। अन्ततः रणजीतसिंह अवसर पाकर बन्दी रुहेला सरदार सहित सकुशल डीग से निकलकर कुम्हेर लौट गया।[45]

अब किलेदार छतरसिंह नाहरवार ने मुख्त्यार-राज पद तथा दानसाह ने कार्यपालिका का भार ग्रहण किया। छतरसिंह ने अपने भाई भरतपुर दुर्ग के दीवान, (सूरजमल ने 1754 ई. में चैनसुख को दुर्ग दीवान नियुक्त किया था) व किलेदार तथा शहर के फौजदार चैनसुख नाहरवार के पास परवाना भेजकर लिखा, "हमने राजा रणजीतसिंह को डीग से निकाल दिया है। आप भी उसके साथ सहयोग करें।" फौजदार अति योग्य व साहसी व्यक्ति था और प्रायः महत्त्वपूर्ण मामलों में रणजीतसिंह की सलाह लिया करता था। दुर्ग व उसके दोनों फाटकों (चौबुर्जा तथा अष्टधाती) की सुरक्षा में 2000 राजपूत प्रहरी (दुर्ग रक्षक) तैनात थे। दानसाह के परवानों से फौजदार चैनसिंह को अनेक राजपूत रिसालदारों (जमादार) पर संदेह हो गया। उसने सभी राजपूत सैनिकों को दुर्ग के बाहर निकालने के उद्देश्य से फूलबाडी में वेतन व पेटिया लेने को एकत्रित होने का निर्देश दिया। राजसिंह राजपूत रिसालदार ने दुर्ग फाटकों पर 10-10 संतरी छोड़ दिये। दुर्ग खाली होते ही चैनसिंह ने दोनों फाटकों पर अपने सिपाही बिठलाकर फाटक बंद करवा दिये।[46] अतः भरतपुर का अजेय दुर्ग रणजीतसिंह के लिए सुरक्षित हो गया।

डीग में भिन्न-भिन्न डूंग व पालों के राजवंश के मातुल पक्ष (मामा, भाई-भतीजे) के अनेक प्रबल घटक व्यवस्थापन व कार्यपालिका में स्वकीय भागीदारी, व वर्चस्व के लिए प्रशासकीय निर्देशों की अवहेलना करके आपसी

वाद-विवादों में उलझकर कलह व उत्पात मचाने लगे और यदा-कदा आपस में मारपीट व झगड़ा करने लगे। उनमें से अनेक मिर्जा नजफ खां के साथ पत्र-व्यवहार भी कर रहे थे जिससे शाही छावनी से अनेक कप्तान व उनके सहयोगी उनको विद्रोह के लिए प्रोत्साहित भी करने लगे थे।[47]

अगस्त के अन्त में अमीर-उल-उमरा मिर्जा नजफ खां फरह से जिला गोवर्द्धन शिविर में आ गया और आगामी माह में उसने अपने सैनिकों को डीग की ओर रवाना होने को सजग कर दिया।[48] महत्त्वाकांक्षी राजगढ़ राव प्रतापसिंह नरूका 'हिन्दवी एकता के मंत्र' को भूल चुका था और वह 'ब्रजधरा की मर्यादा को भंग करवा कर'[49] मिर्जा नजफ की उदारता व अनुकम्पा से नरुखंड, तोर, मेवात प्रदेश पर स्वत्वाधिकार करके एक स्वतंत्र नरूका राज्य निर्माण का स्वप्न देख रहा था और उसका प्रवीण मंत्री खुशालीराम हल्दिया मिर्जा के शिविर में रुककर राजधानी डीग में विद्रोह कराने का षड्यंत्र रच रहा था।[50]

कार्यकारी पंचायत में फेर-बदल के साथ ही सितम्बर के अंत में मिर्जा नजफ खां ने राव नरूका के वकील खुशालीराम हल्दिया को जाटों के साथ शांति समझौता करने को डीग भेजा। उसने छतरसिंह व दानसाह को मिर्जा के प्रस्तावों पर विश्वास दिलाने का प्रयास किया, लेकिन उन्होंने कहा, "20 लाख रुपया वार्षिक जमा के मुल्क से राजवंश का भरण-पोषण सम्भव नहीं होगा और न जाट शासक व शासन बादशाह की सैनिक सेवा करने को तत्पर है।" अस्तु हल्दिया उनसे रुष्ट होकर लौट आया।[51] राव प्रतापसिंह ने इस अराजकता का लाभ उठाकर जाटों के मेवाती परगनों पर कब्जा करने का ताना-बाना पूर लिया तथा अक्टूबर में राजगढ़ दुर्ग के समीपवर्ती जाट शासक के कुछ गांवों व परगनों में भारी लूटमार करके अराजकता फैलाई। उसने क्षेत्रीय चौधरी व कानूनगो के साथ मिलकर कुछ गांवों पर अधिकार भी कर लिया।

जसवंतराव बागले का पुत्र नवाब मिर्जा की सेवा में चला गया और उसके पिंडारी लुटेरों ने राजधानी के आसपास उपद्रव शुरू कर दिये। मिर्जा ने मुहम्मद इलिच खां के माध्यम से मुल्ला रहीम दाद खां को भी जागीर का प्रलोभन देकर अपने पास बुलाने का प्रयास किया, परन्तु उसने अपने बन्दी पुत्र की जान जोखिम में डालकर इस प्रस्ताव को ठुकरा दिया।[52]

रुहेला अफगान सैनिकों को काफी समय से वेतन नहीं मिला था। उन्होंने राजभक्ति का छद्म कवच धारण करके दानसाह पर वेतन का दवाब डाला और अफगानों की सहज प्रवृति के अनुरूप शहर में उत्पात व असामाजिक कृत्य करने लगे। परिणामतः छतरसिंह व दानसाह में भी पर्याप्त मनमुटाव व झगड़ा बढ़ गया। शहर में उत्पातों को रोकने के प्रयास से छतरसिंह व उसके चाचा ने कई रुहेला जमादारों को पकड़ कर मरवा डाला। अवसर देखकर अक्टूबर के अंतिम दिनों

में बेईमान मुल्ला रहीमदाद खां ने अपने भाग्योदय की युक्ति सोचकर अपने कई हजार रुहेलों को शहर प्रवेश करने को सजग कर दिया और एक रात्रि में मार्ग भटकने के बहाने कुछ चुनिंदा सवारों के साथ बहज फाटक से कस्बा में घुस गया तथा फाटक पर कब्जा पर लिया। फलतः कई हजार रुहेला सवार व पैदल गढ़ में जा पहुंचे। फिर उसने गढ़ के सभी फाटकों की कड़ी चौकसी पर अपने प्रहरी नियुक्त कर दिये। शहर में चौकियां बिठलाकर राज-प्रासादों के सभी मार्गों की नाकाबंदी कर ली। छतरसिंह ने पुख्ता दुर्ग सौंपने की अपेक्षा रहीमदाद खां व चन्दन खां रुहेला का जमकर विरोध किया। अन्त में रहीमदाद खां ने दानसाह के साथ मिलकर कुछ दुर्ग-रक्षकों को प्रलोभन देकर तोड़ लिया और छतरसिंह व उसके चाचा को दुर्गरक्षकों ने हमला कर मार डाला। फिर रहीम दाद खां ने आरक्षित रनिवास के ड्योढ़ी सेवकों को लुभावने कपट शब्दों के जाल में फांसकर विधवाओं से राजा केहरसिंह को प्राप्त कर मसनद पर आरुढ़ किया और स्वयं को उसका 'नायब' घोषित कर दिया। सभी दफ्तरों व कारखानों पर अपने सैनिक तैनात कर दिये। भयभीत दानसाह डीग से भागकर गोवर्द्धन चला गया। जिन सरदारों, कर्मचारियों व सैनिकों ने उसके प्रयासों का विरोध किया, रुहेलों ने उन सभी को मार-पीटकर शहर से निकाल दिया और जिन सरदारों ने उसके साथ समर्पित भाव व्यक्त किया, उनके साथ मिलकर उसने मिर्जा के विरुद्ध संघर्ष की तैयारियां शुरू कर दीं।[53]

निःसहाय राजा रणजीतसिंह ने कुम्हेर लौटकर मिर्जा नजफ खां के साथ समझौता करने के विचार से अपना दूत उसकी छावनी में भेजा। शाही सेनापति ने तत्काल अहमद बेग खां को अपनी मित्रता व वचनों का विश्वास दिलाने को उसके पास रवाना किया। कई दिन के आपसी विचार-विमर्श के बाद रणजीतसिंह ने अपने विश्वासपात्र सेवक राय रामसिंह को बातचीत करने शाही छावनी में भेजा। 4-5 दिन की बातचीत के बाद 1 अक्टूबर को जाट दूत को विदा किया गया। रणजीतसिंह को अमीर-उल-उमरा की बातों से संतोष नहीं हो सका। राजधानी की दुखित घटनाओं से व्यथित होकर जवाहरसिंह की विधवा रानी राजा बहादुरसिंह (वैर) को अपने साथ लेकर डीग से कुम्हेर पहुंची और उन्होंने प्रायश्चित्त करके रणजीतसिंह से क्षमा याचना मांगी। उन्होंने राजकुल की परम्परा के विपरीत मुगल सेनापति के साथ समझौता न करने का आग्रह किया। ड्यौढ़ी रनिवास के सदस्यों व डूंग ठाकुरों से बातचीत करने के बाद जाट राष्ट्र में बढ़ती कठिनाइयों के दौर को ध्यान में रखकर और छह वर्ष से निरंतर चल रहे पारिवारिक कलह को समाप्त करने के विचार से नवंबर के मध्य में उन्होंने रणजीतसिंह के राजा केहरसिंह का नायब व मुख्त्यार राज पद के निर्वहन में पूर्णतः सहयोग देना स्वीकार कर लिया।[54] अन्ततः पारिवारिक कलह सदा-सदा के

लिए समाप्त हो गया।

रणजीतसिंह का डीग में प्रवेश, नवम्बर, 1775 ई.

मिर्जा नजफ खां ने अपने विश्वासपात्र चेला अफरासियाब खां को दोआब से बुला लिया। नवाब मेडक तथा मोंशियर मोडव भी उसकी छावनी में पहुंच गये। मिर्जा ने मेडक को 'छावनी में महिलाओं को निंदनीय रुहेलों के हाथों में छोड़कर भागने और फिर भी बड़े बोल बोलने पर' प्रताड़ित किया। तभी दो भगोड़ा अंग्रेज सिपाहियों ने मिर्जा की छावनी में मेडक पर प्राणघातक हमला कर दिया। सौभाग्य से उसने मिर्जा के डेरों में जाकर प्राण रक्षा की और उसने विनम्र भाव से मिर्जा की सेवा करने की शर्त स्वीकार कर ली।[55]

अक्टूबर के अंत में नजफ खां ने गोवर्द्धन से कूंच करके डीग के उत्तर में 8 किमी. दूर हाथीपुरा के मैदानों में अपना शिविर डाल दिया। नवंबर के शुरू में रुहेला व शाही सैनिकों में नित्यशः झड़पें तथा तोप द्वन्द्व शुरू हो गया। गढ़ प्राचीर से गोला चलते और जाट-रुहेला सवार कामां फाटक से निकलकर मुगलों से लड़ते थे। नजफ की ओर से फिरंगी सैनिक तौपें दागते और बन्दूक चलाते थे। उनके कुछ गोले गढ़ में भी आकर गिरते थे। इससे नागरिक भयभीत होकर रुहेलों से रुष्ट होने लगे।[56]

रणजीतसिंह ने परिजनों के सहयोग, जमींदारों का बल व जनता का समर्थन प्राप्त करके सैनिक शक्ति को पुनः संगठित किया। उसने यशवंत राव बागले को उसके सहस्त्र सवारों तथा कुछ नागाओं को भी अपनी सेवा में रख लिया। नवंबर के मध्य में रुहेला सैनिकों ने मिर्जा का सामना करने पर अपने आपको असमर्थ समझकर नगर में लूटमार व नागरिकों के साथ अमानवीय व्यवहार शुरू कर दिया। कुछ दिन जाट, गूजर तथा नागरिकों ने धैर्य रखा, लेकिन जब रुहेलों ने महिलाओं से छेड़छाड़ शुरू की, उनकी इज्जत लूटी, तो नागरिकों के अधैर्य का सागर उमड़ पड़ा। महिलाओं ने पुरुषों को धिक्कारा। तब एक रात्रि को (नवंबर का तृतीय सप्ताह) राजा रणजीतसिंह ने चुपचाप चुनिंदा सवारों व पैदलों के साथ गढ़ में प्रवेश किया। रुहेला सैनिक व प्रहरी निद्रा दैवी की गोद में थे, तब पौ फटते ही मराठा सवारों ने जाट सवारों के साथ गढ़ प्राचीर के बाहर रुहेला शिविर पर अचानक साहस व तत्परता से धावा बोल दिया। शिविर में भारी भगदड़ मच गई। रुहेला सेनानायक, जमादार व सिपाही प्राण बचाकर भागने लगे। समाचार मिलते ही रहीमदाद खां अपने कुछ सवारों के साथ गढ़ से बाहर निकल आया। उसके भागते ही 'क्षितिज में उदित बाल रवि की भांति' रणजीतसिंह छद्म भेष को छोड़कर प्रकट हो गया।

इधर-उधर छिप रहे सैनिक, सभी अधिकारी व कर्मचारी निष्कपट भाव से

उसके पास आ गए और सभी ने जय-जयकार के साथ नगर प्राचीर में शेष सभी रुहेलों को भेड़-बकरी की भांति घेरकर लाठियों से मार डाला या पीट-पीटकर भगा दिया। अत्याचारों से त्रस्त नागरिकों ने भी क्रोधित होकर रुहेला सैनिकों को मारना शुरू कर दिया। सौभाग्य से कुछ हजार रुहेला सैनिक समीपस्थ फाटक से निकलकर भाग गये। अनेक को बन्दी बना लिया गया। इस जनसंघर्ष में 4000 रुहेला काम आये। चन्दन खां भी खेत रहा। जाट-मराठों ने उनके शिविर में मेडक की लूट के प्रायः सभी साज-सामान डेरों एवं हथियारों पर अधिकार कर लिया। रहीमदाद खां ने भागकर दिल्ली का मार्ग पकड़ा और अब्दुल अहद की शरण ली।[57]

राव प्रताप का अलवर दुर्ग पर अधिकार, नवंबर 25, 1775 ई.

डीग में रुहेलों के प्रवेश तथा उत्पात का मेवात के प्रमुख जाट दुर्ग अलवर के किलेदार व प्रहरियों (दुर्ग रक्षक दल) पर गहरा प्रभाव पड़ा। इस दुर्ग का किलेदार व नगर फौजदार नवलसिंह तथा मुतसद्दी ठाकुरदास था और अधिकांश दुर्गरक्षक राजपूत थे। राव प्रतापसिंह नरूका ने अलवर शहर व दुर्ग पर अधिकार करने के लिए अपने सवार रवाना कर दिये। दुर्गरक्षकों का अनेक वर्षों से वेतन बकाया था। इससे उनमें असन्तोष था। खुशालीराम हल्दिया ने किलेदार को कुछ रकम देकर और दुर्गरक्षकों को उनका शेष वेतन भुगतान का वचन देकर तोड़ लिया। उन्होंने दुर्ग पर मुगलों का अधिकार होने की आशंका से भयभीत होकर दुर्ग को नरूका सरदार को सौंपना उचित समझा। राव प्रतापसिंह नरूका कांकवाड़ी में था। शर्तें तय होते ही वह अलवर पहुंचा और नवंबर 25, 1775 ई. (शनिवार, मार्गशीर्ष शुक्ला 3, वि.सं. 1832) को लक्ष्मणपोल फाटक से प्रवेश करके अलवर दुर्ग पर अधिकार[58] करने में सफल रहा। इस प्रकार द्वि-दशक के बाद मेवात प्रान्त का प्रमुख दुर्ग भी जाटों के हाथ से निकल गया।

राव राजा प्रतापसिंह ने आगामी दो वर्षों (1776-7 ई.) में जाटों की निर्बलता तथा मिर्जा नजफ खां की अनुपस्थिति का लाभ उठाकर शनैःशनै रामगढ़ महाल में छिडौली, डहरा (अलवर से 12 किमी.), जींदोली, बहादुरपुर, हाजीपुर, बानसूर, बहरोड़, हमीरपुर, नारायणपुर, बडौदा, हरसौरा, थानागाजी, गढ़ी मामूर आदि 13 महालों पर अधिकार[59] करके एक स्वतंत्र नरूका राज्य की स्थापना की। उसने अलवर की भांति जाट अधिकारियों के साथ षड्यंत्र करके सरूपसिंह दासावत नरूका की प्रमुख गढ़ी लक्ष्मणगढ़ (तोरू भूखंड, अलवर के द.पू. में 38 किमी.) को भी अपने राज्य में शामिल कर लिया।[60]

डीग दुर्ग का घेरा, दिसम्बर-अप्रैल, 1776 ई.

अमीर-उल-उमरा मिर्जा नजफ खां ने डीग दुर्गरक्षकों की कमजोरी का लाभ उठाकर दिसम्बर के शुरू में कामां फाटक के बाहर 5 किमी. दूर खुले मैदान में शिविर डालकर नगर परकोटा का घेरा डालने के उपायों का विचार किया।[61] तहमास्प खां 'मिसकिन' तथा फ्रेंच लेखक काम्टे डी मोडव ने डीग दुर्ग के पतन का आंखों देखा हाल तथा फकीर खैरूद्दीन व गुलाम अली खां ने डीग दुर्ग व नगर प्राचीर, शाहबुर्ज व गोपालगढ़ की संरचना, सुदृढ़ प्राचीर, नगर के फाटकों की सुदृढ़ता को निर्मित पुख्ता मरहला, परकोटा पर 10-10 गज की दूरी पर लगी छोटी-छोटी तोपों, दुर्ग में उपलब्ध युद्ध-साधनों, अन्न-भंडारों, भारतीय सैनिकों की परम्परागत युद्ध शैली, सरदारों व सैनिकों के चरित्र, उनकी मानसिकता, नैतिक दुर्बलता व उदारता, जमींदारों की भावात्मक एकता, षड्यंत्रकारियों की धोखेबाजी आदि का विशद वर्णन दिया है। मिर्जा नजफ के पास सुदीर्घ, विस्तृत व विशाल गढ़ प्राचीर का चारों दिशाओं में निरंतर व नियमित दीर्घकालिक घेरा डालने को पर्याप्त सैन्य बल नहीं था। आग बरसाने में सक्षम तोपों (रामचंगी, रहकला, जजैल, मस्कैट) से सुरक्षित गढ़ परकोटा धधकती ज्वाला सदृश्य दृष्टिगोचर हो रहा था। फिर भी मिर्जा की दृढ़ता, छल-कपट की चालों से पांच माह तक निरंतर युद्ध चलता रहा।

शाह बुर्ज का घेरा व गोपालगढ़ पर अधिकार[62], दिसंबर-जनवरी 1776 ई.

दिसम्बर के मध्य में शाही सेनापति ने गढ़ प्राचीर के उत्तर-पश्चिम में पुख्ता शाह बुर्ज[63] के सामने अपना तोपखाना लगाने का निश्चय किया। नगर प्राचीर के तीन ओर समतल मैदानी भाग में जल प्लावित गहरी खाई थी। जाटों के आवागमन में व्यवधान डालने तथा उन पर निगरानी रखने को मिर्जा ने परकोटा के तीनों ओर कुछ सवार टुकड़ियां तैनात करके अपनी सैनिक शक्ति को शाहबुर्ज की ओर केन्द्रित कर लिया। अस्तु, भरतपुर, कुम्हेर व यमुना पारी सैनिकों व नागरिकों का डीग से सीधा सम्पर्क बना रहा और गढ़ में खाद्यान्न व दैनिक जीवन का उपयोगी सामान इतनी अधिक मात्रा में पहुंचता रहता था "मिर्जा के शिविर में बिकने वाले खाद्यान्न की अपेक्षा डीग की मंडियों में अनन व अन्य वस्तुओं का भाव बहुत कम रहता था।"[64]

शाह बुर्ज व पान्हौरी फाटक का बाहरी भाग साधारण उभरी पहाड़ी तथा पठारी होने से जल प्लावित खाई रहित था। इस ओर लगभग एक किमी. की दूरी पर गोपालगढ़ था। अस्तु, शाह बुर्ज के पठारी भूभाग में मिर्जा के अनुशासनहीन सेना नायकों ने आपसी तालमेल व सहयोग के बगैर अपनी-अपनी सुविधा व

व्यवस्था के अनुसार बेलदारों व बेगारी ग्रामीणों से तीन फीट से भी कम अव्यवस्थित चौड़ी व गहरी बेडौल टेढ़ी-मेढ़ी ढकी खंदकें और तोप रखने को 9-10 फीट ऊंचे साबात व सलावत (मिट्टी के ऊंचे ढालू टीले) बनवाये और उनके बाजू में तोपचियों की रक्षा को पानी भरने के लिए गड्ढे तैयार करवाए जिनमें सैनिक छिपकली की भांति चिपक गये।

शाहबुर्ज व गोपालगढ़ के बीच में सघन राम बाग में कई सहस्त्र पैदल नागा संन्यासियों ने अपने डेरे डाल रखे थे। ये निडर नागा खंदकों के शाही रक्षकों पर हमला करके उनको तंग करते थे और सेना की रसद व घास-दाना लाने वाले बैलों के टाड़ा को लूट लेते थे। इससे नवाब के शिविर में रसद की भारी तंगी आने लगी। शाह बुर्ज का घेरा डालकर भी मिर्जा जाटों पर विशेष प्रभाव नहीं डाल सका। शाह बुर्ज व मरहलों से तोपें धुआँधार गोला फेंकती थीं और नजफ का फिरंगी तोपखाना उनका उत्तर दे रहा था। उनके कुछ गोले पक्के परकोटा को पार करके सायपुर के भीतरी भाग में जाकर गिरे जहाँ पानी से भरी गहरी खाई थी और महंत चत्रदास की सेवा का शिविर था। गोलों की मार से श्री वेंकटेश जी (लक्ष्मण जी) देवालय का कुछ भाग गिर गया। फिर भी नगर परकोटा व शाहबुर्ज की तोपों की मार से उसके सैनिक परकोटा के नीचे तक नहीं पहुंच सके। संघर्ष व गोलाबारी के बाद भी जाट सैनिक व नागरिक नित्यशः निर्भीकता से परकोटा के बाहर नित्यकर्म के लिए निकल आते थे।

अन्ततः मिर्जा ने आधी सेना को गोपालगढ़ का घेरा डालने को भेजा। इससे इधर मुगल व संन्यासियों में आपसी झड़पें व तोप युद्ध शुरू हो गया। मिर्जा रोजाना प्रातःकाल दौरे पर निकलता और गोपालगढ़ की ओर खंदकों में आकर बैठ जाता था। उसके सेनानायक भी वहां आकर उससे विचार-विमर्श करते थे। अनेक दिनों के बाद भी कोई परिणाम नहीं निकल सका। तभी मिर्जा ने अपने-अपने जिलों में शाही प्रशासन व शांति-व्यवस्था स्थापित करने को गये मुहम्मद बेग खां हमदानी तथा नजफ कुली खां को बुलाया और वह भारी मात्रा में रसद व युद्ध का साज-सामान लेकर छावनी में लौट आये। नई कुमुक आने से मुगलों का उत्साह बढ़ गया। चौथे दिन जनवरी के तृतीय सप्ताह में मिर्जा ने रामबाग में पड़ी नागा जमातों पर व्यवस्थित तरीके से आक्रमण किया।

मुगलों के सामने नागा जमातों की तोपखाना पंक्ति थी। नागा महंत बन्दूकची (रामचंगी) अनी के साथ मुगलों का सामना करने को आगे बढ़े। उनकी सहायता को सहस्त्रों जाट सैनिक भी इधर-उधर से निकलकर आ गये और उन्होंने एक मरहला पर अपनी चौकी बना ली। इसके बाद शत्रु पर आक्रमण करने का आदेश दिया गया। तब शाहबुर्ज, मरहला तथा गोपालगढ़ परकोटा की तोपों ने शाही सैनिकों पर एक ही समय मस्कैटों से सैकड़ों गोले छोड़कर नियमित युद्ध शुरू कर दिया।

मुगलों ने भी जम्बूरक, जजैल तथा मस्कैटों से गोले छोड़े। जाट सवार व पैदल प्रत्येक दिशा से तीव्र गति से हमला करने लगे और क्रोधान्ध नागा बहुसंख्यक शाही सैनिकों को मारकर गिराने लगे। इससे हताश होकर नवाब की सैनिक पंक्तियां पीछे हटने लगीं। इसी प्रकार प्रथम आक्रमण में शाही सेना को पर्याप्त हानि उठानी पड़ी।

इस संकट में नवाब को स्वयं अपनी कंपनी व अंगरक्षकों के साथ भाला व तलवार से जाट व नागाओं के प्रधान केन्द्र पर आक्रमण करना पड़ा। मिर्जा कुछ संन्यासियों को मारने में सफल रहा, परन्तु उसके अनेक घाव आये। उसका चेला खुसरू बेग उसके आगे अग्रपंक्ति में लड़ रहा था। वह सैकड़ों सैनिकों के साथ गोली का शिकार बन गया। अन्ततः नवाब के योजनाबद्ध आक्रमण से व्यथित होकर जाट व नागाओं को गोपालगढ़ (गढ़ी) व रामबाग खाली करना पड़ा और वे स-सामान डीग में सुरक्षित चले गये। तब मुहम्मद बेग खां हमदानी ने रामबाग में अपना शिविर डाला। "इस शाही विजय से जाट सैनिक काफी भयभीत हो गए थे और दुर्ग रक्षकों ने नित्य कर्म के लिए इस ओर निकलना बंद कर दिया था।"

मध्य रात्रि का विफल आक्रमण[65], जनवरी, 1776 ई.

आक्रमण के समय नवाब मेडक का जाट सेनानायकों के साथ गुप्त पत्र-व्यवहार चल रहा था और उसने नगर प्राचीर के कमजोर स्थान व जाट रक्षकों की असावधानी का पता लगा लिया था। उसने नवाब मिर्जा को बतलाया 'कि कामां दरवाजा के समीप लाल बुर्ज के दुर्गरक्षक पहरेदार काफी लापरवाह हैं। यदि उसको प्रत्येक पलटन से एक ग्रेनेडियर कंपनी मिल जावे तो वह असावधान दुर्गरक्षकों पर काबू पा सकता है।' इस योजना को स्वीकार करके मिर्जा ने अपने सैनिकों व सवारों को सजग कर दिया।

जनवरी के अंत में एक मध्य रात्रि को हथगोला फेंकने में कुशल फ्रांसिसी, फिरंगी तथा गोरा सैनिकों की सात कंपनियों तथा दो तोपों के साथ मेडक ने दुर्ग के पश्चिमी पार्श्व में स्थित लाल बुर्ज की ओर और तीन फ्रेंच अधिकारियों ने शाह बुर्ज के उत्तर में प्रस्थान किया। उनकी सहायता के लिए नवाब की सवार सेना भी तैयार खड़ी थी। फिरंगी सिपाही खाइयों में जाकर छिप गये थे। लाल बुर्ज के रक्षकों का पारी बदलने का समय आने पर क्लीमानसन, रौसेट तथा डोरसन के नेतृत्व में हथगोला चालक व बन्दूकची सिपाही नगर प्राचीर के नीचे पहुंच गये और तलवार व किरचों की मदद से लाल बुर्ज के ऊपर चढ़ने लगे। करीब सौ सिपाही बुर्ज पर चढ़ गये, किंतु शेष सिपाहियों के ऊपर चढ़ने की प्रतीक्षा किये बगैर कई फ्रांसिसी सैनिकों ने जल्दबाजी में गोलियां चटकी दीं। सैनिक अपनी बंदूकें पुनः संभाल कर गोली भर सकें, तभी बुर्ज व प्राचीर पर जाट सैनिक सभी

ओर से दौड़कर एकत्रित हो गए और उन्होंने फ्रेंच सैनिकों पर हमला कर दिया। शत्रु के अनेक सिपाही काम आये व घायल हो गये। कुछ ने तलवार चलाकर अपनी प्राण-रक्षा की और अन्त में नीचे खाई में कूद गए। इस प्रकार असावधानी से मेडक का यह प्रयास पूर्णतः विफल हो गया।

आठ फिरंगी दो गोरा, लड़ें जाट के दो छोरा[66]

सेनापति मिर्जा नजफ खां बंदूकों की आवाज के साथ ही सवार-कुमुक लेकर बुर्ज तथा दरवाजे के समीप पहुंच गया। परन्तु अब सूर्योदय हो चुका था और परकोटा पर दुर्गरक्षकों का जमघट हो गया था। जाट सैनिकों ने कामां फाटक खोलकर मिर्जा के सहस्त्रों फिरंगी सैनिकों पर अदम्य साहस व फुर्ती से आक्रमण कर दिया। प्राचीर से तोपों ने और मरहला से बंदूकों ने प्रलय मचा दी इससे मेडक व नवाब के घुड़सवार व सिपाही धड़ाधड़ गिरने लगे। घोड़े भड़ककर सवारों को गिरा कर भागने लगे। "अनेक युद्धों में ख्याति अर्जित मुगल, फिरंगी व यूरोपियन कप्तान व जमादार जाटों के सामने अपने पैर जमाने में विफल रहे और कुछ ही घंटों में भयभीत होकर मैदान से हटने लगे। उनके डेरों में भी भय, आतंक व असंतोष फैल रहा था। मैदान में 'एक भालाधारी जाट पैदल नवाब के दस सवारों को भारी पड़ रहा था' और वे लकवा मार जाने की अवस्था में मूर्ति की भांति निश्चल खड़े रहे। भय के कारण किसी में भी युद्ध लड़ने का सामर्थ्य नहीं था।" इस युद्ध से सर्वत्र 'आठ फिरंगी दो गोरा, लड़ें जाट के दो छोरा' की कहावत प्रचलित हो गई थी।

जाटों के प्राणघातक आक्रमण से प्रधान सेनापति की रक्षा में तत्पर 3-4 सहस्र सवारों में से कुछ ही सवार उसके इर्द-गिर्द दिखलाई दे रहे थे। तभी समरू ने द्रुतगति से अपनी एक पलटन तथा दो तोपों के साथ वहां पहुंचकर दोनों सेनाओं के बीच में प्रवेश किया और अपनी दोनों चद्दरें चलाने का निर्देश दिया। अंगूरी गोलियों की मार से एक ही बार में सैकड़ों जाट सैनिक भूमि पर लुढ़कने लगे। उनकी आक्रामक शक्ति क्षीण हो गई और वह शहर में लौट आये। मिर्जा ने वहां अपना तोपखाना लगाने का आदेश दिया। उसने इसी भांति परकोटा पर चढ़ने के दो बार पुनः विफल प्रयास किये। उसने यद्यपि नसेनियां भी बनवा ली थीं, किंतु जाट रक्षकों ने उसके सभी प्रयत्नों को विफल कर दिया।

अवध के भगोड़ा सेनानायकों का आगमन[67]

तीन महीने तक घेरा डालकर भी शाही सेनापति दुर्गरक्षकों को विचलित नहीं कर सका। नवाब को भय होने लगा कि इस बार वह प्रतिष्ठा अर्जित करके ससम्मान शाही दरबार में नहीं लौट सकेगा। उसकी आर्थिक स्थिति काफी खराब होने लगी

थी। सैनिकों को 7-8 माह से वेतन नहीं मिला था और वे शिविरों में रुककर अनिच्छा से लड़ रहे थे। शिविरों में खाद्य-पदार्थों के अभाव में भूखों मरने की स्थिति उत्पन्न होने लगी। इससे सैनिक विद्रोह के लक्षण दिखलाई देने लगे। किसी परगना से रुपया मिलने की आशा में सैनिकों को भेजा जाता था, तो वे वहां जाने से भी मना कर देते थे। दिल्ली दरबार में उसके विरुद्ध नये-नये षड्यंत्र रचे जा रहे थे। जाबित खां में इतना साहस व आत्मबल नहीं था कि वह जाटों के साथ मिलकर मिर्जा की शक्ति को कमजोर कर सके। फिर भी मिर्जा का आत्मविश्वास व धैर्य नहीं डिग सका और न वह घेरा उठाने को तैयार था। "मिर्जा के चेहरे पर चिंता के चिह्न नहीं दिखलाई दिये और वह अपना काम करता रहा।" इधर रणजीतसिंह की सैनिक शक्ति नित्यशः कमजोर होती जा रही थी और जाट सरदार आपस में झगड़ रहे थे। फिर भी वह दृढ़तापूर्वक गढ़ की रक्षा में तत्पर रहा।

दिसंबर, 1775 ई. में कंपनी सरकार की सुप्रीम कौंसिल ने नवाब आसफउद्दौला पर उसकी सेना को यूरोपियन युद्ध कला की ट्रेनिंग देने हेतु अंग्रेज अधिकारियों को सौंपने का इतना कठोर दबाव डाला कि उसको अनेक सेनानायकों को अपनी सेवा में मुक्त करना पड़ा। लताफत अली खां अवध की पांच पलटनों सहित 28 फरवरी को बादशाह की सेवा में दिल्ली पहुंच गया (दे. क्रानि.)। मार्च में नवाब के लघु भ्राता मिर्जा सआदत अली खां के अधीनस्थ राजा हिम्मत बहादुर व उमराव गिरी गुसाईं 30-40 मैदानी तोपों व छः सहस्त्र सवार व पैदल नागा पलटनों के साथ मिर्जा नजफ खां की छावनी में आ गये और उन्होंने वेतन की अपेक्षा लूटमार से अपने सैनिकों का निर्वाह करने की शर्त पर उसकी सेवा करना स्वीकार कर लिया। अवध के देशी तैलंग सैनिकों ने भी विद्रोह कर दिया। तभी दिल्ली से मुहम्मद इलिच खां, बरेली से मुहम्मद बशीर खां, फौजदार मुहम्मद शेर खां और तीन पलटनों के साथ स्वयं लताफत अली खां और नवाब शुजा के तोपखाना का पदासीन निदेशक सुयोग्य फ्रेंच कप्तान मोंशियर लेवस्साउट अपने ट्रेंड फ्रेंच, तैलंग व गार्दी तोपचियों सहित फैजाबाद से डीग आ गये। नवाब आसफउद्दौला अपने भाई से असंतुष्ट था। विद्रोही सैनिकों ने प्रधान मंत्री सैयद मुरतिजा खां की हत्या कर दी। अतः इस हत्या के षड्यंत्र में शामिल ख्वाजा बसन्त एवं अप्रैल 24, 1776 ई. को नवाब मिर्जा सआदत अली खां भी ससैन्य मिर्जा की छावनी में आ गये। इससे नजफ खां का भाग्य नक्षत्र चमकने लगा।

मोंशियर लेवस्साउट की विफलता[68]

फ्रेंच लेखकों के आधार पर डॉ. सरकार का यह कथन परिस्थितिजन्य नहीं है कि "उस समय की जाट सरकार में इतनी बुद्धि नहीं थी कि वह धन का सदुपयोग करके आत्मरक्षा के लिए उन सैनिकों को भाड़े पर अपनी सेवा में रख लेती

जिनकी सच्चाई व निष्ठा के बारे में उनको अनुभव हो चुका था।" तब जाट शासनतंत्र में वैचारिक विभाजन था। अनेक जाट सरदार मिर्जा के साथ पत्र व्यवहार करके आंतरिक भेदिया का काम कर रहे थे और शासन तंत्र पर पकड़ कमजोर होने से मुख्त्यार-राज राजा रणजीतसिंह असहाय था। फ्रेंच कप्तान मोंशियर लेवस्साउट में युद्ध संचालन की क्षमता, चातुर्य्य व योग्यता थी। उसको अपने सैनिकों के वेतन का भुगतान करना था और मिर्जा नजफ से पगार का बंटवारा करने को रकम मिलने की आशा नहीं थी। तब काम्टे डी मोडव की सलाह पर उसने जाट शासक की सेवा में जाने का निश्चय कर लिया। मोडव ने जाट दीवान के पास उसकी ओर से प्रार्थना-पत्र भेजकर उसकी योग्यता, अनुभव, कार्यक्षमता से अवगत कराया। प्रत्युत्तर में दीवान ने अपने पत्र में लिखा, कि "राजा ने उसके प्रस्ताव को स्वीकार कर लिया है। अब वह सूचित करे कि वह अपनी टुकड़ियों के साथ शहर में कब और किस द्वार से प्रवेश करेगा? ताकि उसको फाटक पर वेतन भुगतान का वचन-पत्र तथा नगर प्रवेश का परवाना भेजा जा सके।" फ्रेंच कप्तान ने उत्तर के साथ अपने हरकारे को रवाना किया, किन्तु जाट शासक के भाग्य ने साथ नहीं दिया। मुगल सवारों ने हरकारा को पकड़ लिया। नवाब ने पत्रों को पढ़कर मेडक को सौंप दिया। इससे जाट एक विदेशी कप्तान की सेवाओं के लाभ से वंचित रहे। विषम परिस्थितियों में अन्य कोई राजनीतिक इकाई जाटों की सहायता व सहयोग करने में अक्षम थी।

खाद्यान्नों की नाकेबंदी में सफलता[69]

पर्याप्त सैनिक सहायता मिलते ही मिर्जा नजफ खां ने गढ़ परकोटा की चारों ओर से अति कठोर सुव्यवस्थित घेराबंदी, समीपस्थ व पड़ोसी इलाकों से राजधानी में निरन्तर आ रहे खाद्य-पदार्थों व सैनिक साज-सामान तथा आवागमन को रोकने का सफल प्रयास किया। उसने यमुना पार से जाटों के पास से आने वाली रसद को रोकने, मेंडू-मुरसान के जाट जमींदारों को निरुत्साहित करने तथा रामगढ़ का घेरा डालने का अपने विश्वासपात्र चेला (लेफ्टीनेंट) अफरासियाब खां को 15-16 सौ ट्रेंड बंदूकची सवार व पैदल और उसी अनुपात में तोपें देकर भेजा। अफरासियाब दोआब से मिल रही सहायता को रोकने में सफल रहा। (अनु. 10)

मिर्जा ने कामां-डीग राजपथ के आवागमन को रोक दिया था अब उसने नजफ कुली खां को उसके सभी सैनिकों व सवारों सहित डीग-कुम्हेर राजमार्ग के आवागमन को रोकने के लिए सैनिक चौकियां स्थापित करने व खाद्यान्न को रोकने के लिए तैनात किया। उसके साथ तहमास्प खां 'मिसकिन' अपने सभी सवारों सहित और गुसाई बन्धु सभी सवारों के साथ मौजूद थे। मुगल दस्तों व नागा सवारों ने इतनी सजकता से इस मार्ग की निगरानी की कि आसपास व कुम्हेर

से शहर में खाद्य पदार्थों के बैलों व गाड़ियों का आना पूर्णतः बन्द हो गया। तब जाटों ने खाद्यान्न लाने को पैदल मजदूरों का सहारा लिया। एक रात्रि को नजफ कुली के सवारों ने सिरों पर अनाज की पोट ला रहे दो सहस्त्र स्त्री-पुरुषों को घेर लिया। वे अपनी पोटलियां फेंककर बीहड़ों में भागने लगे। सवारों ने कुछ लोगों को पकड़कर मिर्जा के डेरों पर भेज दिया। परंतु मिर्जा ने अपने सहयोगियों की मृत्यु दंड अथवा अन्य अमानुषिक दंड देने की सलाह को ठुकरा कर फिर कभी प्रयास न करने की चेतावनी देकर उनको कुम्हेर वापस भेजकर मानवीय व्यवहार किया।" उसकी इस नैतिक भावना का नागरिकों पर गहरा प्रभाव पड़ा। तभी नजफ कुली खां ने सेना के एक भाग को जमादारों के साथ समीपवर्ती क्षेत्रों में भेजकर वहां के जमींदारों पर समर्पण करने का दबाव डाला।

खाद्य-पदार्थों का अभाव : नागरिकों का समर्पण[70]

जीवन-रक्षा को डीग में गये आसपास के ग्रामीणों, शहरी नागरिकों व सैनिकों सहित शहर में 60 सहस्त्र की भीड़भाड़ थी। 'कुछ ही सप्ताहों में अन्न भंडार खाली होने से वहां दुर्भिक्ष व महामारी ने जोर पकड़ लिया। रोजाना हर गली में सैकड़ों जानवर व आदमी मरने लगे। क्षुधा पीड़ितों में भक्षाभक्ष वस्तुओं का ज्ञान नहीं रहा।' इस दुर्भाग्यपूर्ण संकट में रणजीतसिंह ने निःसहाय प्रजा को शहर से बाहर जाने की अनुमति दे दी। गढ़ फाटकों से निर्धनों का तांता लग गया। मिर्जा ने "नंगे, दीन-हीनों के साथ नम्रता व दया का व्यवहार करके शहर व शाही छावनी के बीच सुरक्षा व संरक्षण का ध्वज फहराकर इनके रुकने के लिए डेरे लगवा दिये। परिणामतः बड़े-बड़े सेठ साहूकार, व्यापारी, प्रतिष्ठित सरदार, नागरिक व उनके सभी परिवार भी अमूल्य वस्त्रों, हीरा-जवाहरात, सोना-चांदी के आभूषण व सिक्कों को छिपाकर शरणार्थियों में आकर मिल गये।"

छावनी में सैनिक व बदमाशों द्वारा लूट व तलाशी को रोकने के लिए मिर्जा ने शरणार्थियों को नगर प्राचीर के फाटक पर ही रुकने का आदेश दे दिया। सहस्त्रों की भीड़ एकत्रित होने पर वह स्वयं अपने संरक्षण में उनको छावनी में ले जाता था। उसने इस छावनी की सुरक्षा व संरक्षण का भार मिर्जा सआदत अली खां जो 24 अप्रैल को डीग आ गया था, सौंप दिया। अस्तु, छः सप्ताह में ही जन-संकुल, सम्पन्न नगर पूर्णतः खाली हो गया।

मुगलों का डीग पर अधिकार[71] अप्रैल 30, 1776 ई.

'जीवन-मृत्यु के संघर्षात्मक सोच से अति क्षुब्ध', मानसिक तनावों से ग्रस्त व दुर्भावना ग्रस्त राज परिवार के रिश्ते के कुछ सदस्यों, कुछ वरिष्ठ सरदारों व कर्मचारियों के "भूख-पीड़ित होकर मरने की अपेक्षा प्राचीर से बाहर निकलकर

अंतिम निर्णायक युद्ध करने अथवा समर्पण करके 'मुख्त्यार-इ-सल्तनत' की अधीनता स्वीकार करने" के दबावी प्रस्ताव रणजीतसिंह के आत्मविश्वास, शांति, संयम तथा दृढ़ इच्छाशक्ति को विचलित नहीं कर सके। उसने महान विपदाओं को सह कर भी किसान राष्ट्र की कीर्ति व स्वाधीनता सर्वधर्म व संप्रदायों के सामाजिक जीवन मूल्यों की रक्षा, ब्रजधरा के सांस्कृतिक गौरव के संरक्षण हेतु डीग से निकलकर कुम्हेर व भरतपुर के सुरक्षित दुर्गों से जीवन की अंतिम बेला तक रक्षात्मक संघर्ष करने का दृढ़ निश्चय कर लिया। परंतु जाट वंश के पुराने रिश्ते के सरदारों व उनके कबीलों के विरोधात्मक रुख के कारण इस योजना के क्रियान्वयन का समय निकल चुका था।

अन्ततः दुर्ग, रनिवास (बदनसिंह महल) में शेष स्त्री-पुरुषों की सुरक्षा के लिए प्राणपण से लड़ने वाले कुछ योद्धा जमादार व सैनिकों को छोड़कर रणजीतसिंह ने अप्रैल 29, 1776 ई. (सोमवार, वैशाख सुदि 11, वि.सं. 1883) की चंद्रज्योत्स्ना रात्रि में अपने परिवार, अधिकांश राजकोष तथा विश्वास-पात्र अली गोल (अंगरक्षक) के 1500 सवारों के सहित अऊ (भरतपुर) फाटक से कुम्हेर का मार्ग पकड़ लिया। इस समय उसके साथ रहीम दाद खां का बंदी पुत्र भी था। महंत चत्रदास राजा केहरसिंह को अपनी पीठ पर लाद कर नागा सवारों के साथ डीग से निकलकर सकुशल भरतपुर के सुदृढ़ दुर्ग में पहुंच गया।[72] अऊ फाटक के बाहर खन्दकों में राजा हिम्मत बहादुर गुसाईं के सैनिक थे। उसने अपने सवारों के साथ रणजीतसिंह का पर्याप्त दूरी तक पीछा किया। फिर भी रणजीतसिंह, पुरोहित जोधसिंह तथा फौजदार चैनसिंह की कर्तव्य-परायणता से सकुशल कुम्हेर के दुर्ग में पहुंच गया। कुछ सरदारों व जाट सवारों ने पीछे रुककर नागा सवारों का सामना किया। इस संघर्ष में पुरोहित जोधसिंह का पुत्र मुखराम गोली लगने से जख्मी हो गया। उसके अन्य तीनों पुत्र कबीलों सहित डीग की रक्षा करते समय खेत रहे।

रात्रि के 3-4 घंटे शेष रहने पर मुगल छावनी में रणजीतसिंह के पलायन का समाचार फैलते ही मिर्जा के सैनिक लूट के लालच में खाइयों को छोड़कर शहर में घुस गये और वहां लूटमार करने लगे। इससे शहर में अव्यवस्था फैल गई। लुटेरे सैनिकों ने महिला व बच्चों को मारकर भारी उपद्रव किये। उन्होंने हताश होकर मकानों में आग लगा दी। शहर में अनेक स्थानों पर बारूद के भंडार थे। इससे तीन दिन बार-बार बारूद खानों में आग भड़की, जिसमें पराजित व विजेता दोनों ओर के सैनिक झुलस-झुलस कर मारे गए।[73] "कट्टर मुस्लिम सैनिकों ने पाषाण देव प्रतिमाओं को भी खंडित कर दिया और उन्होंने देवालयों में गाय-बैल की हड्डियां व आँतें फेंककर उनको अपवित्र करके स्वयं को संतुष्ट किया।"[74] मिर्जा ने नगर की लूट व बरबादी को रोकने के लिए जैनुल आब्दीन खां को भेजा।

फिर भी उसको लुटेरे सैनिकों को रोकने में तीन दिन लग गये।

30 अप्रैल को अरुणोदय में मिर्जा नजफ खां ने डीग शहर में प्रवेश किया। बदनसिंह महल के समीप ज्योंही मुगल सैनिक पहुंचे, तब रनिवास की सुरक्षा में नियुक्त प्रहरियों ने गोलियों की भारी बौछार की और बारूद भरी आग की पोटलियां फेंकी। इससे अनेकों मुगल सैनिक मारे गये या घायल हो गये। इस प्रकार ड्योढ़ी प्रहरियों ने अंतिम दम तक अपने कर्त्तव्य का निर्वाह किया। उन्होंने "इस दिन (30 अप्रैल) मुगलों को विजयोत्सव नहीं मनाने दिया और विजय को मातम में बदल दिया"।[75]

रनिवास में जौहर[76]

बदनसिंह महल में रानी खेतकौर सहित रतनसिंह व नवलसिंह की विधवा रानियां, देशस्थ जाट व अन्य कुछ सरदारों की ठकुरानियां व गुर्जर महिलाएं (धात्री) आदि कुल 60 स्त्री-पुरुष मौजूद थे। दरोगा-ड्योढ़ी बावरिया (वौरया) गूजर ने रानियों को शहर पर शत्रु का अधिकार होने के दुखद समाचारों से अवगत कराया। उसने कहा, "यदि स्वेच्छा से प्राणोत्सर्ग नहीं किया गया तो हम सभी विधर्मी शत्रु के हाथों में पड़ जावेंगे और हमको बे-इज्जत (अपमानित) किया जाएगा।" रानी खेतकौर सहित अन्य रानियों ने मृत्यु आलिंगन को श्रेयस्कर समझ कर ड्यौढ़ीवान से मौत के साधन उपलब्ध कराने की प्रार्थना की। ड्यौढ़ीवान ने भूमि पर एक फर्श बिछा दिया और उस पर तीनों रानियाँ लेट गईं। बावरिया ने एक-एक करके तीनों रानियों के सिर काट दिए। अन्य महिलाओं का भी यही हाल हुआ। फिर ड्यौढ़ीवान ने अपना सिर काटकर असम्मान की कहानी का अंत कर दिया। इस प्रकार उन्होंने जौहर-व्रत धारण करके सतीत्व की रक्षा की।

फारसी इतिवृत्तों व विदेशियों के संस्मरणों में हमको 'शत्रु के आगे समर्पण करने की अपेक्षा महिलाओं के प्राण त्यागने' के अनेक उदाहरण मिलते हैं। जौहर व्रत धारण करके सतीत्व की रक्षा जाट जाति का नैतिक गुण व कौमी परम्पराएं थीं। अस्तु, यह एक असामान्य घटना नहीं थी।

रक्षकों का प्राणोत्सर्ग

दुर्ग व महल रक्षक बन्दूकची सैनिकों की तत्परता, कर्तव्य परायणता व अडिग निष्ठा को देखकर मिर्जा नजफ ने इन सैनिकों के पास प्राणदान व सुरक्षा का प्रस्ताव भेजा। इस प्रस्ताव को ठुकराने पर मिर्जा ने जनरल समरू को गतिरोधात्मक स्थानों को तोपों से उड़ाने का निर्देश दिया। समरू ने महल व दुर्ग पर दिन भर गोले फेंके, जिनसे एक-दो स्थान क्षतिग्रस्त हो गए। दुर्ग रक्षकों ने सांसारिक मोह-ममता छोड़ दी। रात्रि में अपनी पत्नियों व बच्चों को मारकर क्षत्रिय धर्म का

कवच धारण किया और प्रातःकाल (1 मई) दिलेरसिंह जमादार के नेतृत्व में मातृभूमि पर बलिदान को तलवार सूंत कर एक साथ बाहर निकल पड़े। दुर्ग व महलों के फाटक खोलकर समरू की तोपों, फिरंगी व मुगलों पर एक साथ टूट पड़े। प्रत्येक सैनिक पूर्ण उत्साह से 30 या 40 सैनिकों पर आक्रमण करने लगा और घायल होकर भी अंतिम श्वास तक लड़ता रहा। अपने सैन्य बल से भी अधिक शत्रुओं को मौत के घाट उतार कर अपने प्राण न्यौछावर कर दिये।

इस भांति जाटों ने कबीला सरदारों की स्वार्थपरक कटुता के बाद भी सात माह तक अति वीरता, साहस व उत्साह से डीग की रक्षा की। 'पथैना रासो' के लेखक कवि 'चतुरा राम' के अनुसार इस युद्ध में 700 सैनिकों ने अपने प्राणों की बाजी लगा दी। डीग का सुप्रसिद्ध दुर्ग अपने वीरों व शत्रुओं के रक्त से रक्त-रंजित होकर अपने भाग्य को विजेता के हाथों में सौंपने को तैयार था। खैरुद्दीन के अनुसार, "यद्यपि जाट रक्षकों ने समरू तथा मिर्जा के सैकड़ों सैनिकों को धराशायी कर दिया, फिर भी एक भी वीर योद्धा ने प्राणों की भीख नहीं मांगी। यदि क्षुधा पीड़ित जाट सैनिक आपसी एकता व तालमेल से आक्रमण करते तो बहु-संख्यक शत्रुओं का विनाश करके सुरक्षित दुर्ग से बाहर निकल सकते थे।"[77]

मिर्जा नजफ ने महलों में प्रवेश करके वीरांगनाओं के प्रति शोक व्यक्त किया और 2 मई को हिन्दू परंपरा के अनुसार ससम्मान रानियों व अन्य सभी का अंतिम संस्कार करने का आदेश दिया।[78]

विजय का परिणाम

5 मई को मिर्जा की ओर से शाही दरबार में उसके प्रतिनिधि वकील मनीराम ने बादशाह के समक्ष इस विजय का वृत्तांत, दुर्ग की चाभियां तथा 21 मोहरें नजर कीं। शाही दरबार में भारी खुशियां मनाई गईं। बादशाह ने स्वयं अपने हाथ से धन्यवाद-पत्र लिखकर मिर्जा को शत्रु का पीछा करने का निर्देश दिया। 11 मई को उसकी ओर से नायब हाजिर ने नजफ को खिलअत सौंपने को डीग की ओर प्रस्थान किया[79] और इसी माह में कंपनी सरकार के गवर्नर जनरल वारेन हैस्टिंग्स ने मिर्जा के पास बधाई संदेश भेजकर अपने स्वार्थ में सहयोग का हाथ बढ़ाने का संकल्प व्यक्त किया।[80]

मिर्जा को एक विजेता का सम्मान अवश्य मिला। परंतु उसको सामान्य लूट के अलावा विशेष आर्थिक लाभ अथवा सैन्य प्रसाधनों की उपलब्धि नहीं हो सकी। जाटों ने शास्त्रागार का अधिकांश भाग निकाल लिया था। उन्होंने दुर्ग व गढ़ प्राचीर की बुर्जों पर स्थायी रूप से लगी अति भारी व विशाल तोपों, जिनको हटाना असंभव था, के अतिरिक्त अन्य मध्यम व छोटी तोपों को या तो तालाबों, खाई या गहरे गड्ढे में फेंक दिया था या अपने साथ ले गये थे। भारी खोजबीन के

बाद भी मिर्जा को उनका पता नहीं लग सका।[81] उसको दुर्ग में राजसी डेरा, साधारण अस्त्र-शस्त्र, अति विशाल तोपें, गोला-बारूद के अलावा स्वर्णाभूषण, चांदी के बर्तन और खजाने में कुछ नकद–कुल मिलाकर 6 लाख रुपया मात्र ही मिल सका।

जाट राजधानी पर मुगल सत्ता का अधिकार भारतीय इतिहास में अपना विशिष्ट महत्त्व रखता है। आगामी तीन दशकों तक बादशाह शाहआलम सानी की दुर्दशा व मुगल सत्ता के राजनीतिक अपकर्ष की गाथाएं इसी के इर्द-गिर्द मंडराती रहीं। भारत की मरणासन्न व नवोदित राजनीतिक शक्तियों ने इस समाचार को 'अति आश्चर्य व विस्मय' के साथ सुनकर अपनी-अपनी प्रतिक्रियाएं व्यक्त की थीं। डीग का पतन जाटों के शाश्वत चारित्रिक गुणों व उनकी स्वाधीनता संप्रभुता का पराभव न होकर प्रशासनिक विकृतियों तथा अ-लोकतंत्री जाट समुदाय की इकाइयों की पारस्परिक कटुता का परिणाम था। रणजीतसिंह के पास अभी सैन्य प्रसाधनों से सुदृढ़ वैर, कुम्हेर, किसनगढ़ तथा भरतपुर के विशाल दुर्ग शेष थे और उसको मराठों से सैनिक सहायता मिलने की आशा थी। उसने आगामी वर्ष के अंत तक इन दुर्गों से राजनैतिक संप्रभुता का संघर्ष जारी रखा।

मिर्जा ने डीग में कई माह रुककर प्रशासनिक प्रबन्ध किये और जाट परगनों में अपने आमिल व कर्मचारी नियुक्त किये। उसने डीग के विख्यात जल महलों के सौंदर्य को विकीर्ण नहीं किया और न हिन्दू संस्कृति के प्रतीक देवालयों को ही हानि पहुंचाई। उसने जवाहरगंज में शहर के मध्य एक विशाल मस्जिद का निर्माण करवाया और वर्षा काल आगरा के समीप रुककर व्यतीत किया।

रानी किशोरी का महादजी से सहायता प्राप्त करने का प्रयास[82]

डीग पतन ने आगरा प्रांत के राजनीतिक तथा आर्थिक विकास के परिदृश्य को ही बदल दिया था और मिर्जा नजफ ने आगामी आठ माह तक डीग व आगरा में रुककर जाटों को डराने-धमकाने, शांति व्यवस्था के नाम पर जाट जमींदारों को दबाने तथा जाट राज्य के परगनों पर अधिकार करने का विफल प्रयास किया। यह जाटों का दुर्भाग्य ही था कि अब उत्तर भारत में कोई भी सशक्त राजनीतिक इकाई नहीं थी, जो उनको तात्कालिक सहयोग प्रदान करती। हिन्दुस्तान की प्रशासनिक व्यवस्था में हस्तक्षेप के लिए प्राधिकृत सभी मराठा सरदार विगत 5-6 वर्षों से आपसी मतभेदों से विभाजित थे और अब वे उन मतभेदों को समाप्त करने को पुणे में आयोजित सभा में भाग लेने के लिए प्रस्थान की तैयारियां कर चुके थे।

इस कठिन काल में मई-जून मास में रानी किशोरी ने महादजी सिंधिया की सहायता प्राप्त करने को भरतपुर से उज्जैन की यात्रा की। जब वह उज्जैन पहुंची, तब महादजी के सैनिक दल व उसके शिविर का साज-सामान पूना की ओर

रवाना हो चुका था और स्वयं महादजी प्रस्थान की तैयारी में था। अतः वह राजमाता की किसी प्रकार से भी पर्याप्त सहायता नहीं कर सका। फिर भी उसने उसको कुछ धन देकर और कोटा, जयपुर, करौली, आदि राज्यों में बिखरे अपने मराठा सरदारों को आवश्यकता के अनुरूप सहायता करने का निर्देश देकर रानी को विदा किया था।

नजफ की आर्थिक कठिनाइयां : सैन्य बलों में असंतोष[83]

मिर्जा नजफ खां ने आर्थिक संकटग्रस्त होकर भी अपनी सम्पूर्ण सैन्य-शक्ति तथा उपलब्ध साधनों को डीग दुर्ग पर अधिकार करने के लिए इस आशा व आत्म-विश्वास के साथ लगा दिया था कि आपसी मतभेद व आन्तरिक गृह-कलह से व्यथित जाट प्रतिनिधि सरकार का अनुभवहीन मुख्त्यार-राज बाहरी सहायता के अभाव में कुछ ही समय में बिना शर्त घुटने टेक देगा और इसी आशा में उसने मेवात में निराशाजनक राजनीतिक वातावरण बनाने को राव प्रतापसिंह नरूका को जाट परगनों पर अधिकार करने को प्रोत्साहन दिया था। परंतु उसको छह माह तक इस घेरे में व्यस्त रहकर भी राजनीतिक व आर्थिक लाभ नहीं मिल सका।

उसकी आर्थिक स्थिति इतनी अधिक दयनीय हो चुकी थी कि वह अपने सेनानायकों के 10 माह के 'तलब' (मासिक वेतन बिल) का निबटारा नहीं कर सकता था। उसका खजाना पूर्णतया रिक्त था और डीग से मिली रकम से वह 'तलब' का दशांश चुकारा करके भी सेनानायकों को सन्तुष्ट नहीं कर सकता था। विद्रोही स्वदेशी सैनिकों ने आगरा प्रान्त के परगनों में लूटमार करके अशांति तथा अव्यवस्था फैला दी। अस्तु, वह जिला डीग तथा आस-पास के परगनों में सुचारु प्रशासनिक प्रबन्ध करने में विफल रहा। इस निराशाजनक स्थिति में उसके दत्तक पुत्रों-अफरासियाब खां व नजफ कुली खां ने आगरा शहर को लूटने का प्रस्ताव रखा। इस लूट के गम्भीर परिणामों को समझकर उसने इस प्रस्ताव को स्वीकार नहीं किया। उधर मुगलिया कप्तानों के विद्रोही रुख से वह काफी असन्तुष्ट था और उसको समरू, मेडक आदि विदेशी सेनानायकों पर अधिक भरोसा था, परन्तु ब्रिटिश कम्पनी सरकार उनको सेवा से हटाने का दबाव डाल रही थी। परिणामतः वह कुम्हेर व भरतपुर की ओर कूंच करने का तत्काल साहस नहीं कर सका।

दोआब में ठेनुआं जाटों का सहयोग : समर्पण

मध्य दोआब में पर्याप्त युद्ध साधनों से सुरक्षित व सुदृढ़ दुर्ग रामगढ़ में जाट किलेदार व दुर्गरक्षक दल मौजूद थे। मिर्जा नजफ खां ने दोआब प्रान्त के महालों में बन्दोबस्त की उपेक्षा करके रणजीतसिंह को समर्पण कराने के दृढ़ विचार से डीग दुर्ग पर अपनी सम्पूर्ण सैन्य शक्ति केन्द्रित कर ली। फलतः स्वतंत्रता के प्रति

आशावादी रामगढ़ के किलेदार व जाट शासनतंत्र के निष्ठावान पुराने कर्मचारियों के प्रभाव से दोआब के जाट एवं बड़गूजर जमींदार, जादौं ठाकुर खांप पंचायत के स्वतंत्र स्थायित्व के लिए सामूहिक भावात्मक एकता के साथ पुनः सक्रिय हो गये। उन्होंने मिर्जा के आमिलों व उनके अनुचरों को भगाकर मुगल शासन तंत्र को ठप कर दिया। राजा रतनसिंह (मेंडू), राजा पहुपसिंह (मुरसान), राजा दयाराम (हाथरस), सासनी, जवार, बेसवा आदि के सभी ठेनुआं कबीला सरदारों ने इस संकट काल में रणजीतसिंह तथा नागरिकों की प्राण रक्षा के लिए प्रचुरता से खाद्य पदार्थ, दाना-घास आदि भेजकर उत्साहजनक सहयोग प्रदान किया, तभी अन्य जाट सरदारों ने अपने प्रभाव व प्रयासों से अपने लिए छोटी-छोटी स्वतंत्र जागीरें उपार्जित करने के विचार से संघर्षात्मक रुख अपनाया। मार्च में अफरासियाब यमुना नदी पार पहुंचकर रसद व्यवस्था को भंग करने में सफल रहा और तभी उसने रामगढ़ दुर्ग की घेराबंदी का भी प्रयास किया।[84]

वर्षा ऋतु के बाद अक्टूबर-नवंबर में रणजीतसिंह ने मराठा सहयोग की आशा में कौमी एकता का पुनः प्रयास किया[85] और राजा पहुपसिंह (मुरसान) ने मुगल सत्ता को चुनौती दी। उसके भड़काने में आकर दोआब के सभी जमींदारों व रैयत ने भूमि का लगान देने से मना कर दिया। बादशाह ने मजीद की अभिशंसा पर जुलाई 3, 1776 ई. को खुदाबंदा खां के स्थान पर राजा सुजीतराय (सुचेतराय) को खुर्जा अतरौली की खालिसा-ए-तन जागीर का फौजदार नियुक्त कर दिया और खुदाबंदा खां 8 अगस्त को दिल्ली दरबार में पहुंच गया। दूसरे दिन उसको भूराजस्व की रकम वसूल करने को लतफाख खां को सौंप दिया गया। मिर्जा ने रामगढ़ व दोआब में अफरासियाब की विफलता और राजा पहुपसिंह के आत्म-गौरव व दृढ़ता को देखकर उधर ध्यान दिया। जिलों व परगनों में बिखरे अपने सभी सेनानायकों को अफरासियाब की सहायता को पहुंचने के लिए परवाना भेजे। आगरा प्रांत की पर्याप्त प्रशासनिक व्यवस्था के बाद उसने स्वयं अपने ग्यारह सरदारों तथा सैन्य बल के साथ कोल व मुरसान की ओर प्रस्थान किया।

मुरसान पर अधिकार, जनवरी 2, 1777 ई.[86]

मिर्जा दोआब में जाटों के साथ दीर्घकालिक युद्ध व संघर्ष में फंसने की अपेक्षा उनके समर्पण करने पर उनके साथ शांति-समझौता करना चाहता था और उसने राजा पहुपसिंह के पास "बादशाह को पेशगी खिदमतगार देने व शाही दरबार का अधीनस्थ सामन्त होने पर उसकी जमींदारी का क्षेत्र उसको जागीर में सौंपने" का काफी समय पूर्व प्रस्ताव भी भेजा था। परन्तु वीर साहसी राजा ने बिना शक्ति परीक्षण के समर्पण प्रस्ताव को ठुकरा दिया। फलतः मिर्जा को मुरसान के समीप पहुंचकर गढ़ का घेरा डालना पड़ा। उसने लम्बी मार की तोपों का प्रयोग किया

और कुछ ही दिनों के अथक प्रयास से सुरंग लगाकर गढ़ के कुछ भाग को क्षतिग्रस्त कर दिया। राजा व दुर्गरक्षकों ने तोप, रहकला, हवाई हुक्का, हवाई तीर व बन्दूकों से दृढ़तापूर्वक शाही सेना का सामना किया। शत्रु के सैकड़ों साहसी सैनिक गढ़ पर आक्रमण करते समय काम आये या घायल हो गये। राजा हिम्मत बहादुर गुसाईं जांघ में गोली लगने से घायल हो गया। अन्त में भारी दबाव पड़ने पर पहुपसिंह एक रात्रि को गढ़ी से निकलकर सासनी चला गया। दुर्गरक्षकों के समर्पण करते ही जनवरी 2, 1777 ई. को मिर्जा ने इस गढ़ पर अपना अधिकार कर लिया। फिर उसने अफरासियाब को मुरसान दुर्ग की व्यवस्था व देख-रेख सौंपकर स्वयं सासनी की ओर कूंच किया। यहां सैनिक दबाव में आकर राजा पहुपसिंह ने राजा हिम्मत बहादुर के माध्यम से मिर्जा के साथ समझौता कर लिया। शाही सेनापति ने 'सैनिक चाकरी करने की शर्त पर राजा को उसके सभी किले व गढ़ियां तथा उसका अधिकृत मुल्क जागीर में सौंपा।

रामगढ़ दुर्ग पर अधिकार[87]

फिर मिर्जा ससैन्य रामगढ़ पहुंचा। 24 दिन के मुस्तैद घेरे के बाद फरवरी के प्रथम सप्ताह में जाट किलेदार ने उसको दोआब में जाट शासन का प्रधान दुर्ग रामगढ़-अफरासियाब खां को सौंप दिया। मिर्जा ने रामगढ़ दुर्ग का नाम 'अलीगढ़' रखा। अपरासियाब खां ने इस खुशी पर दावतें दीं।[88] यहां से उसने बादशाह के आमंत्रण पर जबीता खां के विरुद्ध रुहेलखंड की ओर कूंच करने को ससैन्य दिल्ली की ओर प्रस्थान किया और 12 फरवरी को शाही दरबार में ससम्मान जाकर उपस्थित हुआ।

इस भांति प्रधान सेनापति मिर्जा नजफ खां का 22 माह के प्रयास से द्वितीय जाट अभियान समाप्त हो गया और आगामी 10 माह तक जाट मुल्क मुगलों की सैनिक कार्यवाहियों से मुक्त रहा।

सआदत अली की पथैना में पराजय[89]

मिर्जा नजफ खां ने आगरा से दोआब की ओर प्रस्थान करने से पूर्व अपने चेला मुहम्मद बेग हमदानी को आगरा प्रान्त तथा जाट मुल्क का बन्दोबस्त सौंपा। उसने अपने साले नवाब सआदत अली खां (अवध) को स्वयं की योग्यता के अनुरूप जाट जागीरदार व जमींदारों के साथ शिष्ट व्यवहार करने तथा उनकी गतिविधियों, कार्यकलापों पर नजर रखने की सलाह देकर बयाना, हिण्डौन परगनों की जागीर प्रदान कर दी और उनको फौजदारी के अधिकार भी सौंप दिये। राव प्रतापसिंह नरूका को न केवल जाट राज्य के सीमान्त महालों, बल्कि कछवाहा राज्य पर दबाव बनाये रखने व उनके क्षेत्रों पर भी अधिकार करने की खुली छूट दे दी थी।

नवाब सआदत अली खां नवाब आसफउद्दौला का एक सुयोग्य, अनेक भाषा व लिपियों (अरबी, फारसी, उर्दू, फ्रेंच व अंग्रेजी) का ज्ञाता सुसंस्कृत व समझदार पुत्र था, परन्तु डींग मारने में सिद्धहस्त, खटमली सरदारों से घिरा रहता था। मिर्जा नजफ खां अभी दिल्ली में ही था। तब उसने मुहम्मद बेग हमदानी के परामर्श पर जाट महालों के जागीरदारों से, जिनको वह अपनी मुट्ठी में समझता था, पेशकश (खिराज) वसूल करने का विफल प्रयास किया।

नवाब ने मुगल कप्तान असद खां, ताज मुहम्मद खां, सैयद अहमद खां आदि के नेतृत्व में दो सहस्त्र सवार, एक सहस्त्र पैदल तथा जिंसी तोपखाने के साथ फरवरी 18, 1777 ई. को आगरा से वैर की ओर प्रस्थान किया। मार्ग में अनेक जागीरदारों व जमींदारों ने उसको रकम देकर अपना पिण्ड छुड़ाया और राजा बहादुरसिंह (वैरवाला) ने भी उसे समझौता कर लिया। बहादुर सिंह के आमंत्रण पर पथैना जागीर के कोठरीबंद ठाकुर किसनसिंह, दलेलसिंह और देवीसिंह ने आपस में विचार-विमर्श करके ठाकुर पौहपसिंह को नवाब के वकील से वार्ता करने वैर भेजा। वकील ने उससे रुपया 4000/- पेशकश में देने की मांग की। ठाकुर पौहपसिंह ने कहा, "मेरे पास दो तुर्की घोड़े हैं, वह मैं नवाब की नजर कर सकता हूं। पेशकश के नाम पर हमारे पास में एक छदाम भी नहीं है।" बहादुरसिंह ने भी नवाब के साथ मित्रता करने का अनुरोध किया, किन्तु पथैना सरदारों ने नवाब की मांग को ठुकराकर गढ़ में संघर्ष की तैयारियां कर लीं।

फकीर खैरुद्दीन की अपेक्षा कवि चतुरराय ने अपने काव्य ग्रंथ 'पथैना रासो' में सआदत अली खां तथा पथैना के जाटों के युद्ध का अति सजीव व सटीक आंखों देखा वृत्तांत है। ठाकुर किसनसिंह की अध्यक्षता में अन्य सभी बन्धु, उनके पुत्र, तीनों डूंग सरदारों, मामा मायाराम (जावली), धौंकलसिंह, पंडित तोफाराम, सीसराम खूंटैल, झारौटी के मीणा आदि ने परकोटा पर 34 तोपों (जजैल) के साथ मोर्चा संभाला। योद्धाओं ने बरछा, दुधारी, बान, बंदूक, सेला, सांग, रामचंगी का प्रयोग किया। नवाब सआदत अली खां ने बाणगंगा नदी पार करके पथैना के पूर्वोत्तर में 2 किमी. दूर भैसेना नामक गांव में पड़ाव डालकर सैयद अहमद खां को पथैनागढ़ पर आक्रमण करने को भेजा। वरना फाटक (दक्षिणी) पर तीर, बन्दूकों की प्रथम मुठभेड़ में मात खाकर सैयद को पीछे हटना पड़ा। इस समय ठाकुर किसनसिंह का पुत्र कंवर मानसिंह रणजीतसिंह के पास कुम्हेर में था। पत्र मिलते ही रणजीतसिंह ने उसको 200 बन्दूकची प्यादों के साथ पथैना की रक्षार्थ रवाना किया। उसने युद्ध के दूसरे दिन रात्रि में गढ़ में प्रवेश किया। यह समाचार मिलते ही नवाब ने सवाईराम (हलैना) को समझौता-वार्ता करने गढ़ में भेजा। रामबाग में बैठी डूंग पंचायत ने समझौता न करने का दृढ़ संकल्प व्यक्त किया। तभी रणजीतसिंह का पत्र लेकर ठाकुर पौहपसिंह मराठा सरदार राघौजी पंडित के पास

करौली की ओर चल दिया।

9 मार्च (फाल्गुन वदि 12, सं. 1833) को नवाब ने दूसरा आक्रमण किया और इस बार सुरंग लगाकर गढ़ की दीवार को उड़ाने में सफल रहा। यह दीवार धूंधस में थी, इससे उसको अधिक लाभ नहीं मिल सका। अन्ततः उसको विफल होकर पीछे हटना पड़ा। इस आक्रमण में लगभग 60 पथैना वीर काम आये। इसके दो-तीन दिन बाद ही एक रुपया रोजाना प्रति सवार भाड़े पर 500 मराठा सवारों ने कूंच करके रात्रि में बाछरैन (पथैना के दक्षिण में 4 किमी.) में पड़ाव डाला और पौ-फटते ही अचानक मुस्लिम छावनी पर धावा बोल दिया। मुगल सेनानायक व सैनिक आमोद-प्रमोद व मौज-मस्ती के कारण मध्य रात्रि में विलंब से सोये थे। अतः मराठा आक्रमण से शिविर में घबराहट व भगदड़ मच गई। मिर्जा सआदत अली तथा उसके साथी काफी देरी से जागे और तब तक वे वर्दी पहनकर हथियार उठाते, तब तक मराठों ने उनके डेरों के आसपास भीड़ मचा दी। परिणामतः मैदान में 10 रहकला, तम्बू-डेरा, साज-सामान व बाजार को छोड़कर नवाब चुनिंदा सवारों के संरक्षण में बिना पीठ मोड़े आगरा की ओर भाग निकला और आगरा दुर्ग में शरण ली। जाट-मराठा सवारों ने 10-12 किमी. तक उनका पीछा किया और अनेक मुगल सैनिकों को मार दिया तथा घायल कर दिया। फिर पीछे लौटकर उसके शिविर को लूटकर शांति की श्वास ली।

सवाई केहरीसिंह का देहावसान, अप्रैल 7, 1777 ई.

महाराजा ब्रजेंद्र सवाई केहरीसिंह के सुप्रसिद्ध सुदृढ़ दुर्ग भरतपुर में प्रवेश के बाद भरतपुर स्वतः राजधानी हो गई थी। महाराजा सूरजमल ने इसको राजधानी का रूप व आकार दिया था, परन्तु वह अपने जीवनकाल में उसको राजधानी नहीं बना सका। मुख्त्यार-राज राजा रणजीतसिंह ने बारह माह कुम्हेर दुर्ग में रहकर प्रशासनिक व्यवस्था तथा मिर्जा नजफ विरोधी संगठन तैयार करने में अपना समय शांति से निकाला। अवयस्क राजा अधिक समय जीवित नहीं रह सका और अप्रैल 7, 1777 ई. (चैत्र वदि सं. 1833)[90] को लगभग 9 वर्ष 9 मास की आयु में उसका चेचक रोग से प्राणान्त हो गया।

परिवार व समाज की वैधानिक परम्परानुसार डूंग पंचायत की सहमति से मंगलवार, 8 अप्रैल को रणजीतसिंह ने उत्तराधिकार प्राप्त किया और भरतपुर में जवाहरसिंह बुर्ज पर उनका राजतिलक किया गया। उसने 'महाराजा विश्वेन्द्र सवाई' का विरुद धारण किया। राजमाता किशोरी की मंत्रणा व सहयोग से राजनीतिक संप्रभुता, सामाजिक व आर्थिक स्वतंत्रता, ब्रज भूमि की सांस्कृतिक सुरक्षा हेतु अति धैर्य, साहस व नीति निपुणता से उसको 29 वर्ष तक सतत् संघर्ष करना पड़ा। काठेड़ जनपद के सरदारों व जमींदारों ने उनको हार्दिक सहयोग दिया

और रानी किशोरी ने जाट राज्य की रक्षा व स्थिरता में महत्वपूर्ण भूमिका निभाई। इसका विवरण आगामी ग्रंथ में किया जाएगा।

संदर्भ

1. कामां के पूर्वोत्तर 13 किमी. तथा बरसाना के पश्चिम में 19 किमी. सोनोखर गढ़ी दलदल भूमि पर सघन जंगलों से आच्छादित थी। इसी के समीप लगभग एक किमी. दूर सबलगढ़ नामक एक अन्य गढ़ी थी।
2. गुलाम अली, खंड 3, पृ. 59; मुना., पृ. 163 तथा हेनरी जार्ज कीन, पृ. 119;
3. कानूनगो, पृ. 273
4. नवाब समरू ने सरहिन्द में 2-3 गढ़ियों पर अधिकार अवश्य कर लिया था, परन्तु वह सिखों को पराजित करने और अर्थाभाव के कारण अपने सैनिकों के वेतन भुगतान करने में विफल रहा। अत: अक्टूबर में उसने शाही सेवा से त्यागपत्र देकर कछवाहा राज्य में जाने का मानस बना लिया। बादशाह ने उसकी सेवाएं समाप्त कर दीं। कम्पनी सरकार के विरोध के बाद भी मिर्जा नजफ खां ने उसके अनुभवों से आगरा प्रान्त का बन्दोबस्त करने के लालच से अक्टूबर-नवम्बर, 1774 ई. में अपनी सेवा में रख लिया। (सी.पी.सी. IV, पत्र 1267, 1360, 1362; खैर, I. पृ. 263)
5. खैर, खंड I, पृ. 264
6. द.कौ., VII, पृ. 327 (फरवरी 9, 1775 ई. माघ सुदि, सं. 1830);
7. खैर, I, पृ 265
8. सी.पी.सी., V, पत्र 197; गुलामअली, III, पृ. 60; खैर, I, पृ. 264;
9. खैर, I, पृ. 265; गुलामअली, III, पृ. 87-90; मिसकिन, पृ. 304-14; मोडव, पृ. 255;
10. मई, 18, 1775 ई. (ज्येष्ठ वदि 3-4, सं. 1830) पृथ्वीसिंह के नाम अहिल्या बाई का पत्र, इंदौर जय.खरीता, सं. 173/179 के अनुसार यशवन्तराव बागले अपनी फौज के साथ शामिल हो गया था। जबकि खैर. (I, पृ. 266) के अनुसार दक्षिण से मराठा सेनाएं नवलसिंह की सहायता के लिए आईं। यह कथन अस्पष्ट है।
11. खैर, I, पृ. 266
12. सीक्रेट कंसलटेशन, सं. 12, 22 व 24 अप्रैल, 1775 ई;
13. दे. क्रॉनि.
14. सीक्रेट कंसलटेशन, सं. 12, 22 व 24 अप्रैल, 1775 ई;
15. दे.क्रॉनि; खैर, I, पृ. 261, 266; मुना., पृ. 164;
16. खैर, I, पृ. 266
17. सीक्रेट कंसल., सं. 5, 12 जून
18. दे.क्रॉनि; पृ. 184; गुलाम अली, III, पृ. 59-60; खैर, I, पृ. 261; मोडव, पृ. 255; फोर्ट वि. VII, 19 जून;

= मुना. (164) का यह कथन कि 18 मई को डीग के बाहर मैदान में रणजीतसिंह के साथ युद्ध हुआ, जिसमें वह पराजित होकर डीग भाग गया' पूर्णतः अप्रासंगिक है।

19. सीक्रेट कंसल., सं. 5, 11 मई
20. सी.पी.सी. IV, पत्र 912
21. मोडव, पृ. 256; फोररेस्ट, I, पृ. 411 (जॉन ब्रिस्टो का पत्र); पू.पा., I, अ 54 अ, पृ. 89 के अनुसार कछवाहों ने वचन-पत्र के अनुसार 3 लाख रुपया का भुगतान किया, इससे कामां उनको तत्काल नहीं सौंपा गया।
22. खैर, I, पृ. 265
23. खैर, I, पृ. 266; मुना. पृ. 164; पोलियर, पृ. 45-6;
24. फोर्ट वि., सं. I, जून 19, 1775 ई., क्रिस्ट्रो का पत्र, 2 जून;
25. गुलामअली, III, पृ. 87-92; मिसकिन, पृ. 317-20; सरकार, III, पृ. 73;
26. रुहेलखंड विजय के बाद कम्पनी सरकार के दबाव में आकर नवाब शुजा ने मई 14, 1774 ई. को कप्तान मेडक, मोंशियर जेंटील आदि सभी विदेशी व फ्रांसिसी कप्तानों की सेवाएं समाप्त कर दी थीं, मेडक ने जेंटील के परामर्श पर नजफ कुली खां के माध्यम से मिर्जा से सम्पर्क किया और जुलाई में मिर्जा ने उसको अपनी सेवा में ले लिया था। बादशाह ने मेडक को छह हजारी का मनसब, नवाब सम्सउद्दौला बहादुर कासिम जंग की उपाधि प्रदान की और परगना बयाना, हिण्डौन, बाडी सैनिक वेतन जागीर व जायदाद के रूप में प्रदान किये (राने मादे; सी.पी.सी., IV, पृ. 1073; खैर, I, पृ. 267);

= बार्बे का यह कथन एक भूल है कि मेडक को बादशाह ने नवम्बर, 1772 ई. में 'उमराव' बनाया था (पृ. 83-4);

27. मोडव, पृ. 258-60; बार्बे, 231-4; पोलियर, पृ. 45-6; खैर, I, पृ. 267-9; पू.पा., अ-54 अ, पृ. 89; सरकार, III, पृ. 73 तथा पा.टि.;

= कानूनगो का यह सोच अपुष्ट है कि रुहेलों के साथ वागले की अपेक्षा अम्बाजी इंगले शामिल था (पृ. 278);

28. सी.पी.सी., IV, 1534, 24 जून; फो.वि.; VI, 6 जून, 1775 ई.
29. मोडव, पृ. 256;
30. खैर, I, पृ. 262
31. खैर, I, पृ. 272
32. मोडव, पृ. 257; मैक्फर्सन, पृ. 235;
33. मोडव, पृ. 257
34. प्रताप रासो, प्रभाव, IV-VI;
35. सी.पी.सी, IV, पत्र 1851, 1853, 16 जून
36. वही, पत्र 1870-71, 26 व 28 जून
37. वही, पत्र 1886, जुलाई 1775 ई.

38. पू.पा., I, पत्र अ 54 ब, पृ. 89;
 = जुलाई के अंत में मिर्जा नजफ खां ने ब्रिस्टों से शिकायत की 'कि नवलसिंह व रणजीतसिंह उसको अत्यधिक कष्ट देते हैं। उन्होंने 35 लाख रुपया का वचन देकर भी उसके साथ छल किया हैं' (सी.पी.सी.IV, पत्र 1886)।
39. कोहन, पृ. 26 ब
40. दे.क्रॉनि., पृ. 185; खैर, I, पृ. 270; फ्रेंकलिन, पृ. 72; फो.वि. VI, अगस्त 30, 1775 ई.; बलदेव, पृ. 90; कानूनगो, पृ. 281-3;
 = पू.पा. में प्राणान्त की तारीख 11 अगस्त (13 जमादि II) गलत दी गई है। (I, प. अ 54 ब, पृ. 89)। डॉ. सरकार ने इसी संदर्भ को माना है (मुगल, III, पृ. 74)।
 = जिला गोवर्द्धन में मिर्जा की छावनी होने से नवलसिंह का अंत्येष्ठि संस्कार उसके प्रिय आखेट स्थल पहाड़ताल में किया गया था।
41. प्रताप रासो, पृ. 50
42. कानूनगो, पृ. 283
43. कोहन, पृ. 27 अ
44. बलदेव पृ. 90-1; पू.पा. I, पत्र अ 54 ब, पृ. 89;
 = डॉ. कानूनगो का यह कथन अपुष्ट है कि केहरसिंह के उत्तराधिकार को समाप्त करके रणजीतसिंह को डीग में राजगद्दी (मसनद) पर आरूढ़ किया गया था।
45. बलदेव, पृ. 91; मुल्ला रहीमदाद खां का डीग आना, खैर, I, पृ. 270 तथा मोडव, पृ. 295; दाद खां के पुत्र को बन्दी बनाना, मोडव, पृ. 245; पू.पा. I, अ 54 ब पृ. 89;
46. बलदेव, पृ. 91-2
47. मोडव, पृ. 295
48. मोडव, पृ. 262
49. प्रताप रासौ, पृ. 7, 512
50. पू. पा. (?)
51. पू. पा., I, अ 52, पृ. 87
52. उपरोक्त
53. बलदेव, पृ. 91; मोडव, पृ. 295;
 = खैरुद्दीन का यह कथन असत्य है कि रहीमदाद खां ने 10 अगस्त की रात्रि को गढ़ में प्रवेश किया था। (पृ. 270)। अन्य प्रमाणों से स्पष्ट है कि उसने माह अक्टूबर में गढ़ प्रवेश किया था।
 54,55,56, चउ
54. पू. पा., I, अ 54 ब तथा स, पृ. 90
55. मोडव, पृ. 262-4
56. पू. पा., I, अ 54 स, पृ. 90
57. खैर, I पृ. 271; मोडव, पृ. 295;

= डॉ. कानूनगो का बागले का पठन 'इंग्लिया या आलिया' और बलदेव (पृ. 91) का बावरिया भ्रामक है। फकीर खैरुद्दीन तथा पारसनीस के समाचारों (I, अ 52) में जसवंत राव बागले का नाम दिया गया है। यह महादजी का सेनानायक था।

58. खैर, I, पृ. 323; मेजर पाउलेट, 'गजेटियर ऑफ अलवर' खंड III, पृ. 181;
= डॉ. एस.एल. नागौरी, 'अलवर राज्य का इतिहास', 1775-1875 ई., प्रका. 1982 ई., की दुर्ग अधिकार की तारीख 25 दिसम्बर किसी सुपुष्ट प्रमाण पर आधारित नहीं है।
59. पाउलेट, III, पृ. 181
60. खैर, I, पृ. 313
61. मोडव, पृ. 291
62. खैर, I, पृ. 272-4; मोडव, पृ. 291-2;
63. 29 वर्षोपरान्त, दिसम्बर, 1804 ई. में ईस्ट इंडिया कंपनी सरकार के प्रधान सेनापति जनरल लेक ने इसी स्थान से डीग पर आक्रमण करके विजय प्राप्त की थी।
64. गुलाम अली, III, पृ. 291-3; मोडव, पृ. 291
= डीग दुर्ग में सैनिकों को अनेक माह के लिए पर्याप्त सुरक्षित भण्डारण था। (पू. पा., I, पत्र-अ-54 स, पृ. 90 नवम्बर 1, 1775 ई.)
65. खैर, I, पृ. 280; मोडव, पृ. 293;
66. खैर, I, पृ. 281; मोडव, पृ. 293-4;
67. खैर, I, पृ. 275, 277-9; मोडव, पृ. 295-6, 301; दे. क्रॉनि. पृ. 186; फ्रेंक, पृ. 70-1; मुना., पृ. 167; सी.पी.सी., V, पत्र 177, 240;
68. सरकार, मुगल, III पृ. 78; मोडव, पृ. 217-8;
69. खैर, I, पृ. 276, 289 (लेखक ने अफरासियाब के दोआब में जाने की तारीख व माह नहीं दिया है); फ्रेंक., पृ. 70; कानूनगो, पृ. 304;
70. खैर, I, पृ. 282-3; मोडव, पृ. 296, 298; कोहन, पृ. 27 अ;
71. खैर, I, पृ. 283-5; फ्रेंक. पृ. 72-3; मोडव, पृ. 298-9; कोहन, पृ. 27 अ; बलदेव, पृ. 93;
72. कोहन, 27 अ; बलदेव, पृ. 93
73. मोडव, पृ. 298
74. गुलाम अली, III, पृ. 91 तथा फ्रेंक, पृ. 73;
75. खैर, I, पृ. 284; मोडव, पृ. 298
76. मोडव, पृ. 231-2; रेने मादे, अनु. 48; जॉन कोहन, 27 ब, 36 अ; बलदेव, पृ.93;
= फ्रेंच लेखकों से इतर बलदेवसिंह का यह कथन अपुष्ट है कि सभी रानियों को मारकर बावरिया भरतपुर पहुंच गया था।
77. खैर, I, पृ. 285;
78. कोहन, 27 अ
79. दे.क्रॉनि, पृ. 188; मुना. पृ. 172; फ्रेंक. पृ. 54; सी.पी.सी. V, 306, 370; मोडव,

300;

80. सी.पी.सी., V, पत्र 197, 306
81. मोडव, 299
82. मोडव, पृ. 299-300; सी.पी.सी., V, पत्र 370;
83. उपरोक्त, पृ. 300; सी.पी.सी., V, पत्र 306, 370
84. खैर, I, पृ. 276, 289 (लेखक ने इस घटनाक्रम की तारीख व माह नहीं दिया है)।

= हाथरस, मथुरा के उत्तर में 40 किमी.; मुरसान, हाथरस के पश्चिम में 13 किमी; जवार मुरसान के उ.प. में 7 किमी तथा हाथरस से 16 किमी; सांसानी, हाथरस से उ. में 9 किमी;

85. सी.पी.सी. V, पत्र 306, 370 (रणजीतसिंह ने अन्य किलों में गड़बड़ शुरू की है)।
86. खैर, I, 291; दे-क्रॉनि., तथा मुना. पृ. 176 (2 जनवरी को अधिकार की तारीख)।
87. खैर, I, 291, 296; मुना, पृ. 178; कानूनगो, पृ. 307, 308;
88. मिसकिन, 'तहमास्प नामा' पृ. 9 ख। लेखक स्वयं रामगढ़ अभियान में शामिल था और उसने आंखों देखा हाल लिखा है।
89. खैर, I, पृ. 292-4; पथैना रासो (पा.लि.) में तिथियां, माह व संवत का उल्लेख है।
90. बलदेव, पृ. 28; मेजर एच.ई. ड्रेक ब्रुकमेन 'गजेटियर ऑफ ईस्टर्न राजपूताना स्टेट्स', 1905 ई., पृ. (?) वीर विनोद, पृ. 1645; ज्वाला सहाय (वाकये राज., II पृ. 78) बलदेवसिंह का अनुसरण करता है।

= कोहन (पृ. 27) का देहांत महीना 'ज्येष्ठ शुक्ल वि.सं. 1833 (18 मई, 22 जून, 1776 ई.) अप्रामाणिक तथा अपुष्ट है।

अध्याय 14

जाट साम्राज्य का उत्कर्ष तथा अपकर्ष

परम प्रतापी महाराजा सूरजमल ने प्राणोत्सर्ग (1763 ई.) से पूर्व काठेड़ जनपद को एक सुविस्तृत व विशाल कृषक प्रधान 'साम्राज्य' का रूप दिया था। इस विशाल राज्य में काठेड़ (तहसील भरतपुर, कुम्हेर, सौंख, डीग, नगर, कठूमर, सौंखरी, नदबई तथा बयाना का दक्षिणी-पूर्वी भाग) तथा ब्रज (मथुरा, वृन्दावन, गोकुल, गोवर्द्धन, नंदगांव, बरसाना सहित सहार) के अलावा दोआब प्रदेश में जिला मेरठ, गाजियाबाद, हापुड़, सिकन्दराबाद, बुलन्दशहर, रामगढ़ (कोल-अलीगढ़), सोंरो, हाथरस, मुरसान, जलेसर, सादाबाद, एटा, मैनपुरी, फिरोजाबाद, शिकोहाबाद सहित सम्पूर्ण जिला आगरा, दिल्ली के पश्चिमोत्तर में जिला रोहतक, फर्रुखनगर तथा दक्षिण में जिला गुड़गांव, रेवाड़ी, बल्लभगढ़, अलवर सहित सम्पूर्ण मेवात, बयाना, धौलपुर, बाड़ी, बसेड़ी सरमपुरा, राजाखेड़ा शामिल था। जाट 'साम्राज्य' की पूर्व सीमाएं नवोदित रुहेलखंड अर्थात् गंगा नदी का दायां तट, पश्चिम में कछवाहा राज्य जयपुर, उत्तर में दिल्ली से लगभग 30 किमी. सराय बसन्त और दक्षिण में चम्बल नदी के उत्तरी किनारे तक थीं। इसकी लम्बाई पूर्व से पश्चिम की ओर 340 किमी. तथा चौड़ाई उत्तर से दक्षिण की ओर 250 किमी. के लगभग थी।[1]

पृथ्वीन्द्र सवाई जवाहरसिंह ने साम्राज्य की सीमाओं का विस्तार चम्बल नदी के पार पूर्व व दक्षिण की ओर किया था। उसने कालपी, भदावर, कछावाघार, तोमरघार, सिकरघार, दंडरोली, खितौली आदि को आत्मसात कर लिया था। परन्तु नायब राजा नवलसिंह इस विशाल सार्वभौमिक राज्य को सुस्थिर रखने में विफल रहा। चम्बल पार का इलाका मराठों के अधिकार में पूर्ववत् चला गया और मिर्जा नजफ खां ने फर्रुखनगर सहित सभी बलूची परगनों, अहीरबाटी, मेवात, जिला आगरा, मध्य दोआब तथा राजधानी डीग पर अधिकार कर लिया था, जबकि राव प्रतापसिंह नरूका ने अलवर पर और तेवतिया घराने ने बल्लभगढ़ पर स्वतंत्र अधिकार करने में सफलता प्राप्त कर ली थी। राज रणजीत सिंह ने गद्दी पर आरूढ़

होने तक केवल कुम्हेर, भरतपुर, वैर, किसनगढ़ के दुर्ग तथा परगना अखैगढ़ व तिजारा शेष रह गया था।

वित्तीय स्थिति

सूरजमल ने राज्यारोहण (1756 ई.) के समय नवोदित राज्य की वार्षिक आय लगभग एक करोड़ रुपया थी[2]। सूरजमल के विश्वासपात्र वकील राव राधाकिशन की सूचना के आधार पर मीर गुलाम अली प्रसंगवंश पानीपत संग्राम से पूर्व राज्य की वित्तीय आय तथा राजकोष के बारे में लिखता है कि सूरजमल एक करोड़, 50 लाख रुपया की जागीर का स्वामी था और उसके खजाने (राजकोष) में 5-6 करोड़ रुपया जमा था।[3] पानीपत संग्राम (1761 ई.) के बाद उसने मध्य दोआब में मराठा अधिकृत जागीरों तथा दिल्ली के पश्चिमोत्तर में बलूच जागीरों पर अधिकार कर लिया था। अस्तु 'मजमा-उल अखबार' के लेखक हरसुखराय का अनुमान है कि सूरजमल के राज्य की आय 2 करोड़ रुपया से अधिक थी।[4]

वार्षिक आय तथा सुरक्षित राजकोष के सम्बन्ध में वैंदेल का कथन है कि "सूरजमल द्वारा अपने उत्तराधिकारियों को विरासत में छोड़ी सम्पत्ति तथा संचित खजाना (राजकोष) के सम्बन्ध में लोगों की भिन्न-भिन्न राय हैं। कुछ का अनुमान है कि सूरजमल ने नौ करोड़ रुपए का संचित खजाना छोड़ा था और कुछ इससे कम मानते हैं। मैंने राज्य के चिट्ठानबीस (वित्त मंत्रालय का सचिव) से उसके राज्य की वार्षिक आय तथा व्यय की जानकारी की थी। मुझे जो कुछ ज्ञात हुआ, उसके अनुसार उसके शासन के 5-6 वर्षों में वार्षिक आय एक करोड़ 75 लाख रुपए थी और व्यय 60 लाख से कम और 65 लाख रुपए से अधिक नहीं था। उसने 5-6 करोड़ की अतिरिक्त चांदी जमा करके अपने पिता के संचित खजाने में वृद्धि की थी। आज (जवाहरसिंह के गद्दी पर बैठने पर) खजाने में 10 करोड़ रुपए हैं। पर्याप्त भूमिगत खजाना भी है-किन्तु इन स्थानों की कोई भी जानकारी नहीं है। जाटों के गुप्त खजानों के सम्बन्ध में सामान्यतः अनेक धारणाएं विद्यमान हैं, लेकिन मेरा सदैव विश्वास रहा है कि उनके पास इससे अधिक द्रव्य नहीं है।"

डॉ. यदुनाथ सरकार का आकलन है 'कि उस समय सम्पूर्ण आगरा प्रान्त का राजस्व 2 करोड़ से कुछ कम था और जाट राज्य के अधीन प्रान्त का तीन-चौथाई भाग था। सूरजमल ने इस प्रान्त में मुगलों की आय से दुगनी आय करने का भरसक प्रयास किया था। फिर भी उसके पूर्वज तथा स्वयं के प्रयास से 10 करोड़ से अधिक संचित खजाना नहीं था और अधिकांश खजाना भूमिगत था।'[5]

निष्कर्षतः सूरजमल के शासनकाल में राज्य की राजस्व आय दो करोड़ से

कम ही थी और जाटों का गुप्त खजाना या भूमिगत संचित द्रव्य सदैव प्रशन चिह्न ही बना रहा।

जवाहरसिंह के शासनत्व में राज्य की वित्तीय व राजस्व व्यवस्था अति सुदृढ़, सम्पन्न तथा विकसित थी। तब राज्य की वार्षिक आय कछवाहा राज्य से अधिक तथा नवाब शुजाउद्दौला के समतुल्य अनुमानतः दो करोड़ रुपए वार्षिक थी।[6] परन्तु उसके नियमित युद्धों के कारण संचित खजाना खाली हो गया था। परिणामतः गुप्त संचित खजानों का सदैव भ्रम ही बना रहा।

रणजीतसिंह के राज गद्दी पर आरूढ़ होने तक राज्य की वार्षिक आय 7-8 लाख रुपए से अधिक नहीं रही।

टकसाल

सूरजमल ने रेवाड़ी, वृन्दावन तथा आगरा की शाही टकसालों को पूर्ववत् चालू रखा। उसने भरतपुर तथा डीग में 'चांदी की टकसाल' नामक टकसालें भी स्थापित की थीं। राजपूत राज्यों तथा नवाबों की भांति राज्य की कोई निजी मुद्रा (सिक्का) नहीं थी। 1763 ई. में सूरजमल ने प्रवासी सम्राट् शाह आलम सानी (द्वितीय) के नाम से नव-संस्थापित टकसालों में 171.86 ग्रेन वजन का चांदी का सिक्का ढलवाया। इस रजत मुद्रा के मुख भाग में 'सिक्क मुबारक बादशाह गाजी शाहआलम' तथा पृष्ठ भाग में 'जर्ब बुर्जी अनवरपुर सन् जुलूसी' की छाप थी और साथ ही 'फूल व कटार' का चिन्ह अंकित था। इसी वर्ष 275 से 280 ग्रेन के बीच वजन की ताम्र मुद्राएं भी ढाली गई थीं।[7] राज्य टकसाल का यह सिक्का 'हाली' कहलाता था और इसी सिक्का को सूरजमल की सार्वभौम स्वाधीन सत्ता का प्रतीक माना गया था।

स्थायी सैन्य शक्ति

राज्य की सैनिक क्षमता व संख्या के बारे में फादर वैंदेल जागीरदार तथा जमींदारों के दुर्गरक्षक बन्दूकची सवार व पैदलों के अतिरिक्त सूरजमल अपने उत्तराधिकारियों के लिए सवैतनिक 15 सहस्त्र घुड़सवार तथा 25 सहस्त्र पैदल, 5 सहस्त्र घोड़े, 60 हाथी, 300 सभी आकार-प्रकार की तोपें तथा समानुपातिक गोला-बारूद का भंडारण छोड़ गया था।[8] 'सियार-उल-मुताखरीन' का लेखक सैयद गुलाम हुसैन खां तबतवाई सूरजमल की सैन्य कुशलता के बारे में लिखता है–

"सूरजमल के अस्तबल में 12,000 समीर गति वाले घोड़े थे और इन पर विशेष तौर से प्रशिक्षित, नियमित अभ्यासी, अनुशासित व सशस्त्र चुनिंदा बन्दूकची सैनिक सवारी करते थे। इन सैनिकों को घोड़े की पीठ से निशाना साधने, घूमकर

पुनः बन्दूक भरने का अभ्यास कराया गया था। नियमित अभ्यास से तेज धावक अश्वारोही इतने चतुर तथा अचूक निशानेबाज थे कि उनका रणभूमि में जमकर सामना करनेवाला हिन्दुस्तान में अन्य कोई सैनिक दल नहीं था।"[9]

इस भांति सूरजमल ने अपने अश्वारोही दलों को संख्यात्मक सामर्थ्य से भी कहीं अधिक शक्तिशाली और प्रभावपूर्ण बना दिया था। उसकी सेना में एक भी यूरोपियन विदेशी सेनानायक या सैनिक शामिल नहीं था। उसके निजी गोलखास में चुनिंदा सुयोग्य, अनुशासित हिन्दू व मुस्लिम अश्वारोही अंगरक्षक थे और उनकी योग्यता, कुशलता व निष्ठा पर पूर्ण भरोसा था।

राज्य में 22 वरिष्ठतम जागीरदार थे और उनके पास जागीर के अनुपात में अश्वारोही तथा बन्दूकची सिपाही रहते थे, जो आवश्यकता पड़ने पर राजसेवा करते थे।[10] महन्त रामकिशन तथा अन्य नागा महन्त बालानन्द वैरागी के नेतृत्व में 'रामदल' पृथक् था। आवश्यकता के क्षणों में 'रामदल' युद्ध में भाग लेता था। नागा साधु सैनिकों की अनियमित अस्थायी सेना थी और उनका राजकोष पर किसी भी प्रकार का आर्थिक भार नहीं पड़ता था।

जवाहरसिंह ने अपने पूर्वजों की भांति सैनिकों की भरती में जाति, वर्ग, वर्ण, धर्म व सम्प्रदाय का भेदभाव नहीं रखा। सेना में ब्राह्मण, जाट, गूजर, राजपूत, मेव, शेख, सैय्यद, तुर्क, पठान, मुगल, रुहेला सभी शामिल थे। सैय्यदों, खानजादा तथा मेवाती जमींदारों, चौधरियों तथा सुयोग्य ईरानी, तूरानी, शिया मुस्लिम सेनानायकों तथा सैनिकों को राज सेवा में उनकी योग्यता तथा कार्यक्षमता के अनुरूप पद व सम्मान दिया जाता था। 'उसकी नियमित सेना में जनरल समरू तथा कप्तान राने मेडक के सुदीक्षित बटालियनों के अतिरिक्त निजी सेवा में 12,000 सवार थे। इनके अतिरिक्त असंख्य पैदल, गोलंदाज दुर्गों की सुरक्षा-व्यवस्था में किलेदारों के साथ तैनात थे।'[11] सूदन ने चार लाख पैदल सैनिकों का और उदैराम तथा जाचीक जीवण ने तीन लाख पैदलों का अनुमान व्यक्त किया है।[12] हिन्दू सेनापतियों की भांति अनेक मुस्लिम सेनानायकों को भी 'सशर्त सैनिक जागीरें' प्रदान की गई थीं, जबकि यूरोपियन व फ्रेंच सेनापतियों को 'सैनिक जागीरों' की अपेक्षा खजाने से नियमित मासिक वेतन दिया जाता था और समय-समय पर उनकी कुशलता को पुरस्कृत तथा सम्मानित किया जाता था।[13]

मौका आने पर जवाहरसिंह ने अवध के भगोड़ा गुसाईं सरदारों व उनकी नागा जमातों को, दिल्ली तथा उसके आसपास के तुर्क व मुगल रिसालों एवं रुहेलों को भरती करके अस्थायी अर्द्धसैन्य बल का गठन किया था। पड़ोसी सिखों को कुछ माह तक भाड़े पर अपनी सेवा में रखा। किन्तु परदेशी सेनानायक राज्य व शासन के प्रति निष्ठावान नहीं रह सके। अवसर मिलते ही उन्होंने उसको धोखा दिया। वास्तव में उनका ध्येय स्वामी हित में प्राणोत्सर्ग करने की अपेक्षा रोजी-रोटी

का जुगाड़ था। गड़बड़ करने पर उसने गुसाईं बन्धुओं का दमन भी किया और उनकी सैनिक छावनी तथा उनके परिवारों का सर्वस्व हरण कर लिया था। सिखों को कुछ रकम देकर और शेष रकम के भुगतान का आश्वासन देकर पिंड छुड़ाया था।

जवाहरसिंह ने राज्य में स्थिर शांति, सुरक्षा-व्यवस्था हेतु परम्परागत युद्ध-विधि की अपेक्षा आधुनिकतम यूरोपीय युद्ध शैली तथा नवीनतम हथियारों से सज्जित, अनुशासित सैन्य बल की ओर विशेष ध्यान दिया था और देशी सैनिकों को किरच लगी बन्दूकों से सुसज्जित किया था। बंगाल सरकार के गवर्नर हर्री वेरलस्ट का अभिमत "कि जाट शस्त्र संधान में अभ्यस्त तथा शूरवीर सैनिक नहीं है"[14] अधिक वजनदार नहीं है। जाट सैनिकों ने प्रचलित मुगल सैन्य कला शैली के साथ ही विकसित युद्ध कला विधि का सम्यक् ज्ञान प्राप्त कर लिया था। वे अच्छे लड़ाकू थे और विकसित शस्त्रों का प्रयोग करने में दक्ष व चतुर थे और अब भी उनकी योग्यता व दक्षता परिलक्षित होती है। जवाहरसिंह को दिल्ली अभियान में मराठा सरदार मल्हारराव होलकर यहाँ तक कि उसके आश्रित पूर्व वजीर इमाद ने धोखा दिया और उसके अंध-दंभ तथा अविश्वास के कारण राजनिष्ठ सरदार सकारात्मक सहयोग नहीं दे सके। मावण्डा-मंढौली युद्ध में तुर्क-मुगल रिसालदारों ने उसको धोखा दिया था।

विदेशी जनरल समरू तथा कप्तान राने मेडक के यूरोपियन, तैलंग व गार्दी (दक्षिण भारतीय) सैनिक गणवेषधारी थे, वहां नागा संन्यासी युवक सैनिक हल्की तोप व रामचंगी सहित सभी प्रकार के परम्परागत शस्त्रों से सुसज्जित, अति उन्मादी पदाति जमातों व अनियों में विभाजित थे। वे निहंग कोपीन व काषाय वस्त्रधारी थे। उनके पास न तो तम्बू-डेरों, बोरी-बिस्तरों का बोझ रहता था, न भारकसों का झमेला और न अन्न अथवा भक्ष्य वस्तुओं का भंडारण रहता था। केवल मण्डलेश्वर महंत व उनके कारिंदा कारकून आदि हाथी-घोड़ों, पालकी-नालकी रखते थे। सांसारिक बन्धनों से मुक्त, भगवद् भजन में मस्त नागा युवक-वृद्ध साधु व सन्त सरदारों के नेतृत्व में एक स्थान से दूसरे स्थान तक देशाटन करते थे। शहर अथवा ग्रामीण अंचल में जहां भी नागा-साधू समाज व जमात का पड़ाव पड़ता था, वहां जीवनोपयोगी वस्तुओं व सामान का प्रबन्ध साधारणतः हो जाता था। समाज उनका सत्साधु अथवा गोस्वामी के रूप में मान-सम्मान करता था और उनके उपदेशों से लाभान्वित होता था। परन्तु यदा-कदा नागा जमातें आवश्यक वस्तुएं मुफ्त में प्राप्त करने के विशेषाधिकार की आड़ में, मनुष्यों के विरोध करने पर हंगामा मचाने तथा लूट करने पर भी उतारू हो जाते थे। किन्तु यह लूट सेठ-साहूकारों व व्यापारियों तक सीमित होती थी।

फादर वैंदेल भारतीय साधु-समाज की परम्परा, उनके प्रति समाज में

सेवा-भावी उत्तरदायित्व से अनभिज्ञ था। अस्तु, उसने नागा समूहों का "दूसरों की कमाई पर पेट भरने वाले, आस्तिक संत व फकीर (धर्म-परायण साधु) तथा स्वेच्छाचारी सैनिक टुकड़ी (अनी), जो मान-सम्मान व सत्कार न करने वालों के प्रति आस्थावान नहीं रहते थे," के रूप में आकलन किया है।

रणक्षेत्र में शत्रु को विचलित करने को नागा संन्यासी, जो सफरमैना पलटन के अंग भी होते थे, शत्रु देश में लूटमार भी करते थे। इनको न तो मृत्यु से भय था और न सांसारिक जीवन के प्रति मोह ममता थी। वे आत्मा के अमरत्व में आशावान, स्वच्छन्द ईश्वर भक्त, कठोर तपस्वी, आराधक, भारतीय समाज, धर्म व संस्कृति के रक्षक थे। धर्म-प्रचारक के रूप में समाज को एक सूत्र में आबद्ध रखते थे।

जवाहरसिंह ने अपने शासनकाल में यद्यपि किसी नवीन दुर्ग का निर्माण नहीं करवाया, उसने राज्य के सभी दुर्गों की मरम्मत करवाई और सैनिक साज-सम्मान व अन्न-भंडारण से आत्मनिर्भर कर दिया था।[15] सीमान्त गढ़ियों में अस्थायी सैनिक रखे और उनको तोपों व गोला-बारूद से सुरक्षित रखा। आगरा, वैर, भरतपुर में विशाल तोप, मोर्टार ढालने, गोला बनाने व बारूद के कारखाने थे। विशाल तोपों को उठाने के लिए हजारों बेलदारों व हाथियों का उपयोग किया जाता था। अलवर दुर्ग में 'कड़क बिजली' तोप चढ़वाने में 40,000 बेलदार लगाये गए थे।[16] आगरा दुर्ग के बाहर निर्मित मकानों, हवेलियों तथा खण्डहरों की सुरक्षा की दृष्टि से तुड़वाकर साफ मैदान बना दिया गया था।[17]

संदर्भ

1. राने मादे, अनु. 45; नूर, पृ. 60 ब-61अ;
2. शाहवली उल्लाह, 'सियासी मकतूबात' पत्र 2
3. इमाद, पृ. 72
4. इ.डा., VIII, पृ. 362;
5. सरकार, (मुगल) II, पृ. 307;
6. फोर्ट वि.कॉ., V, पृ. 403-4; अलेक्जेंडर डाऊ 'हिस्ट्री ऑफ हिन्दोस्तान', II परि., पृ. 91 (अवध की वार्षिक आय)
7. विलियम वेब, दॉ करेंसीज ऑफ दॉ हिन्दू स्टेट्स ऑफ राजपूताना, पृ. 126-29;
8. वैदल, पृ. 55;
9. सियार, IV, पृ. 28
10. उदैराम, 'सुजान संवत समै', एकादश विलास, दोहा 18; लेखक का मत है कि सूरजमल की स्थायी सेना में 22 जागीरदारों के अश्वारोही सैनिकों के अतिरिक्त 12,000 सवार व 101 हाथी थे।
11. फो. वि., V, पत्र 17, पृ. 404;

12. सूदन, पृ. 161, 236; उदैराम, पृ. 131; प्रताप रासो, पृ. 16; इन लेखकों के विवरण से यह आभास होता है कि इस संख्या में लड़ाकू व अलड़ाकू सेवक, किलेदारों तथा जमींदारों के पैदल भी शामिल थे और यह 'कलमी' संख्या का द्योतक है।
13. वैंदेल, पृ. 106; राने मादे, पृ. 69, 72;
14. फो.वि. V, पत्र 17, पृ. 404, मार्च 28, 1765 ई.;
15. राने मादे, पृ. 72;
16. सी.पी.सी, VIII, पत्र 1620;
17. वैंदेल; इर्विन (आर्मी) पृ. 295;

अध्याय 15

साहित्य तथा साहित्यकार

ब्रज भाषा साहित्य के इतिवृत्त में उत्तरालंकृत काल (1730-1840 ई.) का जाट शासन से विशिष्ट सम्बन्ध रहा है और भरतपुर राज्य ही इस काल का संरक्षण व प्रतिनिधित्व करता है। वस्तुतः विशिष्ट रचना प्रवृत्ति के कारण इसको 'उत्तर-रीतिकाल' भी कहा जाता है। यही निर्गुण, सगुण संतों, सूफियों की प्रेमाशक्ति की परम्पराओं तथा वैष्णव भक्ति आन्दोलन का मध्य तथा उपसंहार काल है। शासकों तथा आभिजात्य वर्ग (सरदार-राज) ने साहित्याचार्यों, गुणीजनों, दार्शनिकों, तत्वज्ञानियों, कर्मकाण्डी, ज्योतिषविदों, अध्यात्मवादियों की स्वच्छंद प्रवृति, उसके भाव, विचारों व अनुभूतियों में किसी भी प्रकार का हस्तक्षेप नहीं किया था। ब्रज अंचल में साहित्य सेवी, काव्य कला मर्मज्ञ पूर्व से ही श्वास ले रहे थे, परन्तु अब शासन व राज-सरदारों का पर्याप्त संरक्षण पाकर अनेक को जीवन संघर्ष से मुक्ति मिल गई और आगरा, मथुरा, वृन्दावन, गोवर्द्धन, सौंरो के साथ ही नव्य विकसित डीग, कुम्हेर, वैर, भरतपुर, अलीगढ़ नगरों में साहित्यकर्मियों, कर्मकाण्डियों एवं साधु-संतों के मठ व अखाड़े स्थापित हो गए थे। परम्परागत स्व-अनुभूति, जन-प्रवृति मूलक तथा युग संभूत भक्ति व रीति-नीति प्रधान साहित्य की रसधारा पुनः बहने लगी।

सुधारवादी हिन्दू व मुस्लिम संतों, यतियों, हठयोगियों, कवियों व साहित्यसेवियों में से कुछ ला-खिराज स्थायी जागीर या माफी, मददे-मुआस उपभोगी, कुछ मासिक वेतन भोगी तथा कुछ सामयिक पुरस्कृत व्यक्ति थे और कुछ ने देवालयों, चैत्यालयों, मस्जिदों व इबादतगाहों में बैठकर भक्ति-भाव से प्रेम विभोर होकर देश्य भाषा में अनुवाद, साहित्य व लाक्षणिक ग्रंथों का मौलिक प्रणयन किया अथवा पौराणिक कथाओं, प्रचलित संस्कृत साहित्य के नाटकों का ब्रजभाषा काव्य में अनुवाद करके भाषा व साहित्य को समृद्धि प्रदान की। भिन्न-भिन्न सम्प्रदायगत धार्मिक गूढ़-रहस्यों, अध्यात्म दर्शन तथा मनोवैज्ञानिक भावों की खुलकर चर्चाएं कीं। दरबारों, अखाड़ों, बाग-बगीचों की संगोष्ठियों में निर्भीक

होकर अपने काव्य चातुर्य्य, भाव-विलक्षता, रस, छंद व अलंकारों की सुगन्धि को बिखेरा। निर्गुण वाणी एवं वैष्णव भक्ति की रसधारा ने लोक जीवन, लोक-गीत, लोक-संगीत के माध्यम से भक्ति-प्रधान जन-आंदोलन का मार्ग प्रशस्त किया।

अध्ययन की दृष्टि से इस काल से साहित्यकर्मियों को (i) राज्याश्रयी, (ii) सामन्ताश्रयी (आभिजात्य वर्ग), (iii) जनाश्रयी या भक्तिभावी और (iv) अखाड़ेबाजी अथवा मनमौजी खयालबाज, लावणीबाज वर्गों में विभाजित किया जा सकता है। इन्होंने रीतिपरक, वैष्णव भक्तिपरक, जिन-भक्तिपरक, प्रेमाश्रयी (सगुणों राम व कृष्णोपासक) धर्म प्रकरण, मंगल साहित्य, शृंगार, नीति व इतिहासपरक वीर काव्य, युद्ध कला, सगुण साहित्य, गीत काव्य, प्रबन्ध रचना, मुक्तक, नाट्य या नाटिका अथवा खयाल, कथा साहित्य, अनुवाद आदि का सृजन किया। साथ ही जन रुचि के अनुरूप ज्योतिष विज्ञान, युद्ध-मुहूर्त विज्ञान, आयुर्वेद विज्ञान, मंत्र-तंत्र को भी संस्कृत से जनभाषा काव्य के रूप में प्रस्तुत किया। समकालीन साहित्य से हमको जन-प्रवृतियों, अभिरुचियों, लोक-आस्था, जीवन के सामाजिक मूल्यों, राजनीतिक, धार्मिक व सांस्कृतिक चेतना व विचारों का स्पष्ट बोध होता है।

आलोच्य काल में भक्ति साहित्य व लोकवार्ता प्रचार-प्रसार में न केवल कबीर, लालदास, चरणदास, गरीबदास, दादू पंथी, रामस्नेही संप्रदायों से संबद्ध निर्गुणी संतों, सूफी संतों, प्रत्युत सगुणोपासाकों ने भी विपुल योगदान दिया। इस साहित्य से हमको निर्गुण-सगुण भक्ति के आपसी समन्वयी भावों व विचारों का भी पता चलता है, साथ ही, सूफी संतों का प्रेममार्गी (विरह पद्धति) अथवा रहस्यवादी साहित्य भी मिलता है। इसी साहित्य से भिन्न-भिन्न संप्रदायों की भक्ति परम्परा, उपासना विधियों का भी सम्यक् ज्ञान होता है।

ब्रजभाषा साहित्य की अभिवृद्धि में जैनाचार्यों, मुनियों, श्रावकों व गुणीजनों ने लोक कल्याण की भावना से प्रेरित होकर सीमित धर्म प्रचार या भक्ति साधना के माध्यम से रूप में श्लाघनीय योग दिया था। उन्होंने ब्रज भाषा में न केवल मौलिक जिन भक्ति साहित्य का सृजन किया, वरन् प्राकृत भाषा में चर्चित पुराणों, जिन कथा साहित्य का अनुवाद भी किया। इस काल में मुख्यत: मध्य देश के अंचल में जिन भक्ति साहित्य का विपुल प्रणयन हुआ।

1. ब्रजभाषा कवि व साहित्य

राजा बदनसिंह 'महेन्द्र' स्वयं साहित्यानुरागी, सरस कवि, ब्रज भाषा साहित्य व संगीत के प्रोत्साहक थे। राजा प्रतापसिंह तथा उनका पुत्र राजा बहादुरसिंह (वैर) काव्य कला मर्मज्ञ, भाषा प्रेमी और साहित्याचार्यों के आश्रयदाता थे और लगभग तीन दशक तक वैर 'लघुकाशी' के रूप में चर्चित रहा। सूरजमल योद्धा होकर भी काव्य व संगीत कला के पारखी और साहित्यसेवियों के आश्रयदाता थे। कहा जाता

है कि आपने स्वयं भक्ति-आवेश में श्री हरिदेवजी अथवा श्री गिरिराज जी के चरणों में अति विनीतभावी आत्म-निवेदनपरक कुछ पदों की रचना की थी, परन्तु इस बारे में पर्याप्त अनुसंधान की आवश्यकता है।

कविवर सूदन (मधुसूदन), माथुर चतुर्वेदी सूरजमल दरबार के भूषण थे। आपने बहुचर्चित वीर रसात्मक ऐतिहासिक काव्य ग्रंथ **'सुजान चरित्र'** की रचना की थी, परन्तु यह एक अपूर्ण ग्रंथ है। इतर आचार्य मिश्र सोमनाथ माथुर चतुर्वेदी (रचनाकाल, 1725-1758 ई.) हैं। राजा प्रतापसिंह के दरबार में 'केशव' उत्तरालंकृत काल के प्रभोज्ज्वल नक्षत्र थे। आपने नवाब आजम खां के लिए 'नवाबोल्लास' की रचना की और बाद में वैर में स्थायी रूप से बसकर (1) **संग्राम दर्पण** (अगस्त 18, 1729 ई.), (2) **रस पीयूष निधि** (मई 23, 1737 ई.) (3) **रास पंचाध्यायी** (नवंबर 20, 1743 ई.) (4) **राम कलाधर,** (5) **रामचरित रत्नाकर,** (6) **ब्रजेन्द्र विनोद,** (7) **श्रृंगार विलास,** (8) **प्रेम पच्चीसी,** (9) **माधव विनोद** या **मालती माधव नाटक** (अक्टूबर 20, 1752 ई.), (10) **ध्रुव विनोद** (मई 9, 1755 ई.), (11) **शशिनाथ विनोद** या **महादेव जी को व्याहुलो** (दिसम्बर 8, 1756 ई.) का प्रणयन किया। आपने सूरजमल के लिए मात्र एक नीतिपरक **सुजान विलास** (सिंहासन बत्तीसी, मई 27, 1750 ई.) नामक ग्रंथ की रचना की थी।[1] मिश्र बन्धुओं, डॉ. सत्यदेव चौधरी तथा डॉ. नगेन्द्र ने सोमनाथ के आचार्यत्व को आचार्य चिंतामणी, कुलपति मिश्र, श्रीपति, भिखारीदास, प्रतापसिंह, मतिराम, देव की तुलना में श्रेष्ठतम आंका है। इन तेरह मौलिक या अनुवाद ग्रंथों में देशकाल, लोक-जीवन की रसिकता व अभिरुचि, सामाजिक व धार्मिक जीवन-दर्शन, दरबारी परम्परा परिलक्षित होती है।

आचार्य देवर्षि कृष्ण 'कलानिधि' भट्ट मिश्र सोमनाथ के सहकर्मी थे और आपने राजा प्रतापसिंह के आश्रय में (1) **दुर्गा भक्ति तरंगिणी** (1743 ई.) , (2) **राम चन्द्रोदय,** (3) **तैत्तिरीयुपनिषद का भाषानुवाद** तथा (4) **राम गीतम्** नामक चार ग्रंथों का प्रणयन किया था।[2]

कविवर आचार्य शिवराम ने सूरजमल को **नवधा भक्ति राग-रस सार'** (फरवरी 25, 1936 ई.) ग्रंथ समर्पित किया था। सूरजमल ने आपकी काव्य प्रतिभा तथा विद्वता से विमुग्ध होकर 36 सहस्त्र मुद्राएं प्रदान करके पुरस्कृत किया था। कृष्ण कवि (कृष्णदास भट्ट)[3] ने सूरजमल के लिए **बिहारी सतसई की टीका** और रीति ग्रंथ **गोविंद विलास** की रचना की थी।

यह संयोग ही है कि सोमनाथ के जीवन के अंतिम वर्षों में द्विजवर मिश्र अखैराम गर्ग गोत्री[4] का सूरजमल के दरबार में पर्दापण हुआ। आप पुराण, शास्त्रों, ज्योतिष विज्ञान, युद्ध सगुन विचार के प्रकांड पंडित तथा श्रेष्ठ भक्त कवि थे। प्रारंभ में आपने (1) **अखैसार** (1751 ई./सं. 1808), (2) **विचार चरित्र** (1753

ई./सं. 1810) नामक विचारपरक व भक्तिपरक ग्रंथों का और श्रीमद्भागवत के दशम स्कन्ध, भविष्योत्तर, ब्रह्मवैवर्त तथा शिवपुराण के कुछ कथांशों के आधार पर काव्यात्मक, (3) **कृष्ण चन्द्रिका** (अक्टू. 27, 1754 ई./कार्तिक शुक्ला 12, रविवार, सं. 1811) नामक वृहद् ग्रंथ का प्रणयन करके अपनी निपुणता, प्रतिभा व विद्वता का परिचय दिया था। 1755 ई./सं. 1812 में आपने (4) **क्षेत्रलील** की रचना की और अपने जन्मस्थान ग्राम वेरी से डीग पहुंचकर (5) **सुजान विलास** (सिंहासन बत्तीसी अथवा विक्रम विलास) नामक प्रबन्ध काव्य (जुलाई 26, 1755 ई./श्रावण व 3, सं. 1812) संपूर्ण करके युवराज सूरजमल को समर्पित किया। द्विजवर ने इस प्रबंध में राजधानी डीग, तड़ाग, बागों की शोभा, राजवंश का परिचय, सूरजमल की वीरता व दानशीलता और अंत में स्वयं के वंश का परिचय दिया है। अनुमानतः इस नीति परक ग्रंथ से रीझकर सूरजमल ने आपको 'द्विजराज' की उपाधि से विभूषित किया होगा और महाबन के समीप ग्राम शेथरी में कुछ भूमि उदक में दी थी, जहां आपने शेथरी खेड़ा नामक ग्राम बसाया था।

भरतपुर (भर्थपुर) नगर के व्यवस्थित निर्माण व बसावट होने पर आपने शेथरी खेड़ा से लौटकर भरतपुर को स्थायी निवास बना लिया। ज्योतिष व मुहूर्त विज्ञान के प्रति शासक की अटूट आस्था तथा सामान्य जन में इसके प्रति विश्वास के कारण आपने भरतपुर में चार वर्ष की अवधि में ही (6) **मुहूर्त चिन्तामणि,** (7) **स्वरोदय** (भाषा तथा काव्यात्मक व्याख्या) नामक ज्योतिष व सगुन विचारक ग्रंथों की और (8) **हस्तामलक वेदांत,** (9) **शिवतंत्रोक्त ज्ञान,** राधा-कृष्ण भक्ति से प्रेरित होकर (10) **प्रेम रस सागर** (वियोगश्रृंगार, नायिका भेद प्रधान, रचना अनुमानतः 1761 ई./वि. 1818), (11) **वृन्दावन सत** (श्रृंगार रस प्रधान लघु काव्य) नामक ग्रंथों की रचना की थी। अप्रैल 7, 1761 ई./चैत्र सुदि 2, रविवार, सं. 1818 को ज्योतिष विज्ञान प्रधान (12) **लघुजातक** (नष्ट जातक) ग्रंथ का काव्यात्मक अनुवाद संपूर्ण किया। इस ग्रंथ में द्विजराज ने सूरजमल के भरतपुर में निवास करने, राज-सभा या दरबार करने, उनके समाज-सभा में शामिल होने तथा भरतपुर शहर का अति सजीव व रोचक विवरण दिया है। अनुमानतः आचार्य सोमनाथ की मृत्यु के बाद ही आपको समाज-सभा का सम्मान प्रदान किया गया था और इसी समय सूरजमल ने आपको ग्राम वेरी स्थित श्री बलदेव जी देवालय को उदक में कुछ भूमि भी प्रदान की थी।

अखैराम ने सूरजमल के गोलोकवास पर श्रद्धांजलि के रूप में (13) **युद्धसार** अथवा **क्रुद्ध युद्ध सार** नामक वीर प्रशस्ति प्रधान खण्ड काव्य की रचना (जनवरी, 1764 ई.) की। रणक्षेत्र में सूरजमल की देह के विलोपित होने से कवि ने कल्पना की है कि शायद वह भगवा धारण कर उत्तराखंड की ओर चला गया था।[5] मार्ग में शिवराज ने साधुवाद के रूप में कहा, "राज जीतेगौ तेरे तनय।

अरि से निकरि सब राज भोगेगो।" सम्भवतः द्विजराज अपने आश्रयदाता के इस आघात को सहन नहीं कर सका? असार संसार से विरक्ति हो गई और स्वामी श्याम चरणदास (चरणदास) के शिष्य गुरु छौना का शिष्यत्व स्वीकार करके चरणदास पंथ के प्रचार में अपने आपको समर्पित कर दिया।

विरक्त होकर आपने ब्रह्मवैवर्त पुराण कथानक पर भक्ति प्रधान (14) **गंगा माहात्म्य** (फरवरी 4, 1776 ई./माघ पूर्णिमा, रविवार, वि.सं. 1832) काव्य ग्रंथ की रचना की और पवित्र गंगा को मुक्ति का मार्ग बतलाया बाद में राव खुशालीराम हल्दिया के प्रीत्यर्थ आपने (15) **बाण गंगा माहात्म्य** (फरवरी 8, 1784 ई./फाल्गुन कृष्णा 2, सं. 1840) और 1794 ई. (सं. 1850) में (16) **वैधवोध** का प्रणयन किया।

माधौराम कायस्थ ने **करुणा बत्तीसी** और मिश्र पतिराम, केशव, जुलकरन, राम आदि ने संगोष्ठियों या अखाड़ों में अपने स्पुट छंदों व कवित्तों का प्रदर्शन किया।

आलोच्य काल में भक्त कवि चचा हित वृन्दावन दास वृन्दावन में काव्य रचना कर रहे थे। अहमद शाह दुर्रानी के आक्रमण (1757 ई.) से बचकर आप वहां से भरतपुर आ गये। यहां आपने भरतपुर गढ़ (शहर) में ही **हरि कला वेलि** ग्रंथ की रचना की, जिसमें दुर्रानी आक्रमण, संतों व नागरिकों की हत्या तथा ब्रज की बरबादी का चित्रण किया। ग्रंथ की दूसरी कला में विशिष्ट वैष्णव भक्तों, गोस्वामी मुकुन्दलाल (काव्यकार के गुरु गोस्वामी रूपलाल के ज्येष्ठ भ्राता), 'हित चतुरासौ' के टीकाकार बाबा प्रेमदास, कृष्णदास भावक, मीराबाई के शिष्य जादौदास, सम्राट् मुहम्मद शाह के मीर मुंशी तथा विख्यात ब्रजभाषा कवि घनानंद या आनंद घन, अवधूत साधू जुगलदास, पुजारी कृष्णदास और भगवानदास आदि के मारे जाने का उल्लेख किया गया है।[6]

अनुश्रूति है कि महाकवि देव ने सूरजमल के दरबार में आकर **देव शतक** काव्य में शामिल केवल वैराग्य-कवित्त सुनाये थे और इसी दरबार में हितवृन्दावन दास व घनानंद में अपने-अपने काव्य सौष्ठव की श्रेष्ठता का वाद-विवाद हुआ था। यह अभी अनुसंधान का विषय है। इसी भांति यह भी अनुश्रुति है कि 1768 ई. में देव ने जवाहरसिंह के दरबार में दो-तीन कवित्त (लोहा लगड़े का यारौ। जाने खायौ जाटकौ, वानैं खायौ सातौं जाति कौ) सुनाये थे और जवाहरसिंह द्वारा प्रदत्त पांच सहस्त्र रुपये का पुरस्कार भी ठुकरा दिया था।

षटशास्त्र मर्मज्ञ कविवर भोलानाथ शुक्ल संस्कृत, व्याकरण तथा ब्रजभाषा काव्य के उच्च कोटि के विद्वान व लेखक थे। आगरा से दिल्ली पहुंचने पर सम्राट् शाहजहां सानी (द्वितीय) ने दिसंबर, 1759 ई. में आपकी विद्वता से मुग्ध होकर पांच सदी जात का मनसब प्रदान किया। शाह दुर्रानी के आक्रमण के समय वे

अन्य अमीरों व उमरावों, सेठ-साहूकारों व सामान्य नागरिकों की भांति जनवरी, 1760 ई. में दिल्ली से भरतपुर आ गये थे और सूरजमल ने आपको धन-धरती देकर सम्मानित किया था। आपने कुंवर नाहरसिंह के आश्रय में रुककर उसके आग्रह पर अनुमानतः 1760 ई. में ही **सुमन प्रकाश** की रचना की थी। इस ग्रंथ में राजवंश, शासन-तंत्र, आवाम (जनता) के जीवन का, सभ्यता व संस्कृति की अति उत्तम झांकी प्रस्तुत की गई है। नाहरसिंह के लिए ही ब्रजभाषा में आलंकारिक ग्रंथ **नायिका भेद** (1761 ई./सं. 1818) की और राव नवलसिंह की सत्प्रेरणा से आश्रयदाता नाहरसिंह के प्रीत्यर्थ **श्रीमद् भागवत गीता** का पद्यानुवाद और सदेच्छा से प्रकृति चित्रण व शृंगार रस प्रधान रीति काव्य **लीला पच्चीसी** की (1763 ई.) रचना की थी।

पृथ्वींद्र जवाहरसिंह कवियों व विद्वानों का आश्रयदाता अवश्य था, लेकिन उसकी काव्य के प्रति अभिरुचि नहीं थी। इस शासनकाल में किसी योग्य आचार्य, ज्योतिषविद् के बारे में विशेष विवरण नहीं मिल सका है। फिर भी भक्तिपरक साहित्य का सृजन अबाध गति से होता रहा। भूधर ने **ध्यान बत्तीसी** तथा **दान लीला**, पतिराम भट्ट व सुधाकर ने वीर रस प्रधान स्फुट छंद व कवित्त समाज गोष्ठियों में प्रस्तुत करके जनमानस को समाज व संस्कृत की रक्षा में तन्मयता से योग देने को प्रेरित किया। रंगलाल ने जवाहरसिंह की प्रशस्ति में चम्पू में **साखा** लिखा और सम्भवतः जवाहरसिंह ने इसको कांसा (उदर-पूर्ति) में 'खोहरी' नामक गांव दिया था। मोतीराम सारस्वत फुटकर कवित्त लिखते थे और जवाहरसिंह ने इनको एक रुपया दैनिक चुकारा (रोजिनदारी) पर आश्रय प्रदान किया था।[7]

मुख्त्यार-राज राजा नवलसिंह की ब्रज-भाषा साहित्य में अभिरुचि थी। आपने स्वयं रस, अलंकार, नायक-नायिका भेद का गहन अध्ययन किया था। आपने साहित्यकर्मियों, विद्वानों, पुराणवेत्ताओं का पर्याप्त सम्मान किया और समाज-सभा में उनको समुचित स्थान दिया था। नियमित संघर्षों में व्यस्त रहकर भी इनको दान व मान से प्रोत्साहित किया था। कविवर भोलानाथ शुक्ल ने कुंवर गोपालसिंह[8] को ब्रज-पंजाबी मिश्रित भाषा में **इश्क लता** की रचना (1770 ई.) की। राजा नवलसिंह के लिए **श्रीमद्भागत,** दशम स्कंध का पद्यानुवाद (1772 ई.) शृंगारिक ग्रंथ **नख शिख भाषा** नीति एवं प्रशस्ति परक **नवलानुराग** (1773 ई./सं. 1830) आदि ग्रंथों का प्रणयन किया था। राज्यमंत्री चतर (चत्र) सिंह चौहान के लिए **सुख निवास** नामक ग्रंथ में 'गीत गोविन्द' का ब्रजभाषा में भावात्मक पद्यानुवाद (1773 ई./सं. 1830) किया। नवलसिंह के प्राणान्त या डीग दुर्ग के पतन के बाद आप जयपुर चले गये और वहां भट्ट राजा सदाशिव के आश्रय में संस्कृत तथा ब्रजभाषा के अनेक काव्य ग्रंथ व नाटकों की रचना की।

कवि शोभनाथ भारद्वाज कान्यकुब्जी ब्राह्मण थे। इनके पिता का नाम

राजाराम था। आपके काव्य गुरु किशोरमणि 'रसरासि'[9] थे। शोभनाथ बसवा (जयपुर) में आकर बस गये थे और आपने मावण्डा-मंढौली युद्ध के बाद ब्रजभाषा में **माधव जयति** खंडकाव्य (दिसंबर 27, 1767 ई./पौष शुक्ला 7, वि.सं. 1824) की रचना की। फिर आप नवलसिंह के दरबार में पधारे और उसके आग्रह पर **नवल रस चन्द्रोदय** नामक अति वृहद् रीति ग्रंथ (अगस्त 23, 1771 ई./श्रावण सुदि 13, शुक्रवार, सं. 1828) का प्रणयन किया। आपने नावलसिंह की वीरता, दानशीलता, गुणग्राहिता में कुछ स्फुट छंद व कवित्त भी लिखे। इनसे नवलसिंह की रसिकता, रीति काव्य के प्रति अभिरुचि तथा भक्ति अनुराग का स्पष्ट बोध होता है। आपने फरवरी 5, 1773 ई. (माघ सुदि 13, सं. 1829) में **सभा विनोद** नामक 29 वां ग्रंथ समाप्त किया। इस ग्रंथ में पक्षी साहित्य, प्रकृति चित्रण, नायक-नायिका भेद, तर्क शास्त्र की उक्तियां व उनके प्रयोग से समाज-सभा में सम्मान प्राप्त करने की अति सुन्दर युक्तियां लिखी गई हैं।

श्री हरिदेव देवालय के गुसाईं हीरालाल के प्रपौत्र मुरलीधर व श्रीधर का काव्य के प्रति रुझान था। मुरलीधर ने नवलसिंह के राजत्व काल में **श्रीमद्भागवत्** के पंचम स्कंध का पद्यानुवाद किया था और श्रीधर ने आगे चलकर कुछ ग्रंथों का सृजन किया था, परन्तु ये ग्रंथ अभी तक खोजनीय हैं। ब्रजचंद ने स्फुट कवित्त लिखे और महाकवि कालिदास के **शृंगार विलास** का ब्रजभाषा में अनुवाद किया। हरिचंद ने सूरजमल के शौर्य पर कवित्त तथा **बरसाना की लीला** नामक लघु ग्रंथ की रचना की।

'लाल' सम्भवतः रंगलाल? ने ही सौंख-अड़ींग युद्ध के बाद शृंगार व वीर रस प्रधान कवित्तों में राजा बदनसिंह की मृत्यु पर संवेदना प्रगट की, वहां मिश्र गंगाप्रसाद भदौरिया, ठाकुरदास सेंगर के युद्ध कौशल तथा बलिदान की प्रशंसा की है। इसी प्रकार कवि जसराम ने नवलसिंह शासन के सात शत्रुओं का संकेत दिया है।

(2) जैन कवि तथा साहित्य

जाट शासन में भक्ति-भावी जैन साहित्य के सृजन को पर्याप्त प्रश्रय मिला। हरविलास अग्रवाल ने 'काष्ठा संघ' गच्छ के आचार्य भट्टारक माहचंद्र के उपदेश से **षटमाल** का काव्यात्मक अनुवाद (मई 26, 1754 ई./रविवार, ज्येष्ठ सुदि 5, सं. 1811) किया था। लेखक ने इस ग्रंथ में भरतपुर शहर में जैन चैत्यालय (वर्तमान श्री दिगम्बर पंचायती जैन मंदिर) तथा उसके निर्माता चौधरी वेणीदास का उल्लेख किया है।

चौधरी वेणीदास बोहरा सूरजमल का अति विश्वास पात्र फोतेदार (खंजाची) था। उसके लघुभ्राता मायाराम (निवासी चांदवाड़) के आग्रह पर उसके ही साथ

नथमल बिलाला आगरा से भरतपुर आकर रहने लगा था। चौधरी वेणीदास ने उसको खजांची के पद पर नियुक्त करवाया। नथमल बिलाला सुयोग्य जिन भक्त, प्राकृत व अवहट्ट भाषा का ज्ञाता, ब्रज भाषा में मुक्तक तथा प्रबन्ध काव्य रचनाकार था। आपको संस्कृत भाषा, रस, अलंकार, व्याकरण, जिन पुराणों तथा जिन कथाओं का अच्छा ज्ञान था। आपने (1) **नेमिनाथ कौ ब्याहुलौ** (1762 ई.), (2) **जिन गुण विलास** (1765 ई.), (3) **सिद्धांत सारदीपक** (1767 ई.), (4) **अनन्त चतुर्दशी व्रतकथा** और बाद में (5) **नागकुमार चरित्र** (1777 ई.), (6) **जीवनधर चरित्र** (1782 ई.) (7) **सभव शरण मंगल**, (8) **सेवक पदावली**, (9) **जम्बू स्वामी चरित्र** नामक ग्रंथों की रचना की थी। भक्ति क्षेत्र सीमित परिधि तक होने से सामान्य समाज में इसका प्रचार व प्रसार नहीं हो सका।

हरीसिंह छावड़ा ने भरतपुर में रहकर (1) **ब्रह्म पच्चीसी**, (2) **सम्यक् पच्चीसी**, (3) **बौध पच्चीसी** नामक ग्रंथों की तथा अनेक फुटकर कवित्तों या गीतों तथा राग-रागनियों में पदों की रचना की थी।

दीवान जोधराज पल्लीवाल ने श्वेताम्बर जैनाचार्यों का अति सम्मान व सत्कार किया था। आशाराम ने आपके आग्रह पर ग्राम बरौली में **'आचारंग टीका'** की प्रतिलिपि (जून 28, 1771 ई./माघ सुदि 12, रविवार, सं. 1827) की। आपके प्रयास व संरक्षण में अन्य ग्रंथों की भी प्रतिलिपियां तैयार की गई थीं।

(3) सन्त कवि व उनका साहित्य

नवोदित राज्य पर काठेड़ी मेवात की संस्कृति, जो ब्रज संस्कृति का ही अभिन्न अंग थी, का भी सम्यक् प्रभाव था। सम्पूर्ण मेवात इस राज्य में समाहित था। ब्रज व मेवात की सभ्यता, संस्कृति, धर्म व सम्प्रदाय, भाषा में अधिक भिन्नता नहीं है; वस्तुतः दोनों की एक ही संस्कृति है। मेवों में कई संत व भक्ति कवि हुए हैं, जिन्होंने मानव समुदाय को भेदभाव रहित नैतिक सुधारवादी ज्ञान प्रदान किया। इन संतों की वाणी का जनजीवन पर व्यापक प्रभाव पड़ा। इनमें प्रमुख लालदास तथा चरणदास का नाम विशेष उल्लेखनीय है और इनकी रचनाएं संत साहित्य के अंतर्गत आती हैं।

सन्त लालदास (1540-1648 ई.)

संत लालदास जाति के मेव थे। हिंदू-मुस्लिम एकता के कट्टर पक्षपाती थे। आपके उपदेश निर्गुण संतों की भांति थे और राम नाम के जाप तथा संकीर्तन को प्रधानता देते थे। आपका 'लालदासी' सम्प्रदाय था। इस सम्प्रदाय के अनुयायियों ने जाट राज्य के संस्थापन व एकता में अच्छा योग दिया था।

संत कवि चरणदास (1703-1783 ई.)

संत कवि चरणदास सूरजमल के समकालीन थे। आपने सगुण-निर्गुण भक्ति का उत्कृष्ट समन्वय किया था। आप उत्तर भारत के प्रसिद्ध संत थे। आपका जन्म अलवर से 10 किमी. दूर डेहरा नामक ग्राम में सितम्बर, 1703 ई. में भार्गव वंश में हुआ था। अपने गुरु शुकदेव जी की आज्ञा से आप दिल्ली चले गए और यहां से वृन्दावन आये, जहां सेवाकुंज में भगवान के दर्शन प्राप्त किये। श्रीकृष्ण में आपका अटूट विश्वास व श्रद्धा थी।

आपने अवतारवाद को अवश्य स्वीकारा, परन्तु कर्मकांड व मूर्ति पूजा की कड़ी निंदा की। प्रचलित देवी-देवताओं के नाम पर समाज में व्याप्त पाखंडों से समाज को बचाने का प्रयास किया। कविवर अखैराम भी इस सम्प्रदाय के शिष्य हो गए।

(4) रसिक भक्त तथा रचनाकर

आलोच्य काल में हमको अनेक रसिक भक्त व रचनाकारों का पता चलता है, जिन्होंने मथुरा, वृन्दावन, गोवर्द्धन, बरसाना में सुखवास करके काव्यांगों का निरूपण किया और भक्तिभाव से विभोर होकर 'स्वहिताय या जन हिताय' ब्रज भाषा काव्यों का सृजन किया था। औरंगजेब के शासन के प्रारंभ तक मथुरा ब्रज का पुनीत धर्म-तीर्थस्थल और उत्तर भारत में भारतीय शिक्षा का महत्वपूर्ण केन्द्र था। औरंगजेब संगीत तथा नृत्य कला का घोर विरोधी था, परन्तु ब्रज भाषा का समादर करता था। कवि वृन्द उसका दरबारी कवि था। उसका पुत्र अजीमुश्शान भी काव्य प्रेमी था और उर्दू (रेख्ता) तथा ब्रज दोनों भाषाओं में अति सुन्दर कविता करता था। वृन्दा प्रायः इसी के साथ रहता था। इस काल में अनेक स्वाधीन आंचलिक कवियों का पता चलता है।

1. टहिकण : यह ग्राम जलालपुर, तहसील 'नगर' का निवासी था। इसके पिता का नाम रंगीलादास चोपड़ा (खत्री) था। टहिकण सिपाही के पद पर चाकरी करते हुए भी नंदलाल की उपासना करता था। बाद में वह गुरु गोविंदसिंह के दरबार में चला गया और उनके आश्रय में रहकर काव्य-साधना-रत रहा। आपने महाभारत में 'जैमिनाश्वमेघ' पर्व का काव्यात्मक भाषानुवाद (आषाढ़ वदि 13, वि. सं. 1706/जून 1669 ई.) किया था।

2. बुलाकीदास : कविवर बुलाकीदास गोयल मूलतः बयाना निवासी था। कवि ने पांडव पुराण (आषाढ़ सुदि 2, गुरुवार, वि.सं. 1754/जून 10, 1697 ई.) में अपना वंश परिचय दिया है। आपके अनुसार मध्य देश में विख्यात बयाना में चतुर्वर्णों का निवास था। सभी धनवान थे और दरिद्रता कहीं भी दृष्टिगोचर नहीं

होती थी। जप, तप, पूजा, दान तथा प्रतिमा-पूजन सामान्य था। आपका प्रारंभिक नाम बूलचंद था और व्यापार हेतु आगरा से दिल्ली चले गये थे। आपने (1) **प्रश्नोत्तर श्रावणाचार** का पद्यानुवाद (1690 ई.), (2) **पांडव पुराण,** (भाषानुवाद), (3) **प्रश्नोत्तर रत्न माला,** (4) **वार्ता** और (5) **चौबीसी** की रचनाएं की थीं।

3. हरिवल्लभ सूर्यद्विज : आपने साहित्यिक ब्रज भाषा में गीता का **गीत भाषा** नामक ग्रंथ में अनुवाद (सं. 1771/1714 ई.) किया था।

4. घनानंद या आनन्दघन : आप सम्राट मुहम्मद शाह के मीर मुंशी और जाति के कायस्थ थे। दिल्ली दरबार तथा परिवार को छोड़कर आपने वृन्दावन में विरक्त होकर सुखवास किया और निम्बार्क संप्रदाय की दीक्षा ग्रहण कर ली थी। आप सरस कवि तथा संगीत ज्ञान विद्या में अति पारंगत थे। आपने आंतरिक अनुराग भाव से राधा-कृष्ण के प्रेम में विभोर होकर (1) **सुजान सागर,** (2) **घनानंद कवित्त** संग्रह (3) **रस केलि बल्ली,** (4) **वियोग बेलि,** (5) **सुजान हित** और (6) **इश्क लता** नामक काव्य ग्रंथों की रचना की थी। अहमदशाह दुर्रानी के आक्रमण (1757 ई.) में आपकी वृन्दावन में मृत्यु हो गई थी। वियोग बेलि और इश्क लता में सूफी संतों के प्रेमाशक्त रहस्यवाद और फारसी काव्य पद्धति का निर्वाह हुआ है। कवि ने इनमें पंजाबी भाषा का समन्वय भी किया है। संभवत: आचार्य सोमनाथ का आपसे घनिष्ठ संपर्क था और उन्होंने 'इश्क लता' के अनुकरण में **'प्रेम पच्चीसी'** नामक शुद्ध प्रेम काव्य की संरचना की।

5. आचार्य श्री गोविंद स्वामी : आप निम्बार्क संप्रदाय के आचार्य, परम संत व कवि थे। आपने इस सम्प्रदाय के विशद इतिहास के रूप में **हरि गुरु सुयश भास्कर** काव्य ग्रंथ की रचना की, जिसमें 1769 ई./वि.सं. 1826 तक के निम्बार्क आचार्यों का विवरण है। कवि गोविन्द नाटानी ने वृन्दावन में वास करके आपसे ही दीक्षा ग्रहण की थी।

6. ब्रजवासी दास : आप कृष्णदास भट्ट के शिष्य थे। आपने सत्संग से संस्कृत के 'प्रबोध चन्द्रोदय' नाटक का अध्ययन किया और गुरु की प्रसन्नता के लिए गुरु स्मृति में **प्रबोध चन्द्रोदय** नाटक (1760 ई./सं. 1817) की रचना की। लेखक पर आचार्य सोमनाथ के नाटक 'माधव विनोद' की स्पष्ट छाप है और वह इस कृति को नाटक की अपेक्षा स्वांग या सांगीत मानता है।

(5) फारसी व उर्दू साहित्य

शेख सादिक (सौढ़ा) शायर ने भी कुम्हेर में शरण ली थी। प्रशासन की राजभाषा फारसी थी और जन-साधारण की बोली भाषा उर्दू मिश्रित हिन्दी थी। जाट शासकों ने राज-काज में पत्र-व्यवहार के लिए सुयोग्य फारसी भाषा के मुंशी,

विद्वानों को प्रशासनिक सेवा में रखा था। मुहम्मद बख्श 'आशोब' फारसी में रचना करता था। आपने मुइन-उल-मुल्क, वजीर इंतिजामुद्दोला की सेवा की थी और फिर वह वजीर इमादुलमुल्क की सेवा में रहा। वजीर इमाद के भरतपुर प्रवास काल में लेखक ने अनेक वर्ष भरतपुर में ही व्यतीत किए और यहां आपने 270 छंदों में **फलक आशोब** लिखा। इसके अतिरिक्त **तारीख-इ-खरोज नादिरशाह व हिन्दुस्तान** या **तारीख-इ-मुहम्मद शाही** नामक काव्यात्मक इतिवृत्त (1785 ई.) भी लिखा, जिसमें 1707 से 1782 ई. तक की घटनाओं का वृत्तान्त समाहित है।

सैय्यद नूरुदीन हसन खां भी नवाब वजीर इमाद्-उल्-मुल्क का सहयोगी व विश्वासपात्र सेवक था। उसने इमाद के साथ भरतपुर में वास किया था। आपने अपने अनुभवों के आधार पर **अहवाल-ए-नजीबउद्दौला** लिखा।

इस प्रकार भरतपुर राज्य में शेर-ओ-शायरी, कव्वाली व गजलों की महफिलें जम गई थीं। परन्तु इनका सीमित दायरा था। अनेक उर्दू-फारसी के ग्रंथ भी लिखे गए। प्रतिलिपियां भी की गईं। इस क्षेत्र में अन्वेषण होना शेष है।

1757 ई. में मीर तकी मीर दिल्ली को छोड़कर कुम्हेर आकर रहने लगा था। उसने अपने संस्मरणों **जिक्र-ए-मीर** में उस समय दिल्ली की अराजकता, जाट राज्य की समृद्धि, अर्थ-सम्पन्नता, सुख-शान्ति का विवरण लिखा।

संदर्भ

1. रावत चतुर्भुजदास चतुर्वेदी (महाकवि सोमनाथ और उनकी काव्य प्रतिभा, समिति वाणी, अप्रैल, 1963, पृ. 98), डॉ. विष्णुचन्द्र पाठक (सोमनाथ कवि और आचार्य, शोध प्रबंध, 1970 ई.); ठा. गंगासिंह (यदुवंश, पृ. 108) तथा डॉ. प्रकाशचन्द्र चान्दावत (महाराजा सूरजमल और उनका युग, पृ. 233) का यह कथन अनुपयुक्त है कि सोमनाथ को सूरजमल का शिक्षक तथा दानाध्यक्ष पद प्रदान किया गया था। इनके कथन में संपुष्ट प्रमाणों का भी लोप है।
   मिश्र उमरावसिंह चतुर्वेदी ने प्रथम बार 'सोमनाथ ग्रंथावली' का संपादन, शोधन व प्रतिलिपि तैयार की थी। आपका स्पष्ट मत है कि रणजीतसिंह ने अपने शासनकाल में अपने कुंवरों की शिक्षा-दीक्षा के लिए मिश्र गुमानीराम को नियुक्त करके 'विद्या गुरु' पद से सम्मानित किया था। तभी उनको दरबार में 'शॉल व माला' भेंट करके 'दानाध्यक्ष' की पदवी तथा ज्योतिर्विद् पद से सम्मानित किया गया था। आपको राज-दरबार में गद्दी और खानपान, हवेली देकर सरदार-राज की श्रेणी में शामिल कर लिया गया था।
2. ब्रजराज कुंवर विराजित हैं, सू प्रतापसिंह उजागरौ।
   तेहि हेत विरचित कवि कलानिधि चार ग्रंथ गुनाकरौ ॥
3. डॉ. सोमनाथ गुप्ता, 'हिन्दी नाट्य साहित्य', पृ. 24-33; डॉ. मोतीलाल 'मत्स्य प्रदेश की हिन्दी साहित्य को देन', पृ. 274

4. लेखक कृत 'कविवर अखैराम और उनकी काव्य साधना', समिति वाणी, जुलाई-अक्टूबर, 1963, पृ. 75-82; डॉ. गिर्राज प्रसाद शर्मा का शोध प्रबंध 'कविवर अखैराम ग्रंथावलि, संपादन एवं समीक्षा' पा. लि.
5. रणजीत सिंह के शासनकाल में 'कवि वाइसी' के योग्य कवीश्वर उदैराम ने 'सुजान संवत समें' (रचना, 12 नवंबर, 1788 ई.) में भी इसी प्रकार का वर्णन किया–'सूरज सुजान अंग संग छिप गये हैं' तथा 'समरसार की धार में, मूरति गई समाय'।
6. डॉ. विजयेन्द्र स्नातक, राधा बल्लभ सम्प्रदाय : सिद्धान्त और साहित्य, पृ. 518;
7. कवि कुसुमांजलि, प्रका. श्री हिन्दी साहित्य समिति, सं. 2017, पृ. 36, 26 तथा 39;
8. सम्भवतः महाराजा बलवंतसिंह के शासनकाल में गोपालसिंह रानी राजकौर (राजकुंवरी) के दरोगा-ड्योडी पद पर आसीन थे। आपने राजकौर के लिए 'पद्यपुराण' के कार्तिक माहात्म्य के कुछ अध्यायों का अनुवाद किया था। शेष अध्यायों का अनुवाद चौबे जीवाराम के पुत्र नरहरि ने किया था (उपरोक्त, पृ. 90)
9. 'रसरासि' एकलब्ध प्रतिष्ठित कवि थे। महाकवि रामलाल भी आपको गुरूवत सम्मान करते थे (उपरोक्त, पृ. 82)
10. जिक्र-ए-मीर, सम्पादक, डॉ. अब्दुल हक, औरंगाबाद, पृ. 91-92

अध्याय 16

सांस्कृतिक धरोहर की सुरक्षा व समृद्धि

वास्तुकला एवं स्थापत्य कला

जाट शासक कलाप्रेमी, कलामर्मज्ञ व कलासंरक्षक थे। उन्होंने 18वीं शताब्दी के मध्य में हिन्दू वास्तुकला, शिल्पकला तथा स्थापत्यकला शैली को प्रोत्साहित करके जीवन्त रखने का सार्थक प्रयास किया। मुख्यतः राव बदनसिंह में अद्‌भुत सौंदर्यबोध था। उसने स्थापत्य कला में न केवल भारी रुचि ली, बल्कि संरचनात्मक प्रवृत्ति को संरक्षण दिया। सम्राट औरंगजेब तथा उसके निर्बल उत्तराधिकारियों के शासनत्व में वास्तुकला तथा शिल्पकला का व्यवहारतः ह्रास हो चुका था। शिल्पियों ने दिल्ली को छोड़कर राजपूत राज्यों में जीविकोपार्जन शुरू कर दिया था। सवाई जयसिंह के उपरांत जयपुर दरबार में वास्तुकारों तथा शिल्पियों को समुचित संरक्षण तथा पर्याप्त रोजगार नहीं मिल सका। तब बदनसिंह तथा सूरजमल ने राज्य के सर्वांगीण विकास तथा लोक संरक्षण की दृष्टि से डीग, कुम्हेर, वैर, भरतपुर किसनगढ़, रामगढ़ में मैदानी पुख्ता दुर्गों, राज्य के अधिकांश सीमान्त भागों में स्थान-स्थान पर पक्की तथा कच्ची गढ़ियों, विशाल तथा भव्य भवनों व हवेलियों, छतरियों, अति चित्ताकर्षक विशाल बाग-बगीचों, बांधों, नहरों, सरोवरों व जलाशयों, देवालयों, मस्जिदों या यादगारों, मंडियों, नगरों, कस्बों तथा सड़कों आदि के नवनिर्माण तथा विकास की व्यय-पूर्ण परियोजनाएं बनाईं और उनको साकार रूप दिया। बीस सहस्र वास्तुकारों, शिल्पियों, दक्ष व कुशल संगतरासों, उस्ताओं, मिस्त्रियों व कारीगारों ने दिल्ली, आगरा तथा जयपुर से आकर जाट राज्य में संरक्षण व रोजगार प्राप्त कर लिया था। निर्माण कार्यों में लगे बेलदारों, श्रमिकों, भिश्तियों, मालवाहकों की संख्या के बारे में कुछ भी नहीं कहा जा सकता। तभी अन्य संरक्षित सरदारों ने बल्लभगढ़, पथैना में नवीन पुख्ता गढ़ियां बनवाकर नवीन बस्तियां बसाईं।

बदनसिंह ने सहार तथा कॉमर में विशाल तथा सुदृढ़ हवेलियों, बाग तथा सरोवरों का निर्माण कराया। सूरजमल ने अलवर के दुर्ग में दो महल, जिन्हें सूरज महल कहा जाता है, बनवाए। इनमें एक जनाना महल है। उसने यहां सूरज कुंड, डूंडिया तथा चांदपोल नामक विशाल कुण्डों का निर्माण भी कराया। सूरज कुण्ड 240 फुट लम्बा, 108 फुट चौड़ा तथा 45 फुट गहरा है जबकि डूंडिया कुण्ड 186' × 96' × 18' और चांदपोल 81' × 75' × 33' लम्बा-चौड़ा तथा गहरा बनवाया गया था। उसने किले के द्वारों का नाम भी बदलकर सूरजपोल, चांदपोल, लक्ष्मनपोल तथा रामपोल रखा। जवाहरसिंह ने अनेक सुंदर आकर्षक भव्य तालाब–कुसुम सरोवर–बाग उपवनों का निर्माण कराया।[1] उसने पटौदी में गढ़ी, विजय स्मृति के रूप में झज्झर में शिवालय, भरतपुर दुर्ग में जवाहरसिंह बुर्ज पर बारहदरी, बुर्ज के दक्षिणी पार्श्व में जनाने महल, रथखाना, घुड़शाला तथा सैनिकों की बैरग, डीग नगर में डीग महलों का कार्य, सूरजमल की स्मृति में गोवर्द्धन में छत्री, बारी (मथुरा) शाहपुरा (डीग) में मंदिर, आगरा दुर्ग में हंस महल, पुष्कर में जवाहरसिंह घाट तथा एक देवालय एवं सराय का निर्माण कराया था।

ब्रज क्षेत्रीय तीर्थों का विकास

जाट शासकों तथा उनकी धर्म संरक्षिका ठकुरानियों के साथ-साथ राजसरदारों तथा सेठ–साहूकारों ने ब्रज प्रदेश के तीर्थ स्थलों के विकास में पर्याप्त अभिरुचि दिखलाई। जाट शासकों ने ब्रजमंडल में अनेक नवीन, भव्य व आकर्षक निर्माण कार्य कराए और प्राचीन स्मृति स्थलों, मंदिरों का जीर्णोद्धार कराया। मुख्यतः गोवर्द्धन का सर्वांगीण विकास जाट शासकों की ही देन है। वहां बदनसिंह ने मानसी गंगा पर दो खंड की अतिदीर्घ व भव्य हवेली, नवीन बाजार तथा बाग लगवाए। श्री हरिदेव जी मंदिर का जीर्णोद्धार कराया और मानसी गंगा पर अनेक घाट बनवाए।

सूरजमल का गोवर्द्धन से विशेष लगाव था। उसने राधाकुण्ड-गोवर्द्धन के मध्य मार्ग पर श्री गिरिराज पर्वत का उपत्यका में अति रमणीक कुसुम सरोवर का निर्माण कराया। कुसुम सरोवर के निर्माण का प्रारूप किसी कुशल तथा सिद्धहस्त शिल्पी ने तैयार किया था। अगाध जलाशय का रूप प्रदान करने से यह अनावृष्टियों में भी जलपूरित रहता है। जवाहरसिंह ने कुसुम सरोवर को कलात्मक भव्य रूप प्रदान किया और वहां सूरजमल की स्मृति में कलात्मक छतरी बनवाकर भव्य चित्ताकर्षक स्मारक का रूप दिया। इसी के दाईं-बाईं ओर सूरजमल की रानियों की छतरियां बनी हैं। यह स्मारक जवाहरसिंह की वास्तुकला प्रियता का अनुपम उदाहरण है और यह सरोवर ब्रज की एक दर्शनीय स्थापत्य कृति बन गया है। प्राचीन इमारतों की शैली पर ऊंची कुर्सी वाला यह भव्य स्मारक हरीतिमा

युक्त वन शोभा से सम्पन्न है। सरोवर की सीढ़ियों का कटाव-छटाव, उनसे सटी छतरियों का सुचारु निर्माण हिन्दू कला से युक्त गुम्मटदार शिखर तथा छज्जों का स्थापत्य इस स्थान को अद्भुत शोभा प्रदान करते हैं। 1754 में सूरजमल ने गोवर्द्धन से 1.6 किमी. पश्चिम में अष्ट दल कमल के रम्य आकार में पक्का चंद्र सरोवर बनवाया था। यह सरोवर बल्लभ संप्रदाय का प्रमुख स्थान है।

रानी हंसिया प्रायः गोवर्द्धन, मथुरा, वृन्दावन तीर्थों की यात्राएं करती थीं। उसने गोवर्द्धन में मानसी गंगा के किनारे हंसिया (हंसा) रानी का अति विशाल द्वि-मंजिला महल, इसी के समीप अति विस्तृत तबेला तथा कुंज का निर्माण कराया था। रानी किशोरी ने इसी के समीप 'किशोरी श्याम' का मंदिर बनवाया। इस महल को महल खास कहते हैं। इससे ही मंदिर के लिए रास्ता है। आजकल इसमें क्षेत्रीय जनता का निवास है। राजा बहादुरसिंह ने कई पक्के बाग एवं बाजार बनवाए, बलराम ने यहां निवास, पक्का बाग तथा अनेक दुकानों का निर्माण कराया।

बदनसिंह ने वृन्दावन में धीरसमीर घाट पर अति आकर्षक एक मंदिर बनवाया। रानी हंसिया ने मथुरा में यमुना पार हंसिया घाट, यमुना के पश्चिमी भाग में घाट, हंस गंज तथा पक्का बाग (हंसिया रानी का बाग) बनवाया। जब तक मथुरा से वृन्दावन जाने का नया मार्ग नहीं बना था, तब तक यह मार्ग हंस गंज में होकर जाता था। यमुना नदी की बाढ़ से हंसिया रानी का विशाल बाग नष्ट हो चुका है। हंस गंज में दो पक्के बुर्ज भी बने थे और ये भी बाढ़ से नष्ट हो चुके हैं। इसी प्रकार बलराम ने भी मथुरा में कई बाग तथा बाजारों का निर्माण कराया।

रानी हंसिया ने वृन्दावन में कुंज बनवाई, बाद में हिम्मत बहादुर गुंसाई ने कुंज के छज्जों को तुड़वा दिया था। रानी गंगा (गंगिया) ने वृन्दावन में गंगा मोहन का मंदिर तथा कुंज, यमुना तट पर बुर्ज व घाट मथुरा तथा गोवर्द्धन में भी कई मंदिर, कुंज तथा घाटों का निर्माण कराया।

राव हेमराज कटारा उसके भाई राव रूपराम कटारा तथा फौजदार मोहनराम ने अपने जन्मस्थान बरसाना तीर्थ की सर्वांग प्रगति में भारी रुचि ली और उसकी सांस्कृतिक समृद्धि में पर्याप्त द्रव्य लगाया। यह एक उपेक्षित तीर्थ था। कटारा बन्धुओं ने पहाड़ी के शिखर पर अति विशाल, अति रमणीक श्री लाडली जी के अति समृद्ध नवीन देवालय का निर्माण कराया और पहाड़ी के निचले भाग में अति विस्तृत विशाल बाग तथा बाजार बनवाया। भनोखर कुण्ड को नवीनतम रूप में भव्यता प्रदान की। इस कुण्ड के किनारे राव रूपराम की रमणीक तथा विशाल छतरी बनी है। फौजदार मोहनराम बरसानिया ने इसको सम्पन्न व समृद्ध कस्बे का रूप देकर जिला सदर मुकाम बना दिया था, कस्बे के बाह्य अंचल में प्रियकुंड (पीली पोखर-पोतरा) को बनवाकर रूपायित किया था। इसके ही समीप एक विशाल करला? तथा विशालतम त्रितला सात चौक की हवेली का निर्माण कराया।

पहाड़ी की तलहटी में अति आकर्षक पत्थर की छतरी इस परिवार के ऐश्वर्य, संपन्नता तथा सौंदर्य का प्रतीक है। इन निर्माणों से बरसाना उस काल में अति सुंदर कस्बा बन गया था।[2]

डीग दुर्ग तथा उद्यान भवन

प्रथम पांच जाट शासकों (1722-1776 ई.) की अनुपम राजधानी डीग (दीघ) (27°-29' अक्षांश, 77°-23' देशा.) भरतपुर दिल्ली तथा अलवर-मथुरा राजपथ पर भरतपुर के उत्तर में 3.4 किमी. (आगरा के उ.प. में 72 किमी. तथा मथुरा के उ.प. में 32 किमी.) मानसी (रूपारेल नदी की विलुप्त शाखा)[3] नदी की दक्षिणी पूर्व शाखा पर पूर्णतः समतल मैदानी भू-भाग में बसी है। आलोच्य काल में डीग गढ़ में घनी आबादी थी। यहां लक्ष्मी (श्री) विलास करती थीं। सुख-शांति, समृद्धि तथा सम्पन्नता थी। जन-जीवन तथा सम्पदा की पूर्ण सुरक्षा थी। डीग नमक, रूई, तिलहन तथा लोह वस्तुओं की सुप्रसिद्ध व्यापारिक मंडी थी और अर्द्ध शताब्दी तक 'हिन्दुस्तान में दिल्ली के बाद सम्पन्नता व समृद्धि के साथ प्रमुख व्यापारिक केन्द्र के रूप में विकसित होती गई।' तब डीग क्षेत्र वास्तव में उत्तर भारत का 'मालवा' कहलाया। कविवर अखैराम के अनुसार डीग गढ़ में अन्यान्य व्यापारियों की 7000 दुकानें थीं और कवीश्वर उदैराम के विवरण के अनुसार नगर में विविध प्रकार की वस्तुओं से भरपूर अनेक बाजार थे। दिल्ली, अवध, महाराष्ट्र, राजस्थान के राजपूत राज्यों के साथ नियमित व्यापार करने वाले साहूकारों तथा सर्राफों की नौ कोठियां थीं, इन कोठियों के माध्यम से वस्तु विनिमय, मुद्रा, प्रतिभूतियों तथा हुण्डियों का विनमय होता था।

इस स्थान की स्थापत्य कला, संस्कृति एवं लोक जीवन का आचार्य सोमनाथ, सूदन, अखैराम, उदैराम, मीर तकी आदि देशस्थ और थिफनथेलर, राने मेडक, मोडव, लेक, पेस्टर आदि यूरोपियनों के भी संस्मरणों में विवरण मिलता है।

आधुनिक युग में यह कस्बा प्राचीन दरबारी वैभव भव्यता, शालीनता तथा जन-संकुलता को खोकर भी अति आकर्षक, मनमोहक, सौन्दर्य सुषमा के आगार, सुदृढ़ दुर्ग तथा उद्यान भवनों (जल महलों) के रूप में न केवल उत्तर भारत में बल्कि विश्व में विख्यात है। अद्यतः यहां के उद्यान भवन उत्कृष्ट शिल्प सौंदर्य, विशुद्ध काठेड़ी सभ्यता तथा ब्रज-संस्कृति के जीवंत प्रतीक हैं।

डीग शब्द की व्युत्पत्ति तथा राजधानी

डीग (दीघ) एक प्राचीनतम पौराणिक स्थान है। ब्रिटिश शासन कालीन 'गजेटियरों' के संपादकों का यह भ्रमात्मक अनुमान है कि अऊ की अपेक्षा डीग

की गढ़ी अति 'दीर्घ' थी और शायद इसी से इस नगर को 'दीर्घ या डीघ' लिखा जाता है। 'स्कन्ध पुराण' तथा 'भागवत माहात्म' के चौथे सर्ग में इस स्थान का 'दीर्घ या दीर्घपुर' के नाम से ब्रज के पवित्र स्थानों के साथ वर्णन मिलता है। कालान्तर में दीर्घ 'दीघ' (Deigh), दीग (Deeg) तथा ब्रिटिश काल में डीग (Dig) कहलाने[4] लगा। इस प्रकार भगवान श्री कृष्ण की 84 कोसीय पावन लीला भूमि में शामिल यह कस्बा एक धार्मिक तथा सांस्कृतिक भूखण्ड है। ब्रज चौरासी कोस (270 किमी.) की परिक्रमा का भाग होकर यह 'चक्रपाणि तीर्थ' तथा ब्रज के अन्य गहन (गहवर) वनों, उपवनों की भांति 'लठावन' कहलाता है। अब भी वैष्णव गुसाईंयों के नेतृत्व में गुजरातियों, गौड़ीय तथा अन्यान्य वैष्णव भक्तों की 84 कोसीय पदयात्रा भाद्रपद वदि अमावस्या को यहां दो दिन पड़ाव डालती है। इस अवसर पर उद्यान-भवनों के बहुरंगी फव्वारों की अनुपम छटा अवलोकनीय होती है। तब श्री जवाहरसिंह-प्रदर्शनी व पशु मेला के साथ ही अनेक रंगारंग व सांस्कृतिक कार्यक्रमों व लोकधर्मी कलाओं का मंचन होता है।

डीग के चतुर्दिक मानस गंगा अथवा रूपारेल नदी के जल से भरपूर खौह डहर, शीशमवाला बन्ध, गोवर्द्धन दरवाजा बंध, अऊ बंध से संयुक्त अनेक निचले हिस्से तथा दलदली मैदान हैं। इस प्रकार भारी जल-संकलन न केवल उत्पादन व जन-जीवन का स्रोत रहा है, बल्कि डीग की सुरक्षा में सामरिक महत्व का बोधक रहा है। अस्तु, 1803 ई. में विलियम थार्न ने अपने 'मेमॉयर्स' में यहां की प्राकृतिक स्थिति व संरचना का वर्णन करते हुए लिखा है, "सुरक्षा की दृष्टि से इस नगर के आसपास अनेक विशाल बंधों, झीलों, तालाबों, नहरों, घनी कटीली झाड़ियों तथा बीहड़ों का बाहुल्य है। इससे वर्ष के अधिकांश महीनो में (दुर्ग तथा नगर) शत्रु के आक्रमणों से सुरक्षित रहता है।"[5]

इस धार्मिक तथा सांस्कृतिक भूभाग का मध्यकालीन इतिहास में विशेष महत्व रहा है। काठेड़ की राजनीतिक जागरूकता के प्रथम चरण में डीग की प्राचीनतम कच्ची मैदानी गढ़ी राव (ठाकुर) रूपसिंह सिनसिनवार की जमींदारी में शामिल थी और राव चूड़ामन के प्रशासकीय केन्द्र थून की अति सुदृढ़ सुरक्षात्मक सीमावर्ती गढ़ी थी। अऊ तथा खौह मुजाहिद मुहालों (तहसीलों) के विनाश के बाद राव रूपसिंह ने वर्तमान दुर्ग के मध्य भाग में प्राचीनतम सर्वोच्च टीले पर अति उत्तम व विशाल एक हवेली का निर्माण कराया।[6] जाट शासन में इसमें किलेदार की देख-रेख में राजनीतिक बन्दियों को नजरबन्द रखा जाने लगा। महाराजा जसवन्त सिंह के शासनकाल में इसको 50 कैदियों की जिला जेल बनाया गया। आजकल इसमें पंचायत समिति का कार्यालय है।

पुत्र प्राप्ति की कामना से अपने गुरु के परामर्श पर राव रूपसिंह ने गढ़ी के धरातलीय भू-भाग में अपने नाम 157.50 × 157.50 मीटर, (525 × 525

फुट) सम-कोणात्मक एक पक्का तालाब (रूपसागर) बनवाया। इस तालाब में 5. 5 मीटर (18 फुट) गहराई में पानी भरा जा सकता है। इसके चारों ओर पक्के घाट तथा छतरी रहित[7] अष्टकोणीय बुर्जियां बनी हैं। पश्चिमोत्तर में रूपेश्वर महादेव का मंदिर, पूर्वोत्तर में प्राचीन पंचायत घर अभी तक विद्यमान है। जॉन पीस्टर (1804 ई.) अपनी डायरी में में लिखता है, "यह तालाब (रूपसागर) अति आकर्षक रंग-बिरंगी मछलियों से भरपूर है। राजा स्वयं अपने हाथों से इनको खाना डालता था।"[8] रूपसागर के पूर्वी तट पर हाथी घाट के समीप राजा नवलसिंह ने अपनी नायाबी में शीश महल का निर्माण कराया था। यह महल केवल बाहर से दर्शनीय था। आन्तरिक भाग में केवल एक तुर्किश स्नानागार (हमाम) था।

दुर्ग की संरचना

सिनसिनवार जाट डूंग की वैधानिक सरदारी (दिसंबर 2, 1722 ई.) उपलब्ध करके राव बदनसिंह ने सर्वप्रथम डीग में रूपसागर के दक्षिणी-पश्चिमी कोण में मार्च, 1723 ई.[9] में दो चौक के द्विमंजिला अति भव्य, सुदीर्घ महलों व कचहरी (इसमें आजकल राजकीय कार्यालय है) का निर्माण प्रारंभ कराया, जो 1730 में पूर्ण हो सका। इन महलों में स्वच्छ वायु तथा प्रकाश की अति उत्तम व्यवस्था है। इसके दक्षिण-पश्चिम में अति विस्तृत, अति आकर्षक पक्का गुलाब बाग बनवाया था।

रूपसागर के समानान्तर पूर्वी पार्श्व में शास्त्रीय तरीके से संकल्प तथा भूमि पूजन के साथ अक्टूबर, 1725 ई. में प्राचीन कच्ची मैदानी गढ़ी की सुरक्षा के लिए सुदृढ़ पक्के दुर्ग की नींव डाल कर डीग में जाट की प्रथम राजधानी का श्रीगेणश किया गया।[10] केवल एक सड़क रूपसागर तथा दुर्ग खाई को आपस में पृथक् करती है। लगभग 15 एकड़ (6.08 हैक्टेयर) क्षेत्रफल के वर्गाकार निर्मित दुर्ग की (6 मी.) 20 फुट चौड़ी तथा अति उन्नत ऊँची पुख्ता दीवारें हैं। इसमें कुल 12 बुर्ज, चार कोनों पर तथा प्रत्येक भुजा में लगभग 300-300 गज की दूरी पर दो-दो बुर्ज बने हैं। दुर्ग का उत्तर की ओर एक ही विशाल प्रवेश द्वार है। प्रवेश द्वार के आन्तरिक भाग में एक धूंघस बनी है। बाद में इस धूंघस की दक्षिणी दीवार को तोड़कर सीधा मार्ग निकाल लिया गया था। प्रारंभ में अनुमानतः दुर्ग का आन्तरिक प्रवेश द्वार काफी छोटा रहा होगा अथवा अन्य कोई मार्ग रहा होगा? बाह्य प्रवेश पर दो छोटी-छोटी चतुष्कोणी बुर्ज बने हैं। दुर्ग के चारों ओर पक्की गहरी खाई है, परन्तु अब यह पूर्णतः बरबाद हो चुकी है और इसमें गंदले पानी का जमाव रहता है। दुर्ग के प्रवेश के लिए खाई पर पक्का व स्थायी पुल बनवाया गया है।

पश्चिमोत्तर कोण में सर्वोत्तम व प्रधान लाखन (लाख) पक्का बुर्ज आज भी आकर्षण का केन्द्र है। दक्षिण-पूर्व में हजारा बुर्ज है। शौर्यप्रतीक के रूप में लाखन

बुर्ज के शिखर पर दूरस्थ आक्रमणों से रक्षा के लिए अति दुर्लभ व अति विशाल शाहजहांनी मन (60 पौंड) का चतुर्दिक अग्नि पुंज फेंकनेवाली पीतल की 'गढ़ गर्जनी'[11] तोप अद्यतः अवलोकनीय है। स्थिति, लम्बाई, बनावट, मजबूती एवं चूली पर घूमकर दूर तक मार करने की क्षमता के कारण गढ़गर्जनी जाट शासन काल में उपयोगी अवश्य थी, परन्तु आपात्काल में इसका दो-चार बार ही प्रयोग किया गया था। जल व्यवस्था के लिए दुर्ग तथा बुर्जों में अनेक कुएं बने हैं।

पक्की बुर्जों के निकट ही उत्तर-पूर्व तथा दक्षिण-पश्चिम की ओर मिट्टी के दो ऊँचे पनाह (मिट्टी की दीवारें) बने हैं। प्रथम ध्रुव टीला कहलाता है और यह लाखा (लाखन) बुर्ज से अपेक्षाकृत ऊंचा था। मध्य दुर्ग में रूपसिंह की हवेली के समीप कुंवर सुल्तान सिंह की समाधि बनी है। यहां नित्यशः पूजा की जाती है। इसके समीप मीर बख्शी (प्रधान सेनापति) मिर्जा मुहम्मद शफी खां की कब्र (चबूतरा) अभी तक सुरक्षित है। मुहम्मद बेग हमदानी ने मिर्जा शफी को सितम्बर 23, 1783 ई. को अऊ के समीप युद्ध में धोखा देकर मार दिया था। समाधियों के पूर्व व दक्षिण-पूर्व में अन्न संग्रह तथा गोला-बारूद को सुरक्षित रखने को दो गहरे तथा चौड़े अति विशाल भंडारणों (खासों) के अवशेष हैं। सैनिकों व तोपचियों के निवास के लिए दीवार में अनेक बैरक (कोठरियां) भी बने हैं।

गढ़ परकोटा की संरचना

पुख्ता दुर्ग, नगर तथा नागरिकों की सुरक्षा हेतु बदनसिंह ने मालपुर, किसनपुर, अचलपुर तथा शाहपुर नामक समीपस्थ चार गांवों को राजधानी डीग में शामिल करके लगभग 6.15 किमी. की परिधि में चारों ओर दीर्घ बुर्जों से संयुक्त लगभग 40 फुट (12 मी.) ऊंची कच्ची नगर प्राचीर गढ़ या शहर पनाह का निर्माण करवाया। राने मादे इसको एक ऊंची पहाड़ी (डूंगरी) सदृश कहता है।[12] इस प्राचीर की सुरक्षा के लिए दक्षिण-पश्चिम कोण शाहबुर्ज को छोड़कर शेष भाग में 18 मी. (60 फुट) चौड़ी व 7.5 मी. (25 फुट) गहरी जल प्लावित खाई तथा आसपास अनेक बांधों का निर्माण करवाया गया। पान्हौरी तथा शाहपुर के मध्य दक्षिण-पश्चिम में साधारण ऊंची पहाड़ियों अथवा पठार पर लगभग 0.60 किमी. में पुख्ता परकोटा तथा शाह बुर्ज है। अधिकांश भाग अब क्षत-विक्षत हो चुका है। इस ओर बाह्य भाग में पठारी मैदान होने से जल भंडारण तथा खाई का अभाव है। 1776 ई. में अमीर-उल-उमरा मिर्जा नजफ खां तथा 1804 ई. में जनरल लेक ने इसी स्थान से डीग पर आक्रमण करके विजय प्राप्त की थी।

18वीं शताब्दी में हवाई जहाजों या अणु-आयुधों की जानकारी नहीं थी। तब युद्ध के समय शाह बुर्ज की सुदृढ़ स्थिति, संरचना तथा उपयोगिता के बारे में फ्रेंच कप्तान काम्पटे द मोडव, ब्रिटिश जनरल (लार्ड) लेक तथा मेजर जनरल

सर आर्थर वेलस्ली आदि यूरोपियनों ने अपने-अपने संस्मरणों तथा रिपोर्टों में इसका सजीव चित्रण किया है।

एक एकड़ से अधिक (5000 वर्ग गज) क्षेत्रफल में पहाड़ी पर शाह बुर्ज एक गढ़ी का प्रतिरूप है। इसके भीतरी भाग में सैनिकों के उपयोग को 45 मी. (50 गज) का चौकोर मैदान है, जिसके चारों कोनों पर चार बुर्ज बने हैं। 1804 ई. में इसकी एक बुर्ज पर 74 पौण्ड की एक विशाल तोप चौकोर गाड़ी पर चढ़ी तैयार खड़ी थी।[13] बुर्ज के ही समीप शाहपुर में राजगुरु महंत रामकृष्ण के लिए अति आकर्षक मंदिर श्री सीताराम जी तथा एक ऊंचे टीले पर यहां जैन मंदिर का निर्माण कराया गया था। यहां रामदल (नागा-जमात) रहती थी। अब यह भूखंड पूर्णतः वीरान व खण्डहर है।

शाह बुर्ज की सुरक्षा हेतु बुर्ज के बाहर मैदान में दक्षिण-पश्चिम में लगभग 0.80 किमी. की दूरी पर सघन वृक्षों से आच्छादित गोपालगढ़ नामक कच्ची गढ़ी बनवाई गई थी। बुर्ज तथा गढ़ी के मध्य में काफी विस्तृत मैदान में रामबाग था। इस बाग में राजा नवलसिंह ने अति आकर्षक महल तथा पक्का तालाब बनवाया था। ये दोनों स्मारक अभी दर्शनीय हैं। गोपालगढ़ के पश्चिम में लगभग 0.80 किमी. की दूरी पर एक साधारण पहाड़ी पर पहाड़ताल का पक्का परकोटा बना है। यहां पर जवाहरसिंह ने लालपत्थर की एक आकर्षक बारहदरी तथा अति विशाल कुआं का निर्माण कराया था और यह उसका मनमोहक व बीहड़ शिकारगाह था।

नगर प्राचीन (गढ़) की संरचना, नगर के प्रवेश द्वारों, उनकी सुरक्षा हेतु बनाए मरहलों (छोटी बुर्ज) का प्राचीनतम विवरण महाकवि सूदन के 'सुजान चरित्र'[14] में मिलता है तथा नगर में प्रवेश के लिए क्रमशः दक्षिण में (1) भूरा तथा (2) पान्हौरी, (3) पश्चिम में शाहपुर, (4) बंधा, (5) उत्तर में कामां, (6) देहली, (7) पूर्व में जसौंधी, (8) गोवर्द्धन, (9) रामचेला तथा, (10) अऊ या कुम्हेर नामक 10 विशाल द्वार हैं। परकोटा के बाहर निर्दिष्ट स्थानों पर मुख्य प्रवेश द्वारों की सुरक्षा व निगरानी के लिए अनेक मरहले बने थे। इन पर हलकी तोपों सहित तोपची तथा पैदल सैनिक नियुक्त थे। कुछ मरहलों के अवशेष यत्र-तत्र अभी भी विद्यमान हैं। सूदन ने इस प्रकार के पांच मरहलों का वर्णन किया है। भरतपुर व डीग के इन विशालतम मैदानी दुर्गों की संरचना व तकनीकी के बारे में मेडक लिखता है, "यहां के निवासी इतने सरल स्वभाव हैं (सरल ज्ञान हैं) व उनका सोच (विश्वास) है कि उन्होंने सुरक्षात्मक दुर्गों के निर्माण तथा गढ़ों की प्रबंध पटुता में तौर तरीके का सच्चे मायने में ज्ञान है।"[15]

नगर की संरचना

सूरजमल शासन काल में कस्बा (पुरानी) डीग व्यापारिक व सांस्कृतिक केन्द्र था। जवाहरसिंह ने बाद में जवाहरगंज (नई डीग) की बसावट की और नवीन बस्तियां बसाईं। जवाहरगंज की सड़कें जयपुर के अनुरूप अत्यधिक चौड़ी थी। मध्य भाग में एक चतुष्कोणी चौपड़ के मध्य में अपने आराध्य देव श्री लक्ष्मणजी मंदिर का निर्माण कराया था। इसी के समीप अमीर-उल-उमरा मिर्जा नजफ खां ने एक अति विशाल मस्जिद का निर्माण कराया था। आजकल इसी चौक में नगरपालिका तथा कोतवाली है।

चौहद भुवनों की परियोजना

राज्यारोहण के बाद 1756 ई.[16] में सूरजमल ने बदनसिंह महलों के समीप ही रूपसागर की पश्चिमी तटवर्ती समतल भूमि पर अति भव्य, विशाल तथा रमणीय चौदह उद्यान-भुवनों की महत्ती परियोजना का शिलान्यास करके राजधानी को नव्य परिवेश में ढाला और आठ वर्ष (1756-63 ई.) की अवधि में विपुल द्रव्य व्यय करके अपनी कल्पना से अति आकर्षक, शिल्प-सौन्दर्य के प्रतीक भुवनों का निर्माण कराया। इन निर्माण कार्यों में कारीगरों की कार्य कुशलता, तकनीकी ज्ञान, सौन्दर्य बोध तथा कल्पना की साकारता परिलक्षित होती है। इन भुवनों के प्रारूप (डिजाइन) व निर्माण में सुयोग्य दीवान-ए-इमारत चौधरी जीवाराम बंचारी ने विशेष रुचि लेकर अल्पकाल में ही अपनी कठोर निगरानी में अधिकांश परियोजना को कार्यान्वित कराया।

दीवान (चौधरी) जीवाराम में राजनीति की अपेक्षा भवन निर्माण कार्यों के निष्पादन व निरीक्षण की अद्भुत क्षमता, विलक्षण सूझबूझ तथा श्रम-प्रतिभा थी। जवाहरसिंह ने उसे कुछ समय तक उद्यान भवनों के अधूरे कार्यों तक नियमित रखा। उसने सिंह-पौर (मुख्य प्रवेश द्वार) का निर्माण जारी रखा, परन्तु अभिरुचि की न्यूनता अथवा द्रव्य के अभाव में वह सिंह-पौर तथा भुवनों की अवशेष योजना को पूर्ण कराने में विफल रहा। निर्माण कार्य जिस स्थिति में छोड़े गए उसी स्थिति में आज भी अवलोकनीय हैं। डीग से भरतपुर राजधानी स्थानांतरण होने पर 50-55 वर्षों तक डीग स्वभावतः उपेक्षित ही रहा। महाराजा बलवंतसिंह (1826-1853 ई.) तथा उसके उत्तराधिकारी महाराज जसवंतसिंह (1853-1893 ई.) के शासनकाल में इन भुवनों की सुरक्षा तथा मरम्मत की ओर ध्यान दिया गया। उदैराम ने 'सुजान संबत समें' में आचार्य सोमनाथ ने 'सुजान विलास' में और अखैराम ने 'सिंहासन बत्तीसी' में डीग के मनमोहक उद्यानों व सरोवरों का अति सुरुचि पूर्ण तथा सजीव काव्यात्मक चित्रण किया है और इनके सौंदर्य की

भूरि-भूरि प्रशंसा की है। निःसन्देह ये उद्यान भवन अति चित्ताकर्ष, लुभावने तथा मनभावन हैं। डीग सुरम्य भुवनों के लिए जहां भारत में अति विख्यात है, वहां यहां के उद्यान व फव्वारे निशात (श्रीनगर) व शालीमार उद्यानों की व्यवस्था से भी उत्कृष्ट हैं और इनका निर्माण प्रारूप ईरानी चहारबाग शैली पर आधारित है। सूरज भवन को छोड़कर शेष अन्य भवन मलाई पत्थर के बने हैं।

उद्यान में निर्मित खण्डों में (1) गोपाल भवन, (2) सावन-भादों भवन (मण्डप), (3) संगमरमर का तख्त व हिंडौला (झूला), (4) सूरज भवन, (5) हरिदेव भवन, (6) हौज, (7) किसन भवन, (8) केशव भवन, (9) नंद भवन, (10) सिंह पौर, (11) राम भवन, (12) चंद्र भवन, (13) रूपसिंह छतरी, (14) महाराजा केहरीसिंह ड्योढ़ी, (15) राम बाग और (16) गुलाब बाग रामबाग शामिल हैं।

काल्पनिक अवधारणाएं

'डीग फोर्ट एण्ड पैलेसेज' के लेखक मुंसिफ ज्वाला सहाय ने तथ्यपरक अन्वेषणों से इतर लोक चर्चा के आधार पर लिखा है कि कोई नवाब मक्का यात्रा (हज) पर जाते समय सूरजमल के पास अपार धरोहर रख गया था। सूरजमल ने उस धरोहर से इन भवनों का निर्माण कराया।

उसके हज यात्रा से लौटने पर उसको बतलाया गया कि आपकी धरोहर पूंजी ये भवन हैं और गोपाल भवन ही आपकी धार्मिक आस्था का प्रतीक है। लेखक ने इस गल्प के साथ नवाब वजीर सफदरजंग के नाम को जोड़ने का अपुष्ट प्रयास किया है। फ्रेंकलिन के विवरण से ज्ञात होता है कि सफदरजंग का भाई मिर्जा मोहशान 1746 ई. में ईरान गया था और उसने ईरान के शाह की कैद से नजफखां की बहन को निकलवाया था।[17]

इसी लोक चर्चा के अनुसरण में जे.ए. देवनिस (भरतपुर राज्य में अभियंता) ने अपनी पुस्तक 'डीग एण्ड इट्स पैलेसेज' में नवाब वजीर गाजीउद्दीन (इमाद्-उल-मुल्क) के नाम का उल्लेख किया है। वह लिखता है-

"गोपाल भवन के दाहिनी कक्ष के उपरि खण्ड में वजीर गाजीउद्दीन (इमाद) की पुण्य स्मृति के रूप में एक 'मोहम्मद' चिह्न है। वजीर गाजीउद्दीन ने स्वेच्छा से अथवा अनिच्छा? से इस भवन तथा अन्य सभी भवनों के निर्माण के लिए धनराशि दी थी। कहा जाता है उसने अपने मित्र सूरजमल के पास, जब वह स्वयं मक्का की तीर्थ यात्रा (हज) करने गया था, नौ करोड़ रुपया सुरक्षित रखने को जमा कराया था। लौटने पर उसने अपनी धरोहर की मांग की। तब उसको बतलाया गया कि उसकी धरोहर पूंजी ये भवन हैं और वह इनको तोड़कर द्रव्य वसूल कर सकता है।"

नवाब वजीर सफदरजंग तथा इमाद-उल-मुल्क की जीवन गाथा तथा

सांगोपांग इतिवृत्त अब उपलब्ध है और इन दोनों नवाबों में से किसी ने हज यात्रा नहीं की थी। अस्तु, लोक चर्चा पर आधारित उपर्युक्त धारणाएं अपुष्ट हैं। सर्वविदित है कि सूरजमल एक विशाल राज्य का सर्व सत्ता सम्पन्न शासक था और उसके राज्य की वार्षिक आय 1.75 करोड़ के आसपास थी। वह शिल्प सौंदर्य व स्थापत्य कला में, मुगल तथा राजपूत प्रतिस्पर्धा में, ब्रज संस्कृति के गौरव-संवर्द्धन में विपुल पूंजी व्यय करने में समर्थ था। 'यदुवंश' के लेखक ठाकुर गंगासिंह (पृ. 349) का यह कथन भी तथ्यात्मक नहीं है कि मिर्जा नजफ खां ने गोपाल भवन में यह परिवर्द्धन कराया था। फिर भी फारसी, मराठी तथा अंग्रेजी अभिलेखों से स्पष्ट ज्ञात होता है कि 1785 ई. में महाद जी सिंधिया के संरक्षण में कुँवर रणधीर सिंह भी जब उसके साथ था, सम्राट शाह आलम सानी (द्वितीय) ने इन भवनों में दो माह तक विश्राम किया था। तब सम्राट के दैनिक धार्मिक कृत्य निष्पादन हेतु उसकी सुविधा के लिए गोपाल भवन के दक्षिणी कक्ष के उत्तरी दीवार के मध्य मेहराब के तीन पत्थरों में तात्कालिक अति साधारण परिवर्द्धन किया गया।

वास्तुविदों तथा शिल्प पारखियों का मूल्यांकन

जल प्लावित दो जलाशयों (कुण्डों) के तट पर निर्मित सुदीर्घ भवनों, उद्यानों, फव्वारों तथा चद्दरों का प्रारूप (डिजाइन) तैयार करने में तत्कालीन वास्तुविदों तथा शिल्पियों ने जिस सर्वोत्कृष्ट भवन-निर्माण-कला की अनुपम अनुभूति को साकार रूप दिया है, उसने आधुनिक युग के वास्तुकला पारखियों को आश्चर्यचकित कर दिया। यूरोपीयन स्थापत्य कला मर्मज्ञों का अनुमान है कि इन भवनों की नींव के निर्माण में ताजमहल निर्माण विधि का अनुकरण किया गया है। काफी गहरे, पक्के, चौड़े कुओं के ऊपर गोपाल भवन की पश्चिमी दीवारें खड़ी की गई हैं। अद्यतः (238 वर्ष के बाद भी) इन भवनों को क्षारीय जलवायु प्रभावित नहीं कर सकी है। प्रायः भवन समकोणी या कुछ चतुष्कोणी तथा सुदीर्घ हैं। मध्य में (210 मी.) 700 फीट का समचतुष्कोणात्मक अति आकर्षक, सलोना व लुभावना उद्यान है, जिसको फव्वारों की पंक्तियां तथा उनकी कगारों पर बनी पक्की वीथियां चार खंडों में विभक्त करती हैं। इन फव्वारों की विशेषता विविध रंग रूप में इकधारा, बुदबुदे तथा सहस्रधारा के रूप में दर्शनीय है।

स्थापत्य कला पारखी तथा शिल्पकला विशेषज्ञ जेम्स फर्ग्यूसन ने 'हिस्ट्री ऑफ इंडियन एंड ईस्टर्न आर्किटैक्चर' में इन उद्यान-भवनों का अति सूक्ष्म विश्लेषण करके लिखा है, "इस (राजपूताना के) अध्याय में वर्णित सभी राजमहलों का निर्माण उनके प्रबन्ध की दृष्टि से न्यूनाधिक अव्यवस्थित तथा बेडौल हैं और ये सभी पहाड़ियों अथवा ऊंची-नीची भूमि पर निर्मित हैं; जबकि डीग के भवन

सुव्यवस्थित प्रारूप (डिजाइन) के अनुरूप पूर्णतः समतल मैदान में बनाए गए हैं। ये अति दुष्तोषणीय विकासवादी युग के शिल्पकारों को सन्तोष प्रदान करेंगे। यह सत्यानुभूति है कि अन्य राजपूत राज्यों के राज-प्रासादों की अपेक्षा इनमें सुरक्षात्मक प्रबन्ध-पटुता का अभाव है, फिर भी भावात्मक महत्व तथा शिल्प-सौन्दर्य की बारीकी में ये उन सभी से अति उत्कृष्ट तथा अनुपम हैं। भवनों की मुख्य विशेषता उनके दुहरे छज्जों में परिलक्षित होती है। भारत में अन्यत्र प्राचीन तथा आधुनिक युग में निर्मित अन्य किसी भवन में इस प्रकार की विशेषता देखने में नहीं आई है। वास्तव में ये भवन अप्सरा लोक (इन्द्र लोक) की कल्पित अनुभूतियां हैं।"[18]

विलियम थार्नटन ने 'गजेटियर ऑफ इंडिया' में लिखा है-"कीर्ति शिखर पर पहुंचकर सूरजमल ने फव्वारों से संयुक्त महलों, जिन्हें भुवन कहते हैं, का निर्माण कराया। अनुपम डिजाइन (प्रारूप), कल्पना-सौंदर्य तथा शिल्प कौशल की प्रवीणता में आगरा के ताजमहल के बाद (ये भवन) 'भारत की अद्‌भुत थाती' हैं। अन्यत्र इनका जोड़ मिलना कठिन है। (इन भवनों ने) डीग को अति प्रसिद्ध स्थान बना दिया है।"

'इंडियन आर्किटैक्चर' के लेखक इ.बी. हवेल ने लिखा है, "यहां (डीग में) अति भव्य, नियमित उद्यानों, फव्वारों तथा जल प्रवाहिनी नलिकाओं से संयोजित पृथक्-पृथक् अनेक निवासीय राज-प्रसाद हैं। आगरा के शाही महलों की प्रतिस्पर्द्धा में ऐश्वर्य व यशोगान की भावना से इनका निर्माण कराया गया था। इनमें राजपूत शिल्पकारी की दृढ़ता (मजबूती) की अपेक्षा श्रेष्ठतम स्वच्छता, निर्मलता, उत्तमता या भव्यता तथा शाहजहां के महलों से अधिक कमनीयता या लालित्य का सम्मिश्रण है। इनमें राजपूताना के प्राचीन सुरक्षित दुर्ग-प्रासादों (राजमहलों) की अपेक्षा आधुनिक जीवन के अनुकूल अधिक सुख-सुविधाएं उपलब्ध हैं। मुख्यतः आधुनिक वास्तुविदों या शिल्प विशेषज्ञों के लिए अति चित्ताकर्षक व मनमोहक हैं।"

लेफ्टीनेंट जॉन पेस्टर ने अपनी डायरी 'वार एंड स्पोर्ट्स इन इंडिया' में लिखा है, "गुलाब जल से परिपूरित हौज (जलाशय) के समीप अनेक कमरे हैं। मेरे अब तक देखे स्थानों में यह अति मनभावन स्थान है। सूरज भवन अति उत्कृष्ट, चित्ताकर्षक, निर्मल, स्वच्छ स्फिटक प्रस्तरों का बना है और शिष्ट प्रकाश तुल्य है। इसमें अति मूल्यवान रक्तिम, काले, पीले, हरित नग जड़ें हैं।"[19]

इसी प्रकार 20वीं शताब्दी के प्रारम्भ में राज्य अभियंता जे.ए. देवनिस इन भवनों के समग्र सर्वेक्षण, माप तथा अध्ययन के बाद लिखता है, "भारत में उपलब्ध उत्कीर्ण प्रस्तर प्रासादों में से डीग के रमणीक उद्यान-भवन कलाकारों की भावना के सम्भवतः सर्वोत्कृष्ट नमूने हैं।"

पूर्व काल में ये भवन निवास योग्य नहीं थे और द्वारों पर परम्परागत कपड़ों

के मोटे-मोटे पर्दे पड़े थे। महाराजा जसवंत सिंह ने इनकी सुरक्षा के लिए बहुल द्रव्य व्यय करके मरम्मत कराई। द्वारों पर लकड़ी व कांच के आधुनिक दरवाजे लगवाकर यूरोपियनों के रुकने की व्यवस्था की। गवर्नर जनरल व वायसराय अर्ल ऑफ डफरिन ने गोपाल भवन में कई दिन विश्राम किया। इन भवनों की सुंदरता को देखकर वह इतना अधिक प्रभावित हुआ कि उसने इस भवन में लगाने हेतु महाराजा को अपना फोटो भेंट किया। 1900 ई. के आसपास गुलाब बाग में डाक बंगला बनवाकर इन भवनों में ठहरने की व्यवस्था में परिवर्तन कर दिया गया था।"[20]

देवनिस लिखता है, "सभी भवनों के निर्माण में सही समानता व समरूपता है। सभी भवनों के कंगूरी मेहराबों की बनावट में मुगल शैली का प्रतिरूप होने पर भी न्यूनाधिक भिन्नता है। सूरजमल के शासन में मेहराबों की मुगल शैली में भारतीय वास्तुकला का सम्मिश्रण विकास की पराकाष्ठा तक पहुंच चुका था। इसके बाद भारत में दिल्ली तथा लखनऊ में बने राज-प्रासादों के मेहराबों में निःसन्देह कटोरेदार इत्तालवी शैली, जिसका भारत में अंग्रेजों ने प्रयोग किया था, का अनुकरण किया गया है। तोड़ों की नक्काशी भी आगरा तथा दिल्ली के मुगलिया भवनों से भिन्न तथा अधिक कलात्मक है। दीवारों में बने गवाक्षों व आलों में अति सुन्दर कटाई-छटाई की गई है और वे किसी उद्यान में बनी छतरियों का लघु रूप सदृश दृष्टिगोचर होते हैं।"[21]

1. मुख्य आकर्षण : गोपाल भवन

उद्यान के पश्चिमी पार्श्व में कच्चे जलाशयों (कुण्ड) पर निर्मित सुदीर्घ, कलात्मक, बनावट में परिपूर्ण गोपाल भवन है, चित्ताकर्षक, मनभावन विशाल भवन पूर्वामुख एक मंजिला (इकतला), उत्तर तथा दक्षिण पार्श्व में द्वितला और पृष्ठ भाग में चार तला (मंजिला) बना है और इस ओर के धरातलीय कक्ष सदैव जलमग्न रहते हैं। इस भवन को 'दीवान-ए-आम' अथवा आतिथ्य भवन कहा जा सकता है। मुख कक्ष (दीवान-ए-आम) पूर्वाभिमुख (23 मी.) 76'-8" लंबा, (16.30 मी.) 54'-7" चौड़ा तथा (12 मी.) 40 से 50 फीट ऊंचा है। इस कक्ष (दरबार हाल) को मध्य में पांच मेहराबों की एक पंक्ति दो भागो में विभक्त करती है, जो मुख्य प्रवेश द्वारों के समानान्तर तथा उनके ही समान 2'-3' की चौड़ाई तथा (3.60 मी.) 12' की दूरी पर स्तम्भों के समरूप है। इस सुदृढ़ एवं आकर्षक स्तम्भों पर निर्मित मेहराब भवन की शोभा को कई गुणा बढ़ाते हैं। यह कक्ष इकतला है और 'इंग्लैंड के वेस्ट मिनिस्टर असेम्बली हॉल' से अधिक विशाल[22] है।

कंगूरी मेहराब मुगल स्थापत्य कला की देन हैं। जबकि मेहराबों के ऊपर बने गरदने (कॉरनिस) 'विशेष कौतुहल तथा आश्चर्य' के प्रतीक भारतीय वास्तुकला

की देन हैं। इन गरदनों पर ही 1 ¼ × 1 ¾ × 28' लम्बी छत की वजनदार पट्टियां पड़ी है और छत को वातानुकूलित बनाने अथवा पटाव को हल्कापन देने के लिए छत के भर्त में मिट्टी की पक्की गारों (घड़ा) का प्रयोग किया गया है। मुख कक्ष का बाह्य पार्श्व उत्तर-दक्षिण में 15' चौड़ाई के मेहराबों में खुलता है। इस भवन की पश्चिमी दीवार, जो इस परिपूर्ण कक्ष की मध्यवर्ती दीवार है, आठ फीट चौड़ी है। इस पश्चिमी दीवार के मध्य में लगभग 8' की ऊंचाई पर जाली-झरोखों से सुसज्जित धनुषाकार एक मेहराब है। यह मेहराब पृष्ठ भाग में निर्मित कक्ष (कमरा) का फर्श है। मुख कक्ष में बना यह मेहराब शाहजहां के दीवान-ए-आम के अनुरूप बना है। इस कक्ष के भीतरी भाग में उत्तर-दक्षिण में मोटी दीवार है, जिसमें पृष्ठ भाग में चढ़ने के लिए सीढ़ियां निकाली गई हैं। सम्पूर्ण भवन में वायु तथा प्रकाश की समुचित व्यवस्था आश्चर्यजनक है। सीढ़ी मार्ग अति सुगम, सुन्दर है और प्रकाश के लिए रोशनदानों का प्रयोग किया गया है।

अंतरंग कक्षों में बने गवाक्ष, जाली-झरोखा, मेहराब, झल्लरदार उभरी कमानी तथा नुकीले किनारे सजावट के अद्‌भुत नमूने हैं। यह पच्चीकारी से युक्त स्थापत्यकला तथा शिल्पकारी की आश्चर्यजनक सजीव कल्पना है। मध्य गवाक्ष केवल 4" मोटे स्तम्भ पर है और इन स्तम्भों पर दो छतों का भारी वजन अभी तक टिक रहा है। अन्य कमरे शिल्पज्ञों के उत्कृष्ट भावों तथा श्रेष्ठतम प्रारूप (डिजाइन) के प्रतिरूप हैं। दीवारों के बीच में तथा उभरे फर्श के नीचे से एक गुप्त मार्ग पश्चिमी जलाशय के पूर्वी तट पर निर्मित कमरे की ओर जाता है। इस कमरे में जल भाग की ओर तीन सम धनुषाकार मेहराब तथा दाईं-बाईं ओर दो मेहराब हैं। इन सभी द्वारों के खुलने पर कमरे की सुन्दरता, भव्यता चित्रित करने योग्य है। नीचे 30' गहरा विशाल जलाशय तथा सामने की ओर जलाशय का कच्चा घाट है, जिस पर लगाई हरी दूब (घास) अति मनमोहक लगती है। इस जलाशय के दक्षिणी तट पर पक्के घाट तथा बुर्जियां बनी हैं। मेहराबों के बाहर जलाशय पर अधर झूलते गहरे छज्जों तथा इधर-उधर अधर बने दो मंडप शिल्पज्ञों की कला के अद्‌भुत प्रतीक हैं। इधर पिंजोर बाग के सदृश फव्वारों की चद्दर व शाहजहांनाबाद (लाल किला) के सदृश्य मध्य भाग में फव्वारों का समूह दर्शनीय है। इसी प्रकार इस ओर प्रत्येक तल (मंजिल) में बाहर की ओर निकाली छत्रियों की पंक्तियां अति आकर्षक लगती हैं।

प्रधान कक्ष (दरबार हॉल) के आन्तरिक पार्श्व में इधर-उधर द्वितला निवास कक्ष हैं। प्रत्येक कक्ष को स्तम्भों तथा मेहराबों से पृथक्-पृथक् किया गया है। इन मेहराबों पर वजनी छत का भार है। ऊपरी कक्षों में तीन-तीन मेहराब हैं जो प्रधान कक्ष (सभा कक्ष) की ओर खुलते हैं। इन्हीं कक्षों में सर्वतोभद्र आकार का एक भारतीय पद्धति का भोजनागार है। इस प्रकार के भोजनागारों को फारसी में 'नसीवा'

कहते हैं। प्रत्येक कक्ष में चार कमरा निवास योग्य हैं, जो द्वि-तला बने हैं। प्रत्येक तल में दो कमरे हैं। एक कमरा उद्यान की ओर, और अन्य कमरा जलाशय की ओर है। सभी आन्तरिक दीवारें पच्चीकारी, बेलबूटों से सुसज्जित हैं। इनमें ज्यामितीय विधि के आधार पर अति चतुराई से पच्चीकारी की गई है।

कक्षों की छतें 26' चौड़ी हैं। बाहर-भीतर पर्दों के लिए लोहे की कड़ियां लगी हैं। भवन के बाहर जालीदार मुंडेरों के नीचे 8' लम्बे अधर लटकते कंगूरों से सजे छज्जे हैं। इन छज्जों पर पच्चीकारी दर्शनीय है। ये भी इतालवी पुनर्जागरण काल में निर्मित महलों के अनुपयोगी छज्जों व कंगूरों से अधिक मौलिक, अति सुन्दर तथा कौतूहल के प्रतीक हैं और ये छज्जे वर्षा तथा धूप से दीवारों की सुरक्षा करने में उपयोगी हैं।

गोपाल भवन का निर्माण पश्चिम में जलाशय तल से नीचे बने कुओं पर किया गया है। पश्चिम में तीसरे मंजिल का फर्शतल उत्तरी व दक्षिणी पार्श्व के फर्शतल के समानान्तर रखा गया है तथा पश्चिम की तीसरी व चौथी मंजिल उत्तर-दक्षिण की पहली व दूसरी मंजिल के बराबर फर्शतल पर बनाई गई है। दीवारें तथा सीढ़ियां भी पश्चिमी दीवार के सहारे बनाई गई हैं। भवन व उद्यान के भूगर्भ में एक नहर है और इस नहर से दोनों ओर के तालाब आपस में सम्बद्ध हैं, परन्तु यह नहर अधिक कारगर नहीं है। मुख्य प्रवेश द्वार के सम्मुख बना मार्ग मध्य भाग में बने फव्वारों की वीथियों की भांति था। महाराजा जसवंतसिंह ने आधे फव्वारों को हटवाकर चौड़ा मार्ग बनवाया और नन्द भवन तक यह मार्ग अभी भी इसी स्थिति में है।

2. श्रावण-भादों भवन

गोपाल भवन के उत्तर व दक्षिण में लगभग 50-50 फीट के अन्तर पर द्विमंजिला श्रावण व भादो भवन (मंडप) हैं। भारतीय पंचांग में श्रावण-भादो वर्षा ऋतु के दो महीनों के नाम हैं। श्रावण भवन उत्तरी पार्श्व में नंद भवन की ओर तथा भादो दक्षिणी पार्श्व में सूरज भवन की ओर बना है। ये दोनों मंडप समरूप बने हैं और जलाशय की ओर बनी दीवार पर अधर झूलते चतुष्कोण हैं। इन मण्डपों के नीचे एक खुला कमरा है, जिसका फर्श जलपूरित जलाशय की सतह पर बना है। अधिकांश महीनों में जल की सतह 10' से अधिक नीची रहती है। जल स्तर गिरने पर निचले खंड के तोड़े, जिन पर ये मण्डप अधर बने हैं, स्पष्ट दिखलाई देते हैं। ये मण्डप अति अद्‌भुत, आश्चर्यमय शिल्प वैचित्र्य के उदाहरण हैं। मण्डपों के भीतर विभिन्न प्रकार के बुदबुदे, चद्दर व अनेक सूराखी फव्वारे बने हैं। ग्रीष्मकाल में इन फव्वारों के चलने पर श्रावण-भादों की अनुपम छटा का आभास होने लगता है।

मण्डपों की छतें कमानीदार व ढालू हैं। प्रवेश मार्गों के रूप में इनमें पांच धनुषाकार मेहराब हैं, जो पोले (खोखले) खम्भों पर बने हैं और इन्हीं पर छत का सभी भार है। इस प्रकार की कमानीदार या बंगला शैली की छतें बदनसिंह महलों के ऊपर या गोखों के ऊपर बनी छतरियों पर हैं और ब्रिटिश काल में भरतपुर में बने अनेक भवनों में इनका अनुकरण किया गया है। यह राजपूत शैली है और शाहजहां ने आगरा में, एतमाद-उद्-दौला में इस शैली का अनुकरण किया है। परन्तु डीग के भवनों में राजपूत शैली में जाट स्थापत्य कला का नवीन सम्मिश्रण है और यह एक अति विकसित रूप है। इस प्रकार की कमानी को हाथी की पीठ सदृश कहा जाता है। छतों के ऊपर कुलंगे (कलश) भी लगाए गए हैं। निचले कमरों की छतें भी पतले खम्भों पर आधारित हैं और ये सभी वास्तुकला कौतूहल का प्रतीक हैं। इन भवनों में उत्कीर्ण मछली, बच्चों को दाना खिलाती बतख आदि भी मनोहारी है।

3. संगमरमर की चौकी व हिंडौला (झूला)

गोपाल भवन के मध्य प्रवेश द्वार के सामने वीथी के पूर्वी किनारे पर तथा उद्यान में बनी फव्वारों की मध्य कतार के ऊपर 7' ऊंची एक छोटी सी बारहदरी (तिबारी) की छत पर एक फीट ऊंची संगमूसा व संगमरमर की अति परिमार्जित, अति आकर्षक आयताकार एक चौकी लगी है। चौकी के मध्य में एक फारसी लेख में सम्राट् जहांगीर का नाम अंकित है। इस चौकी पर अति आकर्षक, अतिभव्य, कलात्मक संगमरमर के मुगलकालीन दो मेहराब स्तम्भ खड़े हैं। शिल्पियों ने इन स्तम्भों पर अति बारीकी से बेल-पत्तियों तथा पुष्पों को कांटा-छांटा है और उनके बहुरंगी कीमती प्रस्तर नगों की जड़ाई करके सजीवता प्रदान की है। ये नग स्तम्भों तथा मेहराब की शोभा को द्वि-गुणित करते हैं। मेहराब के निचले भाग में इधर-उधर दो कुन्दे लगे हैं। इन्हीं में हिंडौला (झूला) लगाया जाता है।

इस चौकी व हिंडौला (झूला) को राजा बहादुरसिंह (वैर) की विजय स्मृति के रूप में जून 1761 ई. में आगरा दुर्ग से वैर ले गया था और वहां यह फूलबाड़ी में गड़ा था। एक शताब्दी के बाद 1861 ई. में महाराजा जसवंतसिंह की नावालिगी में 'रीजेंसी कौंसिल' के मेम्बर मेजर बोबरी ने वैर से लाकर इस स्थान पर जड़वाया था।[23] बार-बार इधर-उधर लाने ले जाने में पर्याप्त सतर्कता बरती गई थी। इसका एक भी हिस्सा खंडित नहीं है। इस हिंडौला से इन भवनों, उद्यान तथा फव्वारों की शोभा बढ़ गई है।

संगमरमर व संगमूसा के पट्ट

गोपाल भवन के दायें पार्श्व में धरातल खण्ड के कमरों में संगमरमर व

संगमूसा के 10' × 5' आकार के दो तख्ता रखे हैं। पूर्व काल में वे दोनों तख्ता हिंडौला के समीप मौलश्री वृक्ष के नीचे रखे गए थे। इन तख्तों में पाये एक फीट ऊंचे हैं। काले संगमूसा तख्ता का पृष्ठ भाग कुछ उठा हुआ है और इसमें दरार पड़ी है। कहा जाता है कि ये बादशाही तख्ता (मरहूम बादशाहों के स्नान हेतु) थे और इनको जवाहरसिंह दिल्ली से लेकर आया था। सवाई ब्रजेन्द्रसिंह ने गोपाल भवन के दायें कक्ष के एक कमरे में भरतपुर-कुम्हेर मार्ग के एक जीर्ण मंदिर में प्रतिष्ठित अति कीमती मानवाकार श्री हनुमानजी की प्रतिमा प्रतिष्ठापित करवा दी थी और वहीं संगमरमर का एक तख्ता प्रदर्शित है।

4. सूरज भवन

भादौं भवन के आगे दक्षिण-पूर्व में सम-चतुष्कोणी मात्र एक ही संगमरमर का हवादार सूरज भवन बनाया गया है। सम्भवतः इस भवन का नाम महाराज सूरजमल के नाम पर रखा गया है। निर्माण शैली से आभास मिलता है कि शायद इसको द्विमंजिला बनवाने की योजना थी, परन्तु यह योजना अपूर्ण ही रही। बाद में महाराजा बलवन्तसिंह के शासन काल में इसके बाह्य भाग में श्वेत पत्थर, जो राज्य की खानों में बहुतायत से मिलता है, की छावन, तोड़ियां तथा जालियां लगाई गई थीं।

यह भवन सम-चतुर्भुज आकार का बना है। इसमें चारों ओर 22' × 9' के समरूप चार बरामदे और उनके चारों कोनों पर 9'-4" वर्गाकार चार कमरे हैं। बरामदों के मध्य में फव्वारों की रोस (कतार) हैं। बरामदों की आन्तरिक दीवारों में धरातल से 4' की ऊंचाई पर धनुषाकार मेहराब गवाक्ष हैं और ये ही मध्य मण्डप की देहरियां हैं। मध्य में 20' × 20' फुट का वर्गाकार कक्ष है, जिसकी छत, गदरने पच्चीकारों से सुसज्जित हैं और गरदनों की संरचना, उनमें की गई पच्चीकारी शिल्प कला निपुणों में कौतूहल पैदा कर देती है। इस मध्य कक्ष के चारों ओर बरामदों में खुलते चार द्वार हैं। यद्यपि सभी कमरों व बरामदों के फर्श व दीवारें बहुमूल्य बहुरंगी प्रस्तरों से जड़ित हैं, फिर भी मध्य कक्ष की पच्चीकारी, जड़ाई अनुपम तथा चित्ताकर्षक है।

दक्षिणी बरामदे में पच्चीकारी का काम अधिक आकर्षण का बिन्दु है। वृक्षों, पल्लवों, लताओं व पुष्पों की कांट-छांट अति कलात्मक, आगरा, दिल्ली तथा लखनऊ के शाही व नवाबी महलों की पच्चीकारी व जड़ाई से अधिक भिन्न व मोटी, भारतीय कला का प्रतीक है। इनमें तथा दीवारों में जड़े, हरित, पीत, नीले, रक्तिम, सुलेमानी कीमती नग, चमकदार सीपें आदि व स्फटिक पत्थरों की जड़ाई की गई है। इनको व्यापारियों के माध्यम से दूरस्थ स्थानों से उपलब्ध किया गया होगा? इन पत्थरों व नगों का विशाल भंडार यहां सुरक्षित बतलाया जाता था, परन्तु

इस शताब्दी से पूर्व ही सभी कुछ इधर-उधर हो चुका था। यह चर्चा शिल्प सौन्दर्य के प्रतिकूल सर्वथा कल्पित है कि जाट शासक इस भवन को आगरा या दिल्ली से उखाड़कर यहां लाए थे। इस भवन का प्रारूप (डिजाइन) संरचना मुगलशैली से पूर्णतः भिन्न तथा विशुद्ध हिन्दू स्थापत्य कला का प्रतीक है।

इसी भाग में मुख्य मंडप के बाहर बरामदे का फर्श पोला (खोखला) है और धनुषाकार मेहराब की देहरी पर सूक्ष्म छिद्रमयी फव्वारे हैं। इनका जल निचली दीवार में बने गवाक्षों से नीचे गिरता है। रात्रि में जब इन पर दीपकों की रोशनी पड़ती है, तब निचली चद्दर का दृश्य अति मनमोहक, लुभावना व चित्ताकर्षक होता है।

5. हरिदेव भवन

सूरज भवन के दक्षिण में हरिदेव भवन और उससे सम्बद्ध बाग तथा फव्वारों की कतारें हैं। इन फव्वारों का संचालन अन्य भवनों से पूर्णतः पृथक् है। यह भवन अति साधारण द्विमंजिला राजवंश निवास है और प्रारम्भिक शासकों का रनिवास रहा है। पत्थरों से उत्कीर्ण जालियां-झरोखों का काम करती हैं।

6. विशाल हौज

हरिदेव भवन या सूरज भवन तथा किसन भवन के मध्य में मेहराबों के ऊपर प्रथम तल (छत) पर उद्यान धरातल से लगभग 35' ऊंचाई पर निर्मित विशाल जल भंडार (हौज) अद्यतः सुरक्षित है। इस हौज का प्रारूप (डिजाइन) फूलबाड़ी (वैर) में बने हौज तथा कुओं पर आधारित है और इसी हौज का प्रतिरूप शताब्दी बाद चमन बगीची (भरतपुर) में अवलोकनीय है। इस हौज का क्षेत्रफल 140 × 110 × 6 ¾' फुट है और 2.6 लाख लीटर (94700 घनफुट) जल के भराव की क्षमता है। इसके दो ओर दो कुआं बने हैं, जिनसे इस हौज को बैलों की दो जोड़ियां आठ दिन में भरती थीं। परन्तु आजकल विद्युत मोटरों का प्रयोग होने लगा है। यह जल लगभग 700 नालियों (मिट्टी की पक्की मोरियों) से उद्यान में तथा सभी भवनों में बने असंख्य फव्वारों में जाता है। नालियों (मोरियों) की संचालन कला पूर्णतः गोपनीय है और मोरियों के जाल का कोई मानचित्र या रेखाचित्र उपलब्ध नहीं हो सका है। एक ही समय में एक ही पंक्ति में एक या विभिन्न रंगों के दोनों तरह के फव्वारे चलते हैं।

फव्वारों के लिए इस प्रकार की हौज व्यवस्था भारत में कहीं-कहीं ही मिलती है। परन्तु इतने विशाल पैमाने पर फव्वारों की कतारें तथा उद्यान दक्षिण भारत में केवल वृन्दावन गार्डन ही है। उसमें आधुनिकीकरण है। सहस्त्रों क्विंटल वजन वहन करने पर भी कंकड़-चूना से बनी छत को अभी तक किसी भी प्रकार

की हानि नहीं पहुंच सकी है। इस प्रकार फव्वारों की सम्पूर्ण भारतीय निर्माण-व्यवस्था तकनीकी दृष्टि से निर्माताओं की विलक्षण योग्यता की अद्‌भुत व अद्वितीय संचालन प्रक्रिया है।

7. किसन भवन

बदनसिंह महल के पश्चिम तथा हौज के पूर्व में इन दोनों से सटा किसन भवन है। हौज के ऊपर जानेवाली ढालू सीढ़ियां इसको पृथक् करती हैं। किसन भवन का मुख भाग हौज की दीवार से साधारण आगे उभरा (निकला) है। भवन का शिल्प कौशल अन्य भवनों से भिन्न है। पत्थरों पर अति आकर्षक व सलोनी गुदाई की गई है। इसके मेहराब द्वार उत्तरामुख हैं और उनके आगे धरातल से 6 फुट ऊंचा एक विस्तृत चबूतरा बना है और इस चबूतरा के नीचे सहस्त्रों फव्वारों का गुल्म है।

बाद में इस भवन का प्रयोग दरबार हाल के रूप में किया जाने लगा थां। भवन की छत पर महाराजा बलवन्तसिंह ने एक सोलहदरी का निर्माण कराया था, जिसमें दोनों ओर लम्बाई में पांच तथा चौड़ाई में तीन मेहराबी द्वार बने हैं। भवन के पृष्ठ भाग (दक्षिण) में अति दीर्घ अहाता है, जिसमें हाथी, चीता, शेर, भैंसा आदि की लड़ाइयां हुआ करती थी।

8. केशव भवन

रूपसागर के पश्चिमोत्तर किनारे पर उद्यान भूमि की सतह पर केशव भवन है। इसको बारहदरी या माछी भवन भी कहते हैं। यह एक वर्गाकार तथा चारों ओर से खुला मण्डप है, जिसके चारों ओर 20 मेहाराब-द्वार हैं। मध्य में बारहदरों का अन्य वर्गाकार खुला मंडप है और इसके चारों धरातल से 6' नीचा फर्श है। इस भवन के फव्वारों की व्यवस्था में खोखला तकनीकी का बेमिसाल प्रयोग दृष्टिगोचर होता है और जल प्रवाह का गोपनीय प्रबन्ध है। फर्श के धरातल तथा दोनों किनारों की ऊपरी सतह पर असंख्य फव्वारों की तीन-तीन कतारें हैं। इस भवन की छत पोली हैं और छत से धरातल की ओर फव्वारे चलते हैं। छत में पानी के बहाव को ऐसी दिशाएं दी गई थीं कि धाराएं आपस में टकराकर एक पत्थर के गोला को इधर-उधर ढुलकाती थीं। इस टकराव से घन-गर्जन दृश्य तीव्रनाद होता था। बाद में पोलीटिकल एजेण्ट ने इस गोला को निकलवा दिया था। फिर भी फव्वारों की नन्ही-नन्ही फुहारें, छत से धरातल के फर्श पर गिरती मोटी-मोटी धारें, निचले भाग में भरे पानी की लहरियां और अस्तांचल में डूबते भास्कर की रश्मियों से बना इन्द्रधनुष सान्ध्य वातावरण में एक अवर्णनीय, अनुपम सौन्दर्य तथा अविस्मरणीय छवि पैदा कर देता है और मानवी प्रकृति का सुहावना

दृश्य अति मनोहारी व आकर्षण का बिन्दु होता है।

रूपसागर की ओर इस भवन की दो मंजिलें नीचे की ओर बनी हैं। जलाशय के पूर्ण भराव पर इसका एक तला कुछ माह के लिए जल में डूब जाता है। इधर ये दोनों तल भी अति भव्य, रमणीय तथा दर्शनीय हैं।

9. नन्द भवन

केशव भवन के उत्तर में एक चबूतरे पर 150 × 90 वर्गफुट में निर्मित नंद भवन है। इसके उत्तर व दक्षिण में मेहराबी द्वार पर पूर्व व पश्चिम में धरातल से कुछ ऊंचाई पर वातायन हैं। भवन के दक्षिण में चबूतरे पर 40 × 20 वर्गफुट में फव्वारों से संयुक्त एक हौज है। भवन के मध्य में 108 × 82 वर्गफुट का एक अन्य सभा कक्ष है। आन्तरिक स्तम्भों के बीच की छत 40' चौड़ी है। भारी लदान के कारण 1867 ई. में इस भवन की छत गिर गई थी, तब कप्तान फ्रडरिक ह्यूम (होम साहब) ने रुड़की से प्राप्त लोहे के गर्डर लगवाकर इसकी मरम्मत करवा दी थी। गर्डरों के नीचे फूल-पत्तियों से उकरी लकड़ी की छत जोड़ी गई है। भवनों के चारों ओर लगे तोड़ों व छज्जों की लम्बाई 12' है। केवल एकमात्र यही भवन है, जिसमें स्तम्भों पर चित्रकारी की गई है। कवीश्वर उदैराम ने इस भवन की सर्वाधिक प्रशंसा की है। महाराजा जसवंतसिंह तथा पूर्ववर्ती अन्य शासक इसी भवन में आम दरबार किया करते थे।

10. सिंह पौर

उद्यान भवनों में प्रवेश के लिए रूपसिंह बाग (वर्तमान जवाहरसिंह प्रदर्शनी स्थल) के सम्मुख तथा गोपाल भवन के उत्तर में सिंह पौर (मुख्य प्रवेश द्वार) है। सिंह पौर के सामने ढालू सड़क है। द्वार पर इधर-उधर मलाई पत्थरों पर भारतीय शिल्प शैली के अनुसार हाथी व महावत तथा बेल-बूटों की कंटाई-छंटाई की गई है। द्वार में अधिक आकर्षण नहीं है और इसके मेहराब भी मुस्लिम शैली के प्रतीक हैं। प्रवेश द्वार के मध्य में दोनों ओर ड्यौढ़ीवान के निवास तथा नौबतखाना की व्यवस्था है। कहा जाता है कि इसका निर्माण जवाहरसिंह के शासन में किया गया था और यह बिना छत के तथा बाहरी भाग में तोड़े भी बिना पटाव के अभी तक अधूरे ही हैं। बलवंतसिंह ने इस उद्यान तथा भवनों की सुरक्षा की ओर पहली बार ध्यान दिया और सिंह पौर से रूपसागर के समीप तक एक अति साधारण पक्के परकोटा का निर्माण कराया। इसके बाहर एक पृथक् पक्की सड़क बनवाकर इस खण्ड को अन्य भवनों से पृथक् कर दिया था।

11. राम भवन

नन्द भवन के पूर्व तथा केशव भवन के उत्तरी भाग में उद्यान-भवनों की परिधि में एक प्रवेश द्वार है और इस द्वार के उत्तर में एक सड़क है। इसी सड़क के किनारे 8' की ऊंचाई पर एक भवन बना है। कहा जाता है कि इस भवन का निर्माण चौधरी जीवाराम बंचारी (दीवान-ए-इमारत) ने अपने निवास के लिए करवाया था और बलवन्त शासन पूर्व यह भवन मुख्य भवनों की परिधि में ही शामिल था। अन्य भवनों की अपेक्षा इस भवन की दशा अधिक खराब थी। निर्माण के बाद ही इसके भव्य कक्ष में दरारें पड़ गई थीं। अन्य भवनों की भांति इसकी छतें भी काफी मोटाई में है। आजकल इसमें सामान्य चिकित्सालय चलता है। इसके पूर्वी भाग में अति साधारण बाग अभी तक पुरातन स्मृति का बोधक है।

12. चन्द्रभवन (छत्ता भवन)

राम भवन के पश्चिमी भाग में चन्द्र भवन की नींव डाली गई थी और भूतल से 8' ऊंची कुरसी तक नींव (बुनियाद) भी भरी जा चुकी थी, परन्तु यह कार्य पूर्ण नहीं हो सका। इस भवन को आजकल छत्ता भी कहते हैं। इसमें दो बड़े हॉल तथा कई छोटे-छोटे पूर्णतः अधूरे कमरे हैं, जिनकी छतें गुम्बटदार हैं। आजकल इसमें उच्च प्राथमिक विद्यालय चलता है।

13. रूपसिंह की छतरी तथा बाग

राम भवन के पिछवाड़े में लाल पत्थर की अति विशाल, अति भव्य ठाकुर रूपसिंह की छतरी बनी है। उचित देख-रेख न होने से यह छतरी गिरने लगी है। कहा जाता है कि इस छतरी का निर्माण उसकी पत्नी ने करवाया था। इसी के समीप उसकी पत्नी की एक साधारण छतरी है। छतरी के पश्चिम में तथा चन्द्र के पिछवाड़े में रूपसिंह का अति विस्तृत व विशाल बाग था। आजकल इसी स्थान पर भाद्रपद मास में प्रतिवर्ष श्री जवाहरसिंह प्रदर्शनी व पशुमेला लगता है।

14. ड्यौढ़ी केहरी सिंह या नवलसिंह

रानी बाग के ठीक सामने पश्चिम की ओर उद्यान भवन के गिर्द सड़क के पार जवाहरसिंह, रतनसिंह तथा उसके पुत्र केहरीसिंह की ड्योढ़ियां (अन्तःपुर) हैं। बाद में यहां के राजा नवलसिंह के निवास करने पर नवलसिंह ड्यौढ़ी कहलाने लगी थी। यह एक द्वितला विशाल दालान व चौक की हवेली है। रनिवास के प्रवेश द्वार के बाह्य आंगन में अनेक कमरे हैं और इन कमरों के उत्तर में एक विस्तृत ताल व विस्तृत बगीचा था। ताल के खण्डहरों के निकट अभी तक राजा नवलसिंह की अधूरी छतरी बनी है। इस भवन में आजकल राजकीय उच्च

माध्यमिक विद्यालय है।

ड्यौढ़ियों के दक्षिणी पार्श्व में अति विस्तृत पक्का घेर है। जिसमें रथ, घोड़ा, ऊंट, गाय रखी जाती थीं और घास का भंडारण था। इसको रथखाना भी कहते हैं। आजकल इसमें राजकीय महाविद्यालय है।

15. भवन उद्यान

मुख्य भवनों के मध्य में 475 × 357 वर्गफीट क्षेत्रफल का अति उत्तम, अति शोभनीय सुगन्धित पुष्पित, पेड़-पौधों व फव्वारों से सुसज्जित उद्यान है। इस विशाल उद्यान में मौलश्री, सन्तरा, आग, शहतूत, फालसे के वृक्ष बहुतायत में लगे थे और केतकी, चमेली, चम्पा, जुही, सूरजमुखी, गुड़हल, गुलयास, मरुवा, केवड़ा, कचनार, रायवेलि नरगस आदि-आदि पुष्प लताएं भी थीं। मध्य भाग मे बनी मलाई पत्थर की 2 ½ फुट ऊंची तथा 10' चौड़ी रौसे उद्यान की ईरानी चहारबाग शैली के अनुरूप चार भागों में विभक्त करती हैं। रौसों के मध्य में 8' चौड़े हौज में एक धारा, बुदबुदे व सहस्त्र धारा तथा कुछ स्थानों पर झरने के रूप में फव्वारों की कतारें हैं। फव्वारों की एक कतार गोपाल भवन से रूपसागर की ओर केशव भवन तक तथा अन्य कतारें उत्तर से दक्षिण नंद भवन से किसन भवन तक गई हैं। मध्य भाग में 60 × 60 वर्गफीट का अष्ट फलक आकृति का एक हौज है, जिसमें फव्वारों की अनेक कतारें हैं। हौज के मध्य में फव्वारों का 8 फीट ऊंचा गोल गुम्बद बना है और इसके ऊपरी सतह पर सहस्त्र मुखी फव्वारों की चादर बनी है। इन फव्वारों तथा मखमली घास की शोभा अनुपम है।

16. रानी बाग

कच्चे तालाब के पश्चिमी तट पर पक्का रानी बाग बना है। इस बाग में संतरा, शहतूत, खिरनी, फालसे, आम, केला, अंगूर आदि के फलदार वृक्ष व बेलें थीं। 1804 ई. में जॉन पीस्टर इस बाग में लगे सन्तरों को देखकर मोहित हो गया था। 1942 ई. में इन सभी वृक्षों को कटवाकर नया बाग लगवाया गया था। आजकल इसमें पौधशाला (नर्सरी) है।

17. गुलाब बाग

रानी बाग तथा हरदेव भवन के दक्षिण में अति विस्तृत क्षेत्र में गुलाब बाग है और प्रारंभिक शासकों के शासन में यहां अन्य रंगों व किस्मों के गुलाब लगे थे। डाक बंगाला का निर्माण होने के बाद से इसका महत्व काफी कम हो गया है।

18. कचहरी भवन

नई डीग में कोतवाली के पृष्ठ भाग में अति भव्य व विशाल कचहरी भवन बना है। प्रधान सभा कक्ष को मध्य मेहराब दो भागों में विभक्त करते हैं। सभा कक्ष के दाईं-बाईं ओर द्वितला कक्ष हैं और दक्षिणी पार्श्व में लगभग 5' ऊंचा शासकों की बैठक का मंडप है। इस भवन के नीचे भी कमरे बने हैं। इस भवन में आजकल राजकीय विद्यालय है।

चित्रकला

भरतपुर दुर्ग-द्वार पर चित्रकारी, जवाहरसिंह बुर्ज पर रामायण-महाभारत, गोवर्द्धन में कुसुम सरोवर।[24]

संदर्भ

1. राने मादे, पृ. 72
2. ग्राउज, पृ. 179
3. गोवर्द्धन में मानसी गंगा इसी नदी के नाम पर अद्यतः कहलाती है। यह नदी यमुना में गिरती थी।
4. कर्नल वाल्टर (गजे. ऑफ इंडिया); ब्रुकमैन, पृ. 10; ज्वाला सहाय (पैलेसेज) तथा दीक्षित, पृ. 183
5. 'मेमॉयर्स ऑफ दॉ वार इन इंडिया, पृ. 413
6. ज्वाला सहाय (पैलेसेज, पृ. 8) तथा दीक्षित (पृ. 184) का कथन है कि इस हवेली में सूरजमल निवास करता था। ठा. गंगासिंह का यह कथन सर्वथा अनुपयुक्त है कि बदनसिंह ने किले में हवेली तथा दरबार भवन बनवाया था।
7. ज्वाला सहाय ने लिखा है कि पुत्र कामना के अभाव में बुर्जों पर छतरियां नहीं बन सकीं।
8. वार एंड स्पोर्ट्स, पृ. 369
9. दीक्षित का यह कथन अनुपयुक्त है कि बदनसिंह ने 1730 ई. के लगभग पुराने (बदनसिंह) महल बनवाये थे। पृ. 183
10. ज्वाला सहाय तथा दीक्षित (पृ. 184) का विचार है कि 'अश्वमेध यज्ञ' से लौटकर सूरजमल ने प्रारंभ में पहाड़ताल पर दुर्ग बनवाने का विचार किया, परन्तु बाद में वर्तमान डीग दुर्ग की नींव डाली। उपलब्ध प्राचीनतम इतिवृत्तों तथा अन्य रेकॉर्ड से उपलब्ध तथ्यों के आधार पर लेखकों का कथन तथ्यहीन है।
11. उदैराम, 8वां विलास
12. राने मादे, पृ. 48
13. वि. थॉर्न, पृ. 413
14. सूदन ने (1) जयपुर द्वार, (2) पहाड़ताल, नैऋत्य में गढ़ (शाह बुर्ज), (3) अचल द्वार, (4) बरई बंधा, (5) वरुण दिशा में कामां द्वार, (6) उत्तर में बरसाना द्वार, (7) गोवर्द्धन द्वार, (8) बहज द्वार, (9) अऊ द्वार और (10) दक्षिण में थून द्वार का नाम

अंकित किया है। (पृ. 243-44)

15. रने मादे, पृ. 47
16. देवनिस का यह कथन स्वीकार्य नहीं है कि 1745 ई. तक गोपाल भवन पूरा बन चुका था। कु. नटवरसिंह (पृ. 24) ने देवनिस का ही अनुसरण किया है।
17. इबरतनामा, फुट नोट 9, पृ. 51
18. जेम्स फर्ग्यूसन, 'हिस्ट्री ऑफ इंडियन एंड इस्टर्न आर्किटेक्चर', पृ. 178
19. वार एंड स्पोर्ट्स इन, पृ. 369
20. ब्रुकमैन, पृ. 12
21. देवनिस, पृ. 71
22. देवनिस, पृ. 26
23. ज्वाला सहाय; दीक्षित, पृ. 186; देवनिस, पृ. 34
    कुँवर नटवर सिंह (पृ. 25) का यह कथन अनुपयुक्त है कि इस झूला को सूरजमल दिल्ली से गाड़ियों में लदवाकर लाया था।
24. स्व. लेखक के ड्राफ्ट में हमें ये संकेत ही प्राप्त हुए हैं। विस्तार के लिए डा. अनिल कुमार वर्मा के शोधप्रबंध 'मोनूमेंटस ऑफ भरतपुर स्टेट' में चित्रकला से संबंधित अध्याय देखिए।

संकेताक्षर एवं ग्रन्थ सूची

डॉ. अजय कुमार अग्निहोत्री–गोहद के जाटों का इतिहास

अखैराम–सुजान विलास (सिंहासन बत्तीसी अथवा विक्रम विलास); युद्ध सार

अलेक्टजेंडर डाऊ–ए हिस्ट्री ऑफ हिन्दुस्तान (फारसी अनुवाद, 1892 ई.)

डॉ. आशीर्वादी लाल श्रीवास्तव–शुजाउद्दौला

इ.डा. (सर एच.एम. इलियट एवं जॉन डाउसन)–हिस्ट्री ऑफ इंडिया एज टोल्ड बाई इट्स ऑन हिस्टोदियंज

इन्दौर जयपुर खरीता, पौष सुदि 12, सं.-1821

इमाद–इमादुस्सआदत (फा.), ले. मीर गुलाम अली, मुद्र. नवल किशोर प्रैस, लखनऊ

इर्विन (विलियम)–(i) लेटर मुगल्स, खंड-12, ले. सर विलियम इर्विन, संपा.-डॉ. जदुनाथ सरकार;

(ii) (मुगल सेना) दी आर्मी ऑफ दि इंडियन मुगल्स, 1962 ई.

(iii) (मनूची), स्टोरिया डो मोगोर, जिल्द-I, II, मूल ले. निकोलाई मनूची (1745 ई.) अंग्रेजी अनु. सर विलियम इर्विन।

उदैराम–सुजान सम्वत समैं

उपेन्द्रनाथ शर्मा–ब्रजेन्द्र बहादुर महाराजा सूरजमल जाट

–महाराव नाहरसिंह

–मोहनराम बरसानिया घराना

ए.ए.र.–एसियाटिक एन्यूअल रजिस्टर

एम.एफ. ओडायर–फाइनल रिपोर्ट ऑन दि भरतपुर स्टेट सैटलमैंट, 1901

ओझा (महामहोपाध्याय गौरीशंकर हीराचंद)–1. बीकानेर राज्य का इतिहास (प्रथम खण्ड), 1939

2. जोधपुर राज्य का इतिहास (खंड-2), 1941 ई.

3. ओझा निबन्ध संग्रह, भाग-1, 3 तथा 4, 1954 ई.

कर्नल वाल्टर–गजेटियर ऑफ इंडिया

कनिंग्घम (जोसेफ डैवी कनिंग्घम)–ए हिस्ट्री ऑफ सिक्स, संपा. एच.एल. ओ. जेरट 1918 ई.

कवि कुसुमांजली–स्वर्ण जयंती ग्रंथ, खंड-2, प्रका. श्री हि.सा.स. भरतपुर

कागजात मुकदमा मंदिर लश्करी, वैर

डॉ. कानूनगो (कालिका रंजन)–हिस्ट्री ऑफ दी जाट्स, 1925 ई.

कॉम्पटन (हरबर्ट)–यूरोपियन मिलिट्री एडवेंचर्स इन हिन्दुस्तान

केलकर (काशीनाथ) (संपा.)–18वीं शताब्दी के हिन्दी पत्र

खतूत अह.–खूतत अहलकारान (राजस्थानी)

ड्रा.ख.प.–ड्राफ्ट खरीता–परवाना

खैरूद्दीन (फकीर खैरूद्दीन मुहम्मद इलाहाबादी)–इबरतनामा (1771-1788 ई);-इ.डा., खंड-8, अंग्रेजी अनु. डॉ. जदुनाथ सरकार, प्रका. महाराष्ट्र अभिलेखागार, 1966 ई.।

डॉ. गिरिजा प्रसाद शर्मा–(शोध प्रबन्ध)-कविवर अखैराम ग्रंथावलि, संपादन एवं समीक्षा।

गुलाम अली खां–शाह आलमनामा, खंड-1, प्रका. रॉ.ए.सो., बंगाल, 1912-14 ई.

गंडा सिंह (डॉ.)–अहमदशाह दुर्रानी, 1959 ई.

चहार (गुलजार-ए-शुजाई)–हरिचरणदास 1757ई., अंग्रेजी अनु.-इलियट एंड डॉउसन, जिल्द-8 (अंशत:) तथा मुंशी सदासुख लाल (अंशत:)

चन्द्रचूड़–चन्द्रचूड़ दफ्तर संग्रह, कला प्रथम, सम्पा., दत्तात्रेय विष्णु आप्टे, प्रका. भारत इतिहास संशोधक मण्डल, पुणे-1920 ई.

चौबे (राधारमण)–भरतपुर राज्य का संक्षिप्त इतिहास

ज्वाला सहाय–वाक्या राजस्थान, जिल्द-2;

–डीग फोर्ट एंड पैलेसेज;

–हिस्ट्री ऑफ भरतपुर, 1912 ई.;

–एवर लॉयल भरतपुर, इंडियन प्रैस, लाहौर, 1902 ई.

जमाल मुहम्मद सिद्दिकी (डॉ.)–अलीगढ़ डिस्ट्रिक्ट : ए हिस्ट्रोरीकल सर्वे, 1981ई.।

'जाट जगत' मासिक (अगस्त 7, 1941 ई.)

जॉन कोहन (फ्रेंच गोटलिइव)–पर्शियन हिस्ट्री ऑफ जाट्स, अंग्रेजी अनुवाद-जदुनाथ सरकार, बंगाल : पास्ट एण्ड प्रेजण्ट, 1955-1956 ई.

जोध-ख्यात–जोधपुर राज्य की ख्यात, जिल्द-3

तहमास्पनामा–ले. तहमास्प खां–हि. सन् 1193 (1779 ई.) (सर हेनरी इलियट तथा डॉ. जदुनाथ सरकार आदि ने तहमास्प खां का उपनाम 'मिसकिन' माना है।

थार्न–(मेजर विलियम) मेमॉर्य ऑफ दी वार इन इंडिया (1803-6 ई.)

द.कौ.–दस्तूर कौमवार, जिल्द-7, 10 तथा 18, बीकानेर संग्रहालय

दीक्षित (गोकुल चन्द)–ब्रजेन्द्र वंश भास्कर, प्रका. श्री हिन्दू संरक्षणी सभा, आगरा, वि.सं. 1983

देशराज–जाट इतिहास, 1934 ई.

दे. क्रॉनि.–दिल्ली क्रॉनिकल (वाका-इ-शाहआलम सानी) लेखक अज्ञात (1738-1798ई.) अनु. जदुनाथ सरकार, सीतामऊ संग्रह।

नटवर सिंह (कु.)–महाराजा सूरजमल (1707-1763 ई.), 1981 ई.

नरेन्द्र सिंह (राव बहादुर ठाकुर नरेन्द्र सिंह)–थर्टी डिसाइसिव बैटिल्स ऑफ जयपुर, 1939 ई.।

नागौरी (एस.एल.)–अलवर राज्य का इतिहास।

नूरूद्दीन (नूरूद्दीन फारूकी मुलतानी, देहलवी)–(फा.पा.लि.) जहाँदारनामा

नूरूद्दीन (हुसैन खाँ)–'नजीबुद्दौला' सम्पादक शेख अब्दुर्रशीद, अलीगढ़, 1952 ई.।

पथैनारासो–(ऐति. काव्य) ले. चतुराराई (लेखक संग्रह)

प्रतापरासो–ले. जाचीकजीवण, संपा. डॉ. मोतीलाल गुप्त, प्रका. राजस्थान प्राच्य विद्या प्रतिष्ठान, जोधपुर, 1965 ई.।

डॉ. प्रकाशचन्द चन्दावत–महाराजा सूरजमल और उनका युग

पूना पारसनीय संग्रह–परसियन रिकार्ड्स ऑफ मराठा हिस्ट्री, प्रथम भाग (दिल्ली अफेयर्स, 1761-88 ई.); न्यूज लेटर्स फ्राम पूना पारसनीय कलेक्शन, संपा., डॉ. पी.एम. जोशी, अनु. डॉ. जदुनाथ सरकार, प्रका. बम्बई सरकार, 1953 ई.।

पे.द.–पेशवा दफ्तर।

पोलियर–शाहआलम

फॉरेन डिपार्टमेन्ट, सेलेक्ट कमेटी प्रोसीडिंग।

फ्रेंकलिन (विलियम)–दॉ हिस्ट्री ऑफ दॉ रेन ऑफ शाहआलम, पाणिनी ऑफिस, इलाहाबाद, 1934 ई.;

–शाह आलम का इतिहास, दिल्ली (1979 ई.)

–मिल्ट्री मेमोआर्स ऑफ जार्ज टॉमस।

फोर्ट विलियम कॉरस्पोंडेंस, खंड-4, (सेलेक्ट कमेटी-कोर्ट ऑफ डायरेक्टर्स)

बलदेव सिंह–तवारीख भरतपुर (फा.पा.लि.), लेखक संग्रह।

बनेडा अभि.–'सिलेक्शन्ज फ्राम बनेडा आरकाइब्ज', (1758-1770ई.) डॉ. एल.पी. माथुर और डॉ. के.एस. गुप्ता द्वारा सम्पादित, राजस्थान विद्यापीठ, उदयपुर 1967 ई.।

बर्बे–लाइफ ऑफ सूबेदार मल्हारराव होल्कर, ले. मुकुन्द वामनराव बर्बे, इन्दौर 1930 ई.।

बिहारी (लाल मुंशी), इस्मालिक–'नजीबुद्दौला रूहेला चीफ' सर यदुनाथ सरकार द्वारा अंग्रेजी अनुवाद (इस्लामिक कल्चर) जिल्द-10

बैनर्जी–माधवराव प्रथम

बंगाल सीक्रेट कंसलटेशन

'भारतवीर' वर्ष-2 अंक 1, मार्गशीर्ष, कृष्णा 7, वि.स. 1984 (नवम्बर 16, 1927 ई.)

मथुरालाल–हिस्ट्री ऑफ जयपुर, 1969 ई.; कोटा राज्य का इतिहास।

मथुरा मेमोआर्स–एफ. एस. ग्राउजे, 1880 ई.

मिसलेनियस ट्रेक्टस

मुस्तजीव खाँ–गुलिस्तान-ई-रहमत

मुन्नालाल–तारिख-ए-शाहआलम, अनु. जदुनाथ सरकार, प्रका. महाराष्ट्र अभिलेखागार, 1970 ई.।

मेजर एच.ई. ड्रेक ब्रोकमन–गजेटियर ऑफ ईस्टर्न राजपूताना

मेजर पाउलेट–गजेटियर ऑफ अलवर।

मोती लाल (डॉ.)–मत्स्य प्रदेश की हिन्दी साहित्य को देन।

मोडव–जनरल ऑफ दी काम्टे डी मोडव, अनु. जदुनाथ सरकार, बंगाल पास्ट एण्ड प्रजेन्ट, खंड-51, भाग-II, 1936 ई.; संस्मरण तथा रिपोर्ट डीग दुर्ग।

यदुवंश–ठा. गंगासिंह

रा.हि.प्रो.–राजस्थान हिस्ट्री प्रोसिडिंग, खंड-8, 1975 ई.

रा.हि.रि.ज.–जनरल ऑफ दि राजस्थान इनस्टीट्यूट ऑफ हिस्टोरिकल रिसर्च, संपा. डॉ. मथुरालाल शर्मा, वर्ष 11 अंक-3, (1974 ई.)।

रामपांडे (डॉ.)–भरतपुर अप टू 1826; शोसल एंड पॉलिटिकल हिस्ट्री ऑफ दी जाट्स), जयपुर (1970) स्टडीज इन हिस्ट्री : दी जाट्स, जयपुर (1981)।

डॉ. राजपाल (सिंह)–राइज़ ऑफ दी जाट पॉवर, दिल्ली, 1988 ई.।

डॉ. राणावत (मनोहर सिंह)–भरतपुर महाराजा जवाहर सिंह जाट।

रैन मादे (मैडक)–मैमोअर्स ऑफ रैने मादे, अंग्रेजी अनुवाद जदुनाथ सरकार।

डॉ. विजयेन्द्र स्नातक–राधा बल्लभ सम्प्रदाय : सिद्धान्त और साहित्य।

विलियम वेब–दा करेंसीज ऑफ दॉ हिन्दू स्टेट्स ऑफ राजपूताना।

वीर विनोद–ले. महामहोपाध्याय कविराजा श्यामलदास।

वैंदेल–मेमोयर्स डी. जाट्स (फ्रेंच पा. लि.) ले. फादर फांसिस जेवियर वैंदेल (1767 ई.) इंडिया ऑफिस लाइब्रेरी

वंश भास्कर–ले. सूर्यमल मिश्रण, जि. 1-4, प्रका. राम-श्याम प्रेस, जोधपुर।

टॉड जेम्स–एनल्स एण्ड एन्टीक्विटीज ऑफ राजस्थान, भाग-1, 2, लेफ्टी. कर्नल जेम्स टॉड; टॉड कृत राजस्थान (हिन्दी) भाग-1, खंड-1, मंगल प्रकाशन।

शाकीर खाँ–तारीख-ई.-शाकीर खानी

शिंदेशाही–शिंदेशाही इतिहाससाचीं साधने, (गुलगुले दफ्तर कोटा) सम्पा., आनन्दराव भाऊ फालके, प्रथम भाग, 1929 ई. द्वितीय भाग, 1960 ई.

सरकार (जदुनाथ)–फॉल ऑफ द मुगल एम्पायर।

सरदेसाई (गोविन्द सखाराम)–मराठों का नवीन इतिहास, 1961; सिलेक्शन फ्रॉम पेशवा दफ्तर (मराठा कानक्वस्ट इन नार्थ), खंड-14; सिलेक्शन फ्रॉम पेशवा दफ्तर (बाजीराव); पेशवा एंड इवेन्ट इन नार्थ 1741-61), खंड-20

सियासी मकतूबात–'शाहवली उल्लाह' के सियासी मख्तूबात, उर्दू अनु. तथा संपा. खलीफ अहमद निजामी, 1950 ई.

सियार (गुलाम हुसैन)–सियार-उल-मुताखिरीन (फा.), नवल किशोर प्रैस, लखनऊ।

सी.पी.सी.–कलैंडर ऑफ परसियन कारस्पोंडेस।

सुक्का खास, पत्रक 10 फाल्गुन सुदि 13 सं. 1820

सूदन (कवि)–सुजान चरित्र, प्रका. नागरी प्रचारणी सभा., काशी, वि.स., 1980

सोमनाथ–सोमनाथ ग्रन्थावली; रस पीयूसनिधि (मई, 1737 ई.); नबाबोल्लास, माधव विनोद (अक्टू. 1752); रामचरित रत्नाकर; शशिनाथ विनोद (दिसम्बर, 1756); सुजान विलास।

सोभनाथ–(ऐति. काव्य) माधव जयति, (काव्य) नवल रस चन्द्रोदय, (अगस्त 1717)

हकीकत वही–बीकानेर संग्रहालय

हरसुखराय–माजमा-उल-अखबार, इ. डा. जिल्द-8

हरीराम (गुप्ता)–मराठाज एंड पानीपत, चंडीगढ़, 1961; हिस्ट्री ऑफ सिख्स, बम्बई, 1960

हिगणे–'हिगणे दफ्तर' जी.आर. देसाई द्वारा सम्पादित, खंड-2

हेनरी जार्जकीन–फॉल ऑफ दी मुगल एम्पायर, 1976 ई.

होलकर शाही (होलकर शाहीच्या इतिहासाचीं साधने)–वा.वा. ठाकुर कृत।

हंटर (डब्ल्यू. डब्ल्यू) रूलर्स ऑफ इंडिया, आक्सफोर्ड युनिवर्सिटी प्रैस लंदन, 1890 ई.; ए हिस्ट्री ऑफ ब्रिटिश इंडिया, दिल्ली, 1972 ई., द्वितीय संस्करण।

●●●